WILD guide

AF524801

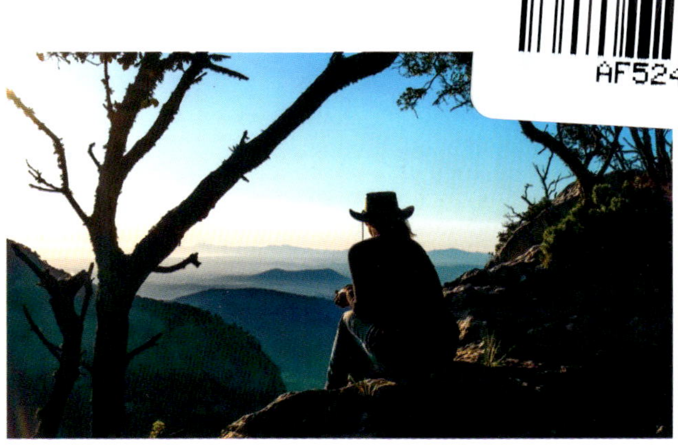

Balearen

Höhlen, Buchten, Berge und Abenteuer auf Mallorca, Menorca, Ibiza & Formentera

Anna Deacon und Lizzie Graham

Aus dem Englischen von Juliane Zaubitzer

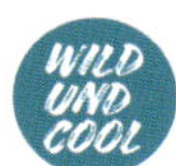

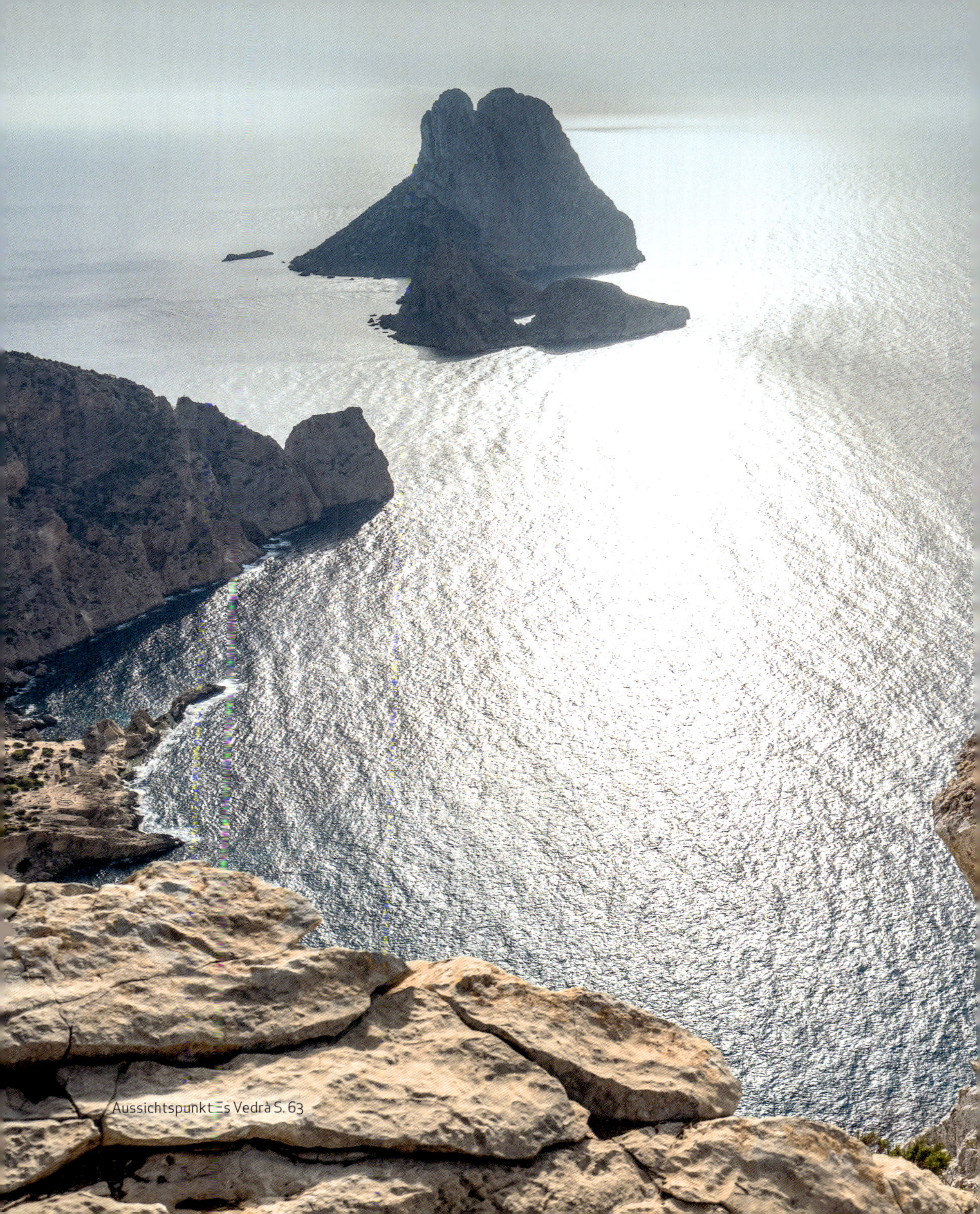
Aussichtspunkt Es Vedrà S. 63

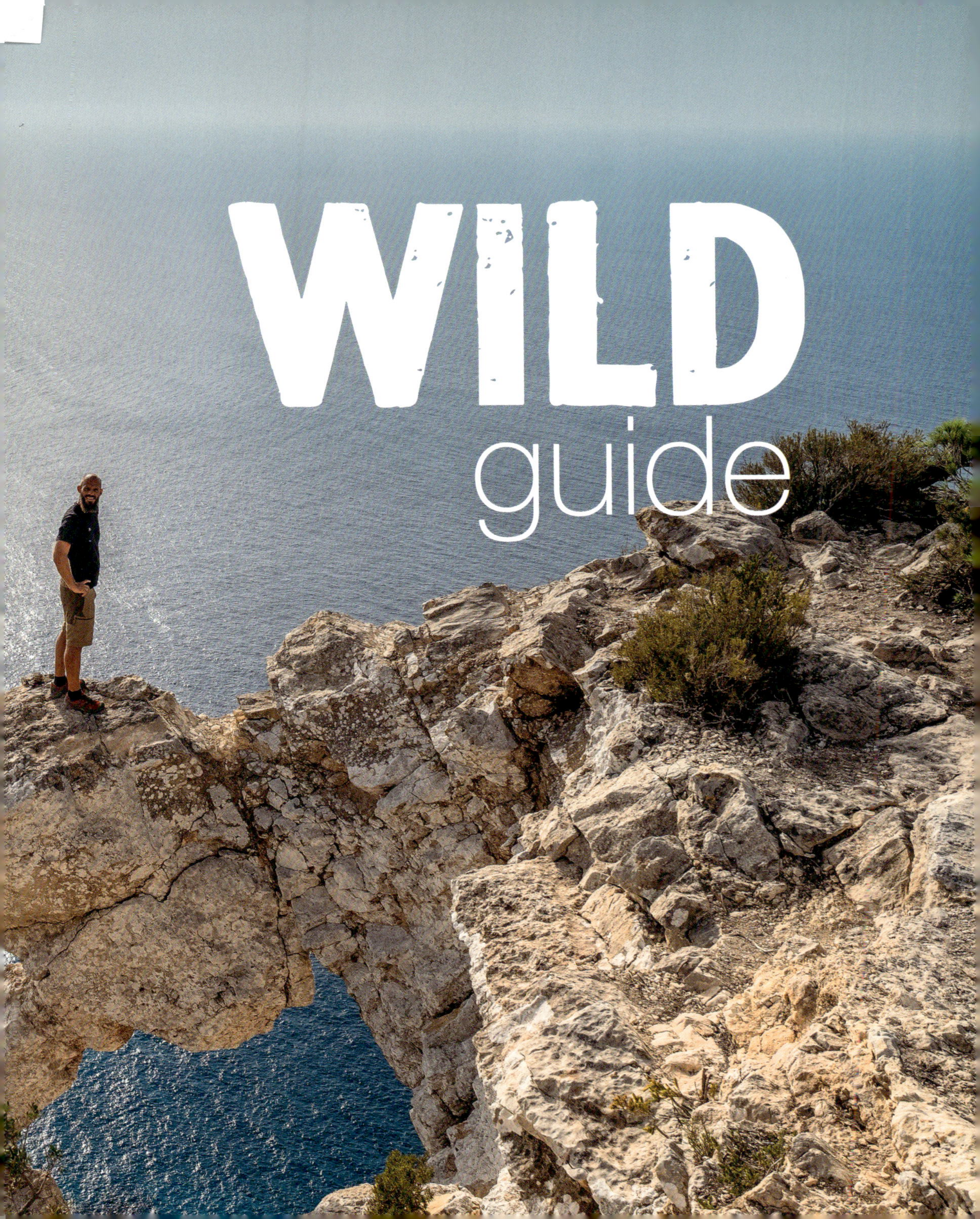
WILD
guide

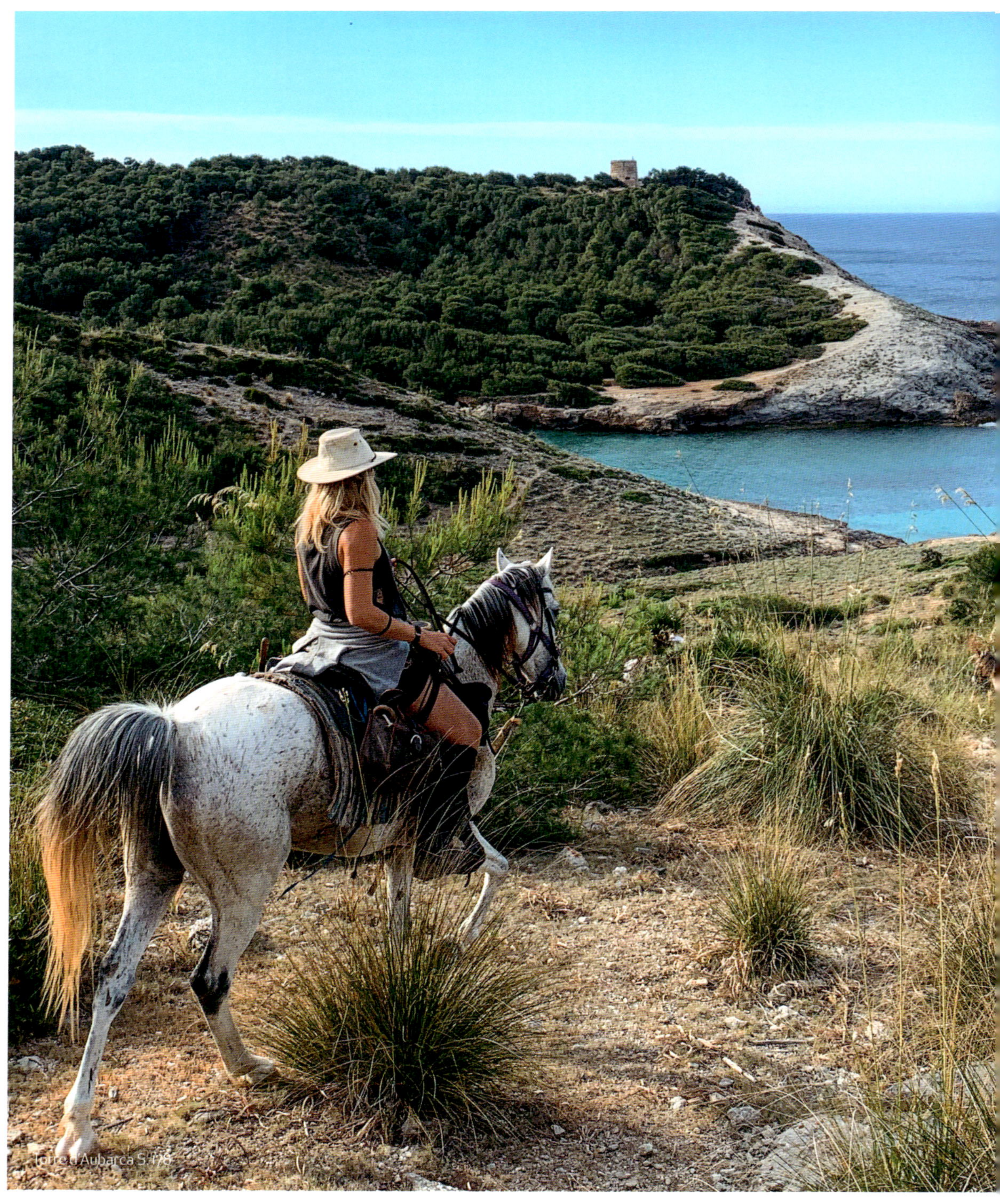

Torre d'Aubarca S. 178

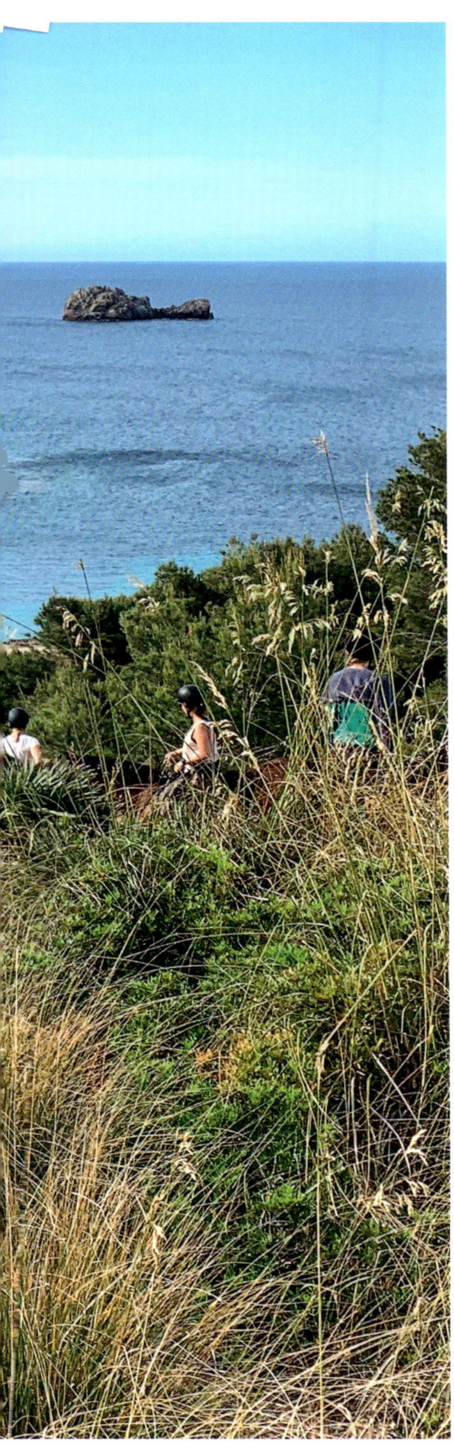

Inhalt

Regionaler Überblick

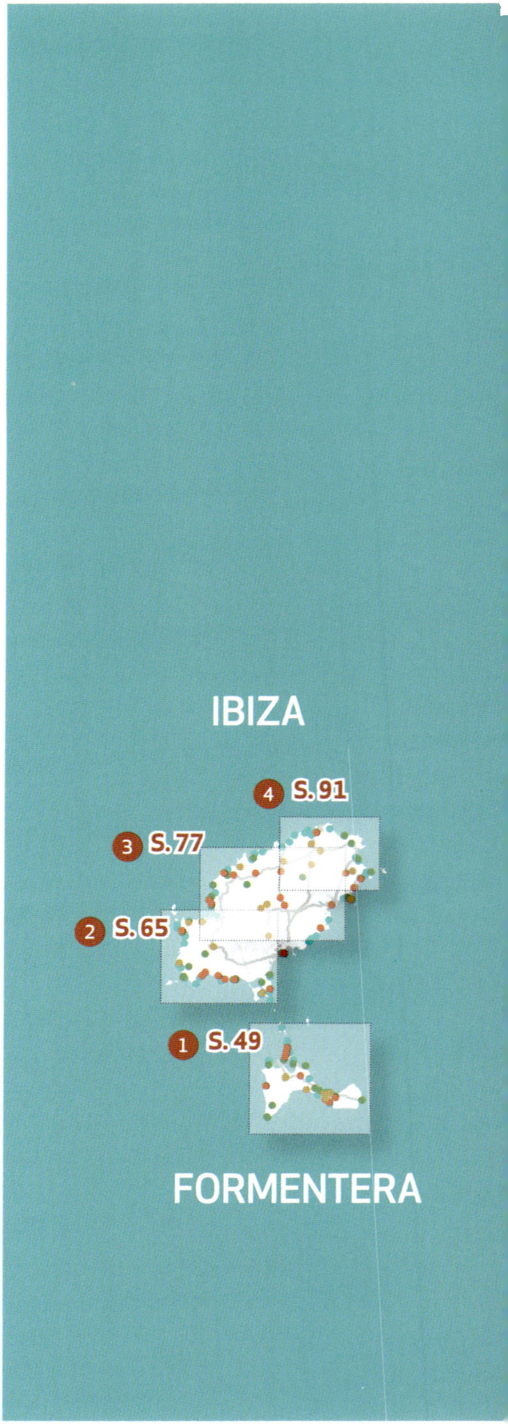

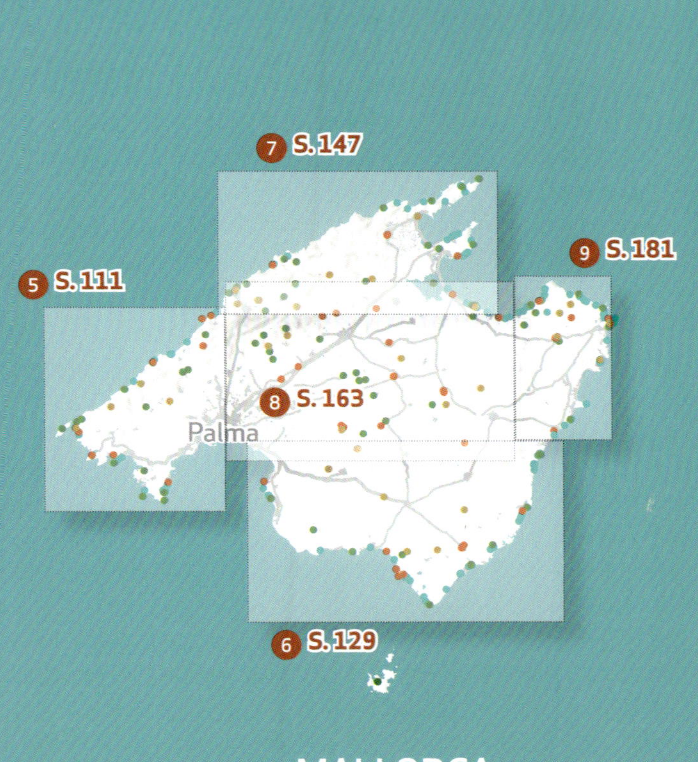
5 S. 111
7 S. 147
9 S. 181
8 S. 163
Palma
6 S. 129
MALLORCA

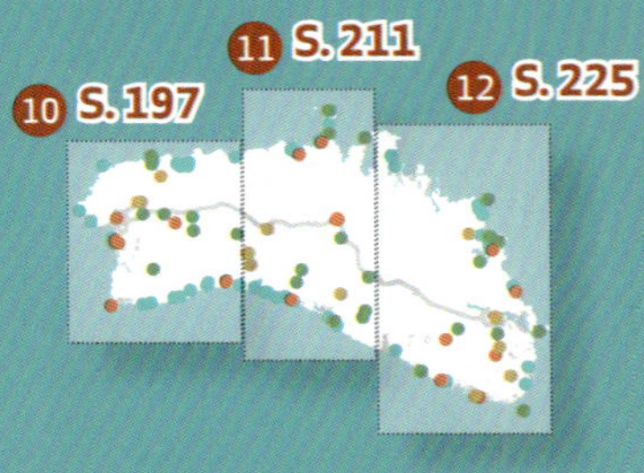
10 S. 197
11 S. 211
12 S. 225
MENORCA

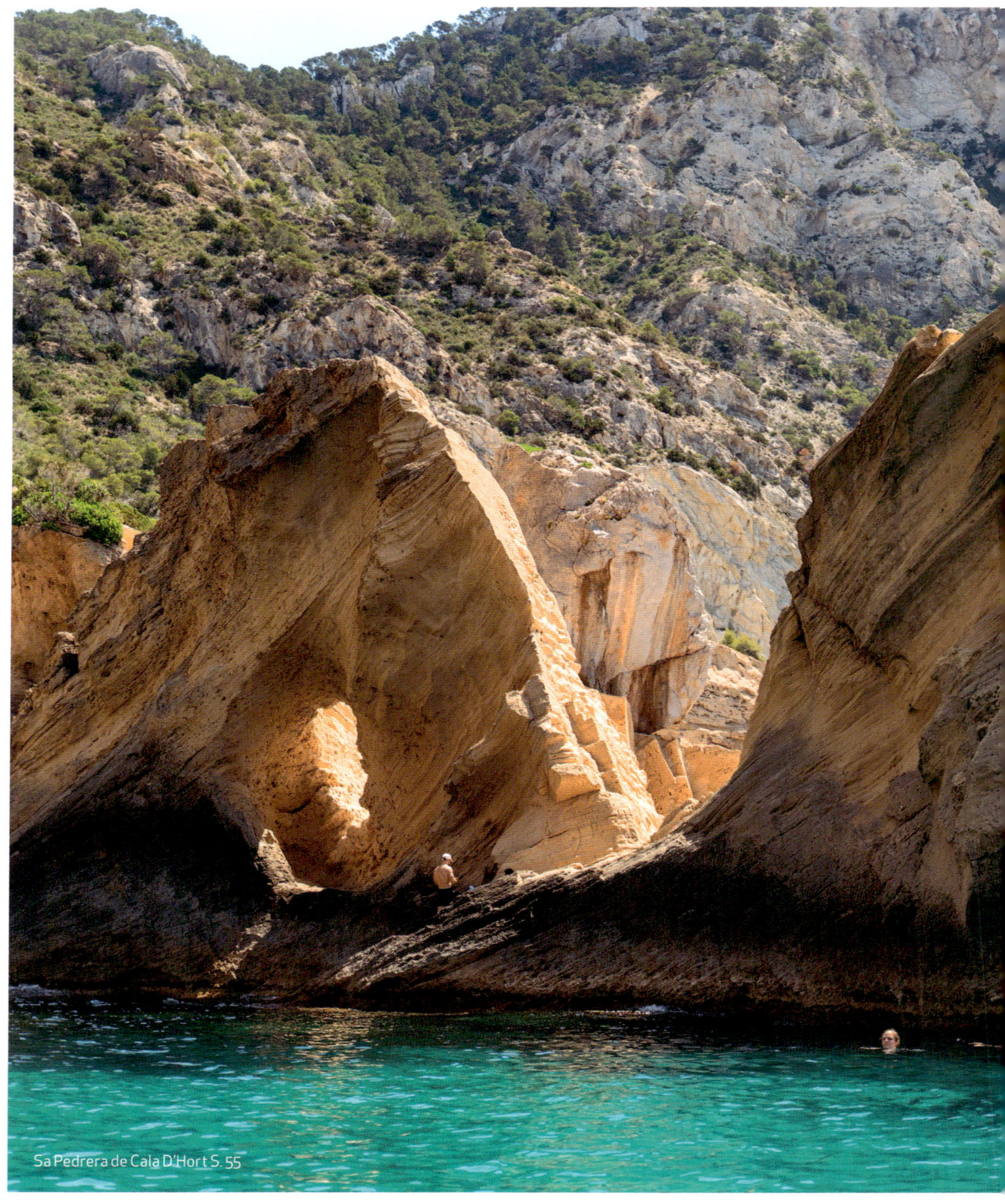
Sa Pedrera de Cala D'Hort S. 55

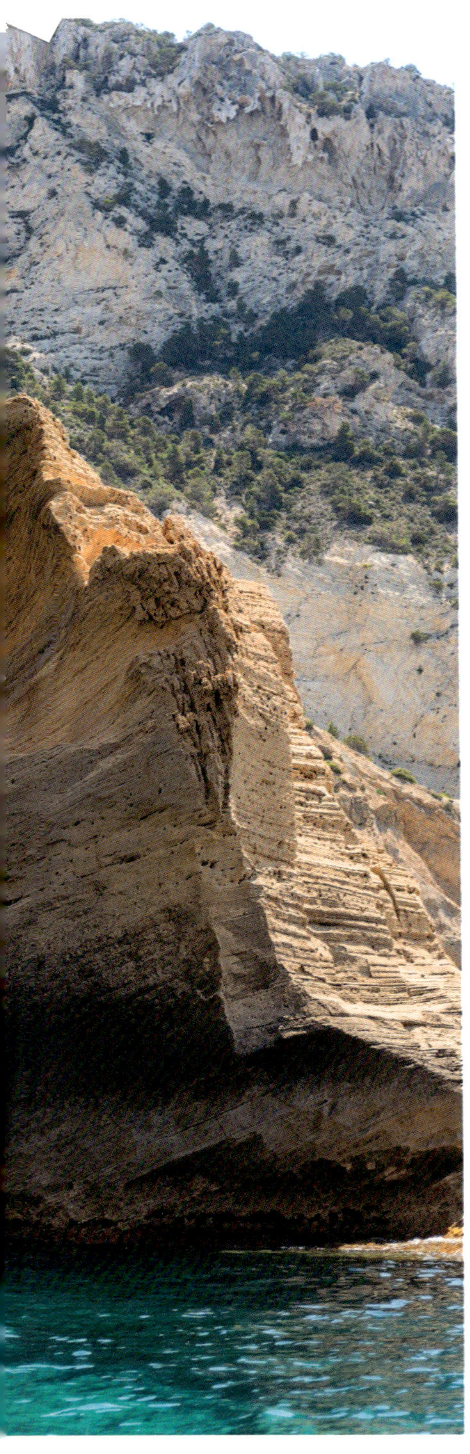

Vorwort

Wir haben uns bei unserem ersten Besuch vor zwei Jahrzehnten in die Balearen verliebt, als wir eine Seite der Inseln entdeckten, von der wir vorher weder gehört noch gelesen hatten und die völlig im Widerspruch zu allen touristischen Klischees stand. Wir waren wie verzaubert von der abwechslungsreichen Landschaft, den Olivenhainen, Weinbergen, Bruchsteinmauern, dem atemberaubend türkisblauen Wasser, den üppig grünen Wäldern und Kalksteinklippen, der nach Jasmin duftenden Luft und dem fernen Geklingel der Ziegenglocken. In jenem Sommer sonnten wir uns wie Echsen in versteckten Buchten, sprangen von den Felsen ins tiefblaue Meer und saßen dann abends auf Kirchplätzen, wo die Einheimischen, Jung und Alt, bis spät in die Nacht aßen und sich unterhielten.

Lizzie ist damals nach Mallorca ausgewandert und lebt in einer Finca in den Bergen im Naturpark der Halbinsel Llevant, wo sie ihre drei Söhne großzieht und Reittouren anbietet. Anna kommt regelmäßig zu Besuch, und gemeinsam haben wir im Lauf der Jahre alle Inseln ausgekundschaftet. Bei unserer ständigen Suche nach Geheimtipps folgen wir den Hinweisen der Einheimischen oder vagen Gerüchten und studieren eifrig die Landkarten: Manche Orte haben wir nie gefunden, sie bleiben ein Geheimnis, zu anderen kehren wir immer wieder zurück.

Die Inselfamilie

Je besser wir sie kennenlernen, desto mehr erinnern uns diese bezaubernden Inseln an Schwestern – so viele Gemeinsamkeiten und jede doch einzigartig. Mallorca ist die größte, fast 100 km von Ost nach West, mit dramatischen Gebirgszügen, sanften Hügeln und endlosen, weißen Sandstränden. Menorca, mit der Fähre ein paar Stunden Richtung Osten, ist weniger als ein Viertel so groß, ruhiger und gelassener, und ein Küstenweg führt einmal ganz um die Insel, vorbei an ihren schönen Stränden und Buchten. Noch kleiner ist Ibiza (oder katalanisch Eivissa) ein paar Stunden südwestlich von Mallorca, mit einem schrillen Image und einer ganz anderen wilden Seite, die einfach hinreißend ist. Sie alle haben Flughäfen, die kleinste Schwester, Formentera, erreicht man jedoch nur mit der Fähre

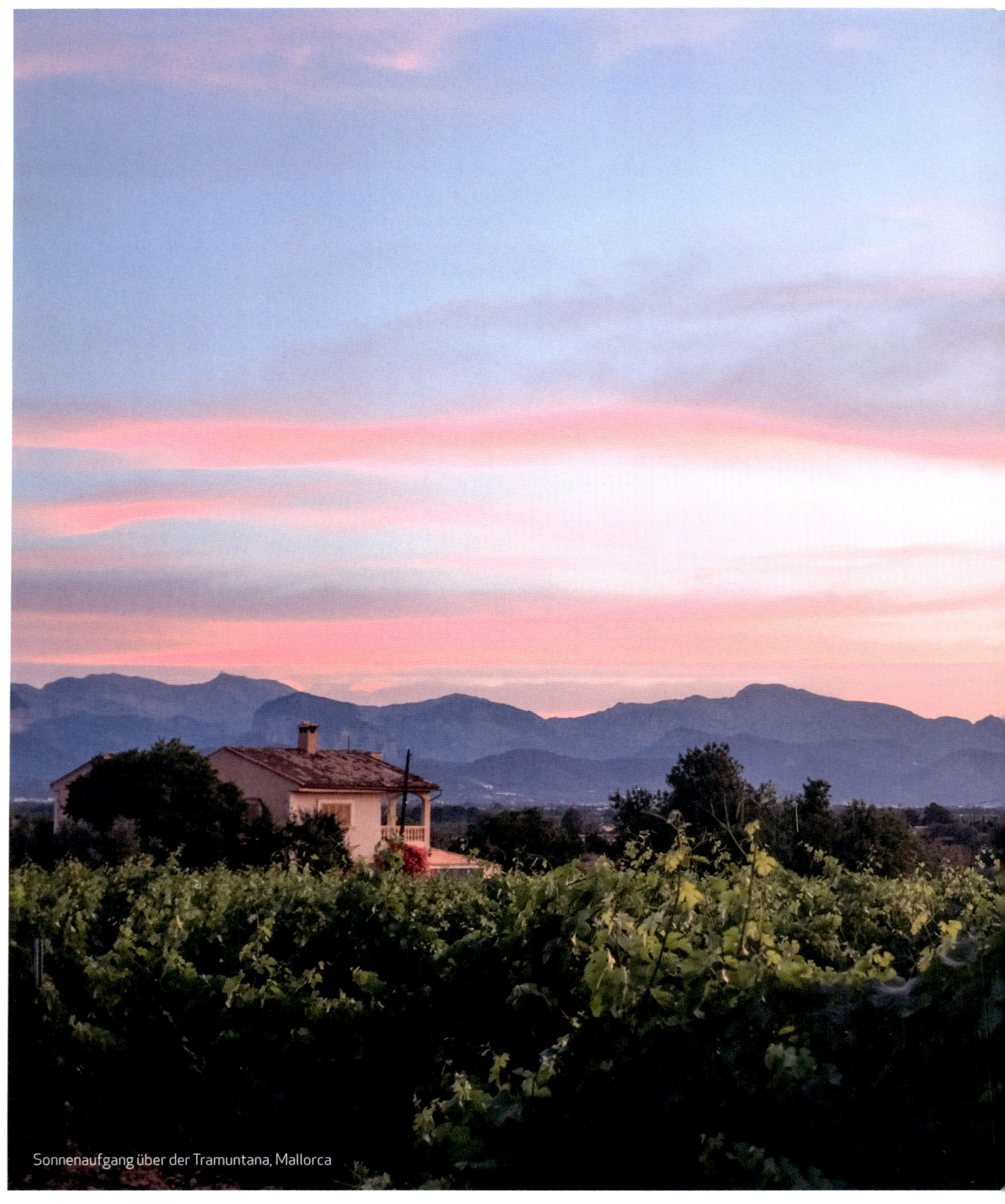

Sonnenaufgang über der Tramuntana, Mallorca

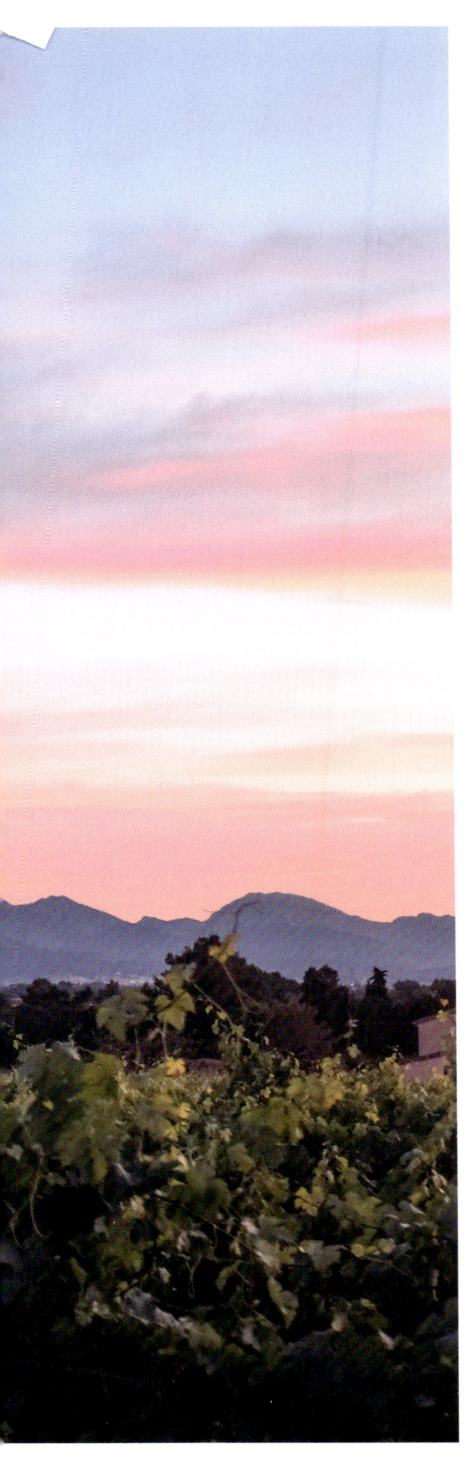

vom benachbarten Ibiza. Auf dieser zauberhaften Insel mit Hippie-Vibe geht es eher gemütlich zu. Zu dem Archipel gehören außerdem 147 kleine unbewohnte Inseln, von denen man manche, wie Cabrera und Sa Dragonera, besuchen kann.

Auf der Suche nach Abenteuern

Der Tourismus auf den Inseln beschränkt sich meist auf die Badeorte, die ganz auf die Unterhaltung der Urlaubsgäste ausgerichtet sind. Ihre wilde Schönheit liegt dahinter verborgen und wartet auf all jene, die sich nicht scheuen, über Ziegenpfade, durch Pinienwälder und verlassene Felsküsten entlangzuwandern. Ob zu Fuß, mit dem Fahrrad, dem Auto, zu Pferd oder mit dem Kajak – überall warten Abenteuer, und wir helfen Ihnen dabei, sie zu finden. Bei manchen Ausflugszielen ist Vorsicht geboten, aber ein bisschen Abenteuer ist gesund für Körper und Seele.

Jenseits der beliebten Strände findet man ruhigere Küstenabschnitte, Meereshöhlen und versteckte Buchten mit warmen Felsen, auf denen man in der Sonne baden kann. Das türkisblaue Wasser wird vom Neptungras *(Posidonia oceanica)* kristallklar gewaschen, ein Seegras, das oft an den Strand gespült wird. An beliebten Stränden wird es entfernt, aber am besten lässt man es liegen, denn es ist Teil des natürlichen Kreislaufs des Meeresmilieus, das inzwischen zu einem Großteil unter Naturschutz steht. Tauchen und Schnorcheln sind hier deshalb ein Traum.

Auf den Pinieninseln, wie die alten Griechen sie nannten, gibt es bewaldete Gipfel, eindrucksvolle Salinen und dramatische Schluchten. Sie alle bieten Lebensraum für alle möglichen Tierarten. Es gibt kleine und große Naturschutzgebiete, die man auf Wanderwegen erkunden kann. Überall findet man Hinweise auf die lange, reiche Geschichte der Inseln: einzigartige Talayots, phönizische Gräber, römische Festungen, abgelegene Klöster und Wachtürme, die an der Küste vor Piratenangriffen warnen sollten.

Im Wandel der Jahreszeiten

Das Leben auf den Inseln folgt Jahr für Jahr demselben natürlichen Rhythmus. Im Februar beginnt der Frühling: Die Mandelbäume stehen in voller Blüte, Wildblumen explodieren in bunten Farben, und eine warme Brise kündet vom Sommer. Die Sommertage sind lang, heiß und träge. Nach dem Mittagessen hält man ausgiebige Siesta, und bis zum frühen Abend hat alles geschlossen. Die frühen Morgenstunden und der späte Nachmittag eigenen sich perfekt für die Suche nach versteckten Buchten, abends erwachen die kleinen Städtchen zum Leben, wenn die einheimischen Familien draußen bis spät in die Nacht beim Essen zusammensitzen.
Im Herbst werden Trauben und Feigen, Mandeln und Aprikosen

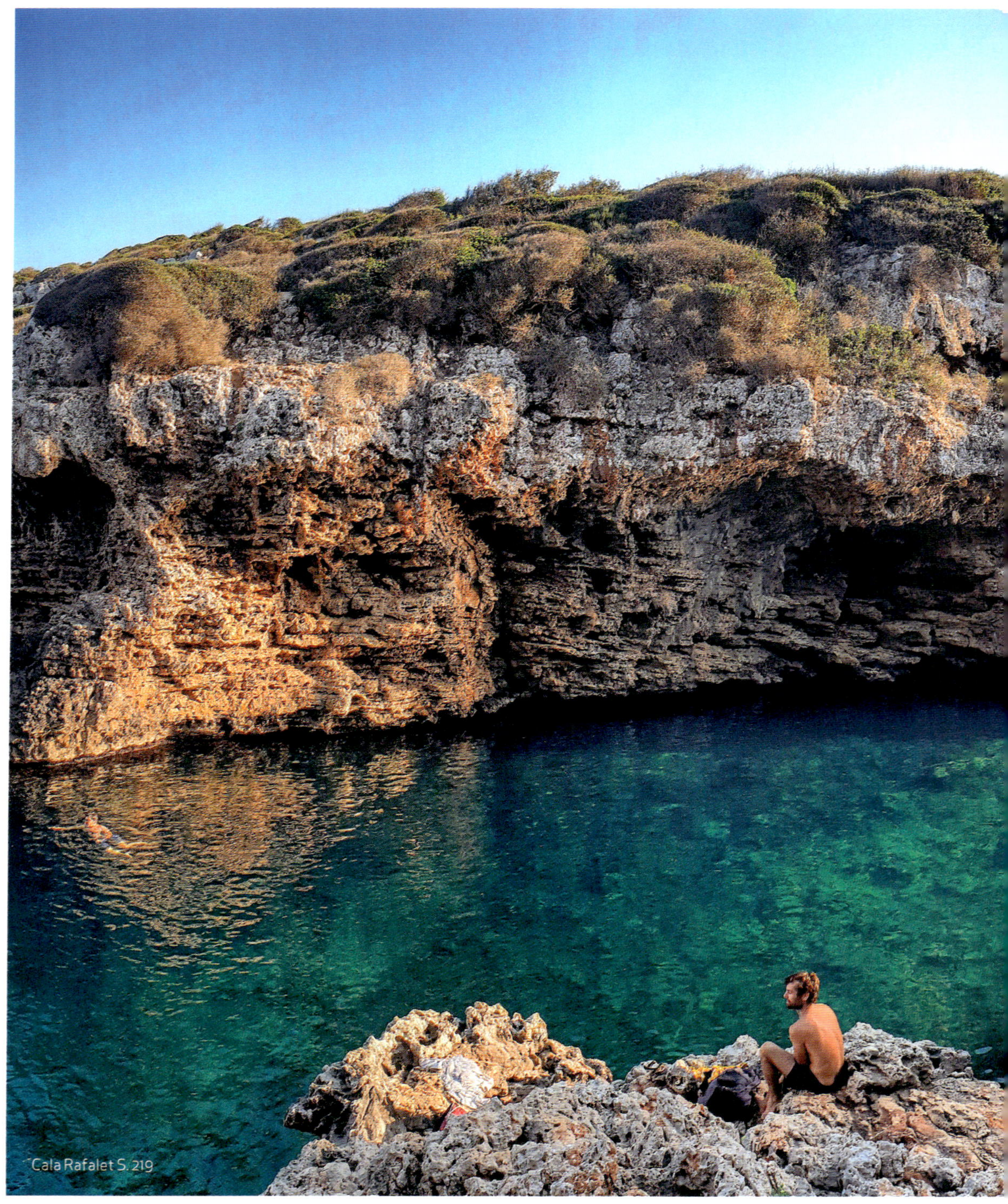

Cala Rafalet S. 219

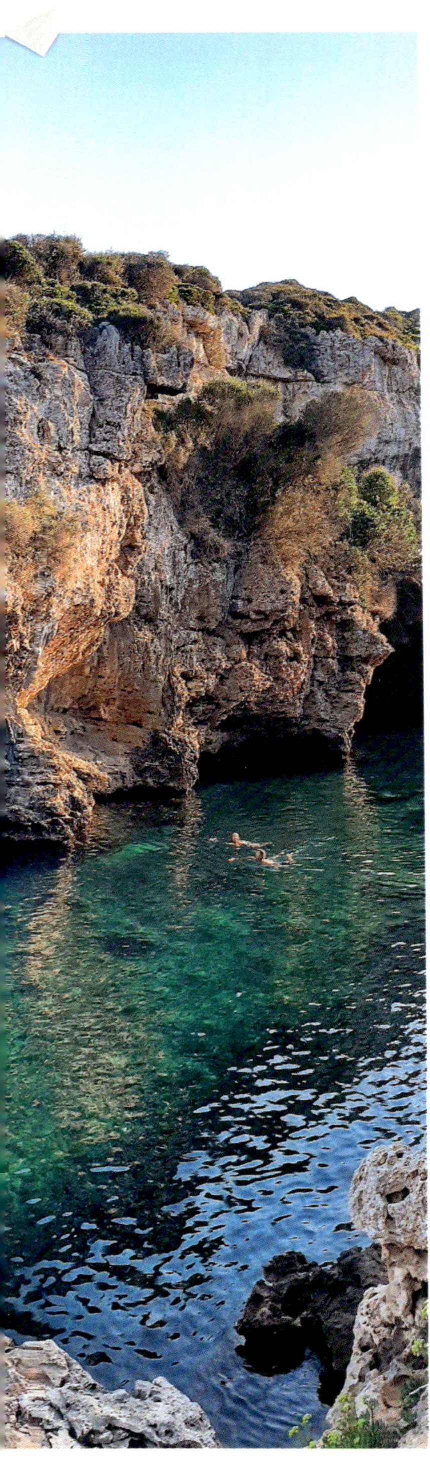

geerntet. Man verspürt fast ein Gefühl der Erleichterung, wenn der erste Regen kommt und die wüstentrockene Landschaft wieder ergrünt. Das Meer ist noch warm genug zum Baden und die Luft kühl genug, um Tagestouren durch die Berge oder über die Küstenwanderwege zu unternehmen. Die Sonne scheint auch im Winter, und selbst die beliebtesten Strände sind dann leer und wild. Dies ist die beste Zeit, um die Ruhe der Inseln zu genießen und es sich in den Restaurants am Kamin gemütlich zu machen. Die Reisesaison wird jedes Jahr am Osterwochenende mit dem Herausstellen der Sonnenliegen eingeläutet und endet, wenn Ende Oktober alles wieder eingeräumt wird. Wir finden die Inseln in der ruhigen Zeit von Herbst bis Frühling am schönsten.

Feste & Spezialitäten

Feste sind das ganze Jahr über ein wichtiger Bestandteil des Lebens, und es vergeht kaum eine Woche ohne eine Fiesta anlässlich irgendeines historischen Ereignisses, eines ländlichen Brauchs oder eines religiösen Feiertags. Die Inselbewohner lieben es, benachbarte Städtchen oder Inseln zu besuchen, um nur ja keine zu verpassen.

Es gibt regional unterschiedliche Küchen, die das reichhaltige Obst- und Gemüse-Angebot der fruchtbaren Inseln widerspiegeln. Die Gerichte werden nach komplizierten Rezepten zubereitet, die seit Generationen überliefert werden. Familien und Freunde versammeln sich im September zur Weinernte. Ebenfalls beliebt sind Matanzas, die traditionelle Schlachtung des Familienschweins, bei der jeder Zipfel verwertet wird, um traditionelle Wurst wie Sobrasada herzustellen, und sogar das Schmalz findet Verwendung und landet in Gebäck wie *coca de patate* oder den spiralförmigen Ensaimadas. Auch das Sammeln von wildem Spargel und Pilzen hat eine lange Tradition, die Fundorte sind ein gut gehütetes Geheimnis. Und in den nebligen Morgenstunden pflückt man Schnecken vom noch feuchten Gras und verarbeitet sie zu einer Delikatesse.

Die Balearen bleiben ein einzigartiges Reiseziel für alle auf der Suche nach unberührter Natur und für alle, die Höhlen, Berggipfel und Unterwasserwelten erkunden wollen. All das wartet hier, wartet darauf, von Träumern entdeckt zu werden, die sich danach sehnen, unter den Sternen zu schlafen, sich in klarem, azurblauem Wasser treiben zu lassen, meilenweit auf puderweichem Sand zu laufen oder sich in Bergen und Wäldern zu verlieren.

Wir hoffen, Sie finden hier Ihr eigenes Paradies, so wie wir.

Anna & Lizzie

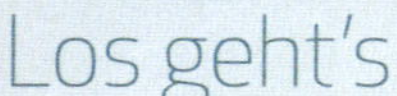

Los geht's

Alle Orte lassen sich anhand der Übersichtskarten am Ende jedes Kapitels und der genauen Wegbeschreibung finden. Wer sicher gehen möchte, kann auch die angegebenen Koordinaten benutzen. Diese sind in Dezimalgraden angeben (WGS84), die bis auf 10 m genau sind und in jedes Navigationsprogramm, jede Karten-App (z. B. Google Maps) eingegeben werden können.

Solange es sich nicht um einen Rundweg handelt, beziehen sich die angegebenen Zeiten auf den Hinweg. Bedenken Sie, dass man für den Rückweg bergab oft weniger Zeit benötigt als für den Aufstieg. Offizielle Wanderwege haben rote Wegweiser, aber viele sind nur durch bemalte Steine oder überhaupt nicht markiert.

→ Auf Wanderungen in abgelegene Gebiete immer genug Wasser und Verpflegung mitnehmen, Sonnencreme auftragen und bei Hitze die Sonne meiden.

→ Informieren Sie jemanden, wohin Sie gehen. Verlassen Sie sich nicht auf Ihr Handy, um sich zurechtzufinden oder Hilfe zu rufen. Wenn möglich, im Notfall die 112 anrufen.

→ Beachten Sie die Wettervorhersage. Das Wetter kann sich auch nach einem schönen Morgen schnell ändern, oft mit Gewitter und Starkregen. Versuchen Sie niemals, Barrancs/Schluchten entlangzuwandern, wenn Regen angesagt ist, da diese sich schnell in reißende Ströme mit steilem Ufer ohne Fluchtweg verwandeln können.

→ Achten Sie auf frische Steinschläge und Erosion. Manche der genannten Routen können sich im Lauf der Zeit verändern und gefährlich werden, vor allem an der Küste.

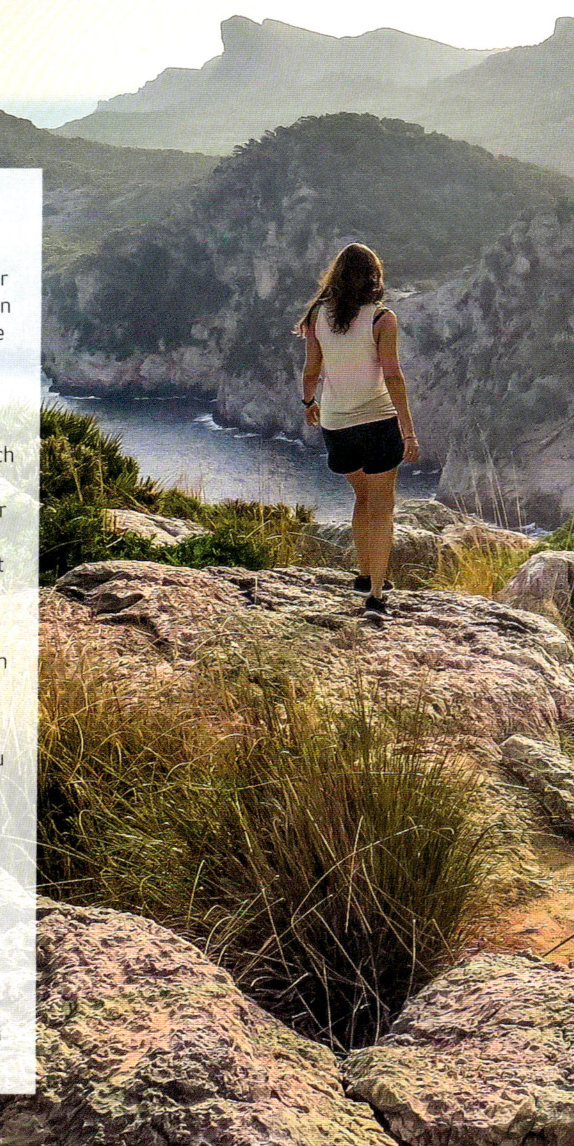

Mirador Es Colomer S. 145

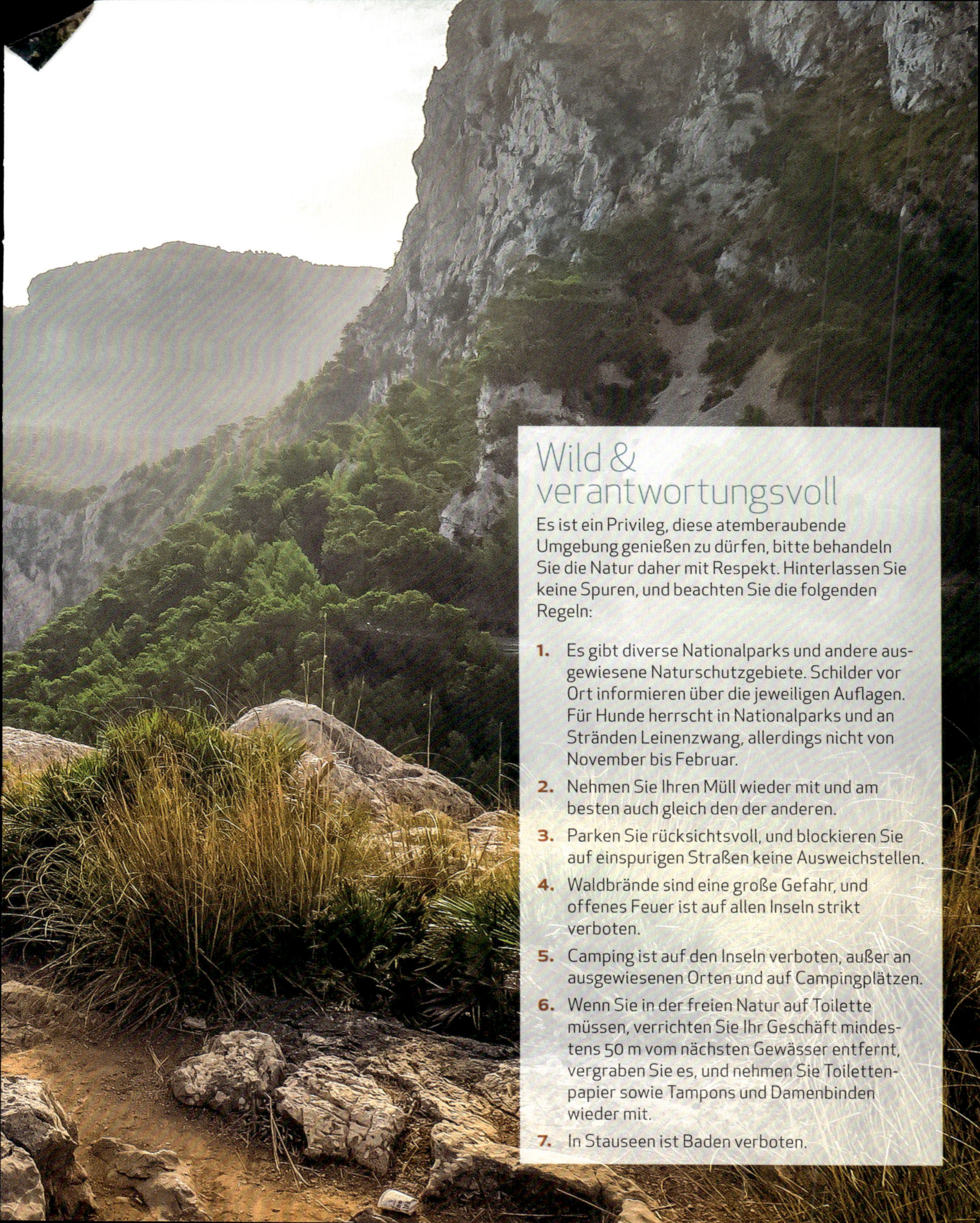

Wild & verantwortungsvoll

Es ist ein Privileg, diese atemberaubende Umgebung genießen zu dürfen, bitte behandeln Sie die Natur daher mit Respekt. Hinterlassen Sie keine Spuren, und beachten Sie die folgenden Regeln:

1. Es gibt diverse Nationalparks und andere ausgewiesene Naturschutzgebiete. Schilder vor Ort informieren über die jeweiligen Auflagen. Für Hunde herrscht in Nationalparks und an Stränden Leinenzwang, allerdings nicht von November bis Februar.
2. Nehmen Sie Ihren Müll wieder mit und am besten auch gleich den der anderen.
3. Parken Sie rücksichtsvoll, und blockieren Sie auf einspurigen Straßen keine Ausweichstellen.
4. Waldbrände sind eine große Gefahr, und offenes Feuer ist auf allen Inseln strikt verboten.
5. Camping ist auf den Inseln verboten, außer an ausgewiesenen Orten und auf Campingplätzen.
6. Wenn Sie in der freien Natur auf Toilette müssen, verrichten Sie Ihr Geschäft mindestens 50 m vom nächsten Gewässer entfernt, vergraben Sie es, und nehmen Sie Toilettenpapier sowie Tampons und Damenbinden wieder mit.
7. In Stauseen ist Baden verboten.

Highlights
Versteckte Buchten

Zusammen haben die Balearen über 1.000 km Küste, und überall warten charmante Buchten darauf, entdeckt zu werden. Je abgelegener, desto verlassener, es lohnt sich also, ein paar Schritte mehr zu gehen. Die kleinen, von Pinienwäldern gesäumten Buchten heißen Calas und sind herrlich zum Schnorcheln und Klippenspringen.

Man folgt einem unscheinbaren Pfad durch einen Wald, steigt über ein Tor, schlendert über eine Wiese, klettert einen steilen Hang hinunter, und plötzlich verschlägt es einem glatt den Atem, nicht vor Anstrengung, sondern wegen einer atemberaubend schönen Bucht, die man zum ersten Mal erblickt. Nehmen Sie auf diesen Ausflügen alles mit, was sie möglicherweise brauchen, denn dort gibt es logischerweise keine Läden, kein Trinkwasser und oft nicht einmal Schatten. Manchmal ist es eine gute Idee, den Rückweg erst anzutreten, nachdem der Sonnenuntergang seine fabelhafte Show abgezogen hat – bedenken Sie jedoch, dass Sie noch zurückfinden müssen!

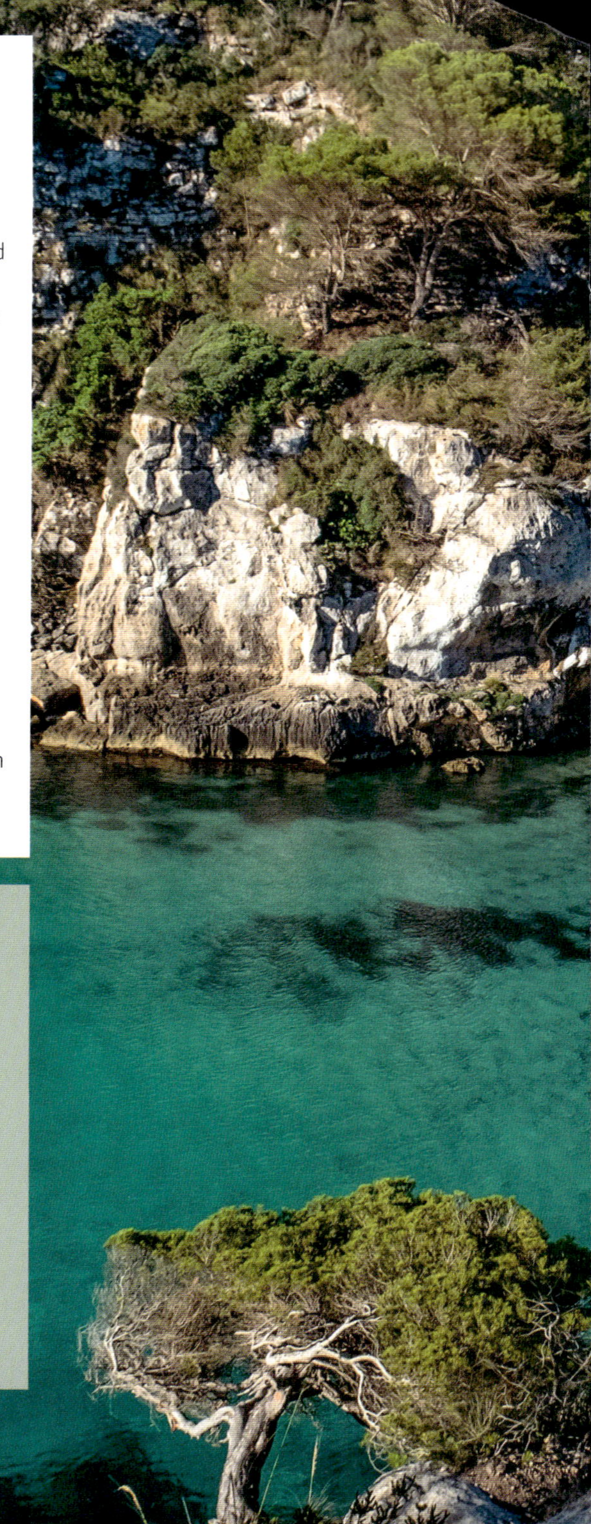

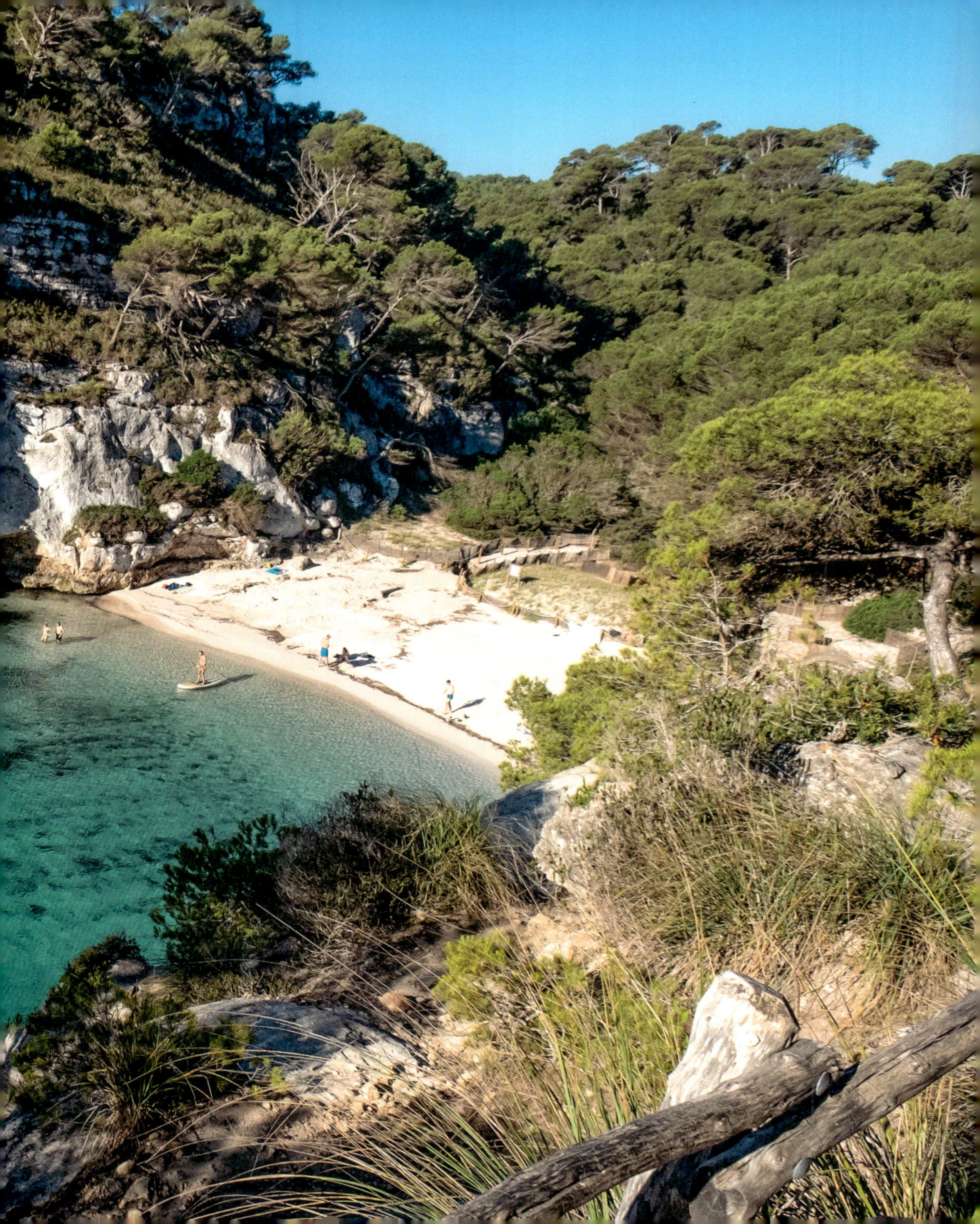

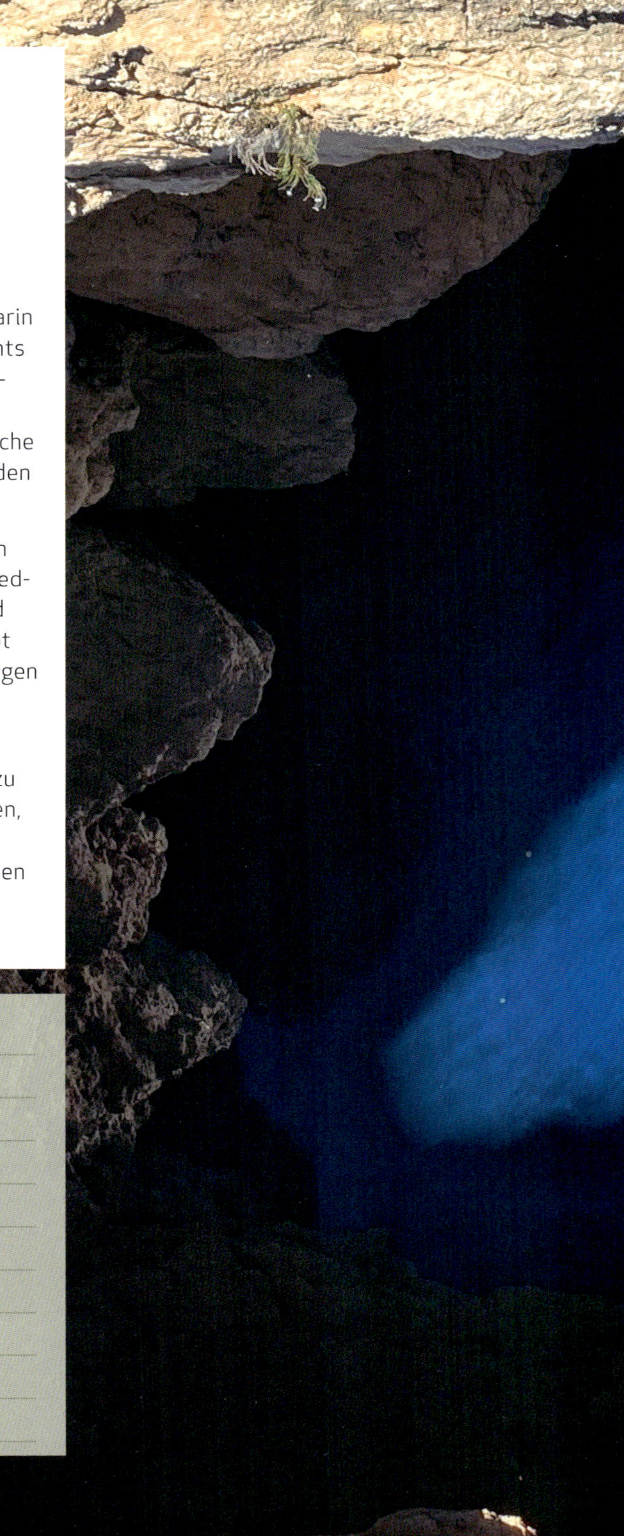

Highlights

Klippenspringen & Meereshöhlen

Höhlen haben Menschen schon immer gereizt, und darin zu schwimmen ist ein ganz besonderes Erlebnis. Nichts ist damit vergleichbar, sich in einer hallenden Höhlenkammer treiben zu lassen, während das leuchtende Wasser gegen die Wände kracht und hyperaktive Fische vorbeischießen wie silberne Pfeile. Dazu gibt es auf den Inseln reichlich Gelegenheit.

Beim Klippenspringen gibt es verschiedene Level. Ein ganz unkompliziertes Vergnügen ist es, von einem niedrigen Felsvorsprung ins tiefe Wasser zu springen und lachend und prustend wiederaufzutauchen. Dann gibt es noch die Möglichkeit, anderen bei gewagten Sprüngen von hohen Klippen zuzuschauen – und seinen ganzen Mut zusammenzunehmen, um es ihnen gleichzutun.

Mit einem erfahrenen Führer ist es möglich, Höhlen zu erkunden, die einem sonst verborgen geblieben wären, oder sich mit fachkundiger Anleitung, Sicherheitsausrüstung und entsprechenden Vorsichtsmaßnahmen aus großen Höhen zu stürzen. Wofür Sie sich auch entscheiden, bitte seien Sie vorsichtig!

Cala Tarida, Ibiza S. 56
Cueva de los Sastres, Ibiza S. 59
Ullal de na Coloms, Ibiza S. 70 (Foto)
Cala de Xarraca, Ibiza S. 82
Cala Varques, Mallorca S. 115
Cala Llombards, Mallorca S. 119
Sa Calobra, Mallorca S. 133
Cala En Brut, Menorca S. 192
Sa Cova des Pardals, Menorca S. 193
Cova de Tres Boques, Menorca S. 193

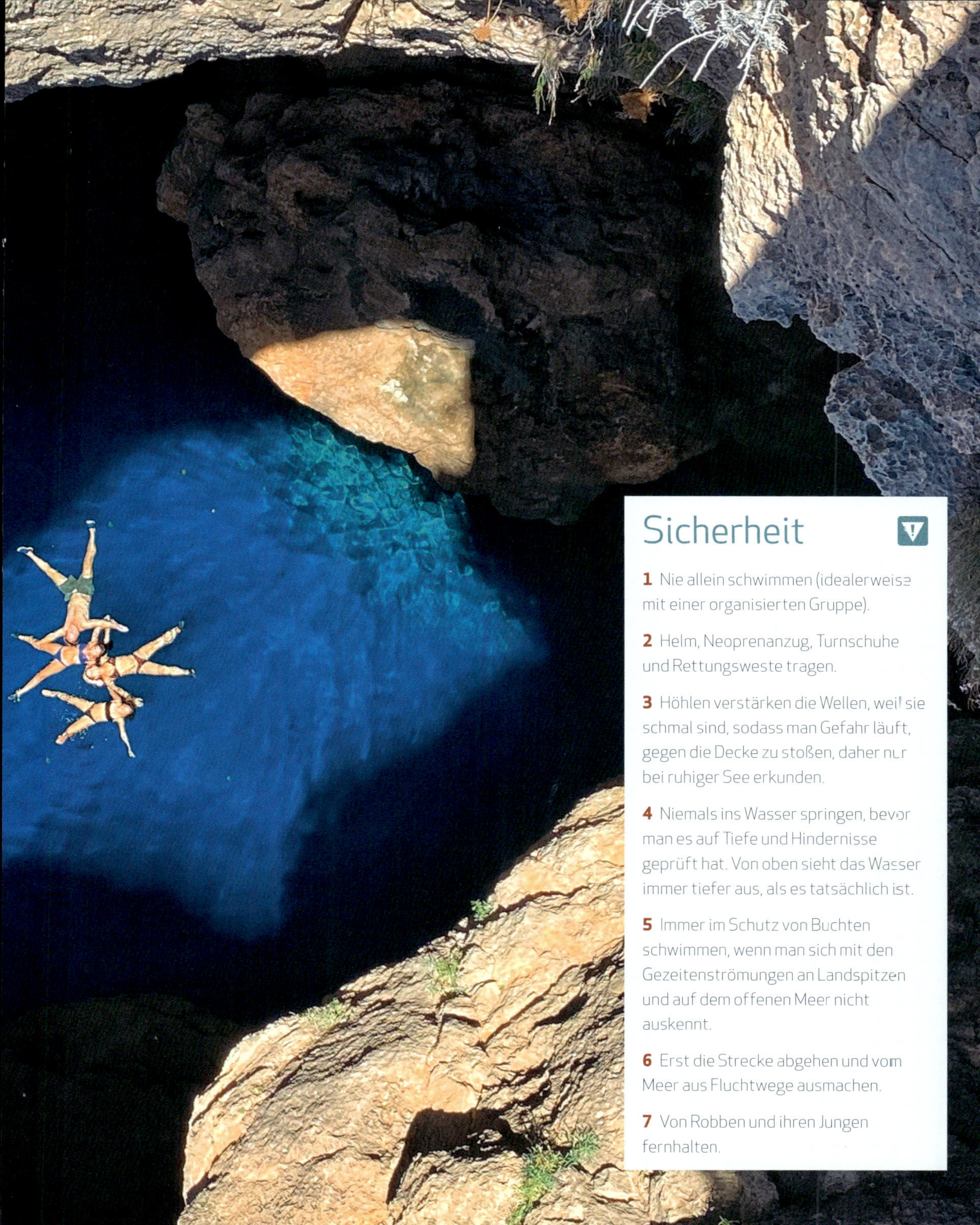

Sicherheit

1 Nie allein schwimmen (idealerweise mit einer organisierten Gruppe).

2 Helm, Neoprenanzug, Turnschuhe und Rettungsweste tragen.

3 Höhlen verstärken die Wellen, weil sie schmal sind, sodass man Gefahr läuft, gegen die Decke zu stoßen, daher nur bei ruhiger See erkunden.

4 Niemals ins Wasser springen, bevor man es auf Tiefe und Hindernisse geprüft hat. Von oben sieht das Wasser immer tiefer aus, als es tatsächlich ist.

5 Immer im Schutz von Buchten schwimmen, wenn man sich mit den Gezeitenströmungen an Landspitzen und auf dem offenen Meer nicht auskennt.

6 Erst die Strecke abgehen und vom Meer aus Fluchtwege ausmachen.

7 Von Robben und ihren Jungen fernhalten.

Highlights
Unbewohnte Inseln

Zu den Balearen gehören 147 unbewohnte Inseln. Viele liegen relativ nah vor der Küste, perfekt für eine Tour mit dem Kajak oder SUP-Board, manchmal sogar nah genug, um hinüberzuschwimmen oder zu schnorcheln. Ein Großteil des umliegenden Meeres steht unter Naturschutz, wegen der dichten Neptungraswiesen (*Posidonia oceanica*) teils als marine UNESCO-Welterbestätte. Die verbreitete Wasserpflanze reinigt das Wasser und bietet Schutz für eine Vielzahl von Meerestieren.

Zu einigen der Inseln wie Cabrera oder S'Espalmador kann man Bootstouren machen und dort verlassene Gebäude entdecken, wilde Tiere beobachten und Höhlen und Strände erkunden. Andere, wie Illa d'en Colom vor Menorca oder Tagomago vor Ibiza, erreicht man besser mit dem Kajak oder SUP-Board. Auf Illa de l'Aire vor Menorca gibt es nicht nur einen Leuchtturm, sondern auch den Sargantana Negra, eine Eidechse, die sich tarnt, indem sie die Farbe wechselt. Manche der kleinen Inseln liegen direkt vor der Küste und bergen geheime Höhlen oder versteckte Grabstätten aus der Bronzezeit, manche wecken mystische Assoziationen, ganz besonders Es Vedrà vor Ibiza, Heimat der Sirenen aus der griechischen Mythologie und Geburtsort der phönizischen Göttin Tanit.

S'Espalmador, Formentera S. 41

Aussichtspunkt Es Vedrà, Ibiza S. 63

Caló de S'Illa, Ibiza S. 81

Tagomago (Platja d'es Figuera), Ibiza S. 84

Naturschutzgebiet Sa Dragonera, Mallorca S. 108

Parc Nacional de Archipiélago de Cabrera, Mallorca S. 127

Playa de S'Illot, Mallorca S. 136 (Foto)

Illa d'Alcanada, Mallorca S. 137

Illa d'en Colom, Menorca S. 222

Illa de l'Aire, Menorca S. 222

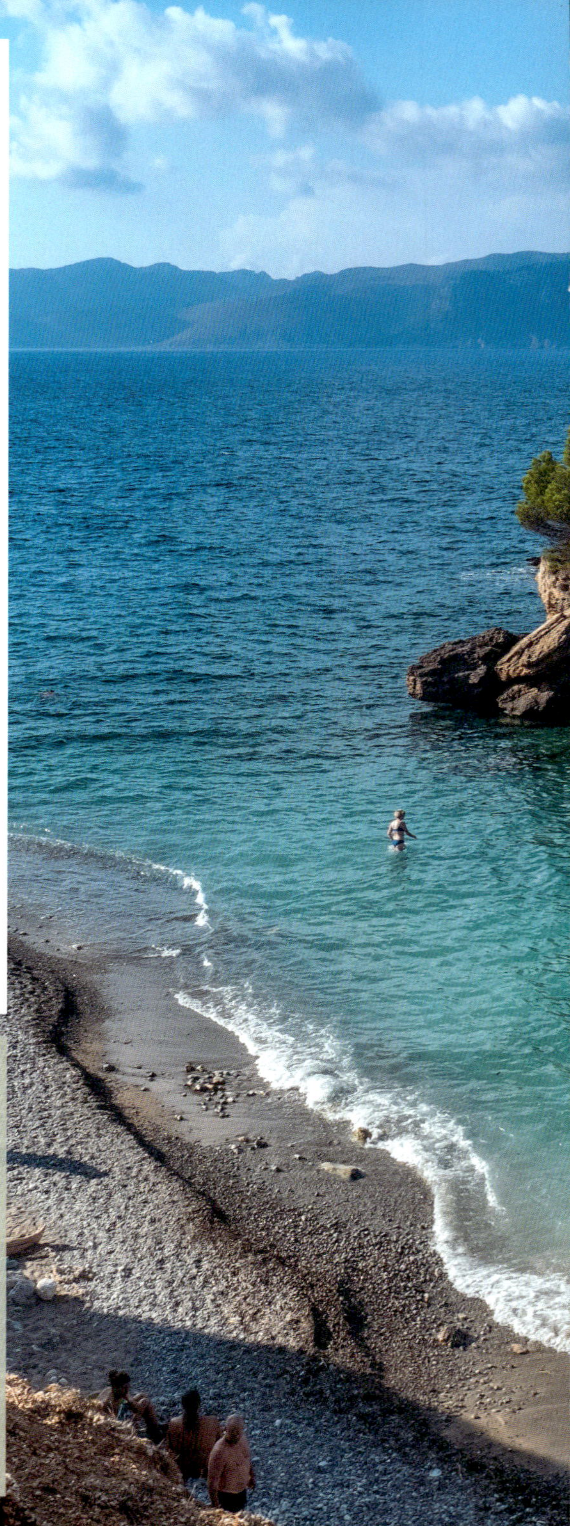

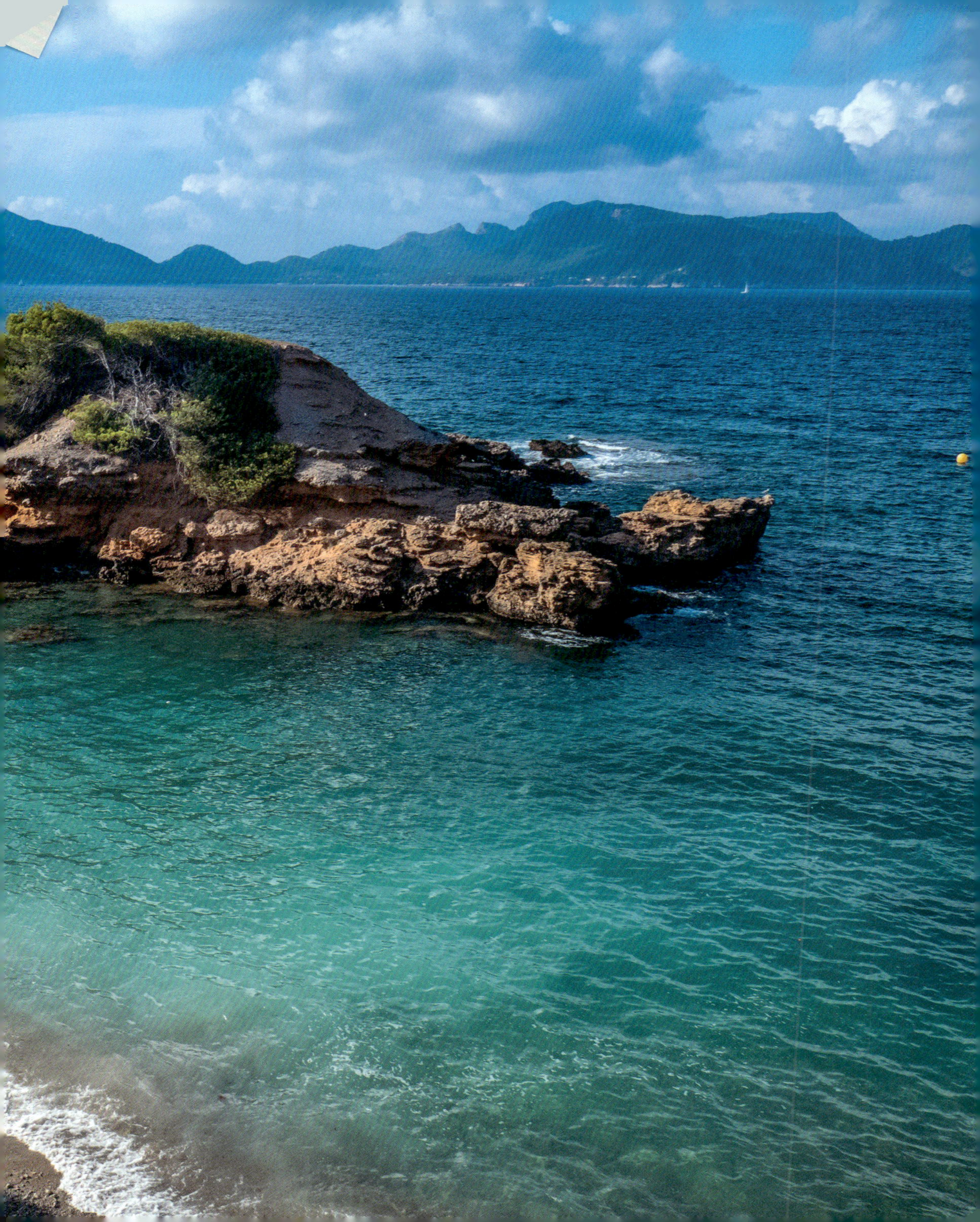

Highlights
Aussichtspunkte

Kaum einer, der nicht den Drang verspürt, von einem hohen Berg oder einem Felsvorsprung in die Weite zu blicken. Auf den Balearen locken zig schwindelerregende Klippen, und die Aussicht enttäuscht nie. Mühsame Kletterpartien in gnadenloser Hitze, vielleicht zu einem Kloster oder einer Burg, werden mit einem weiten Blick über die hügelige Landschaft bis hin zum Meer belohnt, der einen daran erinnert, dass man sich auf einer Insel befindet. Ein Spaziergang zur Westküste beschert die Aussicht aufs endlose Meer und herrliche Sonnenuntergänge, und lange, gewundene Straßen zu Leuchttürmen eröffnen ganz neue Perspektiven.

An klaren Tagen kann man von der nordöstlichsten Spitze Mallorcas bis nach Menorca sehen, und vom Gipfel des Sa Talaia auf Ibiza hat man einen fantastischen Blick auf Formentera und die verstreuten kleinen Inseln drumherum. Manche Wachtürme sind in einem guten Zustand, sodass man über eine Strickleiter ganz hinaufklettern kann, wie die Wächter vor 400 Jahren, und statt nach Piraten nach dem aufblitzenden Sonnenlicht auf dem Rücken eines Delfins Ausschau halten.

Far des Mola, Formentera S. 46

Sa Talaia, Ibiza S .63

Aussichtspunkt Es Vedrà, Ibiza S. 63 (Foto)

Punta Galera, Ibiza S. 73

Cova des Culleram, Ibiza S. 87

Torre de Campanitx, Ibiza S. 88

Mirador de Cap Andritxol, Mallorca S. 107

Far de Formentor, Mallorca S. 144

Castell d'Alaró, Mallorca S. 158

Far de Cavalleria, Menorca S. 207

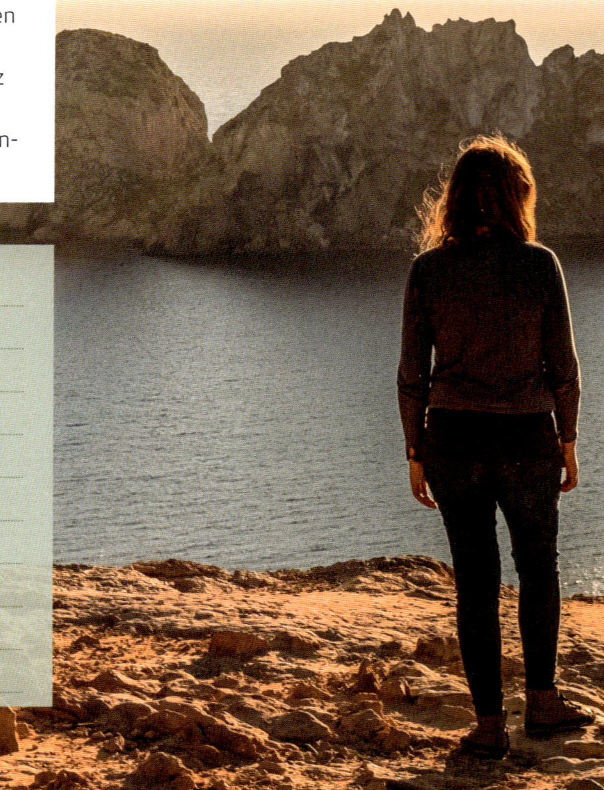

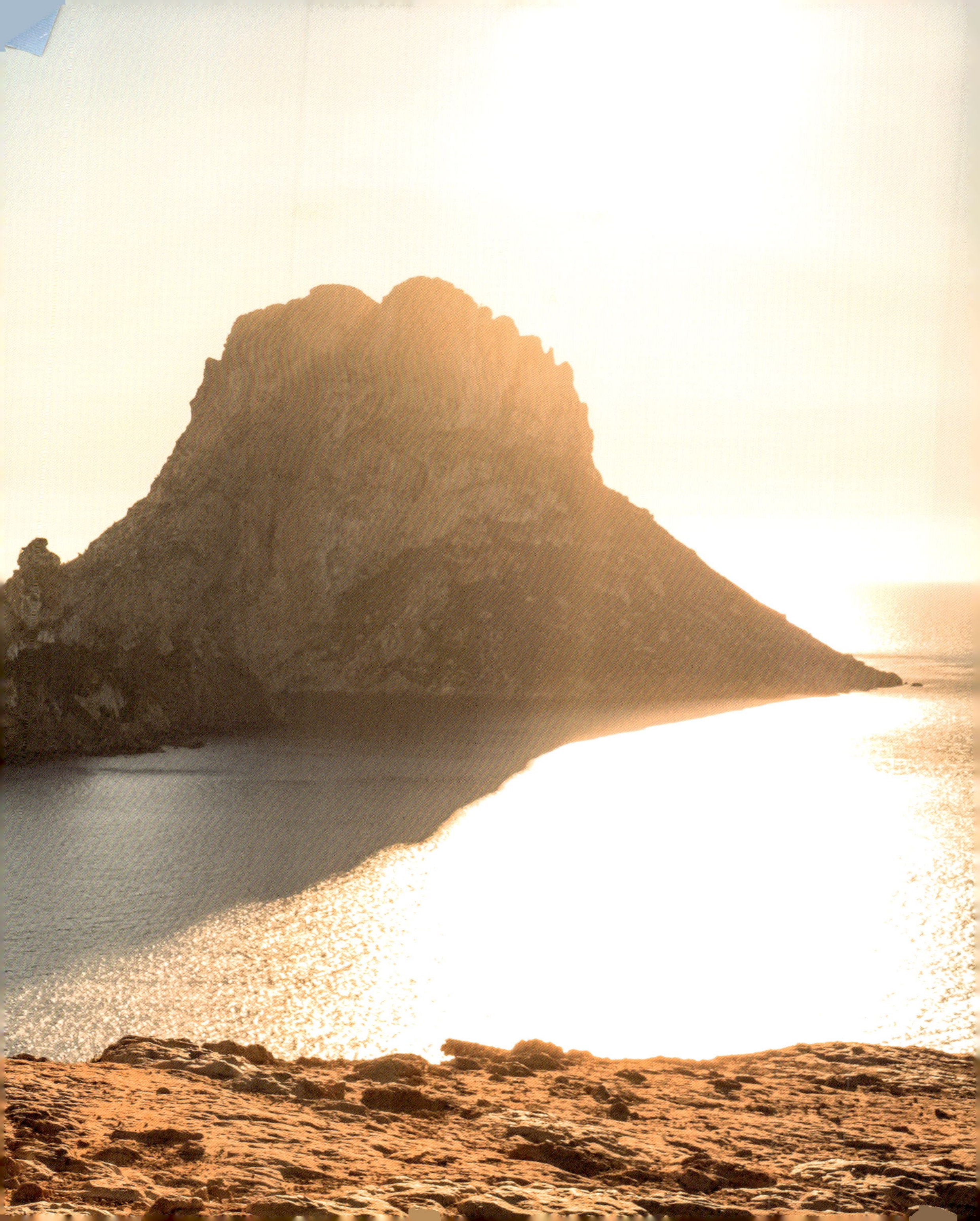

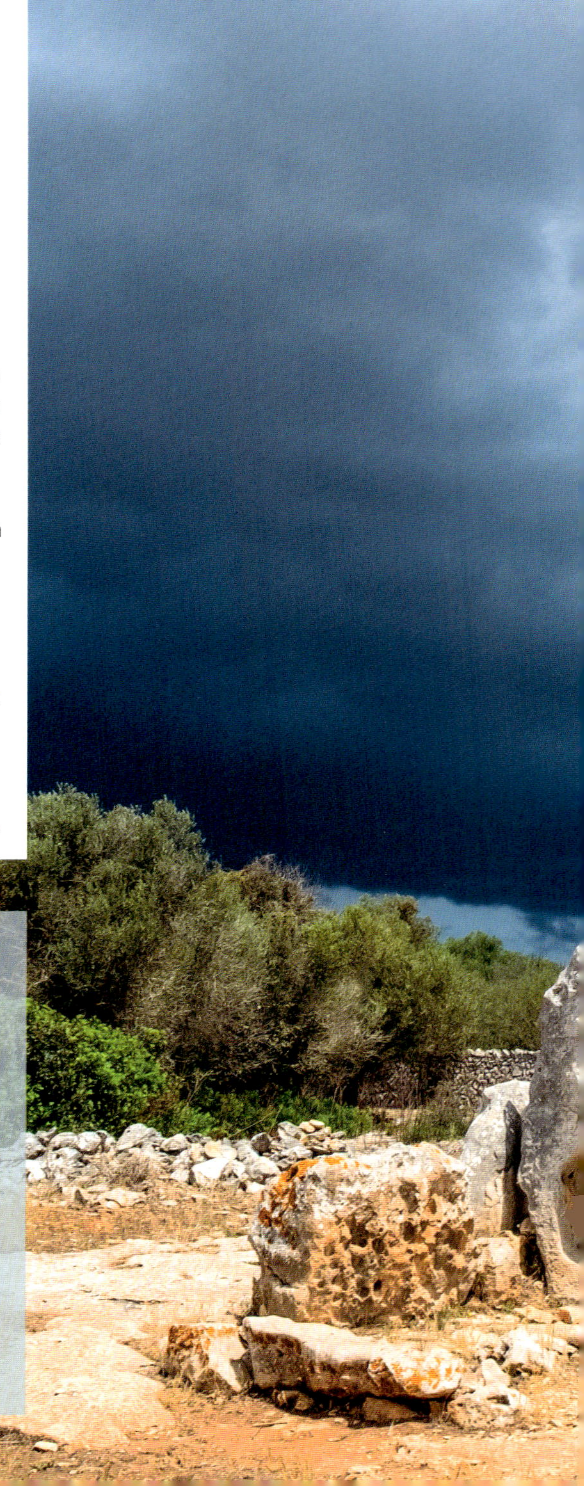

Highlights
Alt & heilig

Die Inseln sind mit heiligen Stätten gespickt und durch die Feiertage eng miteinander verbunden. Für viele Inselbewohner ist die Vergangenheit ebenso präsent wie die Gegenwart, und das zeigt sich überall.

Überall sieht man die Bruchsteinmauern der prähistorischen Talayots, vor allem auf Menorca, sowie die Ruinen der Bauten von Phöniziern und Römern. Am sichtbarsten ist das maurische Erbe, das sich in Form von bewässerten Terrassen in die Landschaft fügt, auf denen Orangen, Mandeln und Aprikosen, Kumin und Safran angebaut werden. Viele der Wachtürme aus Piratenzeiten rund um die Inseln, alle in Signalweite voneinander, stehen bis heute auf schwindelerregenden Klippen, während die Gipfel im Landesinnern von alten Burgen, Heiligtümern und Klöstern gekrönt sind.

Zahllose Höhlen in Klippen und Berghängen wurden einst für Bestattungen, Gebete oder als Behausung genutzt. Manche sind bis heute bewohnt, andere sind bis auf mysteriöse Höhlenzeichnungen leer. Wer aufmerksam lauscht, hört überall das Echo längst vergangener Zeiten.

Cap de Barbaria, Formentera S. 46

Ses Païsses de Cala D'hort, Ibiza S. 62

Talaiot de Binifat, Mallorca S. 155

Necròpolis de Son Real, Mallorca S. 155

Ses Païsses, Mallorca S. 177

Nécropolis de Cala Morell, Menorca S. 195

Sanisera & Torre d'en Galmés, Menorca S. 206 und 208

Ses Roques Llises, Menorca S. 208 (Foto)

Ses Roques Llises, Menorca S. 208

Cova des Coloms, Menorca S. 210

Es Castellàs des Caparrot de Forma, Menorca S. 223

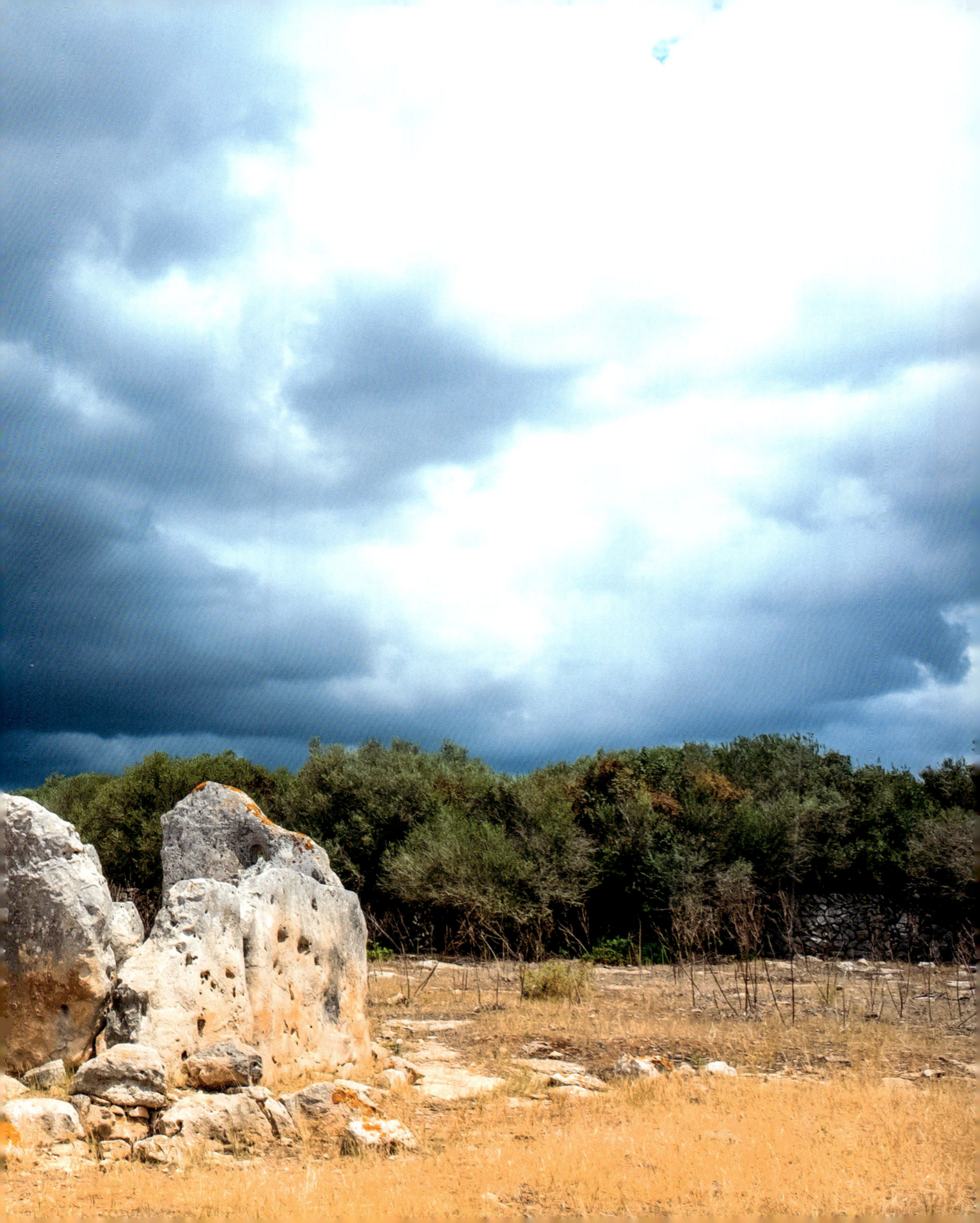

Highlights
Höhlen

Die Balearen sind gespickt mit schönen Höhlen, von natürlichen Tropfsteinhöhlen mit Stalaktiten und Stalagmiten bis zu Grabkammern aus der Bronzezeit. In den meisten der spektakulärsten Höhlen finden Führungen, Konzerte und Lichtshows statt, aber es gibt auch noch schöne Geheimtipps, die man auf eigene Faust erkunden kann, wenn man weiß, wo man suchen muss.

Auf manche Höhlen sind wir zufällig gestoßen, unauffällige Stufen, versteckt im Gebüsch am Wegesrand, die zu einer großen Kammer führen, die vielleicht einst Piraten oder Schmugglern als Lager diente. Von anderen haben wir gehört oder sie sogar im Film gesehen, wie beispielsweise das Loch im Boden unterhalb von einem Leuchtturm auf Formentera, das zu einer Höhle mit atemberaubender Aussicht führt. Eine Handvoll sind schwer zugängliche Legenden: zur Cova des Sants in Ibiza kann man an einem Seil hinaufklettern und findet sich unter einer spektakulären quallenartigen Felsformation wieder. Etliche waren bewohnt, entweder vor langer Zeit oder bis vor Kurzem, und wenn man in einer Steinzeithöhle hoch in den Klippen sitzt, mit Blick auf eine verlassene Landspitze, ist es fast so, als hätte sich in all den Jahrhunderten, die seither vergangen sind, nichts geändert.

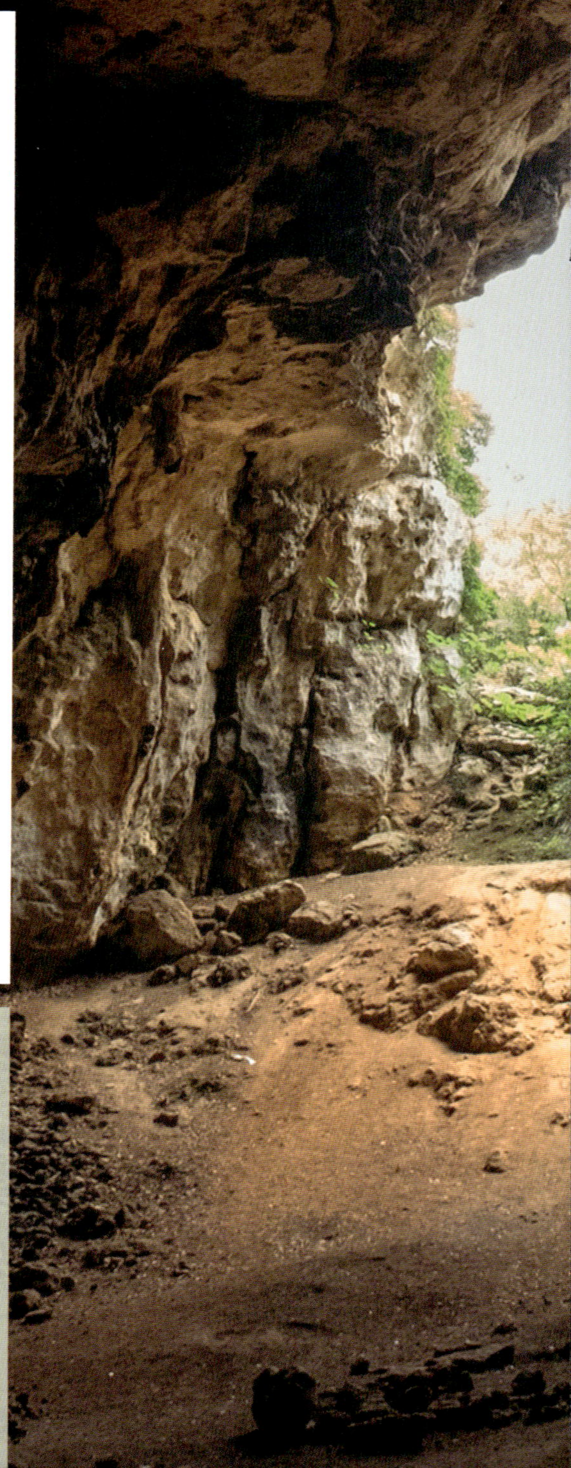

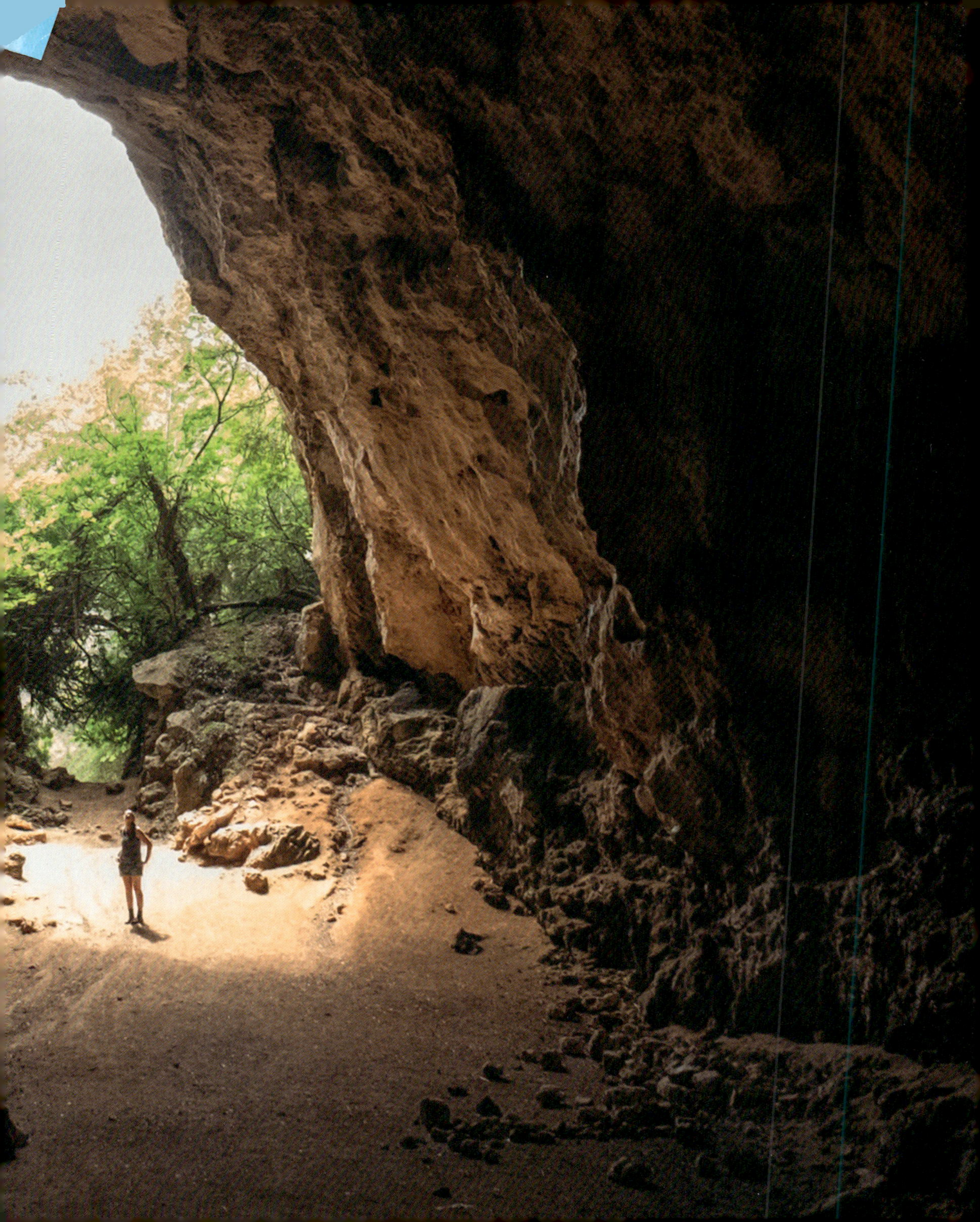

Highlights
Wandern

Menorcas Küstenwanderweg, der Camí de Cavalls, führt wie ein mit weißen Stränden und roten Felsbuchten verziertes Armband einmal um die ganze Insel herum. Auch auf Mallorca gibt es viele, auch längere Küstenwege, doch aufgrund der wilden, steilen Klippen im Westen und Norden gibt es keinen Rundweg. Ibizas Küste kann man umrunden, indem man diverse Wege selbst miteinander verknüpft, während auf dem Küstenwanderweg in Formentera alljährlich ein Ultramarathon stattfindet.

Die Wanderrouten im Landesinnern reichen von anstrengenden Gebirgswanderwegen, auf denen im Winter Schnee liegt, über sanfte, bewaldete Hügel mit duftendem Rosmarin bis zu alten Steinwegen durch Farmland mit Orangen, Weinbergen und Mandelblüten. Es gibt ausgetrocknete Schluchten und Gebirgsströme für Familienausflüge und andere, für die man Ausrüstung und einen Führer braucht. Wohin es einen auch verschlägt, man findet immer abgelegene Hostels mit einem gemütlichen Bett und leckerem Essen oder charmante Dörfer, wo man bei einem starken Kaffee neue Kraft schöpfen oder sich in einer traditionellen Bar das *menu del dia* gönnen kann.

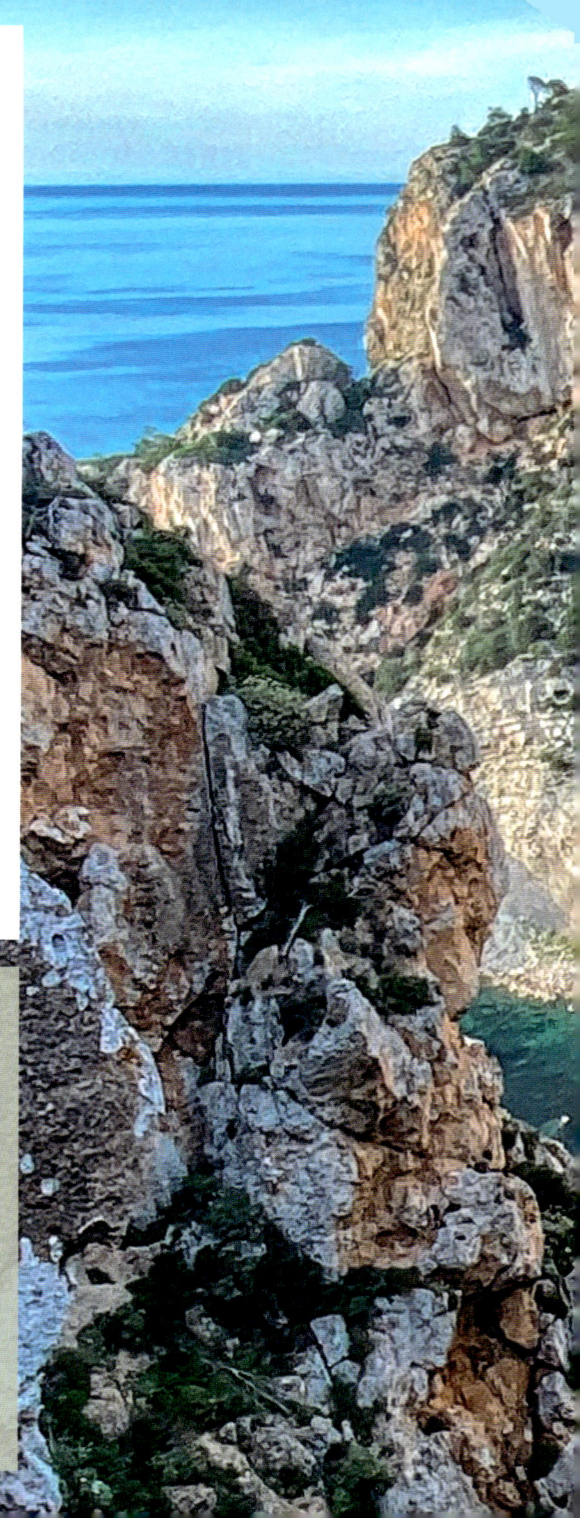

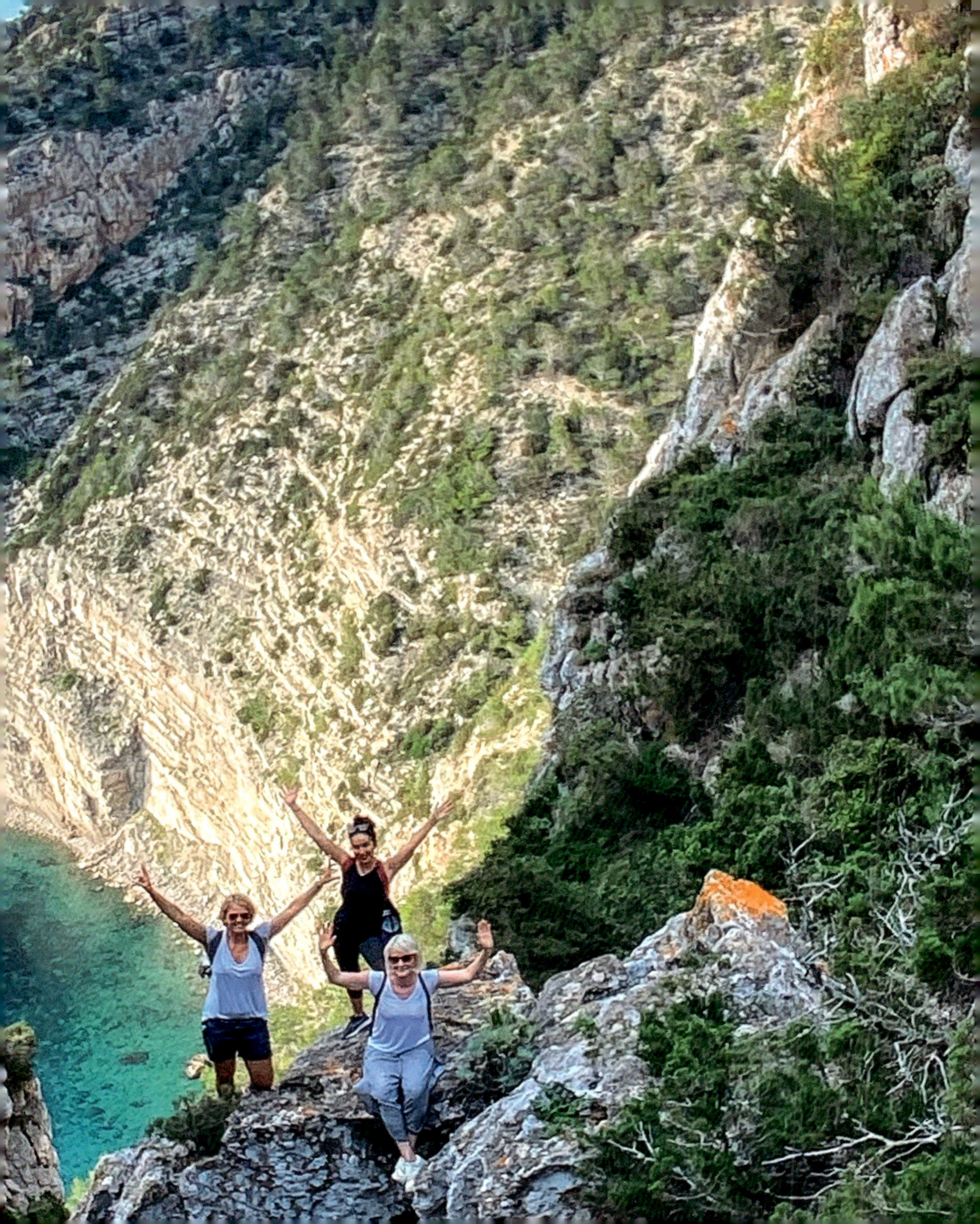

Highlights
Tiere & Naturschutzgebiete

Die Balearen locken unzählige Zugvögel an, und viele machen in den naturgeschützten Feuchtgebieten, in den Salinen und im Röhricht Zwischenstation, darunter auch Reiher und Flamingos. In den Klippen brüten Fischadler und Balearensturmtaucher. Eleonorenfalken, Wanderfalken, Mönchsgeier und Zwergadler kreisen über den Bergen, und Mauersegler, Bienenfresser, Wiedehopfe, Grünfinken und Brachpieper erfüllen den Himmel mit ihrem Gesang. In den Bergen begegnet man wilden Schafen und Ziegen, und man sieht gefleckte Zibetkatzen, Baummarder, Ginsterkatzen, Igel, Eidechsen und Schildkröten.

Die Pflanzen der Inseln sind nicht weniger faszinierend. Auf die berühmte frühe Mandelblüte folgen Wildblumen, wie orangefarbene Ringelblumen, wilder Fenchel und andere Doldenblütler, Veilchen, Mohnblumen, Gladiolen und diverse Orchideen. In der Strauchheide liegt der Duft der gelben Ginsterblüten in der Luft, der blau blühende Rosmarin parfümiert alles, was ihn berührt, und im Wald wachsen Steineichen, Zwergpalmen und Johannisbrotbäume neben uralten Olivenbäumen, manche über tausend Jahre alt. Glücklicherweise stehen große Gebiete unter Naturschutz, viele davon sind Nationalparks, manche davon sogar UNESCO-Welterbe.

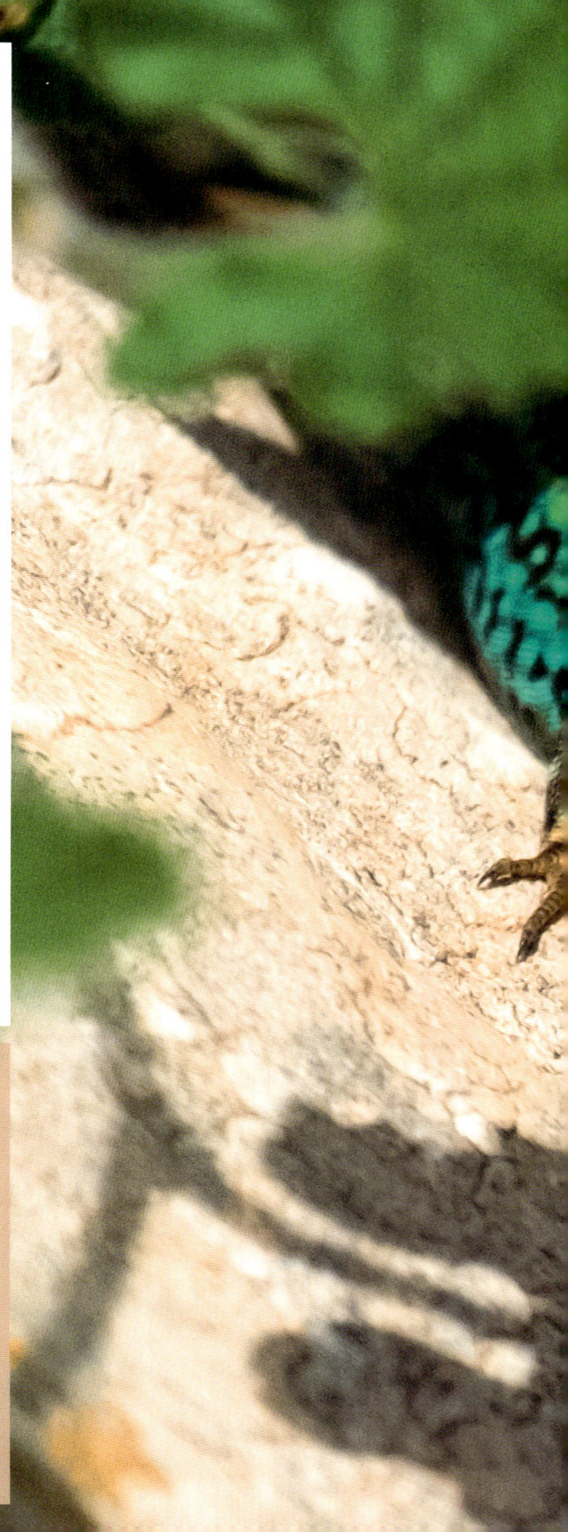

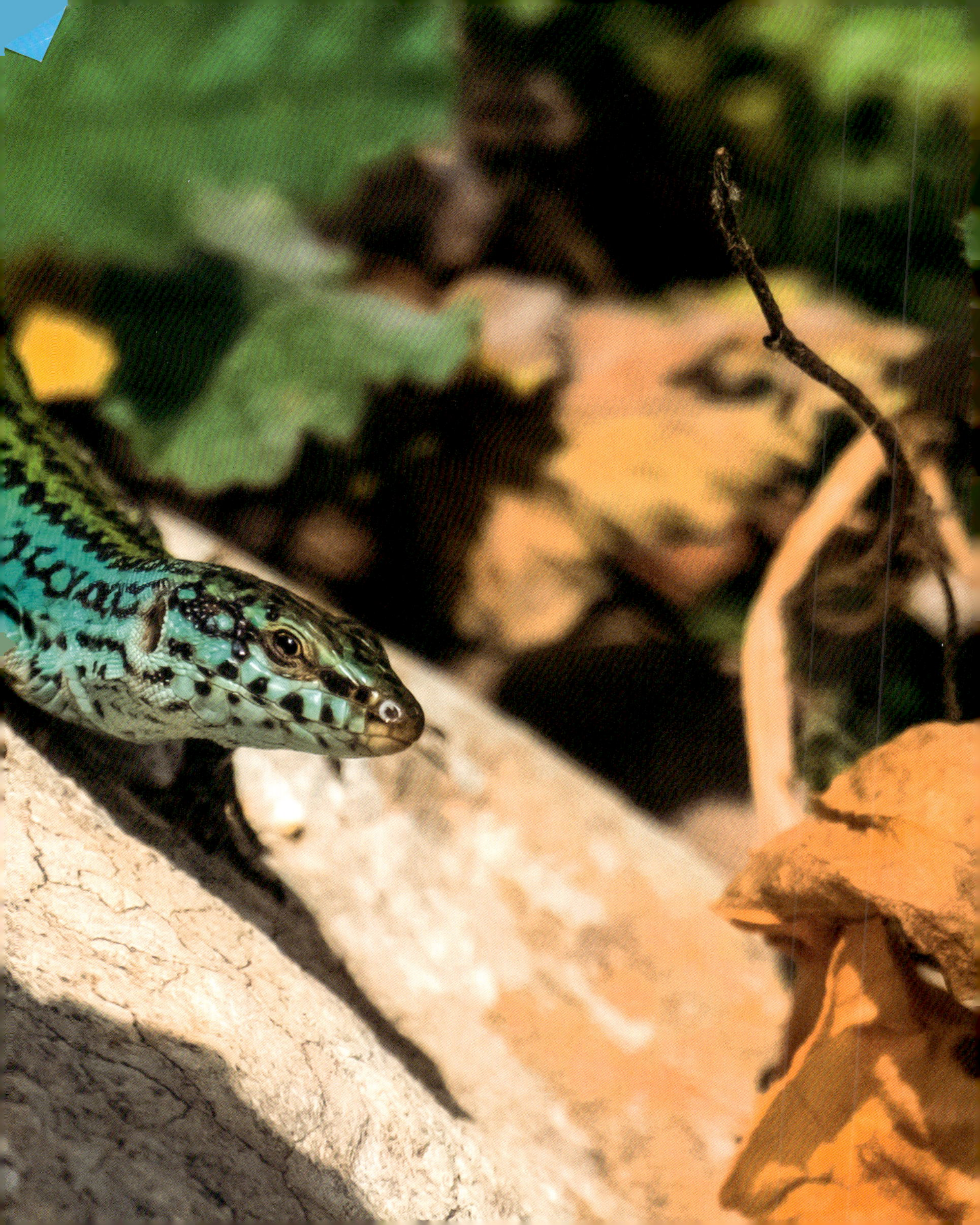

Highlights
Strandbars

Gutes Essen an einem herrlichen Strand gehört zu den schönsten Dingen im Leben, und selbst die weniger gut besuchten Strände haben auf den Balearen oft ein Chiringuito oder ein Restaurant oder irgendetwas dazwischen.

Einfaches Essen ist oft das beste: der herrlich frische Fang des Tages oder eine große Portion Paella mit Meeresfrüchten, die sich der ganze Tisch teilt, glänzende Oliven, eine Platte mit Salat, gegrilltem Fleisch oder Fisch und traditionelles *pa amb oli*, ungesalzenes Roggenbrot namens *pan moreno* mit Tomate und Olivenöl. Die hiesigen Weine können ausgezeichnet sein, aber an heißen Tagen ist vielleicht ein kaltes *cerveza* (Bier) die bessere Wahl. Der Kaffee ist gut, stark und billig, und in vielen Läden gibt es hausgemachtes Eis oder *gató*, trockener Mandelkuchen, serviert mit Mandeleis.

Wer in abgelegenen Regionen unterwegs ist, sollte ein Picknick einpacken – Schafskäse, Sobrasada, frische Feigen und Bauernbrot bekommt man in jedem Laden. Vergessen Sie auch nicht, genug Trinkwasser mitzunehmen, wenn sie zu einem einsamen Gipfel oder einer abgelegenen Bucht wandern.

Juan Y Andrea, Formentera S. 48

Chiringuito Cala Saona, Formentera S. 48

Es Jardi bei Sa Caleta, Ibiza S. 63

Amante Ibiza, Ibiza S. 76

Cala Gracioneta Chiringuito, Ibiza S. 75

El Bigotes, Ibiza S. 90

Sa Foradada, Mallorca S. 110

Restaurant Illeta, Mallorca S. 110 (Foto)

S'Embat, Mallorca S. 128

Cova Sa Nacra, Menorca S. 196

Bucaneros, Menorca S. 224

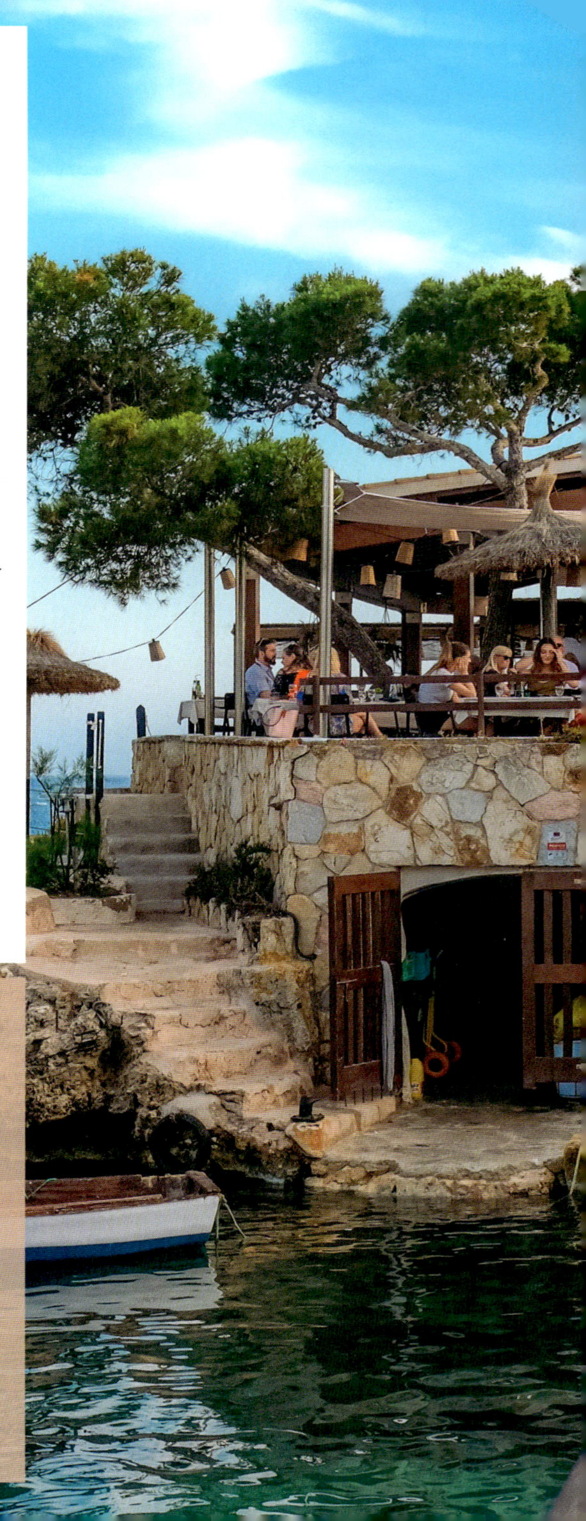

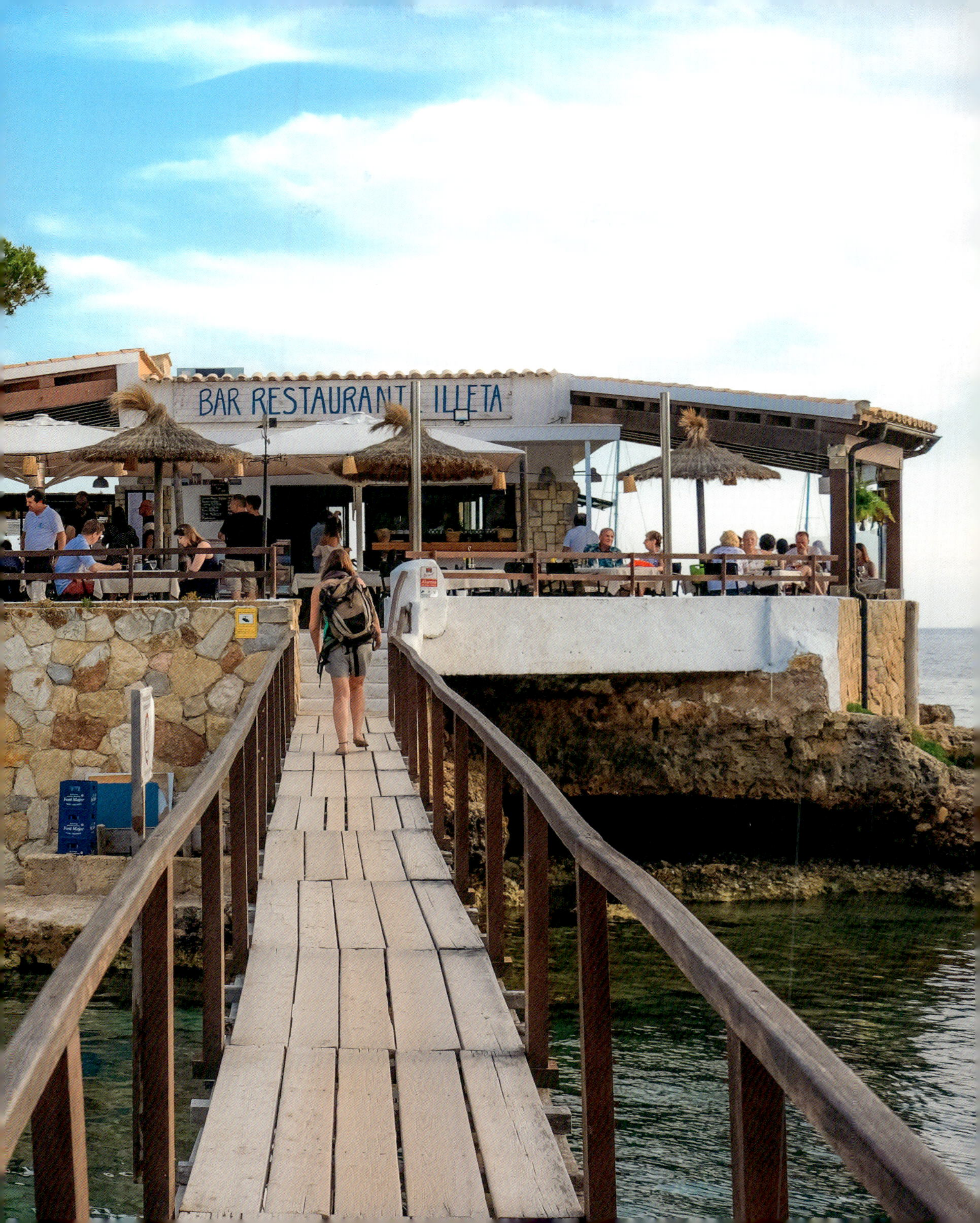
BAR RESTAURANT ILLETA

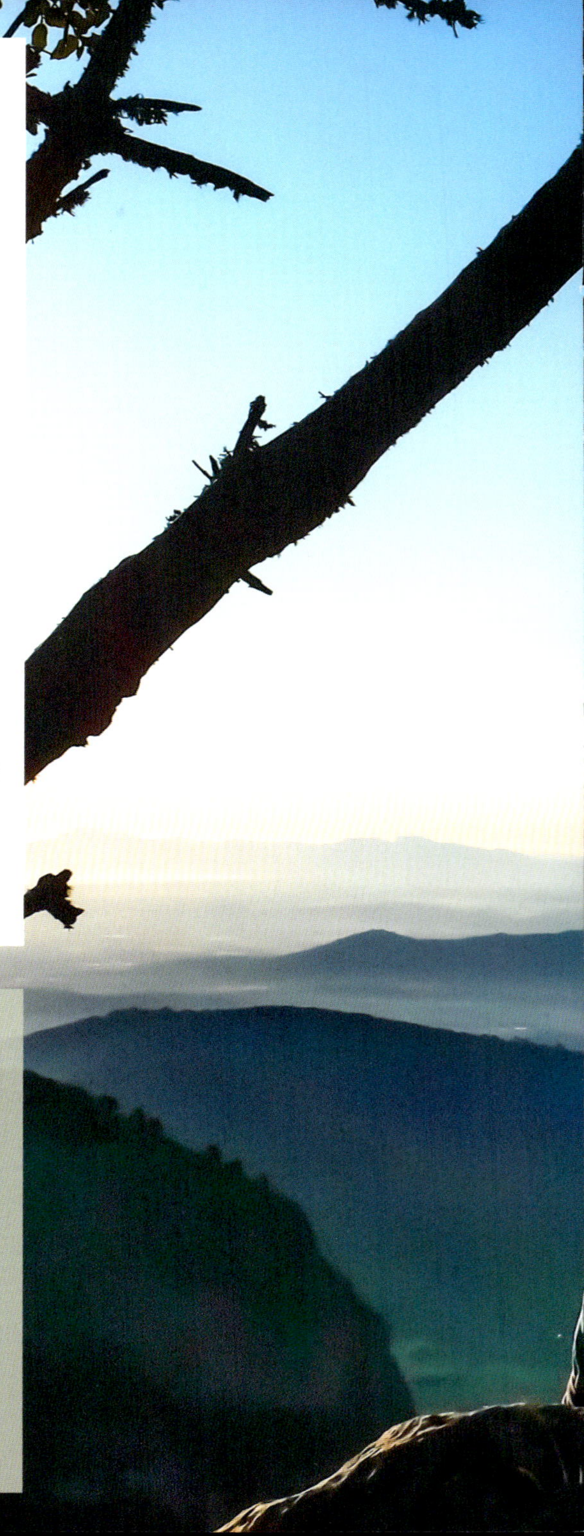

Highlights
Übernachten

Mancherorts auf den Inseln ist der Nachthimmel so dunkel und klar, dass sich die Sterne zu glitzernden Wirbeln zu verdichten scheinen, und man möchte einfach nur auf dem Rücken daliegen und zuschauen. Wild Camping ist allerdings auf allen Inseln streng verboten, um die Umwelt zu schützen (ebenso wie offenes Feuer), und wenn Sie irgendwo ein Zelt aufschlagen, laufen Sie Gefahr, von Polizisten geweckt zu werden, die Ihnen ein saftiges Bußgeld verpassen. Man kann jedoch eine Hängematte mit Moskitonetz zwischen den Bäumen aufhängen, und wenn Sie keine Spuren hinterlassen, ist das eine gute Option.

Es gibt öffentliche Hostels, die *refugís*, mit billiger, einfacher Verpflegung und Unterkunft an wilden, abgelegenen Locations, meist an Wanderwegen. Hier trifft man auf Gleichgesinnte, mit denen man beim Abendessen Tipps, Wanderrouten und Anekdoten austauschen kann – allerdings muss man vorausplanen und reservieren.

Alle Inseln bieten Agrotourismus (Urlaub auf dem Land), für gewöhnlich alte Bauernhöfe, die zu Hotels umgewandelt wurden.

Es Pas Formentera Agroturismo, Formentera S. 49

Can Cosmi Prat, Ibiza S. 76

Las Mariposas, Ibiza S. 77

Camping La Playa, Ibiza S. 91

Finca Hotel Rural Es Turó, Mallorca S. 129

Castell d'Alaró, Mallorca S. 158 (Foto)

Son Roig, Mallorca S. 163

Refugio de s'Alzina, Mallorca S. 180

Camping s'Atalaia, Menorca S. 211

Ses Sucreres, Menorca S. 211

Sa Torre Blanca, Menorca S. 224

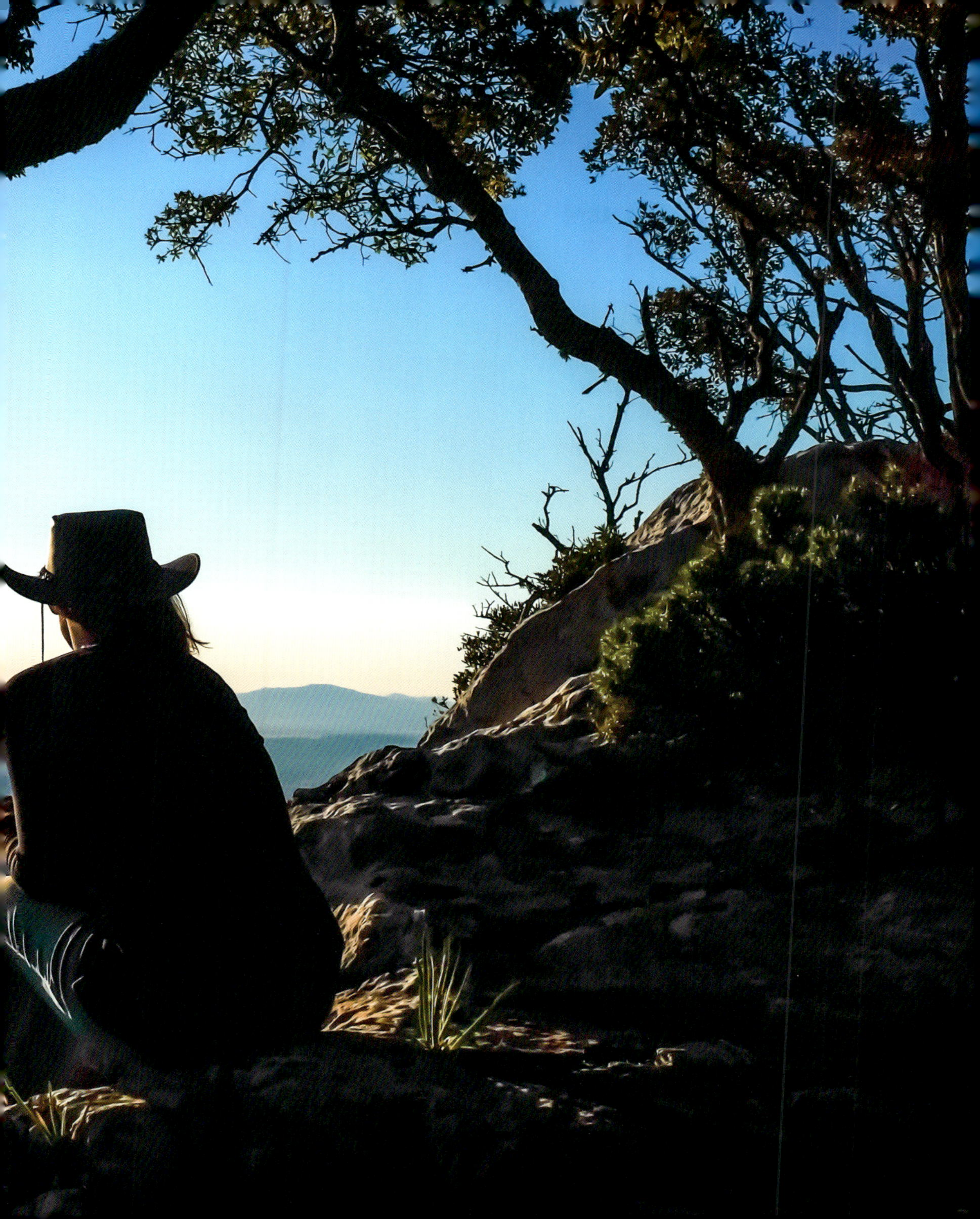

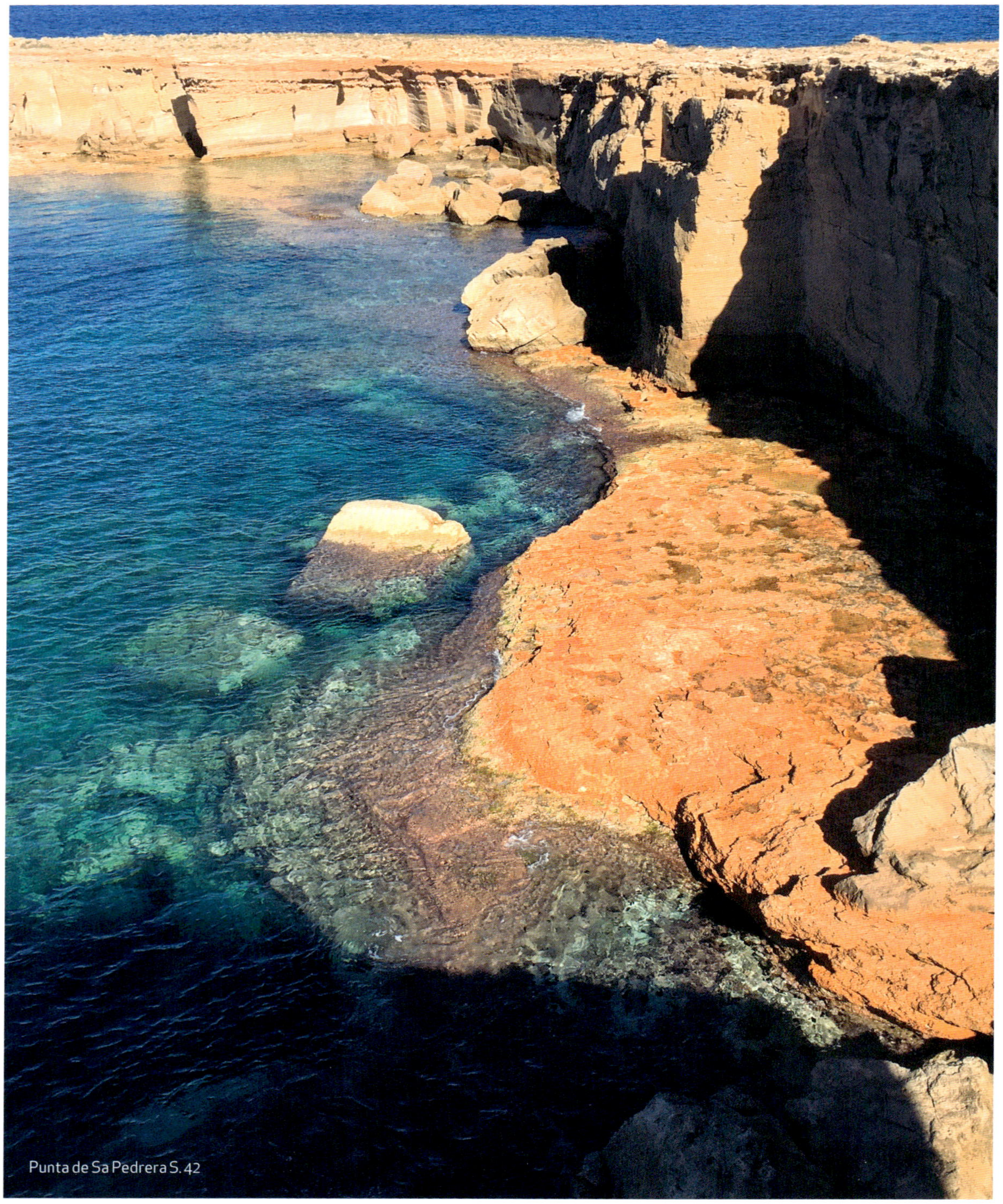
Punta de Sa Pedrera S. 42

FORMENTERA & IBIZA

Ibiza und Formentera liegen nur drei Seemeilen voneinander entfernt und sind doch vom Charakter her ganz unterschiedlich. Jenseits der Urlaubsorte, die viele mit Ibiza verbinden, liegt eine vollkommen andere Welt. Kurvenreiche Straßen schlängeln sich zwischen Feldern mit duftenden Mandelblüten, Bruchsteinmauern, knorrigen Feigenbäumen und Orangenhainen. Versteckte Wanderwege führen von Kalksteinklippen durch Pinienwälder zu menschenleeren Buchten mit klarem, türkisblauem Wasser. Eine kurze Fährfahrt bringt uns zum kleinen Inselparadies Formentera mit weißen Sandstränden, kristallklarem Wasser, Pinienwäldern und entspanntem Hippie-Vibe.

Man versteht, warum die alten Griechen sie *Pityûssai* oder Pinieninseln tauften. Die alten, dichten Wälder machen die Landschaft überraschend saftig und grün. Man hat Siedlungen aus der Bronzezeit gefunden, aber es scheint, als wären die Inseln entvölkert gewesen, bevor Phönizier, Karthager und Römer kamen. Danach wurden sie von Arabern, Christen und Türken besiedelt und regelmäßig von Piraten angegriffen – der Grund für die Wachtürme auf vielen der Landspitzen.

In jüngerer Zeit wurde Ibiza Zufluchtsort für alle, die Francos Regime entkommen wollten, später dann für Aussteiger und Hippies. In den 1960ern und 1970ern kamen Musiker in Scharen, um hier ihre Alben aufzunehmen und den Vibe aufzusaugen: Mick Jagger, Joni Mitchell und Bob Marley, um nur einige zu nennen. Die Partyszene, die ihnen folgte, wuchs, bis Ibiza sich zum Zentrum der internationalen Clubszene etablierte. Das ruhigere Formentera zog Musiker wie Bob Dylan an, der angeblich im Restaurant Fonda Pepe Schach gespielt haben soll.

Ibiza ist wahrscheinlich die gebeuteltste Insel der Balearen, doch auch wenn manche Gegenden vom Tourismus verschandelt sind, findet man abseits ausgetretener Pfade immer noch das ursprüngliche Ibiza: kleine Dörfer, in denen traditionelles Essen in Holzöfen zubereitet und auf Terrassen mit Bougainvillea und Blick auf die Berge serviert wird. Alte Bauernhäuser, die in nachhaltige Agrotourismus-Hotels umgewandelt wurden. Schöne Wälder, versteckte Strände, zerklüftete Berge und legendäre Sonnenuntergänge. Der Anblick des glühenden Feuerballs, der hinter der mystischen Insel Es Vedrà im Meer versinkt, ist etwas, das man nie vergisst. Die alten Griechen behaupteten, dass die Sirenen hier für Odysseus sangen. Überall auf Ibiza findet man heilige Steinkreise, Felszeichnungen und Kultstätten, während die Menschen von heute sich in Wandgemälden, Trommelzeremonien und schrulligen Hippie-Märkten ausdrücken. Von dem Ibiza der kleinen Buchten, die von alten Fischerhütten gesäumt sind, ist nicht allzu viel übrig geblieben.

Beide Inseln sind ein Paradies für Naturliebhaber. Der Naturpark Ses Salines erstreckt sich vom Südwesten Ibizas bis nach Formentera und beheimatet Meeresschildkröten, Wale und viele Seevögel. Er umfasst ein großes Salinengebiet, das Zugvögel wie Flamingos, Störche und Fischadler beherbergt, und zählt wegen der dichten Neptungraswiesen zum UNESCO-Welterbe.

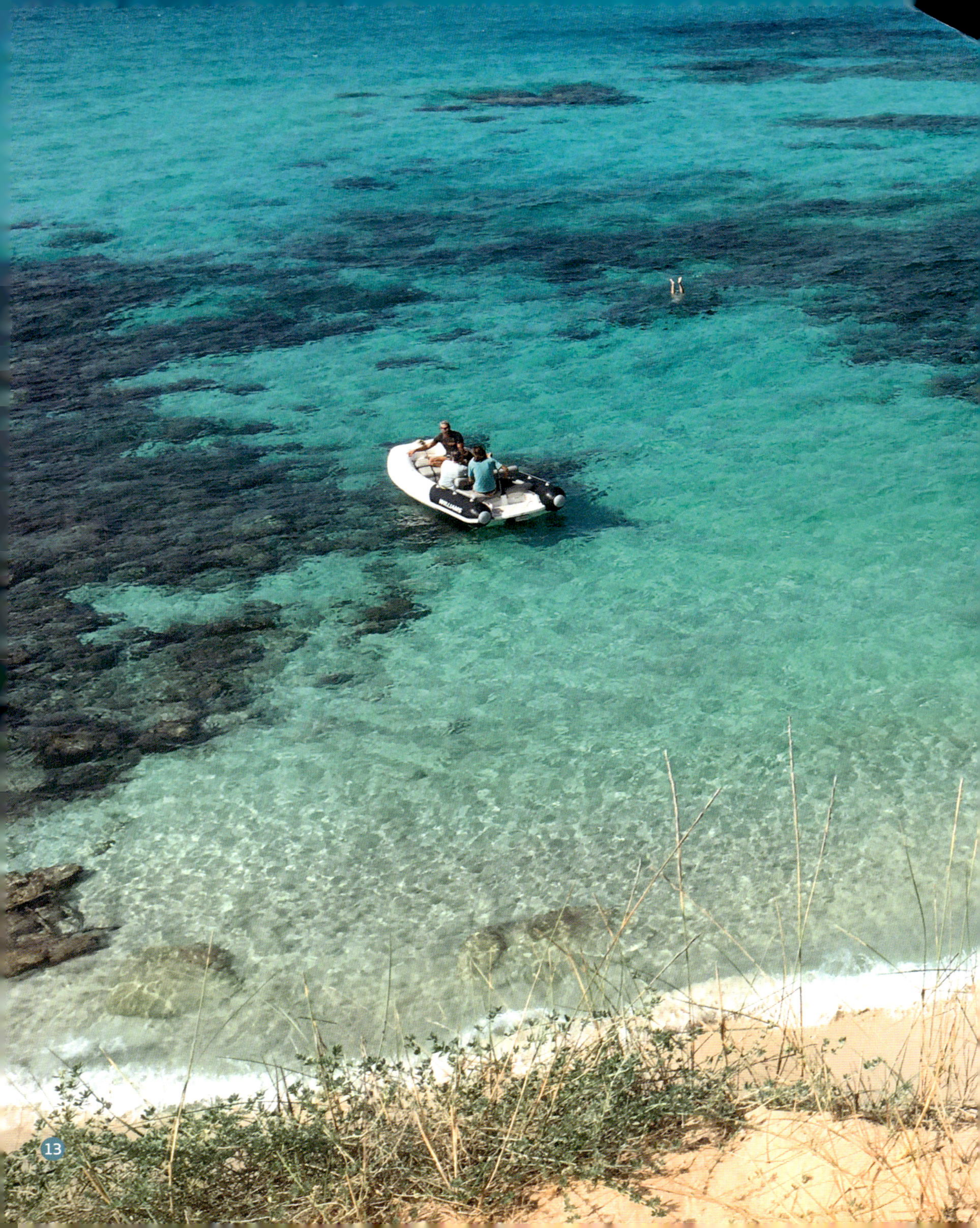

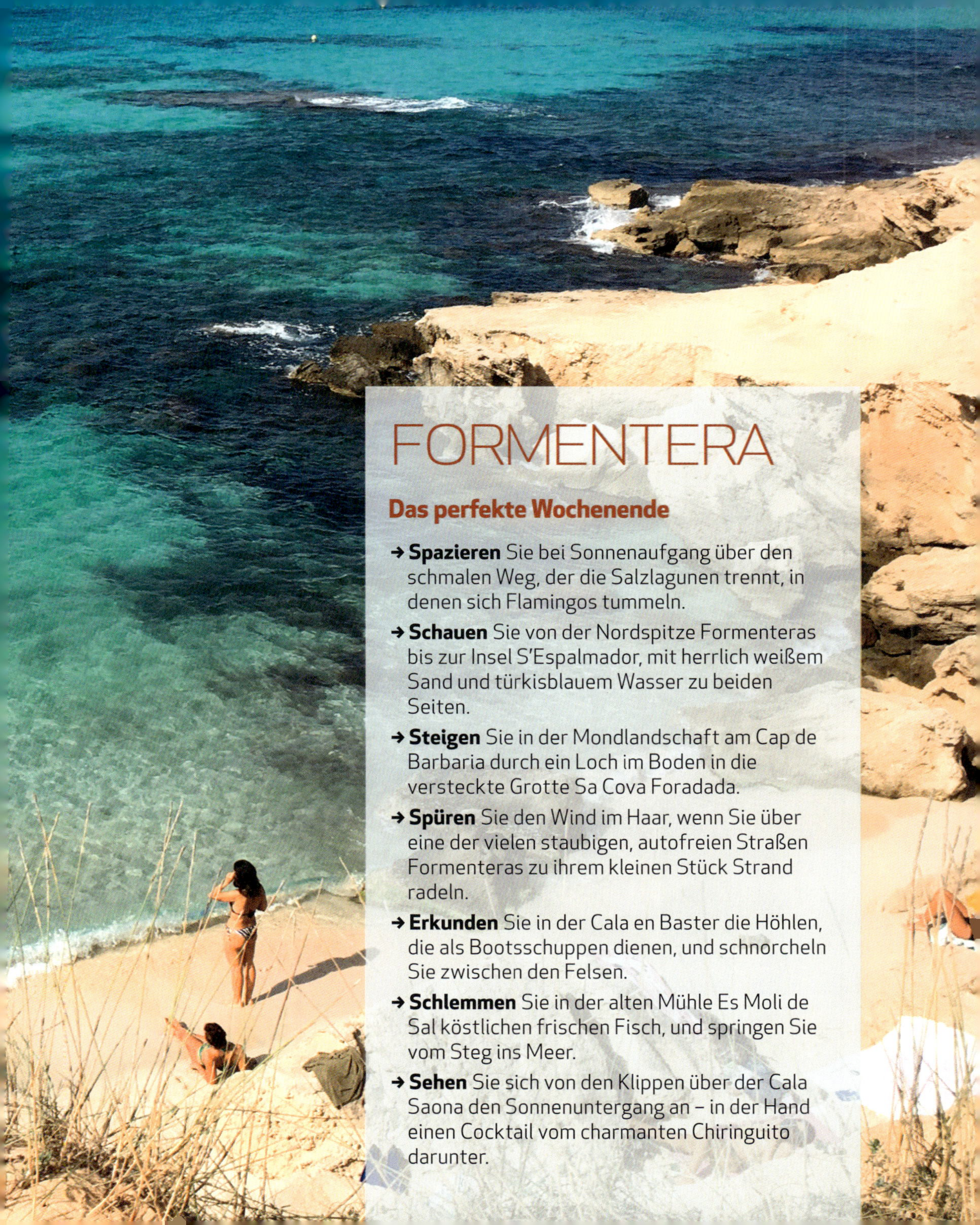

FORMENTERA

Das perfekte Wochenende

- **Spazieren** Sie bei Sonnenaufgang über den schmalen Weg, der die Salzlagunen trennt, in denen sich Flamingos tummeln.
- **Schauen** Sie von der Nordspitze Formenteras bis zur Insel S'Espalmador, mit herrlich weißem Sand und türkisblauem Wasser zu beiden Seiten.
- **Steigen** Sie in der Mondlandschaft am Cap de Barbaria durch ein Loch im Boden in die versteckte Grotte Sa Cova Foradada.
- **Spüren** Sie den Wind im Haar, wenn Sie über eine der vielen staubigen, autofreien Straßen Formenteras zu ihrem kleinen Stück Strand radeln.
- **Erkunden** Sie in der Cala en Baster die Höhlen, die als Bootsschuppen dienen, und schnorcheln Sie zwischen den Felsen.
- **Schlemmen** Sie in der alten Mühle Es Moli de Sal köstlichen frischen Fisch, und springen Sie vom Steg ins Meer.
- **Sehen** Sie sich von den Klippen über der Cala Saona den Sonnenuntergang an – in der Hand einen Cocktail vom charmanten Chiringuito darunter.

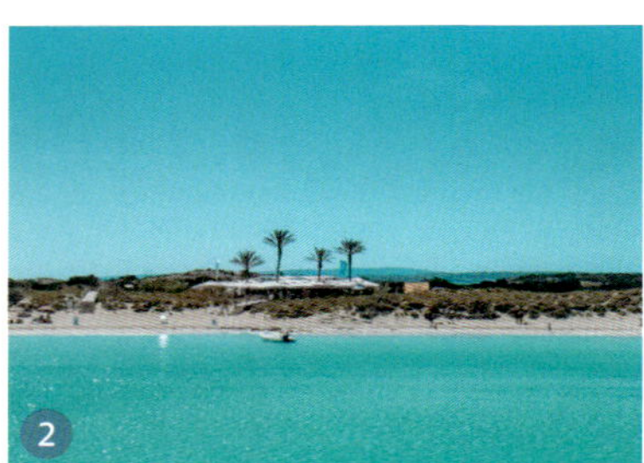

Formentera ist knapp 20 km lang und nur mit der Fähre von Ibiza erreichbar. Vom 15. bis zum frühen 18. Jahrhundert war die Insel aufgrund ständiger Piratenangriffe unbewohnt, und auch heute hat sie nur ca. 12.000 Bewohner. Doch dieses kleine Paradies mit weißen Sandstränden und Felsbuchten, mit schmalen, oft unbefestigten Straßen, die idyllische Dörfer verbinden, spielt in der Kultur, vor allem in der Musikkultur, eine überraschend große Rolle.

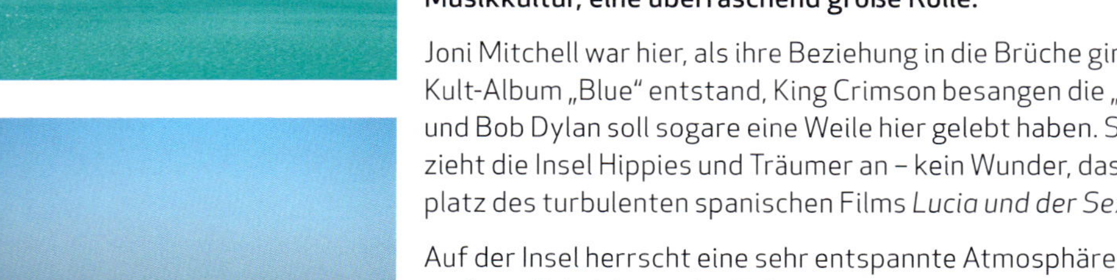

Joni Mitchell war hier, als ihre Beziehung in die Brüche ging und ihr Kult-Album „Blue" entstand, King Crimson besangen die „Formentera Lady", und Bob Dylan soll sogare eine Weile hier gelebt haben. Seit den 1960ern zieht die Insel Hippies und Träumer an – kein Wunder, dass sie als Schauplatz des turbulenten spanischen Films *Lucia und der Sex* gewählt wurde.

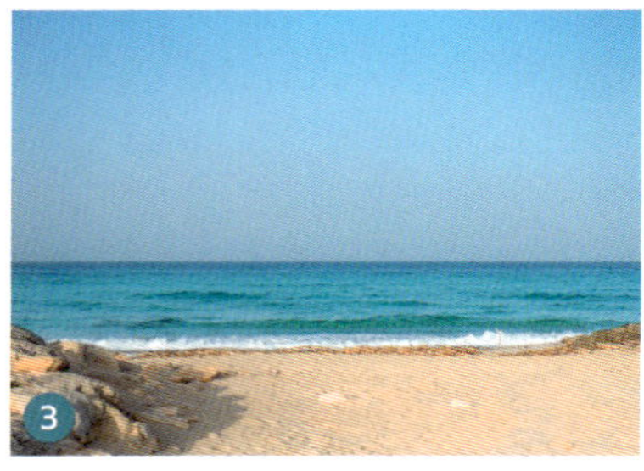

Auf der Insel herrscht eine sehr entspannte Atmosphäre. Trotz regelmäßiger Fährfahrten für Fußgänger und Autos, die weniger als eine Stunde dauern, sind die Möglichkeiten, ein Auto zu mieten oder mitzubringen, begrenzt. Zum Glück ist die Insel relativ flach, und viele kleine Landstraßen führen zu Stränden, Buchten und Dörfern, darunter diverse autofreie „grüne" Radwanderwege, sodass Fahrrad oder Motorroller eine gute Alternative darstellen.

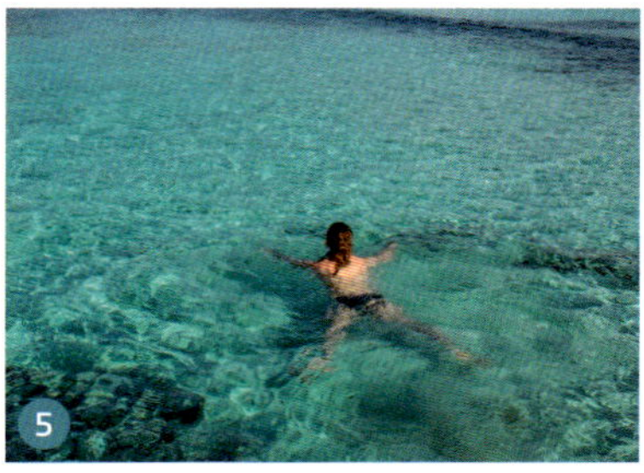

Wie könnte man die Schönheit der Landschaft, die feinen weißen Sandstrände mit türkisblauem Wasser, die hoch aufragenden Klippen, die weiß getünchten Häuser und staubigen Straßen besser erfahren? Aus Umweltschutzgründen ist Campen heutzutage keine Option mehr, aber es stehen jede Menge Hostels, Strandhäuschen und kleine Hotels zur Auswahl.

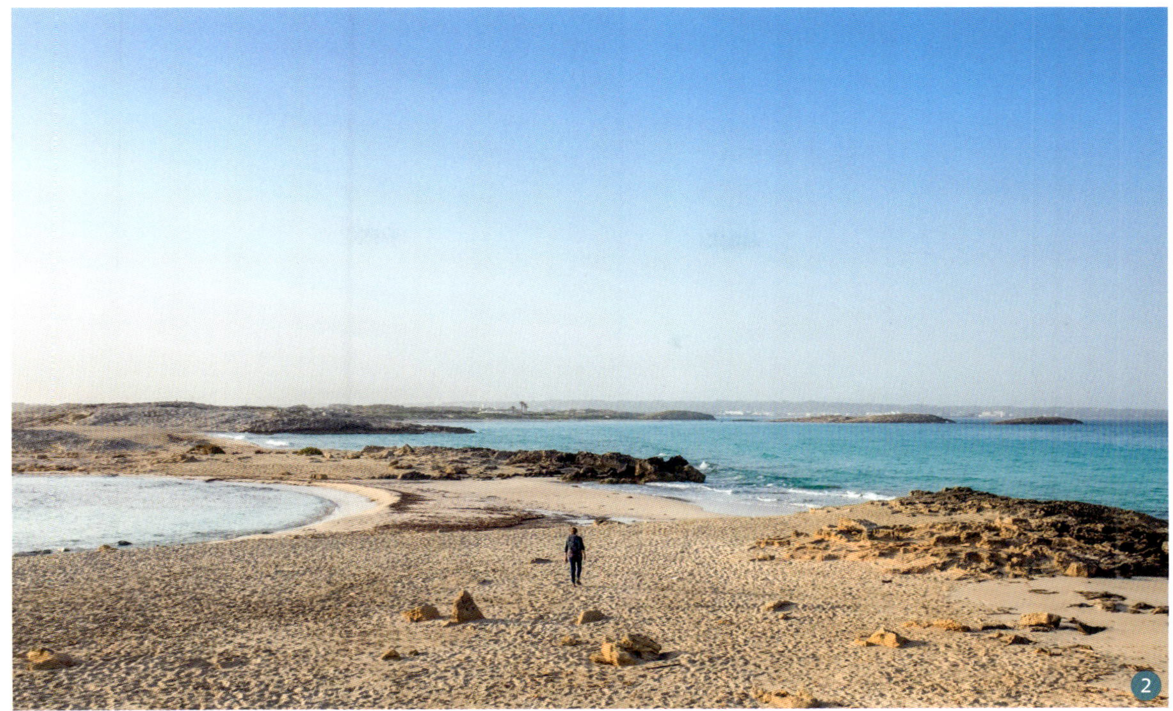

BUCHTEN & STRÄNDE IM NORDEN

1 S'ESPALMADOR

Diese unbewohnte Insel in Privatbesitz, 150 m vor der Nordküste, ist nur mit dem Boot erreichbar. Von der Platja de ses Illetes (2) sieht sie ganz nah aus und das Wasser flach genug, um zu schwimmen, doch die Strömung ist stark, daher sollten Sie es lieber nicht versuchen. Man kann mit dem Kajak hinüberpaddeln oder in den Sommermonaten die kleine Fähre (Barca Bahia) von La Savina nehmen, um die schönen Strände zu erkunden – Verpflegung müssen Sie selbst mitbringen. Früher haben die Leute sich hier im Schlammsee gesuhlt, doch durch den Klimawandel ist er drastisch geschrumpft, und jetzt ist der Zugang verboten.

→ Fähre vom Hafen in La Savina (38.7342, 1.4167) um 10.15, 11.45 und 13.15, zurück um 16.15, 17.30 und 18.45, mit Zwischenstopp an einem Anleger an der Platja de ses Illetes (38.7583, 1.4347) in beide Richtungen (Zeiten können variieren). Wer genug Erfahrung hat, kann sich beim Centro Nautico in La Savina (+34 627 478452) ein Kajak mieten.

4 Std., 38.7869, 1.4250

2 PLATJA DE SES ILLETES

Der Strand auf Formentera. Schöner, dünner Sandstreifen im Norden der Insel mit kleinen vorgelagerten Inseln, weißem Sand, türkisblauem Wasser und sanften Dünen. An ruhigen Tagen der Himmel auf Erden, aber in der Hauptsaison voll. In dem Fall einfach weiter Richtung Norden gehen.

→ Von La Savina auf der PM-820-2 Richtung Nordosten. Nach ca. 1,6 km links Richtung Ses Illetes zum (in der Hauptsaison) gebührenpflichtigen Parkplatz (Fahrräder gratis). Oder nach weiteren 1,4 km parken und zu Fuß Richtung Norden zur Platja de Llevant (3). Vom Strand 2 km nach links.

10–20 Min., 38.7595, 1.4356

3 PLATJA DE LLEVANT (NORD)

Wie der Name schon andeutet, schlängelt sich dieser Strand an der Ostküste der Halbinsel Es Trucadors an der Nordspitze der Insel entlang. Ein Abschnitt (Tanga, 4) liegt vor hohen grasbewachsenen Dünen, der andere ist eine wenige Meter breite Landzunge, beide haben herrlich weißen Sand. Wir beziehen uns hier auf den nördlicheren Strand, von dem man in beide Richtungen aufs Meer blicken kann. Etwas steiniger als die südliche Schwester mit naturgeschützten Dünen. Vom Ende kann man bis nach S'Espalmador (1) schauen.

→ Von La Savina 3 km auf der PM-820-2, um die Ostseite des Sees Estany Pudent, dann links (ausgeschildert). 900 m bis zum Parkplatz am Ende der Straße. Über den Bohlenweg zum Strand und 2,5 km Richtung Norden. Oder von der Platja de ses Illetes (2) Richtung Osten gehen.

25 Min., 38.7645, 1.4352

4 PLATJA DE LLEVANT (TANGA)

Der südliche Abschnitt der Platja de Llevant wird nach dem gleichnamigen Restaurant (+34 971 187905) manchmal auch Platja Tanga genannt. Genießen Sie die Sonne, oder setzen Sie sich mit einer Paella in den Schatten, und lauschen Sie dem sanften Schlagen der Wellen.

→ Vom gebührenpflichtigen Parkplatz der Platja de ses Illetes (2) führen Wegweiser zum Parkplatz Tanga. Oder bei der Platja de Llevant (Nord) parken (3) und über den Bohlenweg zum Strand. Restaurant 850 m Richtung Norden.

2 Min., 38.7459, 1.4391

5 PLATJA DE SA ROQUETA

Kleiner, ruhiger Strand zwischen Platja de Llevant (Tanga) (4) und Ses Canyes (5). Gilt inoffiziell als FKK-Strand.

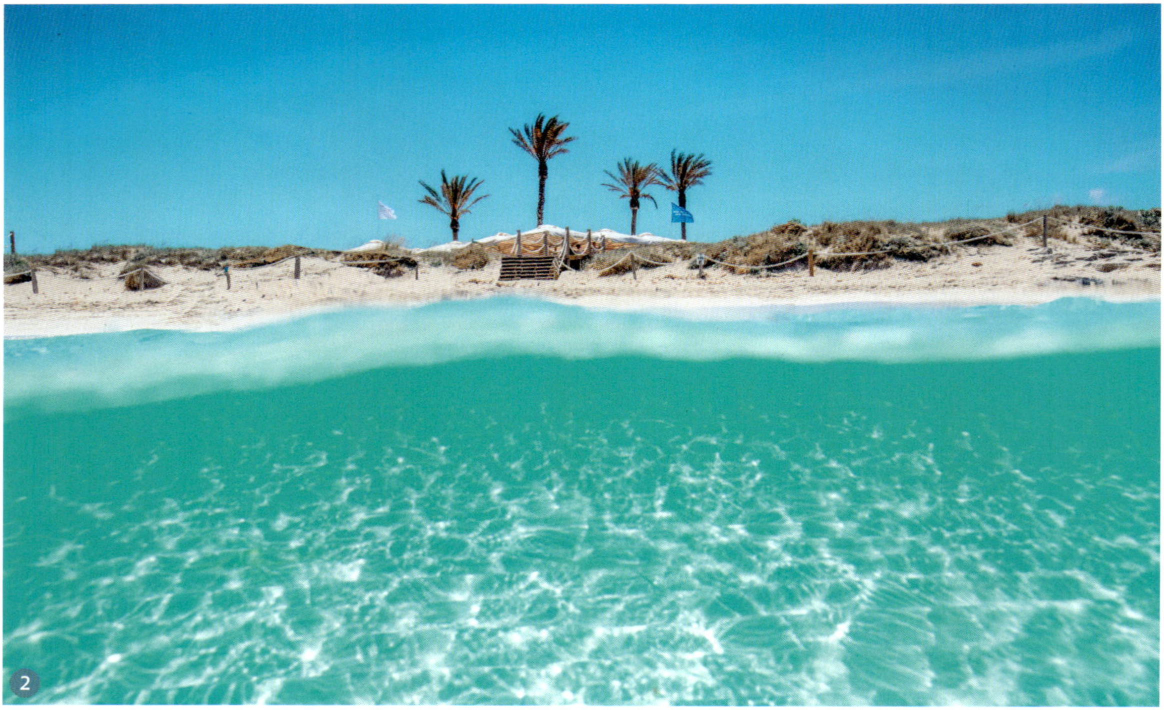

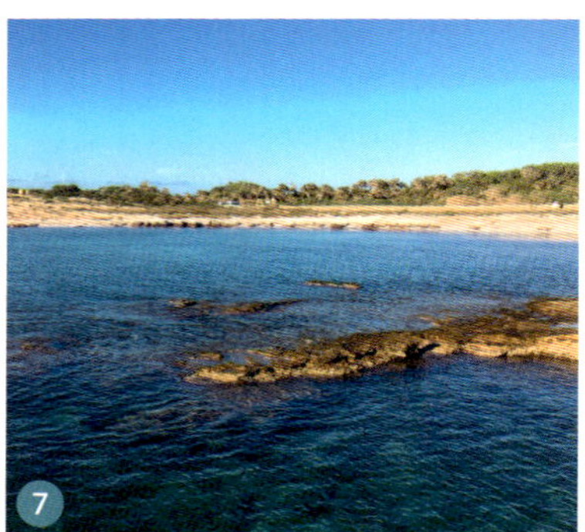

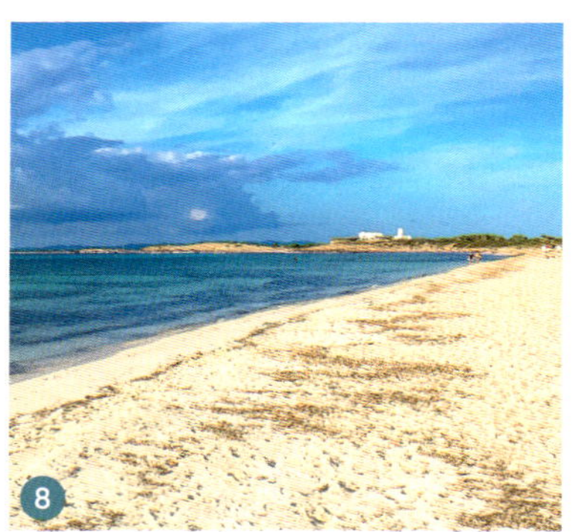

→ Von La Savina etwas über 3 km auf der PM-820-2, um den See Estany Pudent, dann links ab zur Platja de Sa Roqueta. Nach 300 m am Ende der Straße parken, dann am Strand links, am Hostel vorbei, zu den Felsen.
3 Min., 38.7340, 1.4460

6 SES CANYES

Ruhige Bucht im Schutz der Dünen. Herrlich klares Wasser zum Schnorcheln. Etwas voller als die benachbarte Platja de Sa Roqueta (5).

→ Wegbeschreibung siehe Sa Roqueta (5), aber am Strand rechts, Richtung Süden gehen.
3 Min., 38.7324, 1.4469

7 PLATJA DE SES XALANES

Atemberaubende kleine Bucht südlich der berühmten Playa de ses Illetes (2). Oberhalb von diesem Paradies liegt das bekannte Restaurant Es Moli de Sal (34) für fantastische Hummer-Paella mit Aussicht.

→ Von La Savina auf der PM-820-2 nach Nordosten und nach 1,6 km links nach Ses Illetes (in der Hauptsaison Parkplatzgebühr) und auf dem ersten Parkplatz rechts parken, 850 m hinter dem Parkwächterhäuschen. 200 m zurückgehen, vorbei am Restaurant El Pirata, bis zur Bucht.
5 Min., 38.7471, 1.4321

8 ES CAVALL D'EN BORRÀS

Dieser schöne Sandstrand erstreckt sich über 2 km und fällt sanft ins kristallklare Wasser ab. Dahinter naturgeschützte Sanddünen und Pinienwald. Wegen der beiden beliebten Chiringuitos bei den Einheimischen beliebt für Sundowner.

→ Von La Savina auf der PM-820-2 für 1,5 km nach Norden, dann links Richtung Platja Cavall d'en Borràs/Beso Beach zum Parkplatz. Oder zu Fuß oder mit dem Rad 1 km vom östlichen Hafen-Ende in La Savina (38.7324, 1.4206).
5 Min., 38.7399, 1.42937

9 PUNTA DE SA PEDRERA

Der alte Steinbruch gehört zum Naturschutzgebiet Can Morroig (25) und ist herrlich zum Schwimmen und Schnorcheln. Erkunden Sie die vielen Ecken und Winkel der natürlichen Pools und Höhlen.

→ Von La Savina auf der PM-820 Richtung Süden und 230 m hinter dem Stadtrand rechts Richtung Can Morroig, dann nach 350 m rechts Richtung Parc Natural de Ses Salines. Den Schildern folgen. 2,5 km zum Parkplatz am Straßenende (38.7281, 1.3965). Die Straße 250 m zurückgehen zum ausgeschilderten Wanderweg, diesem 1 km Richtung Norden folgen.
20 Min., 38.7340, 1.3964

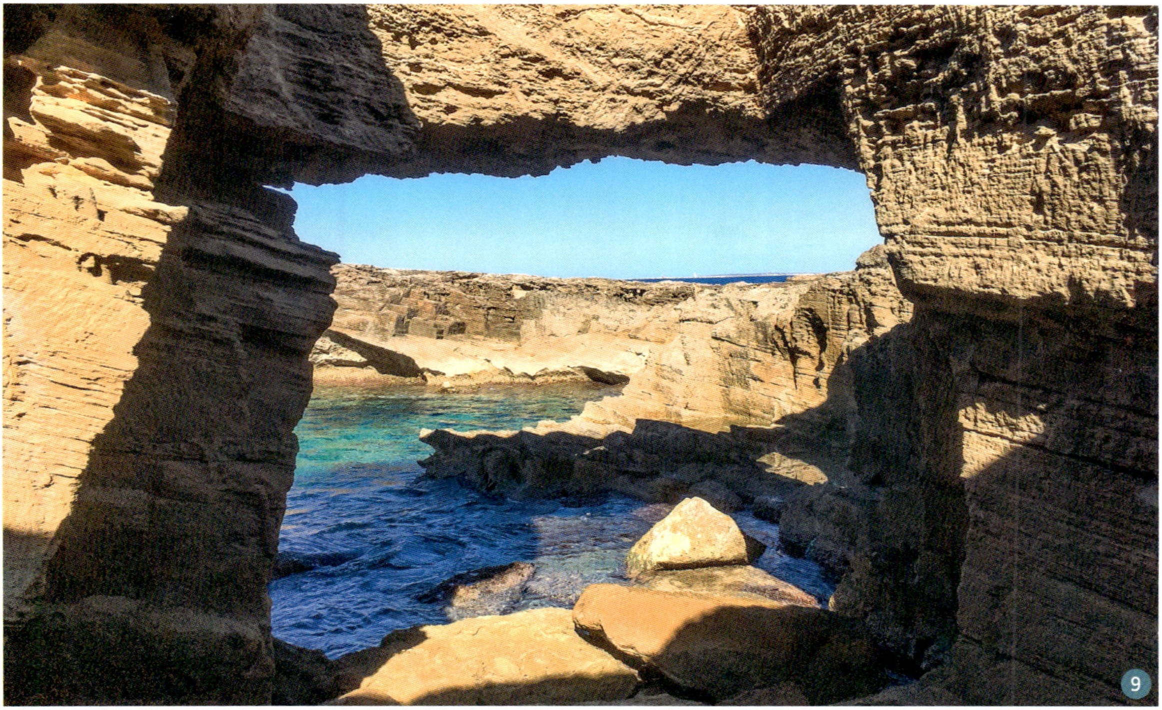

BUCHTEN & STRÄNDE IM SÜDEN

10 CALA EN BASTER

Stille Bucht am Rand eines Dorfes, umgeben von hohen Klippen, die an eine Mondlandschaft erinnern. Am Fuß der Klippen gibt es Höhlen mit Holzrampen, um die Boote über die Felsen zu Wasser zu bringen. Ein magischer Ort. Man kann von hier aus auch zum Torre de sa Punta Prima wandern (22).

→ Auf der PM-820 von Sant Francesc Xavier nach Osten bis Sant Ferran de ses Roques. Im Ort die zweite links und sofort rechts (38.7064, 1.4572), um dem Einbahnstraßensystem zum Carrer de Sant Jaume zu folgen. Am Ende links und auf dem Carrer de Cala en Baster rechts bis zur Küste. Die Bucht liegt hinter den Häusern, Parkmöglichkeit an der Straße. Zu Fuß zum Ende der Landspitze und Richtung Südosten zum Strand hinunter. Hinterher kann man auf der Straße weiterfahren, um wieder auf die PM-820 zu gelangen.

5 Min., 38.7023, 1.4777

11 PLATJA ES CALÓ

Ruhiger, steiniger Strand nördlich von Es Caló mit unglaublicher Wasserfarbe. Auch das charmante Fischerdorf selbst mit einem kleinen natürlichen Hafen und traditionellen Fischerhütten ist einen Besuch wert. Das Wasser ist flach und absolut klar, perfekt für ein schnelles Bad vor dem Mittagessen.

→ Von Sant Ferran de ses Roques auf der PM-820 für 6,5 km Richtung Süden bis Es Caló (links). Im Dorf oder am Hafen parken. Hinter den Fischerhütten Richtung Norden und über den Bohlenweg.

3 Min., 38.6782, 1.5145

12 SES PLATGETES

Die „kleinen Strände" sind bezaubernde Küstenabschnitte mit weißem Sand und Felsvorsprüngen und vielen Meereslebewesen. Man erreicht sie entweder über die Küste oder über Bohlenwege, die Dünen und Wacholderwald schützen sollen. Kann bei Nordwind stürmisch werden.

→ Wegbeschreibung siehe Platja es Caló und weiter zum nächsten Strand. Radfahrer können 400 m westlich vom Dorf von der Straße auf den Bohlenweg abbiegen (38.6783, 1.5125).

10 Min., 38.6791, 1.5126

13 CALO DES MORT

Kleine, exquisite, geschützte Bucht mit klarem, flachem Wasser, Felsen und weißem Sand unter goldenen Klippen.

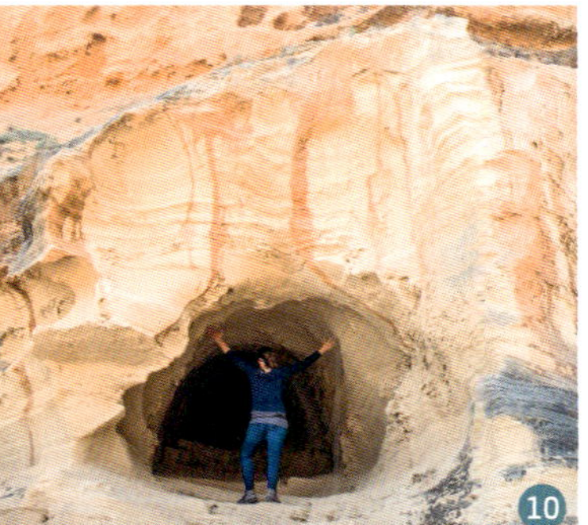

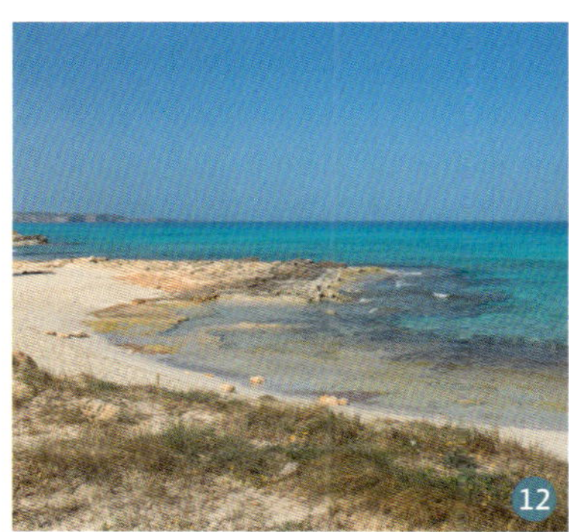

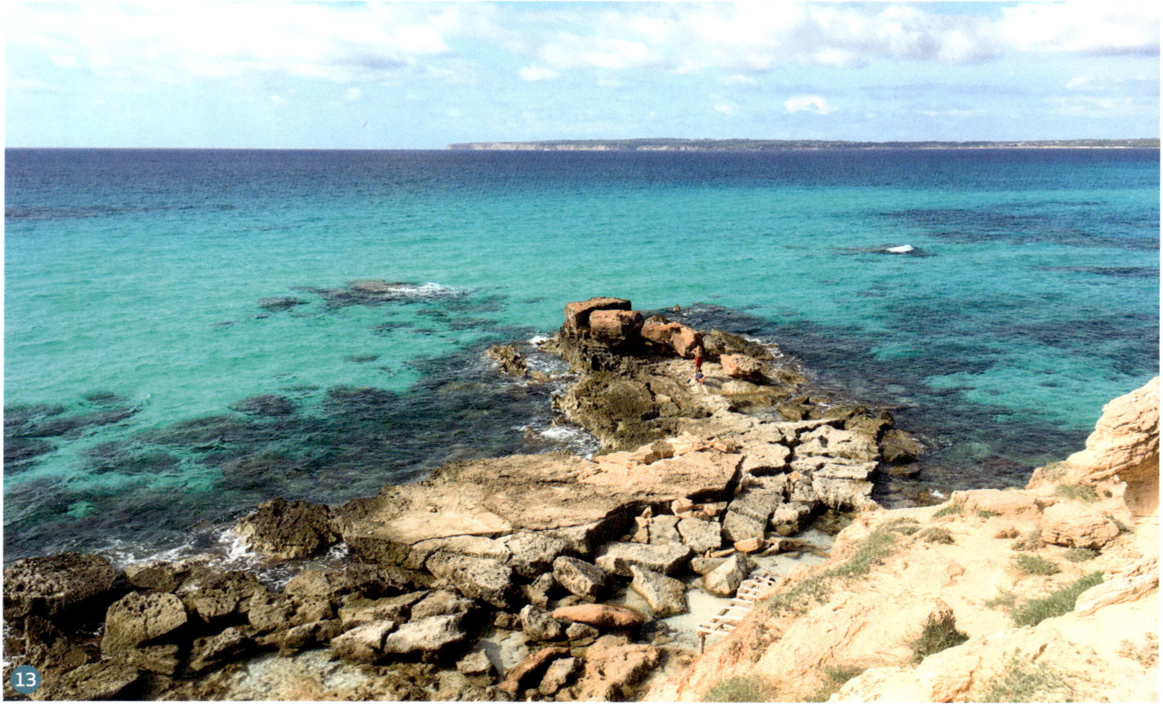

→ Von Es Caló 1 km auf der PM-820 Richtung Süden, dann rechts Richtung Platja des Copinar und Caló des Mort, direkt hinter dem Restaurant Alcapulco (rechts), vor dem Surfboards stehen. Die Straße führt nach 800 m zum Meer. An der Straße parken, zu Fuß zum Strand, dann links und 500 m Richtung Süden, vorbei am Chiringuito Bartolo.

10 Min., 38.6598, 1.5178

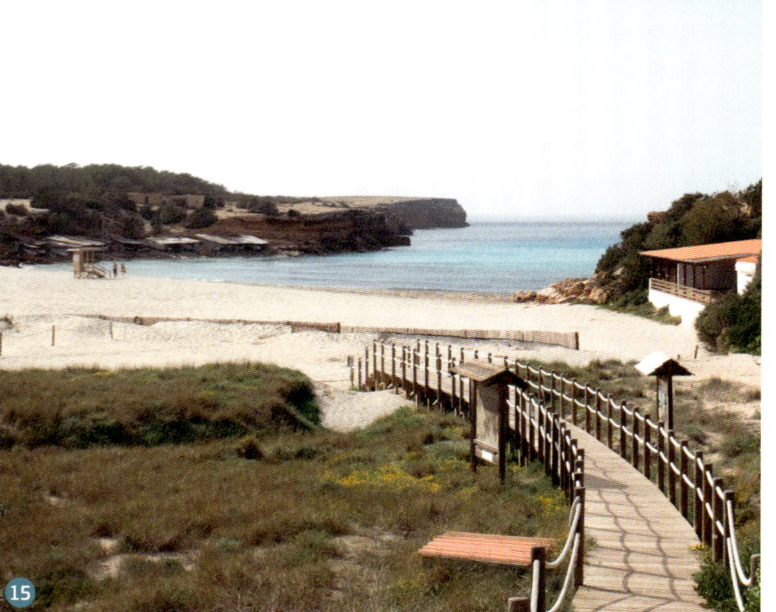

14 PLATJA DE MIGJORN

Dieser schöne Strand mit flachem, türkisblauem Wasser und weißem Sand erstreckt sich über 8 km an der Südküste der Insel. Es gibt vollere Abschnitt mit Strandbars, aber auch ruhigere, an denen man sich ausbreiten kann.

→ Von Sant Ferran de ses Roques knapp 4 km auf der PM-820 Richtung Süden, dann Richtung Restaurant Vogamari und Platja Migjorn abbiegen. Beim Restaurant parken und über den Bohlenweg zum Strand. Oder weitere 500 m auf der PM-820 bleiben und beim Stein mit der weiß aufgemalten „10,5" rechts auf die Schotterstraße bis zum öffentlichen Parkplatz am Ende (38.6726, 1.4987).

3 Min., 38.6749, 1.4933

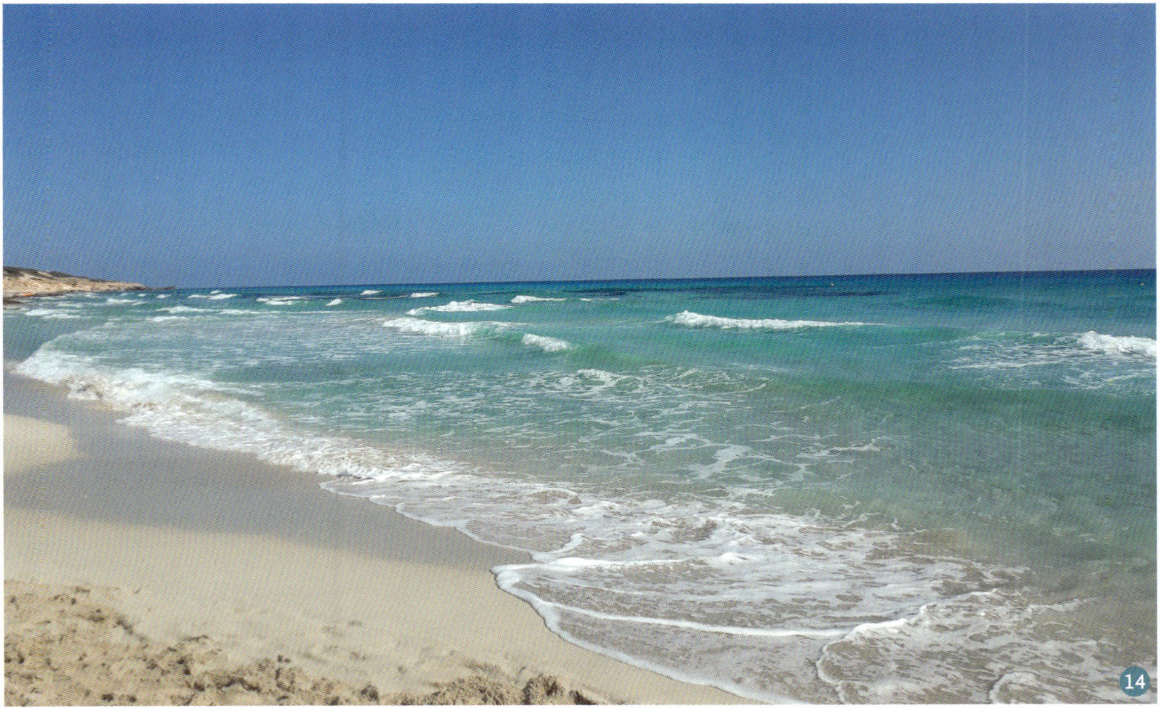

15 CALA SAONA

Die Westküste ist felsig, bis auf diesen malerischen Strand mit weißem Sand, türkisblauem Meer und fotogenen Fischerhütten auf den roten Felsen. An den kleinen Bäumen daneben wird oft der frisch gefangene Fisch zum Trocknen in der Sonne aufgehängt. In der Hauptsaison kann es voll werden, aber es lohnt sich, abends vorbeizuschauen, für einen der schönsten Sonnenuntergänge. Klettern Sie für einen spektakulären Blick auf den Berg südlich vom Strand, oberhalb der Fischerhütten.

➔ Vom Kreisverkehr südlich von Sant Francesc Xavier auf der PMV-820-1 Richtung Süden, nach 2 km rechts Richtung Cala Saona, links halten und den Schildern folgen (3 km). Neben dem großen Hotel parken und zu Fuß zum Strand.

2 Min., 38.6930, 1.3891

RUINEN

16 CA NA COSTA

Grabstätte aus der Bronzezeit, die älteste auf den Balearen, genutzt von ca. 2000–1600 v. Chr. In der runden Hauptkammer wurden in den 1970ern die Überreste von sechs Menschen sowie Knochenperlen und Tonscherben gefunden. Neben den Ruinen steht ein charmantes Bauernhaus, in dem traditionelle landwirtschaftliche Geräte ausgestellt sind.

➔ Von La Savina 3,5 km auf der PM-820-2 Richtung Osten und Süden, vorbei am Estany Pudent. Noch vor Es Pujols Ausschau halten nach einem Schild (links) zu einer Schotterstraße (rechts) und dieser 150 m bis zum Ende folgen. Sehr begrenzte Parkmöglichkeiten.

1 Min., 38.7265, 1.4456

17 CASTELLUM DE CAN BLAI

Diese spätrömische Ausgrabungsstätte ist ein kleines Mysterium: eine quadratische Befestigungsanlage mit fünf Türmen zur Grenzverteidigung, die jedoch nicht lange genutzt wurde. Durch die Angriffe von Vandalen und Byzantinern war diese ruhige Insel zur Zeit des römischen Reichs gefährliches Terrain. Obwohl die Ruinen durch einen Zaun geschützt sind, lohnt sich ein Besuch.

➔ Von Es Caló auf der PM-820 Richtung Norden, nach 1,7 km der Steinmauer folgend nach links – ausgeschildert, aber aus dieser Richtung nicht zu sehen. Nach 200 m am Straßenende parken.

1 Min., 38.6817, 1.4975

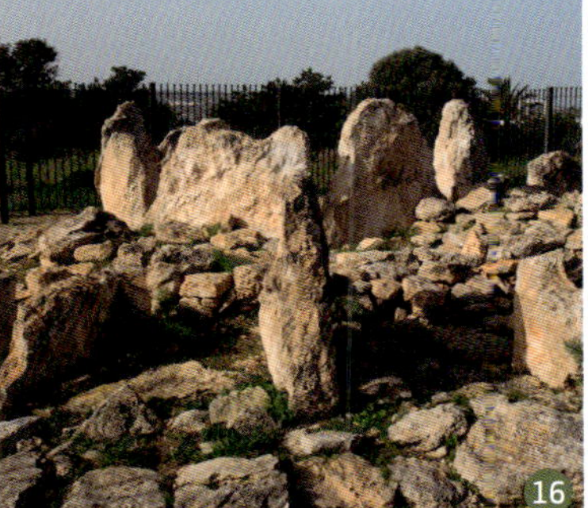

16

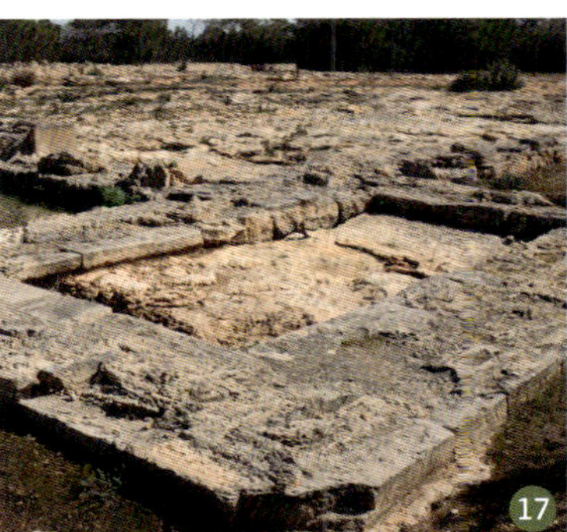

17

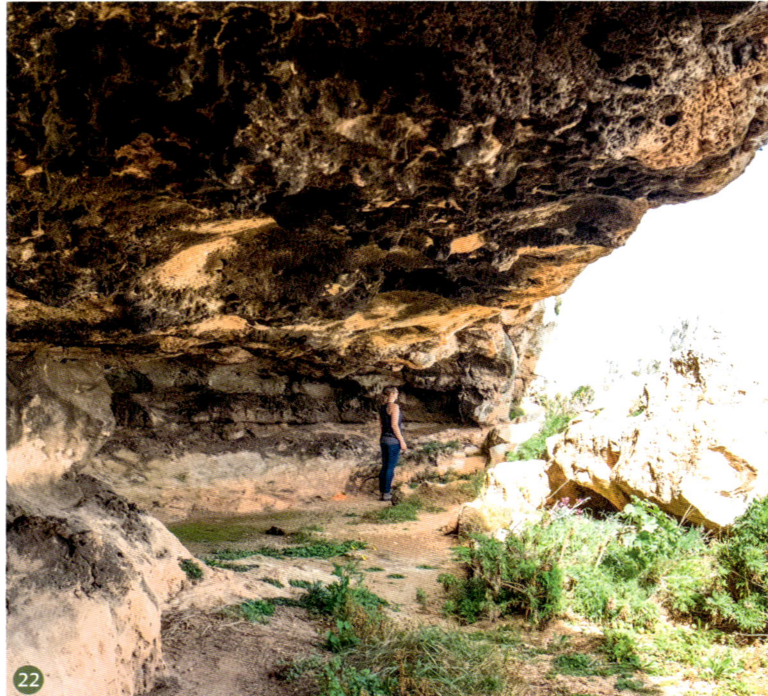

22

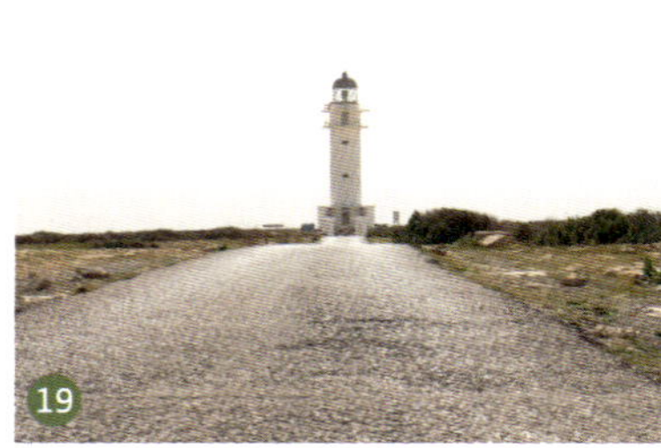

19

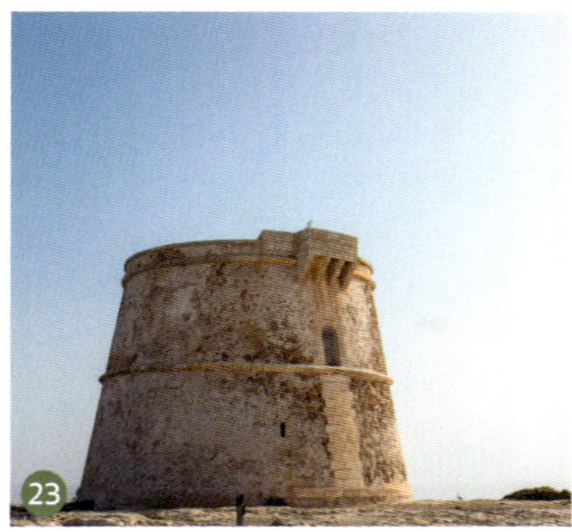

23

18 AUSGRABUNGSSTÄTTE CAP DE BARBARIA

Überreste der wahrscheinlich ersten Siedlung auf der Insel. Fast 4000 Jahre alt und damit aus derselbe Ära wie Ca na Costa (16). Drei separate Ausgrabungsstätten: Cap de Barbaria I, der Steinkreis, liegt am Ende der Straße, II und III, die Siedlung und die Hütten, weiter nördlich. Alle sind abgesperrt.

→ Vom Kreisverkehr in Sant Francesc Xavier auf der PMV-820-1 für 5 km Richtung Süden, am Wegweiser zu Ausgrabungsstätte II vorbei und kurz hinter dem Schild zur Ausgrabungsstätte III links parken. Zurückgehen und auf den Weg zur Ausgrabungsstätte II (200 m), bei der Weggabelung links halten (38.6598, 1.4034). Für Ausgrabungsstätte I noch 800 m weiterfahren bis zum Parkplatz vom Leuchtturm Cap de Barbaria (siehe unten) (38.6554, 1.3949).

5 Min., 38.6604, 1.4003

TÜRME & HÖHLEN

19 LEUCHTTURM CAP DE BARBARIA

Südlichste Spitze der Insel: Die algerische Küste ist nur 100 km enfernt. Der berühmte Leuchtturm liegt dramatisch am Ende einer langen, geraden Straße. Ein Ausflug lässt sich gut mit der Höhle Sa Cova Foradada und der Ausgrabungsstätte Cap de Barbaria verbinden (18 & 20).

→ Von Sant Francesc Xavier 8 km auf der PMV-820-1 Richtung Süden, in der Nebensaison ganz bis zum Leuchtturm. In der Hauptsaison muss man bei der letzten Ausgrabungsstätte parken und die letzten 1,5 km zu Fuß gehen.

1 Min., 38.6410, 1.3893

20 SA COVA FORADADA

Die magische Höhle wurde durch den Film LUCÍA UND DER SEX berühmt. Ein schlichtes Loch mitten in der Mondlandschaft führt über eine Leiter in eine große dunkle Höhle. Wenn man hindurchgeht, gelangt man zur Klippenwand, wo man in die Sonne blinzelt und eine fantastische Aussicht hat.

→ Wegbeschreibung siehe Leuchtturm Cap de Barbaria (19). Das Loch befindet sich rechts vom Leuchtturm.

5 Min., 38.6413, 1.3887

21 FAR DES MOLA & HÖHLE

In einem seiner Romane nannte Jules Verne ihn den Leuchtturm „am Ende der Welt“, und er thront hoch oben am Rand der Klippen in einem kahlen Niemandsland. Die Ausicht ist fantastisch, und gegen ein kleines Eintrittsgeld darf man in den Sommermonaten hinein. Noch spannender fanden wir allerdings die Höhle darunter. Links vom Leuchtturm befindet sich am Rand der Klippen ein sehr versteckter, kleiner Weg. Wenn man ihn vorsichig hinunterklettert, entdeckt man eine große Höhle mit spektakulärer Aussicht, perfekt zum Picknicken.

→ Auf der PM-820 ganz bis zur südöstlichen Spitze der Insel, 2,5 km hinter El Pilar de la Mola, und parken.

2 Min., 38.6633, 1.5837

22 TORRE DE SA PUNTA PRIMA

Der Verteidigungsturm aus dem 18. Jahrhundert – der größte und eindrucksvollste von insgesamt fünf, die die Insel vor Piraten schützen sollten – thront einsam auf den Klippen. Von hier kann man die Felsenküste entlang und bis nach Ibiza sehen und wunderbar Vögel beobachten. Besonders schön bei Sonennaufgang.

→ Vom Kreisverkehr in Es Pujols auf der PM-820-2 für etwas mehr als 2 km Richtung Süden, beim Schild zum Turm (und Werbetafeln für Ses Fiexes und Chezz Gerdi) links, 450 m bis zu einem Hotelparkplatz, dann rechts auf die unbefestigte Straße und nach 200 m in der Nähe des Turms parken. Oder zu Fuß vom Strand Cala en Baster (10).

2 Min., 38.7229, 1.4707

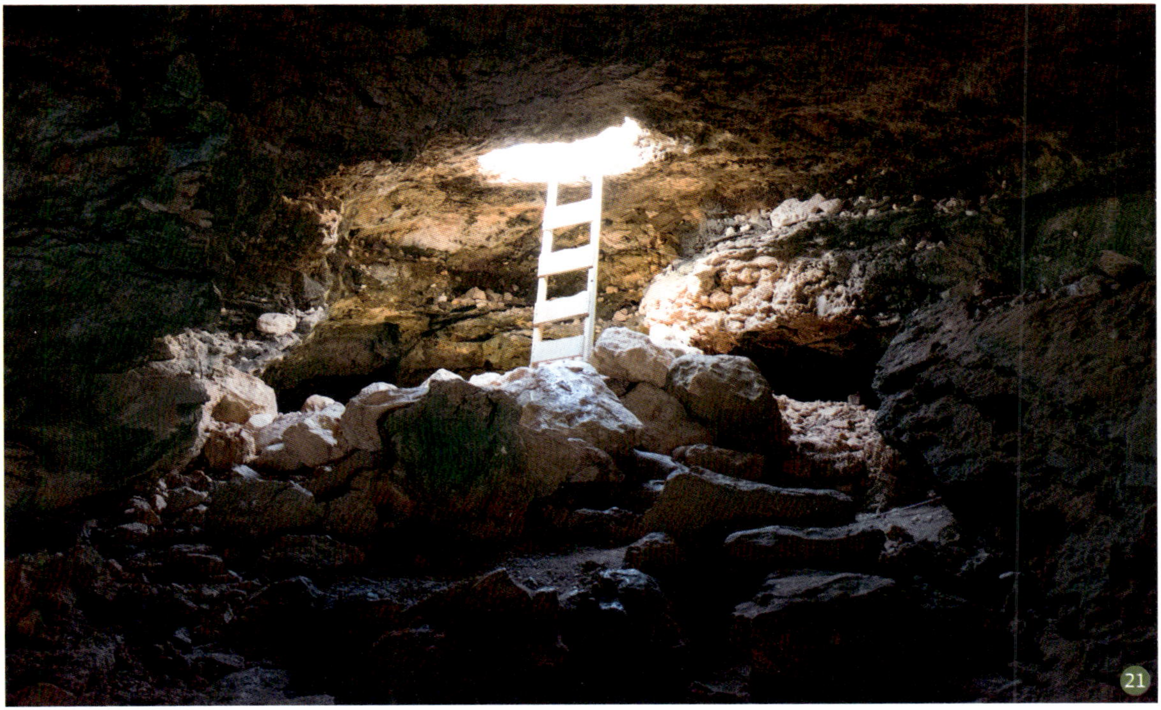

23 SANT FRANCESC XAVIER

Diese ungewöhnliche Kirche in der Hauptstadt Formenteras erinnert eher an eine Festung. Als sie im 18. Jahrhundert erbaut wurde, diente sie nicht nur als Gotteshaus, sondern ebenso als Zufluchtsort bei Piratenangriffen. Die Tür ist mit Eisenplatten verstärkt, und darüber befindet sich eine kleine Schießscharte in der Mauer. Auf dem Kirchplatz gibt es abends oft Livemusik, und es ist einfach herrlich, durch diese kleine Stadt zu schlendern und in eines der schönen Lokale einzukehren.

→ Mitten in der Stadt. Parkplätze am Carrer de Sant Joan. Auf dem Carrer d'Isidor Macabich Richtung Osten gehen und durch die Fußgängerzone weiter zum Kirchplatz.

1 Min., 38.7054, 1.4283

NATUR & WANDERWEGE

24 ESTANY PUDENT

Der Salzgehalt dieser großen, schönen Lagune ist dreimal so hoch wie der des Meeres, und sie ist ein wichtiger Biotop. In den Sommermonaten sieht man hier Flamingos, Reiher und Haubentaucher. Die Reflexionen auf dem Wasser bei Sonnenuntergang sind atemberaubend, aber Vorsicht vor den Mücken! Estany Pudent bedeutet „stinkender See", und an heißen Sommertagen macht er seinem Namen alle Ehre.

→ Von La Savina auf der PM-820-2 Richtung Norden und Osten um den See und irgendwo unterwegs halten. Noch schöner ist es, den See zu Fuß oder mit dem Rad auf autofreien grünen Routen zu umrunden.

1 Min., 38.7339, 1.4267

25 CAN MORROIG

Öffentlicher Park mit vielen schönen Wanderwegen und Informationszentrum. Ausgewiesener Picknick- und Grillplatz im Schatten von Bäumen. Ausgangspunkt für einen Badeausflug zur Punta de sa Pedrera (9).

→ Von La Savina auf der PM-820 Richtung Süden und 230 m hinter dem Stadtrand rechts Richtung Can Morroig, dann nach 350 m rechts Richtung Parc Natural de Ses Salines und den Schildern 2,5 km bis zum Parkplatz am Ende der Staße folgen. Zu Fuß Richtung Süden zum Besucherzentrum.

1 Min., 38.7264, 1.3959

26 CAMÍ DE SA PUJADA

Viele Jahrunderte war dieser gepflasterte Weg die einzige Verbindung zwischen dem

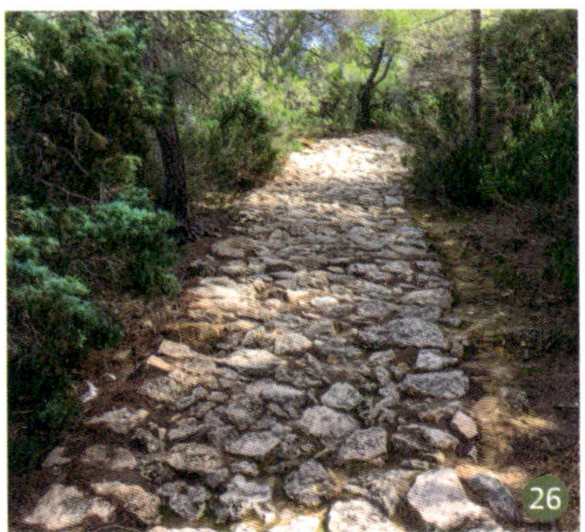

Dorf Es Pilar de Mola und Es Caló und dem Rest der Insel. Heute ist er ein Naturwanderweg mit spektakulärer Aussicht. Da er einst von Augustinermönchen genutzt wurde, trägt er auch den Namen Camino Roma.

→ Von Es Caló ca. 500 m auf der PM-820 Richtung Süden, beim Hotel Entres Pinos links und nach 300 m in einer kleinen Haltebucht links parken, kurz vor dem Schild zum Camí de sa Pujada rechts (38.6724, 1.5235). Wenn der Parkplatz besetzt ist, umkehren und beim Hotel parken.

45 Min., 38.6714, 1.5297

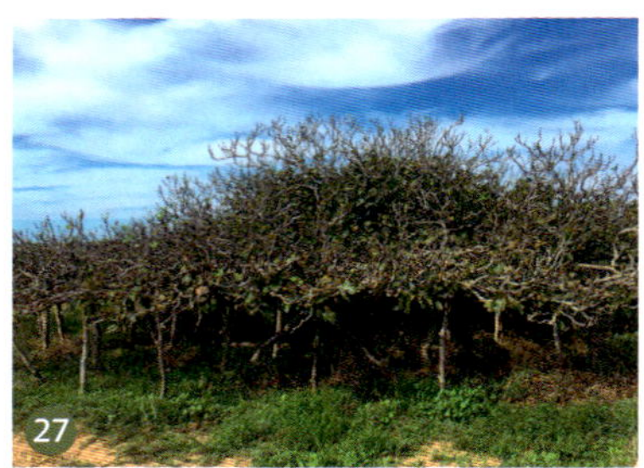
27

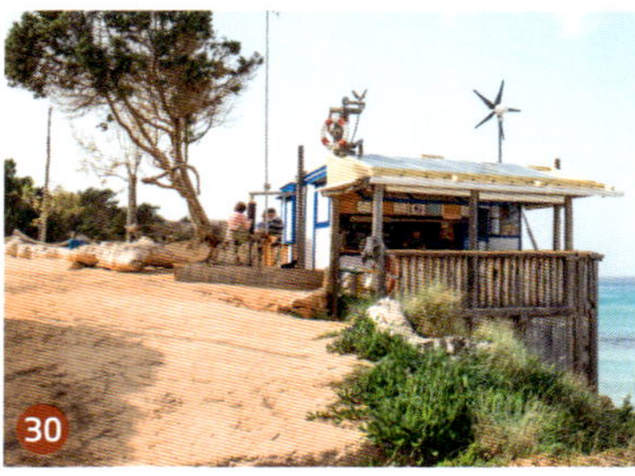
30

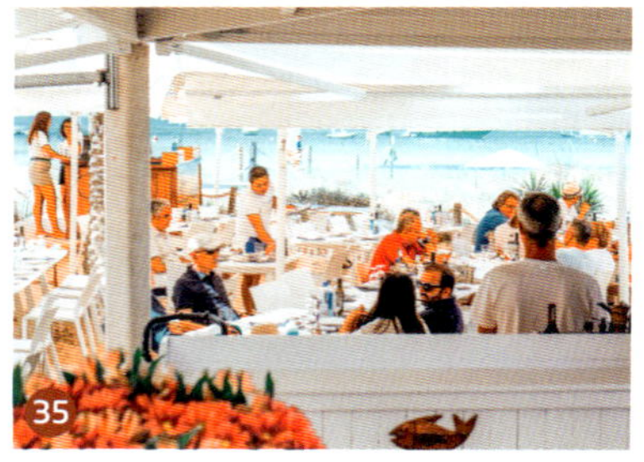
35

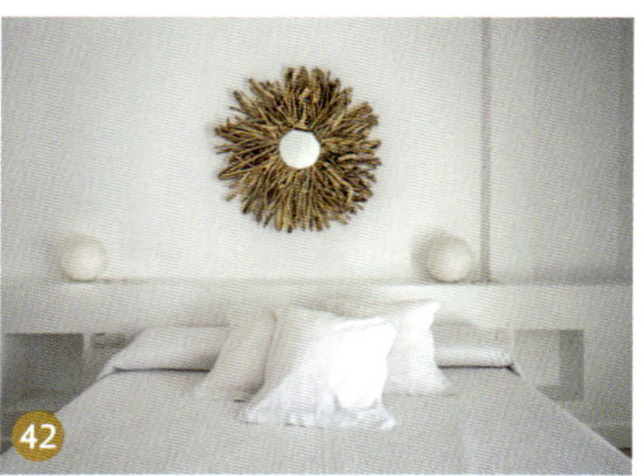
42

27 NA BLANCA D'EN MESTRE

Die Feigenbäume auf Formentera haben eine ganz eigentümliche Form: Die schattige Krone wird von Y-förmigen Stützpfählen gehalten, sodass sich die Früchte leicht pflücken lassen, und Na Blanca d'en Mestre ist der größte seiner Art auf der Insel. Über 100 Jahre alt, erstreckt er sich über mehr als 350 m² Fläche und wird von über 200 Pfählen gestützt.

→ Von Sant Ferrán de ses Roques knapp 4 km auf der PM-820 Richtung Süden, dann Richtung Restaurant Vogamari und Platja Migjorn abfahren. Nach 160 m rechts und 450 m in die andere Richtung. Der Baum liegt links in einer Sackgasse. Es gibt keine ausgewiesenen Parkplätze in der Nähe, am besten kommt man mit dem Rad.

1 Min., 38.6862, 1.4885

CHIRINGUITOS

28 RESTAURANT BESO BEACH

Gut besuchtes Strandrestaurant mit alten Holztischen und Party-Atmosphäre. Regionale Küche mit frischen Zutaten. Die Paella ist ein Traum!

→ Cavall d'en Borràs, 07860 Formentera, +34 971 349900

38.7396, 1.4297

29 CASA BARTOLO

In der einfachen, wunderschönen blauen Strandhütte gibt es leckeres Essen, Snacks und Cocktails.

→ Carretera a Maryland, 4606 Playa de Es Pujols, 07872 Formentera

38.6619, 1.5161

30 CHIRINGUITO CALA SAONA

Kleine, in den Felsen gebaute Strandhütte mit Windmühle. Tolle Smoothies aus frischen, regionalen Zutaten. Perfekt für Sundowner.

→ Carretera a Cala Saona 1713, 07860 Formentera

38.6927, 1.3885

31 PIRATA BUS

Vor 40 Jahren kauften zwei selbst ernannte Hippies aus Deutschland einen alten Bus und stellten ihn als provisorische Bar am Strand auf. Als sie aufgefordert wurden, den Bus zu entfernen, behielten sie den Namen für die Holzhütte bei. Die Strandbar wird bis heute von Pascual – einem der ursprünglichen „Piratas" und seiner Frau Edith betrieben. Nette Atmosphäre und gute Musik.

→ Platja de Migjorn, PM-820, bei Km 11 abfahren

38.6676, 1.5074

32 TIBURON

Das einfache, flippige Lokal heißt übersetzt „Hai". Folgen Sie dem Weg durch Wald und Dünen zu dieser kleinen Hütte an einem malerischen Strand, und schlemmen Sie frischen Fisch, während Sie die Füße in den Sand stecken.

→ Cavall d'en Borras, Es Pujols, 07872 Formentera, +34 659 638945

38.7415, 1.4309

RESTAURANTS MIT GESCHICHTE

33 CAFÉ MATINAL

Perfekt für einen köstlichen Brunch mit frischem Obst, Joghurt und Smoothies, Croissants, Käse, Eiern und JAMÓN. Ein bisschen oldschool, und die kleine Terrasse ist meist proppevoll.

→ Carrer de l'Arxiduc Lluís Salvador 18, 07860 San Francisco Javier, +34 971 322547

38.7056, 1.4292

34 ES MOLI DE SAL

Spektakuläres Restaurant in einer alten Salzmühle oberhalb der Bucht Platja de ses Xalanes (7) mit fantastischer Aussicht und einem Steg, von dem man ins türkisblaue Meer springen kann. Gehobene regionale Küche (vor allem Fisch) mit entsprechenden Preisen.

→ Calle Afores, s/n, 07871 Formentera, +34 971 187491

38.7464, 1.4318

35 JUAN Y ANDREA

Eröffnet 1971 und noch immer im Besitz derselben Familie. Direkt an der berühmten Playa de ses Illetes (2), wahrscheinlich die beste Location der ganzen Insel. Ausgezeichneter Fisch und Paella.

→ Playa Illetes, s/n, 07871 Formentera, +34 630 258144

38.7538, 1.4335

36 FONDA PEPE

Dieses einfache Lokal direkt am Marktplatz ist eine Institution. Angeblich hat Bob Dylan sich hier in den 1970ern beim Schachspiel von einem Unfall erholt. Regionale Küche und immer voll, was ein gutes Zeichen ist.

→ Sant Ferran de ses Roques Carrer Major, 07871 Formentera, +34 971 328033

38.7072, 1.4586

37 RESTAURANTE EL MIRADOR

Seit den 1960ern eine Institution. Lohnt einen Besuch, sowohl wegen der Küche, als auch wegen der Location mit fantastischem Blick über die Insel bis Es Vedrà und Ibiza, vor allem bei Sonnenuntergang.

→ Carretera de la Mila/PM-820, km 14.3, 07872 Formentera, +34 971 327037

38.6695, 1.5293

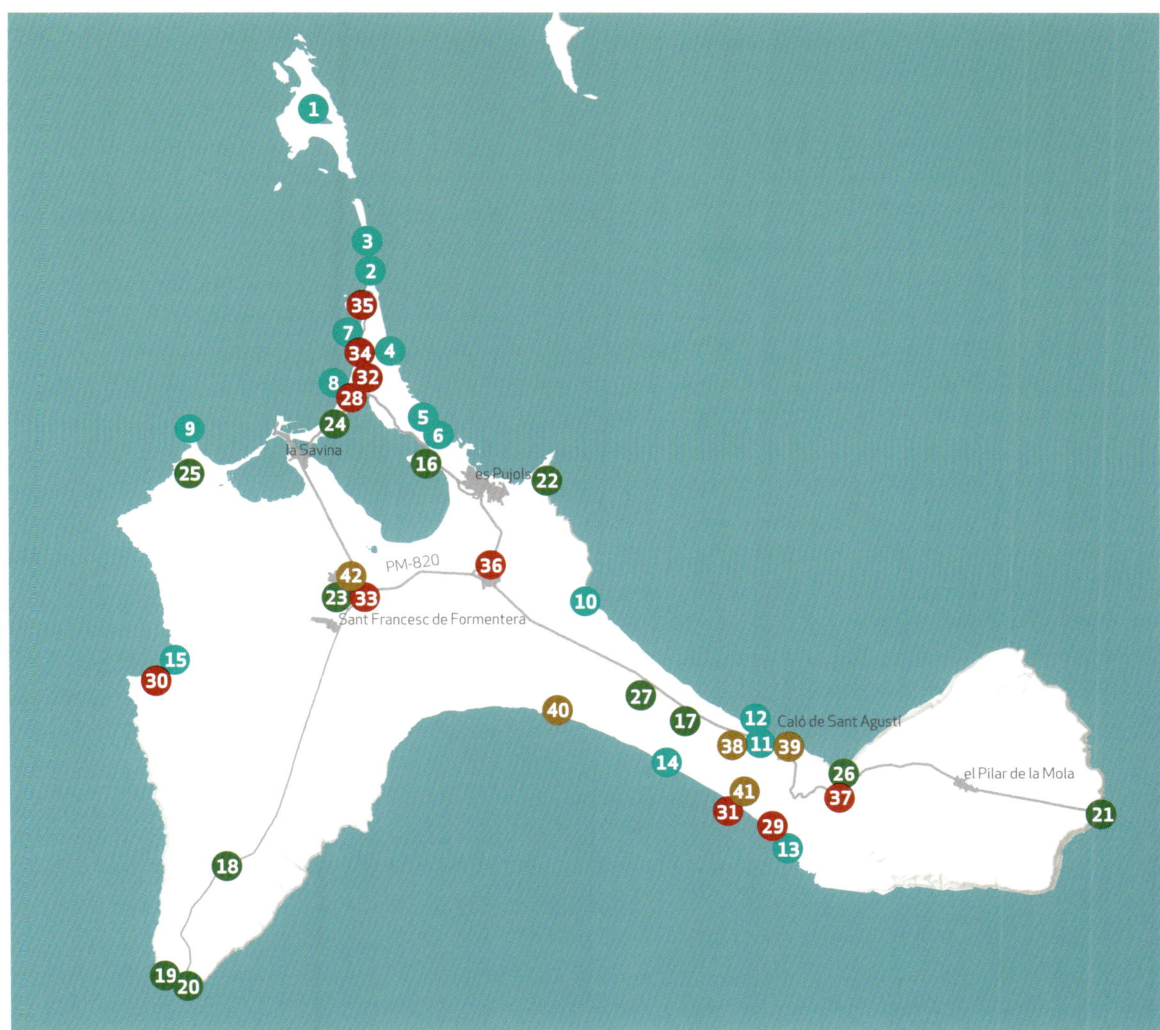

ÜBERNACHTEN

38 ES PAS FORMENTERA AGROTURISMO

200 Jahre altes Landhaus in der Nähe von Es Caló und Platja de Migjorn (14), umgeben von Feigen- und Olivenbäumen. Die Finca produziert ihr eigenes Olivenöl und Marmelade.

→ Venda Ses Clotades, Can Joan Barber, s/n, 07872 Es Caló, +34 670 332045

38.6773, 1.5071

39 HOSTAL RAFALET

Einfaches, günstiges Hotel direkt am Meer in Es Caló.

→ Carrer sant Agustí 1, 07872 Es Caló, +34 971 327016

38.6773, 1.5175

40 TALAYA

Studios und Apartments für Selbstversorger in den Dünen hinter Platja de Migjorn (14), mit eigener Terrasse unter Palmen.

→ Platja de Migjorn, km 7,2, Can Yern s/n, 07871 Sant Ferran de Ses Roques, +34 971 185164

38.6843, 1.4709

41 LAS DUNAS PLAYAS

Einfache, preiswerte Bungalows direkt an der Platja de Migjorn (14). Das bezaubernde Restaurant ist auch für Laufkundschaft geöffnet.

→ Carretera de la Mola, km 11, 07872, +34 971 328041

38.6692, 1.5087

42 HOTEL ES MARÈS

Kleines, familiengeführtes Hotel mitten in der Altstadt von Sant Francesc. Stylish, mit schönem Wellnessbereich und Pool auf dem Dach.

→ Carretera Santa Maria 15, Sant Francesc Xavier, +34 971 323216

38.7060, 1.4290

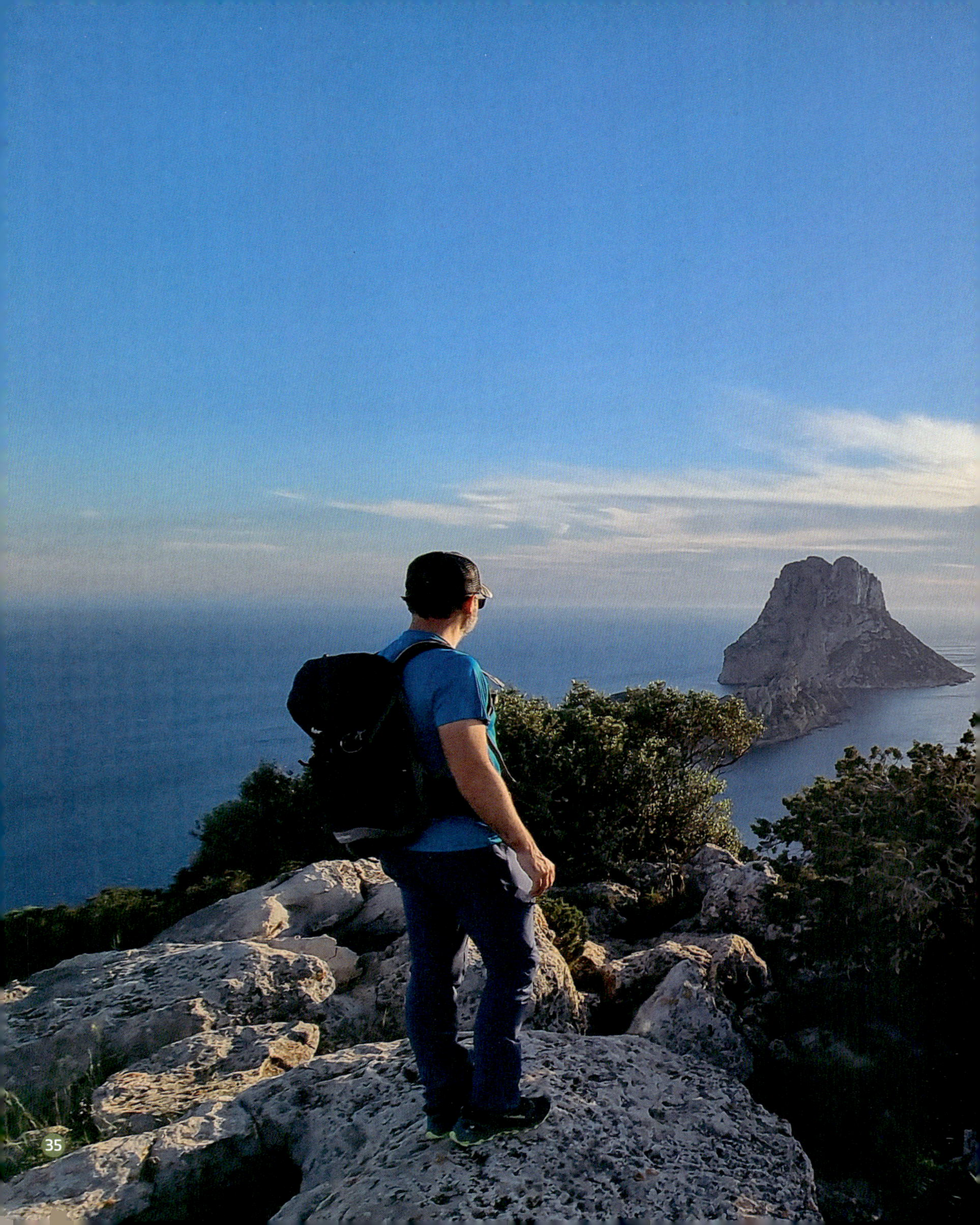

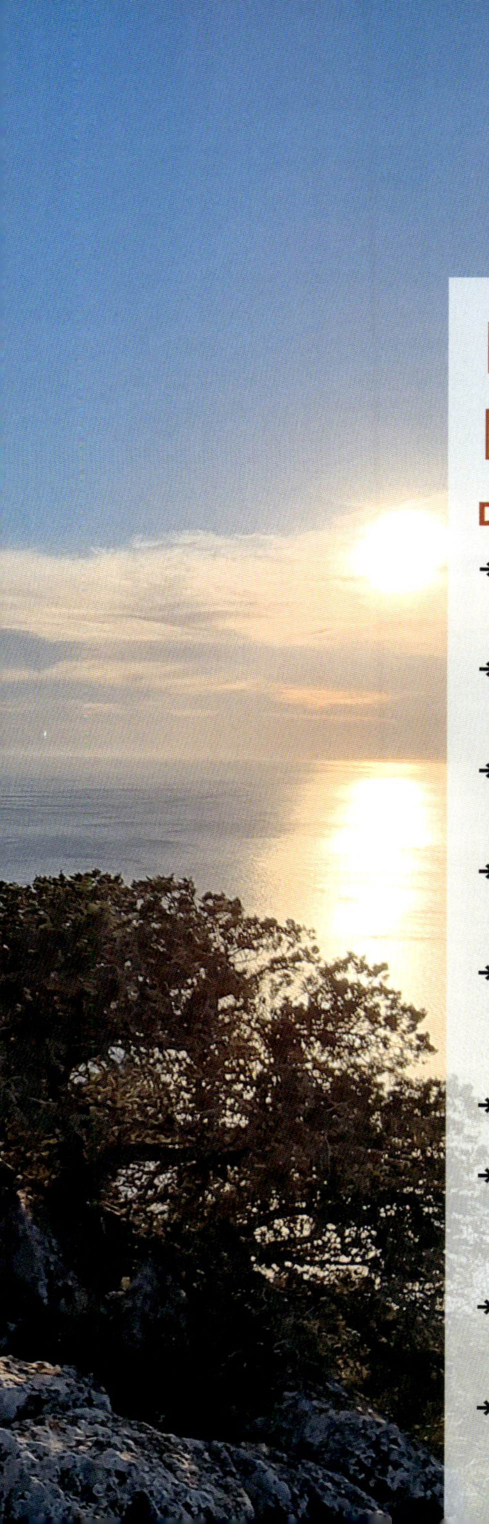

IBIZA DER SÜDEN

Das perfekte Wochenende

- → **Schwimmen** Sie in den mysteriösen Pools von Sa Pedrera de Cala D'Hort, mit Blick auf die mythische Insel Es Vedrà.
- → **Schnorcheln** Sie in der Cala Bassa, und entdecken Sie die gigantische Meereshöhle Cueva de los Sastres.
- → **Schlendern** Sie durch Dalt Vila, die Altstadt von Ibiza, und trinken Sie auf einem der Bean Bags vor der Bar S'Escalinata einen Cocktail.
- → **Besteigen** Sie den Sa Talaia, den höchsten Berg auf Ibiza, und genießen Sie den Blick bis nach Formentera und zum Festland.
- → **Bewundern** Sie die geheimnisvollen Skulpturen „Time and Space" und „Las Puertas de Can Soleil", bevor Sie zum versteckten Strand der Cala Llentia wandern.
- → **Erkunden** Sie die Leitern und Rampen zwischen den Felsen am Strand von Es Niu de S'Àguila.
- → **Beobachten** Sie in Ses Salines Flamingos und andere Zugvögel, und genießen Sie das Spiel der Farben, wenn die Sonne über den Salzfeldern untergeht.
- → **Springen** Sie vom Steg vor dem Restaurant Es Xarcu ins türkisblaue Wasser, bevor Sie frischen Fisch zu Mittag essen.
- → **Lauschen** Sie den Trommlern in der Cala Escondida, während Sie sich den Sonnenuntergang ansehen.

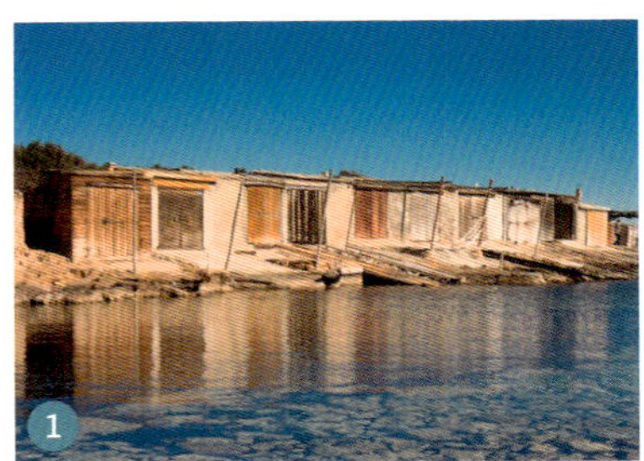

1

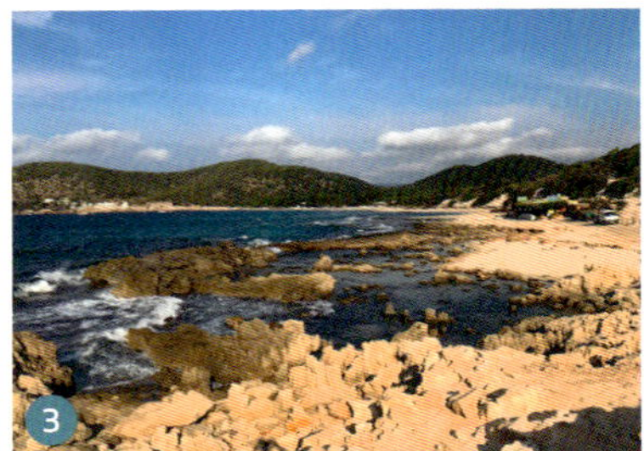

3

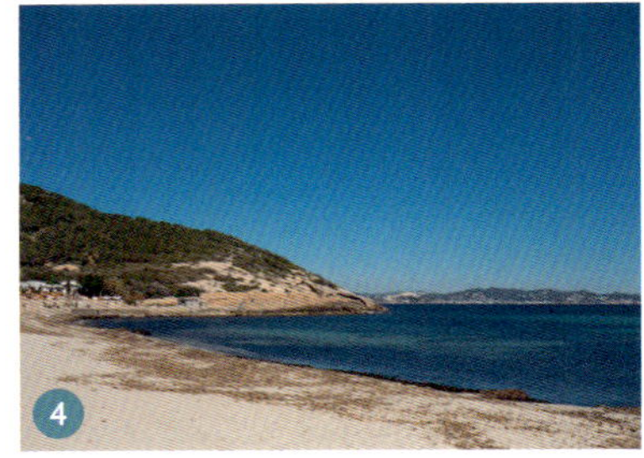

4

Diese Seite Ibizas ist vor allem für die klassischen Sonnenuntergänge bekannt, zu denen man sich am Strand versammelt, um den Tag mit Tanz und Trommeln zu verabschieden. Man kann nicht genug von der Pracht dieses Spektakels schwärmen, wenn die Sonne zwischen den malerischen kleinen Inseln im Meer versinkt, die sich dramatisch orange, pink und rot färben. Auch die Strandrestaurants feiern das Ereignis, und man findet überall ein Plätzchen, um sich den prächtigen Sonnenuntergang bei einem Cocktail oder einem Fischgericht anzusehen. Falls Sie keine Lust auf Trommeln und Drinks haben, gibt es jedoch genug kleinere Buchten abseits ausgetretener Pfade, wo man das Spektakel in aller Ruhe genießen kann.

Zu den außergewöhnlichsten Bademöglichkeiten an dieser Küste gehören die Pools von Sa Pedrera de Cala D'Hort und Punta de Sa Torre de Ses Portes an der Westküste. Sa Pedrera trägt den Spitznamen Atlantis und ist aufgrund seiner Lage am Fuß einer hohen Klippe mit Blick auf die mythische Insel Es Vedrà legendär. Als die Hippies Atlantis in den 1960ern für sich entdeckten, verzierten sie es mit kleinen Kunstwerken, und für viele gilt Sa Pedrera als äußerst spiritueller Ort. Die Pools sind durch einen alten Steinbruch entstanden, der in den 1550ern genutzt wurde, um die beeindruckende Dalt Vila, die Altstadt von Ibiza, zu befestigen.

Im Süden Ibizas liegt auch die UNESCO-Welterbestätte Ses Salines. Salz war einst der Hauptexportartikel Ibizas und der Grund, weshalb sich die Phönizier auf der Landspitze Sa Caleta ansiedelten. Später wurde es von Wachtürmen wie dem Torre des Carregador geschützt, und bis heute blüht das Geschäft. Die flachen Salzbecken ändern ständig ihre Farbe, von Grün und Blau zu einem tiefen Rosa, das zu den Flamingos passt, die in den Sommermonaten zu Besuch kommen. Sie bieten auch den perfekten Lebensraum für eine ganze Menge anderer Zugvögel. Das Naturschutzgebiet erstreckt sich übers Meer bis nach Formentera, ein außergewöhnlicher Biotop und Heimat von Schildkröten, Tintenfischen, Delfinen, Seepferdchen und vielen anderen Tierarten. Seine Klarheit verdankt das Wasser hauptsächlich dem Neptungras *(Posidonia)*, das hier gedeiht und für perfekte Schnorchelbedingungen sorgt. Diese faszinierende Unterwasserwelt kann man praktisch von jedem Küstenabschnitt aus erkunden.

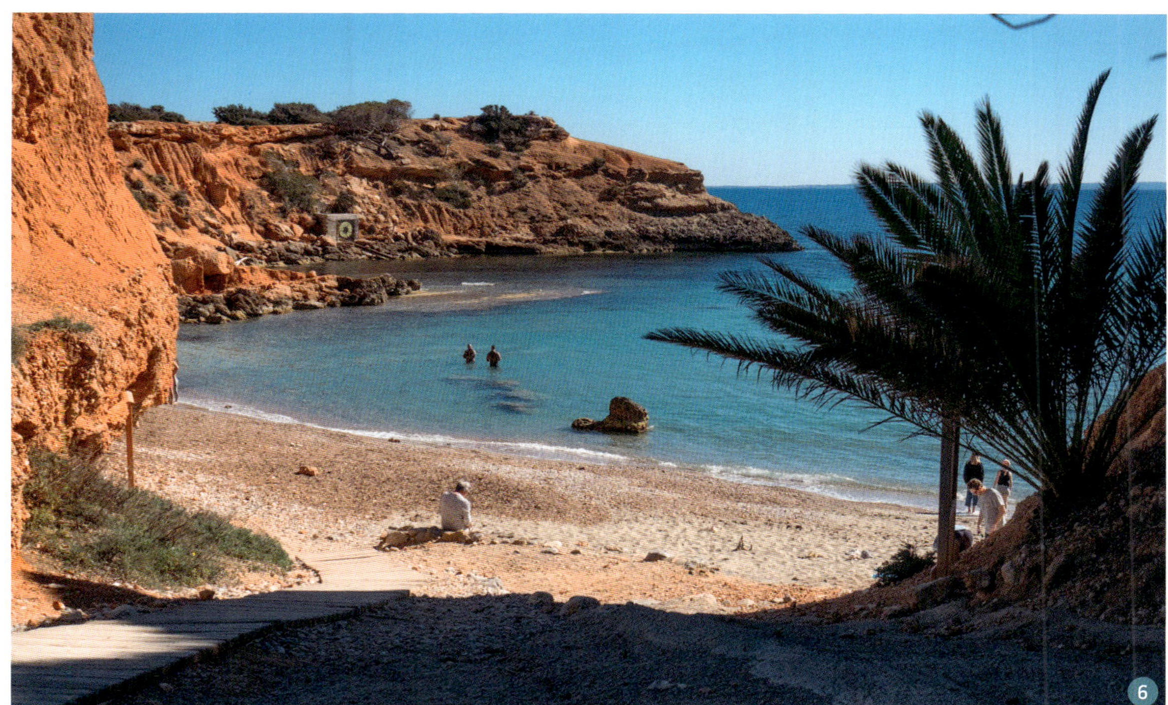

STRÄNDE

1 SAL ROSSA PLAYA

Kleiner ruhiger Kieselstrand mit traditionellen Fischerhütten und kristallklarem Wasser. Direkt davor liegt die Felseninsel Illa de Sa Sal Rossa, zu der man hinüberschwimmen kann. Unterhalb vom Torre des Carregador (25) und umgeben von Pinienwäldern.

→ Von Ibiza-Stadt auf der E-20 Richtung Süden bis zum Kreisverkehr, wo sie zur EI-800 wird, dann auf die PM-802/E1-900 weiter Richtung Süden. Nach 2 km, direkt hinter der Bar San Fransisco gegenüber von den Salinen, links Richtung Torre des Carregador, dann gleich wieder links, auch Richtung Turm, und nach 1,4 km bei den Schildern zum Turm parken (38.8728, 1.4033). Zu Fuß 120 m zum Strand.

5 Min., 33.8725, 1.4043

2 LA XANGA

Friedlicher, ruhiger Kieselstrand zwischen Fischerhütten mit Wanderwegen, um die Pinienwälder dahinter zu erkunden.

→ Von Sal Rossa Playa (1) 400 m Richtung Süden die Küste entlang bis zu den Fischerhütten.

10 Min., 38.8697, 1.4046

3 PLATJA DE SES SALINES

Dieser lange breite Sandstrand im Naturpark Ses Salines ist beliebt und hat einen großen Parkplatz, deshalb ist er am schönsten in der Nebensaison. Sandwege durch die Pinienwälder führen zu lauschigeren Abschnitten.

→ Von Ibiza-Stadt auf der E-20 Richtung Süden bis zum Kreisverkehr, wo sie zur EI-800 wird, dann auf die PM-802/E1-900 Richtung Süden. Nach 5 km beim Kreisverkehr links und den Schildern zum Strandparkplatz Ses Salines folgen bis zum Ende der Straße nach 300 m (38.8431, 1.3905). Diverse Wege führen Richtung Süden zum Strand.

2 Min., 38.8424, 1.3849

4 PLATJA ES CAVALLET

Langer Sandstrand mit kristallklarem, türkisblauem Wasser, flankiert von Sanddünen und einem großen Pinienwald, den man in der Nebensaison ganz für sich allein hat. Am nördlichen Ende das fabelhafte Fischrestaurant La Escollera (39), am südlichen Ende ein Chiringuito, dazwischen oft ruhiger.

→ Wegbeschreibung siehe Platja de Ses Salines (3), aber vom Parkplatz dem ausgeschilderten Waldweg etwas über 1 km Richtung Osten folgen. Oder kurz vor den Salzfeldern links von der PM-802/E1-900 abfahren Richtung Capella de la Revista, bis zum Parkplatz nach 1 km rechts, um zum nördlichen Strandende zu gelangen.

15 Min., 38.8446, 1.4024

5 PUNTA DE SA TORRE DE SES PORTES

Diese natürlichen Pools sind durch einen alten Steinbruch entstanden, der für die Mauern von Dalt Vila (24) genutzt wurde. Wundervolle, gut versteckte Abenteuerlandschaft unterhalb des alten Wachturms Torre de Ses Portes.

→ Wegbeschreibung siehe Platja de Ses Salines (3), aber vom Parkplatz dem Waldweg nach Osten Richtung Platja des Cavallet folgen. Nach ca. 1 km rechts Richtung Turm am Ende der Landspitze und auf dem Weg dorthin nach Steinbruchformationen Ausschau halten. Oder von Ses Salines am Wasser entlang zu Fuß.

20 Min., 38.8328, 1.4040

6 ES BOL NOU

Langer Kieselstrand unter hohen roten Klippen, die ihn in Abschnitte teilen: Wenn man rechts über die Felsen klettert, findet man versteckte, lauschige Plätzchen. Man kann auch den Berg östlich vom Strand hochklettern zur phönizischen Siedlung Sa Caleta und einer Küstenbatterie (7 & 27) mit Blick über den Strand.

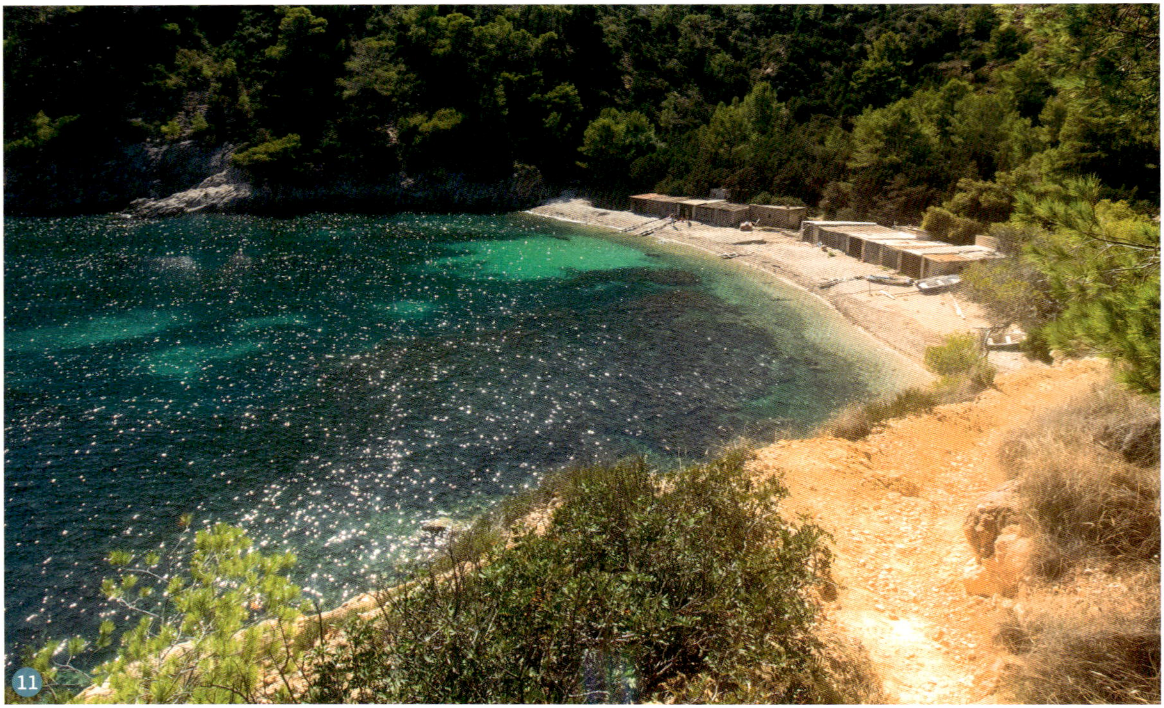

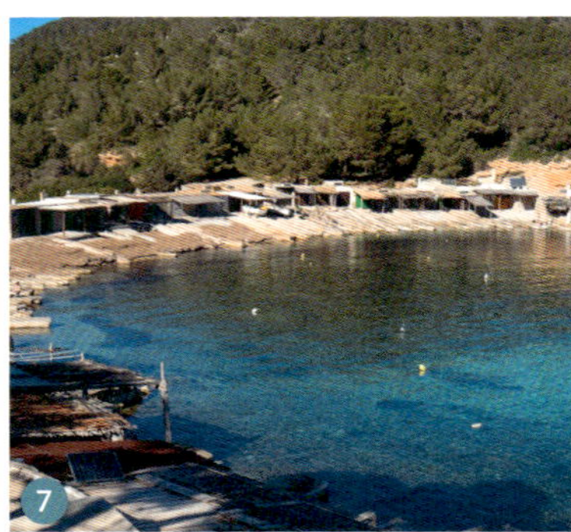

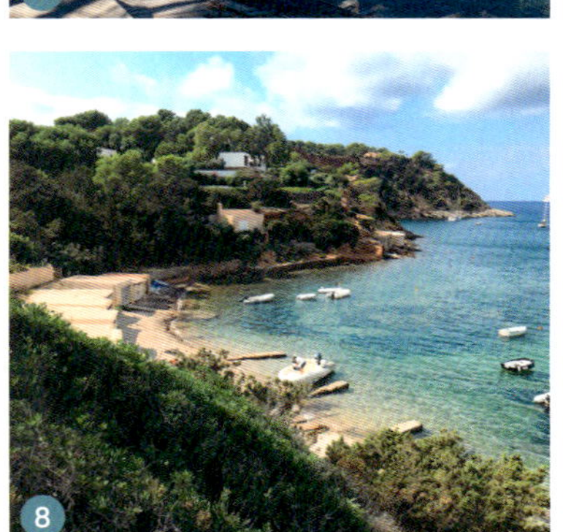

➔ Von Ibiza-Stadt auf der EI-700 für 7 km Richtung Westen, dann links Richtung Sa Caleta, nach knapp 4 km rechts Richtung Sa Caleta und Restaurant Sa Caleta. Parkplatz nach 250 m rechts, neben dem Restaurant.
2 Min., 38.8682, 1.3320

7 SA CALETA

Ruhige Bucht mit kristallklarem Wasser, gesäumt von einem Halbkreis traditioneller Fischerhütten und umgeben von Pinienwäldern. Breiten Sie Ihr Handtuch auf einer unbenutzten Bootsrampe aus, und tauchen Sie ins Wasser. Der kleine Hafen hat eine lange Geschichte und wurde schon von den Phöniziern genutzt.

➔ Wegbeschreibung siehe Es Bol Nou (6) und zu Fuß Richtung Osten auf dem Weg zwischen den Bäumen, an der Chiringuito vorbei und bergauf über die Landspitze
10 Min., 38.8689, 1.3353

8 PORROIG

Kleine, von Fischerhütten gesäumte Bucht mit klarem Wasser und herrlichem Blick. Sehr ruhig.

➔ Von Ibiza-Stadt auf der EI-700 gut 8,5 km Richtung Osten, dann links auf den Carrer de Porroig Richtung Es Cubells/Porroig/Es Torrent. Der Straße 5,5 km folgen und, wenn sie zum Meer hin abfällt, rechts nach einer kleinen Schotterstraße Ausschau halten (direkt hinter einer Haarnadelkurve) und dort parken (nur Platz für wenige Fahrzeuge). Über die Stufen zum Strand.
2 Min., 38.8667, 1.3052

9 CALA ES CUCÓ

Geschützte, steinige Bucht, versteckt unter Klippen und wenig besucht. Traditionelle Fischerhütten, und manchmal ankern in der Nähe auch Boote. Steiniger Strand, aber unter Wasser Sandboden.

➔ Von Ibiza-Stadt auf der EI-700 gut 8,5 km Richtung Osten, dann links auf den Carrer de Porroig Richtung Es Cubells/Porroig/ Es Torrent. Nach 4 km rechts parken (38.8712, 1.3030) und rechts nach einem Weg Ausschau halten, der im Zickzack den steilen Hang hinunterführt.
5 Min., 38.8704, 1.3037

10 ES NIU DE S'ÀGUILA

Kieselstrand mit vier großen Felsen, die in einer Linie aufs Meer hinausführen. Auf dem größten soll ein Adlernest gewesen sein, nach dem der Strand benannt ist. Im Westen befindet sich eine Art großer Spielplatz mit

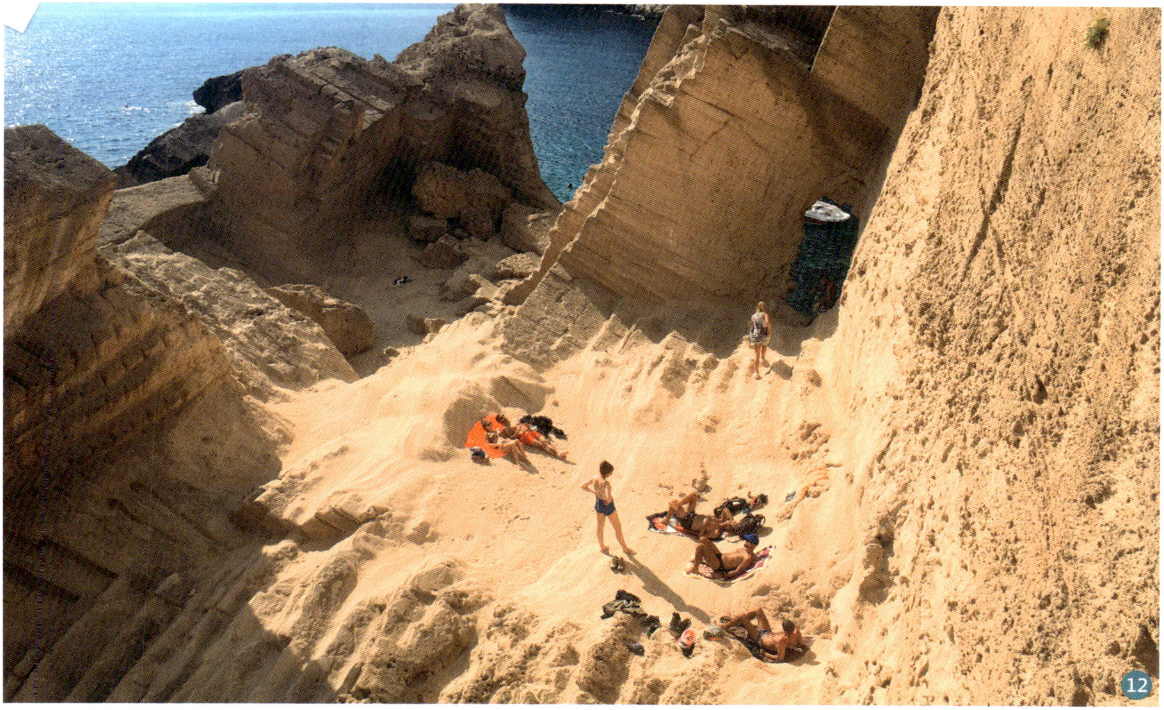

Leitern, Rampen und Plattformen zwischen den Felsen, die zu einer Privatstraße führen. Einigermaßen ruhig, weil keine öffentliche Straße hinführt. Für den Weg braucht man festes Schuhwerk.

➔ Im Küstendorf Es Cubells vor der großen weißen Kirche von der Hauptstraße abfahren, Richtung Platja des Cubells/Platja de Ses Boques. Nach 1,6 km links zum Strandrestaurant Ses Boques (41) und dort parken. Vom Strand 500 m nach rechts, teils über Felsen.

15 Min., 38.8725, 1.2616

11 CALA LLENTRISCA

Einer der einsamsten Strände auf Ibiza, am Ende einer Privatstraße und eines holprigen Wegs, doch die Mühe lohnt sich. Schöner Blick, ein kleiner Holzsteg zum Springen, traditionelle Fischerhütten und atemberaubend blaues Wasser.

➔ Wegbeschreibung siehe Es Niu de S'Àguila (10), aber 150 m weiter auf der Straße, an Ses Boques vorbei bis zum Sackgassenschild und Wachhäuschen. Sagen Sie, Sie möchten zur Cala Llentrisca, dann schreiben die Wachleute Ihre Nummer auf und lassen Sie passieren. Der Straße folgen, deren Zustand sich zusehends verschlechtert, und irgendwo parken, ohne die Anwohner zu belästigen. Der Weg beginnt hinter dem letzten Haus an der Straße nach 2 km (38.8660, 1.2544) und führt 700 m zur Bucht hinunter. Festes Schuhwerk empfohlen.

30 Min., 38.8628, 1.2533

12 SA PEDRERA DE CALA D'HORT

Spektakulärer alter Steinbruch am Fuß der Klippen, gegenüber der sagenumwobenen Insel Es Vedrà. Jeder hat von „Atlantis“ gehört, aber es liegt sehr gut versteckt und ist schwer zugänglich. Am Ende einer mühsamen Wanderung über unwegsames Terrain wartet ein magischer Ort mit Pools zum Baden und hoch aufragenden Felsformationen, in die Formen und Figuren geritzt sind. Ein Herzstück der Hippiekultur von Ibiza.

➔ Vom Ortszentrum Sant Josep de sa Talaia auf der Avenida Cubells nach Südwesten Richtung Cala D'Hort, dann auf die PMV-803-1 für 8,5 km. Wenn die Staße zum Meer hin abfällt, links in die kleine Straße beim roten Schild zum Torre des Savinar (26). Parkplatz nach 600 m in der Rechtskurve. Wenn er besetzt ist, zurückfahren und irgendwo am Straßenrand parken. Auf den Weg links vom Parkplatz, in entgegengesetzter Richtung zum Turm und Aussichtspunkt Es Vedrà (35), bergauf in den Wald zu den Steinlabyrinthen (38.8763, 1.2314). Von hier führt ein Weg die Klippen hinunter.

30 Min., 38.8725, 1.2308

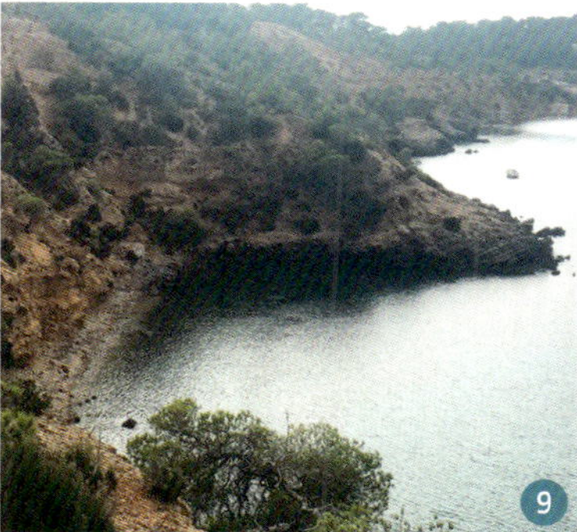

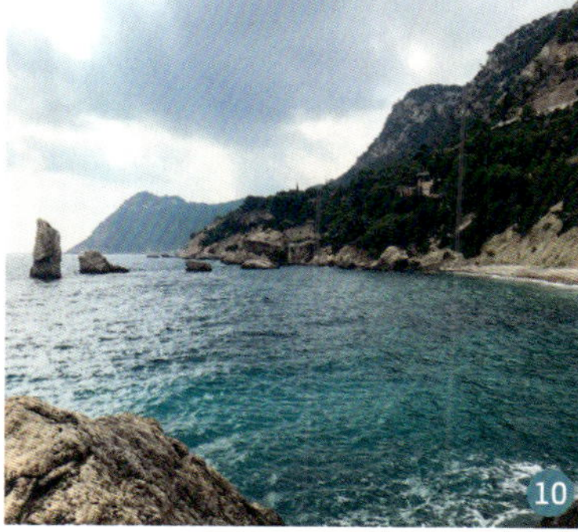

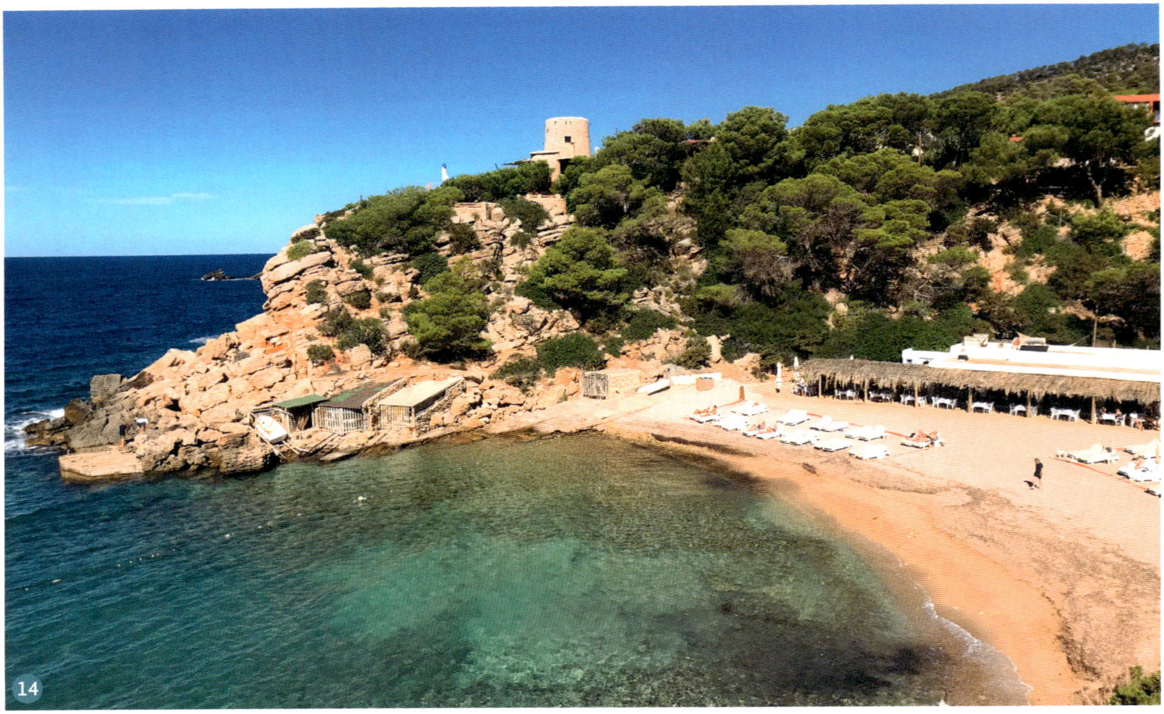

14

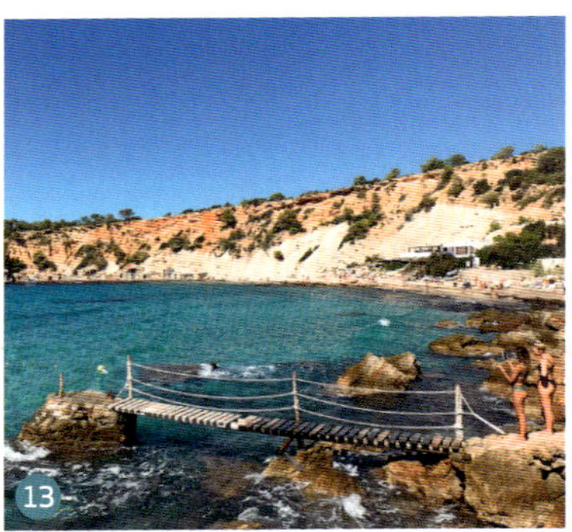

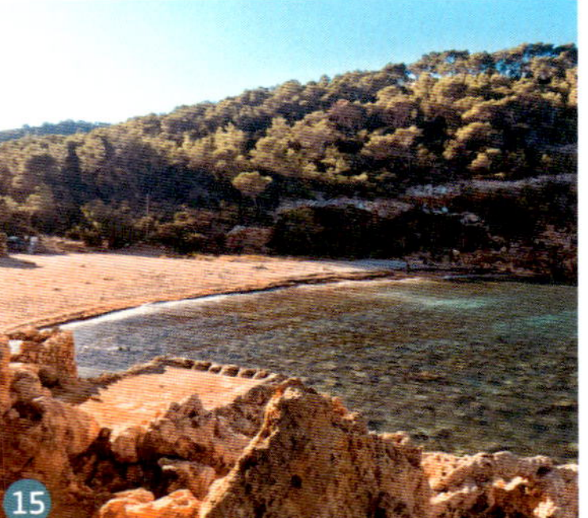

13 CALA D'HORT

Charmante weiße Sandbucht mit Blick auf die sagenumwobene Insel Es Vedrà, mit Chiringuito. In der Hauptsaison voll. Man kann zum südlichen Ende hochklettern und sich von dort den Sonnenuntergang ansehen.

→ Vom Ortszentrum Sant Josep de sa Talaia auf der Avenida Cubells Richtung Südwesten, dann für gut 9 km auf der PMV-803-1. Wenn die PMV-803-1 bei einer Kreuzung eine scharfe Rechtskurve macht, geradeaus weiter Richtung Cala d'Hort. Parkplatz nach 1 km am Straßenende in Strandnähe.

3 Min., 38.8902, 1.2242

14 CALA CARBÓ

Die kleine Bucht wird von einem Hufeisen aus felsigen Klippen geschützt, die einen perfekten Rahmen für den Sonnenuntergang bilden. Direkt am Strand gibt es mehrere nette Restaurants. Wenn man um die Landspitze herumklettert, hat man einen fantastischen Blick auf Es Vedrà.

→ Vom Ortszentrum Sant Josep de sa Talaia auf der Carretera de Sant Josep/EI-700 für 700 m Richtung Westen, dann geht es links ab zu diversen Stränden, darunter auch Cala Carbó. Beim Kreisverkehr nach 1 km den Schildern zur Cala Carbó folgen (links auf die PMV-803-1), nach 5 km links, dann sofort rechts und bei der T-Kreuzung wieder links (Camí Cala Carbó/Carrer de Cala Carbó). Parkplatz nach 1,7 km rechts. Zu Fuß 100 m zum Strand.

3 Min., 38.8948, 1.2182

15 CALA MOLÍ

Herrliche Sand- und Kieselbucht mit perfekten Sonnenuntergängen und der einzigartigen Chiringuito El Silencio mit modernen Kunstinstallationen direkt am Strand.

→ Vom Ortszentrum Sant Josep de sa Talaia auf der Carretera de Sant Josep/EI-700 für ca. 700 m Richtung Westen, dann geht es links ab zu diversen Stränden, darunter auch Cala Molí (Avenida Cala Tarida). Nach 1 km beim Kreisverkehr den Schildern geradeaus folgen und beim Mini-Kreisverkehr nach 3,5 km links. Nach 800 m Haarnadelkurve rechts auf die Avinguda de Cala Molí und nach weiteren 300 m am Strand parken.

2 Min., 38.9299, 1.2329

16 CALA TARIDA

Der Hauptstrand ist voll und familienorientiert, aber toll zum Klippenspringen. Etwas weiter nördlich gibt es zwei kleinere Strände, Cala Tarida Pequeña und Playa de los Pescadores Tarida, mit Fischerhütten,

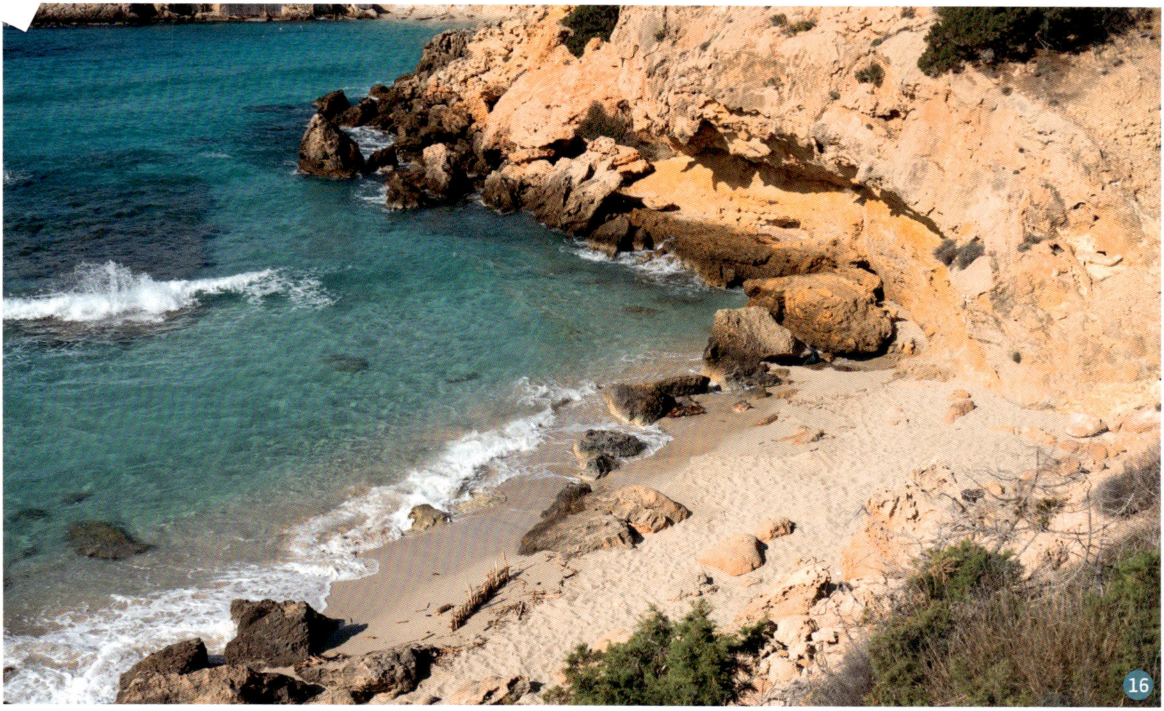

Schwimmmöglichkeiten von den Felsen und Wanderwegen. Beide sind nicht leicht zu erreichen und deshalb ruhiger.

➔ Auf der El-700 von Sant Antoni Richtung Süden, dann rechts Richtung Cala Tarida (ca. 450 m südlich der Abfahrt Sant Antoni, 38.9415, 1.2905). Beim Kreisverkehr nach 2,5 km rechts. Weitere 2 km und bei der Straßengabelung links Richtung Cala Tarida, nach 2 km beim Mini-Kreisverkehr geradeaus bis zum großen Parkplatz am Ende der Straße (38.9427, 1.2357). Zu Fuß Richtung Süden über die ausgeschilderten Stufen zum Strand oder den Weg rechts davon, vorbei an einem mit Graffiti besprühten Gebäude und bei der Haarnadelkurve hinunter zu den kleineren Satellitenstränden.

5 Min., 38.9414, 1.2349

17 CALA CORRAL

Klassische ibizenkische Bucht mit halbmondförmig angeordneten Fischerhütten und einem lauschigen Plätzchen auf den Felsen zum Springen, Schwimmen und Sonnen. Etwas Kieselstrand, aber hauptsächlich Bootsrampen und Felsen.

➔ Wegbeschreibung siehe Cala Tarida (16), aber statt auf den Parkplatz (links) beim Autoverleih rechts Richtung Cala Corral und Port esportiu bis zum Parkplatz nach 200 m rechts. Dem Weg am Parkplatz folgen, an dem kleinen Hafen vorbei und weiter zur Bucht.

5 Min., 38.9450, 1.2328

18 CALA LLENTIA

Kleiner Strand, versteckt zwischen Klippen, schwer zu finden und zu erreichen, daher herrlich ruhig. Die meisten kommen nur, um sich den „Time and Space"-Steinkreis (32) auf der Landspitze anzusehen. Den Abstieg über einen sehr steilen Hang sollte nur wagen, wer sicher ist, dass er auch wieder hochkommt. Vorsicht vor Steinschlägen!

➔ Von Sant Antoni auf der El-700 nach Süden, dann rechts Richtung Cala Tarida (ca. 450 m südlich von der Abfahrt nach Sant Antoni, 38.9415, 1.2905). Beim Kreisverkehr nach 2,5 km links. Nach 3 km links auf eine Schotterpiste Richtung Cala Codolar, nach 1 km in Es Pujolets rechts parken (38.9478, 1.2303). Zu Fuß Richtung Meer, am Steinkreis vorbei 400 m Richtung Norden, bis ein steiler Weg zum Strand hinunterführt. Seien Sie vorsichtig!

20 Min., 38.9481, 1.2279

19 CALA CODOLAR

Entspannte Bucht abseits ausgetretener Pfade mit kleinem Chiringuito, von dessen

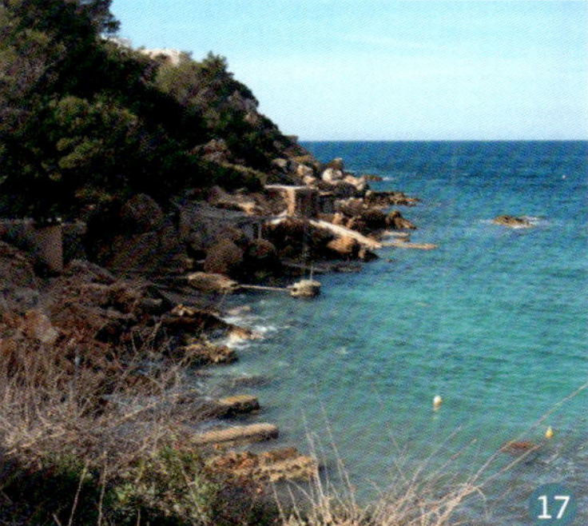

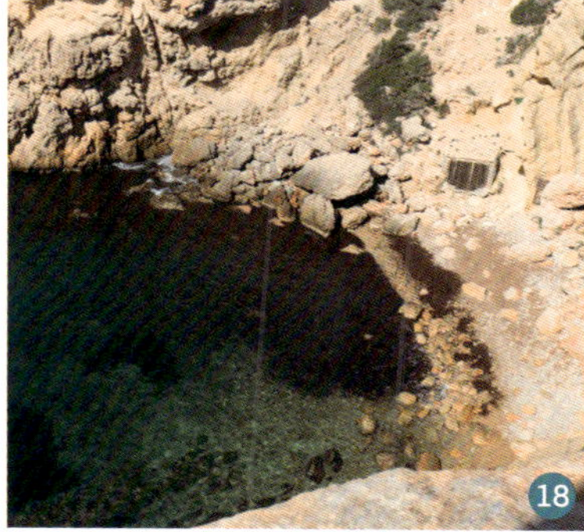

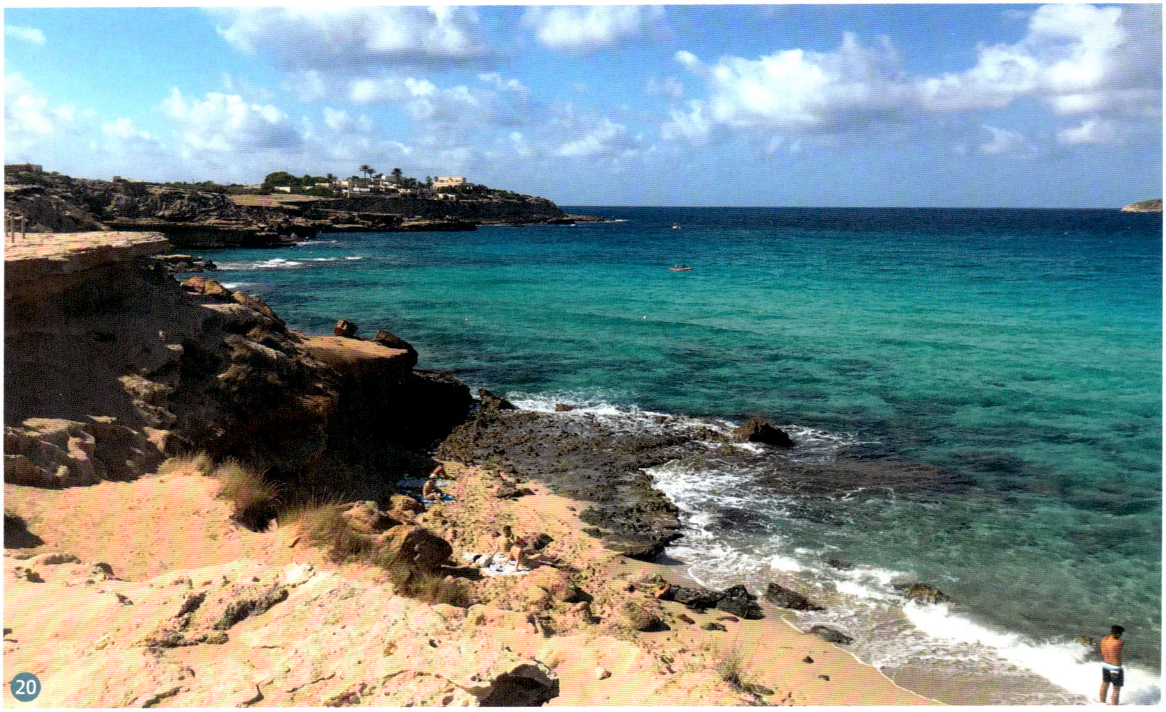

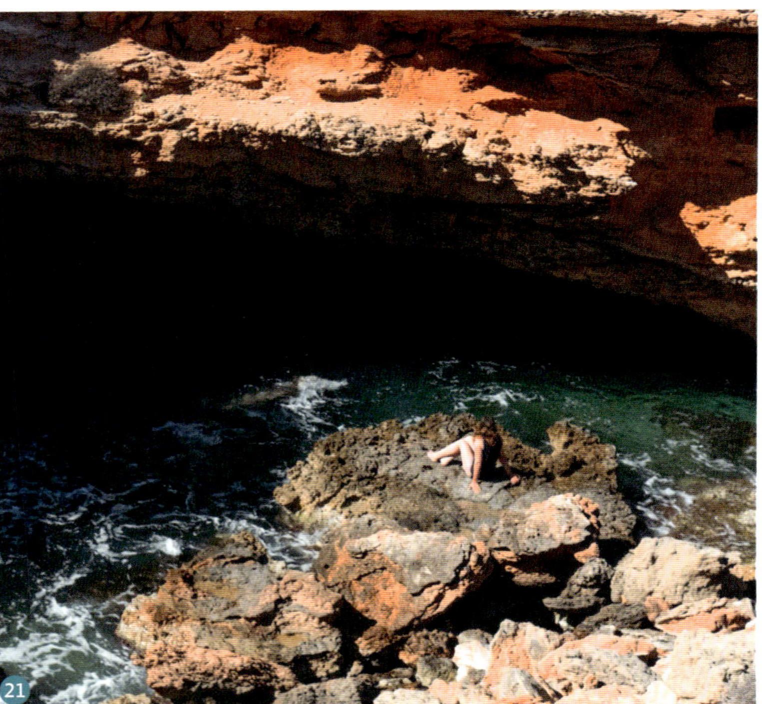

Plattform man ins Meer springen kann. Sandstrand mit vielen Kieselsteinen (kalatanisch CÒDOLS).

➔ Wegbeschreibung siehe Cala Llentia (18), aber auf der Schotterstraße nach 850 m rechts und weitere 650 m bis zum Parkplatz. Zu Fuß bergab zum Strand.
10 Min., 38.9502, 1.2278

20 CALA ESCONDIDA

Wundervoller Ort für einen klassischen Ibiza-Sonnenuntergang mit den obligatorischen Trommlern und eine der nachhaltigsten Strandbars der Insel. 100 m weiter links liegt ein kleinerer versteckter Strand. Man kann von hier zu Fuß zur Meereshöhle Sa Figuera Borda (22) gehen.

➔ Von Sant Antoni auf der EI-700 Richtung Süden, dann rechts Richtung Cala Tarida (ca. 450 m südlich von der Abfahrt Sant Antoni, 38.9415, 1.2905), beim Kreisverkehr nach 2,5 km links. Weitere 5 km und den Schildern zum Parkplatz am Ende der Straße folgen. Nicht an der Straße parken, sonst bekommen Sie möglicherweise einen Strafzettel. Vom Parkplatz 200 m links zu einem Weg und Stufen zum Strand.
5 Min., 38.9607, 1.2197

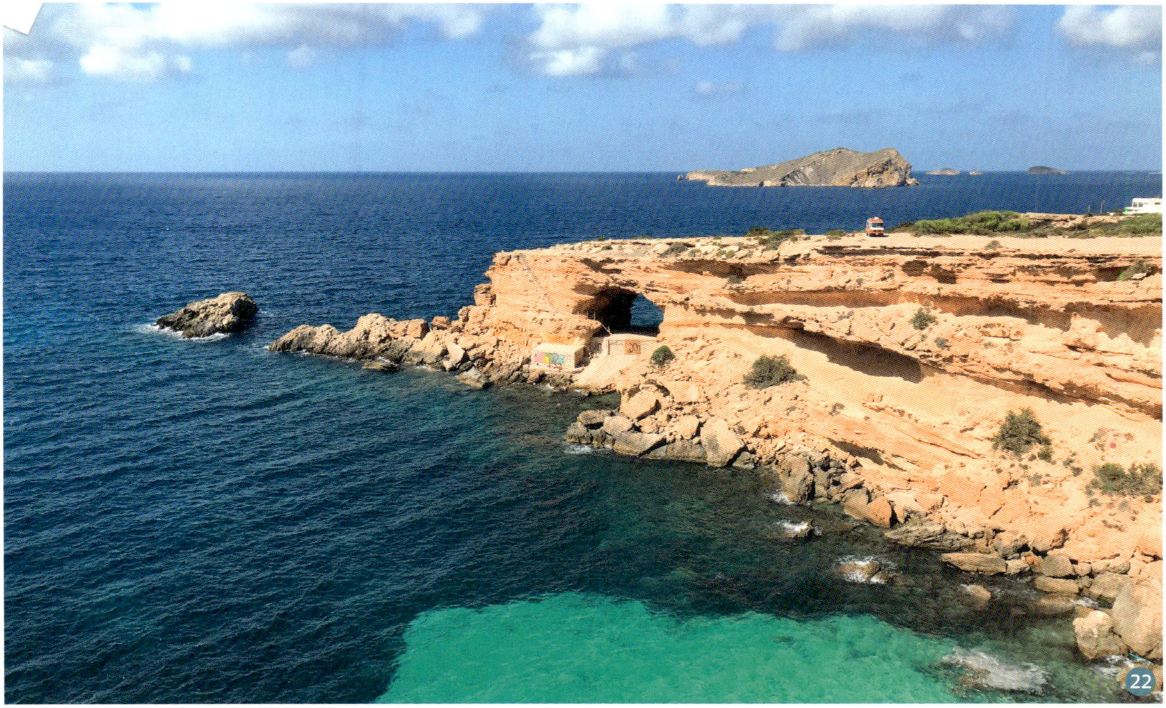

MEERESHÖHLEN

21 CUEVA DE LOS SASTRES

Zu Fuß nicht weit vom beliebten Strand Cala Bassa liegt der Eingang zu dieser gewaltigen Meereshöhle, perfekt für ein Bad abseits der Menge. In dieser Gegend gibt es diverse atemberaubende Höhlen und viele Meereslebewesen. Wir empfehlen daher, einen Schnorchel einzupacken und um die ganze Landspitze herumzuschwimmen.

→ Von Sant Antoni auf der EI-700 Richtung Süden, dann rechts Richtung Cala Bassa (ca. 450 m südlich von der Abfahrt Sant Antoni, 38.9415, 1.2905). Beim Kreisverkehr nach 2,5 km links und an der Straßengabelung nach weiteren 450 m rechts Richtung Cala Bassa. 3 km bis zum gebührenpflichtigen Parkplatz (links). Vom Tor zu Fuß 50 m Richtung Osten bis zum Höhleneingang. Oder über die Felsen ins Wasser und schnorcheln.

10 Min., 38.9663, 1.2429

22 SA FIGUERA BORDA

Höhlenartiger Tunnel über einer blauen Bucht. Man gelangt zu beiden Seiten über die Felsen ins Meer. Auch als RAVE CAVE bekannt, weil hier in der Vergangenheit legendäre Clubnächte stattgefunden haben.

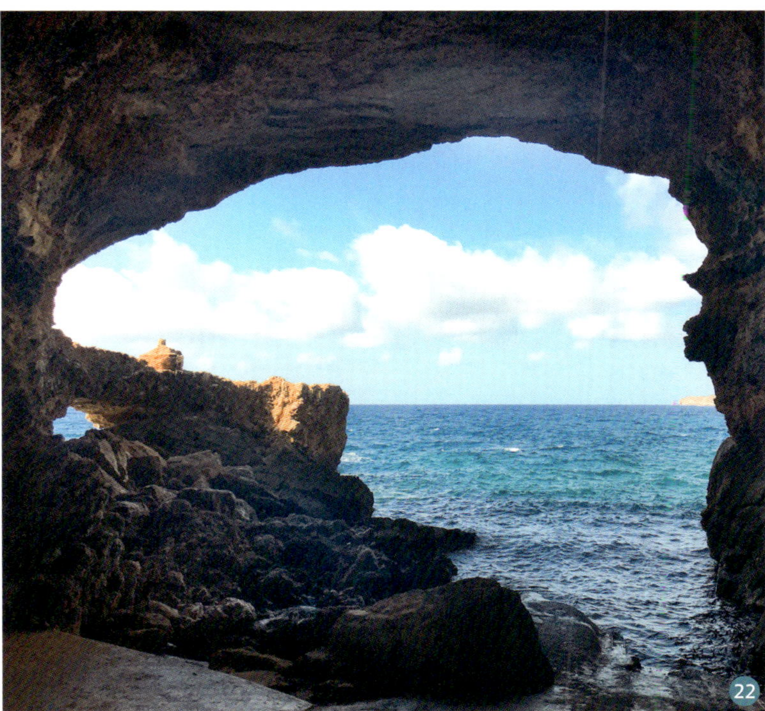

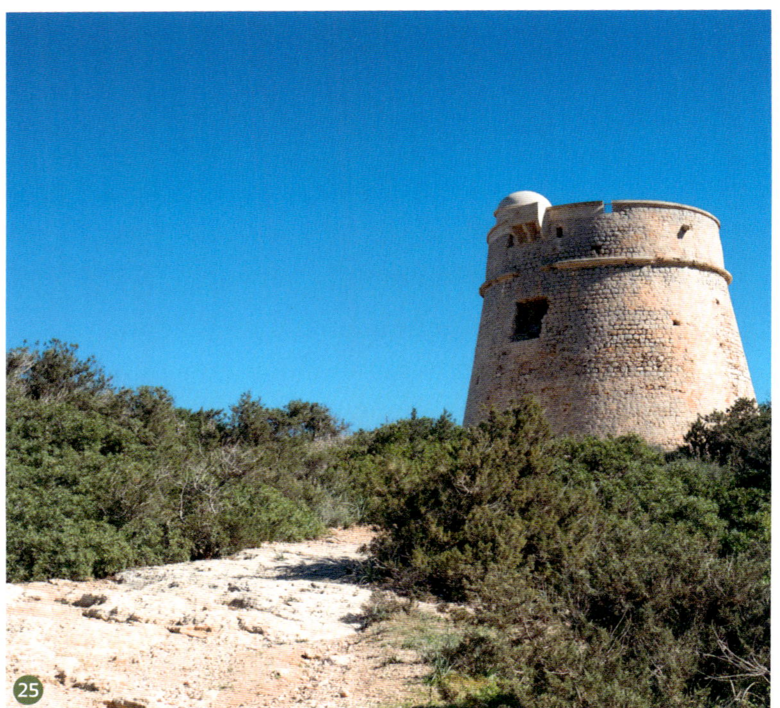
25

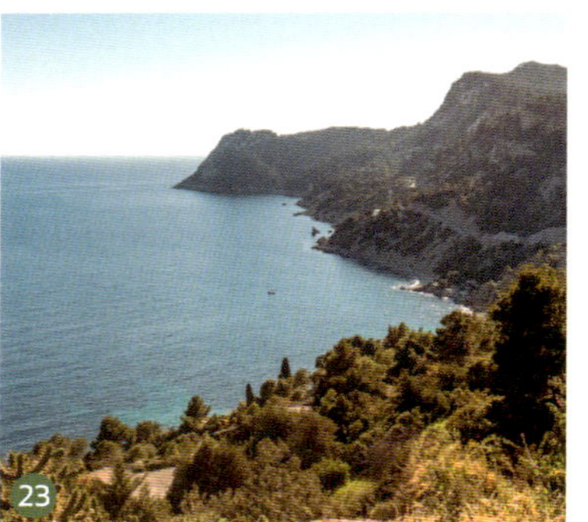
23

→ Von Sant Antoni auf der EI-700 Richtung Süden, dann rechts Richtung Cala Tarida (ca. 450 m südlich von der Abfahrt Sant Antoni, 38.9415, 1.2905). Beim Kreisverkehr nach 2,5 km links. Nach 5 km den Schildern zum Parkplatz am Ende der Straße folgen, aber kurz vor dem Parkplatz links auf die Schotterstraße. Nach 450 m links auf einen Felsblock zu, an diesem rechts vorbei und auf den Klippen parken. Zu Fuß Richtung Süden und am Ende der Landspitze auf der Südseite nach Stufen Ausschau halten und diese vorsichtig hinuntersteigen.
10 Min., 38.9551, 1.2185

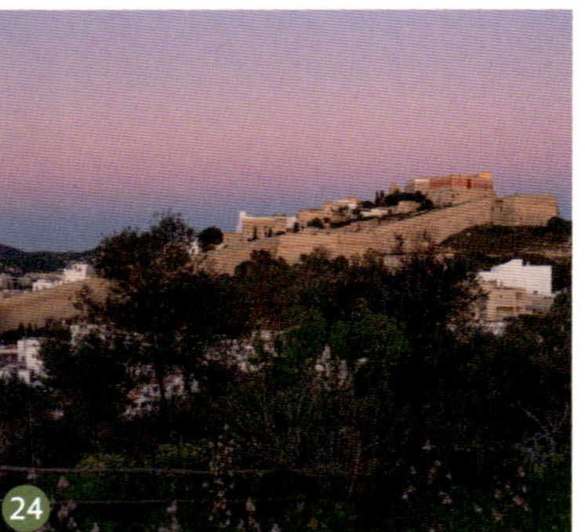
24

BURGEN & KIRCHEN

23 ESGLÉSIA MARE DE DÉU DEL CARME, ES CUBELLS

Keine Kirche, kein Dorf hat einen schöneren Blick. Die traditionelle Kirche steht an derselben Stelle wie die ursprüngliche Kapelle aus dem 19. Jahrhundert. Von der Terrasse hat man einen Panoramablick bis nach Formentera, und es führen Wege im Zickzack zum Strand hinunter. Gönnen Sie sich eine Erfrischung auf dem Dorfplatz, und lassen Sie sich von der schönen Umgebung mit Olivenhainen und Zitronenbäumen verzaubern.

→ Man erreicht Es Cubells über die PM-803-1. Wenn man in den Ort kommt, liegen rechts der Parkplatz und links die Kirche.
1 Min., 38.8813, 1.2722

24 DALT VILA

Das alte Viertel Dalt Vila ist von überall in Ibiza-Stadt zu sehen. Man betritt es durch eines der fünf Tore in der Renaissance-Stadtmauer, auf der man auch spazierengehen kann. Es wird vom Castell d'Eivissa beherrscht, in dem man über tausend Jahre Geschichte bewundern kann, bis hin zu einem maurischen Wehrturm aus dem 8. Jahrhundert. Dalt Vila ist UNESCO-Weltkulturerbe, und man kann sich in den schmalen, gewundenen Gassen zwischen den mit Bougainvillea bewachsenen Häusern herrlich verlieren und den ganzen Tag magische Orte und Aussichtspunkte entdecken.

→ Das Portal de ses Taules (38.9082, 1.4366) ist das Haupttor, und man kann hier an der Bastion Sant Llúcia etwas weiter östlich einen Rundgang beginnen. Er führt 2 km teils durch Tunnel und an der Burg, der Kirche und dem Informationszentrum vorbei. Innerhalb der Stadtmauern kann man sich einfach treiben lassen.
8 Std., 38.9066, 1.4356

TÜRME & TUNNEL

25 TORRE DES CARREGADOR

Dieser Wachturm ist einer der ältesten auf der Insel und zur selben Zeit entstanden wie die Mauern von Dalt Vila (24), um die Arbeiter in den Salinen und den kleinen Hafen darunter vor Piratenangriffen zu schützen. Im Sommer kann man das Innere besichtigen und hat von dort einen unvergleichlichen Blick.

→ Von Ibiza-Stadt auf der E-20 Richtung Süden bis zum Kreisverkehr, wo sie zur EI-800 wird, und auf der PM-802/E1-900 weiter Richtung Süden. Nach 2 km, hinter der Bar San Fransisco gegenüber von den Salinen, links Richtung Torre des Carregador, dann gleich wieder links und nach 1,4 km bei den Schildern zum Turm parken (38.8728, 1.4033).
2 Min., 38.8733, 1.4040

26 TORRE DES SAVINAR

Der Wachturm aus dem 18. Jahrhundert taucht als „Piratenturm" in einem Roman des spanischen Schriftstellers Vicente Blasco Ibáñez auf. Der Weg ist beschwerlich und nicht gut ausgeschildert, aber es gibt kaum einen schöneren Ort, um sich den Sonnenuntergang anzusehen. Der Turm liegt 200 m über dem Meeresspiegel auf einem drama-

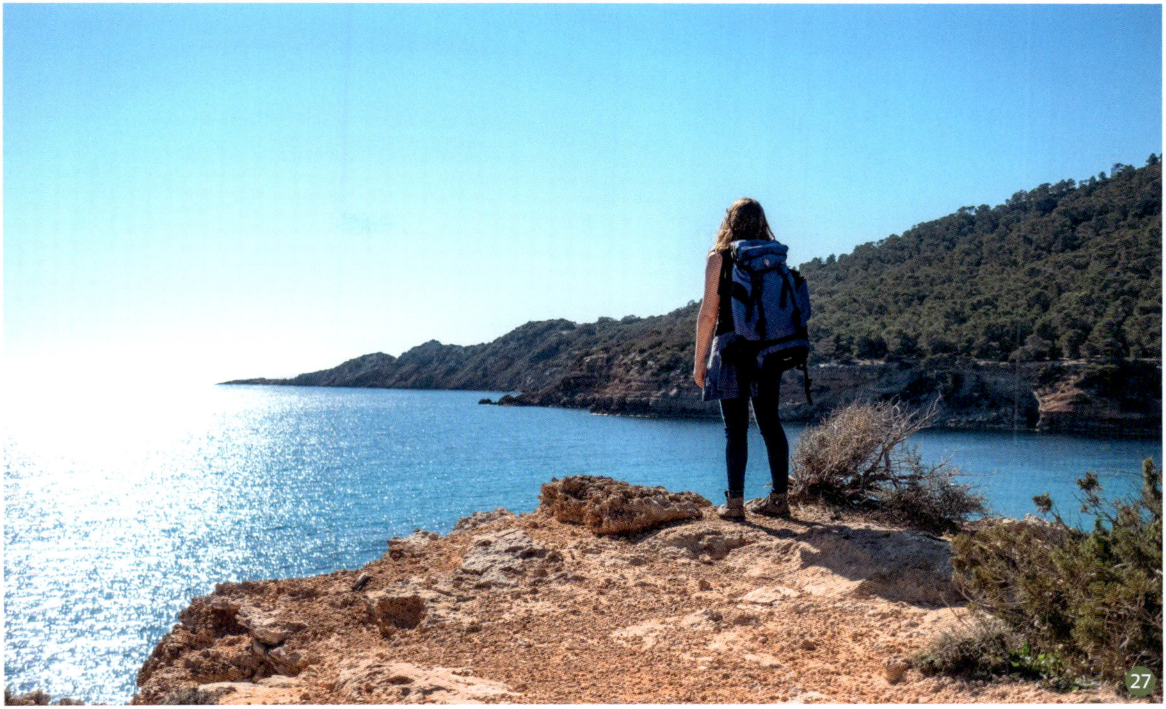

tischen Felsvorsprung mit Blick auf die Insel, hinter der die Sonne im Meer versinkt.

→ Vom Ortszentrum Sant Josep de sa Talaia auf der Avenida Cubells nach Südwesten Richtung Cala D'Hort, dann auf die PMV-803-1 für weitere 8,5 km. Wenn die Staße zum Meer abfällt, beim roten Schild zum Torre des Savinar links bis zum Parkplatz in der Rechtskurve nach 600 m (wenn der Parkplatz voll ist, ein Stück zurückfahren und in Straßennähe parken). Zu Fuß bergab Richtung Aussichtspunkt Es Vedrà (35) und links Ausschau halten nach einem roten Schild zum Turm, das leicht zu übersehen ist.

30 Min., 38.8742, 1.2284

27 KÜSTENBATTERIE SA CALETA

Die Geschützstellungen und Schlafräume auf der Landspitze wurden in den 1930ern gebaut, um während des Spanischen Bürgerkriegs den Hafen zu schützen. Jetzt kann man die Graffiti-bedeckten Tunnel mit einer Taschenlampe erkunden. Durch ein Fenster in den Klippen kann man auf den Strand Es Bol Nou (6) hinuntersehen.

→ Von Ibiza-Stadt auf der EI-700 für 7 km nach Westen, dann links Richtung Sa Caleta, nach knapp 4 km rechts Richtung Sa Caleta und Restaurant Sa Caleta und 250 m bis zum Parkplatz neben dem Restaurant. Zu Fuß über die Landspitze. Man sieht die Anlage von oben, noch vor der phönizischen Siedlung (28). Der Tunnel durch die Klippen beginnt vor dem Gebäude rechts (38.8681, 1.3329).

10 Min., 38.8672, 1.3341

GESCHICHTE

28 PHÖNIZISCHE SIEDLUNG SA CALETA

Die Phönizier besiedelten die Landspitze um 650 v. Chr., um Salz abzubauen. Die eingezäunten Ruinen sind nur ein kleiner Teil der ursprünglichen Siedlung. Neben der Erosion hat auch die Küstenbatterie Sa Caleta (27) viel zerstört, bevor das Fundament in den 1980ern entdeckt wurde. UNESCO-Weltkulturerbe mit toller Aussicht, Eintritt frei.

→ Wegbeschreibung siehe Küstenbatterie Sa Caleta (27). Dem Weg weitere 100 m folgen.

10 Min., 38.8677, 1.3297

29 PUIG DE MOLINS NECROPOLIS

Größte, älteste und besterhaltene Nekropole der Balearen und UNESCO-Weltkulturerbe. Sie stammt aus dem 7. Jahrhundert v. Chr., umfasst ca. 3000 Gräber (obwohl nur 340 sichtbar sind) und liegt im Herzen von Ibiza-Stadt, unterhalb von Dalt Vila (24). Es gibt

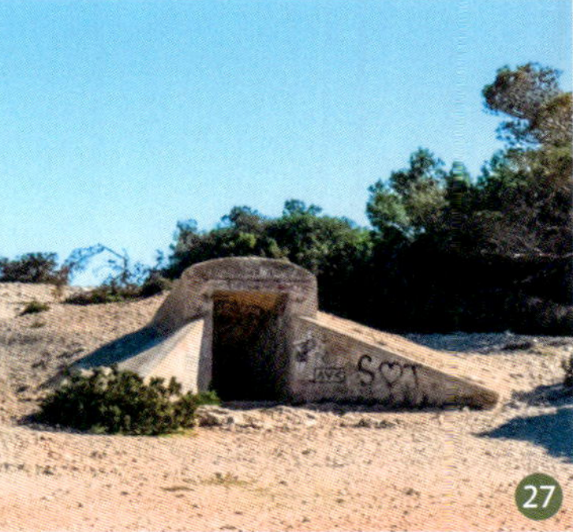

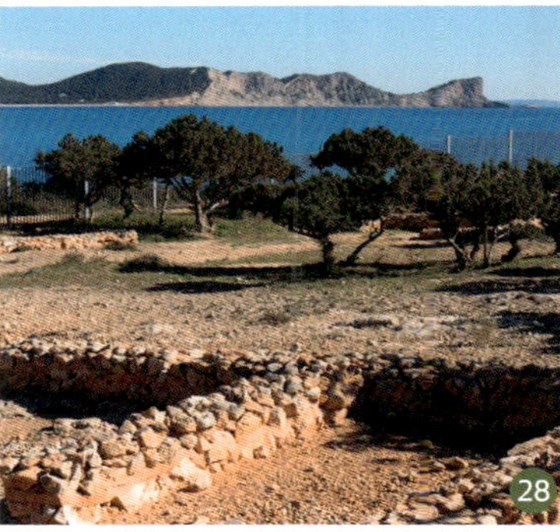

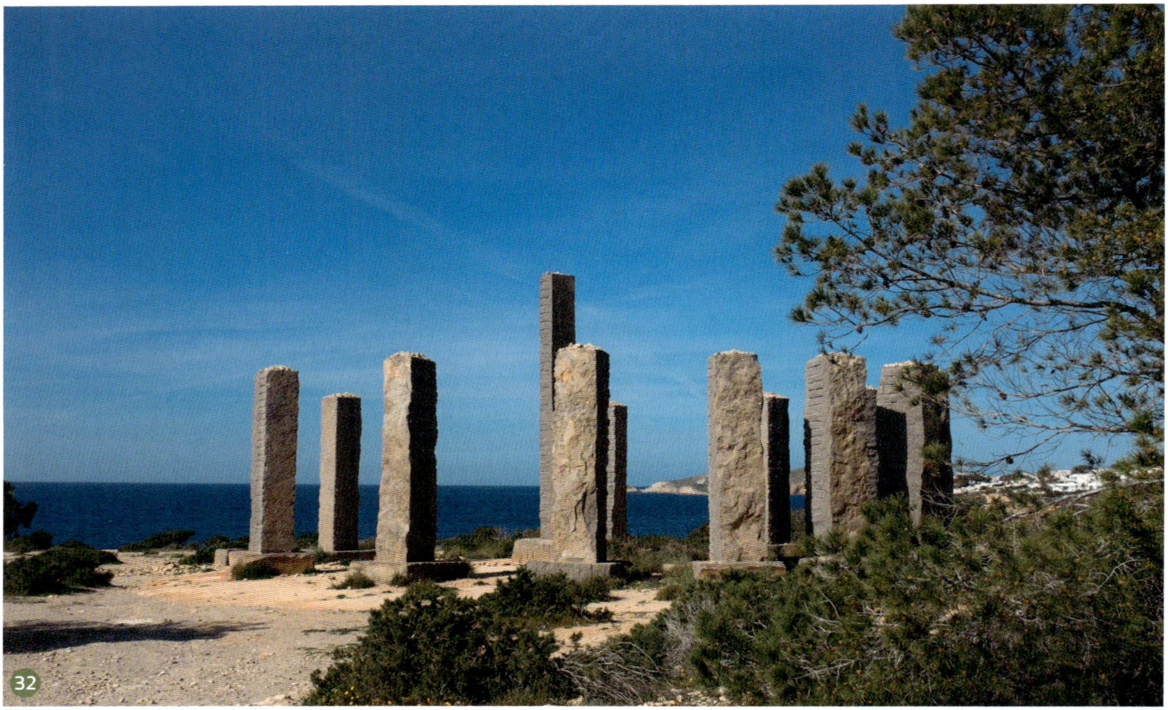

32

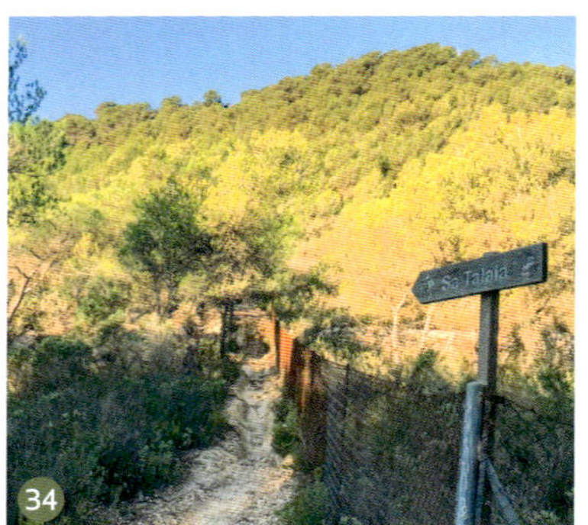

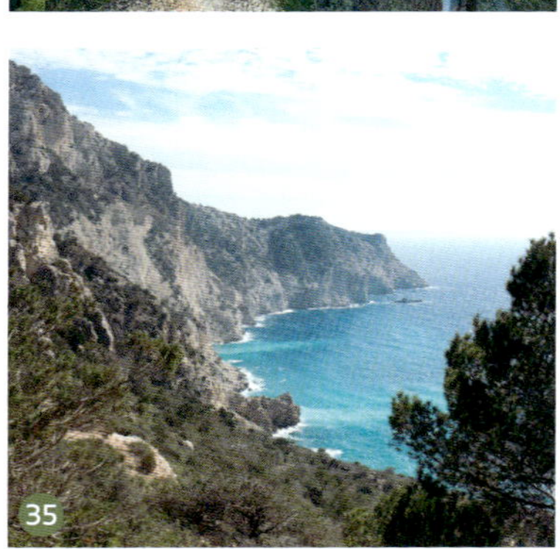

ein Museum, von dessen Eingang man auch zu den Hypogäen, den unterirdischen Grabanlagen, gelangt. Oder man geht über eine wunderschöne Wiese mit alten Bäumen den Berg hinauf zum fantastischen Aussichtspunkt mit Blick über die ganze Stadt .

➔ Eingang durch das Monografische Museum Puig des Molins, Vía Romana 31, 07800 Eivissa, +34 971 176090. Die Öffnungszeiten variieren, in der Regel ist das Museum aber bis zum frühen Nachmittag und am Freitag auch abends geöffnet. Gebührenpflichtige Parkplätze an der Straße.

4 Std., 38.9070, 1.4294

30 SES PAÏSSES DE CALA D'HORT

Faszinierende Ausgrabungsstätte mit phönizischen, römischen und maurischen Überresten. Toller Blick nach Es Vedrà und ein Museum.

➔ Vom Ortszentrum Sant Josep de sa Talaia auf der Carretera de Sant Josep/ EI-700 ca. 700 m nach Westen, dann links zu diversen Stränden, darunter auch Cala Carbó. Beim Kreisverkehr nach 1 km den Schildern zur Cala Carbó folgen (links auf die PMV-803-1), nach 5 km links. Nach 1,5 km beim roten Schild zur Ausgrabungsstätte links.

1 Min., 38.8915, 1.2393

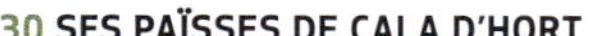

NATUR

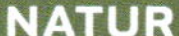

31 SES SALINES

In den Estanys des Roig (rote Teiche) der Salinen wird seit Tausenden von Jahren Salz gewonnen. Sie sind von großer Bedeutung für Wandervögel, und in den wärmeren Monaten kann man hier Flamingoschwärme beobachten. Auch perfekt für dramatische Sonnenuntergänge, aber bedenken Sie, dass die Mücken kommen, sobald die Sonne untergeht.

➔ Von Ibiza-Stadt auf der EI-800 Richtung Flughafen, dann auf der PM-802 nach Süden Richtung Es Cavallet und Ses Salines. Nach 2 km sieht man rechts schon die Salinen.

2 Min., 38.8609, 1.3874

KUNST

32 TIME AND SPACE

Diese faszinierende Skulptur von Andrew Rogers wird oft als Stonehenge von Ibiza bezeichnet. 13 Basaltsäulen, angeordnet in einer Ellipse, die höchste mit Gold überzogen, um das Licht der untergehenden Sonne einzufangen. Das Kunstwerk wurde von Guy Laliberté in Auftrag gegeben, Gründer des Cirque du Soleil, der hier lebt.

…n Eintritt und gut mit Las Puertas de Can Soleil (33) zu verbinden.

→ Auf der EI-700 von Sant Antoni Richtung Süden, dann rechts Richtung Cala Tarida (ca. 450 m südlich von der Abfahrt Sant Antoni, 38.9415, 1.2905), nach 2,5 km beim Kreisverkehr links. Nach gut 3 km links auf eine Schotterpiste Richtung Cala Codolar. 1 km bis Es Pujolets und rechts parken (38.9478, 1.2303). Zu Fuß 120 m zur Skulptur (rechts).

2 Min., 38.9473, 1.2288

33 LAS PUERTAS DE CAN SOLEIL

Kunstwerk in Sichtweite von Time and Space (32). Zwei mysteriöse Türen, eine mit arabischen Schriftzeichen, führen zu einem „Raum" mit niedrigen Steinmauern, die an eine phönizische Ruine erinnern. Die Türen rahmen die fantastische Aussicht auf die benachbarte Skulptur und die Insel Es Vedrà.

→ Wegbeschreibung siehe Time and Space (32), dann zu Fuß 160 m Richtung Norden.

5 Min., 38.9488, 1.2290

WANDERN & AUSSICHTEN

34 SA TALAIA

Mit 457 m der höchste Berg auf Ibiza, auch Sa Talaiassa genannt. Von oben herrlicher Blick übers Land und bis nach Formentera, an klaren Tagen sogar bis nach Spanien. Festes Schuhwerk und Wasser sind ein Muss!

→ In Sant Josep de Sa Talaia parken und bei der Kirche starten. Straße überqueren und links an der Bar gegenüber vorbei, dann rechts dahinter entlang und bergauf. Dem Carrer de Sa Talaia folgen und nach einer Rechtskurve und einer Haarnadel-Linkskurve auf den Carrer des Pujol d'En Cardona. Nach 500 m bei der T-Kreuzung rechts. Nach 60 m auf den ausgeschilderten Weg mit Seil links (38.9193, 1.2876). Dem Weg bis zum Gipfel folgen und an den Fernmeldemasten vorbei – insgesamt ca. 2,5 km.

75 Min. 38.9113, 1.2741

35 AUSSICHTSPUNKT ES VEDRÀ

Dramatischer Klippenabschnitt mit Blick auf die berühmte Insel Es Vedrà, besonders spektakulär bei Sonnenuntergang. Die Insel ist laut Legende Heimat von Sirenen und der Göttin Tanit, von Heilpflanzen und einem bösen Riesen. In jüngerer Vergangenheit diente sie als Kulisse für Musikvideos, und genau dieser Blick ziert das Cover von Mike Oldfields Album VOYAGER. Ebenfalls einen fantastischen Blick hat man vom Torre des Savinar (26).

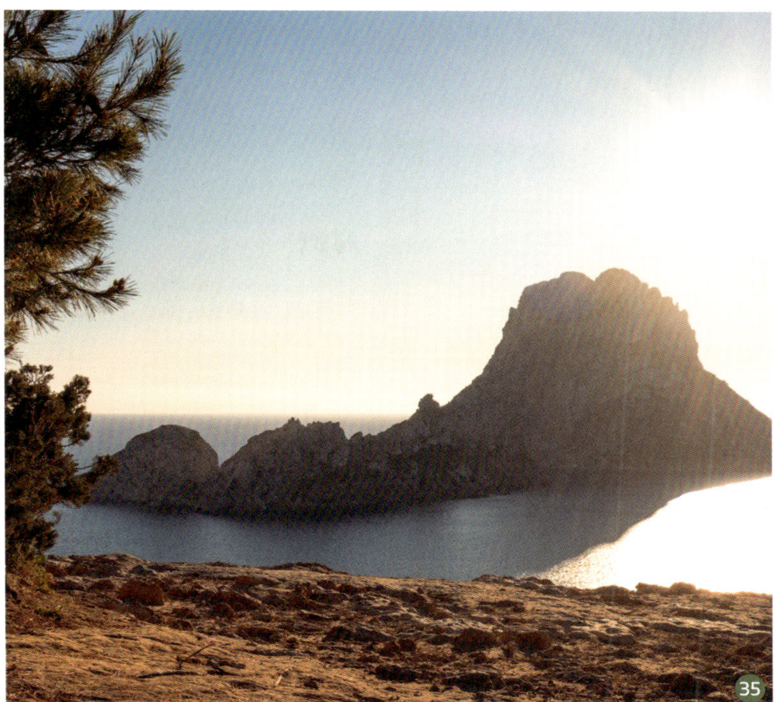

35

→ Vom Ortszentrum Sant Josep de sa Talaia auf der Avenida Cubells nach Südwesten Richtung Cala D'Hort, dann auf die PMV-803-1 für 8,5 km. Wenn die Straße zum Meer hin abfällt, links Richtung Torre des Savinar (rotes Schild) bis zum Parkplatz nach 600 m in der Rechtskurve (wenn er voll ist, vorher an der Straße parken). Vom Parkplatz zu Fuß bergab durch den Wald, bis man vor sich die Insel sieht.

15 Min., 38.8759, 1.2280

CHIRINGUITOS

36 CALA CODOLAR

Chiringuito am gleichnamigen Strand (19). Die einfache Holzhütte wird seit 1974 von derselben Familie betrieben und serviert Cocktails und gekühlten Wein zu einfachen, aber köstlichen Gerichten und Tapas.

→ Carrer Codolar 14, 07829 Sant Josep, +34 672 243163

38.9502, 1.2278

37 ES JARDI BEI SA CALETA

Entspannte „Chill-out Zone" am Es Bol Nou (6), bekannt für ihre Sommerkonzerte und den selbst gemachten Likör Hierbas. An heißen Tagen ist der schattige Garten

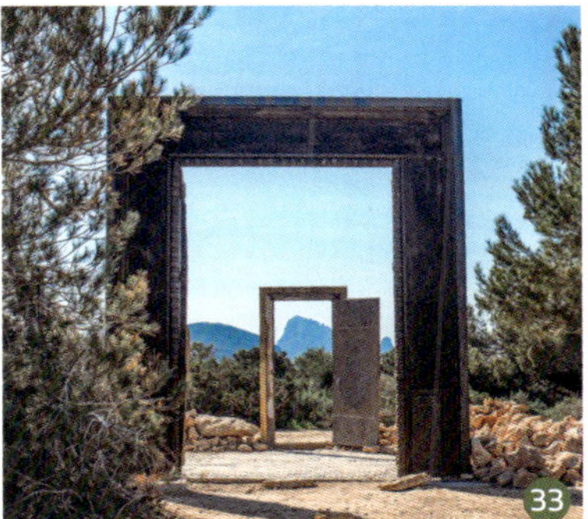

33

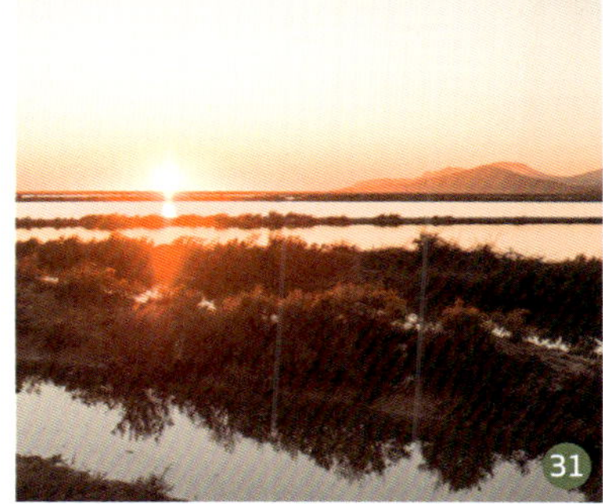

31

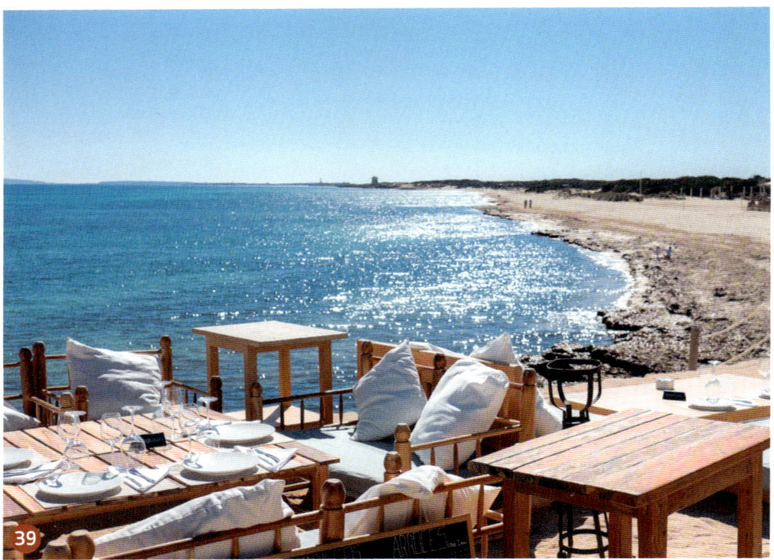

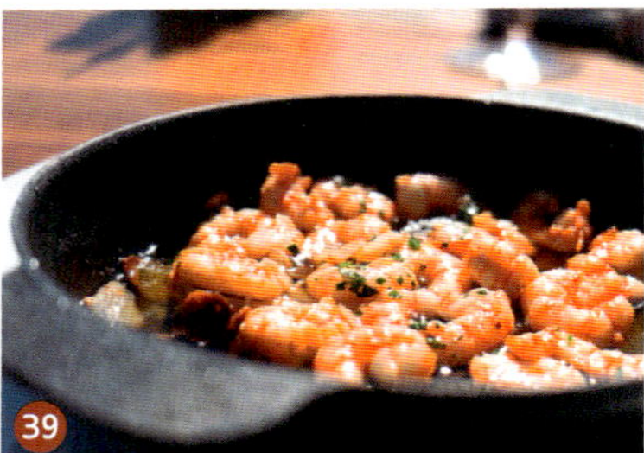

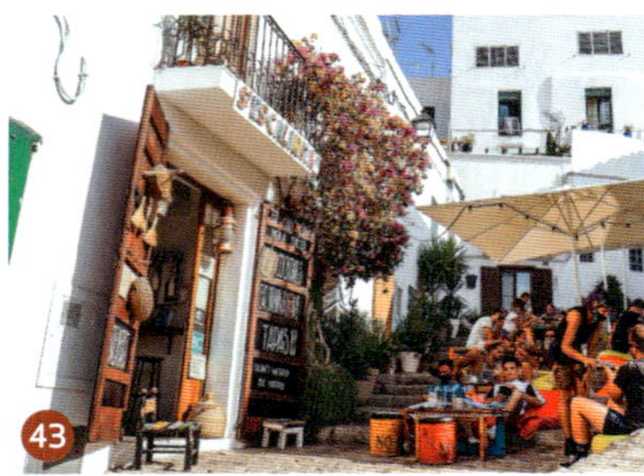

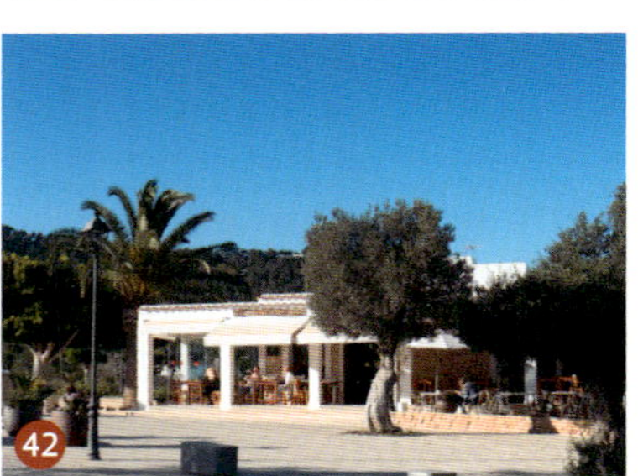

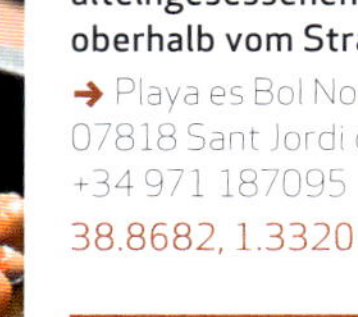

besonders schön. Gehört zum alteingesessenen Restaurant Sa Caleta oberhalb vom Strand.

→ Playa es Bol Nou/Sa Caleta, 07818 Sant Jordi de Ses Salines, +34 971 187095

38.8682, 1.3320

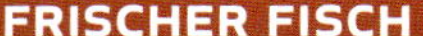

FRISCHER FISCH

38 ES XARCU

Direkt am Strand, aber beileibe kein gewöhnliches Chiringuito. Die Terrasse reicht bis ans Wasser, und es gibt einen schönen Holzsteg. Frischer Fisch und Schalentiere und dazu ein herrlicher Blick.

→ Cala Es Xarco, Porroig, 07839 Sant Josep de sa Talaia, +34 971 187867

38.8686, 1.3116

39 LA ESCOLLERA

Entspanntes, aber elegantes und teures Fischrestaurant, abends mit magischer Aussicht auf die Platja Es Cavallet (4). Das ganze Jahr geöffnet, aber vorher anrufen, weil beliebt für geschlossene Gesellschaften.

→ Platja Es Cavallet, 07817 Sant Jordi de ses Salines, +34 971 396572

38.8501, 1.4021

40 ES TORRENT

Das bezaubernde Lokal am Strand war früher nur eine Holzhütte und hat sich inzwischen als eines der besten Restaurants für Hummer, Paella und Fischsuppe einen Namen gemacht. Im Sommer beliebtes Ausflugslokal, daher ist es ratsam, vorher zu reservieren.

→ Playa Es Torrent, s/n, 07830 Sant Josep, +34 971 802160

38.8751, 1.2988

41 SES BOQUES

Reizendes, familiengeführtes Fischrestaurant mit Meerblick. In der Hauptsaison vorher reservieren. Probieren Sie die Spezialität des Hauses, Bratfisch in Salzkruste, und zum Nachtisch leckeres Gebäck.

→ Playa de Ses Boques, 07839 Sant Josep de sa Talaia, +34 606 081570

38.8764, 1.2653

GEHEIMTIPPS

42 RESTAURANTE ES CUBELLS

Bezauberndes, einfaches Restaurant auf dem Dorfplatz mit Terrasse gegenüber der Kirche (23). Perfekt, um bei einem Stadtbummel Kraft zu tanken.

→ Carrer es Cubells 2, 1, 07839 Es Cubells, +34 971 802797

38.8816, 1.2722

43 S'ESCALINATA

Die kleine Perle in der Altstadt Dalt Vila liegt, wie der Name schon andeutet, an einer Treppe. Machen Sie es sich auf den Bean Bags auf den gepflasterten Stufen an der Straße bequem, und genießen Sie bei Cocktails und Tapas die Hippie-Atmosphäre, während die Sonne über den Dächern der Alstadt untergeht.

→ Carrer des Portal Nou 10, 07800 Eivissa, +34 628 560382

38.9079, 1.4339

BOUTIQUE HOTELS

44 PETUNIA

Herrlich gelegen mit Blick auf Es Vedrà. Zimmer und Apartments und ein Rooftop-Restaurant (La Mirada), das mit Zutaten aus dem eigenen Garten kocht, in dem man auch speisen kann, wenn man kein Hotelgast ist.

➔ Carrer de Sa Pala Marina, Cala Carbó
07830 Sant Josep de sa Talaia,
+34 971 808197
38.8982, 1.2202

45 HOTEL SES PITRERAS
Modernes Luxushotel mit nur sieben Zimmern, Wellnessbereich und einem hervorragenden Restaurant. Fantastisch gelegen in der Nähe eines der schönsten Strände der Insel.

➔ Carrer Valladolid 1-3,
07829 San Agustín,
+34 971 345000
38.9629, 1.2694

46 LOS JARDINES DE PALERM
Das minimalistische moderne Design unterscheidet dieses Hotel von anderen. Etwas außerhalb von San Josep mit nur neun Zimmern, aber zwei Swimmingpools und schöner Anlage.

➔ Can Pujol d'en Cardona 34,
07830 Sant Josep de sa Talaia,
+34 971 800318
38.9218, 1.2906

47 HOSTAL SALINAS
Cooles kleines Hotel im Naturpark Ses Salines, schlicht, aber schick, mit herzlicher Atmosphäre, Trommel- und Meditationsabenden. Im Restaurant gibt es jede Woche einen Couscous- und einen veganen Abend. Tolle Lage in der Nähe der schönen Südküstenstrände und der dramatischen Salinen.

➔ Carretera Sa Canal de Ses Salines, km 5,
07817 Sant Jordi de Ses Salines,
+34 971 308899
38.8440, 1.3864

CAMPING

48 CAMPING CALA BASSA
Schlagen Sie Ihr Zelt im Schatten der Bäume auf, oder mieten Sie einen der kleinen Bungalows oder einen Wohnwagen. Pool, Grillbereich, Spielplatz, Restaurant und täglich frisches Brot. Nur 600 m vom beliebten Strand Cala Bassa mit der Cueva de los Sastres (21) und anderen Meereshöhlen, die man auf eigenen Faust erkunden kann.

➔ Carretera Cala Bassa,
07829 San José–San Agustin
38.9633, 1.2419

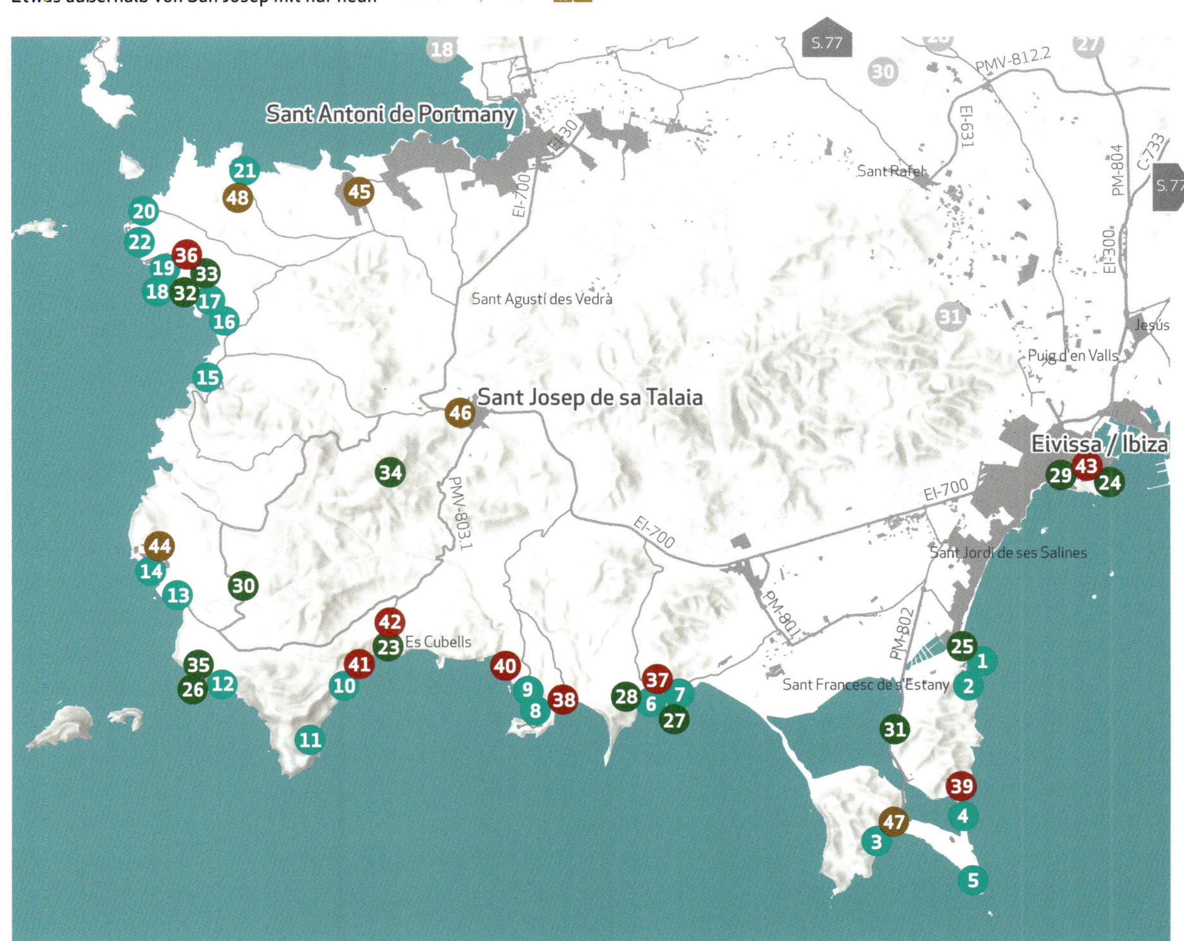

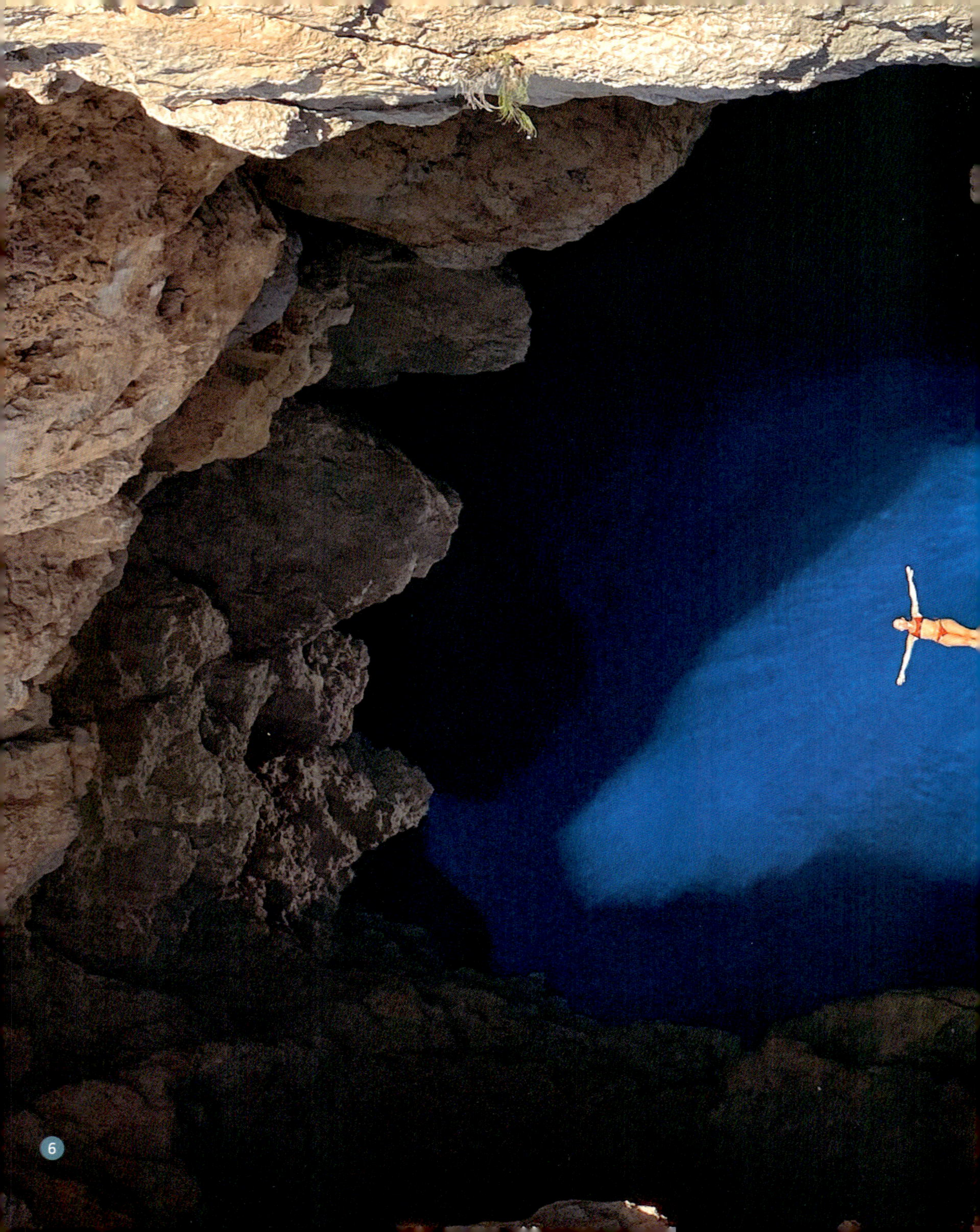

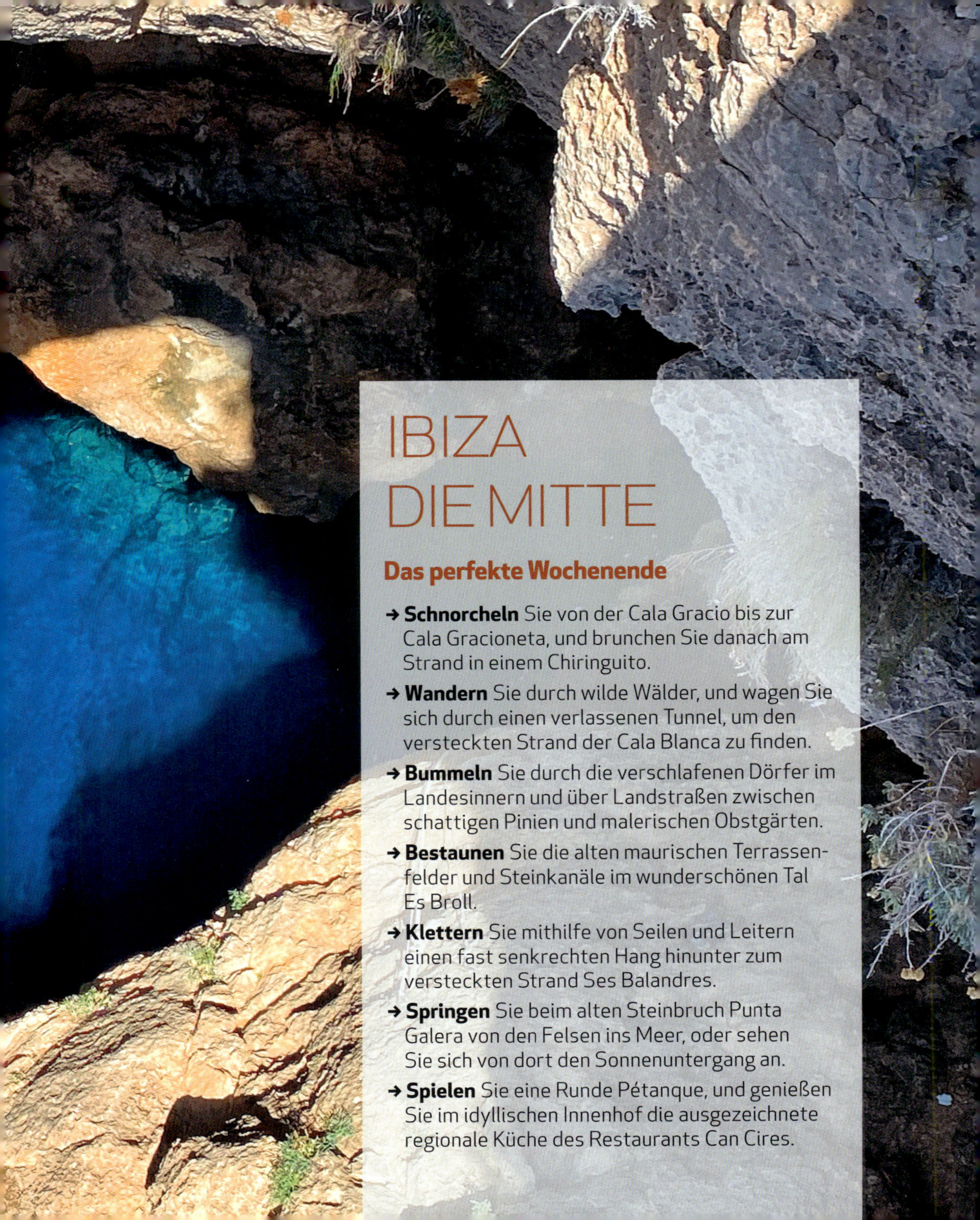

IBIZA DIE MITTE

Das perfekte Wochenende

→ **Schnorcheln** Sie von der Cala Gracio bis zur Cala Gracioneta, und brunchen Sie danach am Strand in einem Chiringuito.

→ **Wandern** Sie durch wilde Wälder, und wagen Sie sich durch einen verlassenen Tunnel, um den versteckten Strand der Cala Blanca zu finden.

→ **Bummeln** Sie durch die verschlafenen Dörfer im Landesinnern und über Landstraßen zwischen schattigen Pinien und malerischen Obstgärten.

→ **Bestaunen** Sie die alten maurischen Terrassenfelder und Steinkanäle im wunderschönen Tal Es Broll.

→ **Klettern** Sie mithilfe von Seilen und Leitern einen fast senkrechten Hang hinunter zum versteckten Strand Ses Balandres.

→ **Springen** Sie beim alten Steinbruch Punta Galera von den Felsen ins Meer, oder sehen Sie sich von dort den Sonnenuntergang an.

→ **Spielen** Sie eine Runde Pétanque, und genießen Sie im idyllischen Innenhof die ausgezeichnete regionale Küche des Restaurants Can Cires.

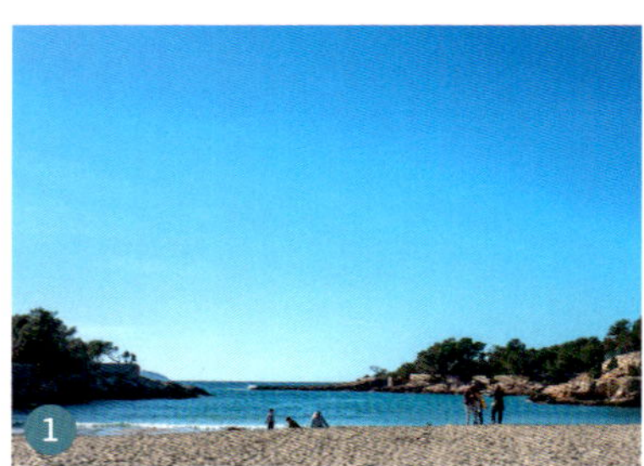

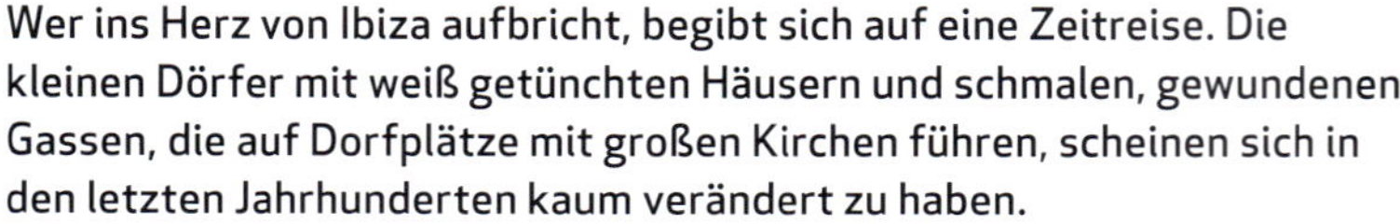

Wer ins Herz von Ibiza aufbricht, begibt sich auf eine Zeitreise. Die kleinen Dörfer mit weiß getünchten Häusern und schmalen, gewundenen Gassen, die auf Dorfplätze mit großen Kirchen führen, scheinen sich in den letzten Jahrhunderten kaum verändert zu haben.

Ein Großteil der Region widmet sich noch immer der Landwirtschaft, und der dunkle, gehaltvolle, rote Boden versorgt Felder, Obstgärten und Weinberge mit Nährstoffen. Verschlafene Straßen winden sich durch Olivenhaine, Johannisbrot-, Feigen- und Mandelplantagen, und man begegnet hier kaum einer Menschenseele.

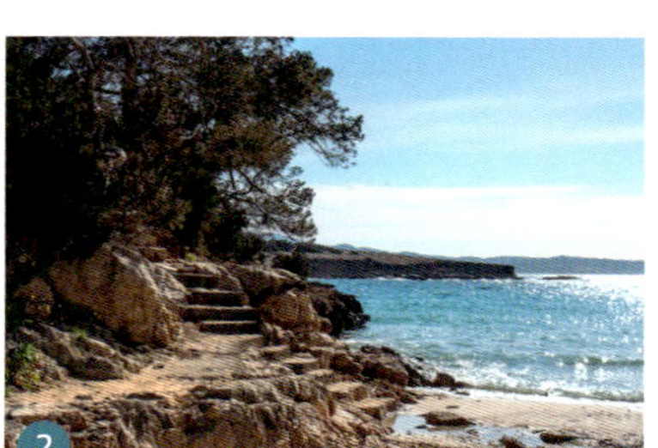

Die wogenden Felder aus Mandelblüten in den Wintermonaten scheinen nicht von dieser Welt zu sein, und in Santa Agnés de Corona sind Vollmond-spaziergänge durch die Mandelhaine im Januar Tradition.

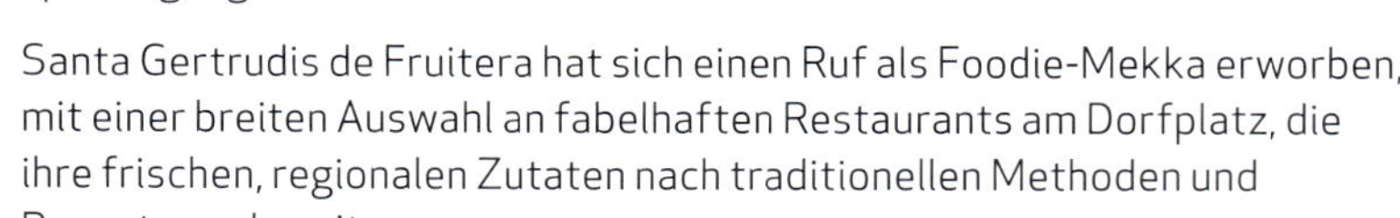

Santa Gertrudis de Fruitera hat sich einen Ruf als Foodie-Mekka erworben, mit einer breiten Auswahl an fabelhaften Restaurants am Dorfplatz, die ihre frischen, regionalen Zutaten nach traditionellen Methoden und Rezepten zubereiten.

Im Landesinnern gibt es auch die besten Unterkünfte: jahrhundertealte Bauernhäuser und kleine charmante Boutique-Hotels mitten im Nirgendwo im typischen Ibiza-Stil.

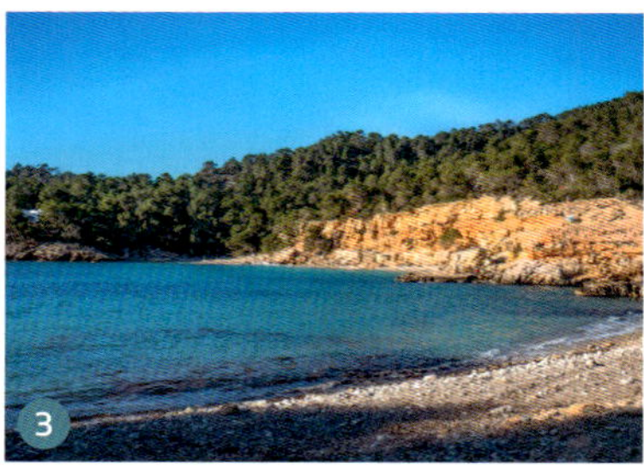

Im Westen dieses Inselabschnitts finden Gefahrensucher außerdem die größten Abenteuer Ibizas. Den versteckten Strand Ses Balandres erreicht man nur über eine fast senkrechte Klippe, die man mithilfe von Leitern und Seilen hinunterklettert. Und um zur Cala Blanca zu gelangen, muss man sich nach einer mühsamen Wanderung auch noch durch einen verlassenen Tunnel unter einem Berg hindurch wagen. Dramatischer Höhepunkt ist die Meereshöhle Na Coloms: Man springt ins türkisblaue Wasser und gelangt nur durch einen Unterwassertunnel wieder hinaus.

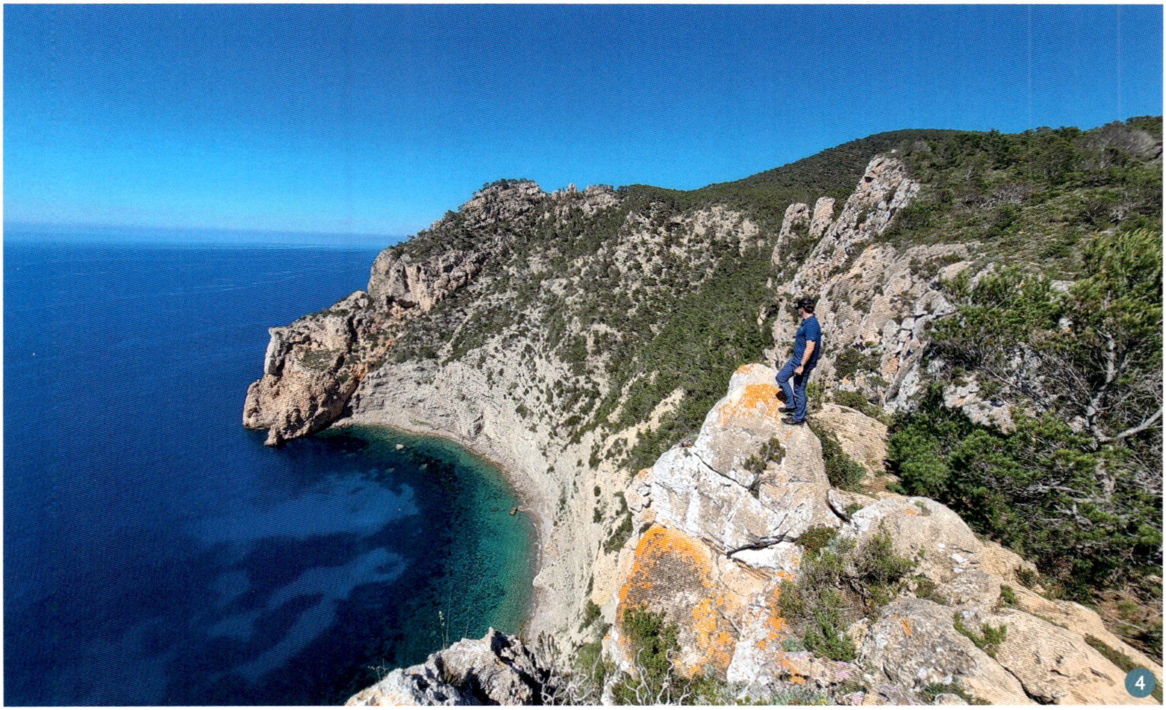

KÜSTE

1 CALA GRACIO

Unberührter kleiner Strand in schöner Lage, nur einen Katzensprung von Sant Antoni de Portmany. In der Hauptsaison kann es voll werden, aber abgesehen von einem kleinen Chiringuito naturbelassen. Schön zum Schnorcheln. Auf der anderen Seite der Landspitze (Richtung Norden) liegt die kleine Cala Gracioneta (2).

→ Von Sant Antoni auf der PM-812 Richtung Norden und beim Kreisverkehr die Ausfahrt Richtung Cap Negret nehmen. Bei der T-Kreuzung rechts Richtung Cala Gracioneta. Nach 900 m, gleich hinter dem Hotel Marble links Richtung Cala Gracio und bis zum Parkplatz am Ende der Straße links.

2 Min., 38.9921, 1.2901

2 CALA GRACIONETA

Winzige, aber charmante Bucht. Kleine Stufen führen zum Weg über die Landspitze, und wenn es auf dem Sand zu voll ist, kann man sich zu beiden Seiten auf den Felsen ausbreiten. Chiringuito mit echtem Ibiza-Vibe und chilliger Musik. Wenn man um die Felsen schnorchelt, sieht man unglaublich viele Fische.

→ Wegbeschreibung siehe Cala Gracio (1) und Richtung Norden um die Landspitze schwimmen oder gehen. Oder man geht hinter dem Chiringuito entlang (kurz vor dem Parkplatz rechts ausgeschildert).

10 Min., 38.9929, 1.2891

3 CALA SALADA & SALADETA

Cala Salada ist der größere dieser beiden Strände: schön für Familien, weißer Sand, türkisblaues Wasser, ein einfaches Chiringuito, umgeben von Pinienwäldern. Wir lieben die kleinere, genauso schöne, aber wildere Cala Saladeta.

→ Von San Antonio auf der PM-812 Richtung Norden. Ca. 850 m hinter dem Sportzentrum und dem Skatepark links Richtung Cala Salada. Den Schildern bis zum Strand folgen und irgendwo an der Straße parken. Für Cala Saladeta am nördlichen Strandende über die flachen Klippen klettern.

10 Min., 39.0101, 1.2989

ABENTEUERSTRÄNDE

4 SES BALANDRES

Wunderschöner, einsamer Strand mit Blick auf die Inseln Ses Margalides. Nicht leicht zu erreichen, aber die Mühe lohnt sich. Wenn

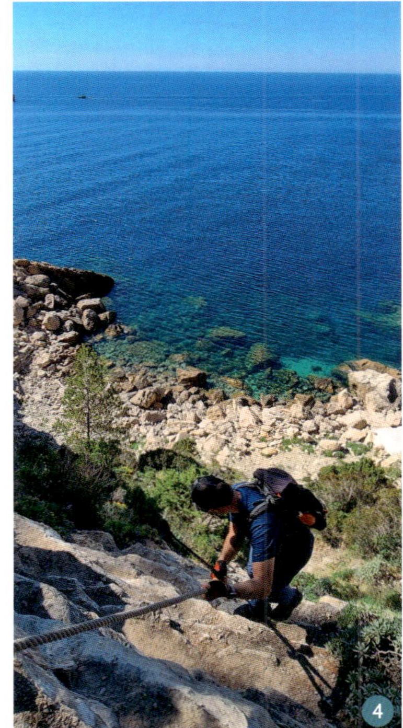

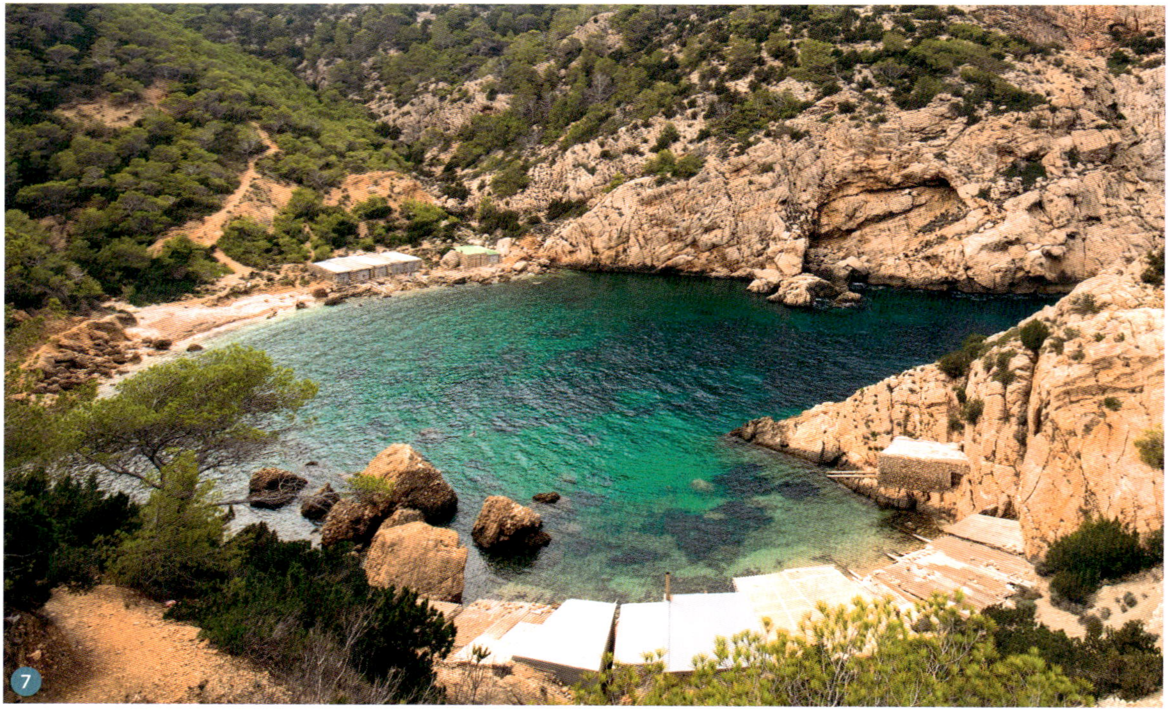

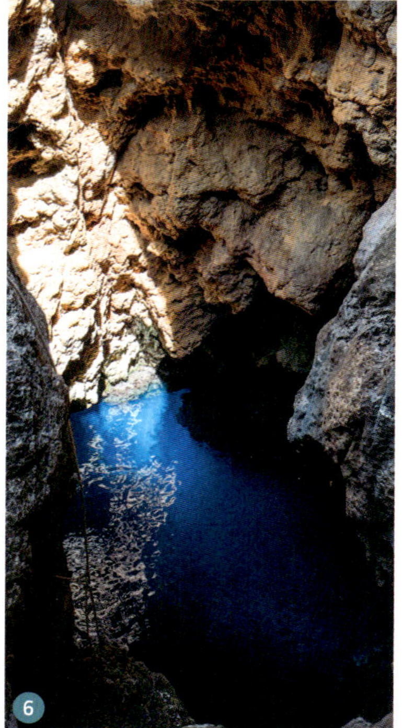

man die steilen Klippen hinunterschaut, erscheint der Abstieg zunächst unmöglich, aber Fischer haben Stufen, Leitern und Seile angebracht. Nichts für schwache Nerven. Feste Schuhe tragen, auf frische Steinschläge achten und Risiken genau abwägen.

→ In Santa Agnès de Corona parken (39.0380, 1.3352). Zu Fuß die Pla de Corona 500 m Richtung Westen bis zur Straßengabelung mit dem alten Brunnen (rechts). Rechts die Schotterstraße bergauf. Wenn man an den Häusern vorbei ist, nach einer Steinmauer Ausschau halten. Dann rechts, auf dem breiteren Weg bleiben (der schmaler wird), ganz durch den Wald bis zur Klippe. Vorsichtig hinunterklettern.

45–60 Min., 39.0479, 1.3259

5 CALA D'ALBARCA

Felsige Bucht mit herrlich klarem Wasser, unberührt und meist menschenleer. Der Weg dorthin dauert etwas länger, führt aber durch einen schönen Wald und an einer schönen natürlichen Steinbrücke vorbei, der Puente de Piedra (15).

→ Von Sant Mateu d'Albarca Richtung Norden (die Kirche rechts liegen lassen) und nach ca. 1,75 km rechts auf eine unbeschilderte Schotterpiste neben einem Haus in einer kleinen Baumgruppe. Nach 1,2 km unter den Bäumen parken (39.0610, 1.3820), dann den versteckten Weg dahinter suchen, der steil zum Meer hinunterführt.

45 Min., 39.0620, 1.3755

6 ULLAL DE NA COLOMS

Diese unglaubliche Meereshöhle ist das ultimative Abenteuer und sollte nur mit einem erfahrenen Führer erkundet werden. Man betritt sie vom Land aus, und das hereinfallende Licht bringt das Wasser zum Leuchten – deshalb wird sie auch Höhle des Lichts genannt. Nachdem man 6 m tief in das wunderschöne, türkisblaue Becken gesprungen ist, führt der einzige Weg aufs Meer durch einen Unterwassertunnel. Zur Not kann man auch an einem Seil hochklettern, aber das ist extrem schwierig.

→ Wegbeschreibung siehe Cala d'Albarca (5). Von dort führt ein schwieriger Weg Richtung Norden. Wir empfehlen Balearic Outdoor Adventures (+34 646 265952). Fragen Sie nach Stivi!

3–4 Std., 39.0717, 1.3822

7 ES PORTITXOL

Herrlicher, einsamer Strand mit hohen Klippen, kristallklarem Wasser und einer

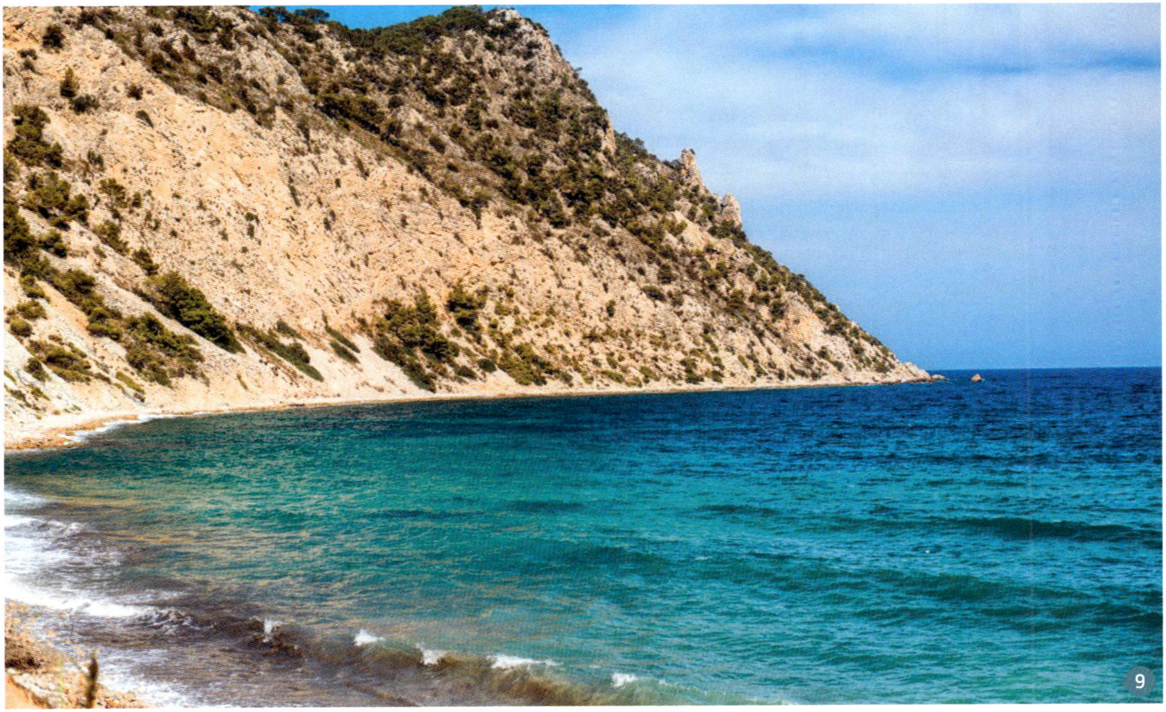

Handvoll Fischerhütten. Schwer zu finden, aber die Mühe lohnt sich allemal.

→ Von Sant Miguel de Balansat auf der SN-2 SW Richtung Westen, nach 1,2 km rechts Richtung Portitxol. Nach weiteren 3,7 km beim Schild zur Urbanización Isla Blanca (rechts an einer Mauer) links bis zum Parkplatz am Ende der befahrbaren Straße. Zu Fuß ca. 350 m weiter und links nach einer alten Steinmauer Ausschau halten. Ein aufgemalter Pfeil weist den Weg Richtung Westen an der Küste entlang zum Strand (1,5 km). Teils steil, mit Kletterpassagen.

30 Min., 39.0744, 1.3979

8 CALA BLANCA

Wie kommt es, dass nicht einmal die Einheimischen von diesem majestätischen weißen Kieselstrand wissen, obwohl er an einem beliebten Küstenabschnitt liegt? Weil der Weg dorthin durch den Pinienwald so beschwerlich und steil ist und sich dazu noch am Ende eines 100 m langen Tunnels versteckt. Für manche von uns macht ihn genau das perfekt.

→ Im Süden von Santa Eularia auf dem Carrer ses Dàlies die Küste entlang für 1,5 km Richtung Süden bis zu einer kleinen Parkbucht rechts, bevor sich die Straße gabelt. Parken und bei der Gabelung links bergab 200 m bis zum Haus auf der linken Seite. Rechts führt hier ein Weg in den Wald, markiert von roten Pfeilen, die auf Steine gesprüht sind. Den Pfeilen durchs unwegsame Gelände folgen bis zu einem Tunnel durch die Felsen. Unterwegs auf die große Schildkröte aus Stein achten. Vorsicht vor Steinschlägen.

45 Min., 38.9595, 1.5284

SÜDLICHE KÜSTE

9 CALA SOL D'EN SERRA

Felsige Kieselbucht, umgeben von hohen, zerklüfteten Klippen und schön zum Schnorcheln. An einem Ende liegt die wunderbare Beach Bar Amante (26), in die andere Richtung wird es immer ruhiger.

→ Auf der PM810-1 von Santa Eularia ca. 3,5 km Richtung Westen, dann links Richtung Ferienort Cala Llonga. 1 km durch Cala Llonga, dann rechts Richtung Sol d'en Serra und nach 900 m am Strand parken.

2 Min., 38.9472, 1.5108

10 CALA OLIVERA

Perfekter, kleiner, einsamer Strand, den man durch einen Pinienwald erreicht. Gute Bademöglichkeiten von den Felsen, und

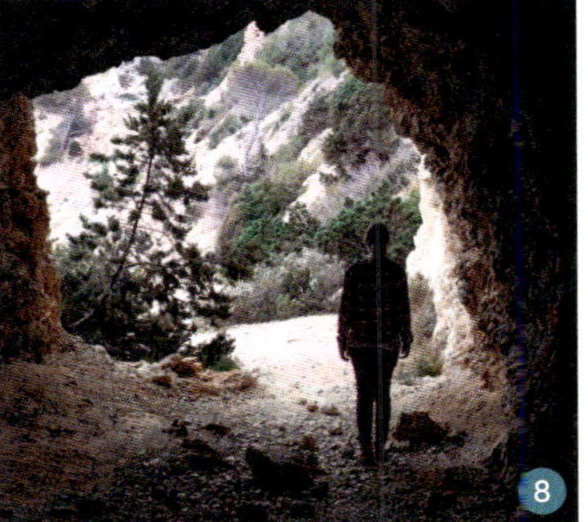

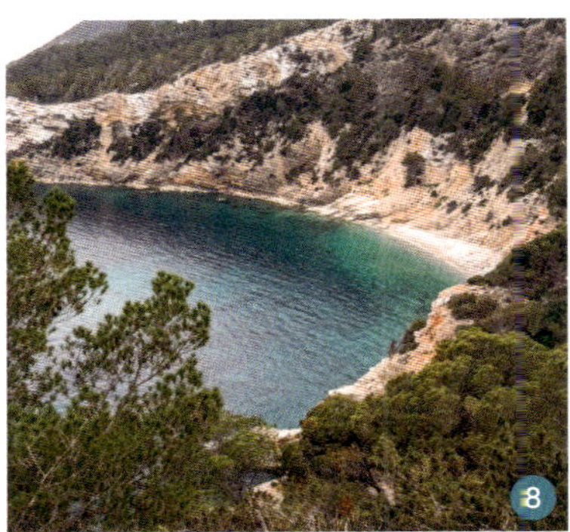

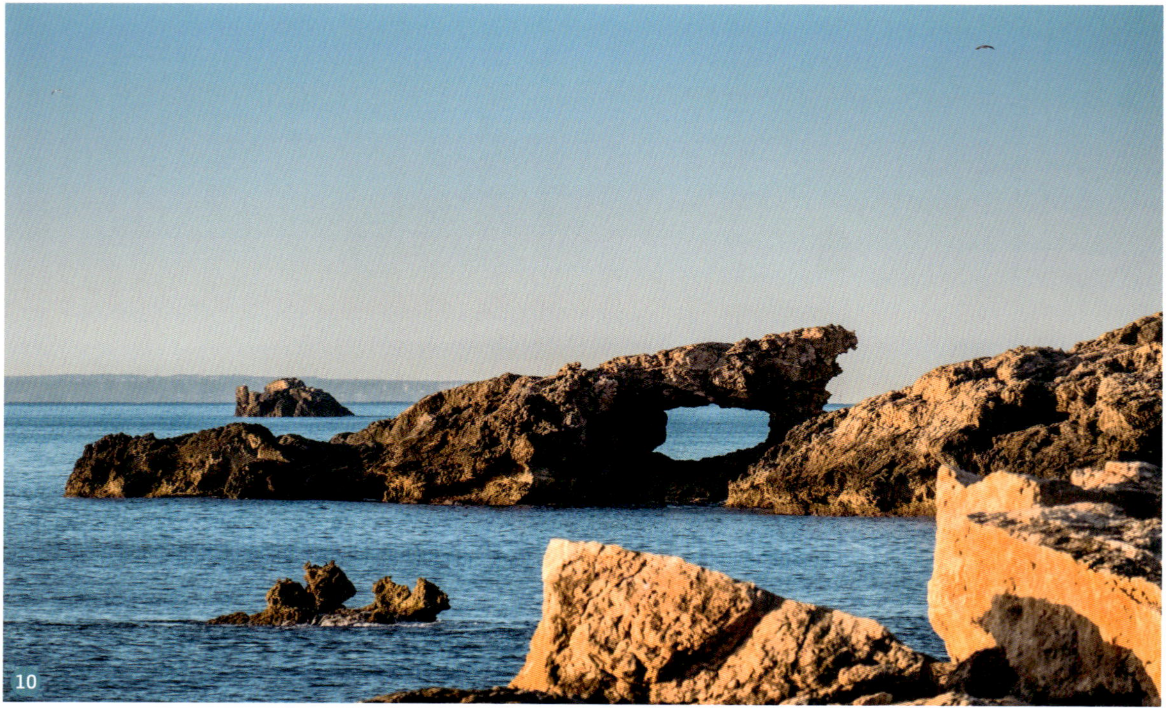

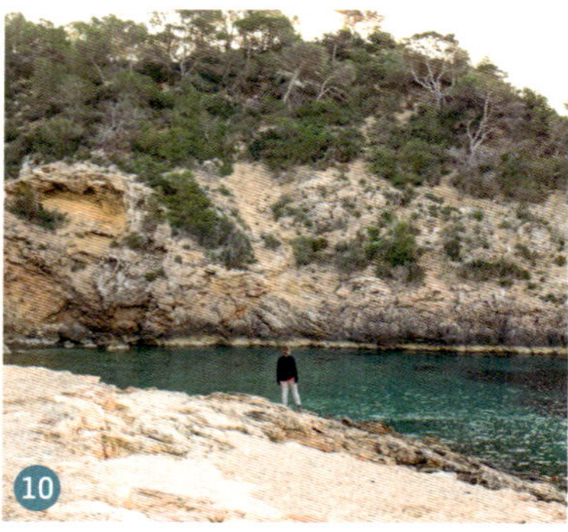

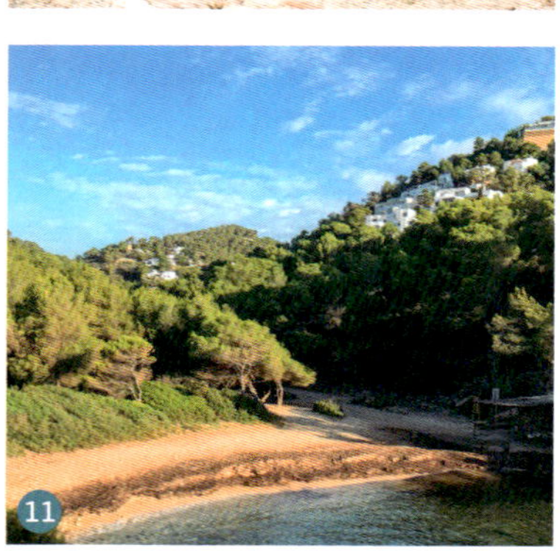

wenn man ein Stück Richtung Westen die Küsten entlangklettert, kommt ein faszinierender großer Felsen mit einem Loch in der Mitte in Sicht.

→ Auf der PMV 810-1 von Santa Eularia 7 km Richtung Südosten. In der Haarnadel-Rechtskurve Richtung Roca Llisa abbiegen, nach 1 km an der Straßengabelung links halten Richtung Cala Olivera, dann rechts weiter Richtung Cala Olivera (Cami Olivers). Der Zustand der Straße verschlechtert sich hier, deshalb parken und zu Fuß weiter, maximal 1,4 km.

15 Min., 38.9339, 1.5026

11 CALA ESPART

Versteckte, wenig bekannte Kieselbucht mit Schatten spendenden Bäumen, schön zum Schnorcheln.

→ Wegbeschreibung siehe Cala Olivera (10), aber in Roca Llisa nach 300 m bei der Straßengabelung rechts auf den Carrer Can Ros, vorbei am Parkplatz und am Recycling-Container. Nach etwas über 1 km bei der Straßengabelung links, dann rechts (Carrer Roma) bis zum Meer. Holprige Straße und begrenzte Parkmöglichkeiten.

1 Min., 38.9297, 1.4914

12 PLATJA DE S'ESTANYOL

Charmante kleine Bucht mit einem Steg zum Springen und schön zum Schnorcheln. Direkt am Strand gibt es ein Restaurant (Cala Bonita, +34 605 450592).

→ Dort, wo E-20 und EI-300 im Osten von Ibiza zusammenlaufen, vom Kreisverkehr auf der PMV-801-1 für 900 m Richtung Osten, dann rechts auf den Carrer des Cap Martinez, Richtung Cap Martinet und S'Estanyol. Nach 900 m an der Kreuzung links Richtung Platja de s'Estanyol, nach weiteren 1,5 km an der Straßengabelung rechts. Der Schotterstraße 1,5 km bis zum Parkplatz am Strand folgen.

2 Min., 38.9254, 1.4865

SONNENUNTERGÄNGE

13 CAP NEGRET

DER Ort für perfekte Sonnenuntergänge. Packen Sie ein Picknick und eine Flasche Wein ein, suchen Sie sich irgendwo auf den Klippen ein gemütliches Plätzchen, und genießen Sie die Aussicht. Oder reservieren Sie einen Tisch im Hostal La Torre (23).

→ Auf der PM-812 von Sant Antoni de Portmany Richtung Norden zum Kreisverkehr, dann 2 km der Straße nach Cap Negret folgen.

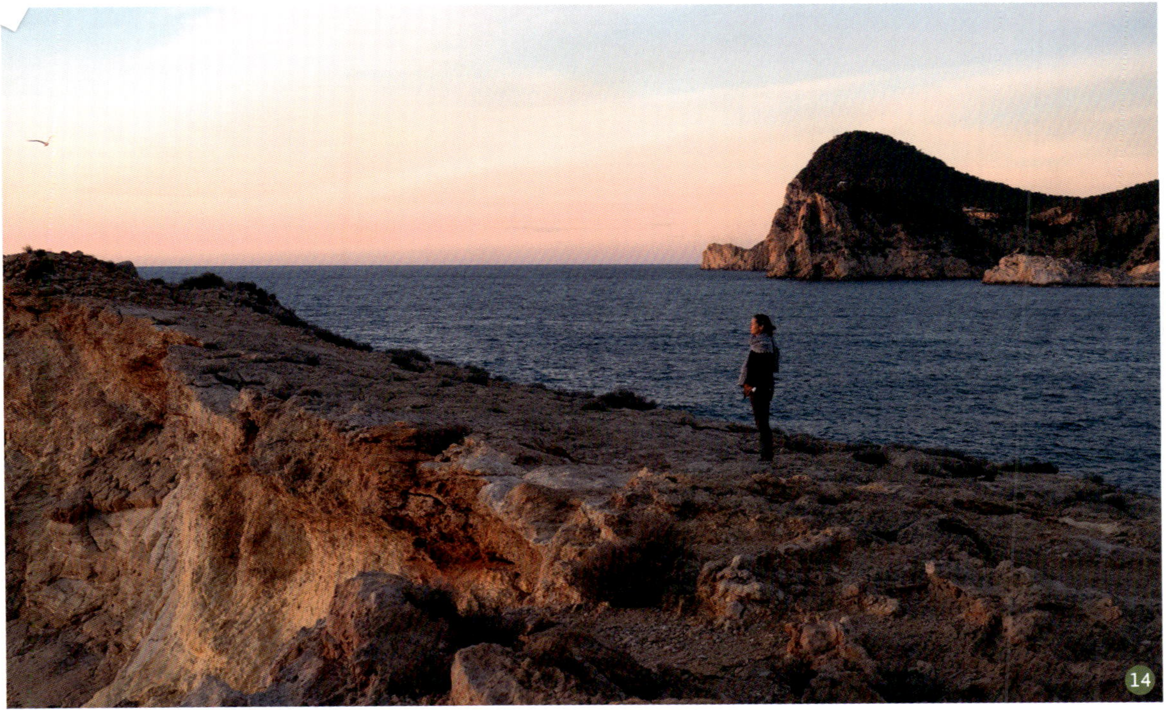

In der Nähe vom Hostal La Torre an der Straße parken und dem Weg neben dem Restaurant folgen.
5 Min., 38.9984, 1.2841

14 PUNTA GALERA

Diese Bucht ist ein alter Steinbruch, herrlich zum Springen, Schwimmen und Sonnen. Die felsige Landzunge, die ins Meer ragt, ist perfekt, um sich den Sonnenuntergang über der Insel anzusehen. Von oben hat man einen tollen Blick, darunter liegt der bezaubernde kleine Strand Platja de Sa Galera.

➔ Auf der PM-812 von Sant Antoni de Portmany Richtung Norden über den Kreisverkehr am Restaurant Sa Capella und nach 150 m auf eine unbeschilderte Straße. Nach 700 m an der Straßengabelung links auf die Schotterpiste, dann nach 300 m rechts und 500 m weiter wieder rechts. 300 m weiter befindet sich rechts am Klippenrand ein kleiner Parkplatz. Machen Sie sich darauf gefasst, dass sie an einer engen Stelle wenden müssen, um weiter vorn einen Parkplatz zu finden, oder fahren Sie einfach gleich früher von der Straße ab, und gehen Sie den Rest zu Fuß.
5 Min., 39.0036, 1.2906

NATURWUNDER

15 PUENTE DE PIEDRA

Die „Brücke aus Stein" ist ein atemberaubendes Wunder der Natur. Sie liegt ca. 28 m über dem Meeresspiegel und ist durch Erosion entstanden. Es ist möglich, sie zu überqueren, und viele tun dies, aber wir mahnen zur Vorsicht, denn die Kräfte, die sie geschaffen haben, sind noch immer aktiv. Ein wundervoller Weg durch Pinienwald führt hierher, und vielleicht sehen Sie sogar Raubvögel wie den Eleonorenfalken. Darunter liegt Cala d'Albarca (5).

➔ Von Sant Mateu Richtung Norden (die Kirche links liegen lassen) und den Schildern zur Cala d'Albarca folgen. Nach ca. 1,75 km rechts auf die unbeschilderte Schotterstraße neben einem Haus in einer kleinen Baumgruppe. Nach ca. 1,2 km unter den Bäumen parken (39.0610, 1.3820), dann nach dem versteckten Weg ein Stück weiter Ausschau halten, der steil zum Meer hinunterführt.
40 Min., 39.0646, 1.3790

16 ES BROLL

Im Tal des Es Broll gibt es ein unglaubliches, tausend Jahre altes Bewässerungssystem, das auf die maurischen Siedler zurückgeht.

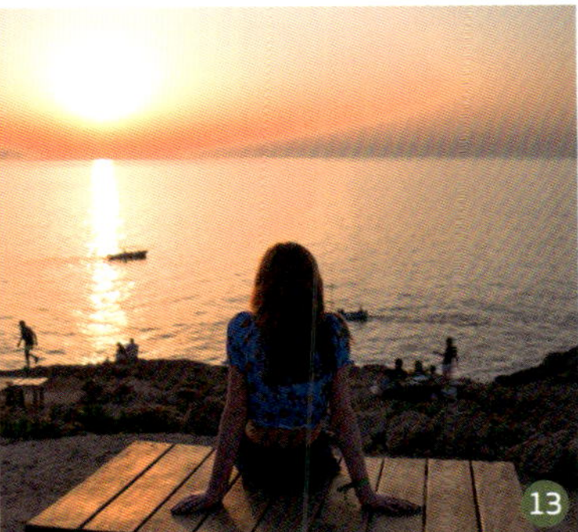

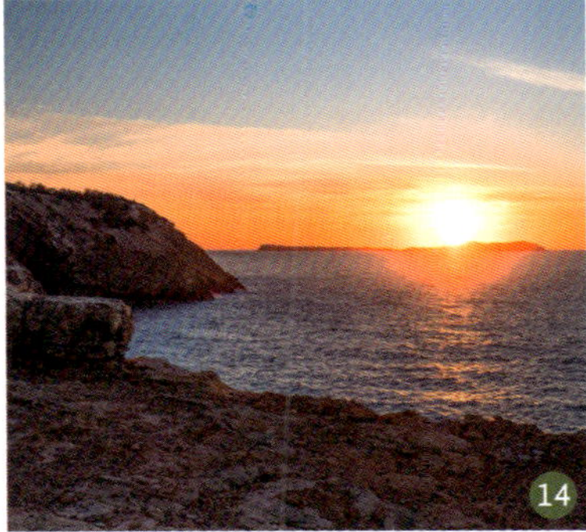

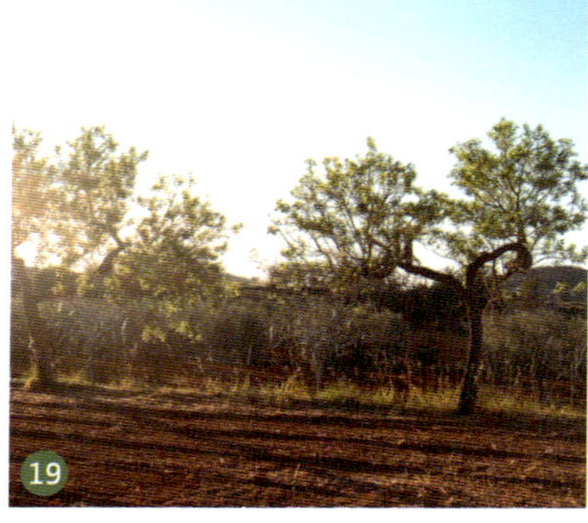
19

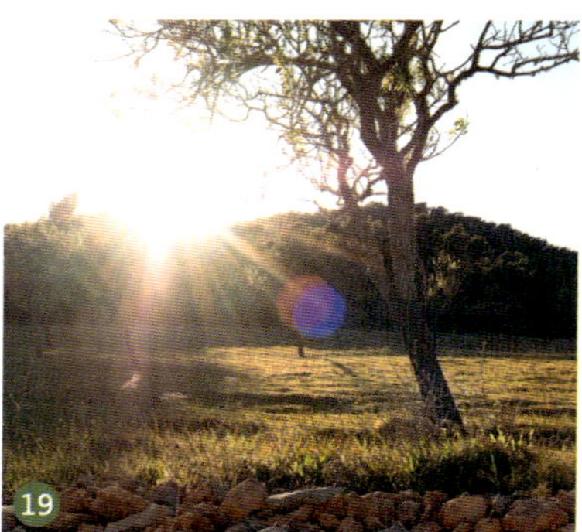
19

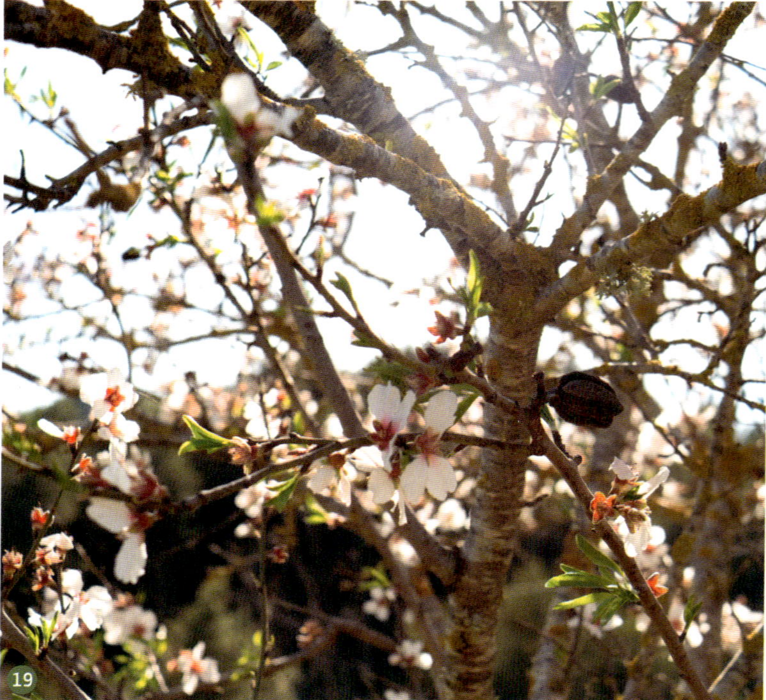
19

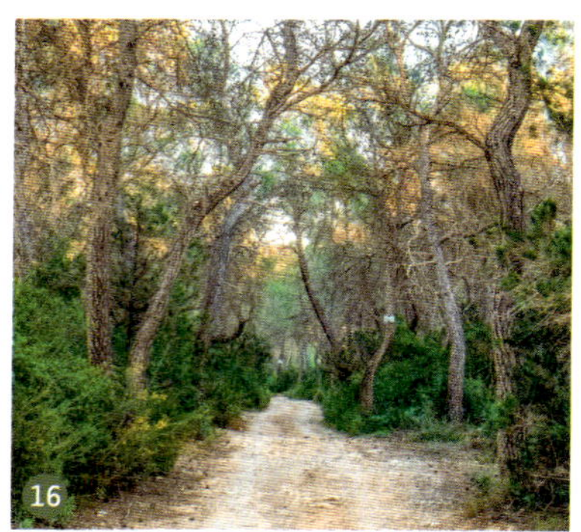
16

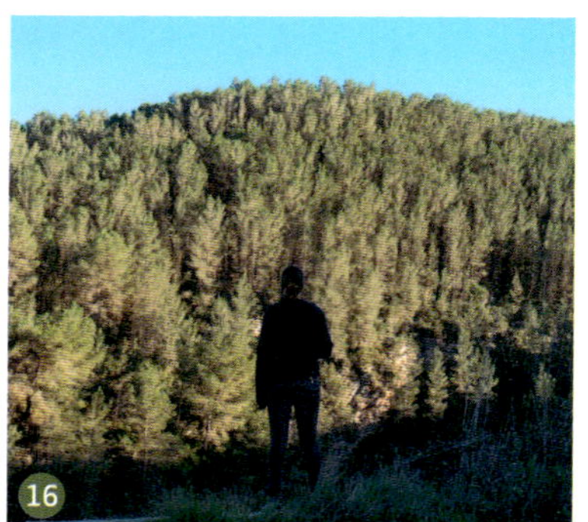
16

Die Kanäle, Steinbecken und Schleusentore sind bis heute in Gebrauch, um die Nutzpflanzen auf den Terrassenfeldern zu versorgen. Im Frühjahr oder im Herbst nach Regenfällen entstehen kleine Wasserfälle. Ein Spaziergang durch diese ruhige, grüne Oase sorgt für einen Kulissenwechsel.

→ Von der SN2 zwischen Sant Agnès de Corona und Sant Mateu d'Albarca die Ausfahrt Richtung Buscastell und Es Broll nehmen. Nach 1,5 km durch Wald und Felder erreicht man den Fluss. Es gibt keine ausgewiesenen Parkplätze, aber diverse Möglichkeiten, am Straßenrand zu parken, ohne jemanden zu behindern.

60–120 Min., 39.0216, 1.3639

17 COVA DE SES FONTANELLES

Die Höhle ist bekannt für prähistorische Felsmalereien von Schiffen und Trauben, die von den Phöniziern stammen. Inzwischen sind diese durch Gitter geschützt. Allein die Wanderung von der Cala Salada (3) zur Höhle ist Grund genug für einen Besuch – teils möglicherweise durch unwegsames Gelände, aber dafür ist die Aussicht spektakulär!

→ Von San Antonio auf der PM-812 Richtung Norden und ca. 850 m hinter dem Sportzentrum und Skatepark links Richtung Cala Salada. Den Schildern zum Strand am Ende der Straße folgen und irgendwo am Straßenrand parken. Nördlich vom Strand führt ein Weg die Landspitze entlang. Auf Bäume und Steine gemalte Zeichen weisen zur Höhle.

90 Min., 39.0222, 1.2941

18 AQUARIUM CAP BLANC

Kleines Aquarium in einer Höhle an der Küste. Die Höhle wurde einst von Fischern genutzt, um lebende Hummer für die Restaurants zu lagern. Heute befindet sich darin eine Rettungsstation für Meerestiere, die hier aufgepäppelt werden, bevor man sie wieder in die Natur entlässt. Für ein kleines Eintrittsgeld bekommt man Babyhaie, Schildkröten, Seesterne und zahlreiche Fischarten zu sehen. Schön gelegen. Gönnen Sie sich ein kaltes Getränk im netten Café, und springen Sie von den Felsen ins Meer.

→ Beim Kreisverkehr im Nordwesten von Sant Antony de Portmany auf die Carretera de Cala Gracio und nach 600 m am Straßenrand parken. Links (38.9896, 1.2926) führt ein ausgeschilderter Küstenweg 250 m Richtung Norden zum Aquarium. Oder parken wie für Cala Gracio (1) und vom südlichen Ende über die Stufen zur Straße und dem Weg Richtung Fähre über die Landspitze folgen.

5 Min., 38.9892, 1.2895 €

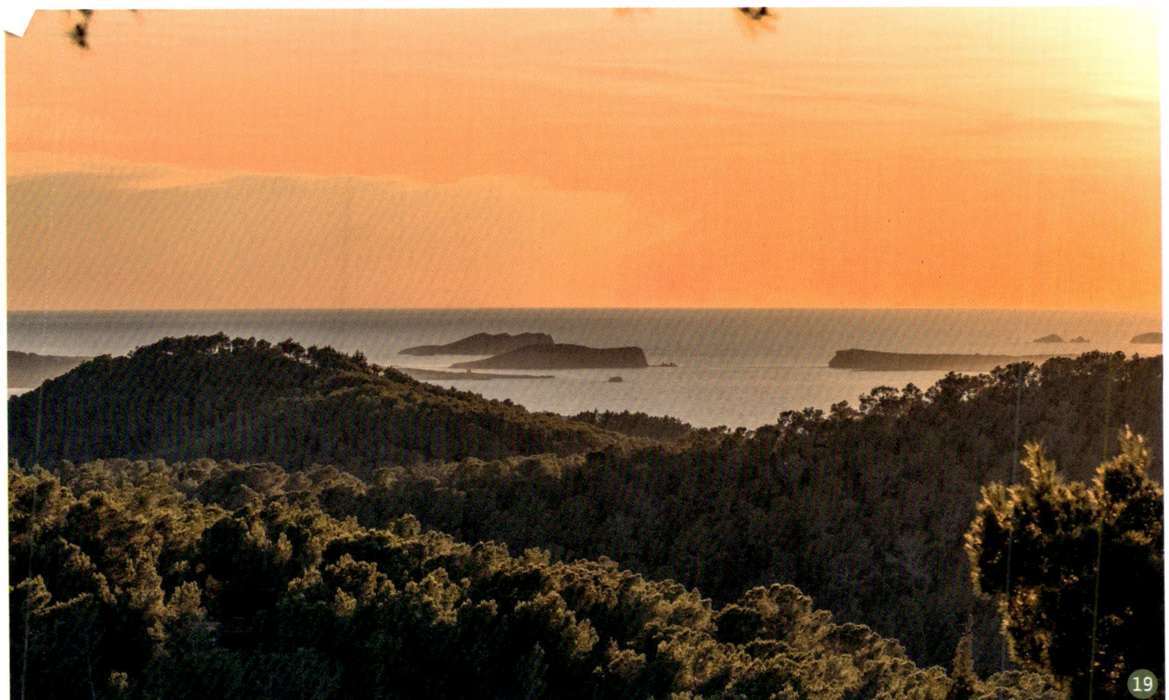

19 MANDELBLÜTE SANTA AGNÈS

Im Winter ist Ibiza eine ganz andere Insel, und ein Ort, den man sich auf keinen Fall entgehen lassen sollte, ist Es Pla de Corona – die ländlichen Anbaugebiete um das Dorf Santa Agnès de Corona. Ab Ende Januar tragen die Mandelbäume hier wochenlang duftenden Blüten, und es gibt sogar eine organisierte Nachtwanderung bei Vollmond, die an der Kirche beginnt (Einzelheiten z. B. bei walkingibiza.com).

→ Auf dem Dorfparkplatz in Santa Agnès de Corona parken. Nach Süden gibt es diverse Feldwege und ruhige Landstraßen, auf denen man herrlich spazierengehen kann. Für eine 5 km lange Route ca. 650 m Richtung Westen, dann links auf einem Schotterweg in die Felder bis zur T-Kreuzung nach 1,4 km. Rechts der geteerten Straße zurück nach Sant Agnès folgen, vorbei am Restaurant Las Puertas del Cielo (22).
60–120 Min., 39.0376, 1.3242

EINKEHREN

20 C'AN COSMI

Tische drinnen und draußen und Blick auf die Kirche, die Berge und die ländliche Umgebung. Köstliche Tortilla.

→ Plaza de la Iglesia, s/n,
07828 Santa Agnès de Corona,
+34 971 805020
39.0385, 1.3360

21 CAN CIRES

Sehr empfehlenswertes Restaurant im charmanten Dorf Sant Mateu. Regionale, saisonale Küche, teils mit Zutaten aus dem eigenen Garten. Sonnige Terrasse, Spielplatz und Pétanque. Der Besitzer läuft manchmal mit einem Papagei auf der Schulter herum.

→ Camí de S Pla, 07816 Sant Mateu d'Albarca,
+34 971 805551
39.0395, 1.3817

22 LAS PUERTAS DEL CIELO

Die „Himmelspforten" liegen auf einer Klippe an einer einsamen Straße in den Bergen – eine absolut unglaubliche Location mit Blick bis zum Meer. Einfache, traditionelle Küche, herrlich bei Sonnenuntergang.

→ Cami Des Pla de Corona, km 2,
07828 Santa Agnès
39.0415, 1.3165

23 HOSTAL LA TORRE

Dieses Restaurant – das zu einem Hotel gehört – liegt auf den Klippen in der Nähe von Sant Antoni, mit Panoramablick über Cap Negret. Fantastisches Essen und Tische im Freien. Über die ganze Landspitze sind Bänke verteilt, sodass man sich mit seinem Getränk selbst ein lauschiges Plätzchen suchen kann, um sich den spektakulären Sonnenuntergang anzusehen.

→ Cap Negret 25,
07820 Sant Antoni de Portmany,
+34 971 342271
38.9981, 1.2854

24 WILD BEETS

Wundervolles, veganes Restaurant in Santa Gertrudis mit regionaler, saisonaler Bioküche. Leckeres Essen in stylisher, moderner Kulisse.

→ Carrer Venda de Can Llàtzer 9, 07814 Santa Gertrudis de Fruitera, +34 971 197870
38.9979, 1.4300

25 CALA GRACIONETA CHIRINGUITO

Chiringuito mit entspannter Beach-Atmosphäre an einem der schönsten Strände. Das leckere Essen wird in einer offenen Küche im Holzofen zubereitet. Tolle Cocktails. Nicht gerade günstig, aber es lohnt sich.

→ Cala Gracioneta,
07820 Sant Antoni de Portmany,
+34 971 348338
38.9929, 1.2891

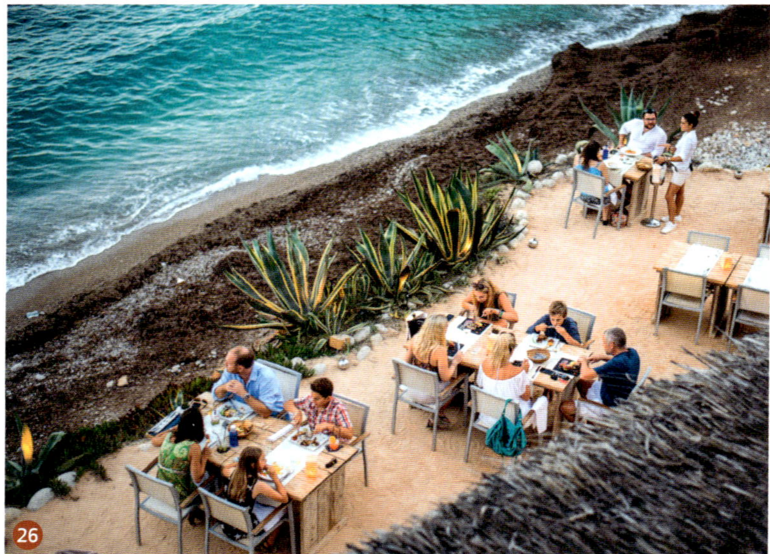
26

26 AMANTE IBIZA

Restaurant in herrlicher Lage über der Cala Sol d'en Serra. Es gibt frischen Fisch und eine moderne mediterrane Karte sowie Cocktails und Sonnenliegen, die man mieten kann. Außerdem gelegentliche Filmnächte unterm Sternenhimmel!

→ Cala Sol d'en Serra (Cala Llonga), 07849 Santa Eulalia des Riu, +34 971 196176

38.9472, 1.5103

27 CAN CAUS

Das Restaurant serviert leckeres Essen mit Zutaten direkt vom Erzeuger. Der Gebäudekomplex, in dem es sich befindet, widmet sich der Herstellung traditioneller Spezialitäten. Man kann sich auf der Terrasse in die Sonne setzen oder im Winter drinnen an den offenen Kamin.

→ Carretera Sant Miguel, km 3,5, 07814 Santa Gertrudis de Fruitera, +34 971 197516

38.9857, 1.4380

25

ÜBERNACHTEN

28 CAN COSMI PRAT

Schlichter, schicker Agrotourismus in einem über 200 Jahre alten Gebäude mit nur 11 Zimmern und wunderschöner Anlage. Die Biozutaten fürs Essen werden vor Ort angebaut, und das charmante Foodie-Dorf Santa Gertrudis de Fruitera liegt ganz in der Nähe.

→ Camí Vell de Sant Mateu Poligono 27, Numero 60, 07814 Ibiza, +34 871 110594

38.9881, 1.4036

29 CAN PUJOLET

Ruhige Oase mitten auf dem Land mit nur 10 Zimmern, die Wert auf Naturschutz und Nachhaltigkeit legt. Das kleine, weiß getünchte, familiengeführte Hotel war früher ein Bauernhof, und durch die schönen Obstgärten lässt es sich herrlich schlendern.

→ Camino des Camp Vell Santa Ines, 07828 Santa Agnès de Corona, +34 971 805170

39.0505, 1.3507

30 CAN LLUC & VILLAS

Über 300 Jahre altes Landhaus inmitten von Pinienwäldern und Weinbergen, liebevoll im traditionellen Stil der Insel restauriert. Elegante Zimmer und Villen.

→ Carretera Sant Rafel a Santa Agnès, km 2, Camí des Tercet, 07816 Sant Rafel, +34 971 198673

38.9818, 1.3906

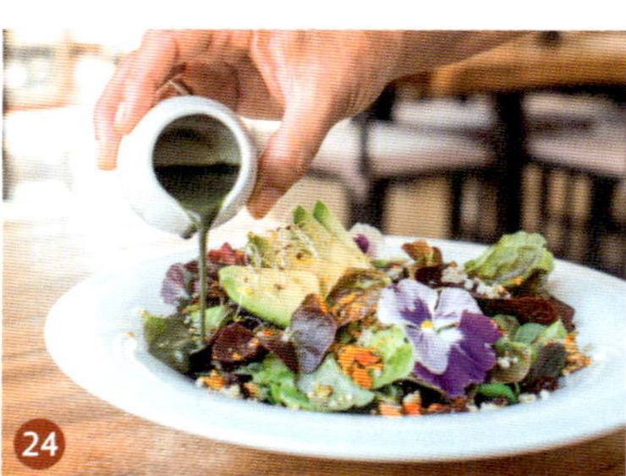
24

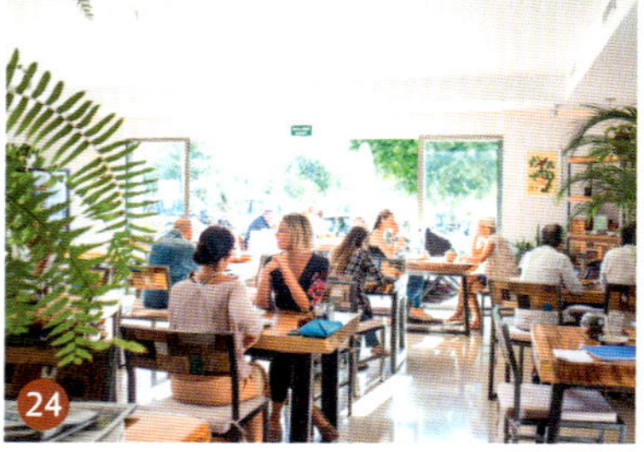
24

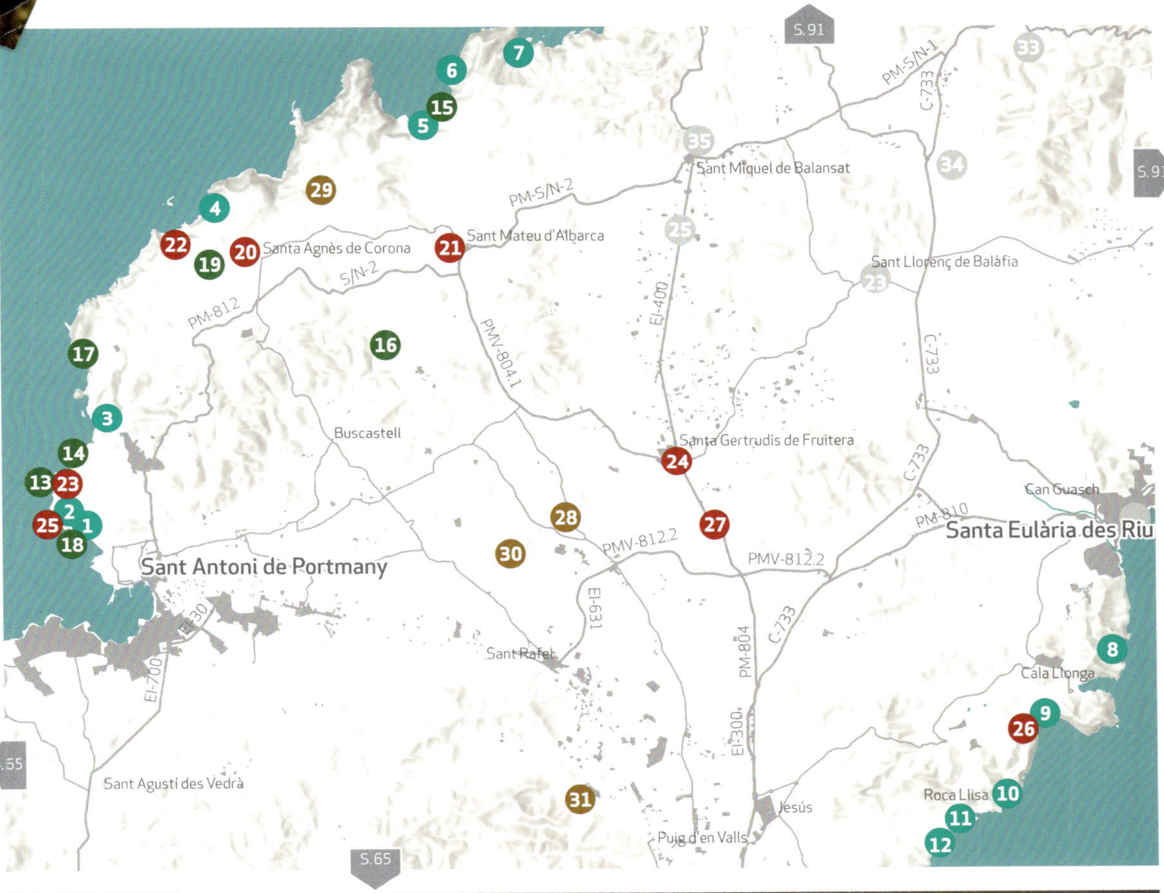

31 LAS MARIPOSAS

Charmante kleine Oase von einem Hotel im traditionellen Stil, umgeben von Johannisbrot-, Oliven- und Mandelhainen mit fantastischer Aussicht. Das tolle Frühstück wird auf einer Terrasse mit pinker Bougainvillea serviert.

→ Camí des Fornas 74, San Rafael, 07816 Ibiza, +34 687 041604
38.9361, 1.4039

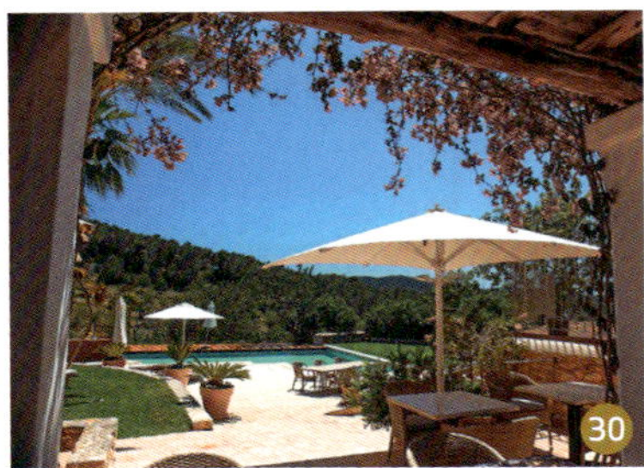

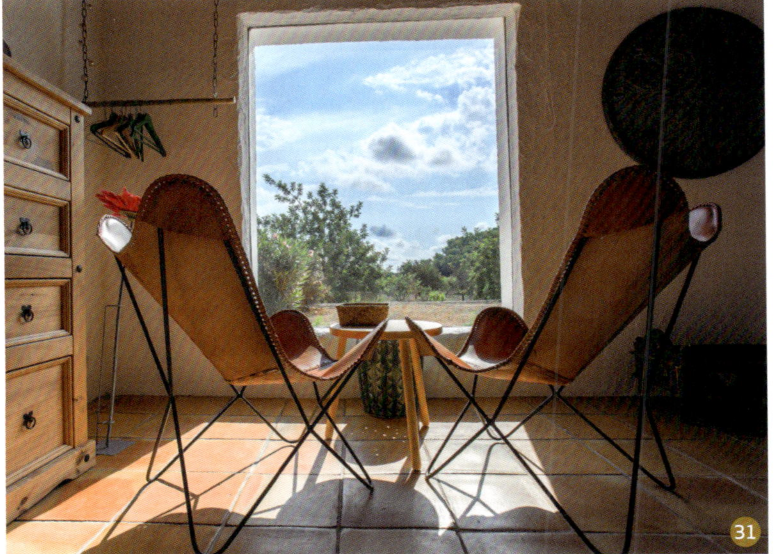

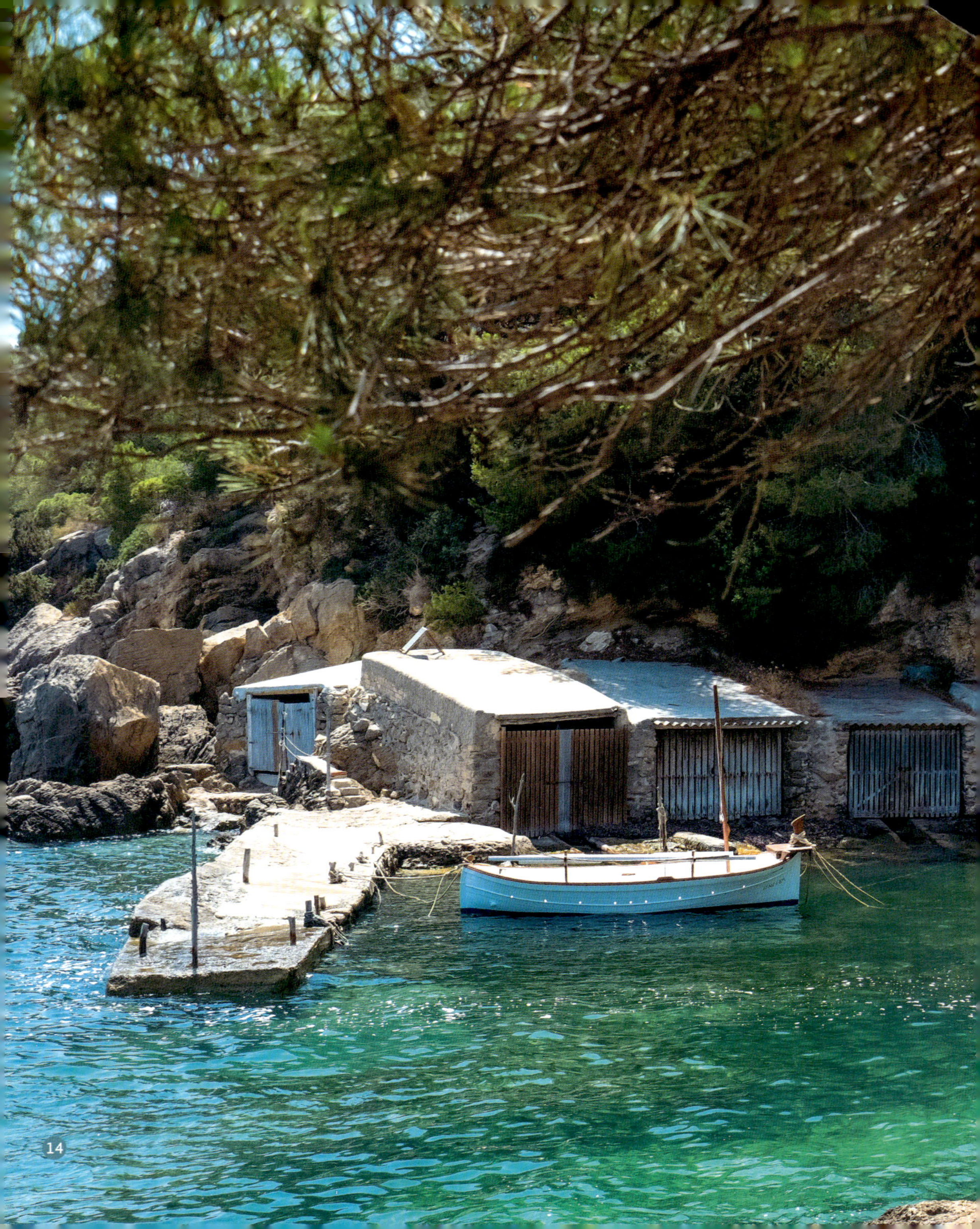

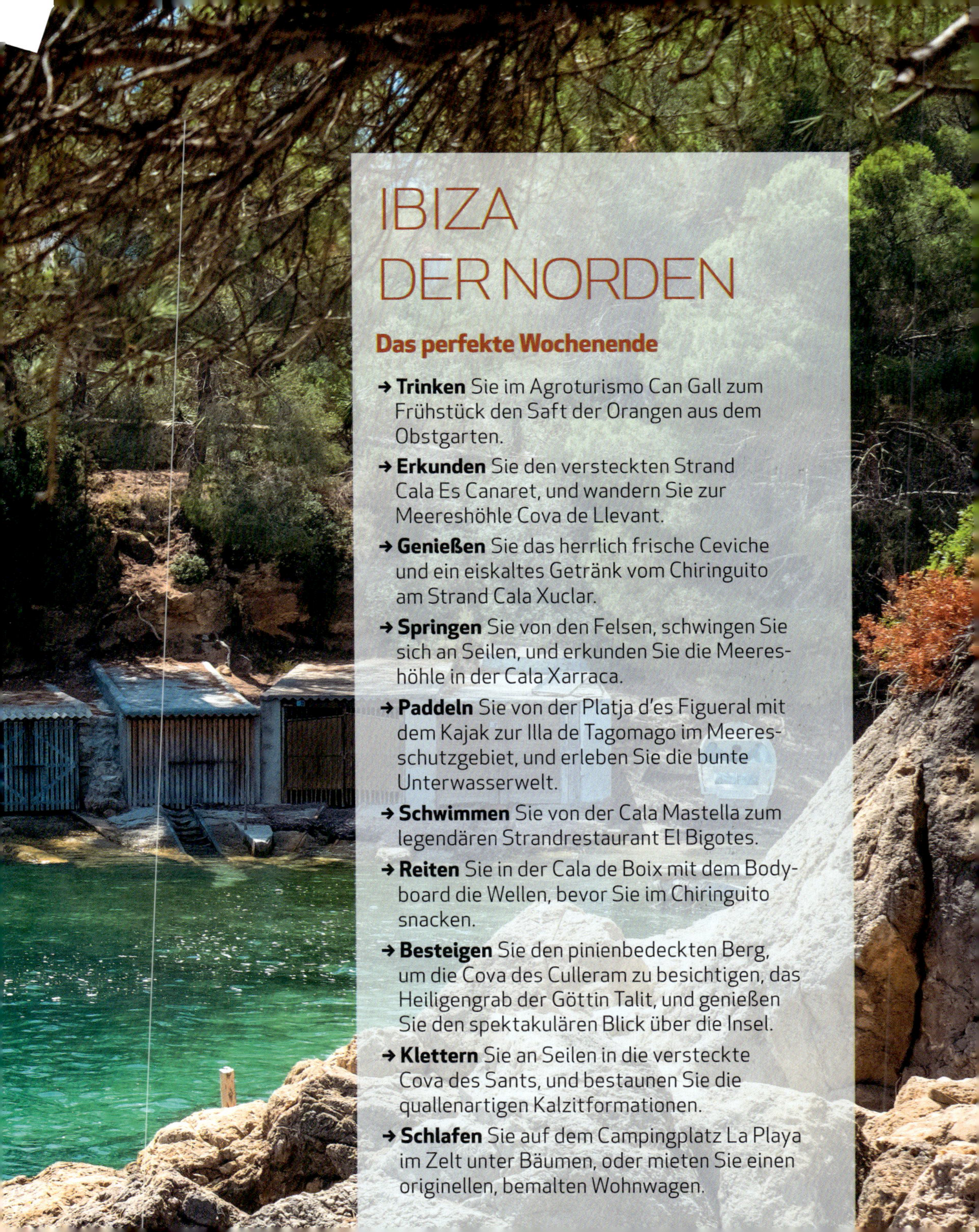

IBIZA DER NORDEN

Das perfekte Wochenende

- **Trinken** Sie im Agroturismo Can Gall zum Frühstück den Saft der Orangen aus dem Obstgarten.
- **Erkunden** Sie den versteckten Strand Cala Es Canaret, und wandern Sie zur Meereshöhle Cova de Llevant.
- **Genießen** Sie das herrlich frische Ceviche und ein eiskaltes Getränk vom Chiringuito am Strand Cala Xuclar.
- **Springen** Sie von den Felsen, schwingen Sie sich an Seilen, und erkunden Sie die Meereshöhle in der Cala Xarraca.
- **Paddeln** Sie von der Platja d'es Figueral mit dem Kajak zur Illa de Tagomago im Meeresschutzgebiet, und erleben Sie die bunte Unterwasserwelt.
- **Schwimmen** Sie von der Cala Mastella zum legendären Strandrestaurant El Bigotes.
- **Reiten** Sie in der Cala de Boix mit dem Bodyboard die Wellen, bevor Sie im Chiringuito snacken.
- **Besteigen** Sie den pinienbedeckten Berg, um die Cova des Culleram zu besichtigen, das Heiligengrab der Göttin Talit, und genießen Sie den spektakulären Blick über die Insel.
- **Klettern** Sie an Seilen in die versteckte Cova des Sants, und bestaunen Sie die quallenartigen Kalzitformationen.
- **Schlafen** Sie auf dem Campingplatz La Playa im Zelt unter Bäumen, oder mieten Sie einen originellen, bemalten Wohnwagen.

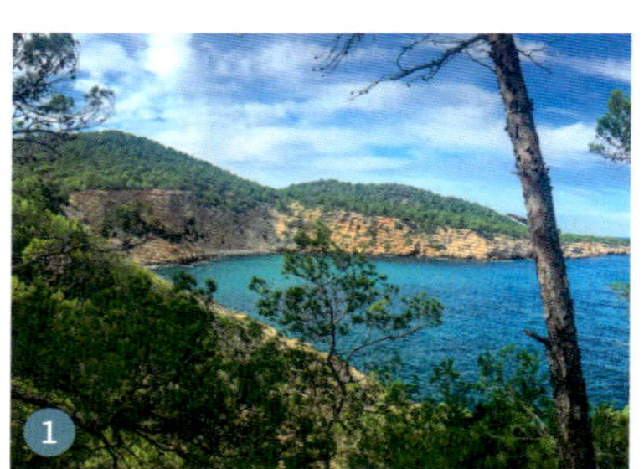

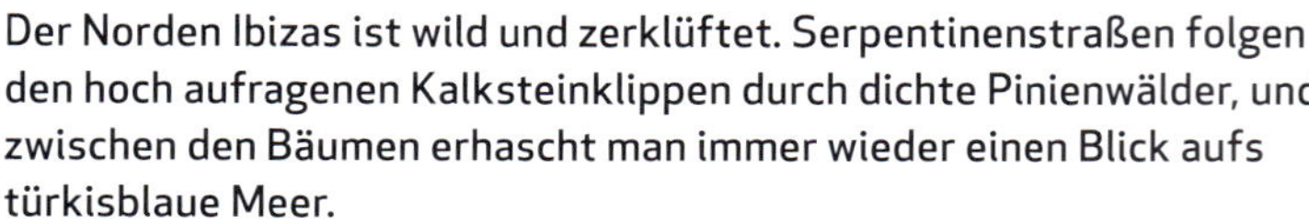

Der Norden Ibizas ist wild und zerklüftet. Serpentinenstraßen folgen den hoch aufragenen Kalksteinklippen durch dichte Pinienwälder, und zwischen den Bäumen erhascht man immer wieder einen Blick aufs türkisblaue Meer.

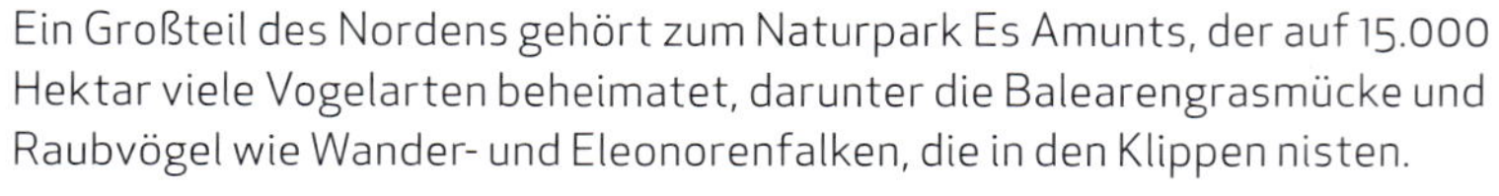

Ein Großteil des Nordens gehört zum Naturpark Es Amunts, der auf 15.000 Hektar viele Vogelarten beheimatet, darunter die Balearengrasmücke und Raubvögel wie Wander- und Eleonorenfalken, die in den Klippen nisten.

Die Strände sind steiniger, und manche haben aufgrund der hiesigen Geologie dunkleren Sand, aber herrlich klares Wasser und die typischen Fischerhütten findet man auch hier. Unter den hohen Klippen verstecken sich oft kleine Buchten, und es wird festes Schuhwerk empfohlen, um diese zu erkunden.

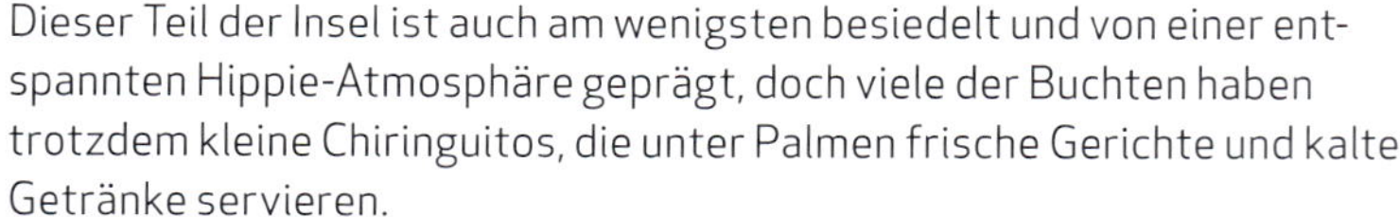

Dieser Teil der Insel ist auch am wenigsten besiedelt und von einer entspannten Hippie-Atmosphäre geprägt, doch viele der Buchten haben trotzdem kleine Chiringuitos, die unter Palmen frische Gerichte und kalte Getränke servieren.

Im Landesinnern säumen üppig grüne Wälder traditionelle Nutzflächen und kleine weiß getünchte Dörfer. Die Felder aus Mandel-, Johannisbrot- und Feigenbäumen umgeben Bruchsteinmauern, die Luft duftet nach Rosmarin, Thymian und Lavendel, die hier fast überall wachsen.

Wenn man den steilen Berg zur Cova des Culleram erklimmt, bekommt man ein Gefühl dafür, wie wahnsinnig grün diese Landschaft ist. Außerdem hat man von dort auch einen spektakulären Blick aufs Meer und die Illa de Tagomago sowie diverse andere kleine Inseln, die die Küste sprenkeln.

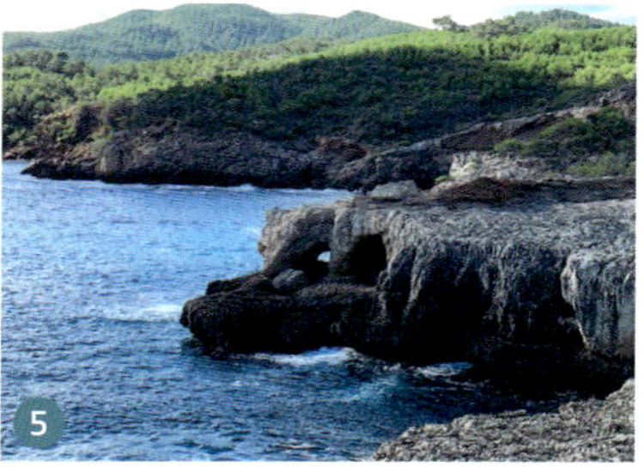

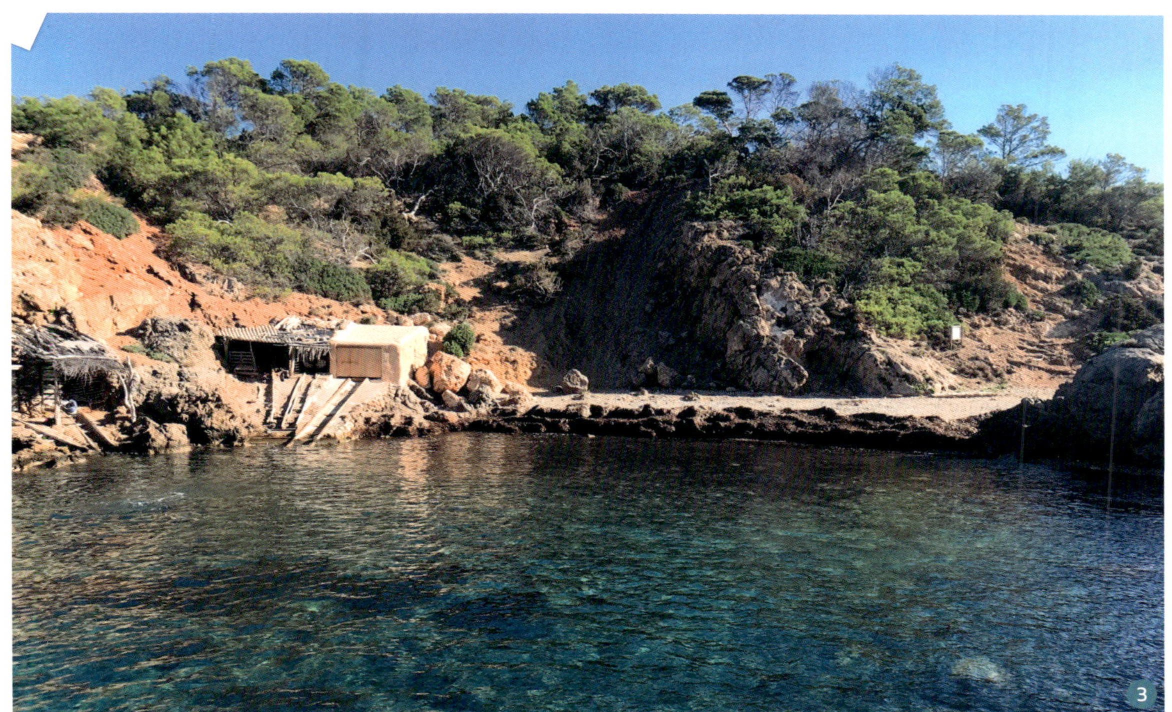

SANT LLORENÇ KÜSTE

1 CALÓ DES MOLTONS

Seit es in dieser kleinen geschützten Bucht kein Chiringuito mehr gibt– nur Sand und Fischerhütten –, dürfte es hier sogar noch ruhiger sein. Toll zum Schnorcheln wegen des steinigen Meeresbodens, und man kann von den Felsen springen.

→ Auf der EI-400 von Sant Miquel de Balansat Richtung Norden nach Port de Sant Miquel und möglichst nah am Strand parken. Auf der linken Strandseite dem Weg bergauf um die Landspitze folgen, vorbei an Illot des Xigarros bis zur Caló des Moltons.

10 Min., 39.0811, 1.43766

2 BENIRRÁS

Sonntags ist dieser weiße Sandstrand alles andere als ruhig, und man versammelt sich in alter Hippie-Tradition, um bei Sonnenuntergang den Trommlern zu lauschen. An anderen Tagen ist es jedoch ruhiger und einer der schönsten Orte, um sich den Sonnenuntergang anzusehen. Klettern Sie über die Felsen, um ein perfektes, ungestörtes Plätzchen zu finden.

→ Auf der SN-1 von Sant Miquel de Balansat nach Westen Richtung Sant Joan de Labritja, links auf den Carrer Benirrás und der Straße bis zum Strand folgen. An Sonntagnachmittagen im Sommer den Shuttle-Bus in Ibiza-Stadt über Can Coroner nehmen, da die Straße dann für Autos gesperrt ist.

2 Min., 39.0892, 1.4537

3 CALÓ DE S'ILLA

Zerklüftete kleine Kieselbucht, auch Moon Beach genannt, total abgelegen, keine Gastro, nur ein paar Fischerhütten, deshalb meist so gut wie leer. Man kann von der Landspitze zur kleinen Insel hinüberschwimmen oder -schnorcheln.

→ Auf der PM-811 von Sant Joan de Labritja Richtung Westen, dann beim Kreisverkehr rechts Richtung Portinatx (EI-300) und nach 1,8 km links Richtung Caló de s'Illa. Nach knapp 4 km bei der ersten Straßengabelung rechts halten und bei der zweiten links (nicht die Abfahrt zur Cala Xarraca). Je näher man der Küste kommt, desto schlechter ist der Straßenzustand, deshalb eventuell schon vor dem Straßenende (39.0988, 1.4703) parken und den Rest zu Fuß gehen.

15 Min., 39.0994, 1.4648

4 CALA ES CANARET

Die abgeschiedene Bucht war früher nur über Privatgelände zugänglich. Inzwischen gibt es einen öffentlichen Weg, aber es fühlt sich immer noch ein bisschen verboten an. Herrlich türkisblaues Wasser, Fischerhütten und tolle Felsformationen, um die man herumschwimmen oder -schnorcheln kann. Der umliegende Pinienwald wurde duch ein Feuer zerstört, erholt sich jedoch allmählich.

→ Auf der PM-811 von Sant Joan de Labritja Richtung Westen, dann beim Kreisverkehr rechts Richtung Portanix (EI-300), nach 1,8 km links Richtung Caló de s'Illa (3). Nach knapp 1,5 km bei der ersten Straßengabelung rechts, bei der nächsten Gabelung rechts Richtung Xarraca, dann die dritte Schotterstraße links (nach ca. 400 m). Nach 1 km erreicht man die Auffahrt zu einem Haus, hier rechts auf die Landspitze bis zum Parkplatz (39.1029, 1.4878) und dem Weg dahinter bis zur Bucht folgen.

10 Min., 39.1026, 1.4851

5 COVA DE LLEVANT

Man erreicht die grottenartige Meereshöhle über einen sehr wilden Küstenweg. Wenn man von Cala Es Canaret (4) die Landspitze umrundet, durchquert man eine Mondlandschaft aus löchrigen Felsen mit Pools. Zunächst kommt man an einer kleineren Höhle mit einer Felsbrücke darauf vorbei,

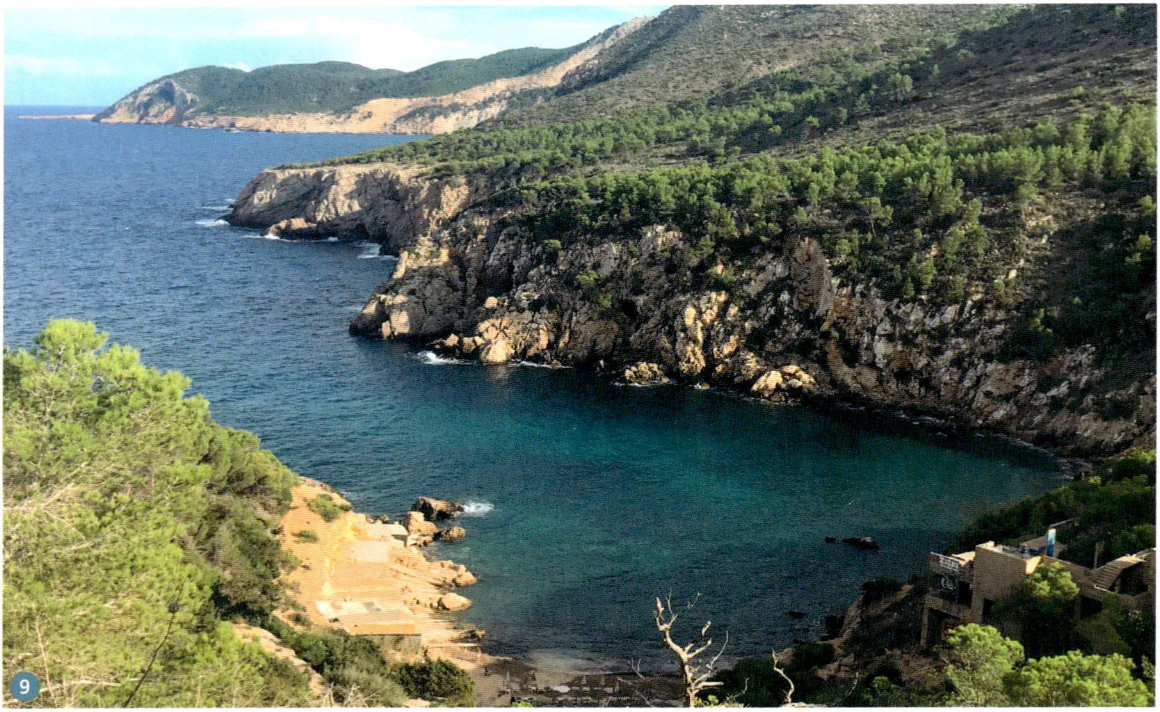

9

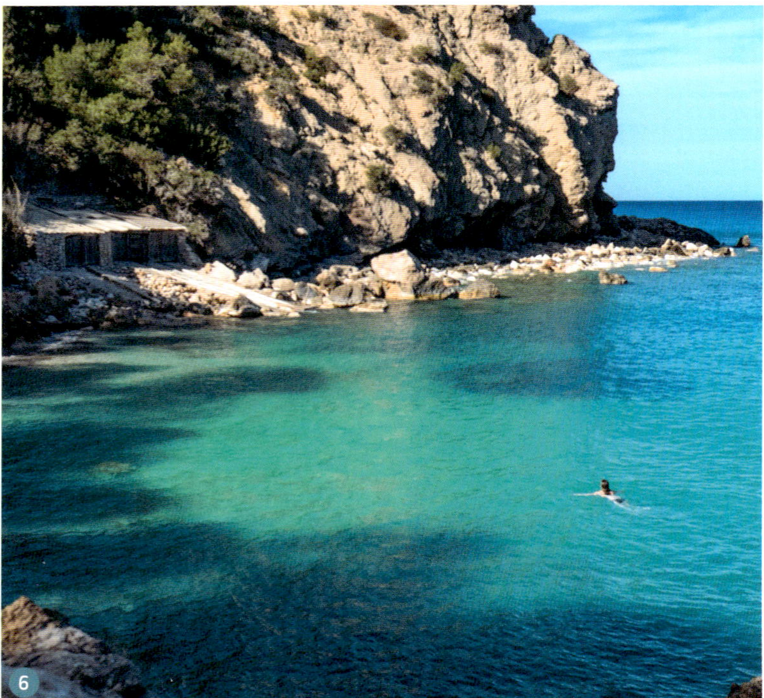

6

bevor man zur Cova de Llevant gelangt. Eine 5,3 km lange Wanderung führt ganz um die Landspitze bis Cala Xarraca – reichlich Trinkwasser mitnehmen!

→ Wegbeschreibung siehe Cala Es Canaret (4), aber vom Parkplatz Richtung Norden dem steinigen Weg um die Landspitze folgen, entweder rechts halten und direkt zur Cova de Llevant nach 750 m oder dem Weg 1,5 km Richtung Norden folgen und um die Landspitze zur ersten Höhle (39.1083, 1.4929).

15 Min., 39.1069, 1.4924

PORTINATX KÜSTE

6 CALA DE XARRACA

Auf den ersten Blick ist dies nur ein weiterer familienfreundlicher Strand mit herrlichem Wasser und einem netten Restaurant, aber wie so oft auf Ibiza liegt ein anderer, viel einsamerer Spot buchstäblich um die Ecke – mit Felsen zum Springen und schönen, kleinen Inseln zum Schnorcheln, einer Meereshöhle, durch die man hindurchschwimmen kann, und manchmal auch Seilen, an denen man schwingen oder die Felsen hochklettern kann.

→ Auf der PM-811 von Sant Joan de Labritja Richtung Westen, dann beim Kreisverkehr rechts Richtung Portinatx (EI-300), nach 3,5 km an der Straßengabelung links Richtung Strand. Am Fuß des Bergs in der Nähe vom Strand parken. Vom Strand nach rechts schwimmen oder klettern.

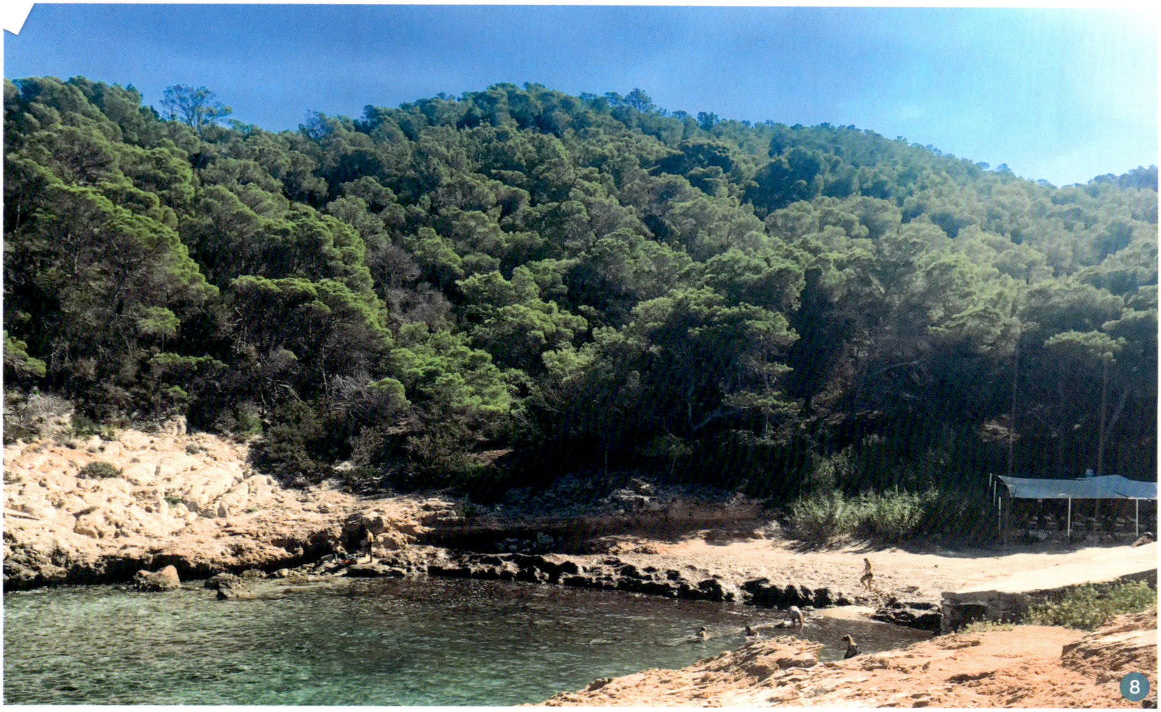

2 Min., 39.0998, 1.4987

7 S'ILLOT DES RENCLI

Der ruhige kleine Strand namens „verlassene Insel" mit Fischerhütten und Sandsteinklippen lag lange versteckt und war praktisch unerreichbar. Die Straße ist kurvenreich und steil, aber der Umweg zu diesem idyllischen Ort lohnt sich. Direkt am Strand gibt es auch ein bezauberndes Restaurant mit fantastischer Aussicht.

→ Von Cala Xarraca (6) weiter auf der E1-300 und nach ca. 500 m scharf links. Der Straße bis zum Parkplatz am Fuß des Bergs folgen, irgendwo am Straßenrand parken und den Rest zu Fuß gehen.

5 Min., 39.1002, 1.5026

8 CALA XUCLAR

Kleine Sandbucht mit Kletterfelsen und den typischen Fischerhütten, umgeben von zerklüfteter Küste und Pinien. Einfaches Chiringuito aus Holz, das ausgezeichnetes Seafood serviert, z.B. Ceviche und Gambas

→ Von Cala Xarraca (6) weiter auf der EI-300 und nach 1,5 km links. Der Straße bis zum Parkplatz folgen. Von dort führt ein kurzer Weg zum Strand.

5 Min., 39.1026, 1.5092

SANT VICENT KÜSTE

9 CALA D'EN SERRA

Schöne, stille, kleine Bucht unterhalb einer mit Graffiti verzierten, verfallenen Hotelanlage, die nie fertiggestellt wurde, und umgeben von Wäldern und Bergen. Es gibt ein entspanntes Chiringuito, und die Einheimischen lieben es hier, aber wer Einsamkeit sucht, folgt dem Weg hinter den Ruinen durch den Pinienwald zu einem kleineren, unberührten Strand. Perfekt zum Schnorcheln!

→ Vom östlichen Ortsrand in Sant Joan de Labritja neben dem Restaurant Les Ostros nach Norden Richtung Portinatx und nach 5,5 km rechts Richtung Strand. Der Straße 1,2 km bis zum Strand folgen (sie ist in einem schlechten Zustand). In der Nähe vom verlassenen Hotel parken und zu Fuß zum Wasser, links zum Hauptstrand und rechts (39.1066, 1.5360) zur kleineren Bucht.

10 Min., 39.1077, 1.5370

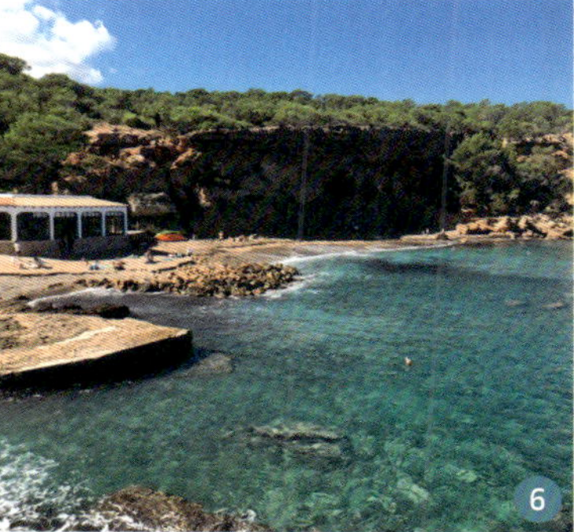

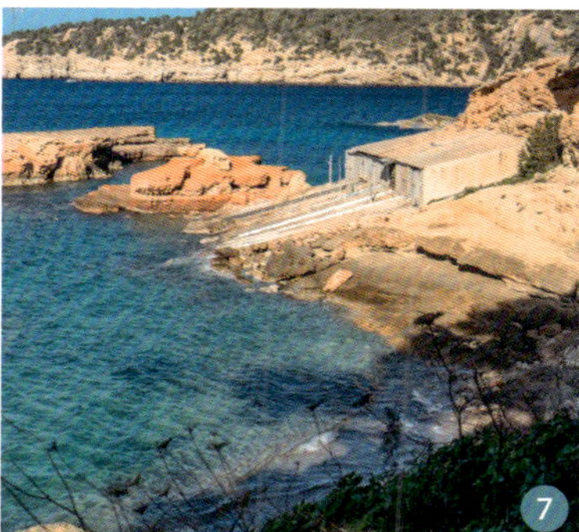

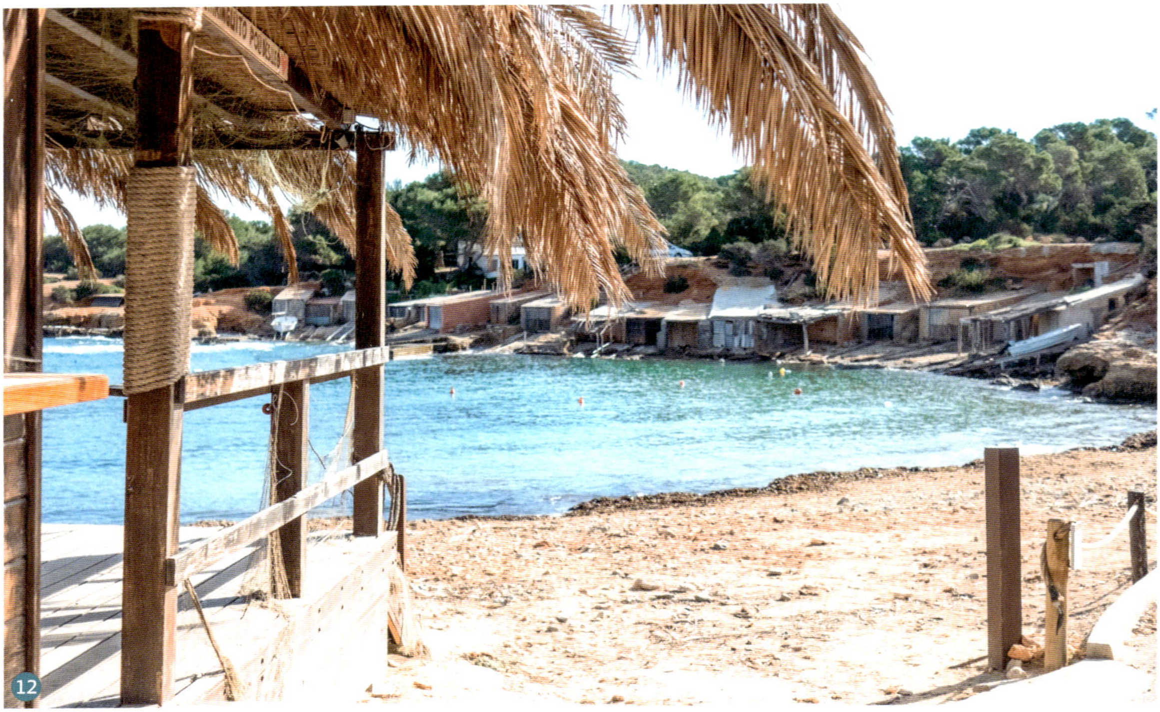

12

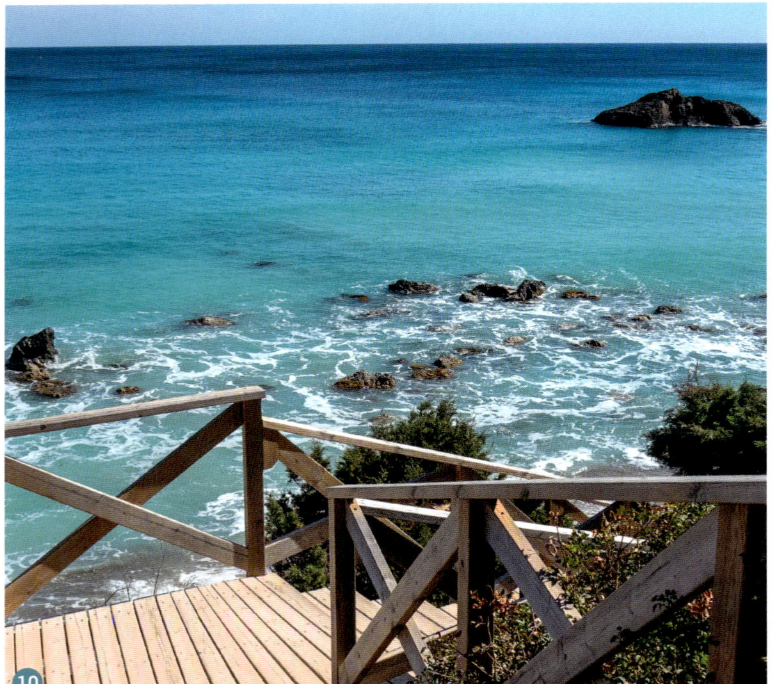

10 AIGÜES BLANQUES

Die Einheimischen lieben diesen Strand. Offiziell FKK, aber sehr gemischt, man muss sich also nicht zwingend ausziehen. Goldener Sand und kristallklares Wasser. Wenn man früh kommt, kann man die Sonne über der Illa de Tagomago aufgehen sehen. Manche mischen den Lehm der umliegenden Klippen mit Wasser und benutzen ihn als Maske für Haut und Haare – angeblich besitzt er eine heilende Wirkung. Am Strand gibt es ein Restaurant und ein Stück weiter ein charmantes Chiringuito.

→ Auf der PM-810 von Santa Eulària des Riu 9 km nach Nordosten Richtung Sant Vicent (500 m hinter Sant Carles de Peralta nicht die Abfahrt nach links verpassen), dann rechts Richtung Aigües Blanques. Vom Parkplatz führt ein Weg über steile Stufen zum Strand. 5 Min., 39.0597, 1.5891

11 PLATJA D'ES FIGUERAL

Langer, weiter Strand, umgeben von dramatischen Bergen. Man kann Kajaks, SUP-Boards und Schnorchel mieten (bei kayak-ibiza.com), um die Küste zu erkunden. Ganz in der Nähe liegt die Illa de Tagomago, mitten im Meeresschutzgebiet mit entsprechend reicher Unterwasserwelt.

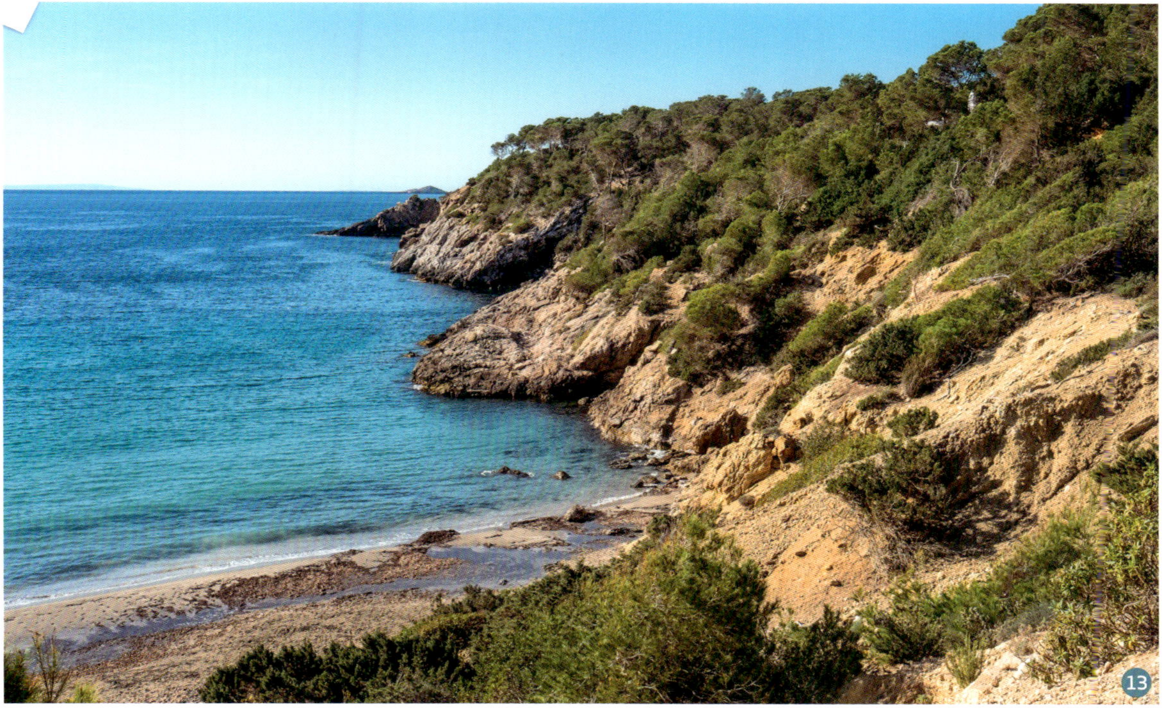

→ Auf der PM-810 von Santa Eulària des Riu 6 km nach Nordosten Richtung Cala de Sant Vicent, durch Sant Carles de Peralta und geradeaus weiter, wenn die PM-810 kurz danach links zur Cala de Sant Vicent abbiegt. Parkplatz nach knapp 3 km.
2 Min., 39.0535, 1.5935

SANTA EULÀRIA KÜSTE

12 PLATJA POU D'ES LLEO

Kleine Sand- und Kieselbucht mit Fischerhütten, ruhiger See und lustigen Felsformationen, um die man herumschwimmen kann. Am Strand gibt es ein Chiringuito für einfache Snacks und Getränke. Von hier aus gelangt man zu Fuß oder mit dem Auto zum Torre de Campanitx (20) mit fantastischer Aussicht.

→ Auf der PM-810 von Santa Eulària des Riu 6 km nach Nordosten Richtung Cala de Sant Vicent, durch Sant Carles de Peralta und weiter geradeaus, wenn die PM-810 kurz darauf links zur Cala de Sant Vicent abbiegt. Nach 1,3 km rechts Richtung Platja Pou d'es Lleo und Cala de Boix, und nach weiteren 2 km links nach Pou d'es Lleo. Der Straße 1 km folgen, am Restaurant vorbei und oberhalb vom Strand parken.
2 Min., 39.0347, 1.6087

13 CALA DE BOIX

Einzigartiger dunkler Sandstrand. Wenn der Wind richtig steht, toll zum Bodysurfen, bei ruhiger See perfekt zum Schnorcheln. Geschützt von hohen Klippen und zerklüfteten Landspitzen. Sehr beliebt bei den Einheimischen, die sich mit der ganzen Familie zu ausgedehnten Mittagessen im kleinen Chiringuito versammeln.

→ Wegbeschreibung siehe Platja Pou d'es Lleo (12), aber an der Abfahrt links vorbei und 1 km geradeaus weiter bis zum Restaurant Cala Boix (+34 971 335408). Links parken und zu Fuß steil bergab zum Strand.
5 Min., 39.0298, 1.6064

14 CALA MASTELLA

Kleiner Geheimtipp. Entspannte Atmosphäre, ein Chiringuito unter Bäumen und viele schattige Ecken. Das Wasser ist toll zum Schnorcheln, aber der Meeresgrund ist steinig, deshalb empfehlen sich Badeschuhe. Man kann zur nächsten Bucht mit dem wundervollen Restaurant El Bigotes (28) schwimmen oder klettern.

→ Auf der PM-810 von Santa Eulària des Riu 4 km nach Nordosten Richtung Cala de Sant Vicent bis Sant Carles de Peralta. Am Ortseingang rechts Richtung Cala Llenya (Carrer de la

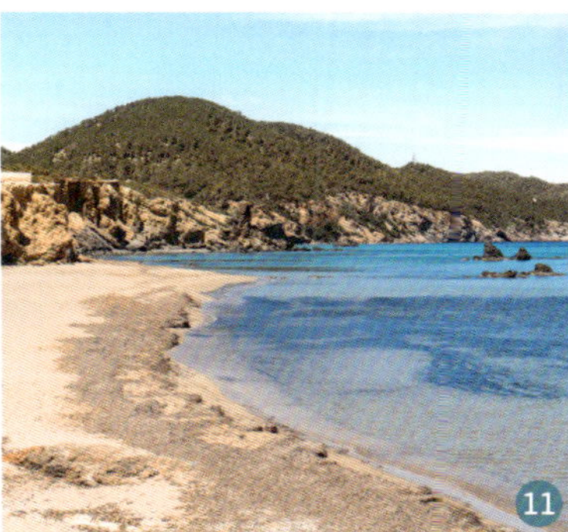
11

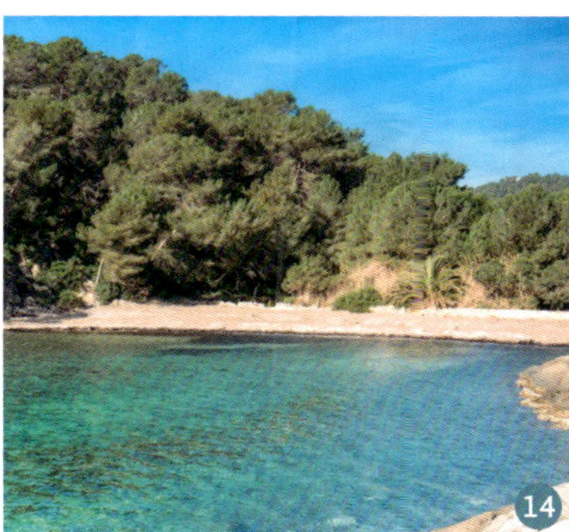
14

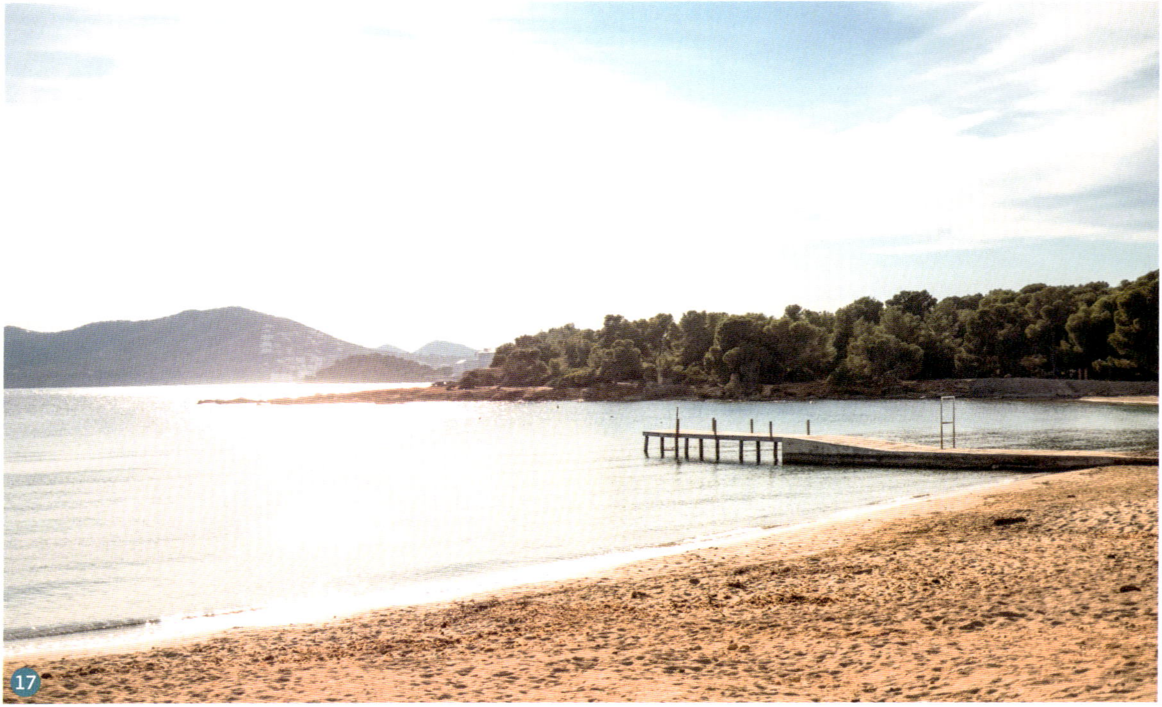

17

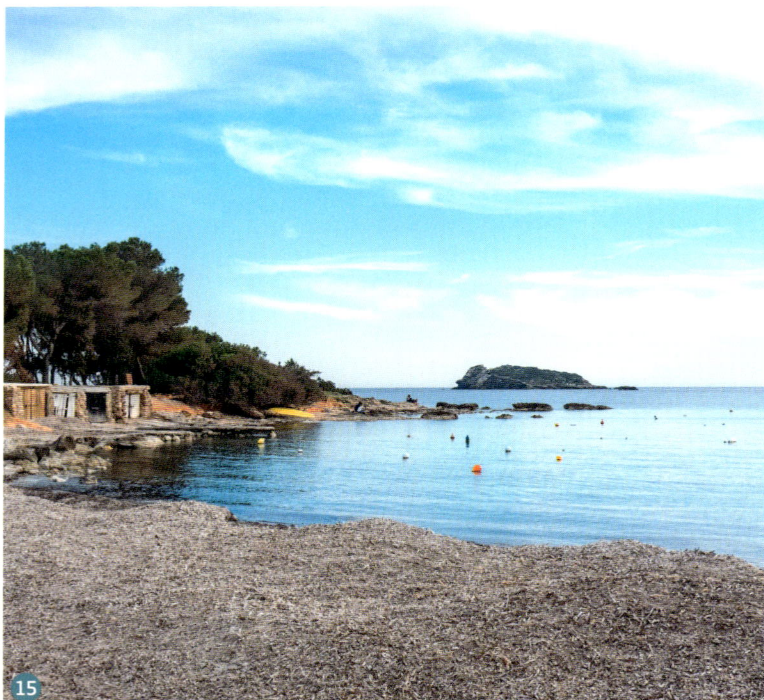

Vénda de Morna), dann beim Kreisverkehr die erste Ausfahrt rechts Richtung Cala Mastella. Nach 2,7 km links Richtung Strand. Nach 1 km geht es rechts zum Strand mit Parkplatz.
2 Min., 39.0248, 1.5956

15 PLAYA CALA MARTINA

Langer, geschützter Familienstrand, bei Südwind besonders beliebt bei Windsurfern, und man kann Zubehör für diverse Wassersportarten vor Ort leihen (Divestar Ibiza, +34 971 336726). Das charmante Chiringuito ist bei den Einheimischen beliebt, und der berühmte Hippie-Markt Punta Arabí liegt ganz in der Nähe.

→ Von Santa Eulària des Riu auf dem Carrer Cesàr Puget Riquer ca. 1,7 km stadtauswärts Richtung Osten, am Eroski-Supermarkt vorbei. Beim nächsten Kreisverkehr die zweite rechts Richtung Cala Martina. Nach 1,3 km rechts auf die Schotterpiste Richtung Restaurant Cala Martina. Rechts am Straßenrand parken oder beim Restaurant, falls man dort essen möchte.
5 Min., 38.9913, 1.5731

16 CALÓ DES GAT

Bezaubernde ruhige kleine Bucht in der Nähe vom Camping La Playa (36), mit roten Lehmwänden und einem kleinen Kieselstrand. Ein

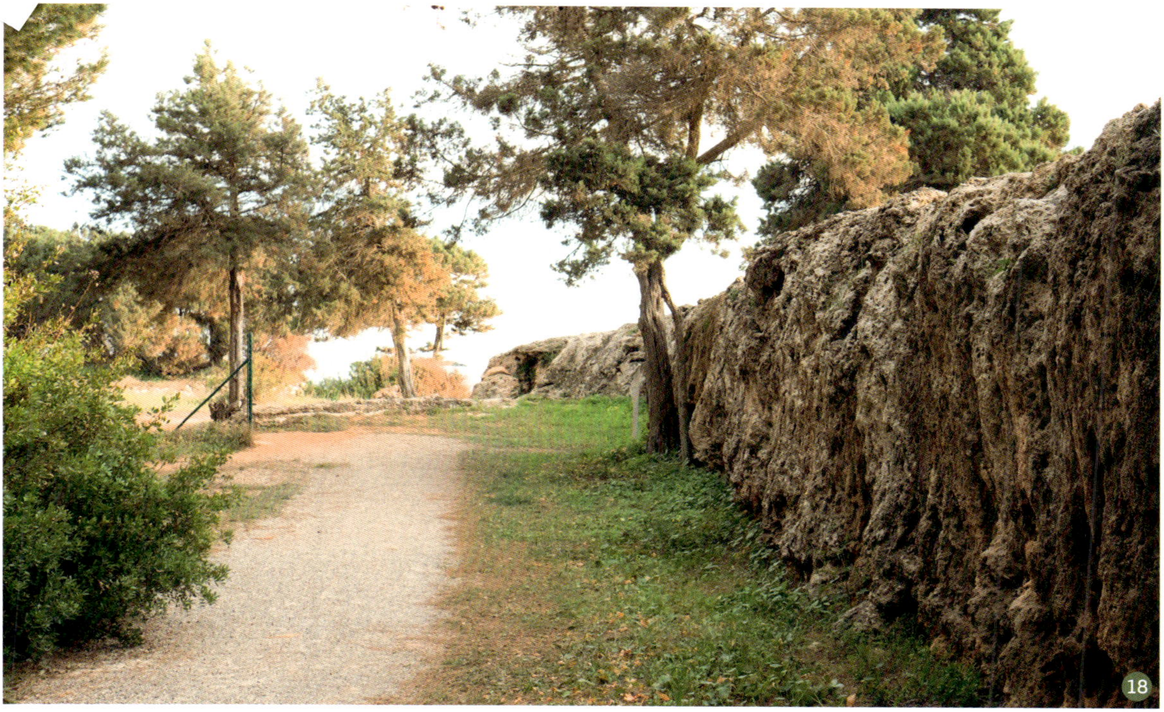

Holzsteg führt ins kristallklare Wasser, und man kann von hier die felsige Landspitze Punta Arabí erkunden (zu Fuß oder vom Wasser aus).

➜ Wegbeschreibung siehe Playa Cala Martina (15). Auf dem Küstenweg 300 m Richtung Osten, am Restaurant Chirincana vorbei und um die Landspitze bis Caló des Gat.

10 Min., 38.9906, 1.5753

17 CALA PADA

Bezaubernder, lebhafter Familienstrand mit genug Platz, um sich auszubreiten. Springen Sie mit den einheimischen Kids vom Steg, oder suchen Sie sich ein ruhiges Plätzchen neben den blauen Fischerhütten. Schaukeln Sie auf einer selbst gebauten Schaukel, die an einer alten Pinie hängt, oder erkunden Sie die Landspitze. Am Strand gibt es auch ein Tauchzentrum.

➜ Von Santa Eulària des Riu auf dem Carrer Cesàr Puget Riquer 1,7 km stadtauswärts Richtung Osten, vorbei am Eroski-Supermarkt. Kurz vor dem nächsten Kreisverkehr, hinter dem großen Hotel, rechts Richtung Cala Pada und 650 m bis zum Parkplatz.

2 Min., 38.9932, 1.5609

ALT & HEILIG

18 AQUEDUCT DE S'ARGAMASSA

Diese ungewöhnliche Anlage verläuft parallel neben einem Hotel 425 m bis zum Meer und ist ein beeindruckender Anblick. Es sind die Überreste eines Aquädukts, das im 1. Jahrhundert von den Römern erbaut wurde, um eine Fischfarm an der Küste mit Süßwasser zu versorgen. An manchen Stellen ist die Kalksteinmauer 2 m hoch.

➜ Von Santa Eulària des Riu auf dem Carrer Cesàr Puget Riquer ca. 1,7 km stadtauswärts Richtung Osten, vorbei am Eroski-Supermarkt. Beim nächsten Kreisverkehr die zweite rechts Richtung Cala Martina. Nach 850 m rechts in die Avinguda de Cala Martina. Das Aquädukt beginnt nach 950 m rechts. An der Straße parken und dem Aquädukt bis zum Meer folgen. Oder von Cala Martina (15) rechts am Strand entlang zu einem kleinen Weg, der am Ufer entlang zum anderen Ende vom Aquädukt führt.

5 Min., 38.9945, 1.5691

19 COVA DES CULLERAM

Die phönizische Kultstätte, die der Göttin Talit gewidmet war, wurde 1907 entdeckt – mit Hunderten Terrakottafiguren, manche

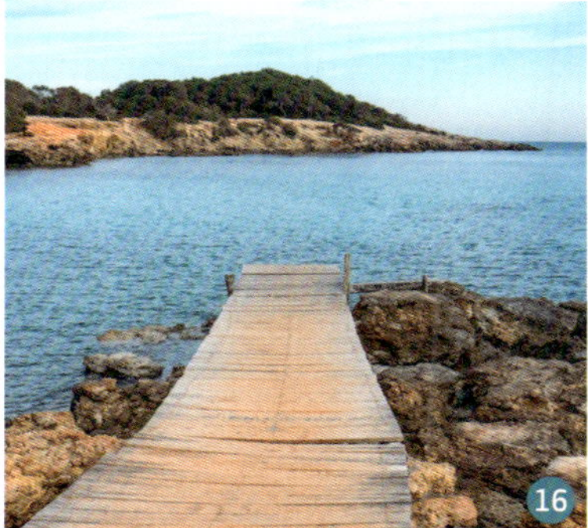

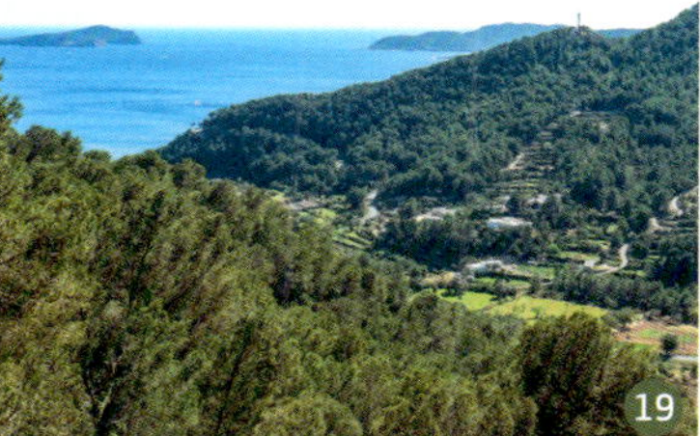

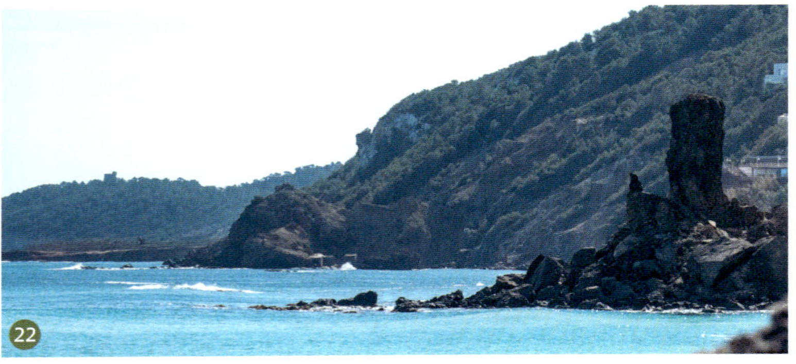

davon vergoldet. Mit etwas Glück ist die Höhle in der Hauptsaison geöffnet. Wenn nicht, kann man hineinspähen oder eine Opfergabe hinterlassen. Wundervolle, steile Wanderung durch einen Wald mit herrlichem Blick zur Illa de Tagomago. Für die Wanderung braucht man feste Schuhe, aber es lohnt sich! Man kann allerdings auch näher heranfahren.

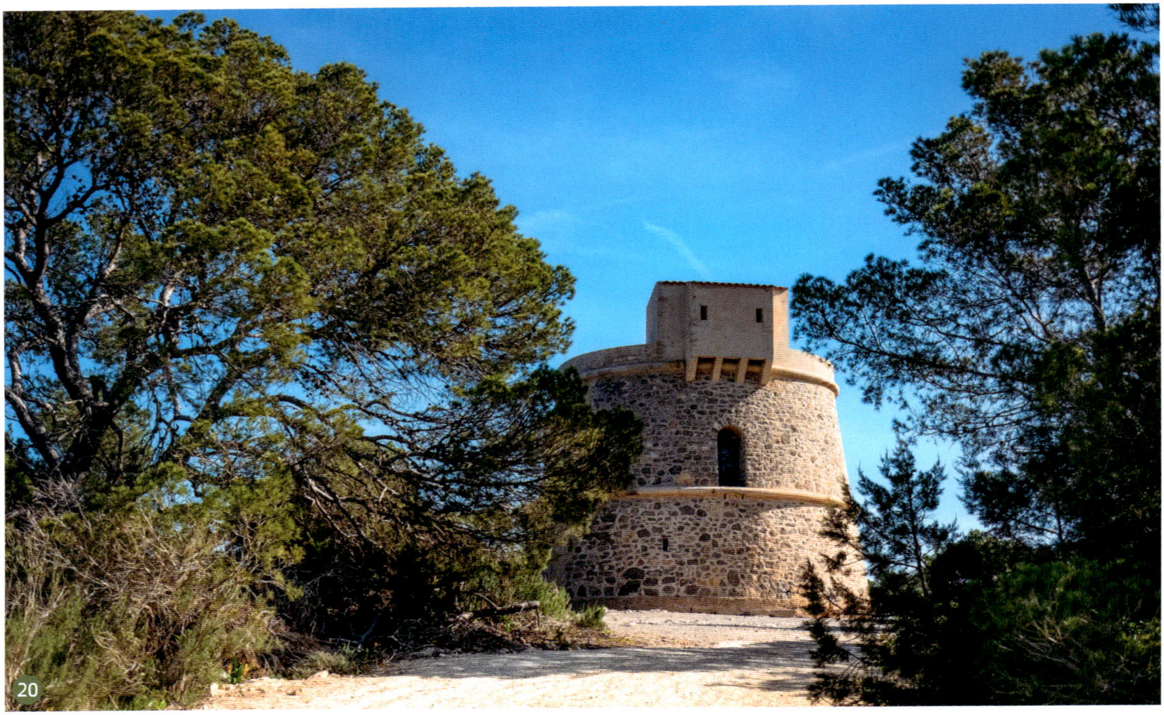

→ Auf der PM-811 von Sant Vicent de Cala nach Osten Richtung Cala de Sant Vicent. Für den kürzeren Weg nach knapp 1 km bei dem kleinen roten Schild zum Santuari Púnic des Culleram links. 1,4 km auf der Serpentinenstraße bis zum Parkplatz rechts. Von hier sind es noch 700 m bis zur Höhle. Man kann noch näher parken, aber wenn man Pech hat, findet man keinen Platz und muss wieder umkehren. Für die längere, steile Wanderung weitere 650 m bis zur großen Parkbucht links (39.0796, 1.5787). Zu Fuß dem kleinen Holzschild zum Wanderweg folgen.

40 Min., 39.0826, 1.5805

20 TORRE DE CAMPANITX

Typischer Verteidigungsturm gegen Piratenangriffe, auch Torre d'en Valls genannt, erbaut 1763 und bei einer Explosion im 19. Jahrhundert schwer beschädigt. Inzwischen restauriert und ein friedlicher Ort, um den Tag zu starten oder zu beenden oder sich den Sternenhimmel anzusehen. Er ist verschlossen, aber man hat einen herrlichen Blick auf die Illa de Tagomago, und an klaren Tagen sieht man am Horizont sogar Mallorca.

→ Auf der PM-810 von Santa Eulària des Riu 6 km nach Nordosten Richtung Cala de Sant Vicent, durch Sant Carles de Peralta, und wenn die PM-810 kurz danach links zur Cala de Sant Vicent abiegt, weiter geradeaus. Nach 1,3 km rechts Richtung Pou d'es Lleo und Cala de Boix, nach weiteren 2 km links Richtung Pou d'es Lleo (12). Der Straße 1 km folgen, am Restaurant vorbei. Oberhalb vom Strand parken und den letzen Kilometer zu Fuß gehen. Man könnte die holprige Straße auch mit dem Auto fahren, aber wir raten ab.

20 Min., 39.0346, 1.6189

NATURWUNDER

21 COVA DES SANTS

Ehrfurcht gebietende Meereshöhle, aber schwer zugänglich. Die Sinterformationen sehen aus wie riesige Quallen mit herunterhängenden Tentakeln – weshalb sie auch Cueva de las Medusas genannt wird –, und von oben fällt Licht durch eine Öffnung. Man klettert an Seilen hinein, entweder mit großer Vorsicht oder mit einem Führer.

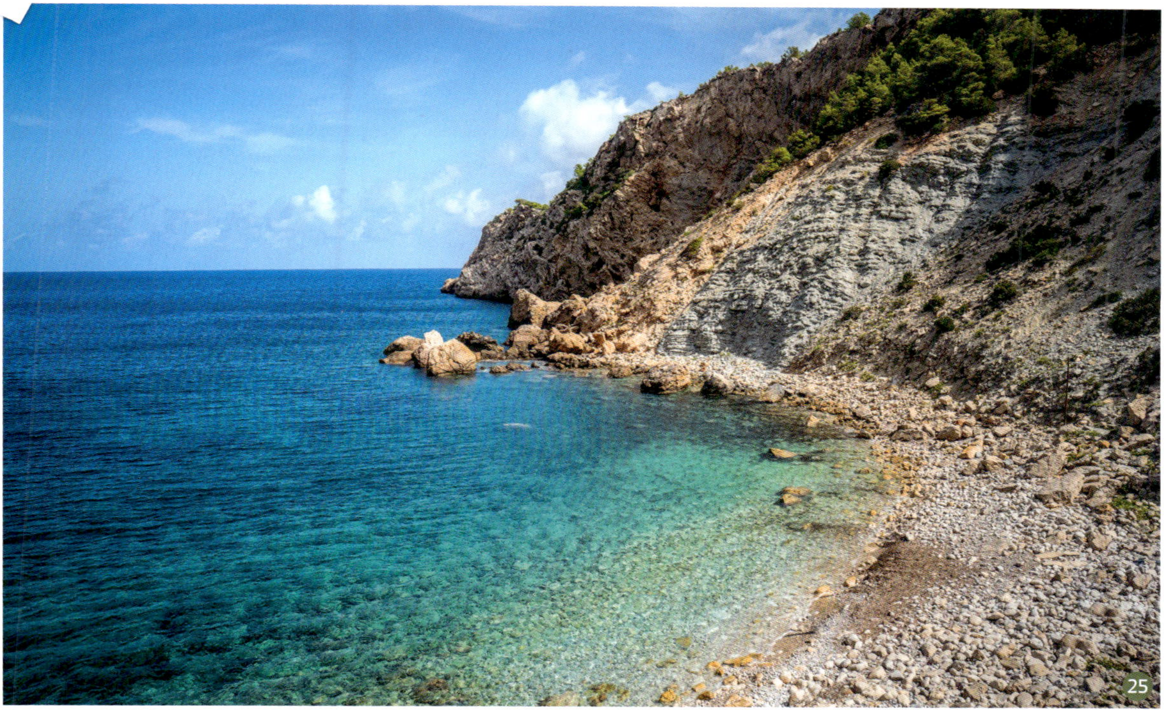

→ Auf der PM-811 von Sant Vicent de Cala Richtung Osten, beim Schild zum Bacheo Camí del Port de ses Caletes (39.0800, 1.5632) links. 3 km auf Serpentinen bergauf, dann 800 m bergab zu einem kleinen Parkplatz links hinter einer Haarnadelkurve (39.0922, 1.5637). Weniger wagemutige Fahrer können auch schon in Gipfelnähe rechts unter den Bäumen parken (39.0906, 1.5617). Zu Fuß weiter bis zum Haus in der letzten Kurve. Um das Haus gehen und rechts über die Felsen klettern, bis man den Höhleneingang vor sich sieht.

30 Min., 39.0955, 1.5666

22 PALLER DES CAMP

Der Aussichtspunkt mit Blick auf die beeindruckende Felsformationen und die Landspitze ist mit kleinen roten Herzchen bedeckt. Von Platja d'es Figueral (11) gelangt man auch in die darunterliegende Höhle. Manchmal findet man dort Seile vor, die andere zurückgelassen haben, aber es kann gefährlich sein, also Vorsicht.

→ Auf der PM-810 von Santa Eulària des Riu 6 km nach Nordosten Richtung Cala de Sant Vicent, durch Sant Carles de Peralta, und geradeaus weiter, wenn die PM-810 kurz danach links zur Cala de Sant Vicent abbiegt, bis zum Parkplatz am Strand nach 3 km. Vom westlichen Strandende führt hinter dem Hotel ein Weg zur Straße, die wiederum zum Aussichtspunkt (39.0560, 1.5914) führt, 400 m. Oder am Ufer entlang Richtung Westen bis zu den Felsen.

10 Min., 39.0562, 1.5919

23 NATURSCHUTZGEBIET ES AMUNTS

Das Naturschutzgebiet umfasst 15.000 Hektar, circa ein Viertel der Insel, und ist Heimat vieler bedrohter Pflanzen- und Tierarten. Halten Sie Ausschau nach Flamingos, Falken, Stieglitzen, Eulen und Siebenschläfern, oder gehen Sie einfach zwischen Pinien, Sadebäumen, wildem Rosmarin und Wacholderbüschen spazieren. Am besten beginnt man beim kostenlosen Bestimmungszentrum, um Routen und Wege zu planen.

→ Carretera San Lorenzo, s/n, 07812 Illes Ballears, +34 971 325141

1 Min., 39.0302, 1.4778

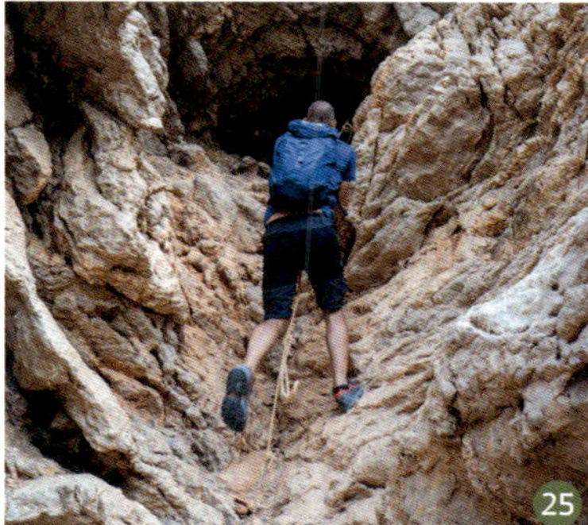

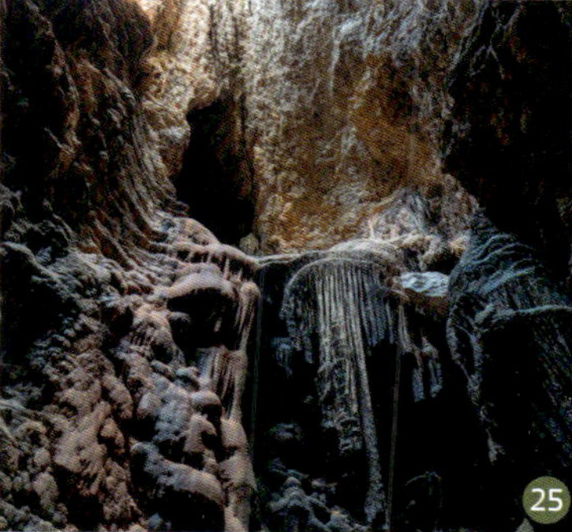

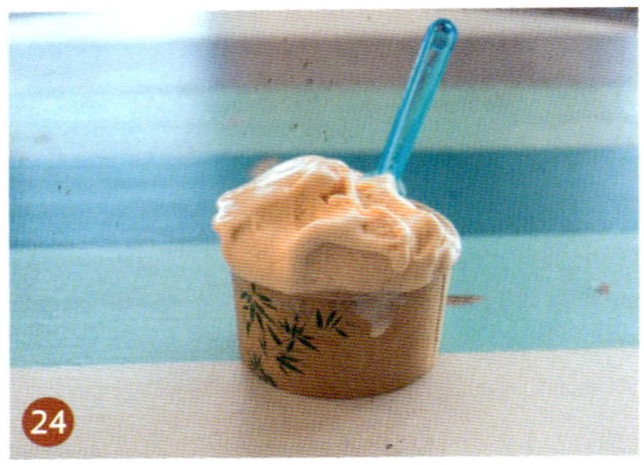
24

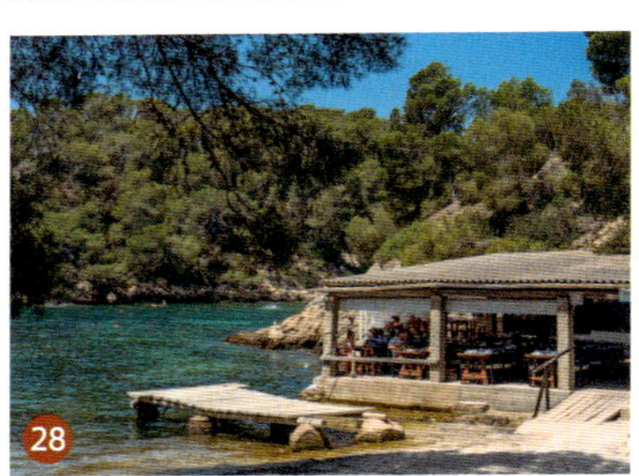
28

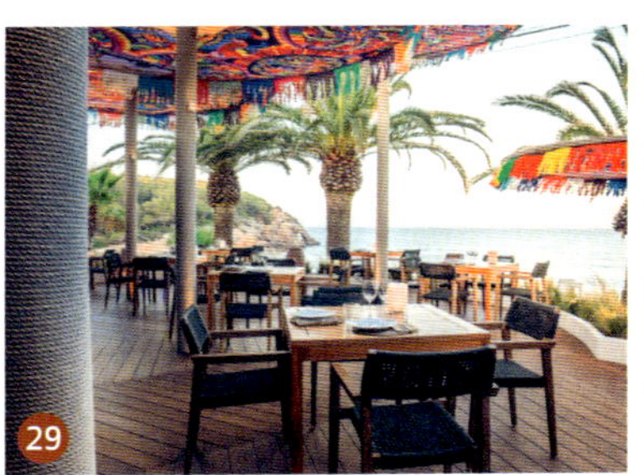
29

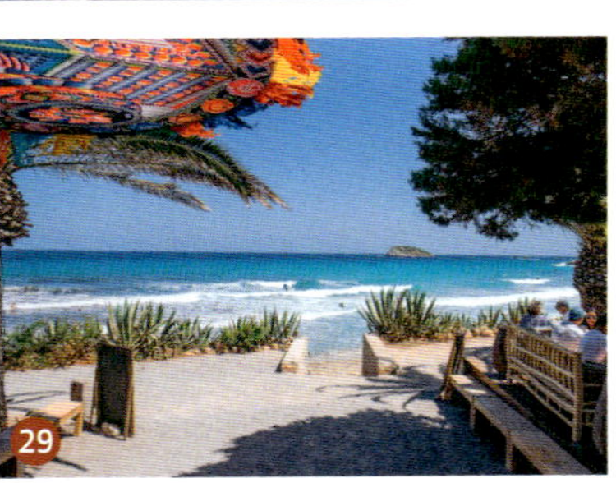
29

KULINARISCHES

24 ANTARCTICA HELADERIA

Köstliches selbst gemachtes Eis an der Strandpromenade von Santa Eulària. Schön, um sich im Schatten abzukühlen und dabei Leuten zuzuschauen.

→ Paseo Maritimo, Local 7, 07849 Santa Eulària des Riu, +34 971 318609

38.9838, 1.5351

25 AUBERGINE BY ATZARÓ

Einzigartiges vegetarisches Biorestaurant in einer schönen Finca. Schlendern Sie durch den prächtigen Gemüsegarten, in dem die selbst gezüchteten Küchenzutaten wachsen, und speisen Sie auf der schattigen Terrasse unter Olivenbäumen oder unter der von Bougainvillea umrankten Pergola.

→ Carrer de Sant Miquel, km 9,9, 07815 Sant Miquel de Balansat, +34 971 090055

39.0406, 1.4332

CHIRINGUITOS

26 CHIRINCANA

Strandbar mit Livemusik, Unterhaltungsprogramm und Familienatmosphäre, berühmt für die selbst gemachte Pizza, außerdem viele vegane Gerichte. Mit Lichterketten geschmückt, direkt am Strand.

→ Avinguda Punta Arabí, s/n, Playa Cala Martina, 07849 Es Canar, +34 971 935403

38.9910, 1.5747

27 CALA XUCLAR CHIRINGUITO

Gut versteckt in einer kleinen Bucht am Ende einer steilen Straße und bekannt für fabelhaften frischen Fisch und Cocktails. Nur Barzahlung. Der Strand selbst ist herrlich und ruhig, mit klarem Wasser, aber steinigem Meeresgrund, also Wasserschuhe mitbringen.

→ Ctra. Portinatx, km 26, 5, 07810 Portinatx, +34 971 337666

39.1027, 1.5092

28 EL BIGOTES

Einfache Hütte direkt am Wasser mit nur einem Gericht auf der Karte: BULLIT DE PEIX CON ARROZ A BANDA, ein mit Safran gewürztes Eintopfgericht mit Fisch und Reis, das im großen Holzofen zubereitet wird. Eine Institution auf Ibiza, und man muss reservieren. Es geht die Legende, dass König Juan Carlos I. abgewiesen wurde, weil er keine Reservierung hatte.

→ Camino Cala Boix a Cala Mastella, 138T, 07850 Sant Eulària des Riu, +34 650 797633

39.0246, 1.5966

29 AIYANNA

Hippes preisgekröntes Strandrestaurant mit moderner mediterraner Küche – die Zutaten stammen aus dem eigenen Garten. Hübsch eingerichtet mit bunten Sonnenschirmen und gemütlichen Sofas. Zusätzlich gibt es einen Food Truck mit frischen Säften und Snacks. An der Cala Nova.

→ Avinguda Cala Nova, 07850 Cala Nova, Sant Carles de Peralta, +34 971 330456

39.0099, 1.5822

30 BAR ANITA

Obwohl es die Bar Anita schon seit dem 19. Jahrhundert gibt, ist sie vor allem als Treffpunkt der ersten Hippies bekannt, die sich auf der Insel niederließen, und man fühlt sich hier wie auf einer Zeitreise. Einfache, traditionelle Tapas, und nach dem Essen gibt es einen selbst gemachten Hierbas Ibicencas (Kräuterlikör).

→ Gegenüber der Eglésia de Sant Carles, 07850 Sant Carles de Peralta, +34 971 335090

39.0346, 1.5655

ÜBERNACHTEN

31 AGROTURISMO CA SA VILDA MARGE

Schöne, umgebaute, 400 Jahre alte Finca mit nur sieben Zimmern, jedes mit eigener Terrasse. Großes Grundstück mit Gemüse- und Obstgärten in einem grünen Tal.

→ Venda de Xarraca 10, Carretera de Portinatx, 07810 Sant Joan de Labritja, +34 971 333234

39.0834, 1.4976

32 CAN TALAIAS

Familienfreundlicher Agrotourismus mit wundervollen Gärten (in denen die Küchenzutaten wachsen) und einer Gärtnerei, die auf Pflanzen für trockene Landschaften spezialisiert ist. Auf dem ausgedehnten Gelände tummeln sich Pfaue, und der Blick von der Terrasse über die Berge ist atemberaubend. Die versteckte kleine Oase ist besser zu finden, wenn man den Schildern folgt, als mit dem Navi!

→ Apartado 244, 07850 Sant Carles de Peralta, +34 971 335742

39.0368, 1.5803

33 FINCA CAN MARTI

Can Marti ist Biobauernhof und Hotel in einem und legt Wert auf Nachhaltigkeit und exzellentes Essen. Die 400 Jahre alte Finca wurde liebevoll restauriert und bietet elegante Suiten und Ferienhäuschen sowie

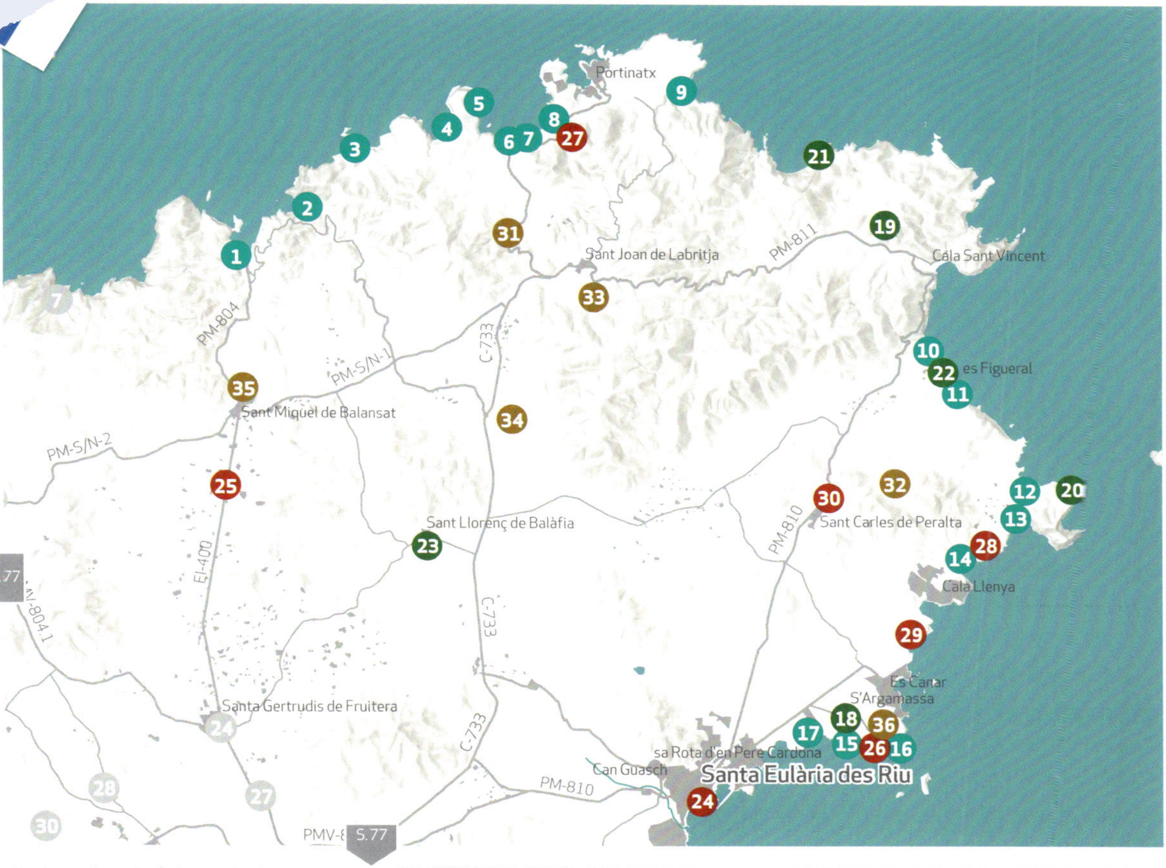

Portinatx
Sant Joan de Labritja
PM-811
Cala Sant Vincent
PM-804
PM-S/N-1
C-733
es Figueral
Sant Miquel de Balansat
PM-S/N-2
Sant Carles de Peralta
PM-810
Sant Llorenç de Balàfia
S.77
EI-400
Cala Llenya
Es Canar
S'Argamassa
Santa Gertrudis de Fruitera
sa Rota d'en Pere Cardona
Can Guasch
Santa Eulària des Riu
PM-810
PMV-8
S.77

eine bezaubernde Anlage mit einem natürlichen Süßwasserpool.

→ Venda de Ca's Ripolls 29, 07810 Sant Joan de Labritja, +34 971 333500

39.0716, 1.5158

34 AGROTURISMO CAN GALL

Das familiengeführte Hotel ist ein Paradies für Foodies. Der frische Orangensaft stammt von den Früchten aus dem Obstgarten, die Küchenzutaten aus der Region. Das Haus, das seit dem 19. Jahrhundert derselben Familie gehört, liegt zwischen Zitronen-, Mandel- und Olivenbäumen.

→ Carretera San Juan, km 17,2, 07812 Sant Llorenç de Balafia, +34 971 337031

39.0505, 1.4968

35 BOUTIQUE-HOTEL CAN PARDAL

Hübsches Hotel mit nur fünf Zimmern in einem liebevoll restaurierten Gebäude aus dem 16. Jahrhundert mit weiß getünchten, von Bougainvillea bedeckten Mauern. Mitten im historischen Dorf Sant Mique mit Panoramablick über die Berge.

→ Carrer de Missa 3, 07815 Sant Miquel de Balansat, +34 971 334575

39.0569, 1.4385

36 CAMPING LA PLAYA

Origineller Wald-Campingplatz mit Tipis, Jurten, Vintage-Wohnmobilen und kleinen Holzbungalows (natürlich kann man auch einfach das eigene Zelt aufschlagen). Direkt am Strand Caló des Gat ganz in der Nähe des ältesten Hippie-Markts der Insel.

→ Avinguda Punta Arabi, s/n, Playa Cala Martina, 07849 Es Canar, +34 971 338525

38.9911, 1.5754

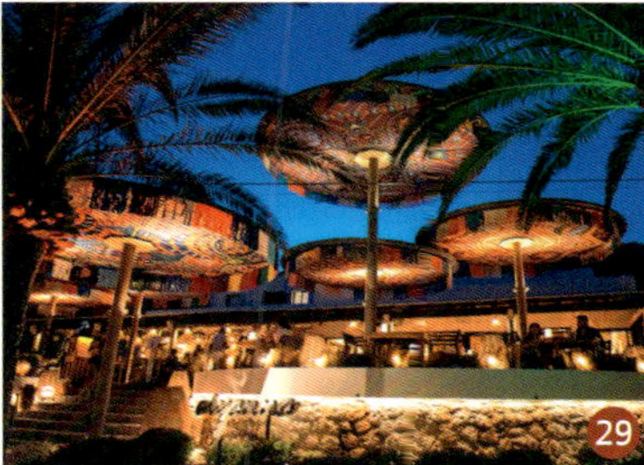
29

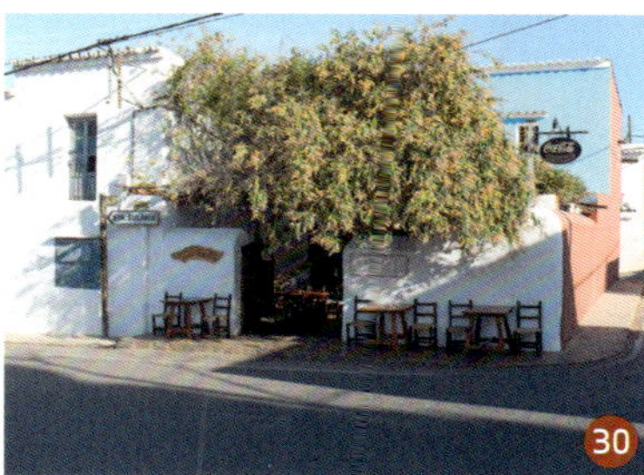
30

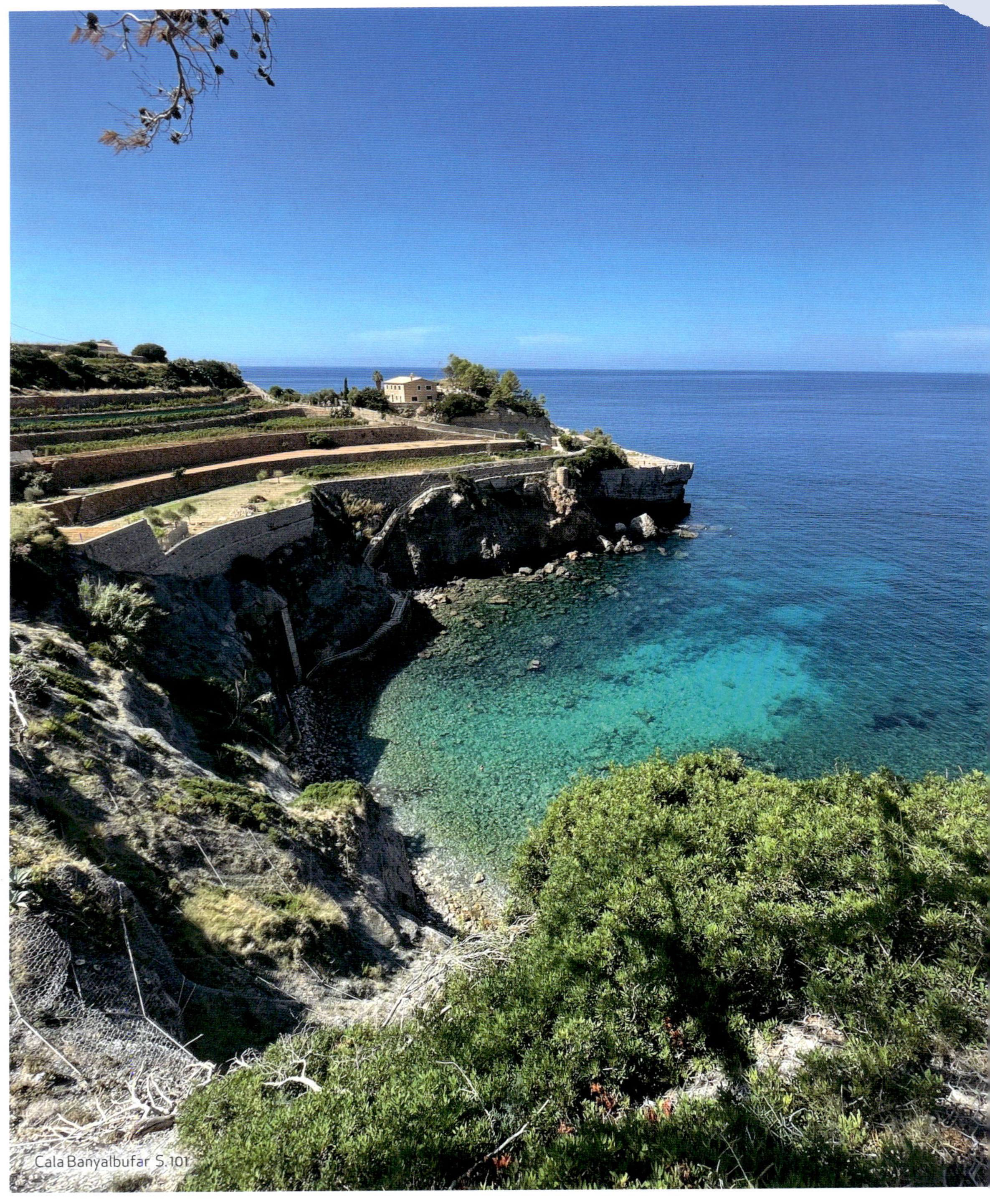

Cala Banyalbufar S. 101

MALLORCA

Mallorca ist eine Insel der Gegensätze. In den bunten schmalen Gassen der Hauptstadt Palma tobt das Leben, doch es gibt auch großflächige Naturschutzgebiete mit Hunderten von Vogelarten und zahmen Eidechsen. Auf dieser Insel gibt es alles – zerklüftete Berge und saftige Hügel, rosa Mandelblüten und türkisblaues Wasser, versteckte Felsbuchten und endlose Sandstrände, dicht bewaldete Hänge und flache Salzwiesen. Auf romantische Sonnenaufgänge folgen lodernde Sonnenuntergänge, auf sanfte Brisen stürmischer Wind. Tag für Tag scheint die Sonne, dann öffnet sich plötzlich der Himmel, und Bäche und Wasserfälle brechen wie von Zauberhand hervor.

Das Echo der Vergangenheit ist überall, in den Grabstätten aus der Steinzeit ebenso wie in den römischen Ruinen, und die Terrassenfelder und hängenden Gärten der Mauren gedeihen auch noch 1000 Jahre später. Auf fast jedem Berg gibt es eine Kultstätte, und überall an der Küste thronen Verteidgungstürme in schwindelerregender Höhe, die Mallorca jahrhundertelang vor Plünderern beschützt haben.

Bis heute findet man die wahre Seele der Insel in den ländlichen Städten und Dörfern. Die Mallorquiner sind stolz auf ihre Sprache und halten bei der Herstellung von regionalen Spezialitäten und Wein an alten Traditionen fest. Mit Festgelagen und Feuerspuckern, Musik und Tanz, Vertreibung von Dämonen und dramatischen Prozessionen begeht man die jahreszeitlich oder religiös motivierten Feiertage, die in der reichen Geschichte der Insel wurzeln. Tag für Tag zieht es die Menschen aller Generation zum abendlichen *paseo* nach draußen, um spazierenzugehen und zu plaudern, während man nebenbei am Wegesrand wilden Spargel erntet oder Fenchelstiele zum Kauen pflückt. Wenn man ein paar Worte Mallorquin beherrscht, wird man in diesen kleinen Orten garantiert herzlich empfangen.

Fisch und Meeresfrüchte sind hier Grundnahrungsmittel, vor allem an der Küste, wo die einheimischen Fischer eine bunte Palette aus frischen Sardinen, Tintenfischen, Hummer, Garnelen und vielerlei mehr verkaufen, die man mit Knoblauch und Kräutern auf dem Grill gart oder mit Safran und Reis in einer *terracotya greixonera*. In den Bergen bekommt man zartes Lamm, das im Holzofen zubereitet wird, würzige, hausgemachte Wurst namens *sobrasada*, die über offenem Feuer gegrillt wird, und traditionellen Eintopf mit Schweinefüßen und zartem Kaninchen. Wenn Sie das Tagesgericht bestellen, das *menu del dia*, bekommen Sie überall auf der Insel ein Drei-Gänge-Menü mit so viel Wein, wie Sie trinken können, zu einem äußerst günstigen Preis. Das beste Essen bekommt man dort, wo die Einheimischen essen, also achten Sie auf gut besuchte Bars mit Arbeitern und temperamentvollen Familien.

Ausnahmslos jeder, der nach Mallorca gekommen ist, vom mittelalterlichen Philosophen Ramon Llul bis zu einem Erzherzog im 19. Jahrhundert, von Chopin bis Miró, von Churchill bis zu Hollywoodstars, verliebt sich in die Insel. Sie ist ein Paradies für alle, die die Wildnis oder das Abenteuer lieben, für alle, die von einsamen Buchten mit bunten Fischen träumen, die in die Natur eintauchen oder eine reiche, faszinierende Kultur erleben wollen.

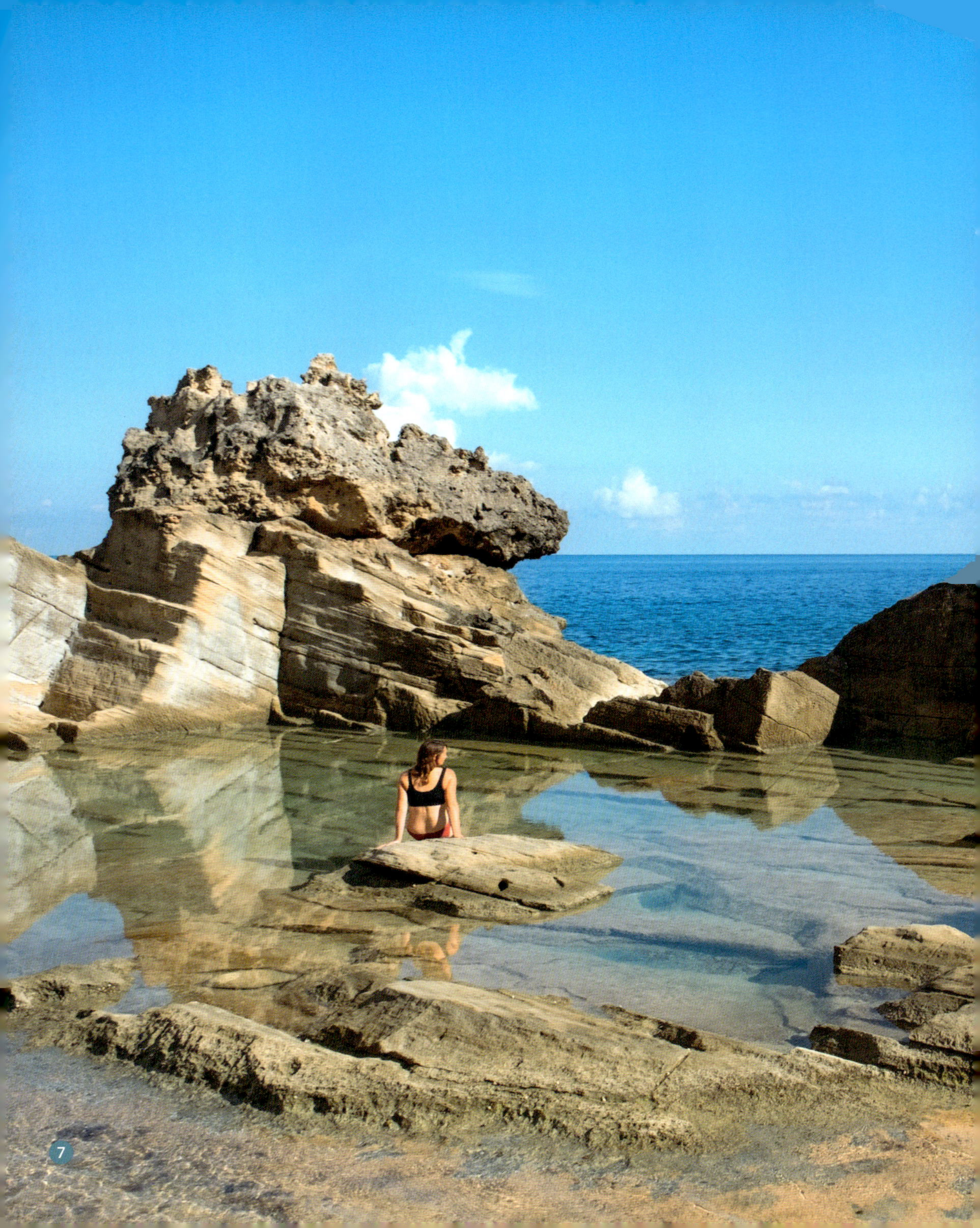

7

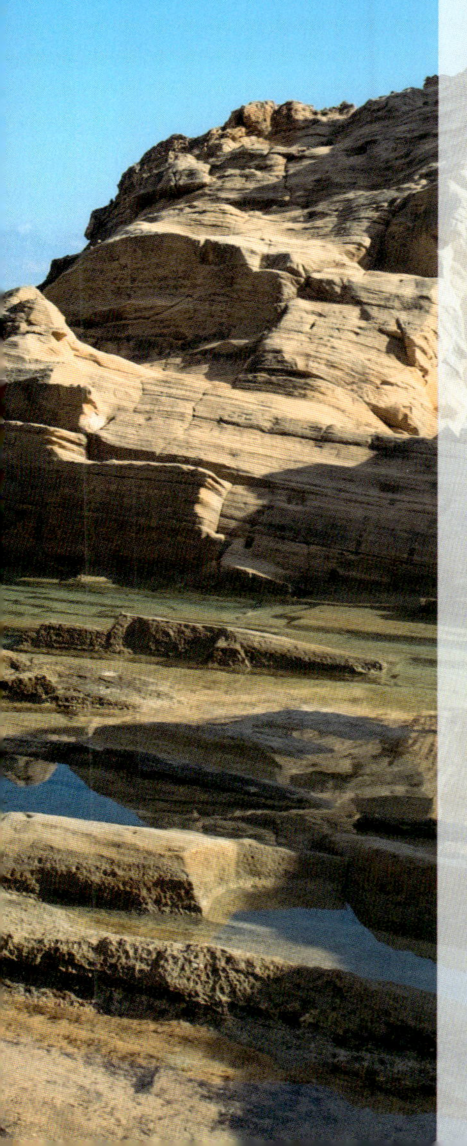

MALLORCA DER WESTEN

Das perfekte Wochenende

- → **Fahren** Sie von Sant Elm mit der Fähre zur kleinen Insel Sa Dragonera, um die dortige Tierwelt zu erkunden.
- → **Probieren** Sie die cremige heiße Schokolade und die traditionellen Kartoffelküchlein der Pastelería Ca'n Molinas.
- → **Schnorcheln** Sie in der Cala Banyalbufar im türkisblauen Wasser eines kleines Hafens unterhalb der alten Terrassenlandschaft.
- → **Bestaunen** Sie die geheimnisvollen Felsmalereien in der Cova de Portals Vells, und springen Sie von den Felsen ins Meer.
- → **Springen** Sie an der Platja de Cala Conills, ganz in der Nähe vom verschlafenen Fischerdorf Sant Elm, ins kristallklare Wasser.
- → **Wandeln** Sie auf dem Camí de S'Arxiduc auf den Spuren eines frühen Naturschützers.
- → **Schmieren** Sie sich am Strand Es Canyaret in der Nähe von Deià mit Heilschlamm ein.
- → **Tauchen** Sie auf dem alten Weg zwischen Esporles und Valldemossa in den dichten Steineichenwald ein.
- → **Gehen** Sie übers Wasser zum Inselrestaurant Illeta, und bestellen Sie frische Garnelen.
- → **Klettern** Sie eine Steintreppe in den Klippen hinauf, und sehen Sie sich vom Mirador de Ricardo Roca den spektakulären Sonnenuntergang an.

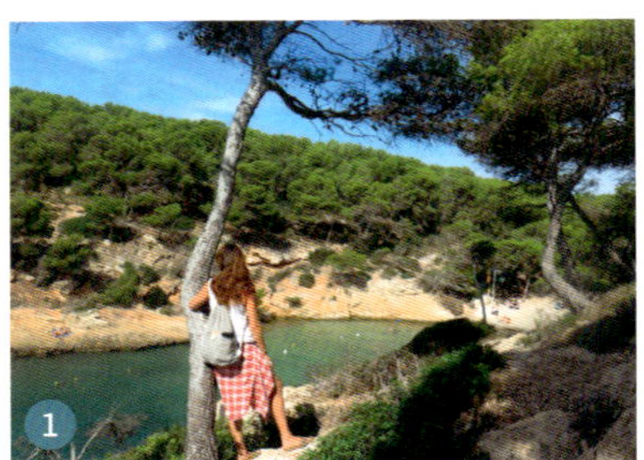

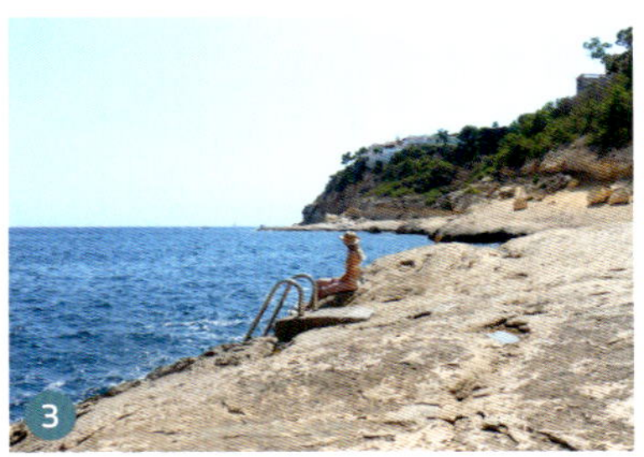

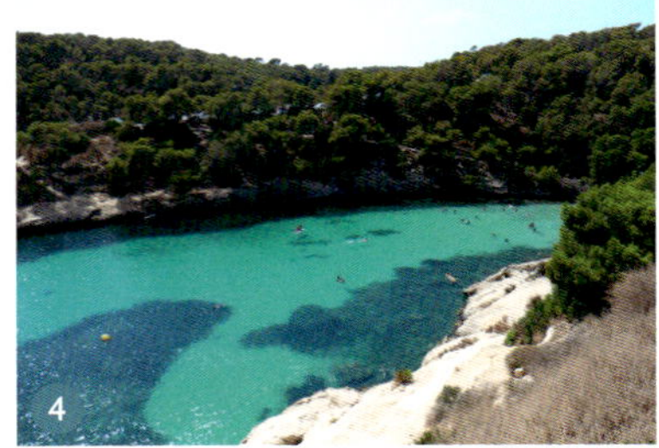

Im Westen Mallorcas mit der Hauptstadt Palma und Urlaubsorten wie dem berüchtigten Magaluf vermutet man wilde Orte wohl am wenigsten. Doch gar nicht weit von Magaluf findet man idyllische kleine Buchten wie Cala Cap Falcó und Cala Bella Dona. Die ganze Südwestküste ist mit kleinen Schmankerln gespickt, die nur darauf warten, entdeckt zu werden. Im Landesinnern schafft das sonnige Klima perfekte Bedingungen für Mandel-, Johannisbrot- und Feigenbäume sowie die berühmten Orangenhaine in den Bergen des Nordwestens.

Die Ausläufer der majetätischen Serra de Tramuntana beginnen im äußersten Westen und erheben sich Richtung Norden. Auf einem steinigen Wanderweg, der Ruta de la Pedra en Sec (siehe Mallorca – Der Norden), kann man die gesamte beeindruckende Bergkette entlangwandern. Er beginnt an der Westküste in Port d'Andraxt und endet auf der anderen Seite der Insel in Pollença. Es gibt zahlreiche andere gut ausgeschilderte Wanderrouten zu schwindelerregenden Aussichtspunkten und versteckten Buchten, durch dichte Wälder und trockene Flussbetten, vorbei an alten Ruinen, Kohlewerken und historischen Stätten, zum Beispiel El Camí del Correu, ein Steinweg aus dem 15. Jahrhundert durch Eichenwälder oder der Camí de S'Arxiduc, ein Rundweg von Valldemossa über den Bergrücken des Tramuntana-Gebirges.

Am westlichsten Punkt der Insel kann man vom verschlafenen Fischerdorf Sant Elm eine Fähre zur naturgeschützten Insel Sa Dragonera nehmen, die so heißt, weil sie aussieht wie ein schlafender Drache, der die Küste bewacht. Diese unbewohnte Insel ist eins von mehreren beeindruckenden Naturschutzgebieten auf Mallorca und Heimat der größten Eleonorenfalken-Kolonie der Balearen. Dort lebt auch die Balearen-Eidechse, ein Symbol der Inseln, und sie ist sogar ziemlich zahm. Es gibt zahlreiche historische Wach- und Leuchttürme, die einst dem Schutz der Küste vor Plünderern und der Seeleute vor den Klippen dienten, und sie alle sind herrliche Ausflugsziele mit tollen Sonnenuntergängen.

Wenn man die Küste entlang Richtung Norden fährt, wird die Landschaft immer dramatischer. Beherrscht wird sie vom Gipfel des Puig de Galatzó, der mächtig wirkt, aber problemlos zu besteigen ist. Schmale Serpentinenstraßen führen im Zickzack an steilen Hängen hinunter und enden an versteckten Buchten und Anlegern unter roten Klippen. Hoch darüber thronen zeitlose Bergdörfer, umgeben von den alten Bewässerungssystemen der Mauren, die Landwirtschaft hier überhaupt erst ermöglichen und das Überleben der Gemeinden sichern.

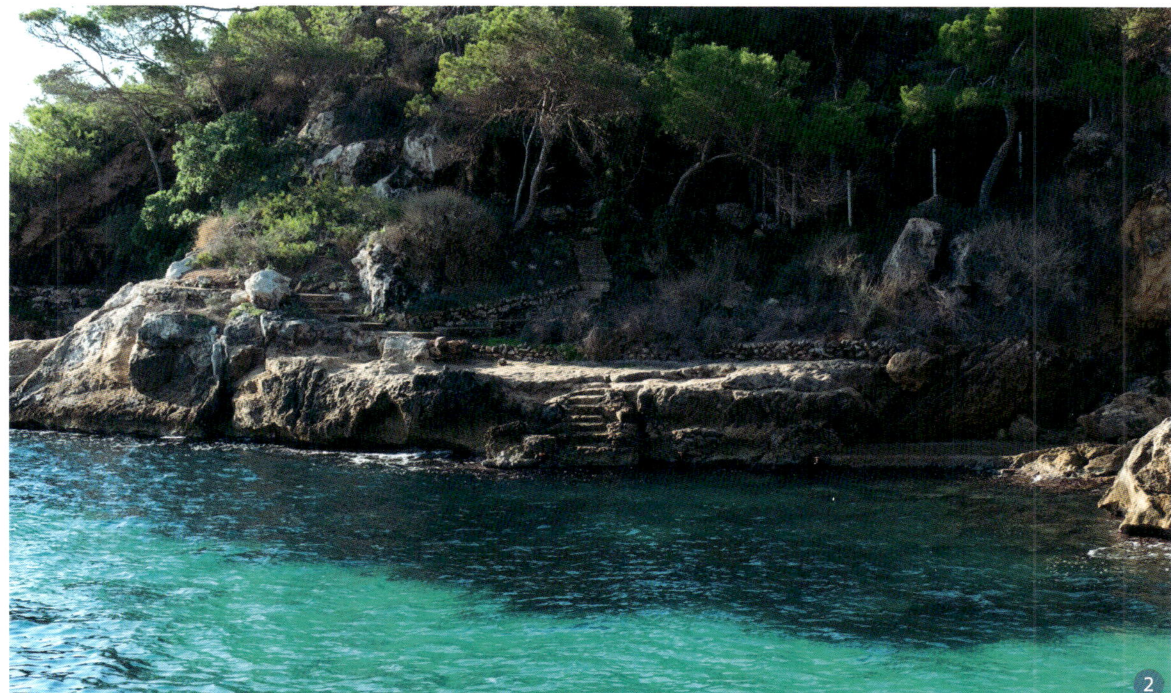

2

CALVIA

1 CALA CAP FALCÓ

Ein Stück südlich von den Hotelburgen Magalufs ändert sich das Flair, und die Menschenmassen zerstreuen sich. Beliebt, aber dennoch schön für einen entspannten Strandtag. Eine lange, dramatische Treppe führt hinunter zum Strand mit Chiringuito (41), und auf der anderen Seite der Landspitze liegt eine weitere einsame Bucht, Cala Bella Dona (2).

→ Westlich von Magaluf von der Ma-1 bei Ausfahrt 14 nach Magaluf abfahren (Camí Cala Figuera). Beim ersten Kreisverkehr geradaus, beim nächsten Kreisverkehr links auf den Camí Porrassa, Richtung Magaluf. Beim nächsten Kreisverkehr rechts auf den Carrer de Quevedo, Richtung Cala Cap Falcó. Nach 1 km führt die Straße rechts um Naveta d'Alemany, die Überreste einer alten Grabstätte. Es gibt keinen offiziellen Parkplatz, aber man kann kurz am Straßenrand halten (39.4965, 2.5263). Nicht die Abzweigung links, gegenüber von der Grabstätte verpassen. Bei der Straßengabelung links bergab, dann unten an der etwas unübersichtlichen Kreuzung links und gleich wieder rechts, um grob in dieselbe Richtung weiterzufahren. Von hier den Schildern für ca. 950 m folgen, rechts am Carrer Cap Falcó parken und über die Stufen zum Strand (39.4878, 2.5338) oder kurz vorher rechts auf die ausgeschilderte Schotterstraße zum Parkplatz, von wo ein Weg zum Strand führt.

5 Min., 39.4879, 2.5328

2 CALA BELLA DONA

Es gibt keine Schilder, die den offiziellen Namen dieser kleinen, einsamen Bucht verraten – die Einheimischen nennen sie auch Caló de sa Nostra Dama oder sa Dona Morta, – aber Bella Dona (schöne Frau) passt zu dieser kleinen, einsamen Bucht mit kristallklarem Wasser und leuchtend weißem Sand. Der unauffällige Eingang mit steilen Stufen liegt im Wohngebiet Sol de Mallorca.

→ Wegbeschreibung siehe Cala Cap Falcó (1), aber nicht die Abzweigung gegenüber der Grabstätte Naveta d'Alemany, sondern ca. 1,8 km weiter geradeaus bis zu einer Kreuzug und hier links auf die Avinguda Balear. Nach 700 m auf dem kleinen Schotterplatz an der Kreuzung von Carrer Emblat und Avinguda Joan Miró parken (39.4832, 2.5288). Von hier führt ein Weg zum Strand.

5 Min., 39.4840, 2.5306

3 CALA XADA

Beeindruckende, aber heikle Felsbucht, wahlweise Ca Corda oder Cala Corda genannt. Sonnen Sie sich auf den glatten Felsen, suchen Sie sich unter den Felsüberhängen ein schattiges Plätzchen, oder springen Sie ins aufgewühlte Meer – bei starkem Wellengang allerdings riskant. Man erreicht den Strand über eine Steintreppe und einen gewundenen Weg von einer ruhigen Wohnstraße aus.

→ Wegbeschreibung siehe Cala Cap Falcó (1), aber nicht gegenüber der Grabstätte Naveta d'Alemany abbiegen, sondern gut 2 km weiter geradeaus (vorbei an der Abzweigung zur Cala Bella Dona, 2). Beim alten Tennisplatz (Club Balear) links auf die Avinguda Portals Vells. Nach 350 m parken und links die Treppe hinunter (39.4773, 2.5248).

5 Min., 39.4774, 2.5257

4 PLATJA DEL REI

Bei so einem Namen würde man vielleicht etwas Majestätischeres erwarten, doch der „Königsstrand" ist einfach eine perfekte kleine Sandbucht mit Felsen, türkisblauem Wasser und schattenspendenden Bäumen. Es gibt eine kleine Strandbar, und in der Hauptsaison kann es voll werden, deshalb kommt man am besten früh am Tag oder in der Nebensaison.

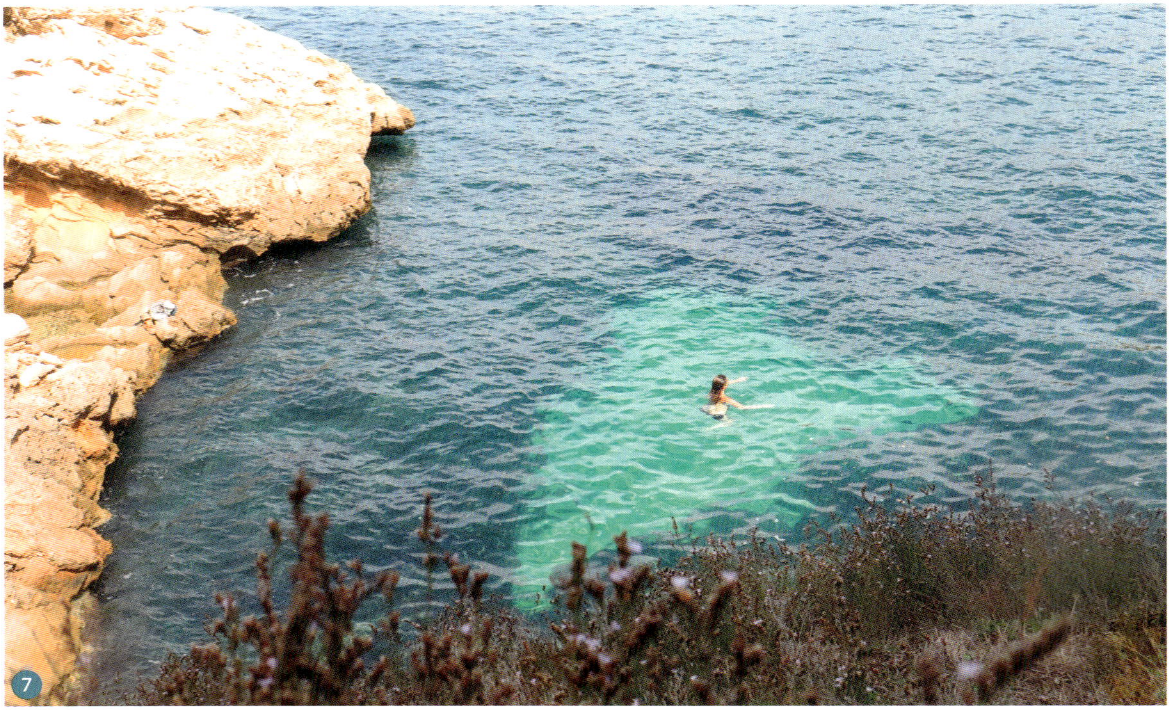

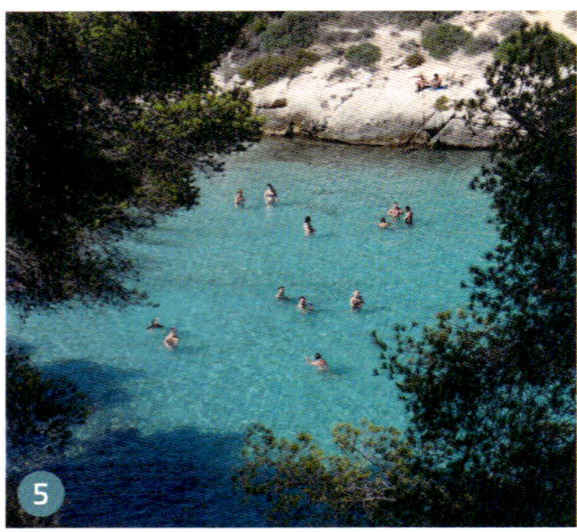

5

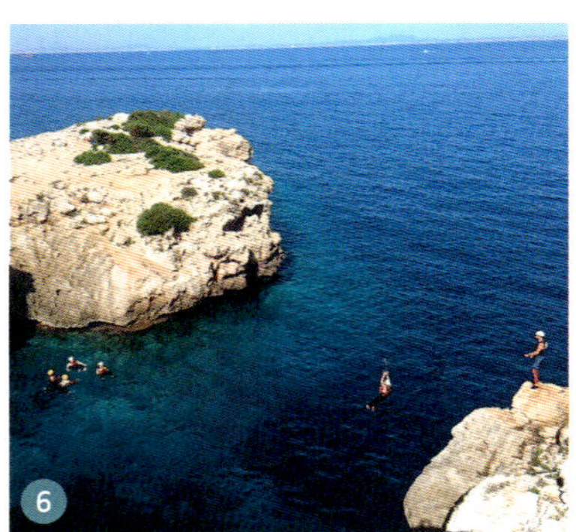

6

➜ Westlich von Magaluf bei Ausfahrt 14 von der Ma-1 Richtung Magaluf abfahren auf den Camí Cala Figuera. Nach etwas über 5 km an der Straßengabelung mit einem großen Wegweiser zu diversen Stränden links. Parkplatz nach 1 km rechts oder einfach an der Straße parken. Zu Fuß weiter auf der Straße bis zur nächsten Kurve, wo links ein Weg zum Strand führt (160 m). Auch erreichbar vom Parkplatz in der Avinguda Portals Vells am Rand von Sol de Mallorca. Dort führt von der Straße ein Weg zum Hafen (39.4758, 2.5220). Am anderen Ende des Hafens gibt es einen Meerwasser-Pool.
2 Min., 39.4763, 2.5208

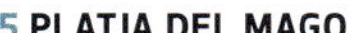

5 PLATJA DEL MAGO

Herrliche kleine Bucht, am schönsten morgens, weil es das ganze Jahr über voll werden kann. Sie liegt am Fuß eines steilen Berges – falls man mit dem Rad kommt, ist der Rückweg hart! Der Strand wird von Felsen flankiert, und die rechte Seite ist tendenziell FKK – dies war einer der ersten FKK-Strände Mallorcas. Der Sand ist weich, die Aussicht ist fantastisch, das Wasser ist flach, aber von der Felsbank an der Seite kann man wunderbar schnorcheln und ins tiefere Wasser springen. Eine Strandbar gibt es auch.

➜ Wegbeschreibung siehe Platja del Rei (4). Vom Parkplatz zu Fuß auf der Straße weiter, aber unten rechts um die Kurve bis zur Bucht. Wer früh kommt, hat vielleicht Glück und kann hier unten parken. Der Parkplatz oben ist umsonst, aber begrenzt.
2 Min., 39.4751, 2.5202

6 CALA PORTALS VELLS

Durch die felsigen Landspitzen eignet sich diese Bucht hervorragend zum Klippenspringen, und es gibt auch einen Sandstrand namens Platgeta de Portals Vells. Links auf dem Berg befindet sich ein toller Aussichtspunkt und auf der anderen Seite der Bucht eine Höhle mit historischen Felszeichnungen, Cova de Portals Vells (20). Die „alten Portale" des Höhleneingangs verleihen der Bucht ihren Namen. Es gibt ein kleines Restaurant und begrenzte Parkmöglichkeiten direkt am Strand.

➜ Wegbeschreibung siehe Platja del Rei (4), aber an der Straßengabelung mit dem großen Wegweiser zu den verschiedenen Stränden rechts halten. 1,5 km bis zum Parkplatz hinter der Haarnadel-Linkskurve.
2 Min., 39.4722, 2.5203

7 CALA DEL TORO

Nicht zu verwechseln mit Playa del Toro im Ort. Diese Bucht ist wild und felsig und hat ein schönes flaches Riff – Überreste eines

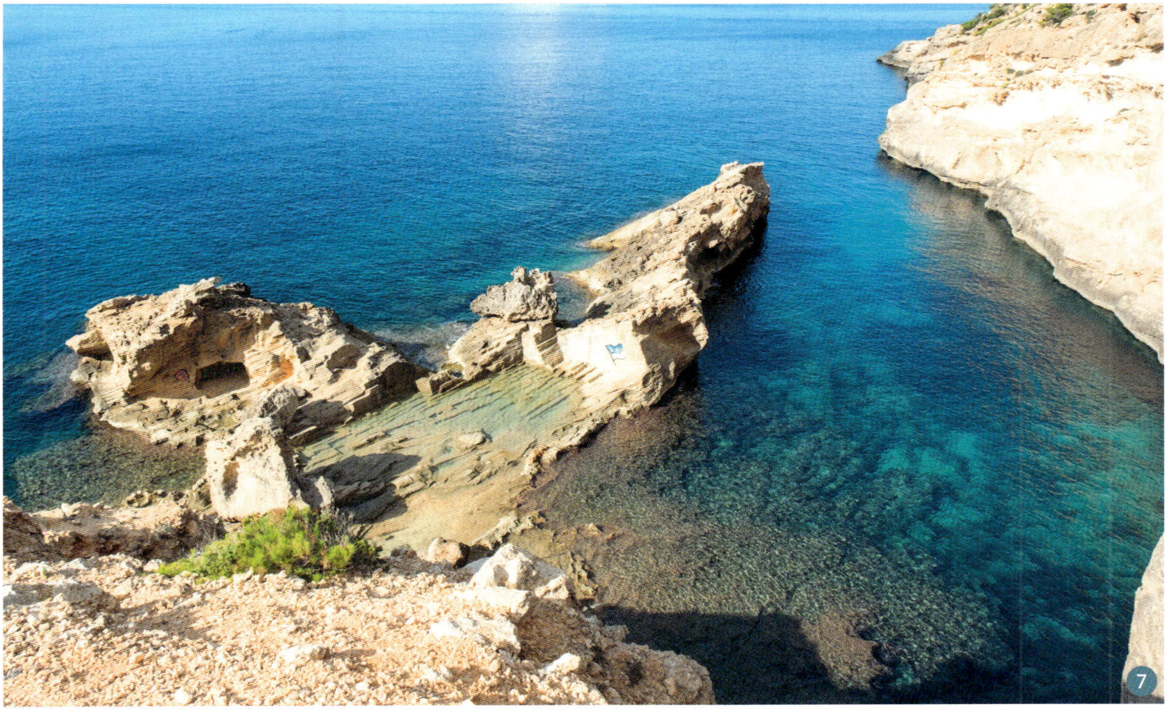

Steinbruchs. Teil des Meeresschutzgebiets El Toro und toll zum Schnorcheln und Tauchen – viele Meerestiere, darunter auch Tintenfische und Seesterne. Man kann auch die hornförmige Halbinsel Punta del Toro erkunden (24). Perfekt, um sich den Sonnenuntergang anzusehen.

➜ Vom Hafen in Santa Ponsa der Küstenstraße folgen bis zu einem Kreisverkehr mit einem roten „A", am Ortsrand von El Toro (39.4922, 2.4812). Hier weiter Richtung Süden auf den Carrer Gran Via, nach 1,7 km beim Kreisverkehr geradeaus bis zur T-Kreuzung an der Küste. Links auf die Avinguda de la Mar und noch vor der Linkskurve am Ende der Straße parken. Über die etwas versteckten Stufen und einen Weg rechts hinter einem Gitter zum Wasser.

15 Min., 39.4766, 2.4817

ANDRATX

8 CALÓ D'EN MONJO

Dieser unberührte Strand, umgeben von dichtem Wald, fühlt sich sehr abgelegen und besonders an. Hinter der Landspitze rechts kann man Höhlen erkunden, und links liegt ein weiterer kleiner Strand mit Bootshaus und Bootsrampe. Geschützte kleine Bucht mit schmalem Eingang, ein Traum zum Schnorcheln und Tauchen, mit reicher Meeresflora- und -fauna und einer Meereshöhle. Die Bäume am Strand spenden Schatten. Beliebt bei FKKlern.

➜ Südlich von Andratx von der Ma-1 auf die Ma1-a Richtung Camp de Mar und 1,6 km bis zum Kreisverkehr am Stadtrand von Peguera. Rechts Richtung Cala Fornells (Carrer 866) bis zur T-Kreuzung am Ende. Rechts in die Sackgasse, die Küste entlang und wieder landeinwärts, am Ende parken (begrenzter Platz). Dem Weg 350 m folgen, dann links zum Wasser.

15 Min., 39.5292, 2.4308

9 CALÓ DE SES LISSES

Mini-Strand mit flachem, klarem Wasser, einer kleinen Höhle und Inselchen, die man mit einem Schnorchel erkunden kann. Wundervoller Ort für Kinder, direkt um die Ecke von der größeren Cala Fornells, wo man herrlich von den Felsen aus schwimmen kann.

➜ Wegbeschreibung siehe Caló d'en Monjo (8), aber an der T-Kreuzung links und unter den Bäumen parken (39.5334, 2.4378), dann zu Fuß 60 m in die Sackgasse und links zum Strand runter. Für Cala Fornells noch 150 m weiter gehen oder vom Strand aus schwimmen oder klettern.

2 Min., 39.5326, 2.4381

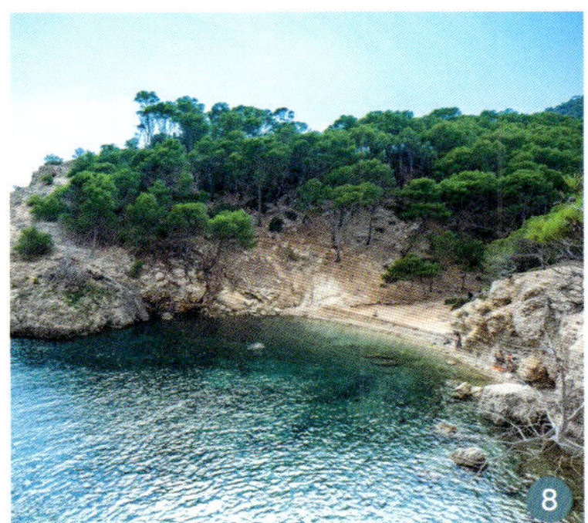

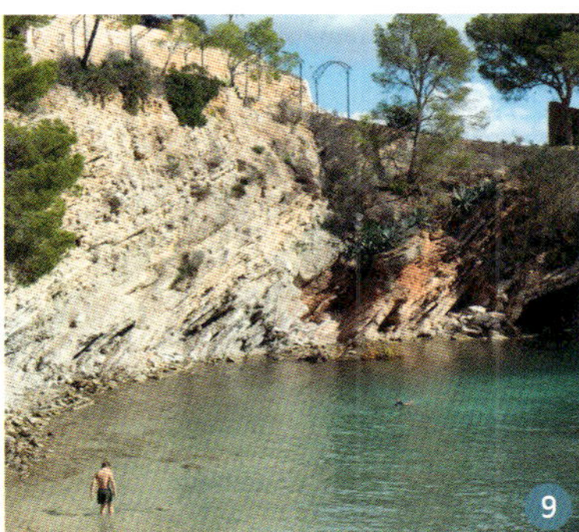

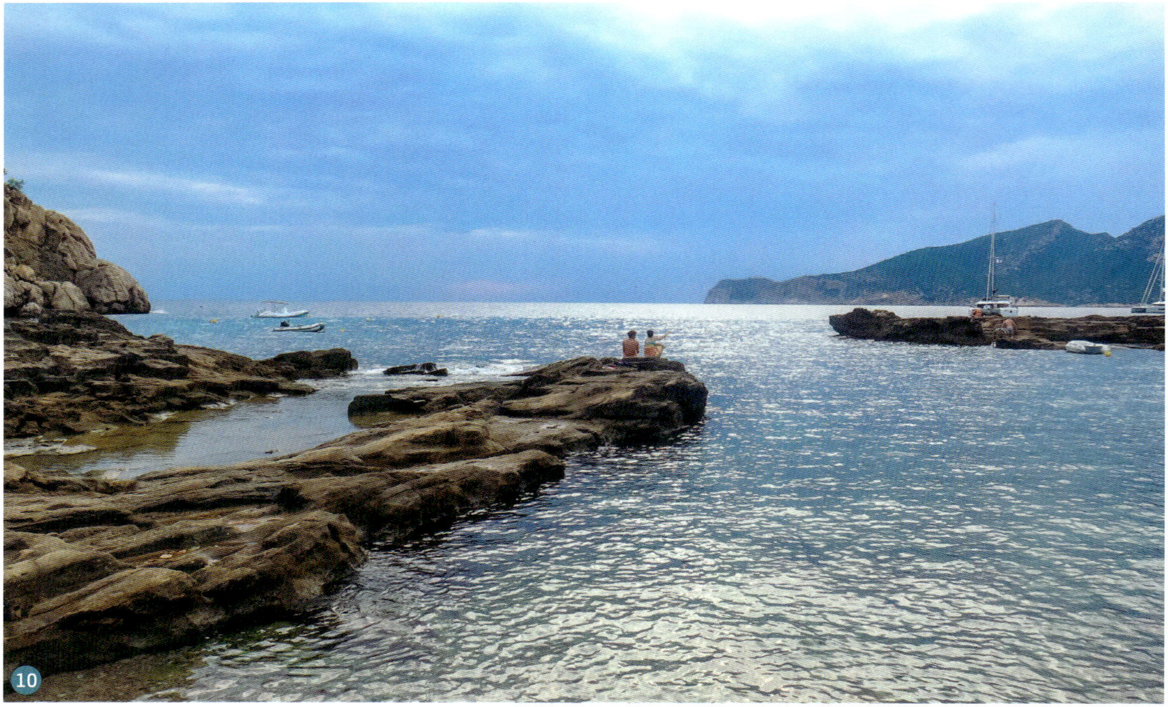

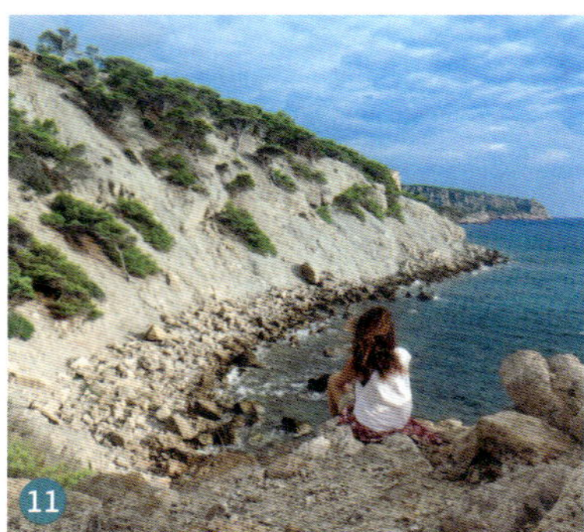

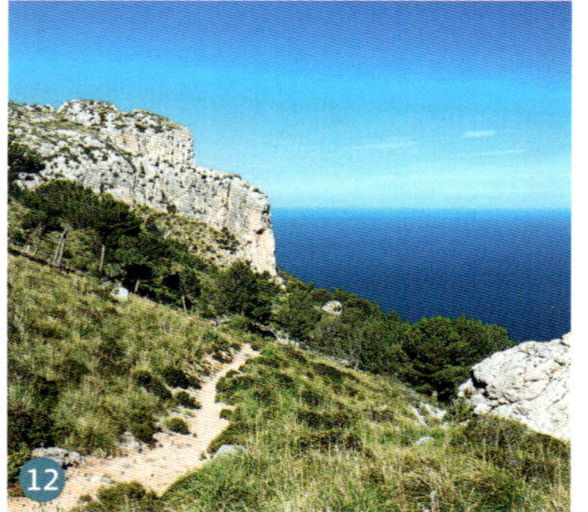

SANT ELM

10 PLATJA DE CALA CONILLS

Idyllische Felsbucht, südlich vom verschlafenen Fischerdorf Sant Elm. Erkunden Sie die Felsenriffe und Gezeitentümpel, und springen Sie von den Felsen ins leuchtende Meer. Spektakuläre Sonnenuntergänge über der kleinen unbewohnten Insel Es Pantaleu und Sa Dragonera (30).

➜ Auf der Ma-1030 von Andratx Richtung Westen durch S'Arracó, und ca. 3 km nach dem Kreisverkehr im Westen von S'Arracó links auf den Camí de sa Torre. Der Straße bis zum Parkplatz am Ende folgen.

5 Min., 39.5733, 2.3533

11 ES TERRER

Unberührte Felsbucht, meist menschenleer, und das Wasser ist kristallklar und wegen der vielen Fische herrlich zum Schnorcheln und Tauchen. Direkt gegenüber von der naturgeschützten Insel Sa Dragonera (30) – besonders spektakulär bei Sonnenuntergang. Auf dem Klippenweg gibt es diverse Aussichtspunkte.

➜ Auf der Ma-1030 von Andratx Richtung Westen bis zum Küstendorf Sant Elm und weiter durch das Einbahnstraßensystem Richtung Norden. Ganz am Ende vom Carrer De Na Popia parken (39.5858, 2.3467) und zwischen den Bäumen bergab zum Strand.

10 Min., 39.5868, 2.3455

TRUMUNTANA

12 CALA ESTELLENCS

Kleine hübsche Felsbucht zwischen roten Klippen mit fantastischen Sonnenuntergängen. Dahinter ragt der Gipfel des Puig de Galatzó auf (23). Aus Steinen und Felsbrocken der umliegenden Klippen ist ein 80 m langer Badebereich entstanden, und der Son Fortuny, der in die Bucht fließt, wird manchmal zu einem kleinen Wasserfall, unter dem man duschen kann. Ursprünglich ein Fischerhafen, deshalb wird fast die Hälfte der Bucht von einer Reihe kleiner Steinhütten für die Boote eingenommen. Außerdem gibt es in der Hauptsaison eine kleine, malerische Bar direkt am Wasser. Vorsicht bei Westwind.

➜ Auf der Ma-10 von Andratx ca. 17 km die Küste hoch bis zum Dorf Estallencs, kurz vor dem Hotel Maristel (auf der rechten Straßenseite) scharf links bergab. Die 1,5 km lange Straße zum Strand ist sehr steil und einspurig, und unten ist nur Platz für wenige Fahrzeuge. Deshalb biegt man am besten nach 140 m scharf rechts auf den Dorfparkplatz ab (39.6523, 2.4788) und geht den Rest zu Fuß. Bleiben Sie bis zum Sonnenuntergang, und treten Sie den Rückweg an, wenn die Luft abkühlt.

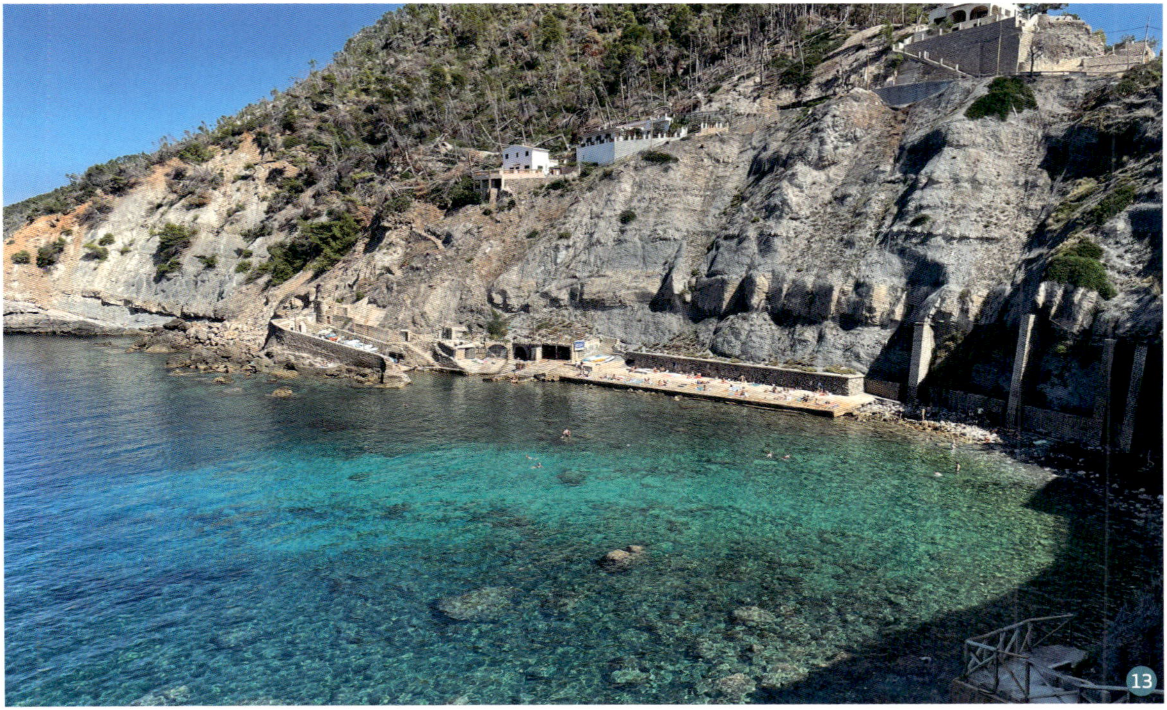

5 Min., 39.6584, 2.4713

13 CALA BANYALBUFAR

Ein eigentümlicher Ort und ziemlich schwer zu finden! Eine steile, gewundene Steintreppe führt die Klippen hinunter zu gewaltigen Betonsäulen und einem Wasserfall an einem idyllischen kleinen Hafen, wo eine bei den Einheimischen beliebte Betonplattform zu traditionellen Fischerhütten führt. Die Wildnis der zerklüfteten Felsküste dahinter bildet einen schönen Kontrast dazu. Der Zugang zum Wasser ist ziemlich steil, aber toll zum Schnorcheln. Wer früh kommt, ergattert vielleicht einen der kostenlosen Parkplätze am Fuß der steilen Straße. Sonst gebührenpflichtig im Dorf parken und zu Fuß zum Strand. Auch Banyalbufar lohnt wegen der alten Terrassenfelder und dem herrlichen Wanderweg von Esporles, Camí des Correu (33) einen Besuch.

→ Banyalbufar liegt an der Ma-10, die die Küste entlangführt. Parkplatz am Camí sa Canaleta (39.6886, 2.5145), von dort zurück bergauf, dann rechts und wieder rechts auf den Camí des Molí mit einem gelben Wegweiser zum Strand (begrenzte Parkmöglichkeit). 450 m zum Meer hinunter, dann beim letzten Gebäude rechts auf den Weg zur Treppe.

15 Min., 39.6916, 2.5172

14 PLATJA PORT DES CANONGE

Hübscher, ruhiger kleiner Hafen mit Fischerhütten, an den hauptsächlich Einheimische kommen. Man kann schwimmen oder mit dem SUP-Board rauspaddeln oder bis zum westlichen Ende der Bucht spazieren, über die Felsen klettern und sich die Boote ansehen, die in einem malerischen Halbkreis auf Holzrampen liegen. Im Dorf, das man über eine schwindelerregende Serpentinenstraße erreicht, gibt es ein nettes kleines Restaurant, Restaurante Can Madó (Dienstag Ruhetag, +34 971 610552).

→ Auf der Ma-10 von Banyabulfar nach Osten Richtung Valldemossa. Nach ca. 6 km bei der Straßengabelung links Richtung Port des Canonge. Der Straße knapp 5 km folgen, bis ins Dorf, dann links in die Avinguda del Mar bis zu den Parkplätzen am Ende. Aussichtspunkt und kurzer Weg zum Hafen rechts.

2 Min., 39.6999, 2.5545

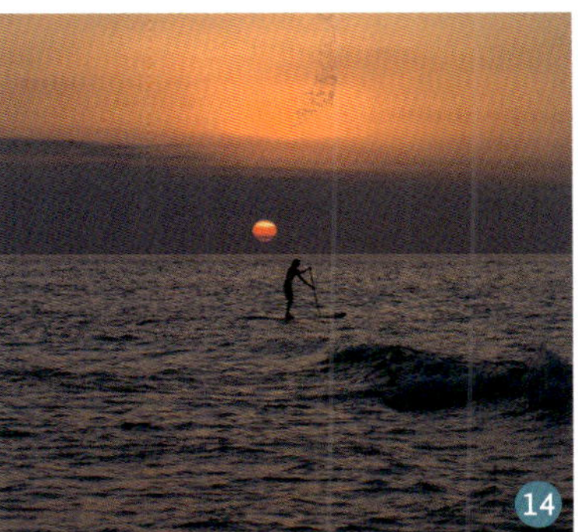

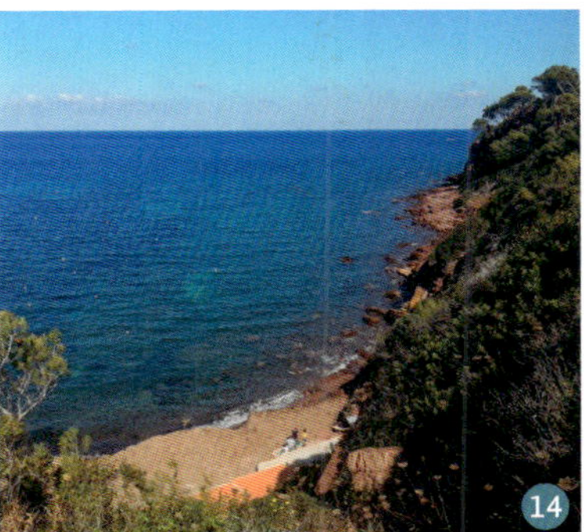

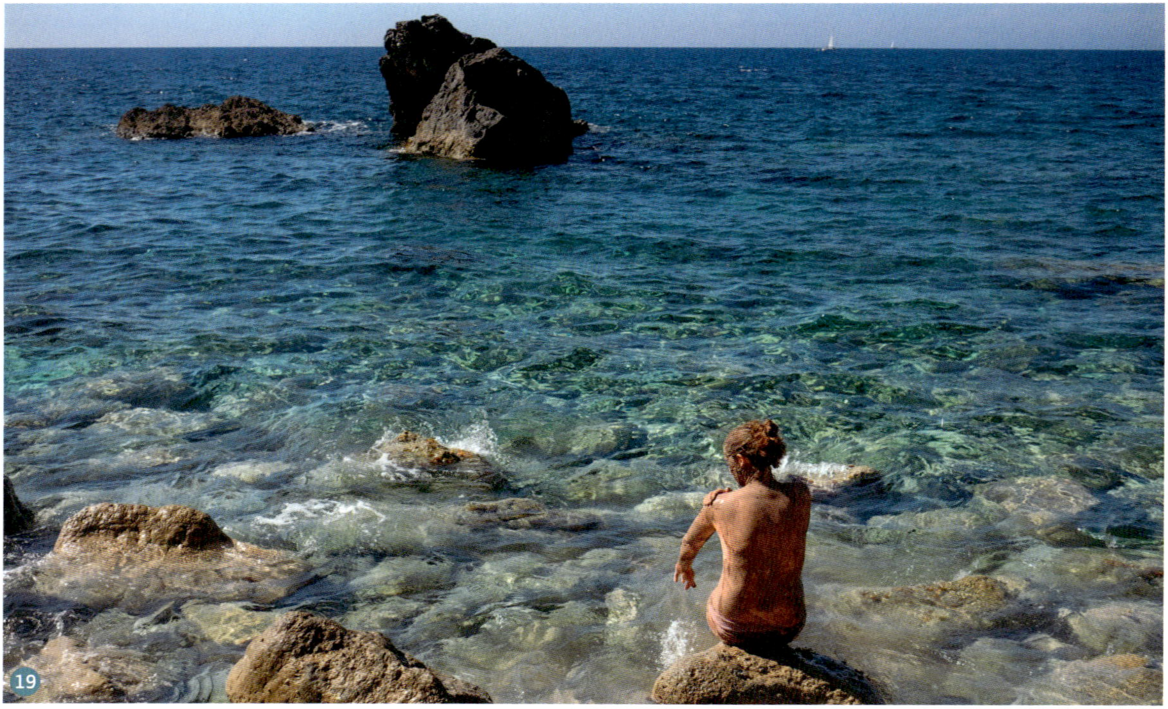

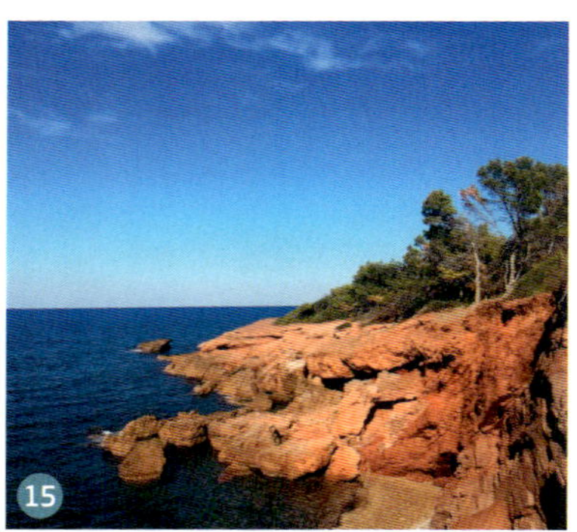

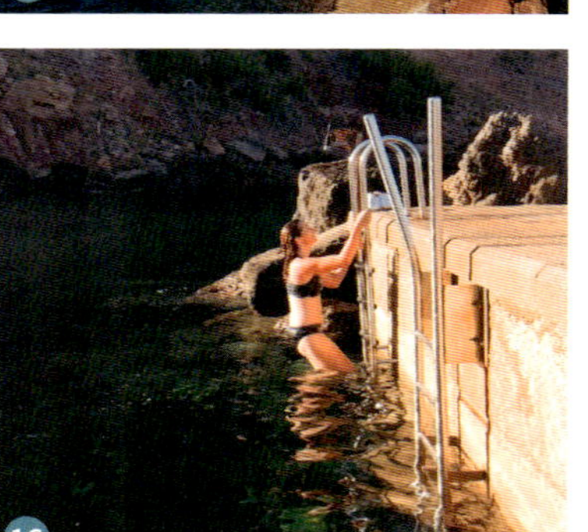

15 PLATJA DE SON BUNYOLA

Verträumte, versteckte Bucht, zu Fuß nur einen Katzensprung von Port des Canonge (14). Dieser herrliche, nach Norden gerichtete Kieselstrand ist fast immer relativ leer. Es gibt diverse benachbarte kleine Buchten zu erkunden.

→ Wegbeschreibung siehe Platja Port des Canonge (14), aber vom Parkplatz dem Weg Richtung Westen 350 m bis zum Strand folgen.
10 Min., 39.6995, 2.5510

16 PORT DE VALLDEMOSSA

Charmanter, kleiner Kieselstrand neben dem Hafen eines ruhigen, kleinen Fischerdorfs, das man über eine steile Serpentinenstraße erreicht. Es gibt einen Bohlenweg, von dem man ins klare blaugrüne Wasser springen kann, um unter den zerklüfteten roten Klippen zu schwimmen, die steil in die Bucht abfallen. Nehmen Sie sich einen Moment Zeit, um diese aufragenden Klippen hochzuschauen, die über den kleinen, abgelegenen Ort wachen – in dem Wissen, dass Sie den ganzen Weg auch wieder zurückfahren müssen!

→ Von Valldemossa auf der MA-1130 (die zur Ma-10 wird) Richtung Westen und ca. 800 m hinter der Ortsgrenze rechts Richtung Port de Valldemossa (Ma-1131). Der Serpentinenstraße ganz bis zum Hafen folgen und am Ende rechts zum Parkplatz auf der Landspitze, wo es auch ein Café gibt. Für die Serpentinenstraße braucht man länger, als Navi bzw. Routenplaner-Apps veranschlagen.
2 Min., 39.7183, 2.5874

17 CALA DEIÀ

Fast perfekter Kieselstrand, den man am besten im Winter oder ganz frühmorgens besucht, um die zerklüftete Kulisse, die charmanten Häuser und das klare Wasser für sich allein zu haben. Obwohl er nicht leicht zugänglich ist und relativ abgelegen, hat sich die Schönheit dieser Bucht herumgesprochen, und in der Hauptsaison ist es trotz des kostenpflichtigen Parkplatzes immer rappelvoll.
Es gibt zwei sehr pittoreske Strandbars, Ca's Patró March (37) und Ca'n Lluc, und hier beginnt auch ein dramatischer Küstenwanderweg.

→ Auf der Ma-10 von Valldemossa Richtung Norden, durch das Dorf Deià. Ca. 600 m hinter Deià, beim gelben Schild zu den Restaurants Can Lluc and Ca's Patró March scharf links. Der sehr steilen, einspurigen Straße vorsichtig 1,5 km folgen bis zum Beginn der gebührenpflichtigen Parkplätze am Straßenrand. Zu Fuß weiter (ca. 500 m) und dann den steilen Weg zum Wasser hinunter.
10 Min., 39.7603, 2.6410

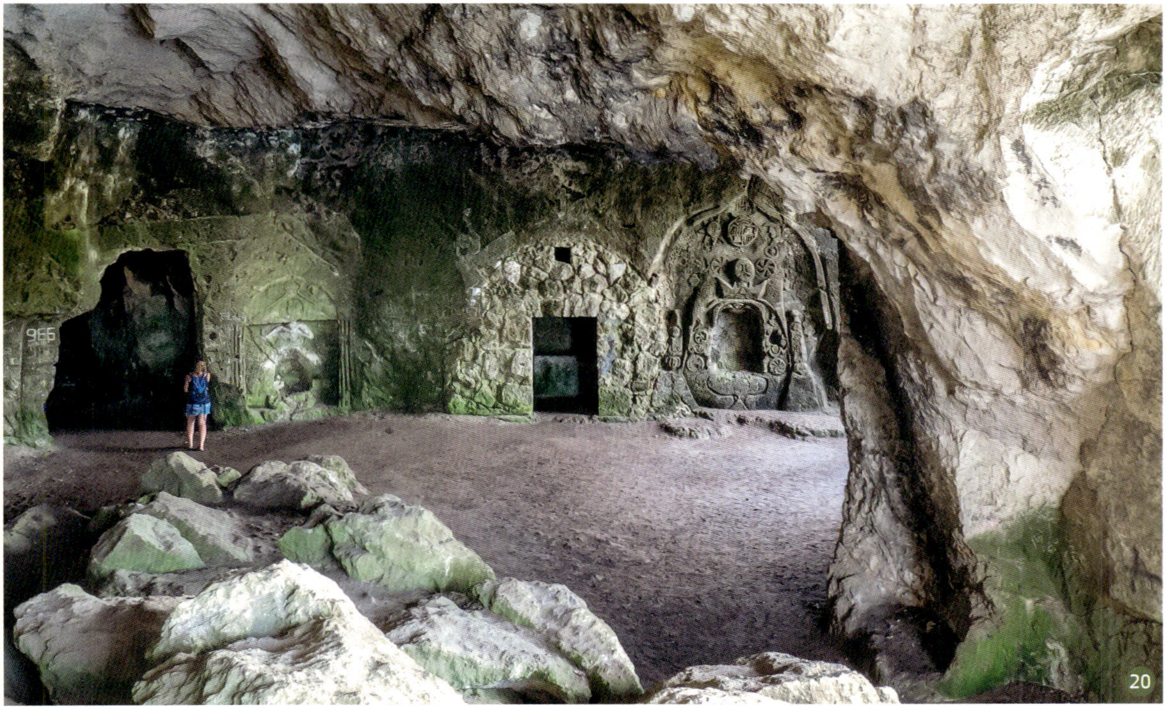

18 CALA TOMÀS

Bezaubernde, ruhige Felsbucht, abseits der Menschenmengen. Das tiefblaue Wasser bildet einen schönen Kontrast zur üppig grünen Landschaft und den roten Felsen, und der Blick ist fantastisch. An den Klippen verläuft der Wanderweg Camí dels Pintors, der von der Cala Deià (17) im Norden bis Llucalcari führt, mit zahlreichen Möglichkeiten, über die steilen Felsen zum Baden hinunterzuklettern, manche mit Leiter oder Stufen.

→ Wegbeschreibung siehe Cala Deià (17), aber kurz bevor man den Strand erreicht, den ausgeschilderten Weg Richtung Nordosten die Küste entlang (700 m). Ausschau nach den steilen Stufen halten, die man leicht übersieht.
20 Min., 39.7622, 2.6455

19 ES CANYARET

Wenn man von Cala Deià (17) die Küste entlang Richtung Norden geht, muss man unbedingt auf ein Schlammbad in dieser kleinen versteckten Bucht Halt machen. Der Matsch, der durch eine natürliche Quelle entsteht, soll gut für die Haut sein. Man kommt auf dem Wanderweg Camí dels Pintors an diesem kleinen Geheimtipp vorbei, kurz bevor man den unberührten Strand von Llucalcari erreicht.

→ Wegbeschreibung siehe Cala Deià (17), aber bevor man den Strand erreicht, auf den ausgeschilderten Camí dels Pintors ca. 1,5 km Richtung Nordosten, vorbei an Cala Tomàs (18) die Küste entlang. Nach den gut versteckten Stufen Ausschau halten. Vorsicht beim Hinuntergehen, da die Stufen beschädigt sind.
40 Min., 39.7668, 2.6532

GESCHICHTE

20 COVA DE PORTALS VELLS

Die Geschichte dieser Höhle ist geheimnisumwoben. Manche sagen, maurische Sklaven hätten hier Steine für die Kathedrale in Palma abgebaut, andere behaupten, sie sei phönizischen Ursprungs, und führen ein gesunkenes Schiff in der Nähe als Beweis an. Die Höhlenmalereien sollen von Seefahrern aus dem 15. Jahrhundert stammen, die eine Statue der Jungfrau Maria in eine Nische stellten, nachdem sie einen Sturm überlebt hatten, und die Höhle wird auch Cova de la Mare de Deu genannt. Die Statue ist nicht mehr da, aber man sieht noch eine gemeißelte Sonne, einen Mond, Sonnenräder und einen Kopf, und manche schließen daraus auf einen Zusammenhang mit den Tempelrittern. Liegt oberhalb der Cala de Portals Vells (6), wo man von den Felsen herrlich schwimmen und schnorcheln kann.

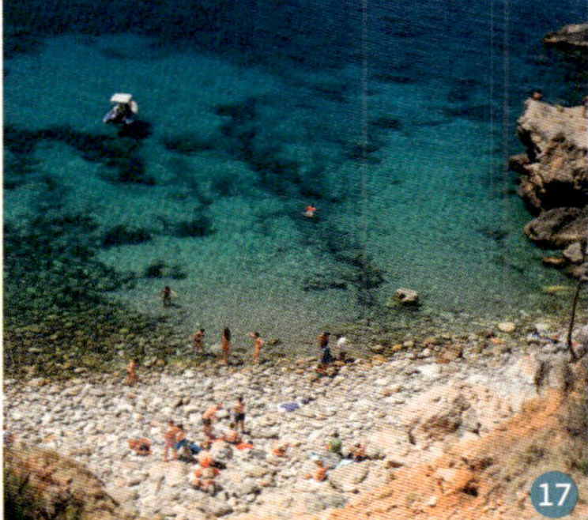

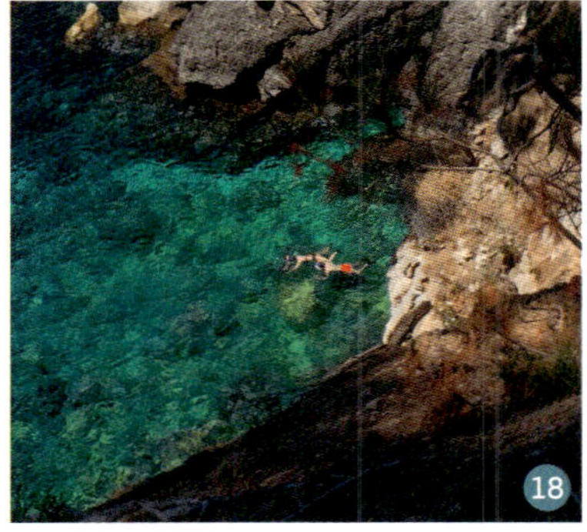

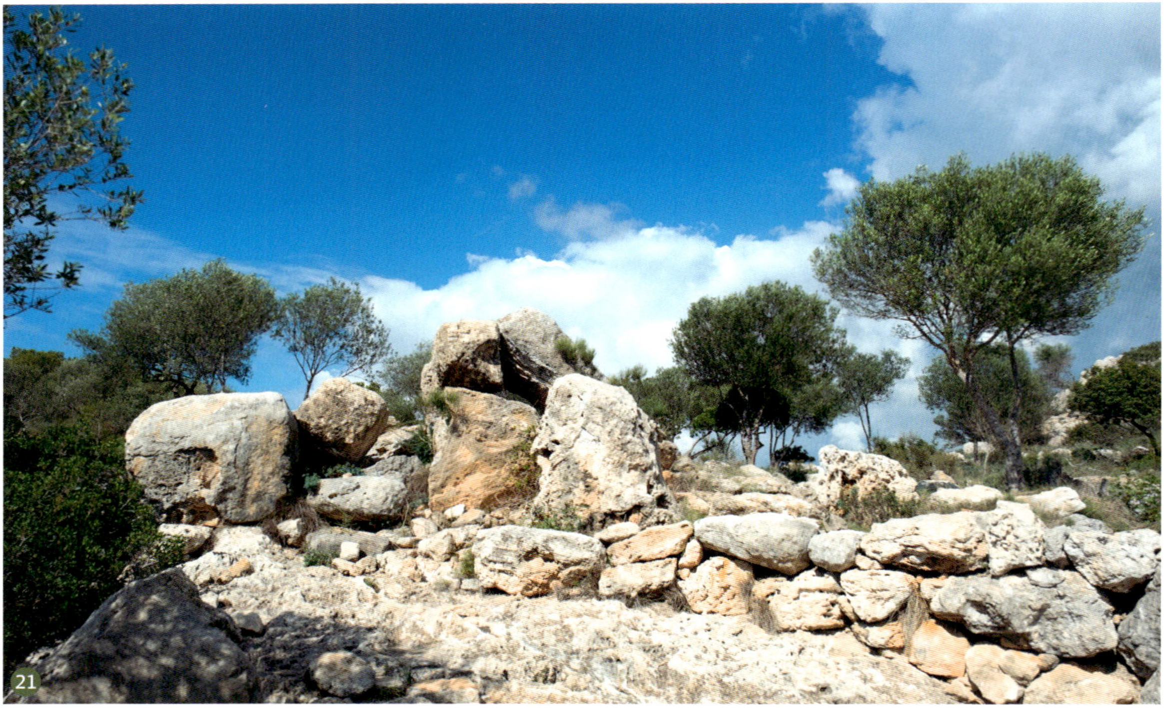

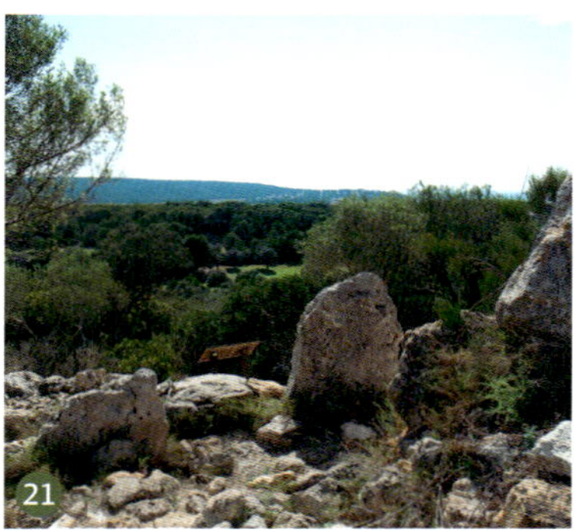

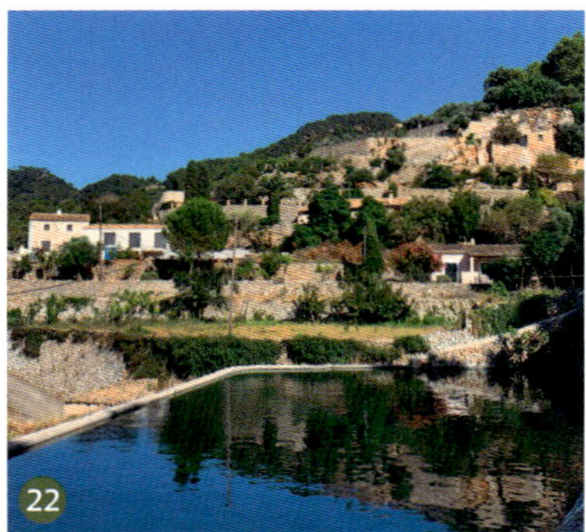

➔ Auf der Ma-1 westlich von Magaluf bei der Ausfahrt 14 nach Magaluf abfahren auf den Camí Cala Figuera. Nach etwas über 6,5 km bei der Straßengabelung mit dem großen Schild zu den verschiedenen Stränden rechts, vorbei an dem Tor mit dem Wegweiser nach Portals Vells (rechts), bis zum Parkplatz hinter dem Strand nach einer Linkskurve. Dem Küstenweg ca. 250 m Richtung Osten bis zur Höhle folgen.

10 Min., 39.4718, 2.5223

21 PARQUE ARQUEOLOGICO PUIG DE SA MORISCA

Schöner Park mit Wanderwegen, die um den Berg und durch den Wald zu diversen Ruinen führen. Hier befand sich u. a. von der Bronze- bis zur Eisenzeit ein talayotisches Dorf und wichtiger Handelsknotenpunkt – einer der größten Funde importierter Tonwaren wurde hier entdeckt. Die Siedlung wurde später von den Mauren besetzt und war möglicherweise der erste Ort, der an die Christen fiel. An den Hängen liegen verstreute Köhlerhütten jüngeren Ursprungs. Der Park ist auch für seine vielfältige Flora und Fauna bekannt, und vom Berg aus hat man einen herrlichen Blick auf Santa Ponça und die ganze Insel.

➔ Ausgeschildert von der Avinguda de Santa Ponça, der Ringstraße um Santa Ponsa, vom Kreisverkehr westlich vom Golfplatz (39.5098, 2.4829). Der Parkplatz liegt an der Ringstraße, direkt gegenüber vom Parkeingang.

2 Min., 39.5092, 2.4827

22 TERRASSEN VON BANYABULFAR

Banyabulfar bedeutet „am Meer gebaut", und dieses Dorf schmiegt sich an einen steilen Hang am Rand der Serra de Tramuntana. Es ist berühmt für seine etwa 2000 bewässerten Terrassenfelder, die zum Meer hin abfallen und vor 1000 Jahren von den Mauren kunstvoll angelegt wurden. Heute wachsen hier hauptsächlich Tomaten, früher wurde hier alles Mögliche angebaut, vor allem jedoch Wein: Aus der Malvasia-Traube wurde der süße Madeirawein hergestellt. Ganz in der Nähe kann man die idyllische Felsbucht Cala Banyabulfar erkunden oder auf dem Bergwanderweg El Camí del Correu wandern (13 & 33). Über die Küste wacht der älteste noch erhaltene Wachturm Mallorcas, Torre de Verger, der direkt an der Küstenstraße hoch auf einem Felsen thront. Bis auf ein paar einfache Hotels, Cafés und eine Kunstgalerie hat der Tourismus in diesem authentischen Bergdorf noch keinen Einzug gehalten.

➔ An der Ma-10, nördlich von Andratx. Für den Parkplatz braucht man Münzen (39.6886, 2.5145). Oberhalb vom Torre de Verger, 1 km

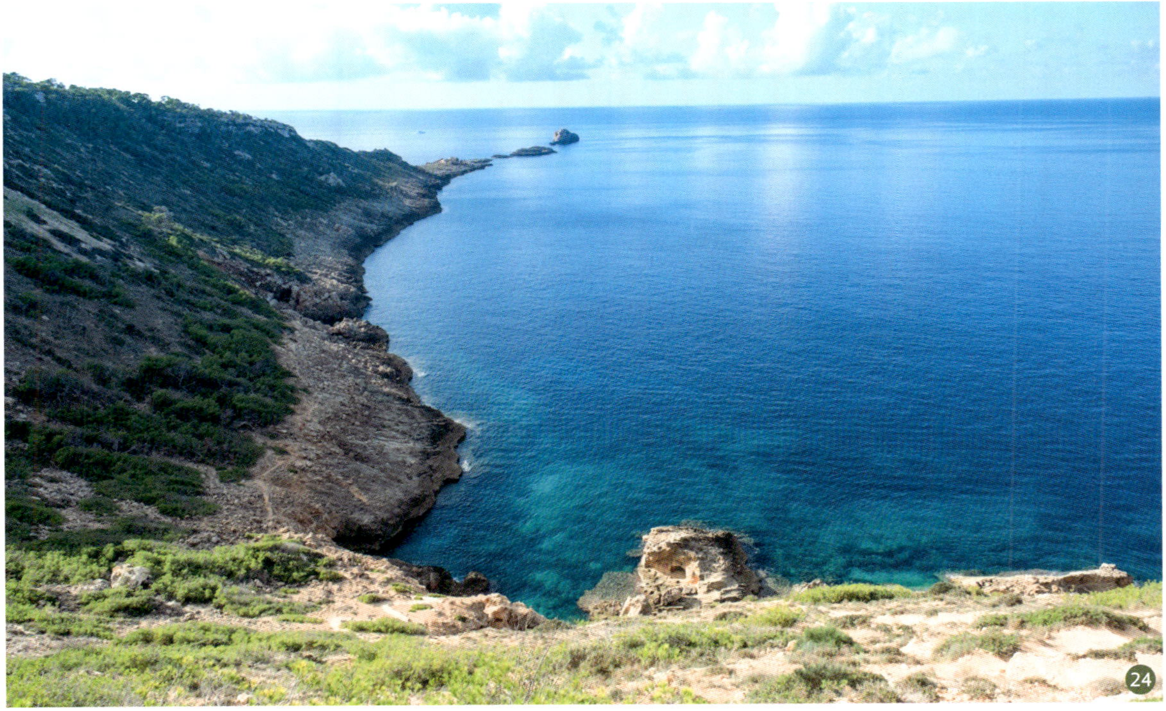

Richtung Süden, hat man den schönsten Blick auf die Terrassen. Parkmöglichkeit in einer Parkbucht kurz dahinter (39.6836, 2.5000).
1 Min., 39.6872, 2.5138

AUSSICHTSPUNKTE

23 PUIG DE GALATZÓ, GALILEA

Der fast perfekte konische Gipfel des Puig de Galatzó ist Naturschutzgebiet und mit etwas über 1.000 m ein beliebtes Wanderziel. Ehrgeizige beginnen die Route in Puigpunyent im Osten oder Estellenc im Norden; wem es genügt, ihn von weiter unten zu bewundern, startet im abgelegenen Terrassen-Bergdorf Galilea, einer friedlichen Oase am Ende der dramatischen Serpentinenstraße von Andratx und ebenfalls ein schönes Ausflugsziel. Vom Café Sa Plaça de Galilea (+34 971 147206) in der Nähe der Kirche hat man einen herrlichen Blick, und man kann die 1,5 km zur Reserva Puig de Galatzó von dort zu Fuß gehen. Nächste Unterkunft in Puigpunyent.

➔ Auf der Ma-1032 von Es Capdella 6 km Richtung Norden bis Galilea. Östlicher Aufstieg von Font des Pí (39.6300, 2.4942), nördlicher von der Ma-10 (39.6460, 2.4621).
30 Min., 39.6155, 2.4947

24 PUNTA DEL TORO

Die hornförmige Landspitze ist ein dramatisch schöner Ort, vor allem bei Sonnenuntergang. Ein Spaziergang aus dem Wohngebiet El Toro führt fast bis an die namensgebende Spitze. Auf der kleinen Insel vor der Spitze, Islote bzw. Illa de Toro, steht ein Leuchtturm. Danach kann man sich mit einem Bad in der Cala del Toro (7) erfrischen. Das Gebiet ist ehemalige Militärzone, und man muss am Anfang durch ein Tor gehen, auf dem „Zutritt verboten" steht.

➔ Vom Hafen in Santa Ponsa auf der Küstenstraße bis zu einem Kreisverkehr mit einem roten „A", am Ortsrand von El Toro (39.4922, 2.4812). Hier Richtung Süden auf den Carrer Gran Via und diesem 1,7 km folgen bis zur T-Kreuzung an der Küste. Links auf die Avinguda de la Mar und vor der Ecke parken. Dem Wanderweg 350 m geradeaus folgen, dann rechts ab auf die Landspitze. Von hier sind es noch ca. 1,3 km.
15 Min., 39.4670, 2.4772

25 FAR DE CALA FIGUERA

Besonders schöner Leuchtturm mit dramatischen diagonalen Streifen an der südwestlichen Spitze der Bucht von Palma. Auf dem Weg dorthin kommt man an den Resten einer

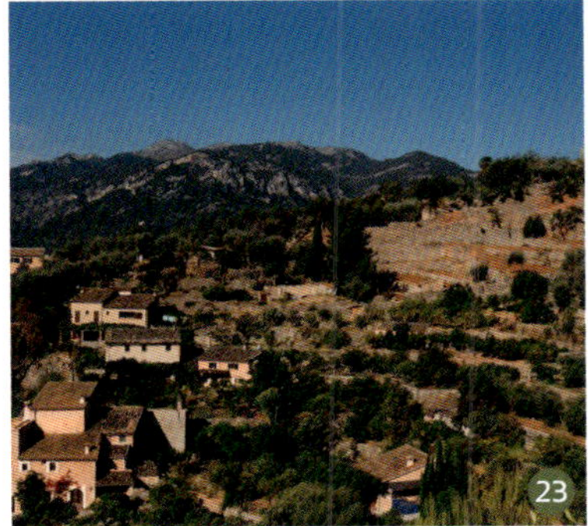
23

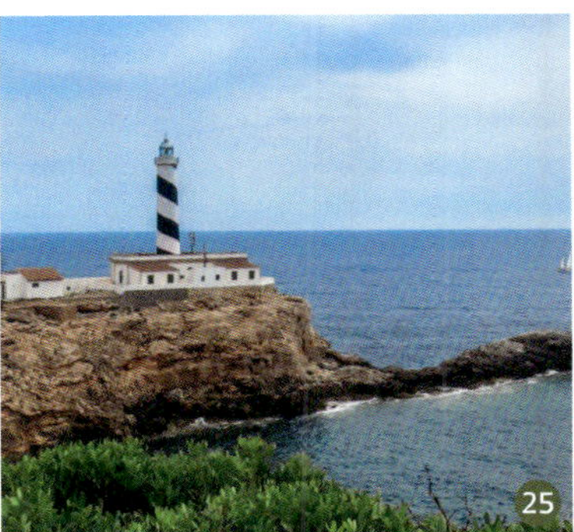
25

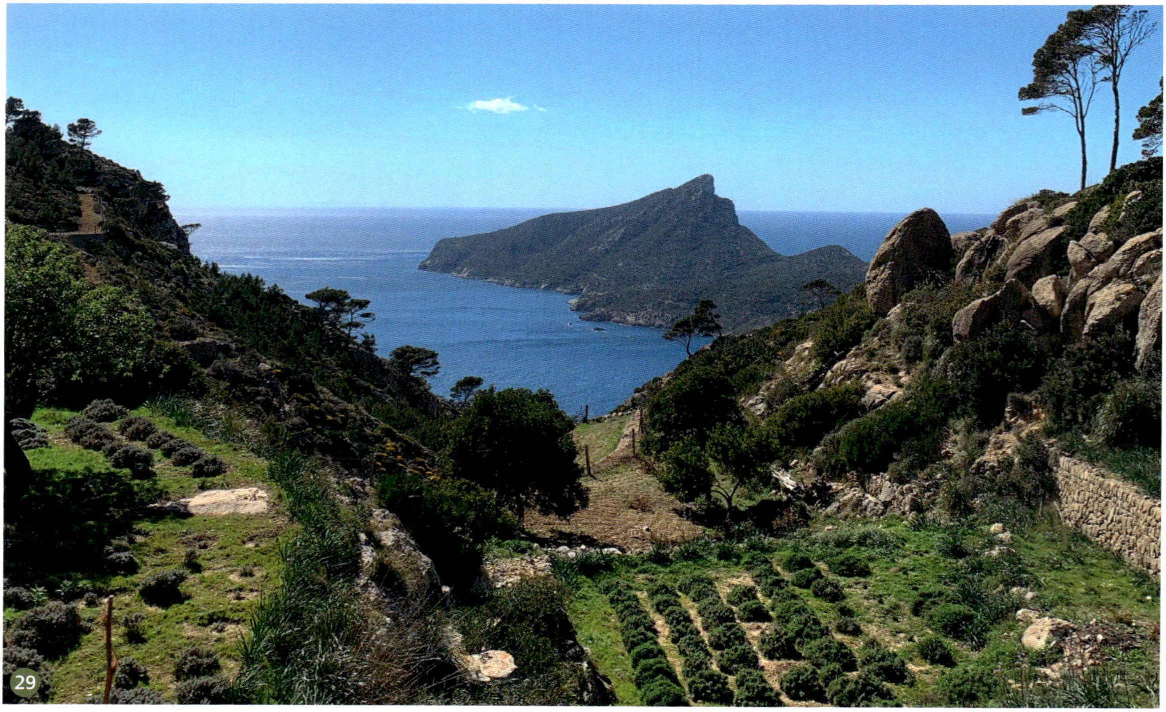

29

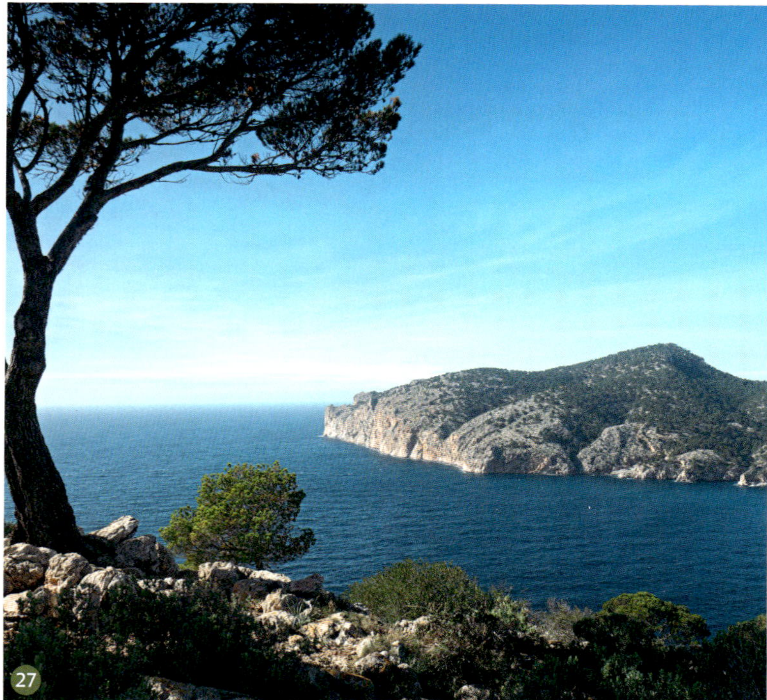
27

militärischen Anlage vorbei, und ein Stück weiter westlich steht die Ruine des Wachturms Torre de Cala Figuera. Lohnt allein schon wegen des spektakulären Blicks auf Palma. Dieser Küstenabschnitt eignet sich ausgezeichnet zum sogenannten Coasteering, und der Wanderweg Camí de Cala Figuera führt von Magaluf hierher, vorbei an der bezaubernden Felsbucht Platja de Cala Figuera.

➔ Westlich von Magaluf von der Ma-1 bei der Ausfahrt 14 Richtung Magaluf auf den Camí Cala Figuera abbiegen. Nach etwas über 6,5 km bei der Straßengabelung mit dem großen Wegweiser zu den verschiedenen Stränden rechts. Wenn Platz ist, beim Tor rechts nach Portals Vells parken (nur ein oder zwei Fahrzeuge, 39.4724, 2.5106) und der autofreien Straße 3 km folgen, vorbei am Weg zur Bucht Cala Figuera (39.4627, 2.5192). Sonst 800 m weiterfahren bis zum Parkplatz hinter der Cala Portals Vells (6) und zu Fuß zum Tor zurückgehen.

45 Min., 39.4587, 2.5221

26 MIRADOR DE RICARDO ROCA

Eine breite Steintreppe führt neben einem Tunnel die Klippen hinauf zu diesem atemberaubenden Aussichtspunkt. Es gibt einen

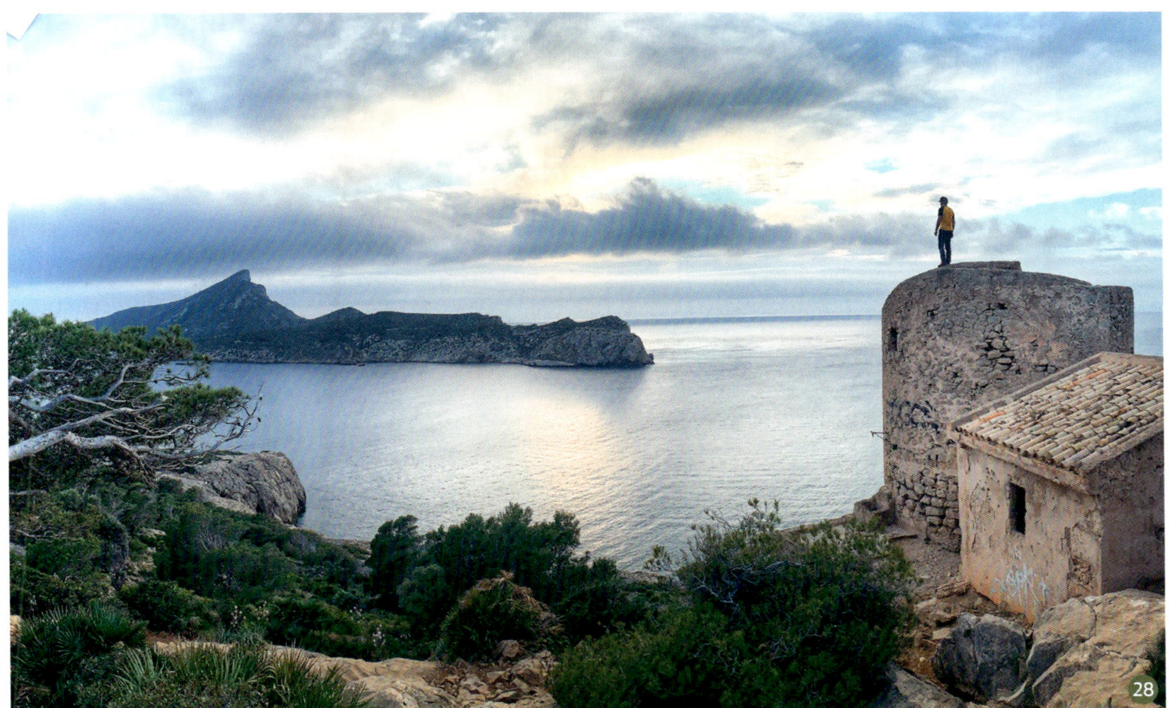

Steintisch, an dem man picknicken kann. Allerdings liegt ganz in der Nähe das fabelhafte Restaurant Es Grau, das gefährlich nahe am Abgrund einer Klippe thront, eine architektonsiche Meisterleistung (+34 971 183769).

➜ Von Andraxt auf der Ma-10 ca. 12 km nach Osten Richtung Estellencs, vorbei am Restaurant Es Grau (links) und rechts in der großen Parkbucht parken. Die Treppe befindet sich auf der anderen Straßenseite.
2 Min., 39.6457, 2.4517

27 MIRADOR DE CAP ANDRITXOL

Der Panoramablick vom Ende der schmalen Landspitze Es Cocó de Sa Sal ist wahrhaft Ehrfurcht gebietend, vor allem bei Sonnenuntergang. Ganz in der Nähe gibt es einen schwindelerregenden Klippenrand namens Montano Pacharán, über den man spähen kann, um sich die Kolonien nistender Vögel an der fast senkrechten Felswand anzusehen. Der Weg dorthin ist nicht ohne, und manche Abschnitte sind recht steil, aber man hat die ganze Zeit einen herrlichen Blick. Außerdem kommt man an einem von Mallorcas Küstenwachtürmen aus dem 16. Jahrhundert vorbei, Torre de Cap Andritxol.

➜ Südlich von Andratx von der Ma-1 auf die Ma1-a Richtung Camp de Mar, 1,6 km bis zum Kreisverkehr am Rand von Peguera . Hier rechts Richtung Cala Fornells (Carrer 866) und bis zur T-Kreuzung am Ende. Rechts in die Sackgasse, die Küste entlang, wieder landeinwärts und am Ende parken (der Platz ist begrenzt, 39.5310, 2.4358). Dem Weg 700 m geradeaus folgen – nicht links nach Caló d'en Monjo (8), sondern 300 m weiter auf den Weg Richtung Süden bis zum Aussichtspunkt (insgesamt 2 km). Oder vom Strand Camp de Mar auf dem Camí Salinar (1,5 km, ca. 25 Min.).
40 Min., 39.5245, 2.4222

HISTORISCHE WANDERROUTEN

28 TORRE CALA EN BASSET

Man kann an einer Strickleiter zu diesem Wachturm aus dem 16. Jahrhundert hinaufklettern, so wie es traditionell die Männer getan haben, die hier einst Wache gehalten haben, doch auch der Blick von unten ist atemberaubend. Ungewöhnlich ist, dass dieser Turm während des Spanischen Bürgerkriegs reaktiviert wurde. Schöne, einstündige Wanderung von Sant Elm – einige Abschnitte sind ziemlich anstrengend, dafür ist die Aussicht die ganze Zeit wundervoll, an einigen Stellen sogar spektakulär. Man kann diese Wanderung mit La Trapa (29) verbinden oder in der Cala en Basset darunter schwimmen gehen.

➜ Auf der Ma-1030 von Andratx Richtung Westen zum Küstendorf Sant Elm, durch das Einbahnstraßensystem Richtung Norden und am Ende vom Carrer de na Popia parken (39.5858, 2.3467). Zu Fuß weiter, bei der Kreuzung an einem leerstehenden Gebäude links, dann rechts Richtung Turm Nicht ganz leicht zu finden – die Wegweiser sind gut versteckt …
60 Min., 39.5959, 2.3508

29 LA TRAPA

Die Kulisse auf dem Weg zu diesem verfallenen Trappistenkloster ist fantastisch und die Aussicht bei der Ankunft auf die Gipfel des Naturschutzgebiets Sa Dragonera (30) unvergleichlich. Das Kloster wurde Mitte des 20. Jahrhunderts aufgegeben und liegt sowohl in einem Naturschutzgebiet – mit Balearensturmtauchern, Wanderfalken und Fischadler – als auch an einem der malerischsten Wanderwege Mallorcas, der hinauf in die südliche Serra de Tramuntana führt. Ein Ausflugsziel für die Nebensaison, da es in der Sommerhitze ziemlich anstrengend werden kann. Man kann von Sant Elm einen Rundweg gehen und vielleicht auch noch am Torre Cala en Basset vorbei (28).

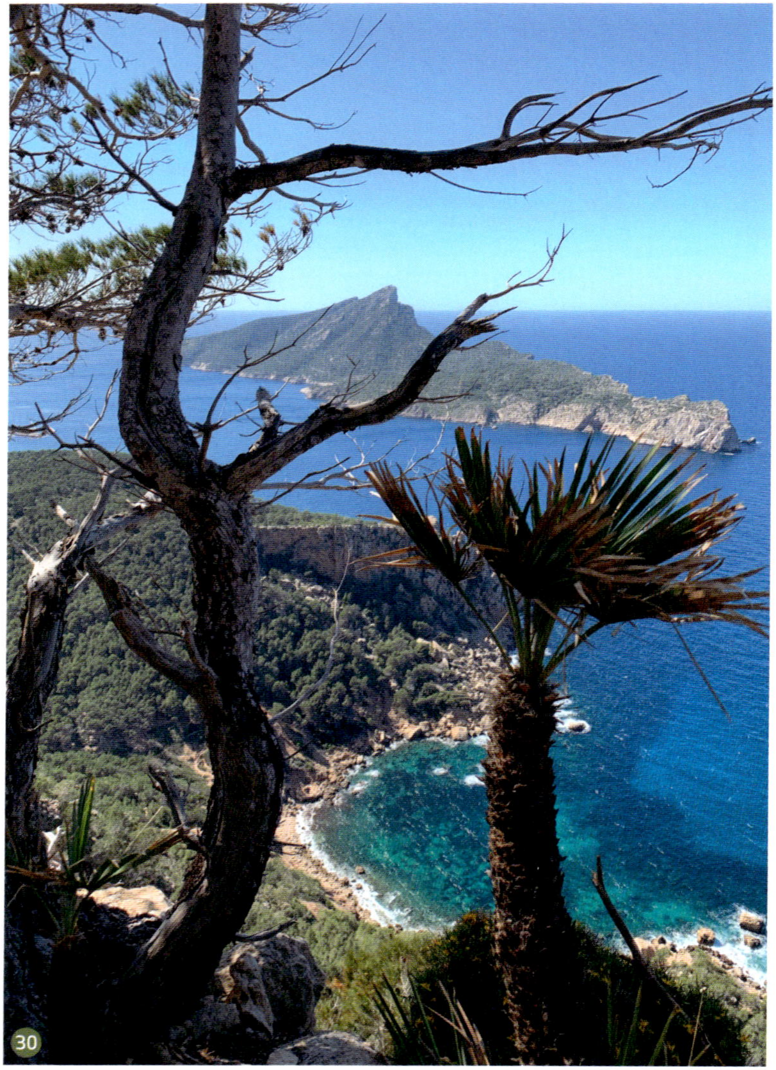

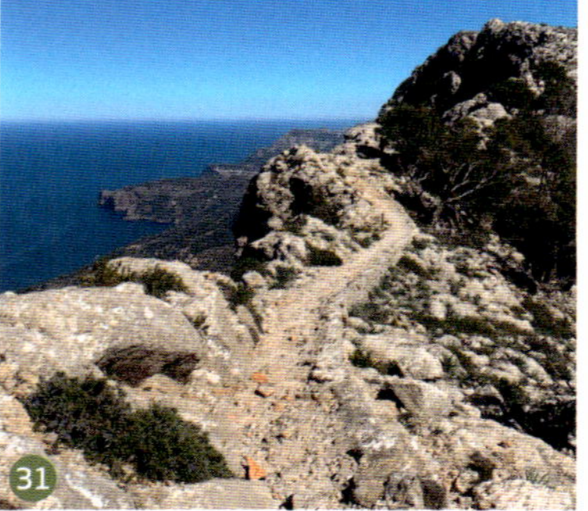

→ Auf der Ma-1030 von Andratx Richtung Westen zum Küstendorf Sant Elm und durch das Einbahnstraßensystem Richtung Norden auf die Avinguda de la Trapa. Auf dieser den Ort verlassen und irgendwo links parken. Wenn kein Platz ist, zurückfahren, beim Torre Cala en Basset parken (28) und zu Fuß weiter. Der Straße bis ans Ende folgen, an der Weggabelung links. Der andere Eingang mit Parkplatz liegt an der Ma-1030, westlich von S'Arranco (39.5803, 2.3774).

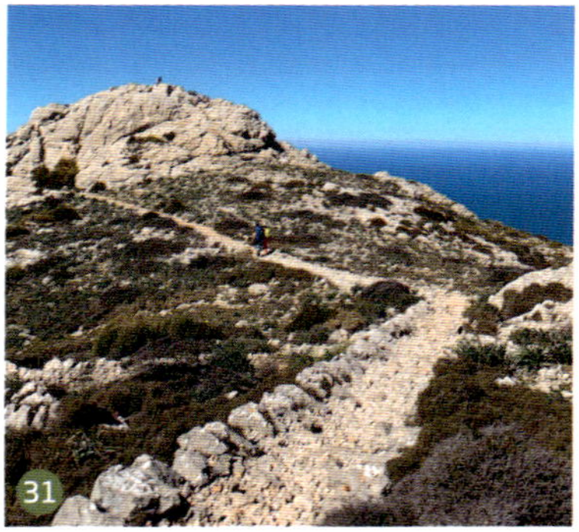

3–4 Std., 39.5997, 2.3607

NATUR & WANDERWEGE

30 NATURSCHUTZGEBIET SA DRAGONERA

Die kleine, unbewohnte Insel sieht aus wie ein schlafender Drache und hat eine bunte Vergangenheit mit Schmugglern und Piraten, zwei Wachtürme und einen Leuchtturm an jedem Ende. Das Naturschutzgebiet, zu dem auch die Nachbarinseln Es Pantaleu und Sa Mitjana gehören, ist perfekt, um zu wandern und Tiere zu beobachten. Es gibt zahlreiche Pflanzenarten, von denen 18 nur auf den Balearen vorkommen, und eine Fülle an ziemlich zahmen Balearen-Eidechsen. Hier ist auch die größte Eleonorenfalkenkolonie zu Hause. Packen Sie Proviant ein, da es keine Gastronomie gibt, und nehmen Sie Ihren Müll bitte wieder mit.

→ Fähre vom Anleger in Sant Elm oder vom Hafen in Andratx (ausgeschildert). In Sant Elm kann man auch Kajaks mieten. Beides sollte man am besten im Voraus buchen.

4–8 Std., 39.5851, 2.3197

31 CAMÍ DE S'ARXIDUC

Auf diesem berühmten Reitweg kann man bequem auf einem Bergrücken entlangwandern, mit fantastischem Blick über die Nordwestküste. Der österreichische Erzherzog Ludwig Salvator (1847–1915) verliebte sich in Mallorca und wurde zu einem leidenschaftlichen Naturschützer, bevor es dieses Konzept überhaupt gab. Dies ist einer von diversen Wegen, die er auf seinen Landgütern im späten 19. Jahrhundert anlegen ließ und der Einblick in die traditionelle Bergindustrie bietet, mit runden Kohleöfen, Kalköfen und CASAS DE NEU, in denen Schnee und Eis gelagert wurde. Der 13 km lange Rundweg beginnt und endet im schönen Valldemossa, wo es auch eine Touristeninformation gibt. Nur bei schönem Wetter zu empfehlen, da bei Wolken und Nebel die schöne Aussicht abhanden kommt.

→ In Valldemossa von der Ma-1110 auf den Parkplatz im Ortszentrum (39.7119, 2.6220) oder den bei der Touristeninformation

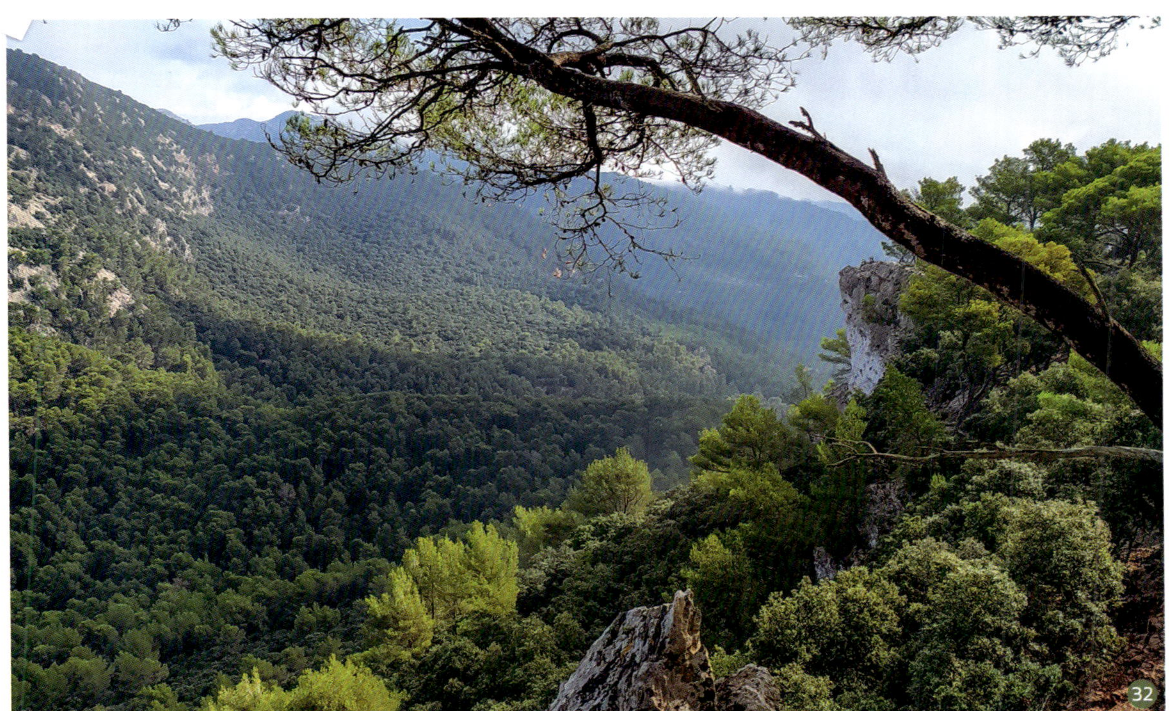

(39.7108, 2.6212). Richtung Norden durchs Dorf (von der Hauptstraße weg) auf den Carrer de les Oliveres, an dessen Ende der Weg beginnt (links von einem großen Tor).

4–5 Std., 39.7287, 2.6261

32 ESPORLES–VALLDEMOSSA

Wanderung durch einen dichten Eichenwald. Von Esporles schlängelt sich ein alter Weg Richtung Nordosten bis zum Bergdorf Valldemossa, wo man sich in der Pastelería Ca'n Molinas (40) stärken kann. Selbst am höchsten Punkt, dem Gipfel von Sa Communa, dominieren die Bäume und beeinträchtigen den Blick. Die 9,5 km lange Strecke, mit Abschnitten eines sehr alten Steinwegs, wurde instand gesetzt und ist jetzt Teil der Ruta de Pedra en Sec (siehe Mallorca – Der Norden), auch wenn noch keine GR221-Schilder aufgestellt wurden.

➔ Auf der Ma-1100 Richtung Norden und im Ortszentrum von Esporles rechts auf den Carrer de Canonge Joan Ganau bis zum Parkplatz (39.6682, 2.5793). Vom Parkplatz zurück auf die Straße und rechts auf den Carrer de Francesc de Borja Moll. Am Ende rechts zu dem Dreieck mit dem Brunnen, dann rechts auf den Carrer de Mateu Font. Nach 750 m beim Sackgassenschild rechts über den Fluss und links bergauf bis zur scharfen Linkskurve. Hier weiter geradeaus (die roten Schilder weisen den Weg).

4–5 Std., 39.6728, 2.5859

33 CAMÍ DES CORREU

Schöner Waldspaziergang zwischen Esporles in den Bergen und Banyalbufar an der Küste. Der Weg stammt von 1401, ist jedoch samt Bruchsteinmauern gut erhalten. Am höchsten Punkt führt er durch dichten Eichenwald, und durch die Äste erhascht man immer wieder einen Blick auf die Nordküste. Wegen des Schattens eignet sich diese Wanderung auch für heiße Tage. Am Ende erwartet einen die schöne Cala Banyalbufar (13), in der man sich abkühlen kann. Die Strecke ist etwas über 8 km, aber die Buslinie 202 verbindet die beiden Dörfen – vorher den Fahrplan konsultieren, um die Rückfahrt zu planen.

➔ Wegbeschreibung siehe Esporles – Valldemossa (32). Vom Parkplatz zurück auf die Straße und rechts auf die Hauptstraße, den Carrer de Joan Ruitort, dann nach 120 m links auf die Plaça d'Espanya und am Ende rechts auf die Costa de Sant Pere, an der Kirche vorbei und bergauf, wo der Wanderweg beginnt.

2–3 Std., 39.6689, 2.5755

EINKEHREN

34 CAFÈ BELLAVISTA, BANYALBUFAR

Netter Service, selbst gebackener Kuchen, köstliche Burrata, frische Tapas, und die Sangria ist sagenhaft. Als wäre das noch nicht genug, ist da auch noch der atemberaubende Blick von der bezaubernden Terrasse, vor allem bei Sonnenuntergang .

➔ Carrer Comte de Sallent 15, 07191 Banyalbufar, +34 971 618004

39.6877, 2.5147

35 THE HIDDEN KITCHEN, ANDRATX

Das Essen ist frisch, wunderschön angerichtet und schmeckt fantastisch, das Personal ist aufmerksam und die Weinauswahl großartig. Ein kleiner Geheimtipp.

➔ Carrer Castanyetes 2, 07157 Port d'Andratx, +34 971 884701

39.5382, 2.3780

36 RESTAURANTE CALA CONILLS, SANT ELM

Ausgezeichnetes Seafood – frische Langusten und die besten Garnelen auf der Insel. Schöner Blick, ausgezeichneter Service.

➔ Carrer Cala es Conills 1, 07159 Sant Elm, +34 971 239186

39.5777, 2.3545

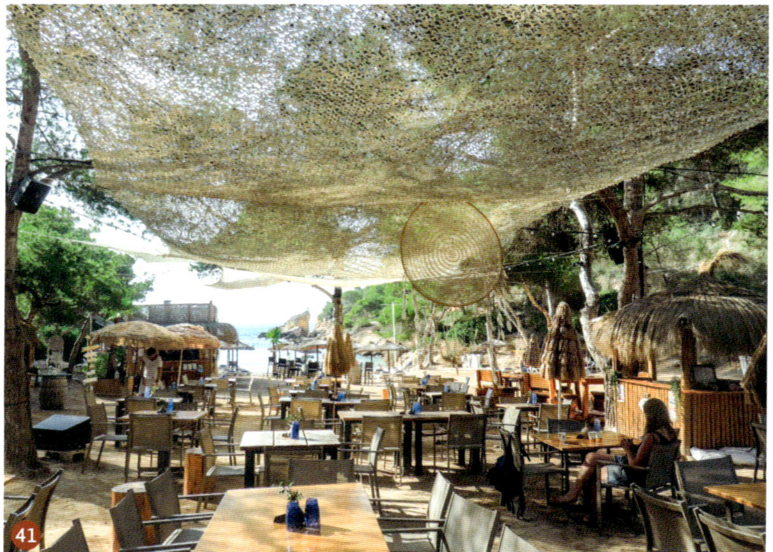

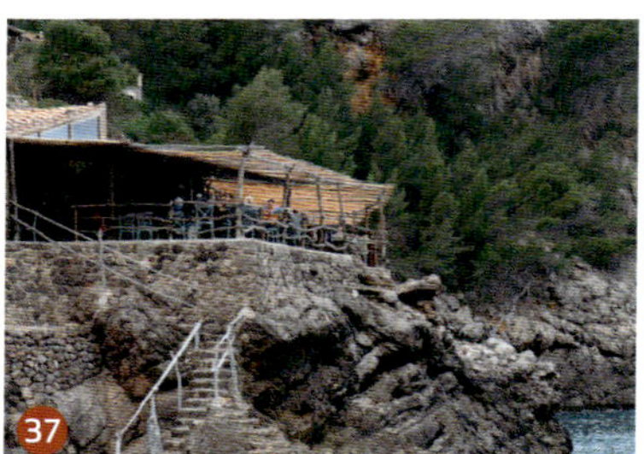

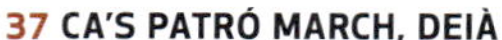

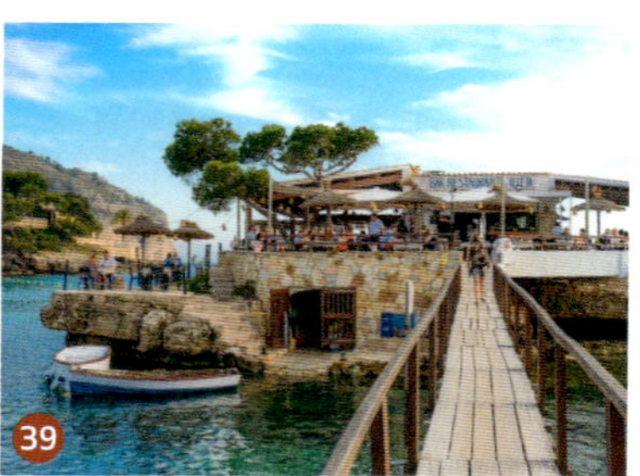

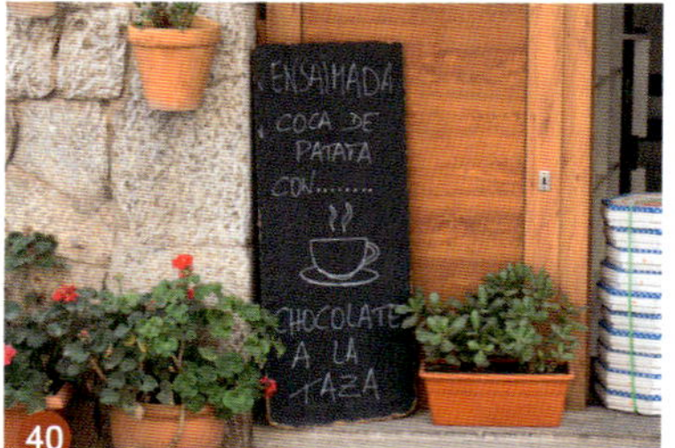

37 CA'S PATRÓ MARCH, DEIÀ

Berühmtes Restaurant in einer wunderschönen Bucht mit ausgezeichneter Küche und unglaublicher Weinauswahl. Vor sich perfekt zubereiteten Fisch, in der Hand ein Glas Wein, fühlt man sich wie im Paradies. Noch beliebter, seit es durch „The Night Manager" zu Bildschirmruhm gelangt ist, deshalb unbedingt reservieren.

→ Carrer Sa Cala, 16, 07179 Deià,
+34 971 639137
39.7602, 2.6409

38 SA FORADADA, DEIÀ

Berühmt für die traditionelle Paella, die auf dem Holzkohlegrill zubereitet wird, und ein unvergessliches Erlebnis. Das fantastische Outdoor-Restaurant verdankt sein Ambiente der einzigartigen Lage an der Spitze der Halbinsel Sa Foradada – halten Sie Ausschau nach dem 18 m tiefen natürlichen Loch im Felsen ganz am Ende. Schön zum Tauchen. Nur mittags geöffnet.

→ Diseminado Sa Foradada 2, 07179 Deià,
+34 616 087499
39.7556, 2.6223

39 RESTAURANT ILLETA, CAMP DE MAR

Köstliches Restaurant auf einer kleinen Insel in der Bucht mit weißen Tischdecken, regionalen Gerichten wie Paella und frischem Seafood. Zwischen den Gängen kann man bei Sonnenuntergang ins Meer springen – einfach magisch. Manche kommen mit dem Boot, die meisten über einen Bohlenweg vom Strand. Am besten vorher reservieren. Ein ausgezeichneter Ort, um sich nach einer Wanderung zum Mirador de Cap Andritxol (27) zu stärken.

→ Playa de Camp de Mar, s/n,
07160 Camp de Mar, +34 971 235884
39.5369, 2.4223

40 PASTELERÍA CA'N MOLINAS

Zu Recht beliebt, und die Leute stehen Schlange für die berühmte COCA DE PATATE, ein Kartoffelküchlein, das traditionell mit heißer Schokolade serviert wird. Schlendern Sie mit dem Gebäck in der Hand durch die mit Blumen geschmückten kleinen Kopfsteinpflastergassen des malerischen Dorfs, und besichtigen Sie das ehemalige Kartäuserkloster, in dem Chopin einen Winter mit George Sands verbracht hat. An jedem 24. August findet hier ein Fest zu Ehren des Heiligen Bartholomäus statt.

→ Via Blanquerna 15, 07170 Valldemossa,
+34 971 612247
39.7098, 2.6216

41 CALA CAP FALCÓ

Freundliches Personal, leckeres Essen – die Spieße sind ausgezeichnet. Das Chiringuito serviert Getränke, frischen Fisch und regionale Speisen in entspannter Atmosphäre an einem bezaubernden Strand mit demselben Namen (1).

→ Carrer Cap Falcó, 07181 Calvià,
+34 631 425540
39.4879, 2.5328

ÜBERNACHTEN

42 FINCA CA N'AÍ, SÓLLER

Dieses schöne Anwesen gehört seit 1723 derselben Familie. In den 1990ern wurde es zu einem traumhaften Landhotel im mallorquinischen Stil umgebaut, und jedes Detail spiegelt die Naturverbundenheit der Besitzer. Es liegt im herrlichen Tal von Sóller, unterhalb der majestätischen Serra de Tramuntana, hat eine eigene Haltestelle auf der historischen Bahnlinie Tranvía de Sóller zum Hafen und direkten Zugang zur Ruta de Pedra en Sec (siehe Mallorca – Der Norden).

→ Camí de Son Sales 50, 07100 Sóller,
+34 971 632494
39.7780, 2.6970

43 AGROTURISMO S'OLIVAR, ESTELLENCS

Ländliche Idylle in den Terrassenfeldern an einem Hang über dem Meer, aber nur 5 Min. von der nächsten Bushaltestelle. Gemütliche, komfortable und gut ausgestattete Häuschen elbstversorger, Infinitypool und ein spektakulärer Blick.

➔ Carretera C-710, km 93,5, 07192 Estellencs, +49 629 266035

39.6536, 2.4871

44 FINCA HOTEL SON PONT, PUIGPUNYENT

Diese bezaubernde ruhige Oase ist in jeder Hinsicht ein Traum – die Lage, die Betreiber, die Zimmer, das Frühstück im Garten. Gute Ausgangsbasis, um die Serre Tramuntana zu erkunden, zu Fuß oder mit dem Fahrrad. Die Zimmer sind auf drei Gebäude verteilt, mit schöner Aussicht auf die Berge und einem Pool zum Abkühlen.

➔ Carretera Palma Puigpunyent, km 12,3, 07194 Puigpunyent, +34 636 959398

39.6221, 2.5453

45 FINCA SES FONTANELLES, ANDRATX

Rustikales Guesthouse, herrlich abgelegen zwischen den Bergen – in einem Funkloch, also vergessen Sie Ihr Handy! Viel Platz zum Entspannen: drei Wohnzimmer mit Kaminen und zwei Terrassen mit Aussicht. Es gibt auch einen Gemeinschaftsschlafraum für Fernwanderer. Das Abendessen kocht der Betreiber persönlich mit frischen Zutaten aus dem Garten – oder man bereitet sich in der professionellen Küche selbst etwas zu.

➔ Carretera Andraxt-Estellence, km 103,9, 07150 Estellencs, ses-fontanelles.es

39.6177, 2.4226

46 PUNT BLANC RESIDENCE, SANT ELM

Fünf Apartments und ein Ferienhaus direkt am Meer im kleinen Fischerdorf Sant Elm für Selbstversorger mit Strandzugang und unglaublichem Blick auf Sa Dragonera. Kleiner, einladender Familienbetrieb, früher Guesthouse und Restaurant. Die Apartments sind nach den Familienmitgliedern benannt.

➔ Carrer de sa Punta Blanca 12, 07159 Sant Elm, puntblanc.es

39.5847, 2.3478

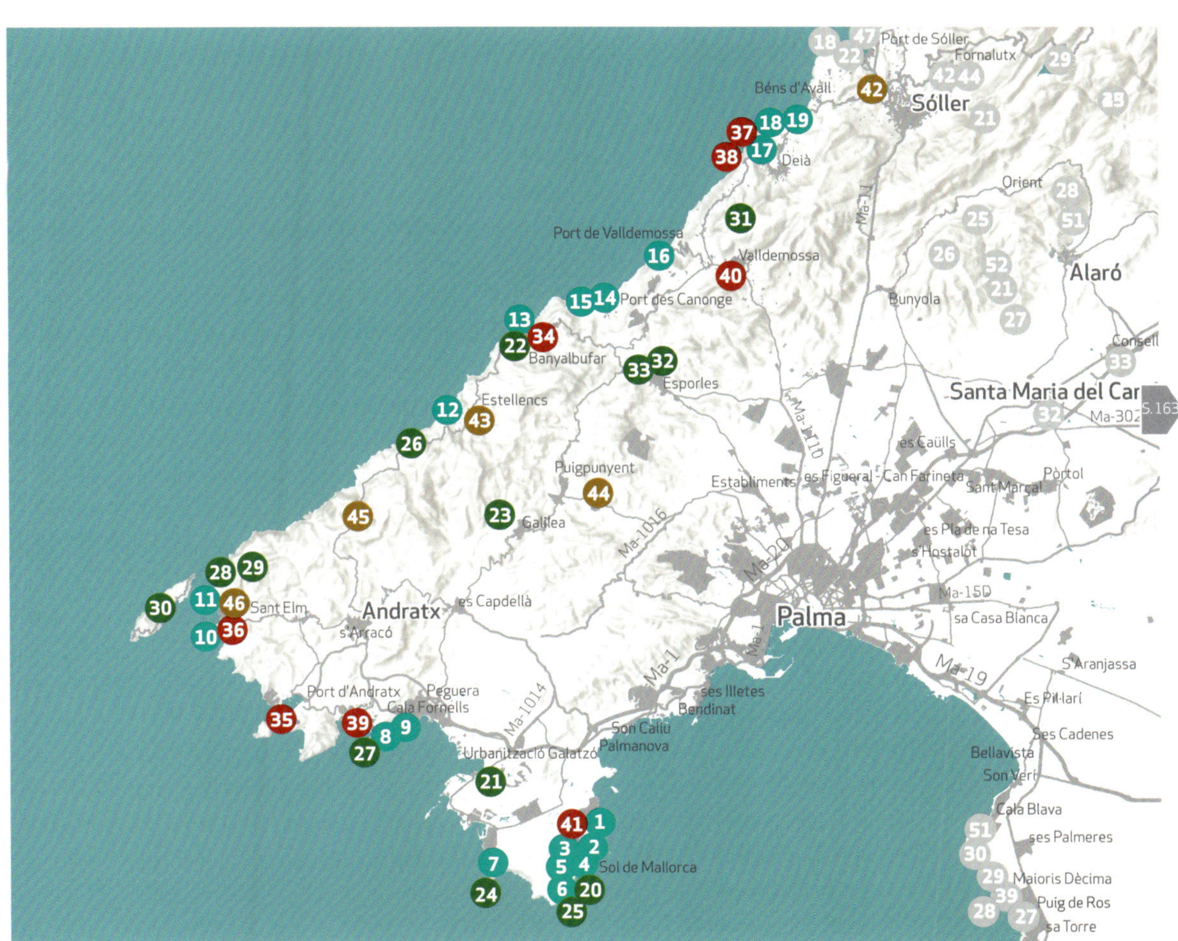

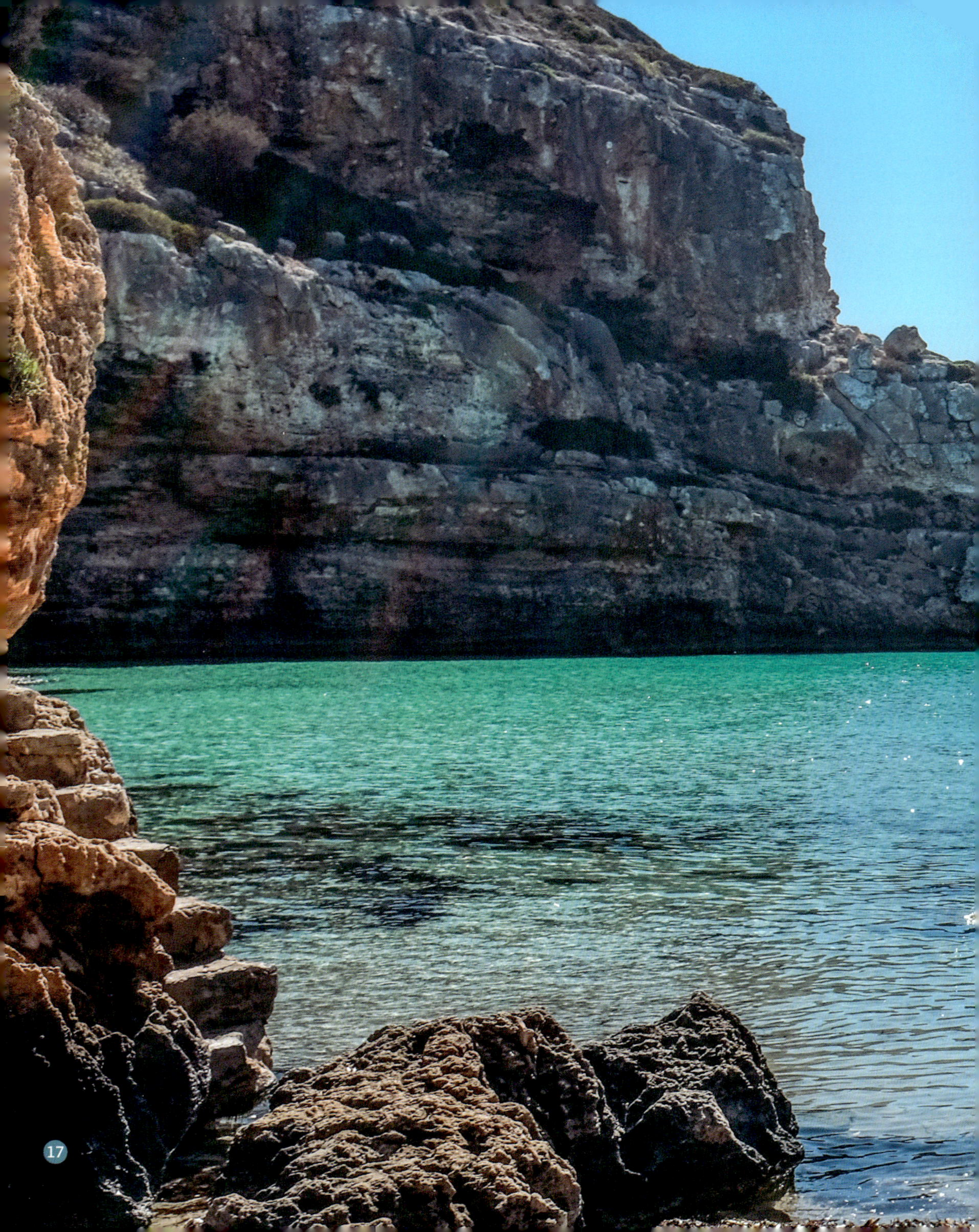

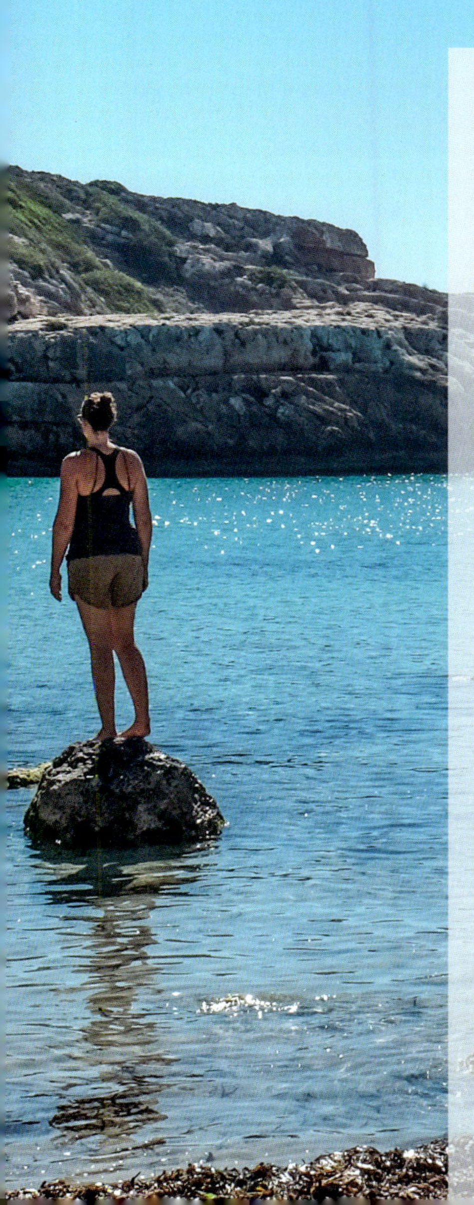

MALLORCA DER SÜDEN

Das perfekte Wochenende

- → **Trinken** Sie im Sa Cova an der Plaça Major in Santanyí einen starken Kaffee, und sehen Sie zu, wie die Welt an Ihnen vorbeizieht.
- → **Schlendern** Sie durch das alte talayotische Dorf Capocorb Vell, und verlieren Sie sich in der Vergangenheit.
- → **Springen** Sie in der Cala Sa Nau mit den einheimischen Kids von den Felsen ins kühle türkisblaue Nass.
- → **Sehen** Sie sich im Parc Natural Es Trenc den Sonnenuntergang über den Salzbecken an, und halten Sie Ausschau nach rosa Flamingos.
- → **Erkunden** Sie die Unterwasserwelt in der Meereshöhle am einsamen Caló des Màrmols.
- → **Spazieren** Sie über den Arc Natural de la Cova des Pont, oder bewundern Sie das mächtige Brandungstor von Es Pontàs.
- → **Bestaunen** Sie die Stalagmiten im legendären Höhlensystem Cova de Colom.
- → **Schwimmen** Sie nach einer Wanderung durch eine Mondlandschaft verlassener Steinbrüche in der Cocó de Ses Ninfes.
- → **Tanzen** Sie in der Waldbar S'Embat in der Nähe der Platja d'Es Trenc die Nacht durch.

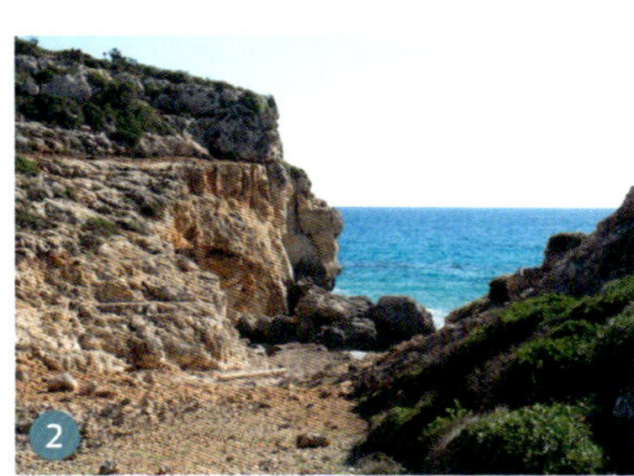
2

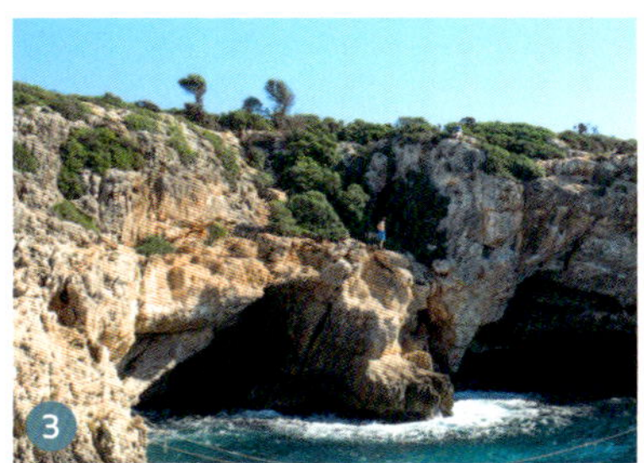
3

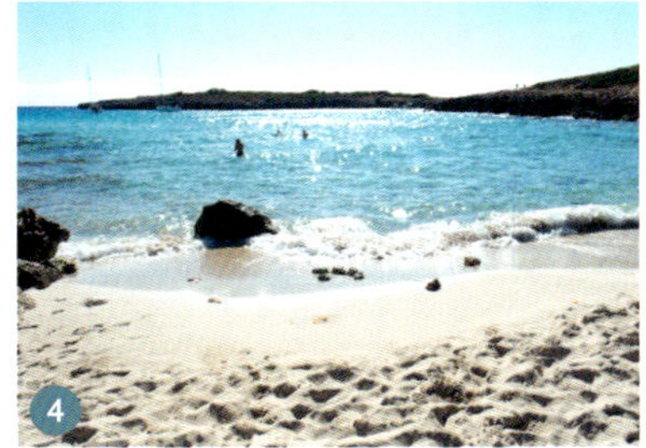
4

Die Südküste Mallorcas ist bekannt für ihre entspannte Atmosphäre und die langen Strände mit türkisblauem Wasser. Es gibt prachtvolle Naturschutzgebiete wie den Parc Natural de Mondragó, wo man einsame, unberührte Buchten findet, und die schillernden Salzbecken von Salines de Llevant, wo man mit etwas Glück Flamingos sieht.

Von Porto Cristo sind die weißen Sandstrände und versteckten Felsbuchten fast bis zur Hauptstadt Palma durch lange Küstenwege miteinander verbunden. Dieser prächtige Küstenabschnitt bietet außerdem viele aufregende Höhlen und Aussichtspunkte. Man kann sich vom gestreiften Turm Far de Portocolom im Osten den Sonnenaufgang ansehen und später von der nach Westen ausgerichteten Aussichtsplattform des Mirador de Maioris den Sonnenuntergang – oder einfach den ganzen Tag am Far Cap de Ses Salines verbringen und der Sonne folgen. Zwischen diesen Punkten liegen alte Wachtürme und spektakuläre Brandungstore wie Es Pontàs.

Am Horizont sieht man die naturgeschützten Inseln des Cabrera Archipelago, auf denen nur Park Ranger wohnen. Man kann sich eine Erlaubnis besorgen und dieses einsame, unberührte, wunderschöne Naturschutzgebiet erkunden. Auf der Bootsfahrt dorthin hat man sogar die Chance, Delfine und Wale zu sehen.

Im Landesinnern verteilen sich Marktstädte wie Llucmajor, Santanyí, Felanitx und Campos, das Zentrum der Region und der hiesigen Landwirtschaft. Dazwischen liegen verstreut Dutzende kleiner Dörfer mit rustikalen Cafés, Wochenmärkten und authentischem Charme.

Hier werden Bohnen, Kaffee, Reis, Zuckerrohr und Kakao angebaut, und in der Umgebung findet man überall Spuren der Vergangenheit, wie das prähistorische talayotische Dorf Capocorb Vell.

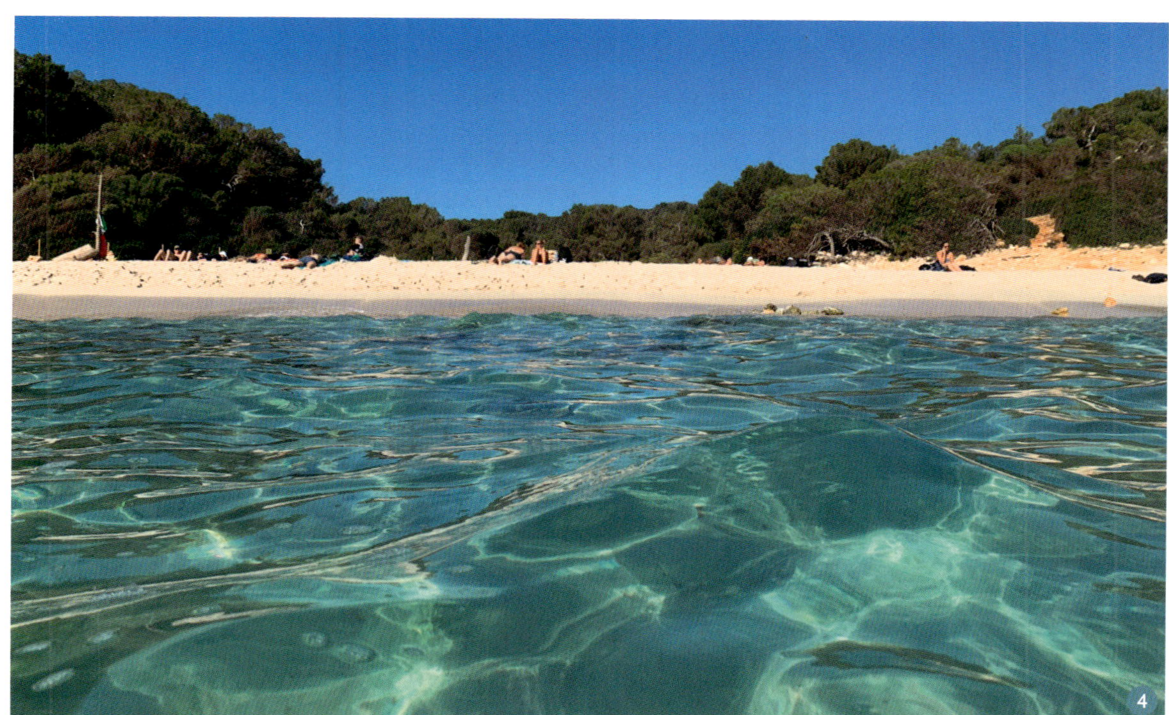
4

STRÄNDE

1 CALA MURTA, PORTO CRISTO

Kleinod südlich von Porto Cristo, nicht zu verwechseln mit dem gleichnamigen Strand auf der Halbinsel Formentor (siehe Mallorca – Der Norden). Die lange V-förmige Bucht verengt sich zu einer einsamen Felsbucht, umgeben von Buschland und unberührter Natur. Bei Sturm krachen dramatische Wellen auf die Felsen. Auf der Nordseite befindet sich eine Redoute aus dem Spanischen Bürgerkrieg im Felsen. Von der Südseite führt ein Weg zur Punta de Cala Murta, ein herrlicher Aussichtspunkt, perfekt, um sich den Sonnenaufgang anzusehen.

→ Auf der Ma-4020 Richtung Osten nach Porto Cristo und beim letzten Kreisverkehr im Ort rechts Richtung Portocolom, dann beim nächsten Kreisverkehr links Richtung Porto Cristo auf die Ma-4014. Beim nächsten großen Kreisverkehr am Stadtrand die erste rechts Richtung Coves del Drac und die nächste rechts auf den großen Parkplatz unter Bäumen. Vom südlichen Ende des Parkplatzes führt ein kleiner Weg durchs Unterholz und eine Lücke in einer Steinmauer zur Bucht.

5 Min., 39.5327, 3.3320

2 CALA FALCÓ

Sehr ruhige Felsbucht in den Klippen von Manacor, die nach Südosten an die Halbinsel Punta d'En Barrufau grenzt. An der Nordseite befindet sich eine Karsthöhle, Cova de Cala Falcó, die vom Strand zugänglich ist, mit großem Salzwasserpool, über dem tiefe Stalaktiten hängen. Das Wasser ist unglaublich kalt, und man sollte sich nur mit wasserdichten Stirnlampen, festem Schuhwerk und Begleitung in die Höhle hineinwagen. In der Nähe gibt es diverse andere Höhlen, darunter auch die Cova des Coloms (37), die man nur übers Meer erreicht.

→ Auf der Ma-4014 von Porto Cristo 4 km nach Südwesten Richtung Portocolom, dann links Richtung Romantica auf die Avinguda Geranis bis zum Parkplatz am Ende der Straße. Von der Südseite des Strands auf den Berg klettern, wo der Küstenweg entlangführt. Diesem ca. 2 km folgen, dann links nach dem Weg zur Cala Falcó Ausschau halten.

60 Min., 39.5038, 3.3002

3 CALÓ BLANC

Kleine, geschützte Bucht mit viel Schatten. Schöner Ausgangspunkt für Deep Water Soloing (Klettern ohne Sicherung über tiefem Wasser). Herrlich zum Schnorcheln und Klippenspringen, und es gibt zwei tolle Höhlen, in die man hineinschwimmen kann. Caló Blanc liegt im Naturschutzgebiet Cales Verges de Manacor und ist deshalb nur zu Fuß erreichbar. Unterwegs kommt man an der Cala Falcó, mit feinen Höhlen und einem prächtigen Brandungstor vorbei, Arc Natural de la Cova des Pont (38).

→ Wegbeschreibung siehe Cala Falcó (2), dem Weg rechts um die Landspitze folgen, vorbei am Brandungstor.

90 Min., 39.5008, 3.2985

4 CALA VARQUES

Einsames Paradies mit magischen Sonnenaufgängen, das man zu Fuß durchs Naturschutzgebiet Cales Verges de Manacor erreicht. Der herrliche weiße Sandstrand geht in Pinienwald über, und die Bucht wird von zwei felsigen Landspitzen mit mediterranen Büschen, Pinien und Steineichen umrahmt. Zwei große Höhlen auf der Ostseite sind zum Teil vom Gestrüpp verdeckt, durch das man zu einem weiteren, kleineren Strand gelangt, und direkt vor der Küste liegt eine riesige Meereshöhle – ein beliebter Ort zum Schnorcheln und Springen.

→ Wegbeschreibung siehe Cala Falcó (2) und

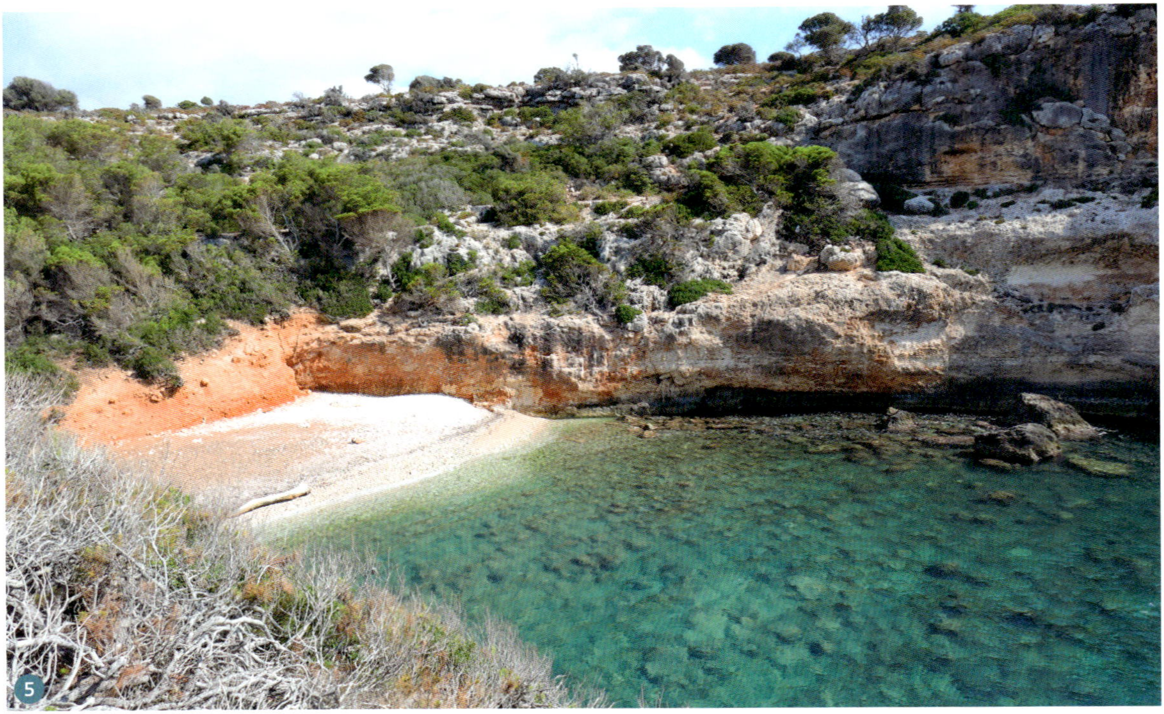

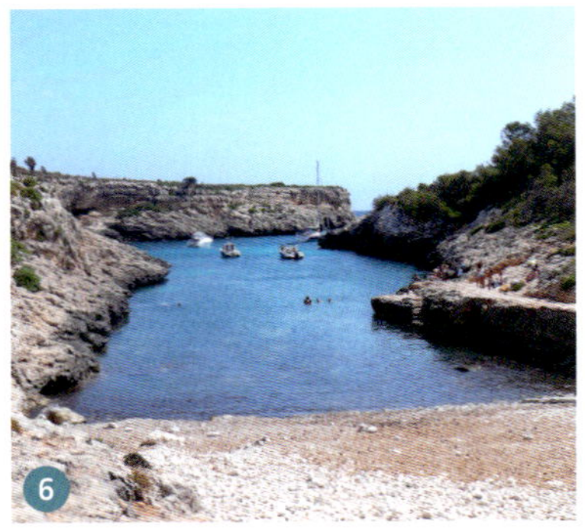

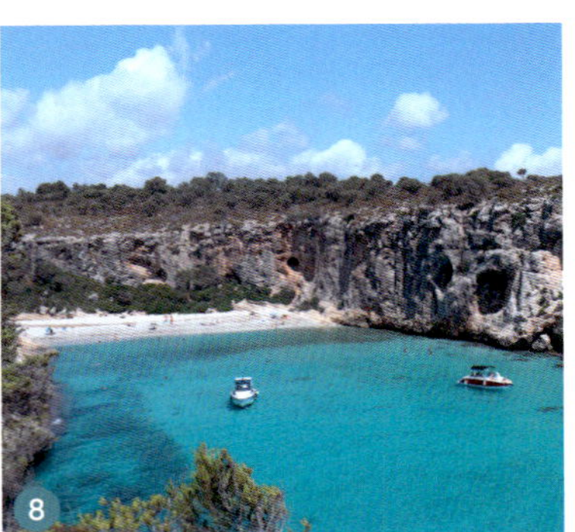

dem Küstenweg Richtung Süden folgen, vorbei an Caló Blanc (3) und weitere 350 m.
75 Min., 39.4999, 3.2960

5 CALA BOTA

Diese kleine Bucht liegt gut versteckt in einem Wald mitten im Naturschutzgebiet und ist einer der friedlichsten Strände Mallorcas. Der weiße Kieselstrand ist ca. 30 m lang und umgeben von weißen Klippen. Außerdem gibt es eine alte Schmugglerhöhle. Richtung Norden liegen drei weitere einsame Buchten, die man zu Fuß erreicht: Cala Virgili, Cala Pilota und Cala Magraner (6, 7 & 8).

→ Von Porto Cristo auf der Ma-4014 für 9 km Richtung Portocolom, dann links Richtung Cales de Mallorca/Platja bis zum kleinen Parkplatz nach gut 2 km links (39.4774, 3.2726). Der gewundene Weg von hier macht nach 1 km eine Linkskurve, von der nach rechts zwei Wege abgehen. Der ganz rechte führt zur Bucht. Bleiben Sie auf den Wegen, sie führen über Privatgrundstücke.
20 Min., 39.4756, 3.2861

6 CALA VIRGILI

Kleiner, abgelegener Strand, umgeben von unberührter Natur, so weit das Auge reicht. Auf der einen Seite der Bucht befindet sich eine verlassene Fischerhütte, auf der anderen eine Höhle.

→ Wegbeschreibung siehe Cala Bota (5), aber an der Abzweigung zur Cala Bota vorbei und weitere 600 m auf dem Weg bleiben, vorbei an einer weiteren Abzweigung nach rechts und einer Linkskurve, zu einem Weg, der scharf rechts Richtung Wasser führt (600 m).
35 Min., 39.4826, 3.2864

7 CALA PILOTA

Dieses versteckte kleine Paradies ist eine weiße Kieselbucht, die tief in die Kalksteinklippen eingeschnitten ist. Ihren Namen verdankt sie den PILOTES DE MAR, den Seegras-Knäueln, die sich am Strand sammeln. Ihretwegen ist das Wasser so herrlich klar.

→ Wegbeschreibung siehe Cala Bota (5), aber von der Ecke 1,3 km weiter auf dem gewundenen Weg, vorbei an drei weiteren Abzweigungen nach rechts, die vierte führt zur Cala Pilota (500 m).
45 Min., 39.4840, 3.2863

8 CALA MAGRANER

Die breiteste der drei schmalen Buchten an diesem einsamen Küstenabschnitt. Ruhiges Plätzchen im Schutz hoher weißer Klippen

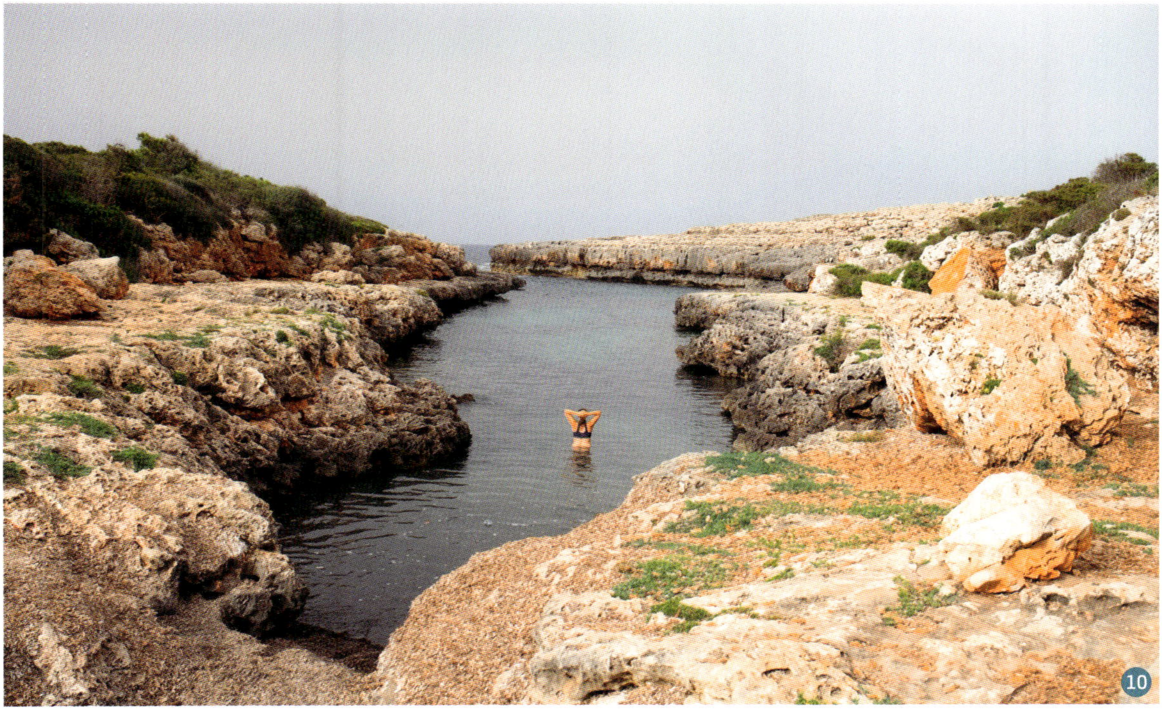

10

mit erodierten Höhlen und Hohlräumen. Weißer Kieselstrand mit türkisblauem Wasser, ideal zum Schwimmen und Schnorcheln, und dahinter ein kleines Feuchtgebiet.

➔ Wegbeschreibung siehe Cala Bota (5), aber von der Ecke weitere 2 km auf dem gewundenen Weg, vorbei an vier weiteren Abzweigungen nach rechts und zwei nach links. Nach weiteren 1,6 km an der Weggabelung nach links zur Cala Magraner.
60 Min., 39.4864, 3.2872

9 CALA BRAFI

Unberührte Bucht mit einem kleinen Stück Sandstrand, flankiert von flachen Klippen mit Pinien und Wacholder. In dieser friedlichen Bucht gibt es nichts außer einem verlassen Bootshaus, und das flache Wasser hält Boote fern. Unterwasser gibt es einige Felsen, also Vorsicht beim Schwimmen und Schnorcheln. Der Küstenwanderweg hierher von Cala Sa Nau über Cala Estreta (10 & 11) gehört zum Cami Sa Ronda. Beliebt bei FKKlern.

➔ In Can Marcal im Carrer Del Virot parken (39.4073, 3.2586). Zu Fuß Richtung Westen die Straße entlang ca. 400 m stadtauswärts. An der Ecke gibt es zwei Eingangstore und rechts einen kleinen Weg. Diesem 250 m bis zum Wasser folgen.
30 Min., 39.4036, 3.2541

10 CALA ESTRETA

Estreta bedeutet schmal, und diese abgeschiedene Felsbucht ist an der schmalsten Stelle kaum ein paar Meter breit. Man fühlt sich wie in einem leuchtend türkisblauen Swimmingpool aus einer anderen Welt, und für Taucher und Schnorchler gibt es eine Vielzahl an Fischen. (Nicht zu verwechseln mit der ebenfalls bezaubernden Cala Estreta an der Llevant-Küste, siehe Mallorca – Der Osten.)

➔ Vom Südwesten der Cala Brafi (9) 750 m weiter die Küste entlang, entweder auf dem Waldweg oder über die Klippen.
45–60 Min., 39.3992, 3.2518

11 CALA SA NAU

Leuchtend türkisblaues Wasser und weicher Sand am Ende einer zickzackförmigen tiefen Bucht, beliebt bei Einheimischen, die den Weg über die lange, kurvenreiche Straße kennen. Man kann zur Höhle am nördlichen Ende schwimmen oder vom Küstenweg ins klare, tiefe Wasser springen. Rechts auf den Klippen befindet sich eine kleine Höhle mit

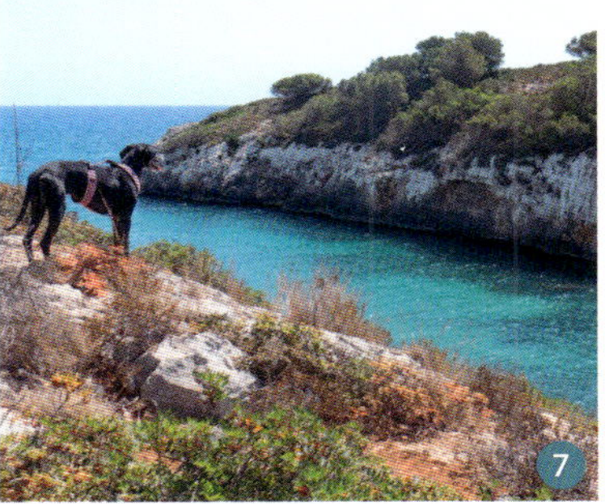
7

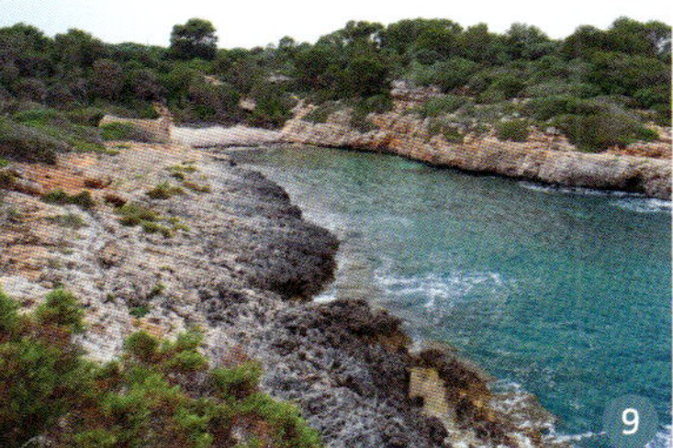
9

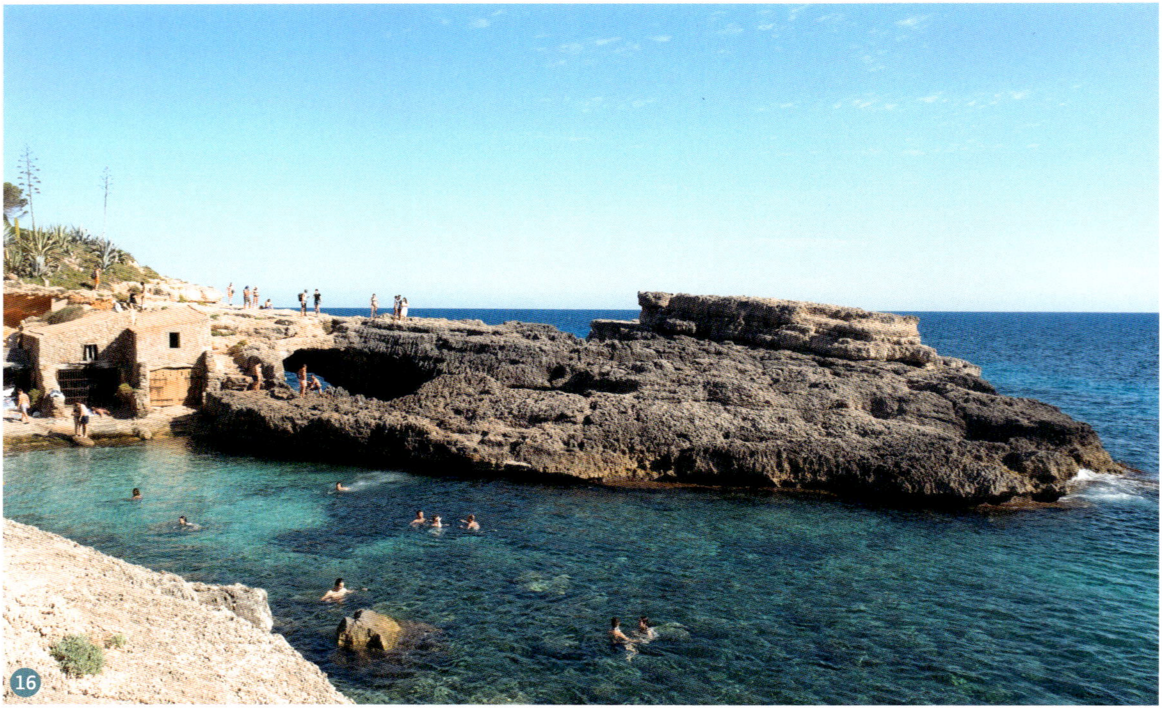

16

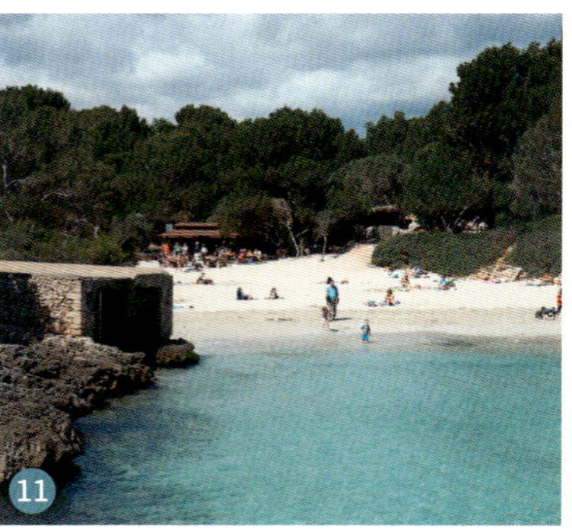

11

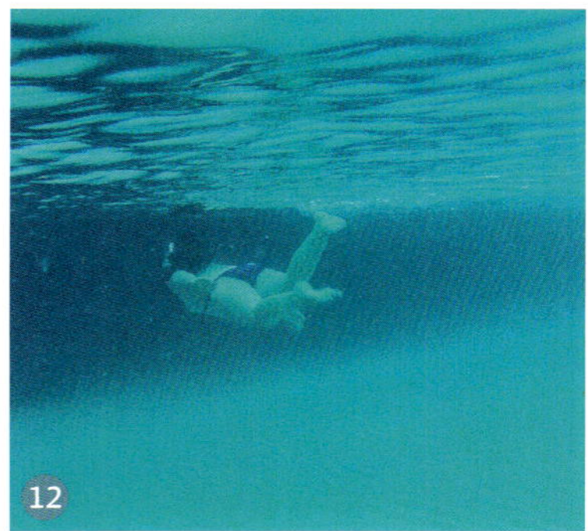

12

grandioser Aussicht (39.3918, 3.2483). Direkt am Strand gibt es eine Bar, die leckere Snacks und Getränke serviert.

➜ Im Osten von Felanitx auf der Ma-4010 Richtung Südosten zur Küste. Beim ersten Kreisverkehr rechts, beim zweiten wieder rechts auf die Ma-4012 Richtung S'Horta. Nach 4 km am Ortseingang die zweite links auf den Carrer De Cala Marcal Richtung Cala Sa Nau und nach weiteren 1,5 km beim braunen Schild zur Cala Sa Nau links. Gebührenpflichtiger Parkplatz am Straßenende, aber man kann auch vorher am Straßenrand parken. Über die steilen Stufen durch den Wald zum Wasser.

10 Min., 39.3932, 3.2472 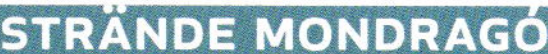

STRÄNDE MONDRAGÓ

12 PLAYA DE S'AMARADOR

Einer von zwei schönen breiten Stränden im Parc Natural de Mondragó (41). Feiner weißer Sand und klares, flaches Wasser sowie ein atemberaubender Blick. Trotz der Abgeschiedenheit gibt es eine kleine Strandbar, und am Wochenende und in der Hochsaison kann es voll werden. Ein 500 m langer Bergweg führt zum benachbarten Strand, Cala Mondragó (toll zum Klippenspringen) und Caló des Borgit (13) dahinter. In derselben Entfernung in die andere Richtung befindet sich ein echter Geheimtipp – die kleine, aber traumhafte Felsbucht Caló d'en Perdiu (39.3474, 3.1893).

➜ Von Santanyí auf dem Carrer de Mondragó Richtung Osten, nach 1,7 km an der Straßengabelung rechts und über kurvenreiche Straßen den braunen Schildern zum Parc Natural de Mondragó folgen, dann den Platja-Schildern zum großen, gebührenpflichtigen Parkplatz Ca Sa Muda links (€ 5, 39.3454, 3.1867). Der Straße hinter der Holzschranke weiter folgen, 500 m bis zum Strand.

10 Min., 39.3496, 3.1855

13 CALÓ DES BORGIT

Geschützte, tiefe Sandbucht im Parc Natural de Mondragó (41) auf der anderen Seite der Landspitze von Cala Mondragó, toll zum Klippenspringen. Umgeben von Pinien und flachen Klippen, keine Gastronomie. Unberührt und abgeschiedener, sauberer als der Nachbarstrand. Der kurze Weg durch den Wald über den zerklüfteten Küstenweg lohnt sich!

➜ Von Playa de S'Amarador (12) über den Küstenweg vorbei an Cala Mondragó und

durch den Wald, ca. 2 km vom Parkplatz.
30 Min., 39.3527, 3.1930

REGION ES LLOMBARDS

14 CALA LLOMBARDS

Felsbucht, umgeben von hohen Klippen und Pinien, toll zum Springen und Schnorcheln. Der feine, weiße Strandstrand ist nicht breit, reicht aber tief ins Land hinein und fällt flach ins klare Wasser ab. Er liegt in der Nähe von Es Llombards, hat eine Dusche und in der Hochsaison Liegen und Sonnenschirme. Wenn es zu voll wird, gelangt man über einen kurzen Fußweg nach Osten Richtung Cala Santanyí und Es Pontàs (35) zu einer charmanten, für gewöhnlich menschenleeren kleinen Felsbucht mit Seegrasteppich namens Caló des Macs. Am schönsten in der Nebensaison.

→ Von der Ringstraße in Santanyí auf der Ma-6100 Richtung Südwesten zum Kreisverkehr und links Richtung Cala Llombards. Nach 3,3 km geradeaus über den Kreisverkehr, dann links auf den Carrer del Pi, dann die zweite links Richtung Platja und den Schildern folgen. An der Straßengabelung nach 750 m links und weiter zum Parkplatz hinter dem Strand. Zur Caló des Macs links vom Strand die Stufen hoch zur Straße, dieser nach rechts folgen, links um die Kurve und rechts nach einem schmalen Pfad zwischen den Häusern Ausschau halten (39.3253, 3.1402), auf dem es glatt sein kann.
5 Min., 39.3236, 3.1381

15 CALÓ DES MORO

Kleiner, feinkörniger Sandstrand, tief in einer schönen Bucht mit steilen Klippen, und durch das flache Riff hat die ganze Bucht klares, türkisblaues Wasser. Man erreicht sie zu Fuß über ruhige Straßen und steile Stufen in den Klippen. Obwohl es keine Gastronomie gibt, ist die Bucht im Sommer sehr beliebt, manchmal bilden sich sogar Schlangen. Entweder kommt man ganz früh oder ganz spät oder am besten gleich in der Nebensaison. Richtung Süden um die Landspitze geht es nach S'Almonia (16).

→ Von der Ringstraße in Santanyí auf der Ma-6100 Richtung Südwesten zum Kreisverkehr und links Richtung Cala Llombards bis zum Kreisverkehr mit Parkplatz nach 3,3 km. Gegenüber führt eine für Autos gesperrte Straße Richtung S'Almonia und Caló del Moro. Dieser Straße bis zur T-Kreuzung folgen, dann links und gleich wieder rechts, am Ende links und rechts um die Kurve und nach 240 m über den kleinen Fußweg links zum Strand. Vom Parkplatz 1 km.
20 Min., 39.3136, 3.1214

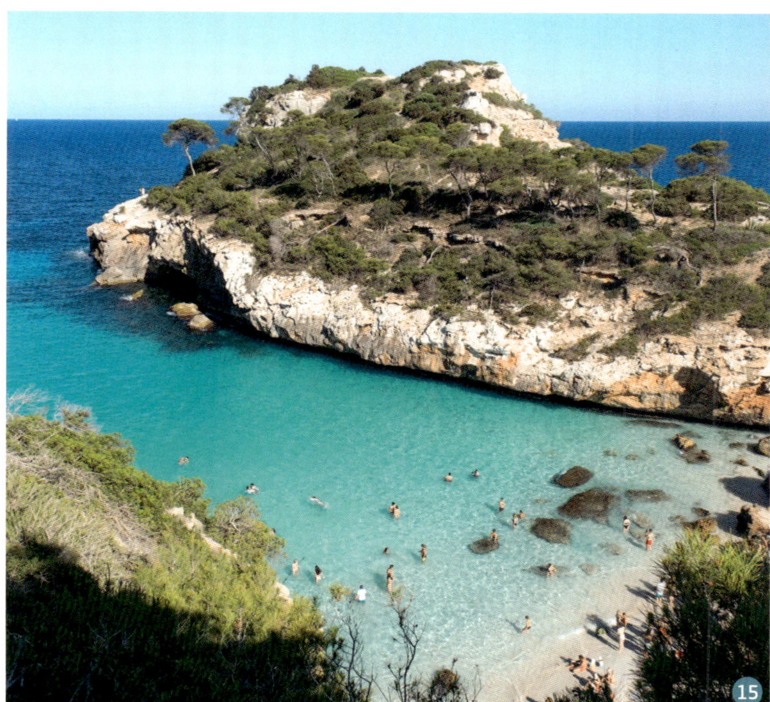
15

16 S'ALMONIA

Herrliche kleine Felsbucht, umgeben von Pinien, nicht weit von Caló des Moro (15). Das türkisblaue Wasser ist klar und lädt zum Baden und Schnorcheln ein und die Felsen zum Springen – aber vergewissern Sie sich vorher, dass das Wasser tief genug ist. Es gibt auch noch ein wunderbares Höhlenloch, durch das man springen kann. Wenn man um die benachbarten Landspitzen Es Castellet de Llevant und Es Castellet de Ponent herumgeht, kommt man an weiteren Stellen zum Springen vorbei und an einer großen Meereshöhle, in die man hineinschwimmen kann.

→ Wegbeschreibung siehe Caló des Moro (15) und weiter um die Landspitze. Oder weiter die Straße entlang, am Weg zur Caló des Moro vorbei bis zur nächsten Ecke und über die extrem steilen Stufen in die Bucht hinunter.
25 Min., 39.3126, 3.1196

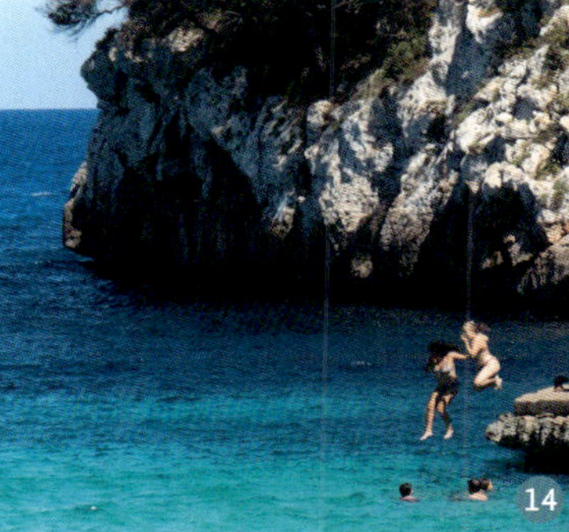
14

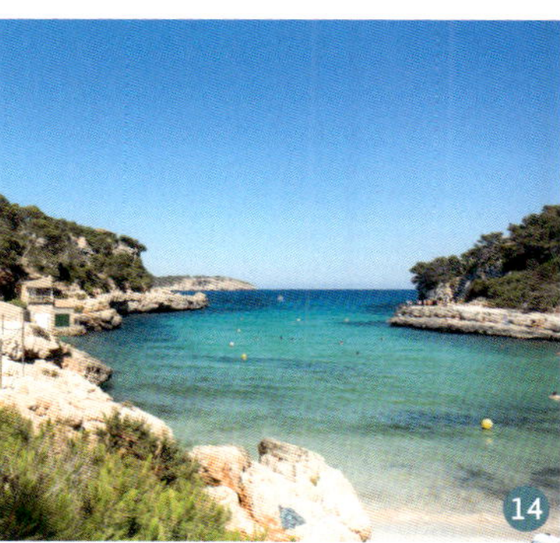
14

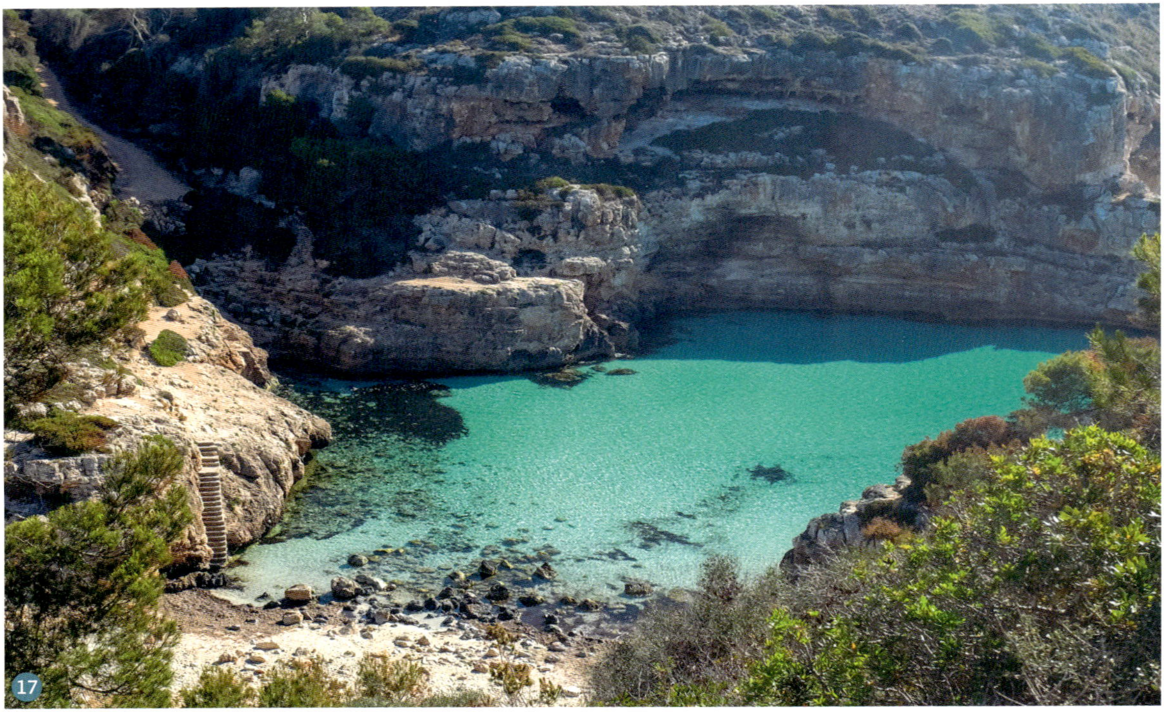

17

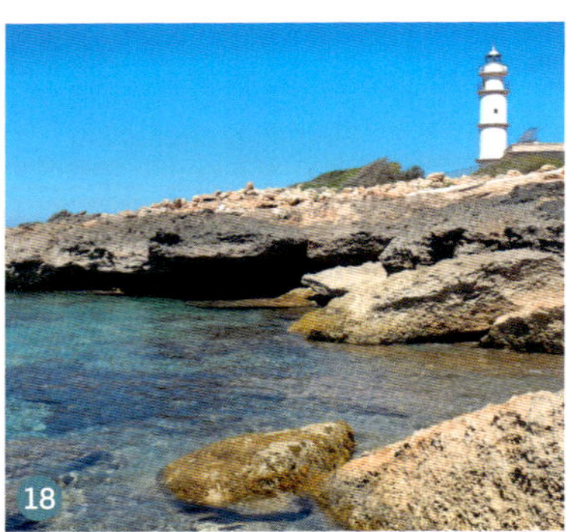
18

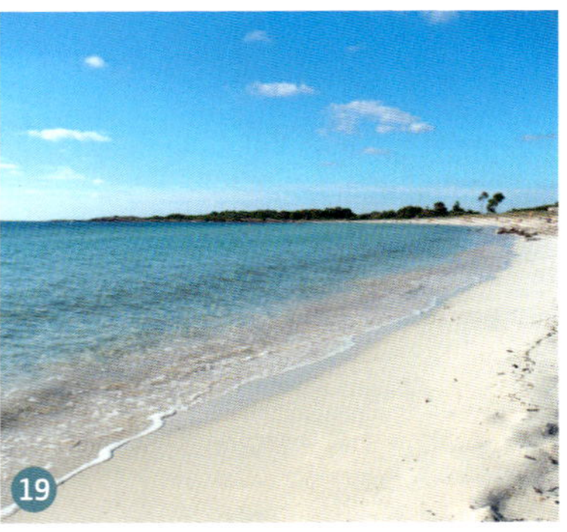
19

CAP DE SES SALINES

17 CALÓ DES MÀRMOLS

In der tiefen „Marmorbucht" liegt dieser schroffe, einsame Strand vor dramatischen, hohen Klippen. Nur zu Fuß zu erreichen über einen zerklüfteten Küstenweg, der vom Far Cap de Ses Salines (32) an der Ostküste entlangführt. In die Klippen sind Stufen geschlagen, die zu diesem Geheimtipp hinunterführen. Das kristallklare Wasser schillert blau und türkis, und man kann zu einer Höhle schwimmen.

→ Von der Ma-6100 auf halbem Weg zwischen Es Llombards und Ses Salines Richtung Süden/Far Cap de Ses Salines abfahren. Der Straße 5,7 km bis zum Leuchtturm am Ende folgen. Am Straßenrand parken und um den Leuchtturm herum zum Küstenweg, diesem 4,5 km nach Osten folgen. Am Zaun zur Linken orientieren, um auf dem Weg zu bleiben. Kein Schatten.

75 Min., 39.2886, 3.0896

18 PLATJA CAP DE SES SALINES

Friedliche Felsküste auf halbem Weg zwischen Far Cap De Ses Salines und Platja de Caragol (32 & 19). Fast an der südlichsten Spitze Mallorcas, und nirgendwo kann man so nah am afrikanischen Kontinent schwimmen wie hier. Die umliegende Landschaft ist flach, mit Wacholder und anderem Gebüsch, und das einzige Gebäude meilenweit ist der Leuchtturm.

→ Beim Leuchtturm parken, Wegbeschreibung siehe Caló des Màrmols (17), aber dem Küstenweg ca. 800 m nach Westen folgen.

15 Min., 39.2708, 3.0460

19 PLATJA DES CARAGOL

Der südlichste Sandstrand Mallorcas, einsam und abgelegen, geschützt von einer natürlichen Steinmole, mit kristallklarem Wasser, das durch den sanft abfallenden Strand in fantastischen Blau- und Türkistönen schimmert. Unberührt und unbewacht, dahinter Sanddünen und wilde, karge Vegetation.

→ Beim Leuchtturm parken, Wegbeschreibung siehe Caló des Màrmols (17), aber dem Küstenweg ca. 2 km Richtung Westen folgen, vorbei an Platja Cap de Ses Salines (18).

30 Min., 39.2785, 3.0433

COLÒNIA DE SANT JORDI

20 PLATJA DES DOLÇ

Platja des Dolç ist ruhiger und abgeschiedener als Colònia Sant Jordi und seine Platja d'es Port gegenüber. Feiner, fast weißer Sand, in der Mitte von Felsen geteilt, flaches kristallklares Wasser, herrlich zum Schnorcheln und Schwimmen. Man kann Sonnenschirme und Tretboote mieten, und es gibt ein kleines Chiringuito mit Snacks, aber alles dezent. Ein Küstenweg führt von hier Richtung Süden, vorbei an einer Reihe herrlicher Strände, zur südlichsten Spitze der Insel.

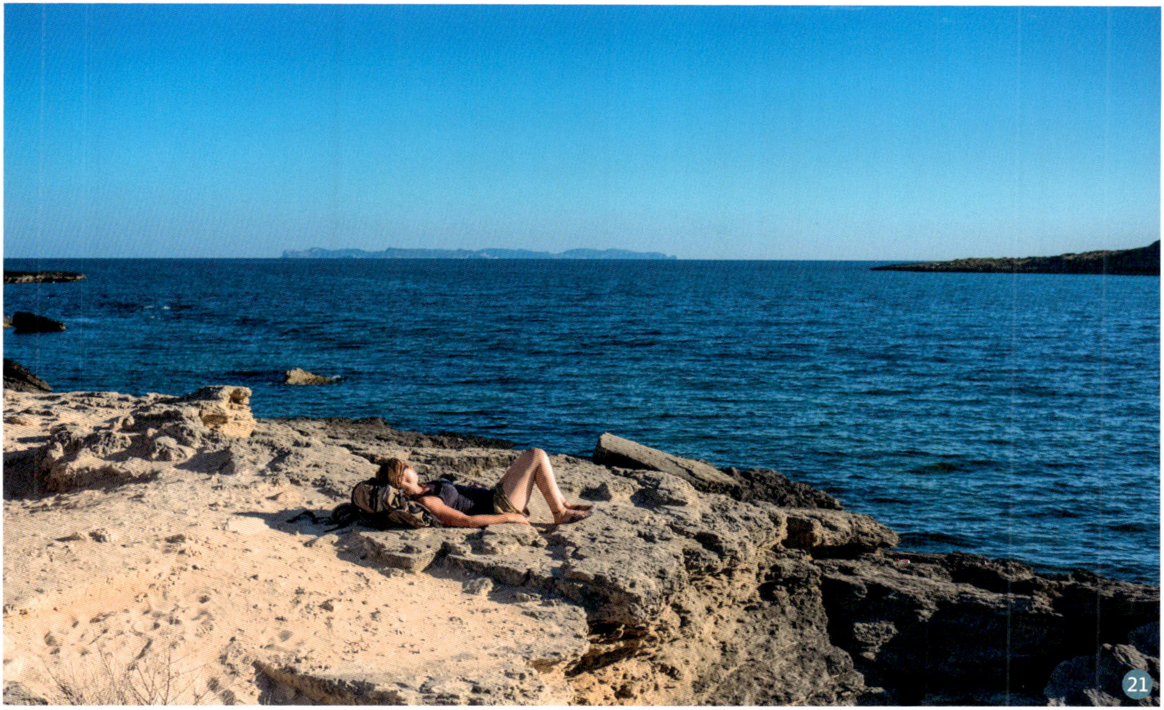

→ Diverse Parkplätze in Colònia Sant Jordi, einer auch direkt am Hafen, Eingang Carrer Llotja. Von hier 600 m am Strand und den Küstenweg entlang Richtung Norden und Osten um die Bucht.

10 Min., 39.3158, 3.0052

21 PLATJA DE CAN CURT

Hübsche, kleine Bucht, gleich um die Ecke, aber außer Sichtweite von Colònia de Sant Jordi, mit zwei vorgelagerten Inseln. Traditionelle Fischerhütten sorgen für Schatten. Wegen der vielen Fische und des klaren Wassers schön für Taucher und Schnorchler.

→ Wegbeschreibung siehe Platja des Dolç (20), aber 500 m weiter die Küste entlang bis zu den Fischerhütten.

20 Min., 39.3122, 3.0060

22 ES DOFÍ

Weite, unberührte Bucht, besonders ruhig und abgeschieden, daher oft als FKK-Strand genutzt. Weißer Sand, aber auch steinige Abschnitte und herrlich klares Wasser, naturgeschützte Sanddünen und Wald. Weit und breit keine Gastronomie o. Ä., daher von Proviant bis Sonnenschirm alles selbst mitbringen.

→ Wegbeschreibung siehe Platja des Dolç (20) und ca. 900 m weiter die Küste entlang zur nächsten Bucht, vorbei an Platja de Can Curt (22) auf der Landspitze

30 Min., 39.3121, 3.0097

23 PLATJA DES CARBÓ

Langer, wilder Sandstrand am Waldrand mit angespültem Neptungras und Treibholz. Man kann am Wasser entlang zum nächsten Strand gehen, Platja de Ses Roquetes, oder sogar noch weiter zur von Bäumen gesäumten Cala en Tugores (39.2893, 3.0308). Die ganze Gegend ist flach, wild und einsam, weit und breit kein Mensch und kein Schatten, deshalb alles einpacken, was man braucht.

→ Wegbeschreibung siehe Platja des Dolç (20), aber ca. 1,4 km weiter die Küste entlang, vorbei an Platja de Can Curt und Es Dofí (21 & 22).

35 Min., 39.3068, 3.0160

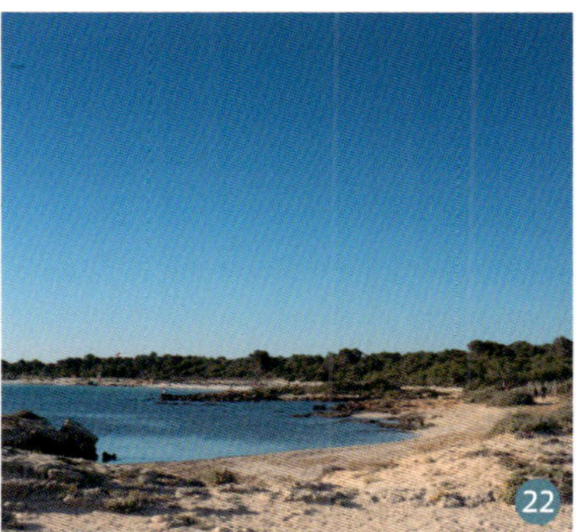

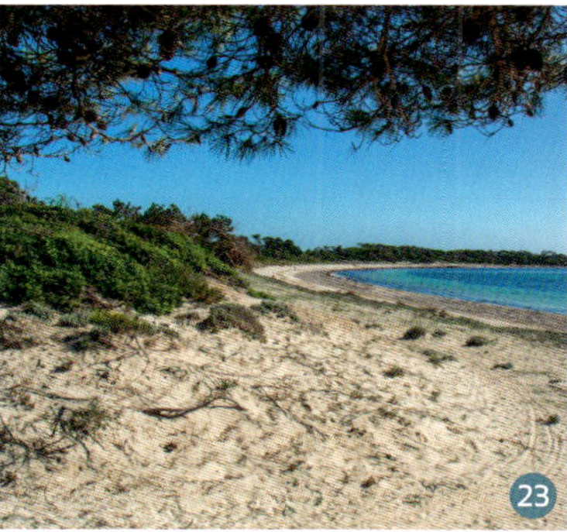

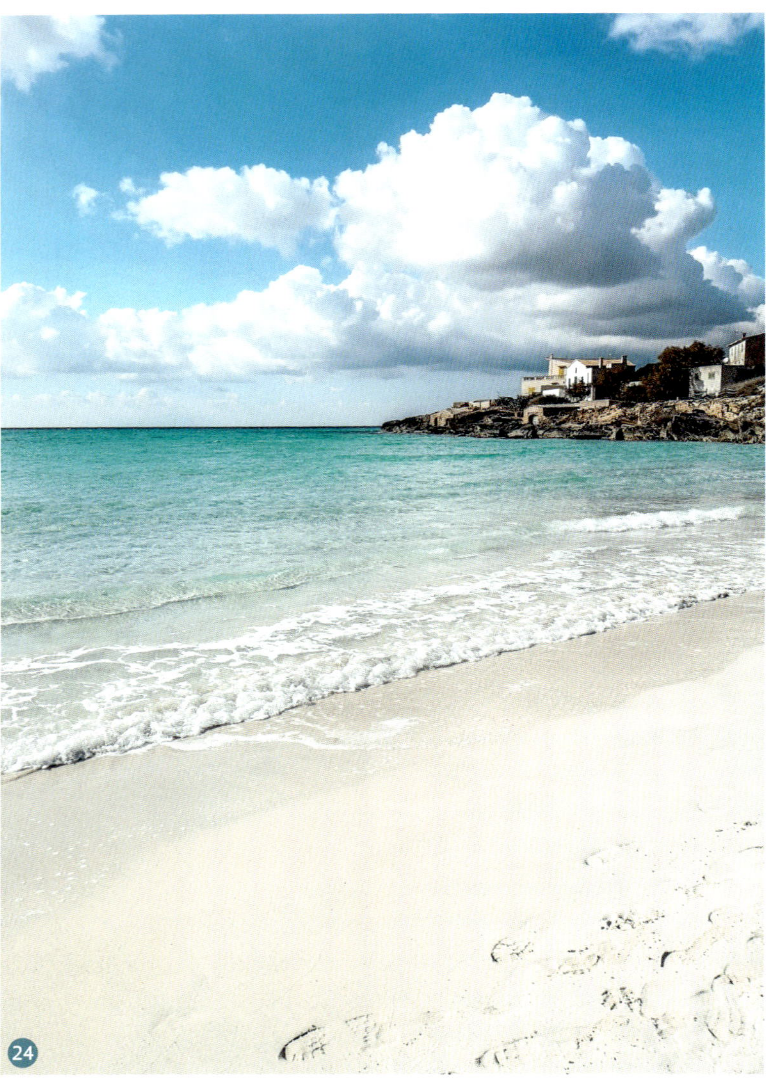

TRENC

24 PLATJA D'ES TRENC

Langer perlweißer, feiner Sandstrand und einer der schönsten auf Mallorca. Die Farbe des Wassers changiert je nach Tageszeit und Lichtverhältnissen zwischen tiefblau, türkis und smaragdgrün. Toll zum Baden, Schnorcheln und für Sonnenuntergänge. Die flachen Dünen des Park Natural Es Trenc-Salobrar de Campos (40) dienen als Brutplatz für Vögel wie Sandregenpfeifer und Stelzenläufer, und da hier nicht gebaut werden darf, gibt es nur kleine Chiringuitos und Stände mit Sonnenliegen. Zwei große Parkplätze und in der Hochsaison kann es voll werden, besonders an den Eingängen zu beiden Seiten. Auf der anderen Seite vom Dorf Ses Covetes liegt ein ruhigerer Strand.

→ Vom östlichen Ortsrand in Sa Rapita auf der Ma-6030 für 2,6 km Richtung Norden, dann auf der Ma-6014 rechts Richtung Es Trenc. Der Straße 2,4 km bis zum großen Parkplatz folgen. Zu Fuß auf derselben Straße 1,5 km Richtung Süden nach Ses Covetes und links zum Strand – oder rechts zum Strand in Ses Covetes. Ein Stück weiter, hinter dem Restaurant S'Embat (43) gibt es einen weiteren Parkplatz, und auch im Dorf gibt es ein paar enge Parklücken, die sind allerdings meist schon besetzt. Vom Parkplatz am südlichen Ende ist der Weg zum Strand kürzer. Zwischen Campos und Colònia de Sant Jordi Richtung Es Trenc von der Ma-6040 abfahren (39.3485, 3.0131) und der Straße 2,4 km bis zumParkplatz am Ende folgen.

20 Min., 39.3423 2.9865

25 PLAYA DE ROCAS

Felsenküste vor der Kleinstadt Sa Ràpita mit Sprungbrett. Viele Fische und toll zum Schnorcheln. Ein Stück weiter liegt der ursprüngliche Fischerhafen, und in der Hauptsaison kann man mit der Fähre von dort zum Naturschutzgebiet auf der Insel übersetzen (42). An diesem Abschnitt gibt es viele schöne Restaurants. Nicht sehr touristisch, aber bei den Einheimischen beliebt.

→ In Sa Rapita parken, irgendwo in einer Seitenstraße oder auf dem Parkplatz am östlichen Stadtrand oberhalb vom Hafen, ca. 1,5 km vom Sprungbrett entfernt.

2 Min., 39.3639 2.9389

26 PLAYA DE CALA PI

147 Stufen führen über die Klippen zu einem schmalen, geschützten Strand mit Fischerhütten an der Mündung des Torrent de Cala Pi. Türkises Wasser mit vielen Fischen und manchmal Einsiedlerkrebsen, ideal zum Schnorcheln. Wenn man ein Picknick mitnimmt, erspart man sich die 147 Stufen zu den Cafés. Einen kurzen Fußweg entfernt liegt der Wachturm Torre de Cala Pi aus dem 17. Jahrhundert.

→ Auf der Ma-6015 von Llucmajor fast 11 km Richtung Süden, dann rechts Richtung Cala Pi auf die Ma-6104. Nach 8 km links wieder Richtung Cala Pi und der Straße 3,5 km bis zum Dorf folgen. Bei der Straßengabelung am Ende rechts auf den Parkplatz neben den Stufen zum Strand. Für den Turm (39.3615, 2.8352) weiter auf der Straße bleiben.

10 Min., 39.3639 2.8362

COCÓ DE SES NINFES

27 PLAYA MAIORIS

Kuriose Pools, die aus einem alten Steinbruch entstanden sind, in dem Steine für die Kathedrale in Palma abgebaut wurden, mit herrlichem Blick und unglaublichen Sonnenuntergängen. Einer der Pools, Puig de Ros, sieht wie ein richtiger Swimmingpool aus. Die Fische im kristallklaren, türkisblauen Wasser kann man beim Schnorcheln auch ohne Schwimmbrille sehen. Schöne große Felsplatten zum Sonnen, die gleichzeitig Schatten spenden, aber am besten Schwimmschuhe tragen, da sie recht scharf sein können. Gegen Nachmittag wird's voll, und manchmal gibt es bei Sonnenuntergang ein Trommelkonzert. Der Küstenwanderweg Cocó de Ses Ninfes (39) Richtung Norden beginnt hier.

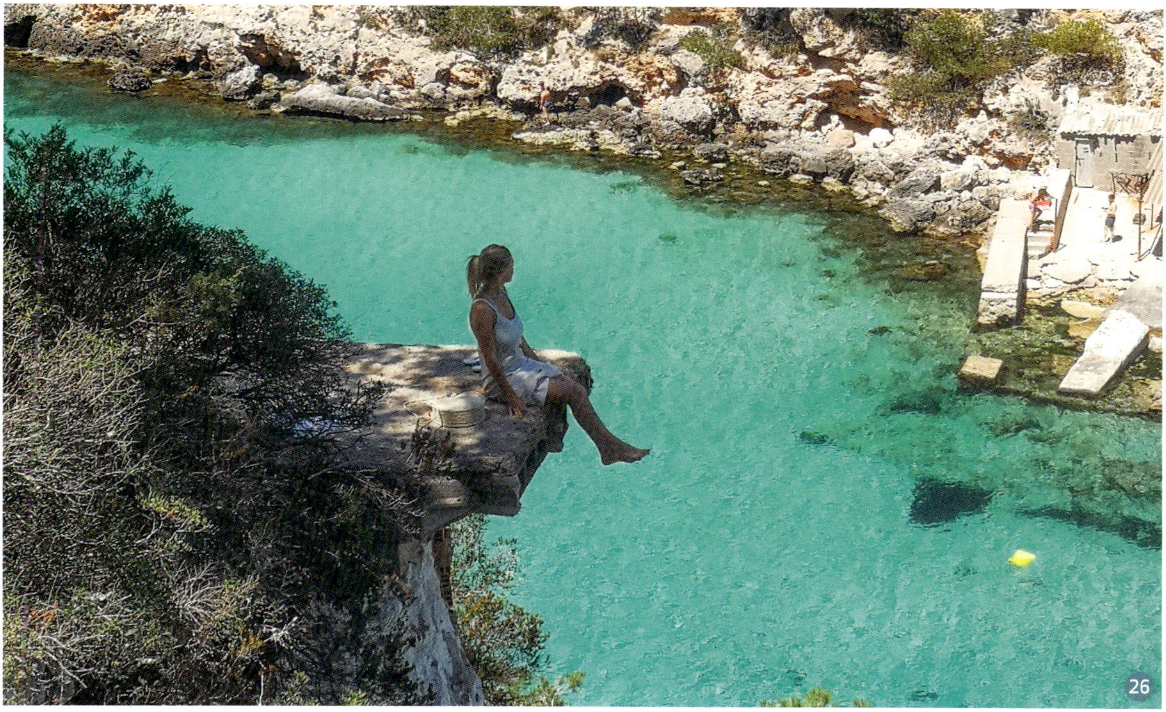

→ Auf der Ma-6014 von S'Arenal fast 4 km nach Süden Richtung Puigderros. Bei der T-Kreuzung am Ende rechts zum Mhares Sea Club, dann die erste links und der Serpentinenstraße folgen, an Mhares vorbei zum Parkplatz am Ende (es gibt auch einen gebührenpflichtigen Parkplatz in Mhares). Der Steinbruch beginnt am Fuß der Treppe. Von hier noch mal 300 m Richtung Norden die Küste entlang zur Badestelle.

15 Min., 39.4530, 2.7410

28 CALA DELTA

Die größte von mehreren perfekten Felsbuchten an dem alten Küstenweg Coco de ses Ninfes (39) und ideales Ausflugsziel, wenn man den mühsamen Weg nicht bis zum Ende gehen möchte. Das Wasser ist ganz klar und ausgezeichnet zum Schnorcheln. Warme, glatte, goldrosa Felsen zum Sonnen und traumhafte Gezeitentümpel zum Baden. Folgen Sie einfach der Küste für weitere Badestellen.

→ Wegbeschreibung siehe Playa Maioris (27), aber auf dem Küstenweg ca. 200 m weiter die Küste entlang Richtung Norden.

30 Min., 39.4546, 2.7396

29 CALA VELLÓ

Auch Cala Vella. Wunderschöne, perfekt geschwungene Bucht mit roten Felsen und klarem türkisblauem Wasser, herrlich zum Baden und Schnorcheln. Der Weg über die Felsen ist eine ziemliche Kletterpartie, aber es lohnt sich.

→ Wegbeschreibung siehe Playa Maioris (27), aber 600 m weiter auf dem Küstenweg Richtung Norden, vorbei an Cala Delta.

55 Min., 39.4583, 2.7366

30 COCÓ DE SES NINFES

Es ist ein weiter Weg zu dieser sehr abgelegenen „Bucht der Nymphen" (manchmal auch Cocó de ses Nimfes geschrieben), aber es gibt einen tollen Felstümpel zum Hineinspringen, der unter Wasser mit dem Meer verbunden ist. Sowieso toll zum Klippenspringen. Der Weg führt durch eine staubige

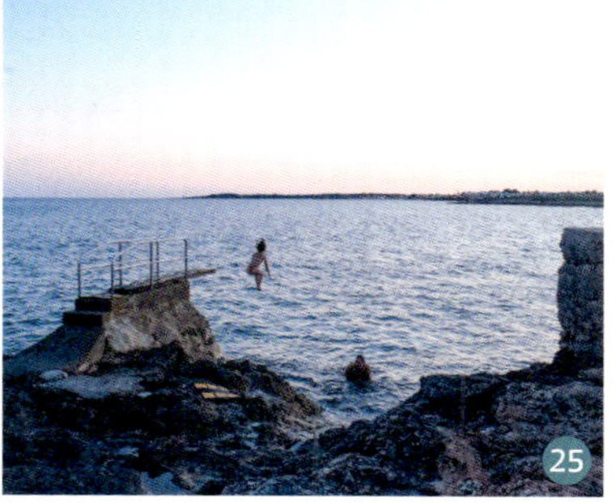

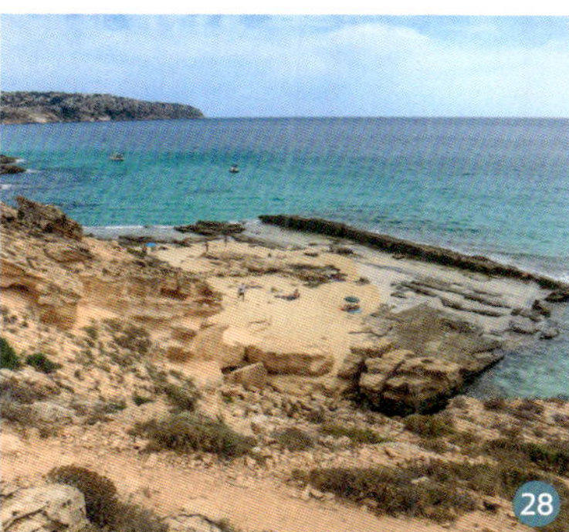

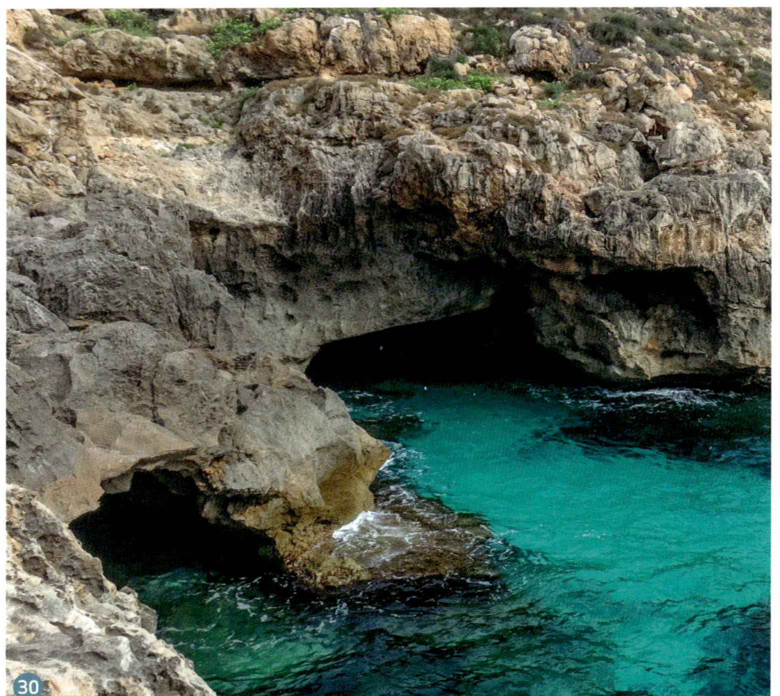

30

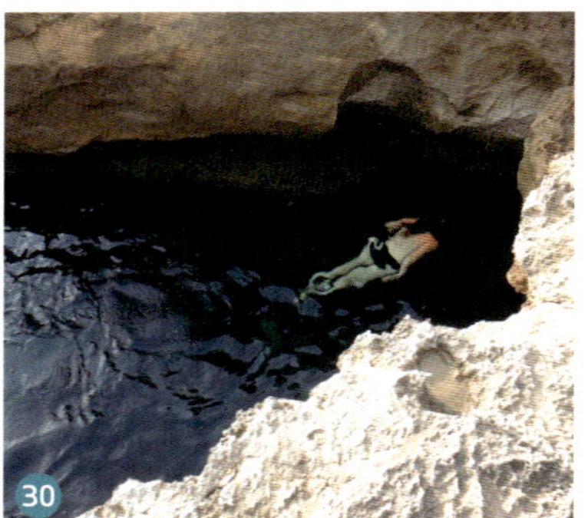

30

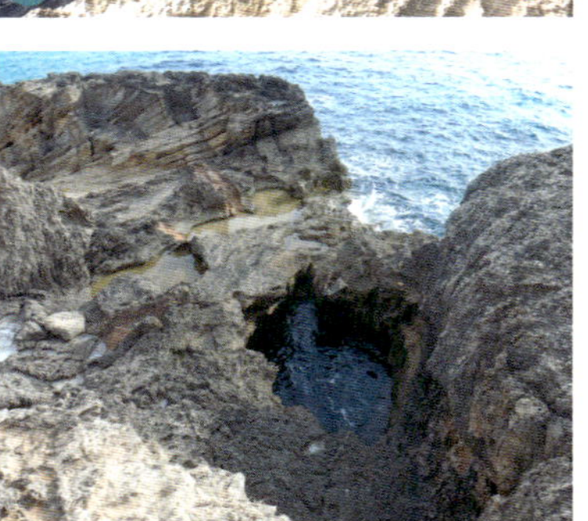

30

Mondlandschaft mit verlassenen Steinbrüchen und durch Gestrüpp – festes Schuhwerk ist ein Muss.

→ Wegbeschreibung siehe Playa Maioris (27), dann auf dem Küstenweg 2 km Richtung Norden. Oder vom Dorf Cala Blava, ähnliche Entfernung, aber durchs Hinterland und leichter. Parken ungefähr bei 39.4794, 2.7382 und südlich davon (gegenüber von den Häusern, beim Tempolimitschild) nach einer Lücke in der Mauer Ausschau halten. Dem Weg an der Mauer (die sich zur Rechten befindet) entlang folgen bis zur Ecke, durch eine Lücke und weiter an der Mauer entlang (jetzt zur Linken), wieder durch eine Lücke und rechts auf den Weg. Diesem bis zum Meer folgen. Dann rechts und die letzten 350 m die Küste entlang zur Bucht.

120 Min., 39.4706 2.7263

AUSSICHTEN & DENKMÄLER

31 TALAIÓT CAPOCORB VELL

Das talayotische Dorf in der Nähe von Lluc Major ist eine der größten und beeindruckendsten Ausgrabungsstätten Mallorcas und dennoch kaum bekannt. Es gibt fünf Talayots, zwei eckige und drei runde und diverse kleinere. Ursprünglich erstreckte sich die Siedlung noch weiter nordöstlich, und im Lauf der letzten hundert Jahre wurden die Überreste von insgesamt 28 Räumen gefunden. Die ersten Ausgrabungen nahm der große Talayot-Experte Josep Colominas i Roca vor, und ihm zu Ehren wurde im Herzen der Anlage ein Gedenkstein aufgestellt. Den kleinen Obolus zahlt man in der charmanten Bar am Eingang zu diesem Ort im Nirgendwo.

→ Auf der Ma-6015 von Llucmajor fast 10 km Richtung Süden, dann rechts Richtung S'Arenal auf die Ma-6014. Nach ca. 7,5 km sind die Ausgrabungsstätte und die Bar rechts ausgeschildert. Parkplatz am Eingang. Geöffnet 10–17, Do geschlossen.

2 Min., 39.3975 2.8242

32 FAR CAP DE SES SALINES

Dieser Leuchtturm an der südlichsten Spitze Mallorcas wurde 1863 erbaut und ist noch immer in Betrieb, daher also nicht zu besichtigen. Es gibt einen steinigen Strand mit Panoramablick zur Insel Cabrera (42). Außerdem ist es der Ort mit der geringsten Lichtverschmutzung auf der Insel, also ideal, um sich die Sterne anzusehen. Man kann von hier dem Küstenweg in beide Richtungen folgen, um einsame Sandstrände und versteckte Buchten zu entdecken. Richtung Westen führt eine 6 km lange Wanderung durchs karge Flachland der Westküste bis Colònia de Sant Jordi, Richtung Osten geht es über die Klippen zur Cala Llombards.

→ Von der Ma-6100 auf halbem Weg zwischen Es Llombards und Ses Salines Richtung Far Cap de Ses Salines nach Süden abfahren, der Straße 5,7 km folgen bis zum Leuchtturm am Ende. Am Straßenrand parken.

2 Min., 39.2652, 3.0534

33 TORRE DE S'ESTALELLA

Der restaurierter Turm aus dem 16. Jahrhundert wachte gemeinsam mit den benachbarten Türmen Torre Son Duri (39.3625, 2.9533) und Torre de Cala Pi (39.3615, 2.8352) über die Südküste. Schöner Spaziergang von S'Estanyol am Meer entlang. Zum Turm gibt es keinen Zugang, aber die Aussicht ist herrlich. In die Klippen sind Hohlräume und Pools gespült, und man kann von den Felsen aus schwimmen.

→ In Sa Rapita parken, am Hafen am westlichen Ende der Promenade, wo die Straße zur Schotterpiste wird (39.3597, 2.9170). Von hier die Küste entlang bis zum Turm.

40 Min., 39.3588 2.9021

EQUILIBRIO SUD

Dieses totemartige Monument ist Teil eines internationalen Projekts des Bildhauers Rolf Schaffner und soll das Gleichgewicht zwischen dem Planeten und seinen Bewohnern darstellen. Diese und weitere Säulen in Norwegen, Deutschland, Russland und Irland bilden ein Kreuz, wenn man sie durch imaginäre „Meridiane des Friedens" verbindet. Dieser südlichste Punkt liegt am Küstenweg nach Es Pontàs (35), etwas südlich von Santanyí.

→ Von Santanyí auf der Ma-6102 den Schildern zur Cala Santanyí Richtung Süden folgen und nach 1,6 km beim Kreisverkehr am Friedhof rechts. Nach gut 1 km am Stadtrand rechts (geradeaus geht's Richtung Platja). Der Straße 900 m folgen, am Strand vorbei, und an der Rechtskurve am Ende parken (39.3278, 3.14531, bei der Ladestation für Elektro-Autos). Zu Fuß in die für Autos gesperrte Sackgasse und auf dem Fußweg nach Es Pontàs (35) den Schildern folgen.

10 Min., 39.3264, 3.1442

35 ES PONTÀS

Prächtiges Brandungstor vor der Küste. Bei Sonnenuntergang sind die Farben und das Licht hier atemberaubend. Man kann zum Wasser hinunterklettern und durch das Tor hindurchschwimmen – ein erhebendes Erlebnis. Vergewissern Sie sich aber, dass Sie auch wieder hoch kommen. Es Pontàs (Katalanisch für „große Brücke") ist bei Kletterern berühmt-berüchtigt, und den Aufstieg haben bisher nur wenige geschafft.

→ Wegbeschreibung siehe Equilibrio Sud (34), aber noch ein Stück auf dem Weg weitergehen, bis man das Tor sieht.

15 Min., 39.3259, 3.1442

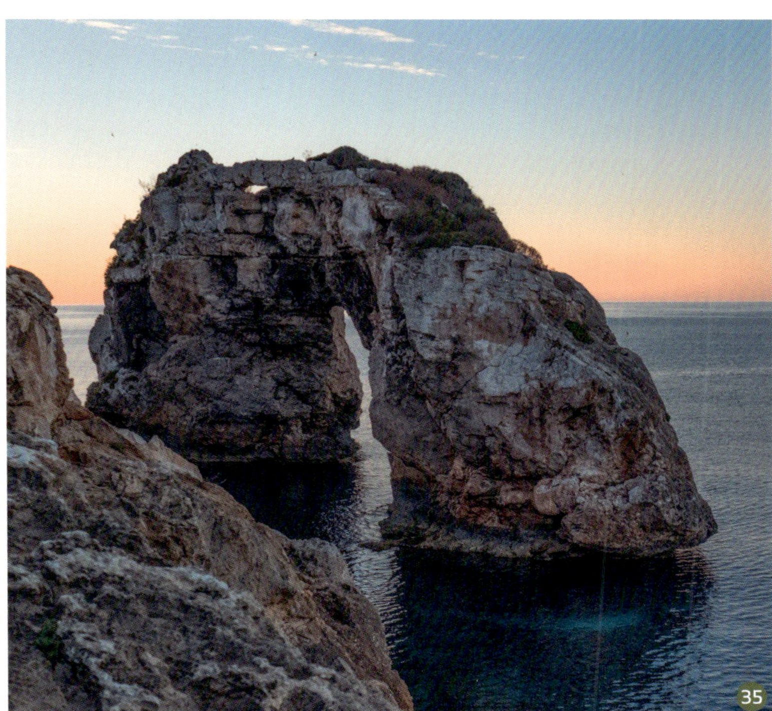

35

ABENTEUER & HÖHLEN

36 SA COVA FORADADA

Perfekter Tunnel durch den Felsen auf Punta de ses Crestes, eine der beiden Landspitzen, die den Hafen von Portocolom flankieren. Wenn man hindurchschaut, bildet die Felsformation einen Rahmen für den Leuchtturm am Ende der gegenüberliegenden Landspitze, Punta des Raconàs. Falls man hinunterklettern will, braucht man feste Schuhe.

→ Vom Hafen in Portocolom der Einbahnstraße Richtung Süden die Küste folgen bis zur Landspitze, dann bei der Straßengabelung auf der Landspitze in entgegengesetzter Richtung zum Meer und sofort rechts (die Straße geradaus ist für Fahrzeuge gesperrt). Nach 160 m macht die Straße eine Linkskurve (rechts geht eine Sackgasse ab). Hinter der Kurve parken. Zu Fuß weiter und dem Weg beim Schotterplatz mit der Bank (rechts) zum Wasser folgen. Der Tunnel liegt links, hinter dem nächsten Haus.

5 Min., 39.4151, 3.2674

37 COVA DES COLOMS

In dieser wilden, schwer zugänglichen Höhle entdeckte die Paläontologin Dorothea Bate eine bisher unbekannte urzeitliche Tierart, die nur 50 cm große Höhlenziege Myotragus oder auch Mausziege. Man sollte die Karsthöhle nur mit Führer erkunden. Dazu seilt man sich über die Klippenwand ab und taucht durch den unter Wasser liegenden Eingang. Dann muss man noch ein Stück schwimmen und klettern, bevor man die eigentliche Höhle mit fantastischen Stalaktiten und Stalagmiten erreicht. Es gibt in der Nähe noch weitere Höhlen, die zum Teil zugänglich (mit Führer!) und durch unterirdische Seen verbunden sind: Cova de sa Piqueta, Cova des Pont, Cova des Xots und Cova des Pirata.

→ Kontakt: Experience Mallorca, Avenida son Noguera 7 local 2, Llucmajor, + 34 687 358922, experience-mallorca.com (39.4845, 2.8516)

4 Std., 39.5009, 3.3017

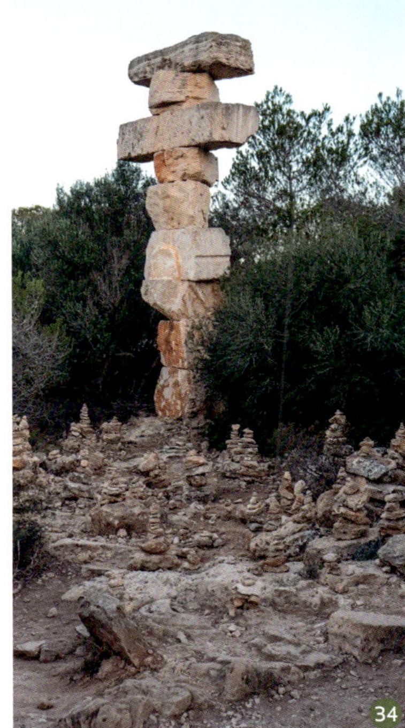

34

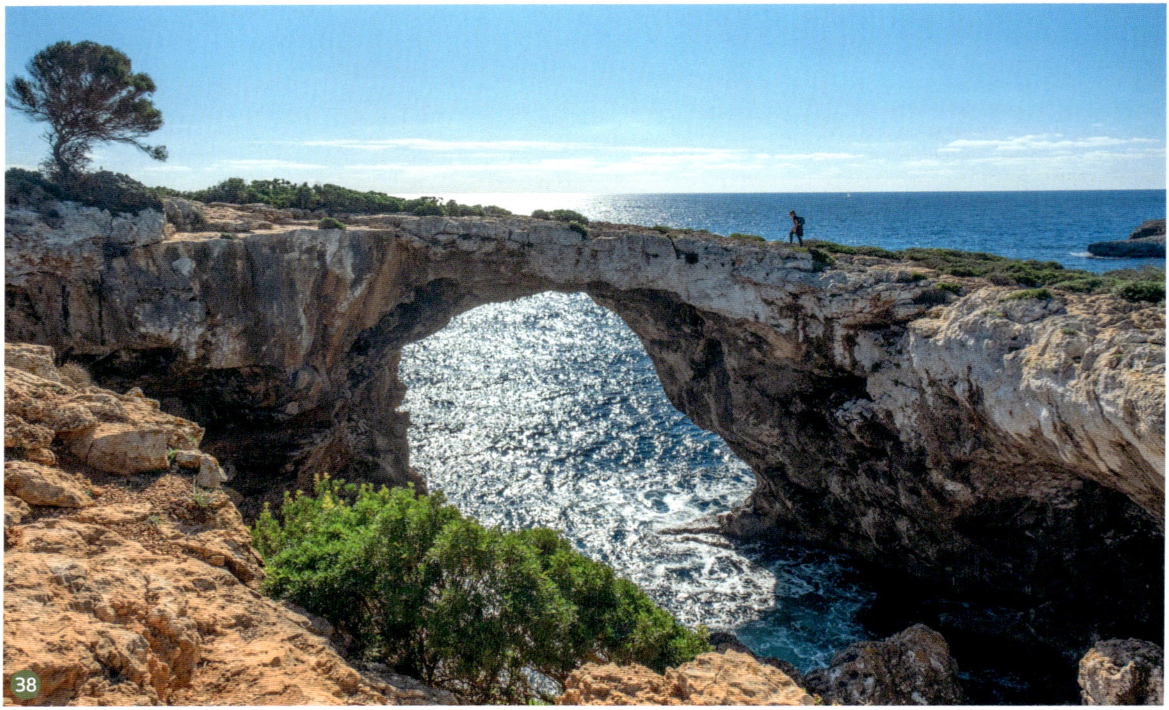

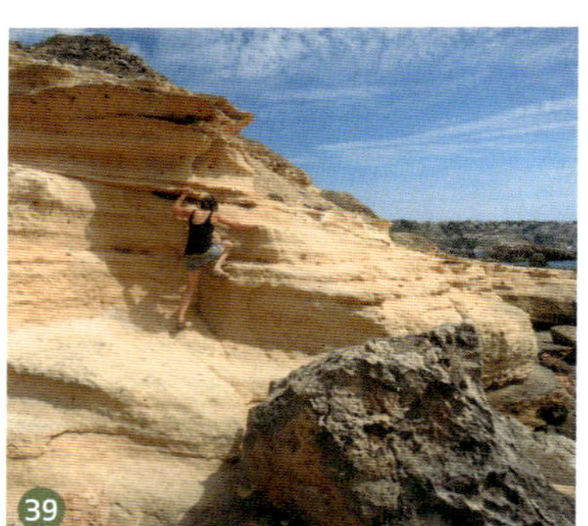

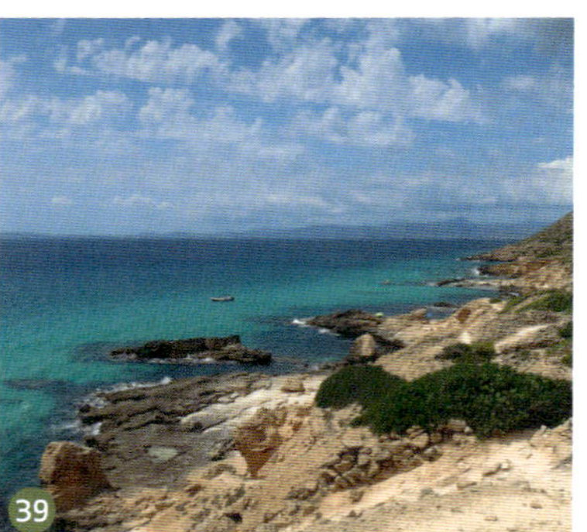

38 ARC NATURAL DE LA COVA DES PONT

Das gewaltige Brandungstor zwischen den kleinen Stränden Cala Falcó und Caló Blanc (2 & 3) scheint wie aus dem Nichts aufzutauchen – man sieht es erst, wenn man direkt davorsteht. Es bildet eine Brücke, über die man gehen kann.

→ Auf der Ma-4014 von Porto Cristo 4 km nach Südwesten Richtung Portocolom, dann links Richtung Romantica auf die Av. Geranis bis zum Parkplatz am Ende. Hinter dem Strand den Carrer de les Petunies entlang und links zur Cala Romantica. Über die Brücke und rechts zum Küstenweg, links um den Pool (39.5170, 3.3060) und 350 m weiter auf dem Weg bis zu einem Sandweg. Diesem ca. 2 km Richtung Westen folgen, dann links nach dem Weg zur Cala Falcó Ausschau halten und dem Weg rechts um die Landspitze bis zum Brandungstor folgen.

60 Min., 39.5002, 3.2999

39 WANDERWEG COCÓ DE SES NINFES

Dieser einzigartige Küstenwanderweg führt durch eine unwirkliche Landschaft mit verlassenen Steinbrüchen. Ausgangspunkt ist Playa Maioris (27), von hier führt der Steinweg durch die Wildnis. Klettern Sie über rosa und honigfarbenen Marés-Sandstein, der so typisch ist für die Gebäude auf Mallorca. Die Steine für die Kathedrale in Palma stammen von hier. Der Weg ist gespickt mit Badestellen und kleinen Buchten wie Cala Delta und Cala Vella (28 & 29). Ziel ist Coco de ses Ninfes (30) mit einem tiefen Pool, in den man hineinspringen kann, um sich abzukühlen. Auf dem ganzen Weg gibt es keinen Schatten, deshalb alles einpacken, was man so braucht. Auf dem Rückweg erlebt man eventuell bei Sonnenuntergang ein Trommelkonzert an der Playa Maioris.

→ Von S'Arenal auf der Ma-6014 fast 4 km Richtung Süden, dann rechts Richtung Puigderros. Bei der T-Kreuzung am Ende rechts Richtung Mhares Sea Club, dann die erste links und der Serpentinenstraße folgen, an Mhares vorbei bis zum Parkplatz am Ende (in Mhares gibt es auch einen gebührenpflichtigen Parkplatz). Die Steinbrüche beginnen am Fuß der Treppe, von dort rechts und die Küste entlang Richtung Norden.

4 Std., 39.4530, 2.7410

40 PARC NATURAL ES TRENC-SALOBRAR DE CAMPOS

Zweitgrößtes Feuchtgebiet auf Mallorca nach Albufera (siehe Mallorca – Die Mitte). Eine wilde Landschaft mit perfekt angepassten Küstenpflanzen und ein Paradies für Vögel wie Flamingos, Seeadler und Sumpfvögel. Hinter Platja d'Es Trenc (24) liegt eine einzigartige Dünenkette mit Pflanzen, die an den Salzgehalt des Bodens angepasst sind, z.B. Queller, Stranddistel und Tamarind. Etwas weiter östlich, an den Flüssen Son Catlar und Son Xorc, liegen ca. 140 künstliche Salzbecken, die aus dem Meer gespeist werden. Das milde Klima, die sanfte Brise, und geringe Feuchtigkeit dieses besonderen Ökosystems lassen das Meerwasser auf natürliche Weise verdampfen, sodass nur das Salz zurückbleibt, das zu schimmernden Bergen aufgehäuft wird. Perfekt für Fotos vom Sonnenuntergang! Im Salzwerk Salinas d'Es Trenc gibt es manchmal Führungen (+34 971 655 306, salinasdestrenc.com).

→ Auf der Ma-6040 von Campos knapp 9 km Richtung Süden und rechts Richtung Es Trenc. Diese Straße verläuft entlang der Salzfelder. Man kann 2,5 km fahren, auf dem offiziellen Parkplatz am Ende parken und zu Fuß zurückgehen, aber für kurze Abstecher gibt es auch ein paar perfekte Parkbuchten. Für ein Foto vom Sonnenuntergang fanden wir 39.3473, 3.0049 besonders schön.

1 Min., 39.3490, 3.0036

41 PARC NATURAL DE MONDRAGÓ

Die Farben in diesem Naturschutzgebiet sind unglaublich. Die grüne Vegetation und das leuchtend blaue Wasser bilden einen wunderschönen Kontrast. Man findet hier das seltene Riesenknabenkraut und Pyramiden-Hundswurz sowie Algerische Igel, Baummarder und Iberische Hasen. Der Park bietet auch Zuflucht für Vögel, darunter Triel, Turteltaube, Turmfalke und Wiedehopf, und die Klippen sind ein idealer Nistplatz für den Wanderfalken. Durch den öffentlichen Teil schlängeln sich Wanderwege, und man kommt oft an Spuren der Vergangenheit vorbei, wie Kohlemeilern, Unterkünften von Landarbeitern und Köhlern, Kalköfen, Bootsrampen, Steinbrüchen, kleinen Verteidigungstürmen und Schmugglerverstecken. Im Naturschutzgebiet liegen drei Strände: S'Amarador und Caló des Borgit (12 & 13) und die gut besuchte Cala Mondragó (39.3522, 3.1884)

→ Auf dem Carrer Porto Petro/Ma-19 von S'Alqueria Blanca Richtung Porto Petro 3,6 km bis zum Kreisverkehr, dort rechts Richtung Cala Mondragó und den Schildern folgen – beim nächsten Kreisverkehr geradeaus, an der T-Kreuzung links und die nächste rechts. Dieser Straße 900 m folgen bis zum kostenpflichtigen Parkplatz Ses Fonts de n'Alis an der Kreuzung rechts. Das Informationszentrum liegt direkt daneben. Oder auf dem Parkplatz Ca Sa Muda parken (Wegbeschreibung siehe S'Amarador, 12).

10 Min., 39.3566, 3.1906 €

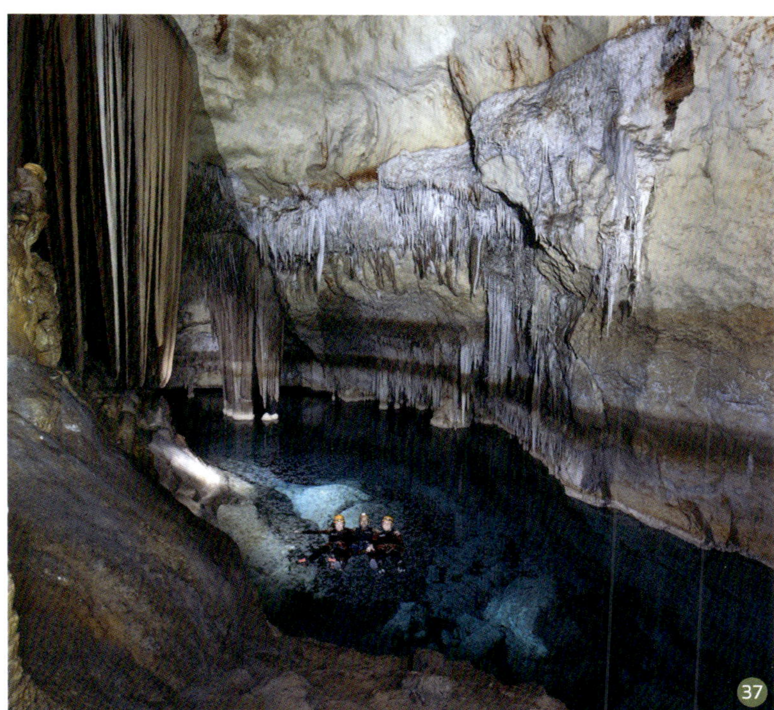

37

42 PARC NACIONAL DE L'ARCHIPIÉLAGO DE CABRERA

Größtes Naturschutzgebiet Spaniens, unbewohnt, bis auf einen rotierenden Mitarbeiterstab auf den Inseln. Die Küstenlandschaft dieses unberührten Archipels südlich von Mallorca gilt als eine der besterhaltenen im ganzen Mittelmeerbereich, mit wichtigen Seevögelkolonien und vielfältiger Flora und Fauna. Es gibt drei Strände und diverse Wanderrouten: eine führt zu einer Burg aus dem 16. Jahrhundert im Norden, eine andere zum Leuchtturm Ensiola aus dem 19. Jahrhundert im Süden. Den Tag beschließt man am besten mit einem Besuch der Cova Blava oder Cueva Azul, der „blauen Höhle", ein magischer Ort. Es gibt ein kleines Café und

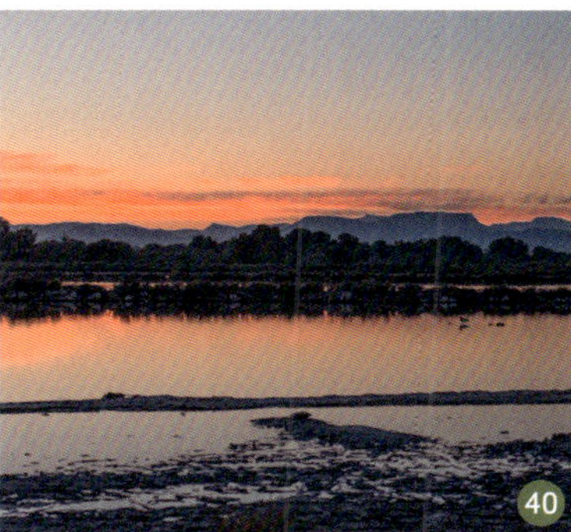

40

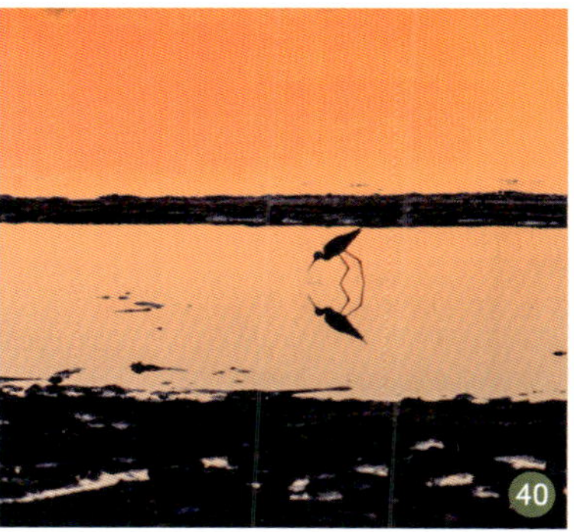

40

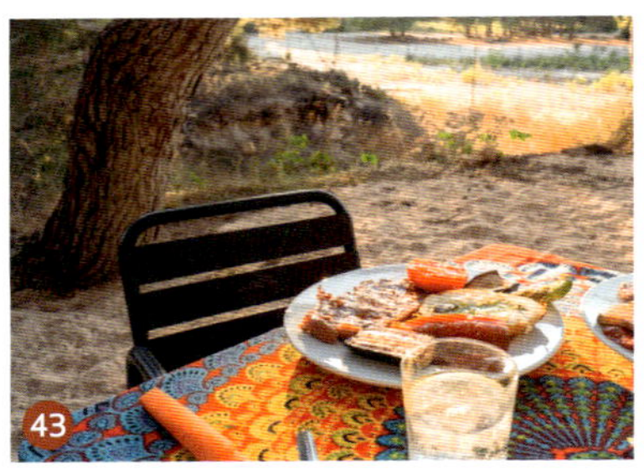
43

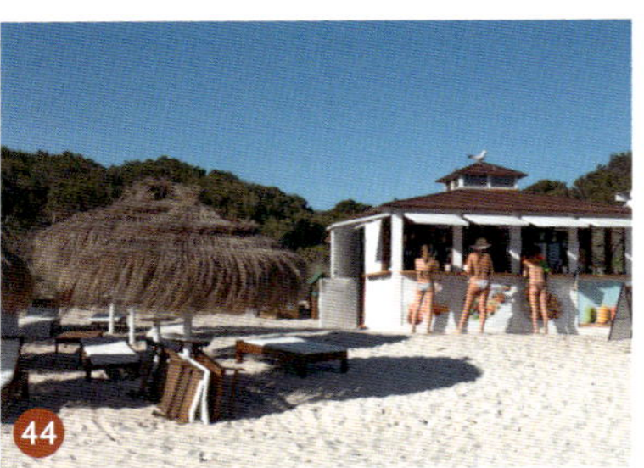
44

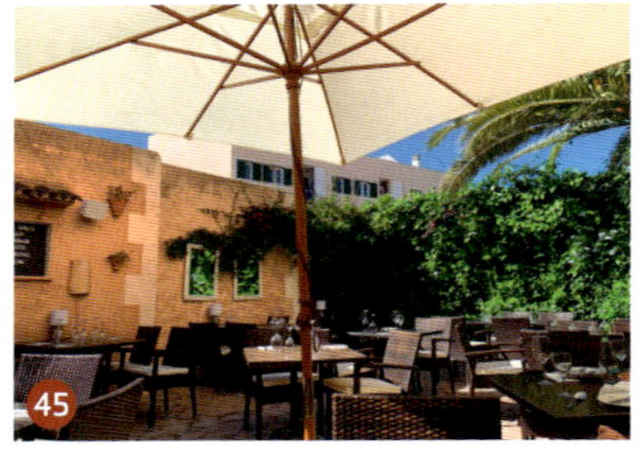
45

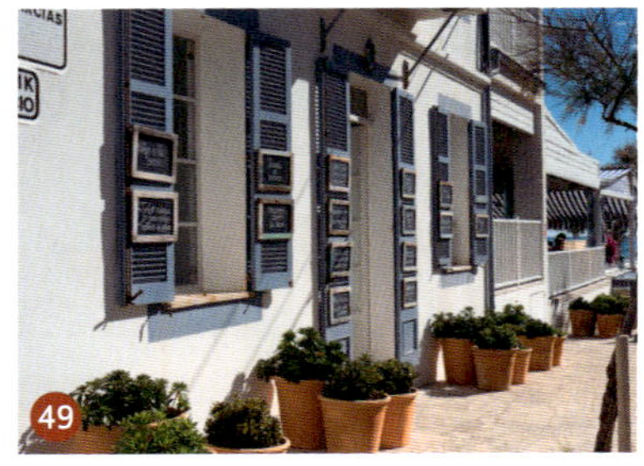
49

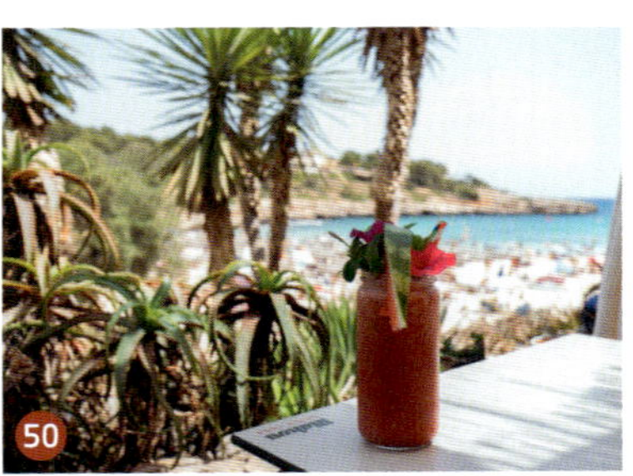
50

Museum, aber man braucht eine Genehmigung, also bucht man am besten eine offizielle Bootstour von Colònia de Sant Jordi (diverse Anbieter).

→ Fangen Sie beim Besucherzentrum auf Mallorca an. Dort gibt es auch ein Aquarium und Informationen zu den Bootstouren. Carrer Gabriel Roca, 07638 Colonia de Sant Jordi, +34 971656282 (39.3186, 2.9996).
4 Std., 39.1442, 2.9371

KULINARISCHES

43 S'EMBAT, SES COVETES

Genießen Sie den entspannten Vibe in diesem Strandhütten-Restaurant in bezaubernder, waldiger Umgebung hinter dem Strand in Ses Covetes (siehe Platja d'Es Trenc, 24). Tolle Atmosphäre, gutes Essen und sonntags Livemusik mit den besten Musikern, Tänzern, Künstlern und Artisten der Insel.

→ Carrer des Murters, 9 Ses Covetes
07639 Campos, +34 871 702772
39.3554, 2.9729

44 CHIRINGUITO ES DOLÇ

Fantastische Strandbar direkt an der Platja des Dolç (20) gegenüber von Colònia de Sant Jordi. Sehr zuvorkommendes Personal und ausgezeichnetes, frisch zubereitetes Essen, vor allem Seafood.

→ Platja es Dolç, Colònia de Sant Jordi,
07640 Ses Salines
39.3171, 3.0041

45 ES MOLI, SANTANYÍ

Schönes Restaurant in einer alten Windmühle im verschlafenen Santanyí, mit urigem Patio voll bunter Blumen. Hauptsächlich Tapas.

→ Carrer Consolació 19, 07650 Santanyí,
+34 971 653629
39.3583, 3.1333

46 SA COVA, SANTANYÍ

Tapasbar mit bezauberndem kleinen Gastraum, der wie eine Höhle in den Felsen gemeißelt wurde – daher vermutlich der Name. Draußen sitzt man um einen knorrigen Olivenbaum, der abends beleuchtet ist, wenn Livemusik, gutes Essen und tolle Cocktails eine einzigartige Atmosphäre schaffen. Der Außenbereich erstreckt sich bis auf die Plaça Major neben der Kirche Parròquia de Sant Andreu im Herzen dieser goldenen Sandsteinstadt.

→ Plaça Major 30, 07650 Santanyí,
+34 971 16 33 70
39.3544, 3.1293

47 FLOR DE SAL D'ES TRENC, SANTANYÍ

Delikatessenladen am Ende der charmanten Fußgängerzone Plaça Major im Herzen von Santanyí. Zum Verkauf stehen alle erdenklichen Sorten Meersalz aus den Salinen im Parc Natural Es Trenc-Salobrar de Campos (40) sowie Öl, Wein u.v.m.

→ Plaça Major 15, 07650 Santanyí,
+34 971 654320
39.3542, 3.1283

48 5ILLES BEACH RESTAURANT

Stylishes, lebhaftes Restaurant im Wald hinter dem Strand, aber trotzdem mit Blick auf den Sonnenuntergang. Wundervoll für Familien: Die Kinder können am Strand herumtoben, während man auf die Paella wartet. Gleich dahinter liegen die Salines de s'Avall – toll zum Vögel beobachten, aber viele Mücken.

→ Platya de Estany,
07638 Colònia de Sant Jordi, +34 971 180558
39.3258, 2.9902

49 CASSAI BEACH HOUSE, PORTOCOLOM

Hippes Lokal an der Platja de Cala Galiota im Ortszentrum von Colònia de Sant Jordi. Gute Atmosphäre, moderne mediterrane Küche und fantastischer Blick.

→ Carrer Major, 21,
07638 Colònia de Sant Jordi
39.3146 2.9943

50 RESTAURANTE ECOLOGICO, PORTOCOLOM

Köstliche, wunderschön angerichtete, frische Bioküche mit vielen veganen Gerichten, die in dieser Gegend schwer zu finden sein können. Außerdem leckere Drinks und bunte Cocktails. Traumhafter Blick von der schönen Terrasse auf Platja de Cala Marçal. Ausgezeichneter Service, und man muss reservieren.

→ Carrer del Corb Mari,
07670 Cala Marçal, +34 674 804151
39.4091, 3.2579

51 PANORÁMICA PLAYA RESTAURANTE

Dieses Restaurant direkt am Meer in Cala Blava macht seinem Namen mit dem fantastischen Blick über die Bucht von Palma alle Ehre. Die Sonnenuntergänge sind spektakulär. Typisch mediterrane Küche und großzügige Portionen, eine Terrasse, Sofas zum Chillen und ein eigener Beach Club. Am besten vorher reservieren. Ein Stück weiter Richtung Westen liegt eine kleine Bucht namens Cala Cap Rocat (39.4792, 2.7258), schön zum Klippenspringen.

→ Passeig Dames 29, 07609 Llucmajor,
+34 971 740211
39.4805, 2.7299

ERNACHTEN

52 FINCA HOTEL RURAL ES TURÓ

Herrliches Landhotel in schöner Umgebung in der Nähe von Caló des Moro und Cala Llombards (14 & 15), das zur selben Gruppe gehört wie das Cassai Beach House Restaurant. Mit Liebe zum Detail eingerichtete, gut ausgestattete Suiten, ein großartiges Restaurant und sehr zuvorkommendes Personal. Traumhafter Infinitypool, Garten und Chillout-Bereich mit Blick auf Cabrera und das Meer.

→ Camí De Cas Perets, s/n, 07640 Ses Salines, +34 971 649531
39.3536, 3.0780

53 FONTSANTA HOTEL

Dieses wunderschöne Hotel auf dem Land ist eine Oase der Ruhe, nicht weit vom Strand Es Trenc am Rand des Naturschutzgbiets Es Trenc-Salobrar de Campos (40). Schöne Gärten und Pools zum Entspannen, fantastische Küche und guter Wein. Eintritt ins Thermalbad inklusive.

→ Carretera Campos, Colonia de Sant Jordi, km 8,2, 07630 Campos, +34 971 655016
39.3541, 3.0152

54 CAN SULL, CAS CONCOS

Charmantes kleines Hotel mitten in Cas Concos des Cavaller. Stylishe Einrichtung, geräumige Zimmer, üppiges Frühstück, verträumter Garten und ein perfekter Pool. Im Dorf verkauft der Hofladen Magatzem Agrícola Ca'n Puça Obst, Mandeln, Wein u.v.m.

→ Carrer Major 30, 07208 Cas Concos des Cavaller, +34 971 842404
39.4171, 3.1381

55 FINCA SON SALA

Eine Oase der Ruhe in einem fantastischen Gebäudekomplex aus dem 13. Jahrhundert vor den Toren von Campos. Ausgezeichnete Unterkunft mit geräumigen, sauberen und komfortabel eingerichteten Zimmern. Schön angelegter Garten und einladender Pool. Das Frühstück ist üppig, und die Betreiber haben jede Menge Tipps für Restaurants und Strände.

→ Carretera Palma- Porto Petro, km 33, 07630 Campos, +34 971 652380
39.4457, 2.9738

56 ECO FINCA SA FONT BLAVA & SA BECADETA

Die Fincas Sa Font Blava mit vier Schlafzimmern und Sa Benedeta mit nur einem Schlafzimmer direkt daneben können einzeln oder zusammen gebucht werden. Idyllische Lage, detailverliebte, aber schlichte, sehr komfortable Einrichtung, herrlicher Pool und Garten.

→ Camino de Son Pieras Poligono 42, 07620 Llucmajor, safontblava.com
39.4961, 2.8633

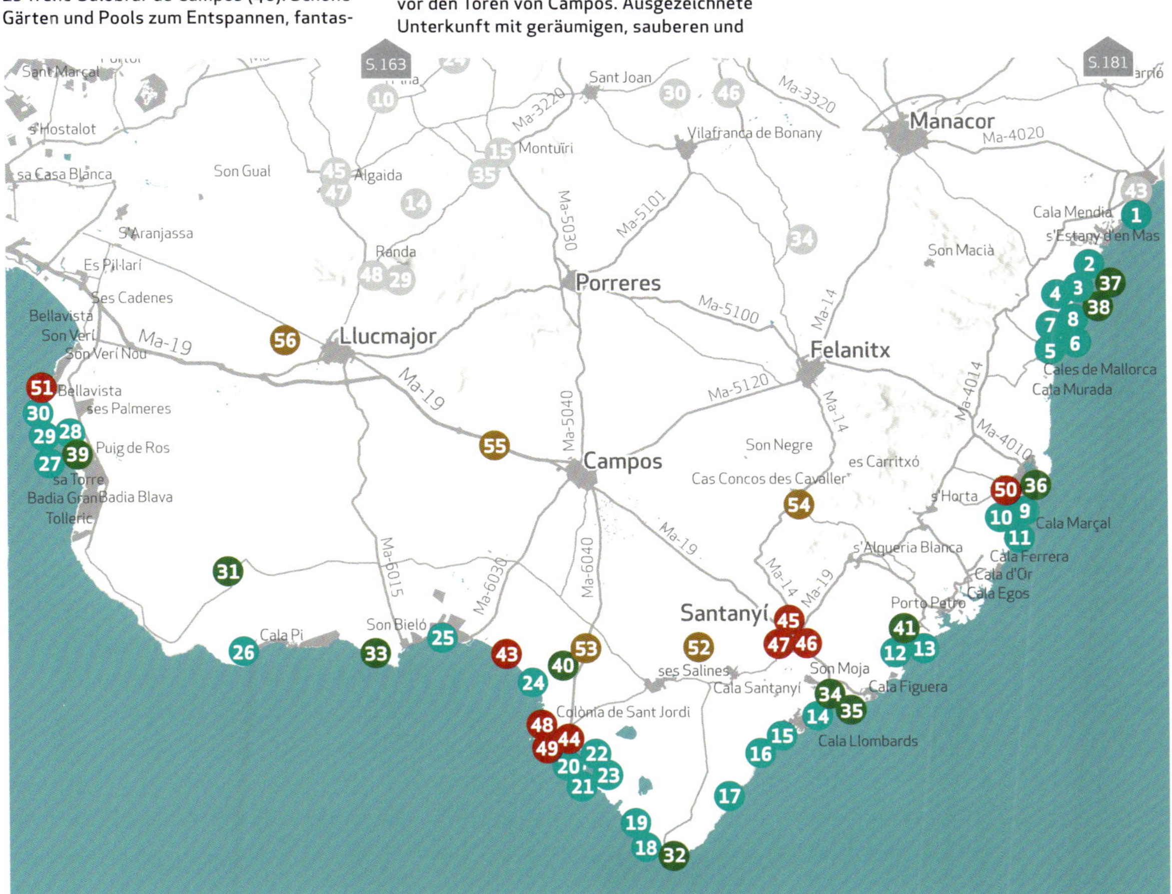

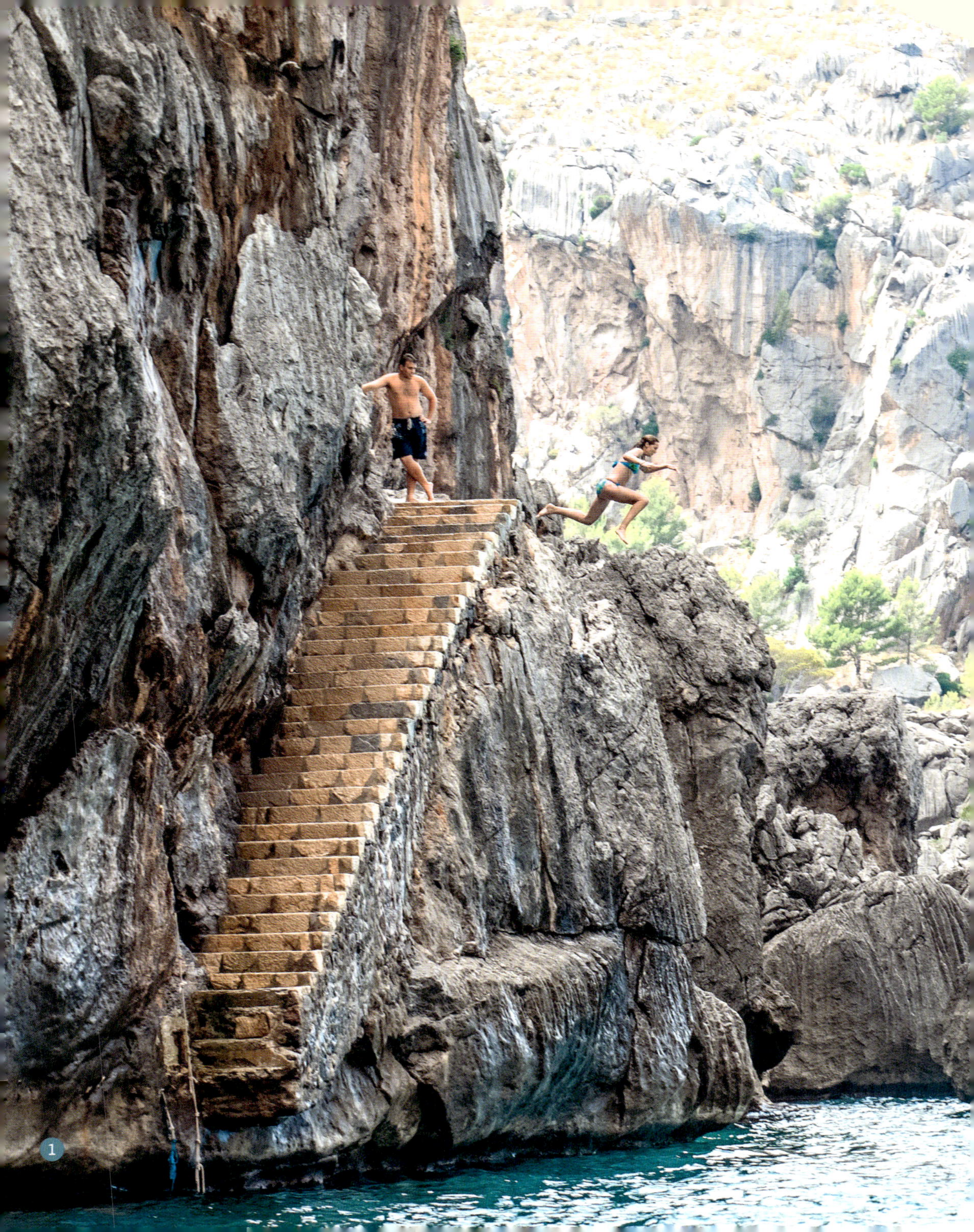
1

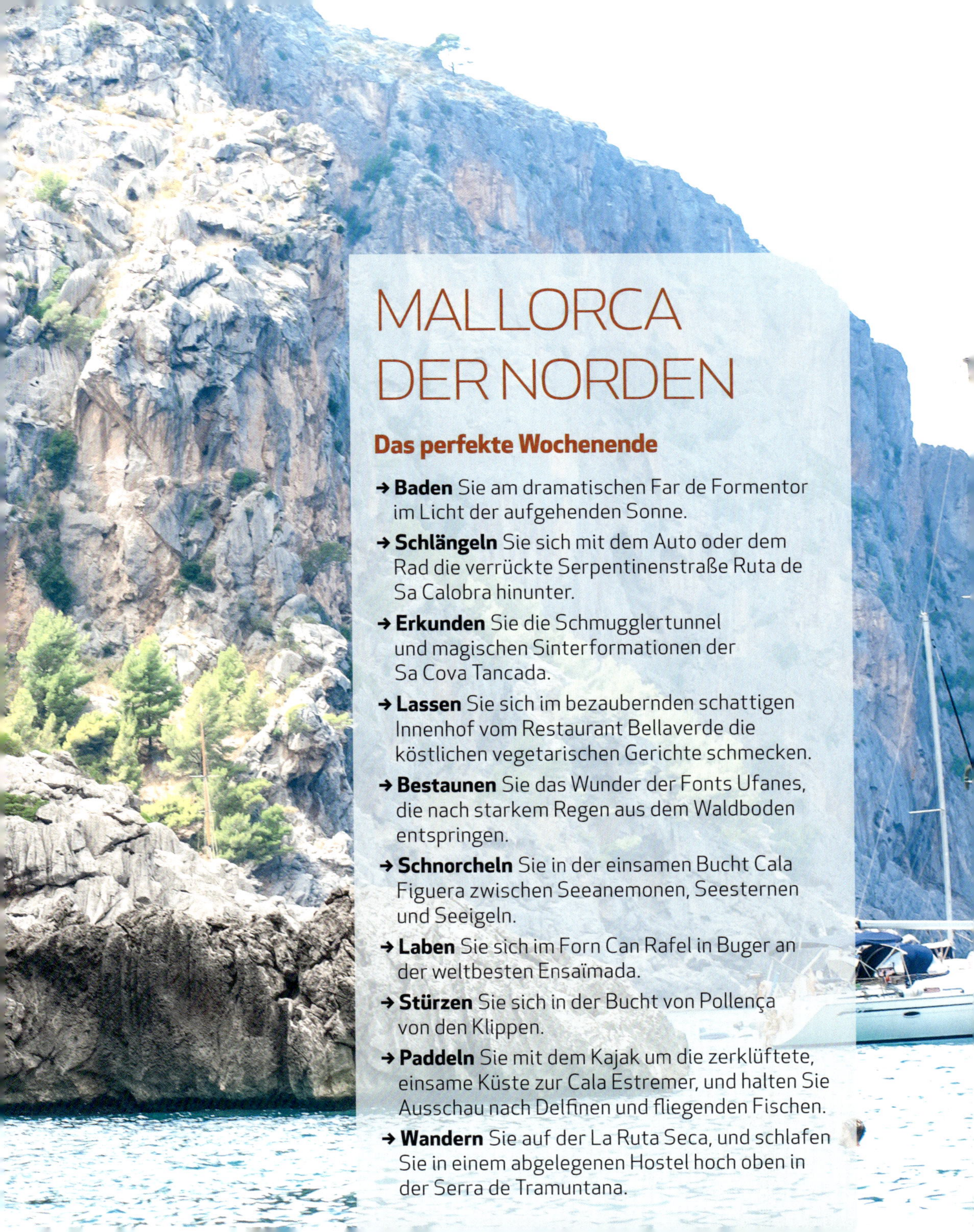

MALLORCA DER NORDEN

Das perfekte Wochenende

- **Baden** Sie am dramatischen Far de Formentor im Licht der aufgehenden Sonne.
- **Schlängeln** Sie sich mit dem Auto oder dem Rad die verrückte Serpentinenstraße Ruta de Sa Calobra hinunter.
- **Erkunden** Sie die Schmugglertunnel und magischen Sinterformationen der Sa Cova Tancada.
- **Lassen** Sie sich im bezaubernden schattigen Innenhof vom Restaurant Bellaverde die köstlichen vegetarischen Gerichte schmecken.
- **Bestaunen** Sie das Wunder der Fonts Ufanes, die nach starkem Regen aus dem Waldboden entspringen.
- **Schnorcheln** Sie in der einsamen Bucht Cala Figuera zwischen Seeanemonen, Seesternen und Seeigeln.
- **Laben** Sie sich im Forn Can Rafel in Buger an der weltbesten Ensaïmada.
- **Stürzen** Sie sich in der Bucht von Pollença von den Klippen.
- **Paddeln** Sie mit dem Kajak um die zerklüftete, einsame Küste zur Cala Estremer, und halten Sie Ausschau nach Delfinen und fliegenden Fischen.
- **Wandern** Sie auf der La Ruta Seca, und schlafen Sie in einem abgelegenen Hostel hoch oben in der Serra de Tramuntana.

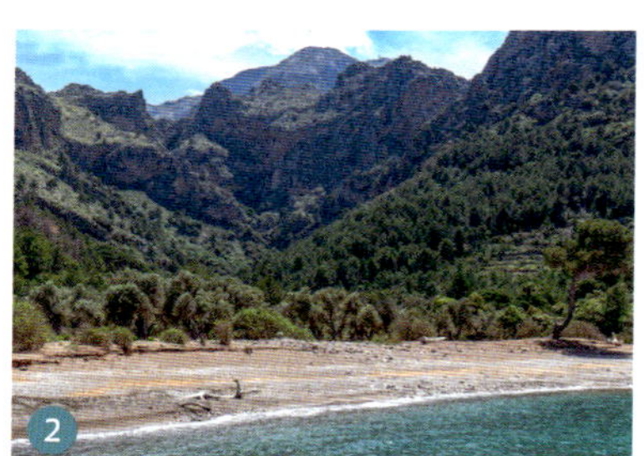

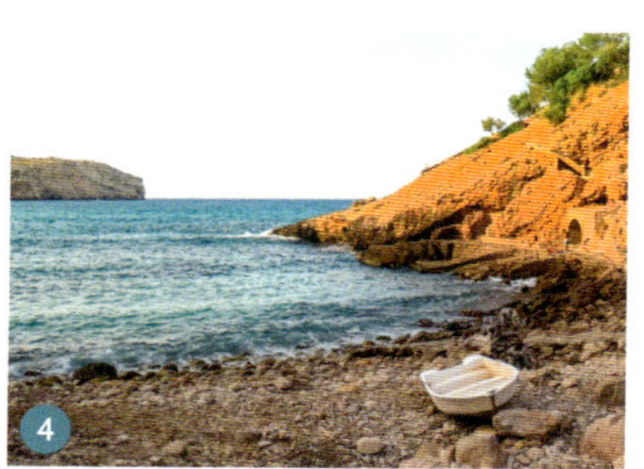

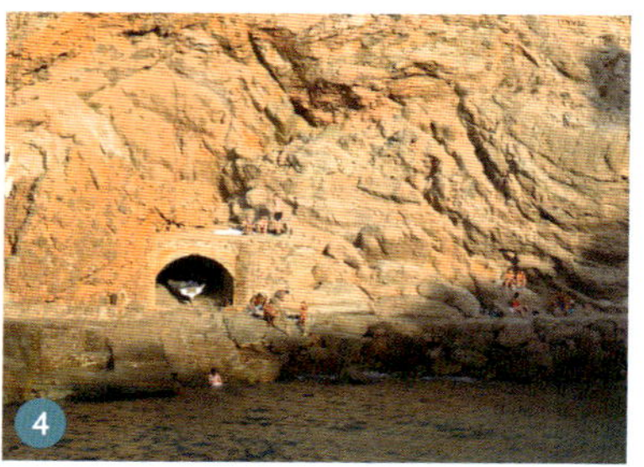

Diese schroffe, wilde Ecke Mallorcas lässt das Herz ein wenig schneller schlagen. Es ist ein Ort für Abenteurer und Pilger, eine Symphonie aus Meer, Wind und Bergen.

Wanderer, Radfahrer und Reiter sammeln sich in den abgelegenen Hostels an der berühmten Ruta de Pedra en Sec, sitzen über Landkarten gebeugt, brühen Kaffee auf kleinen Kochern und tauschen unter den funkelnden Sternen des dunklen Nachthimmels Geschichten aus – Welten entfernt von Hotelburgen und Sonnenliegen.

Die Landschaft ist dramatisch, mit hohen, pinienbestandenen Bergen, die ins tiefblaue Meer und zu versteckten Buchten abfallen. Autofahren ist nichts für schwache Nerven, denn die schmalen Straßen schlängeln sich an schwindelerregenden Abgründen entlang, und durch die alten Olivenhaine streifen wilde Bergziegen.

Die Serra de Tramantuna ist UNESCO-Welterbe – die Dörfer mit ihren Kopfsteinpflasterstraßen, die alten Terrassenfelder und Bewässerungssysteme, die typischen Gebäude aus Sandstein.

Bergdörfer wie Fornalutx und Biniaraix sind schöner als jede Ansichtskarte. Die Straßen sind steil und schmal, geschmückt mit Blumentöpfen und kunstvoll bemalten Kacheln, auf den lebendigen, kleinen Kirchplätzen gibt es altmodische Cafés, und Bäckereien verkaufen regionale Spezialitäten wie Ensaïmadas – ein traditionelles Gebäck. Sie sind umgeben von Obstgärten und Olivenhainen, und am Staßenrand stehen Körbe mit Orangen und Feigen, die man für ein oder zwei Münzen mitnehmen kann.

In diesem wunderschönen Winkel Mallorcas, wo die Zeit stillzustehen scheint, kann man die Freiheit förmlich schmecken.

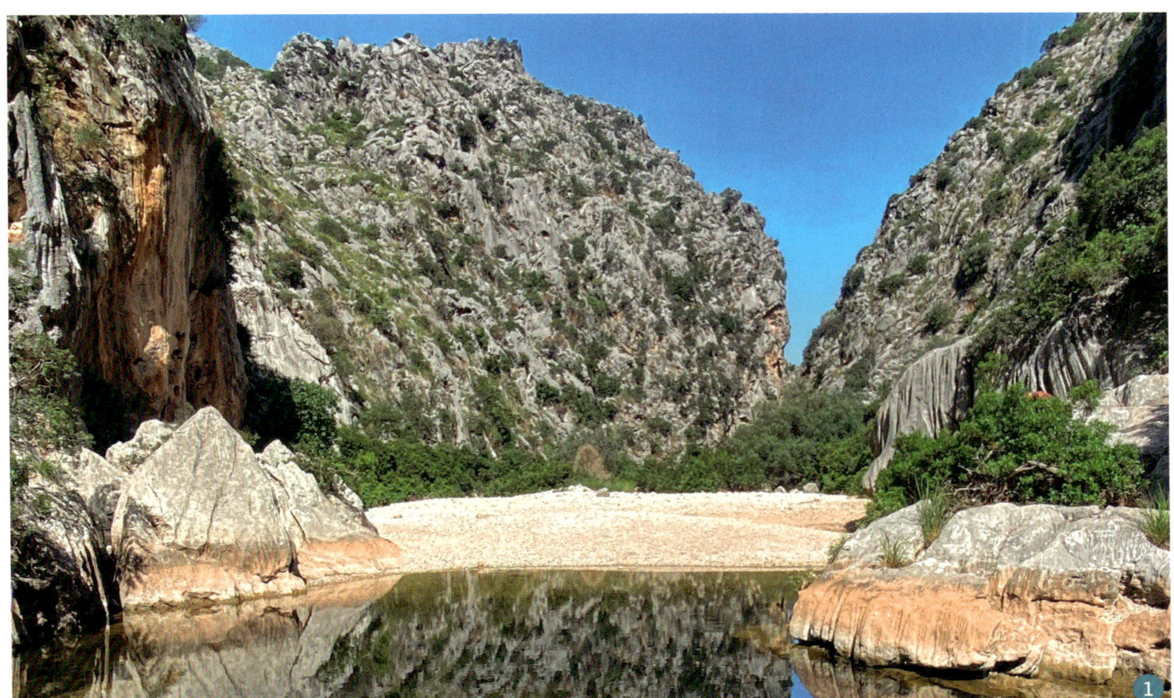

BUCHTEN

1 SA CALOBRA

Spektakulärer, einsamer Kieselstrand am Ende der Schlucht des Torrent de Pareis (25), von 200 m hohen Klippen umgeben, mit einem dramatischen schmalen Tor zum Meer. Dahinter Stufen und ein Fußweg, perfekt zum Klippenspringen am offenen Meer. Schon der Hinweg über die Serpentinenstraße Ruta de Sa Calobra (33) zu einer kleinen Fischerbucht ist ein Abenteuer. Dann geht man zu Fuß um die Klippen und durch einen Tunnel. Alternativ kann man auch den Torrent de Pareis hinunterwandern, aber wir empfehlen hierfür einen Führer. Seit 1964 gibt es hier im Juli einzigartige Chorkonzerte, die sich die unglaubliche Akustik zunutze machen.

→ Von Lluc auf der Ma-10 für 8,5 km Richtung Süden, und nachdem man unter dem Aquädukt hindurchgefahren ist, sofort rechts Richtung Sa Calobra. Auf der Serpentinenstraße 12 km bis zu einem großen Parkplatz (39.8476, 2.7982). Zu Fuß 400 m zur Küste und dem gepflasterten Fußweg rechts weitere 600 m um die Landspitze und durch den Tunnel folgen.

20 Min., 39.8520, 2.8060

2 CALA TUENT

Unterhalb des Gipfels vom Puig Major fallen die pinienbedeckten Hänge zu dieser perfekt geschwungenen kleinen Bucht ab. Einsamer und deutlich ruhiger als die nahe Sa Calobra (1). Bei Tuent Adventure (+34 611 661406) kann man Kajaks und SUP-Boards mieten, um die zerklüftete Küste zu erkunden. In Fußnähe, ein Stück weiter die Küste entlang, liegt das superentspannte, fabelhafte Restaurant Es Vergeret (36).

→ Wegbeschreibung siehe Sa Calobra (1), aber 10 km hinter dem Aquädukt links Richtung Strand. Der Straße 4,6 km bis zum Ende folgen und oberhalb vom Strand an der Straße parken (Platz ist begrenzt).

2 Min., 39.8406, 2.7766

3 CALA ESTREMER

Diese wilde, schöne Felsbucht ist vielleicht von allen Stränden auf Mallorca am schwersten zu erreichen, nämlich nur mit einer organisierten Kajaktour von Cala Sant Vicenç. Von dort geht es vorbei an den Klippen und Höhlen von El Pontàs und um die Punta de Coves Blanques. Man kann mit dem Kajak nur am Strand anlegen, wenn das Wetter mitspielt. Mit ein bisschen Glück sieht man unterwegs Delfine oder fliegende Fische.

→ Wir empfehlen Món Aventura Kayak Rental (Plaça Vella 8, 07460 Pollença, +34 971 535248). Auf der Ma-2200 von El Calvari 1,5 km Richtung Osten, dann links Richtung Cala Sant Vicenç auf der Ma- 2203. Am Dorfrand nach 3 km rechts Richtung Coves d'Alzinaret und der Straße bis zum Parkplatz am Ende beim Strand Cala Molins folgen, von wo die Touren starten (39.9192, 3.0565)

2 Std., 39.9298, 3.0386

4 CALA CARBÓ, CALA SANT VICENÇ

Herrliche kleine Felsbucht etwas außerhalb vom Fischerdorf Cala Sant Vicenç. Von dort führt der Camino Can Botana durch Feld und Flur zu einem Kieselstrand mit türkisblauem, klarem Wasser. Im Dorf selbst gibt es auch drei Strände mit kristallklarem Wasser sowie einige interessante Hypogäen (Coves d'Alzinaret, 39.9152, 3.0483).

→ Wegbeschreibung siehe Cala Estremer (3). Von Cala Molins rechts und 270 m auf der ruhigen Küstenstraße Richtung Osten gehen.

10 Min., 39.9192, 3.0603

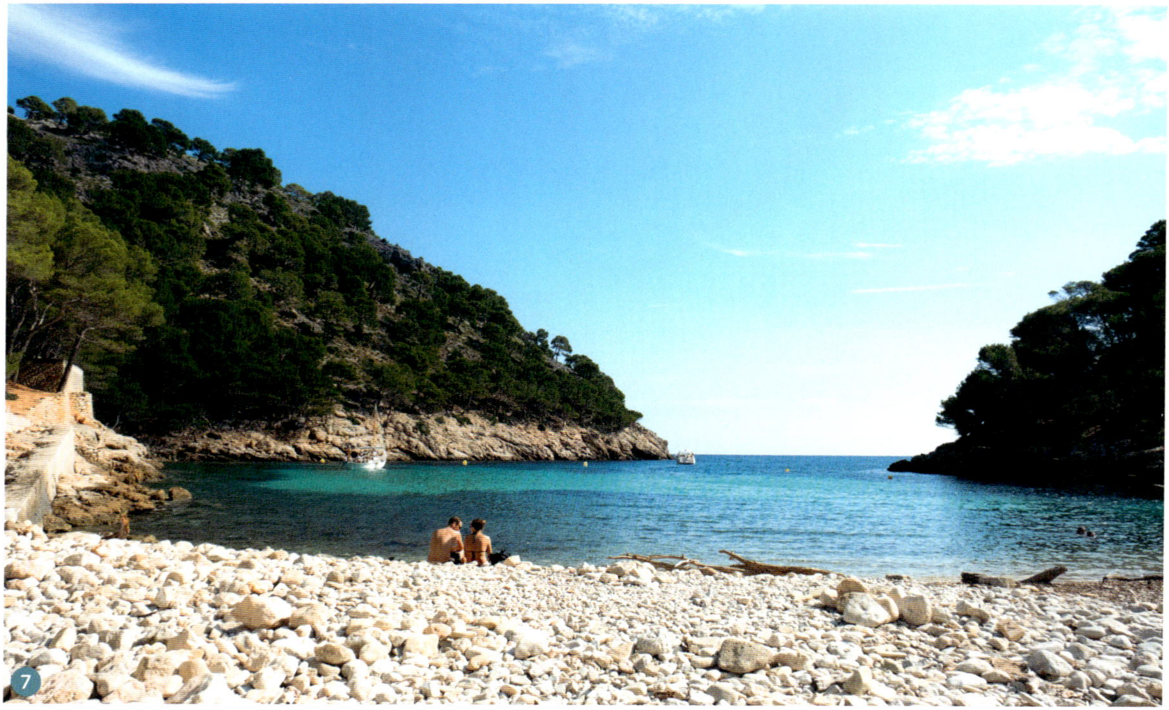

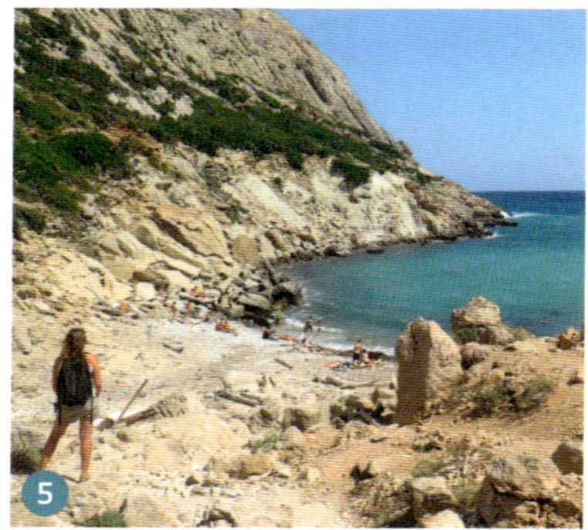

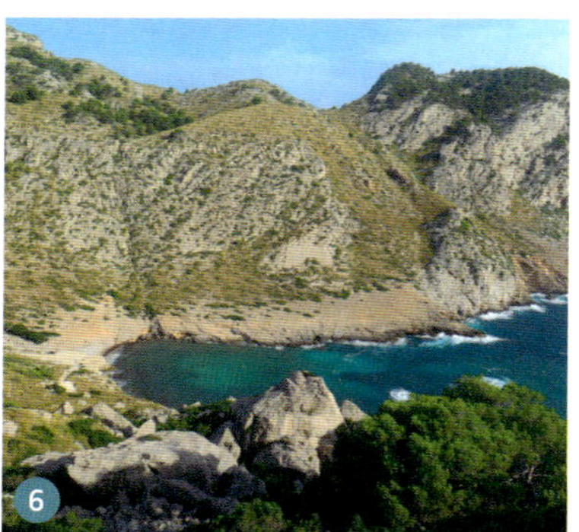

STRÄNDE

5 CALA BOQUER, FORMENTOR

Friedliche Bucht, die man über den Wanderweg Camí Boquer von Port de Pollença erreicht, ein charmanter Steinweg durch Pinien, Palmen und Gestrüpp. Da Ihnen möglicherweise wilde Ziegen Gesellschaft leisten, sollten Sie ein Auge auf Ihr Picknick haben! Bäume und Büsche werden weniger, je höher man kommt, dann klettert man das letzte Stück hinunter zu einem herrlichen Kieselstrand im Schutz gigantischer Kalksteinklippen. Wenig Vegetation an den Klippen, aber wahrscheinlich findet man am Strand angespültes Neptungras.

→ Auf der Ma-2200 von Pollença nach Port de Pollença. Am Ortsrand beim Kreisverkehr mit der Flugzeug-Skulptur die dritte rechts nach Nordosten Richtung Formentor. Beim nächsten Kreisverkehr geradeaus, dann beim nächsten links (vierte Ausfahrt) und rechts auf dem Kiesplatz parken (39.9131, 3.0839). Der Weg beginnt hier und folgt dem Boquer-Tal zum Strand.

60 Min., 39.9287, 3.0946

6 CALA FIGUERA, FORMENTOR

Einsamer kleiner Strand an der wilden, zerklüfteten Nordseite der Halbinsel Formentor, unter dem Gipfel des Es Fumat, geschützt durch eine fast senkrechte Klippenwand auf der einen Seite und einen sanften Sandsteinhang zur anderen. Herrlich zum Entspannen. Das kristallklare Wasser mit Felsen und Pflanzen, die viele Fische beherbergen (u. a. Seeanemonen, Seesterne und Seeigel), eignet sich hervorragend zum Schnorcheln. Der sandige Meeresboden sorgt für einen blassgrünen Farbton, der weiter draußen zu einem intensiven Türkis wird. Man muss vom Parkplatz an der Straße nach Cap de Formentor ein bisschen klettern, aber es lohnt sich.

→ Von Port de Pollença auf der Ma-2210 nach Norden Richtung Cap de Formentor. Nach ca. 11 km, wenn der Es Fumat vor einem aufragt, links auf den Parkplatz mit dem Schild zum Camí de Cala Figuera (39.9493, 3.1716). Ein schmaler Weg führt über den steilen Hang zum Strand. Wegen des starken Andrangs ist diese Straße in der Hauptsaison von 10–19 Uhr nur für Anlieger frei. Aber es gibt einen Shuttle-Bus (Linie 334) von Port de Pollença, der hier tagsüber hält, und der Parkplatz an der Bushaltestelle ist kostenlos (39.9090, 3.0797). Fahrräder sind erlaubt.

15 Min., 39.9521, 3.1730

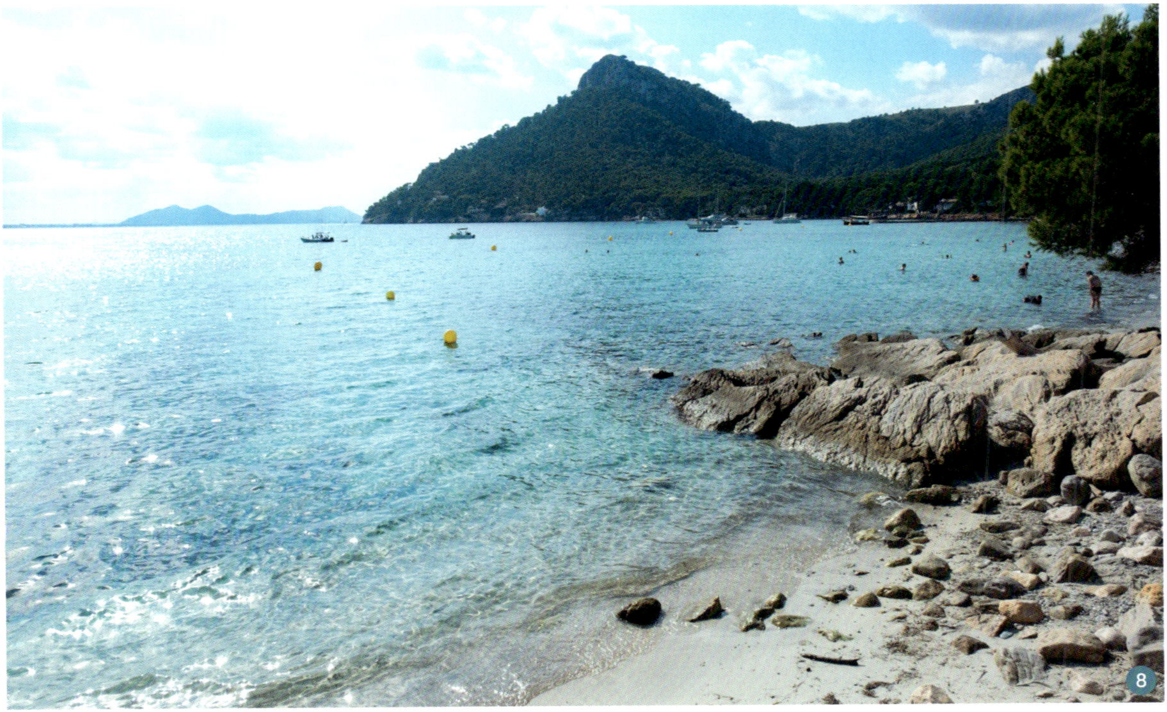

7 CALA MURTA, FORMENTOR

Malerische, einsame kleine Bucht in Südlage mit Kieselstrand und türkisblauem Wasser. Der Strand liegt eingeklemmt zwischen beeindruckend steilen Felsen und Klippen, fast wie ein Fjord. Die Vegetation auf diesen schroffen Landspitzen der Halbinsel Formentor ist karg, niedriges Dickicht und Pinien. Am Ende der südlicheren Landspitze, die wie eine lange Schnauze ins Meer ragt, liegt der herrliche Aussichtspunkt El Castellet.

→ Wegbeschreibung siehe Cala Figuera (6). Vom Parkplatz ca. 150 m auf der Straße zurückgehen, dann links auf den ausgeschilderten Weg zur Cala Murta.

25 Min., 39.9408, 3.1811

8 PLATJA DE FORMENTOR

Langer schlanker Sandbogen mit schattenspendenden Pinien und flachem Wasser, perfekt für Familien. Kann voll werden, deshalb am besten in der Nebensaison, am frühen Vormittag oder späten Nachmittag kommen. Man kann hier auch SUP-Boards und Kajaks mieten, um die dramatische Küste zu erkunden.

→ Auf der Ma-2210 von Port de Pollença 7 km nach Norden Richtung Cap de Formentor, dann rechts zum Parkplatz. Wegen des starken Andrangs ist die Straße in der Hauptsaison von 10–19 Uhr nur für Anlieger frei, aber es gibt Shuttle-Busse (Linie 333 und 334) von Port de Pollença, die am Tag hier halten, und einen kostenlosen Parkplatz an der Bushaltestelle (39.9090, 3.0797). Fahrräder sind erlaubt.

5 Min., 39.9280, 3.1385

RUHIGE BUCHTEN

9 PLATJA DE SA FONT DE SANT JOAN

Weiter, unberührter Sandstrand mit klarem blauen Wasser und Blick auf die Bucht von Pollença. Nach Osten geht er in Platja de San Pere über. Darüber ragen das Castell de Manresa (jetzt ein Luxushotel) aus dem 18. Jahrhundert und die Ruinen eines Bunkers auf (39.8661, 3.1347).

→ Im Südosten von Alcúdia auf dem Carrer De Xara nach Osten Richtung Bonaire. Nach 1,7 km an der Kreuzung links auf den Camí de Manresa bis zum Parkplatz rechts oberhalb der Küste.

2 Min., 39.8645, 3.1379

10 CALA GIl, BONAIRE

Magische kleine Bucht. Eine versteckte

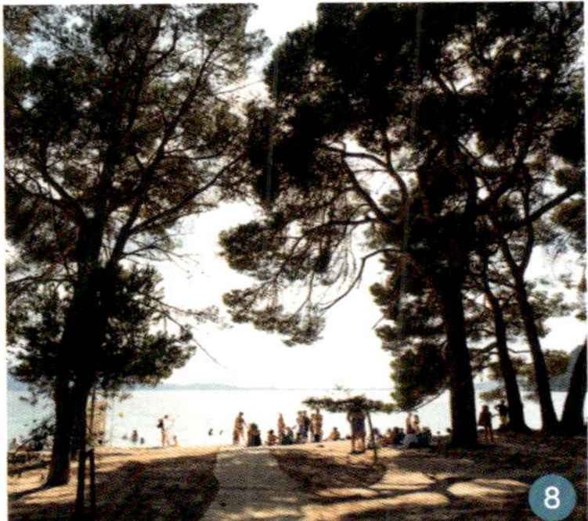

8

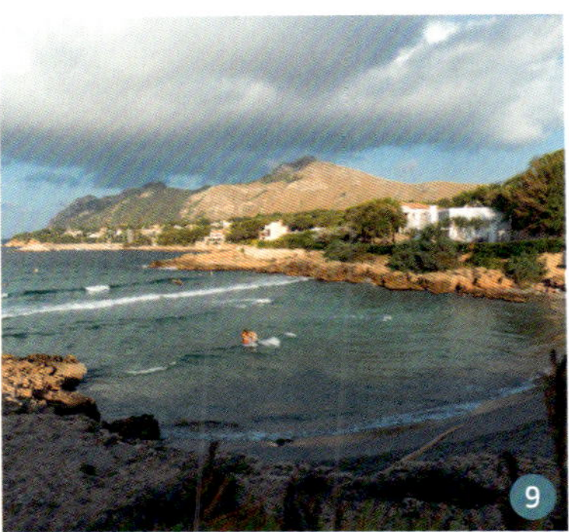

9

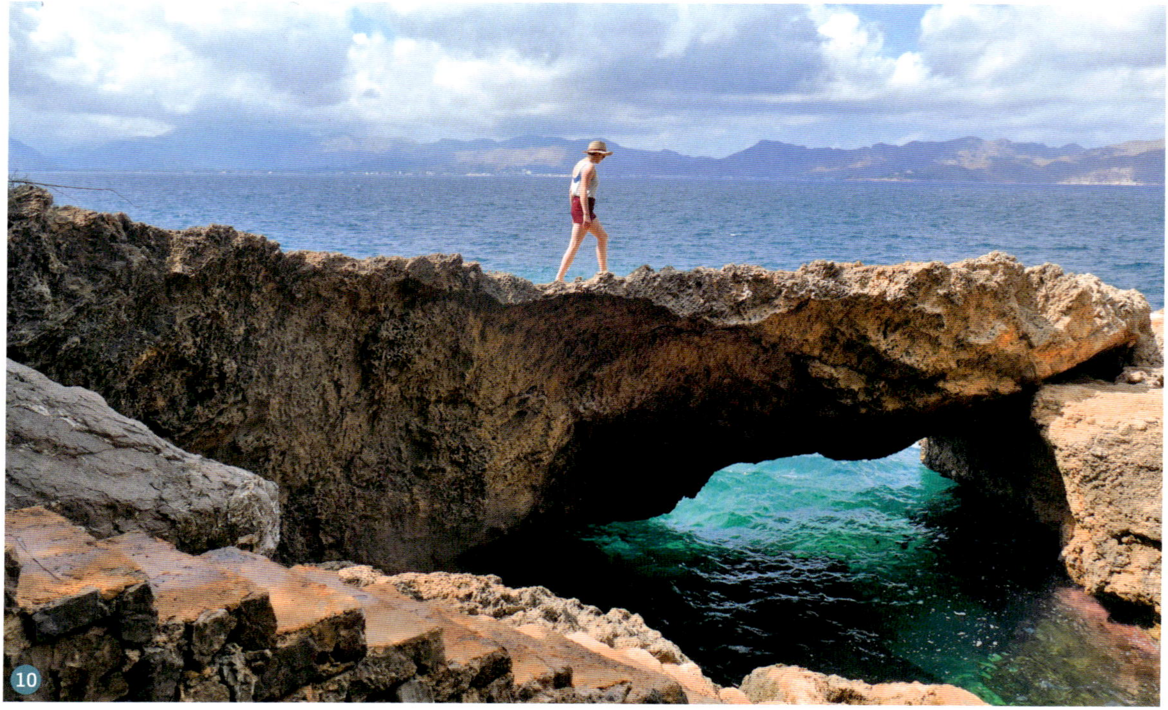

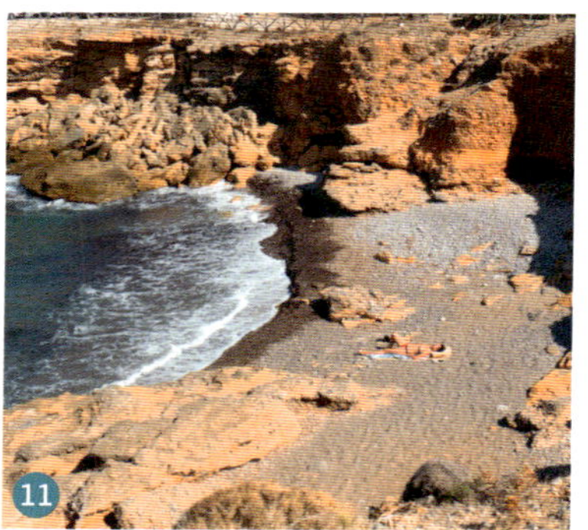

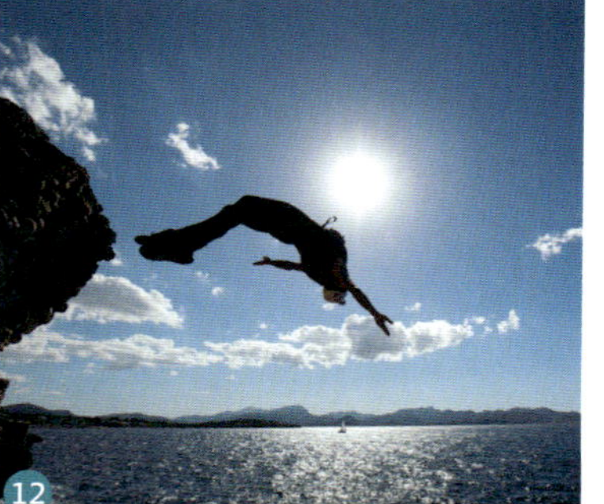

Steintreppe führt zum Wasser hinunter, wo man von den Felsen ins tiefe Wasser springen und unter einem Brandungstor schwimmen kann. Es gibt auch Leitern, klares Wasser zum Schnorcheln und einen himmlischen Felstümpel, gerade groß genug , um hineinzusteigen. Normalerweise finden nur Einheimische den Weg hierher, da die Treppe versteckt zwischen Häusern liegt und nicht ausgeschildert ist.

→ Von Bonaire auf dem Camí Vell de Victoria am Meer entlang zum Parkplatz östlich vom Hafen. Zu Fuß ca. 400 m weiter Richtung Nordosten, dann bei der Kreuzung links auf den Carrer Fonoll. Die Stufen liegen nach 100 m, hinter der Doppelgarage, links.

10 Min., 39.8695, 3.1496

11 LA VICTÒRIA, BONAIRE

Kleiner Kieselstrand an einer Flussmündung, schön zum Schwimmen, und unter der kleinen Brücke kann man im Schatten sitzen. Das Naturschutzgebiet La Victòria beginnt hier, und die Halbinsel wird ab hier schroff und wild, mit versteckten Buchten, steilen Serpentinenstraßen und frei laufenden Wildziegen. Das Dorf endet, die Natur übernimmt, und über allem ragt der Gipfel des Talaia d'Alcúdia auf. Das Gebiet ist nach der Eremitage La Victòria benannt, die ein Stück weiter liegt. Gleich daneben befindet sich ein Restaurant, und man hat von dort eine fantastische Aussicht.

→ Vom Hafen in Bonaire auf dem Camí Vell de la Victoria ca. 1 km nach Nordosten bis zum Parkplatz gleich hinter der Brücke mit den Schildern zum Naturschutzgebiet. Zu Fuß unter der Brücke durch oder die Straße überqueren.

2 Min., 39.8712, 3.1541

12 COASTEERING ALCÚDIA

Erleben Sie den Adrenalinschub, wenn Sie sich an dieser wilden Küste aus großer Höhe ins tiefe Wasser stürzen. Coasteering hebt Klippenspringen auf ein neues Level, natürlich unter Anleitung eines Profis. Die Touren starten für gewöhnlich auf dem Parkplatz La Victòria (11).

→ Kontakt: Experience Mallorca, Avenida son Noguera 7 local 2, Llucmajor, + 34 687 358922, experience-mallorca.com (39.4845, 2.8516)

4 Std., 39.8708, 3.1545

13 PLAYA DE S'ILLOT, ALCÚDIA

Der Strand verdankt seinen Namen der idyllischen kleinen Insel, zu der man hinüberschwimmen – oder bei Niedrigwasser hinübergehen kann. Es handelt sich um eine schöne Sandbucht, sehr sicher und flach, mit verstreuten Felsen und bunter Unterwasserwelt. Perfekt für eher ängstliche Schwimmer und zum Schnorcheln, und der Blick auf die Halbinsel Formentor ist spektakulär. Restaurant S'Illot (+34 971 557127) serviert leckeres Seafood in entspannter Atmosphäre mit Blick über den Strand. Es gibt einen Parkplatz, aber man kann auch vom Nachbarstrand La Victòria (11) zu Fuß gehen.

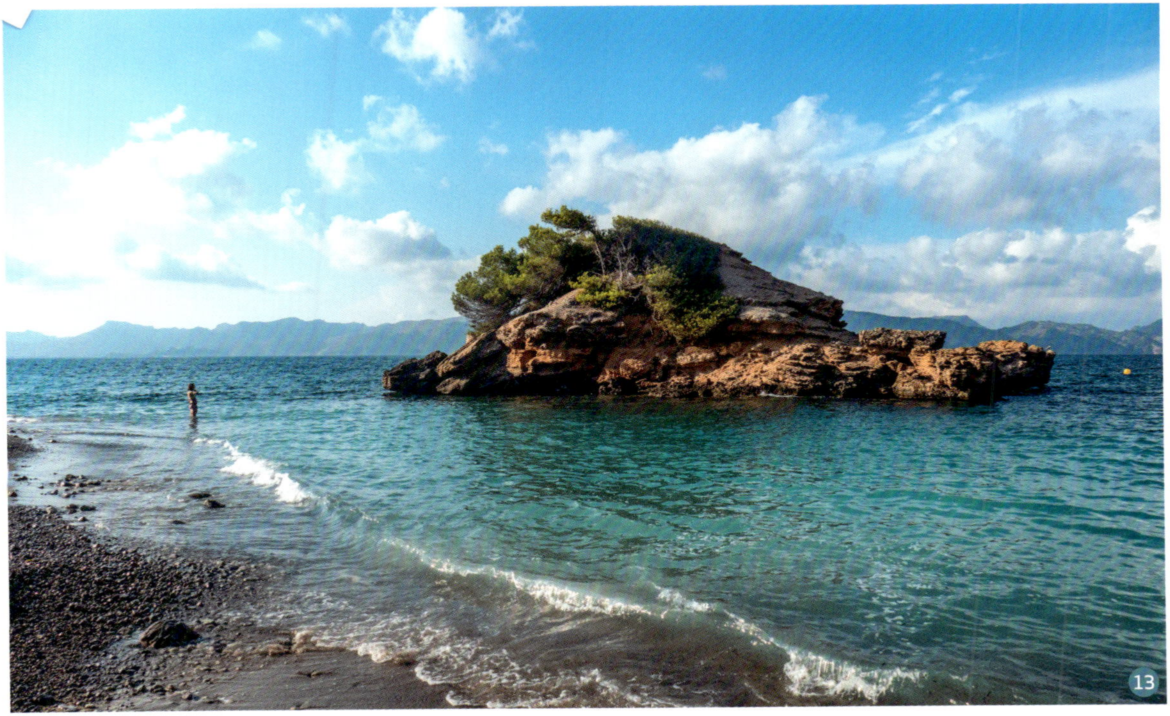

→ Vom Hafen in Bonaire auf dem Camí Vell de la Victoria ca. 1,7 km Richtung Nordosten bis zum Wegweiser zum Restaurant links. Gegenüber oder auf der Landspitze parken. Der Strand liegt rechts von der Landspitze.
3 Min., 39.8730, 3.1620

14 PLATJA DE COLL BAIX, ALCÚDIA

Azurblaues Wasser schlägt sanft gegen den halbmondförmigen Strand unter steilen, bewaldeten Klippen. Diese Perle liegt einen guten Fußmarsch vom nächsten Parkplatz entfernt. Es gibt noch mehr versteckte, einsame Buchten am Ende der Halbinsel Alcúdia, wie Es Clot und Platjola de la Solana weiter nördlich, aber diese ist größer als ihre Nachbarn, und die Mühe lohnt sich. Auf dem Berg liegt das Refugí des Coll Baix, eine schlichte Hütte für Wanderer, die zum Cap de Menorca wollen, von wo man an klaren Tagen bis nach Menorca sehen kann. Über die Klippen gelangt man zur faszinierenden Höhle Sa Cova Tancada (24). Am besten schon morgens kommen: Die Sonne versinkt früh hinter den Klippen.

→ Von Port d'Alcúdia auf der Ma-3460 Richtung Nordwesten und am Kreisverkehr auf den Carrer De Pollentia, Richtung Alcúdia, dann nach 500 m rechts auf den Carrer De l'Estel. Rechts um die Kurve, dann bei der Straßengabelung links und nach 170 m links auf den Camí de S'Alou Richtung Osten. An der T-Kreuzung nach 2 km rechts und nach 4 km am Ende unter den Bäumen, in der Nähe vom Refugí parken (39.8581, 3.1826). Dem Weg bergab zum Strand folgen, am Ende über die Felsen klettern. Reservierungen fürs Refugí online oder telefonisch unter +34 971 177652, Mo–Fr 10–14.
30 Min., 39.8617, 3.1883

15 ILLA D'ALCANADA, ALCÚDIA

Hübsche kleine Insel mit Sandstrand und Leuchtturm, gegenüber vom bezaubernden hundefreundlichen Strand Platja d'Alcanada.

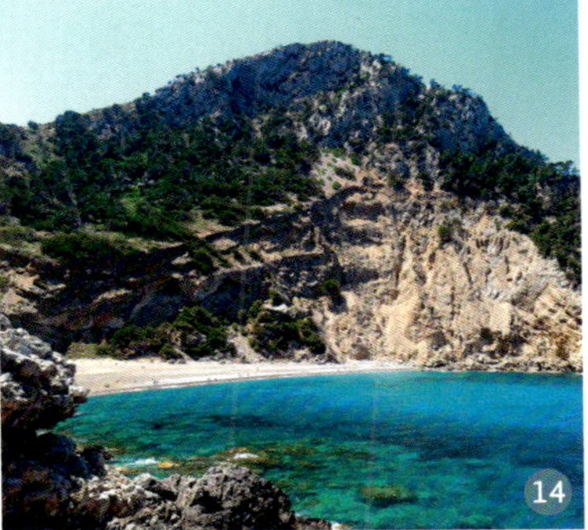

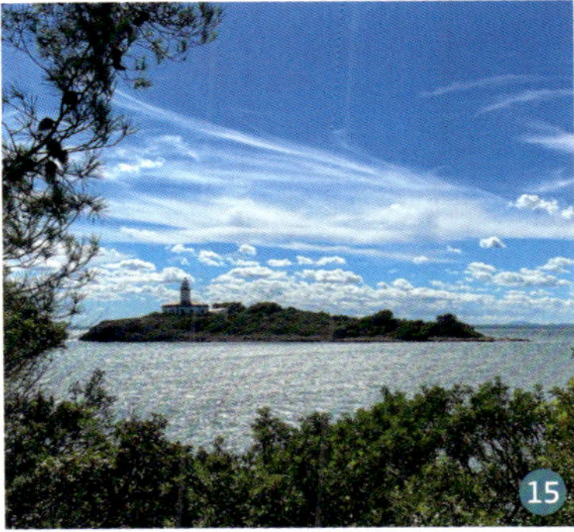

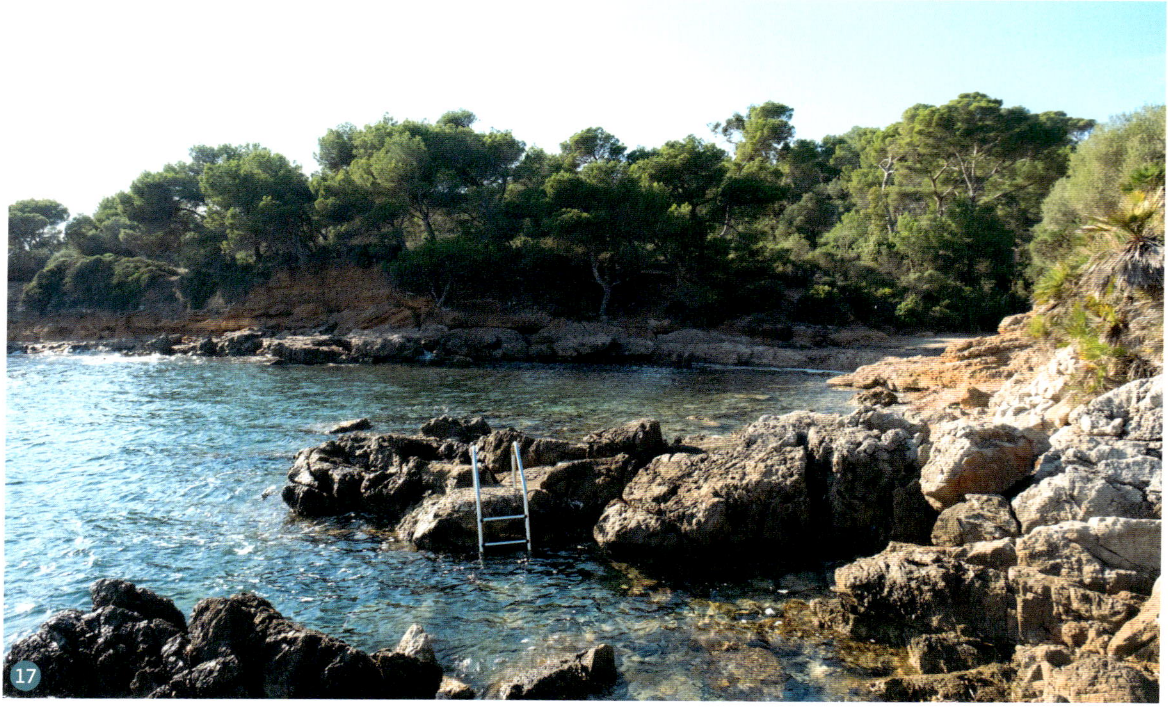

17

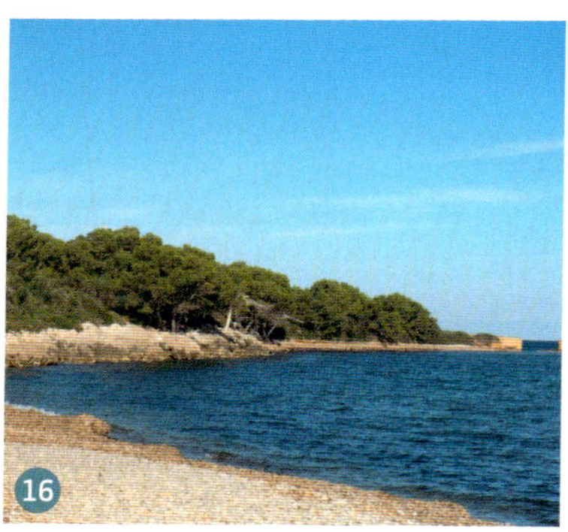

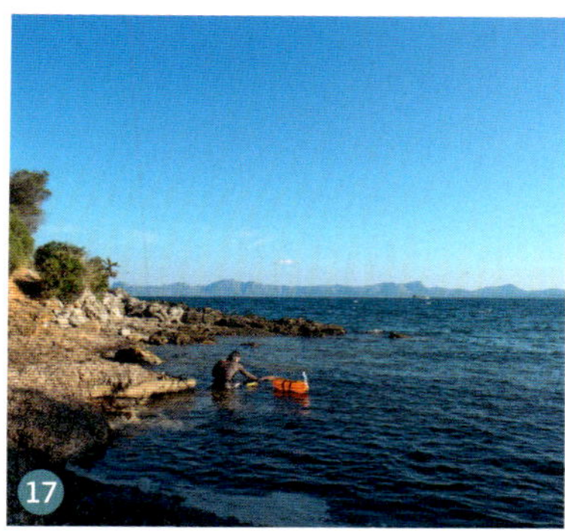

Man kann mit dem Boot oder dem SUP-Board übersetzen oder ein gutes Stück waten und den Rest schwimmen. Sauberes Wasser, toll zum Schwimmen und Schnorcheln.

➜ Auf der Ma-3460 Port D'Alcúdia umfahren und beim Kreisverkehr im Osten, am Hafen, die dritte Ausfahrt Richtung Alcanada (Camí d'Alcanada). Der Straße 2 km bis zum Parkplatz am Ende folgen. Am Strand Richtung Osten gehen. Die Insel liegt 140 m vor der Landspitze.

8 Min., 39.8360, 3.1699

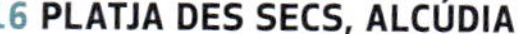

16 PLATJA DES SECS, ALCÚDIA

Abgeschiedener, langer, schmaler Kieselstrand am Fuß eines sanft abfallenden Hangs. Das klare Wasser wird vom Neptungras gereinigt, das sich hier oft sammelt. Die Bucht ist ruhiger als ihre Nachbarin mit der vorgelagerten Illa d'Alcanada (15) und daher beliebt bei FKKlern. Außerdem einer der wenigen Strände, an dem Hunde willkommen sind.

➜ Wegbeschreibung siehe Illa d'Alcanada (15) und vom Parkplatz 700 m den Küstenweg entlang.

20 Min., 39.8397, 3.1750

17 ES FARALLÓ, ALCÚDIA

Gut versteckte, V-förmige Bucht, zu der sich selten Touristen verirren. Im steinigen Meeresgrund verbergen sich viele Schätze, deshalb lohnt es sich, Masken und Flossen zum Schnorcheln und Tauchen mitzubringen. Oberhalb der Bucht liegt das Museu sa Bassa Blanca (+34 971 546915), ein Museum für moderne Kunst mit einem Skulpturenpark.

➜ Wegbeschreibung siehe Illa d'Alcanada (15) und vom Parkplatz 1 km den Küstenweg entlang, vorbei an Platja des Secs (16). Wenn Sie das Museum besuchen wollen, können Sie näher heranfahren: Das Eingangstor (39.8500, 3.1757) liegt an der Straße zur Platja de Coll Baix (14), und das Museum kostet Eintritt.

40 Min., 39.8421, 3.1787

WANDERUNGEN

18 FAR DES CAP GROS, PORT DE SÓLLER

Schöner Aufstieg über schmale gewundene Straßen zu einem Leuchtturm aus dem 19. Jahrhundert (zu Fuß oder mit dem Auto). Spektakuläre Sonnenuntergänge und Aussicht auf Soller und Umgebung. Das Refugí de Muleta nebenan bietet Kaffee oder Bier und sogar Übernachtungen an, und man kann von hier auf der Ruta de Pedra en Sec zum

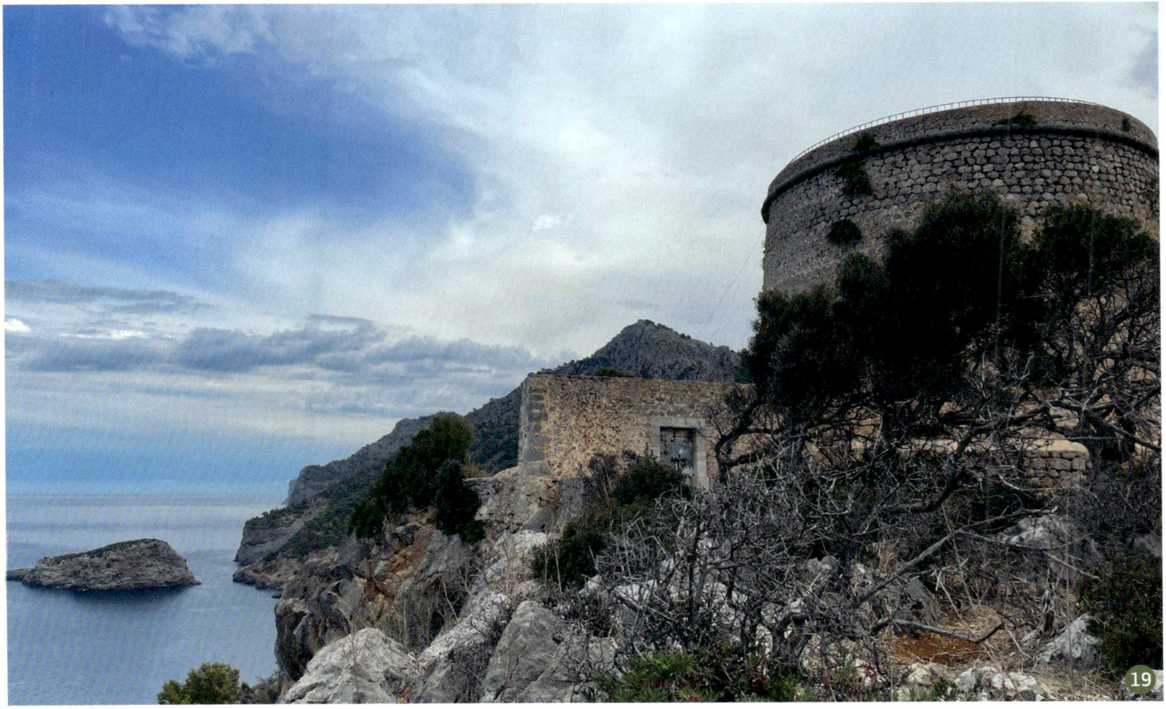

Refugí Tossals wandern. Die ganze Halbinsel gehört zum Naturschutzgebiet Reserva Natural Sóller.

➜ Von Port de Sóller auf dem Camí del Far die Küste entlang Richtung Westen. Parkplatz unterhalb vom Restaurant.
30 Min., 39.7970, 2.6816

19 TORRE PICADA, PORT DE SÓLLER

Dieser massive Wachturm am Rand einer fast senkrechten Klippe sieht aus, als stünde er am Bug eines Schiffs. Erbaut im 17. Jahrhundert, warnte er mit Lichtsignalen vor Piratenangriffen. Im 19. Jahrhundert wurde er im Kampf gegen Schmuggler genutzt und im Spanischen Bürgerkrieg zur Verteidigung. Heute kann man hier einfach den fantastischen Blick genießen, auch wenn man den Turm zurzeit nur von außen besichtigen kann. Auf der anfangs geteerten, dann unbefestigten Straße kommt man an wunderschönen knorrigen alten Olivenbäumen vorbei.

➜ Ausgangspunkt ist Port de Sóller. In der Placa dels Reis de Mallorca parken (oder einfach beim Kreisverkehr an der Ma-2124 und zu Fuß in den Ort) und dem Carrer De Belgica bergauf folgen. Bei der Linkskurve geradeaus weiter, hier beginnt der Wanderweg (39.8021, 2.7019). Diesem vorbei an Olivenhainen folgen und beim Coll s'Illa links Ausschau nach einem Tor halten. Auf handgeschriebene „Torre"-Wegweiser achten. Man braucht ein bisschen Intuition, um den richtigen Weg zu finden …
45 Min., 39.8065, 2.6975

20 COVA DES MIGDIA

In der „Mittagshöhle" gibt es abenteuerlich geformte Stalaktiten, und mittags fällt ein fast magisches Licht durch den weiten Eingang darüber, deshalb braucht man keine Taschenlampen. Der Eingang liegt teilweise versteckt hinter Büschen, doch wenn man ihn erst gefunden hat, führen in Stein gemeißelte Stufen in die Höhle. Der Aufstieg beginnt auf dem Camí de s'Illeta, ein mit Steinhügeln markierter überwucherter Küstenweg, dann geht es auf den Puig de Bàlitx, von wo man einen atemberaubenden Blick auf Port de Sóller hat. Anstrengende Wanderung, teils über Privatgrundstücke (wenn man Pech hat, ist der Weg gesperrt), aber es lohnt sich!

➜ Wegbeschreibung siehe Torre Picada (19). Man braucht eine genaue Karte, um den Weg zu finden, z. B. von mallorcaoutdoors.com.
6 Std., 39.8101, 2.7183

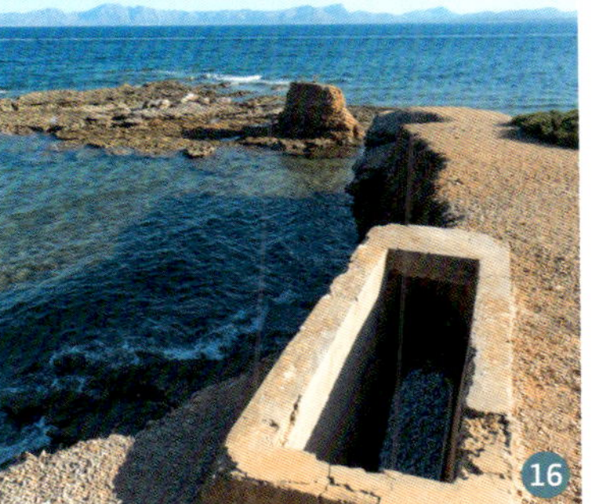
16

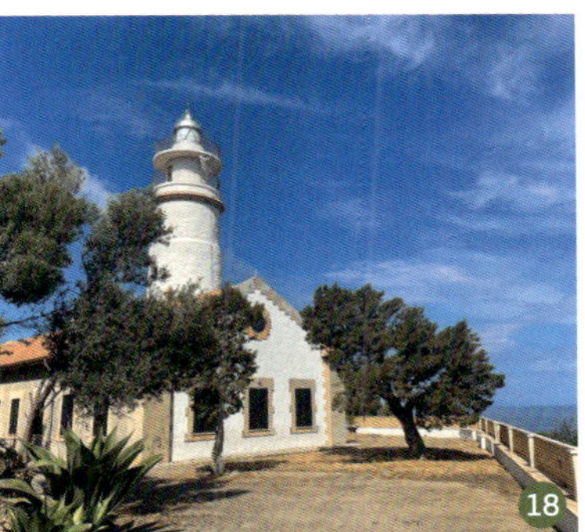
18

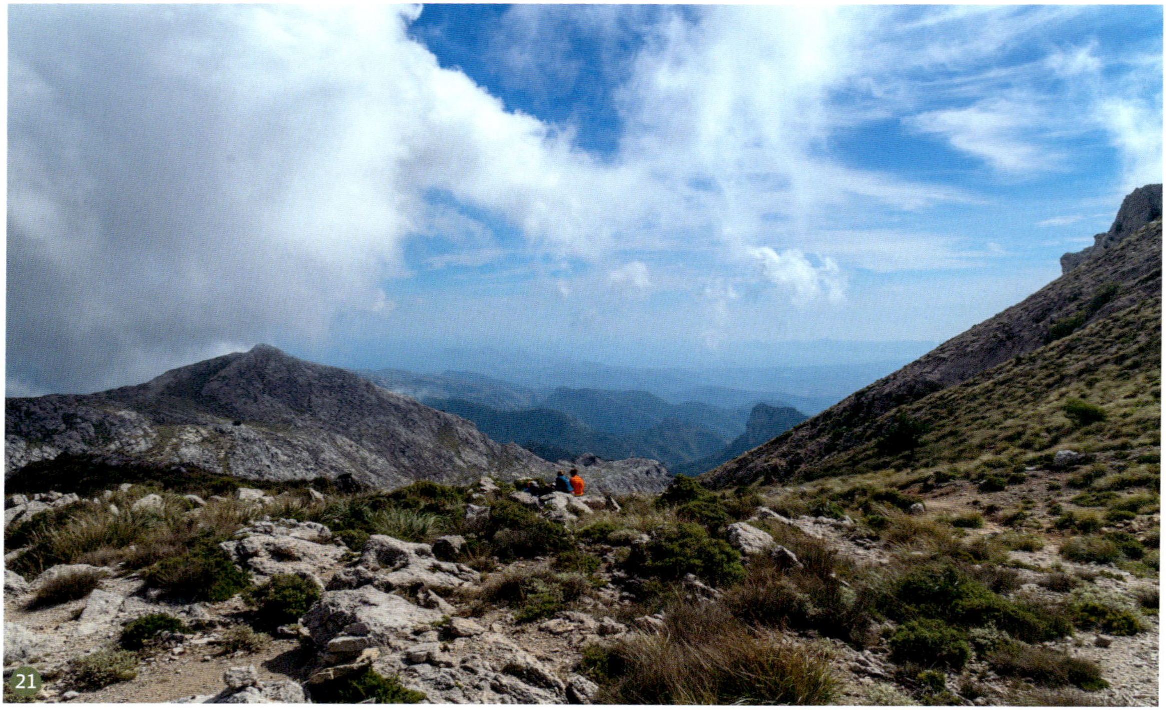

21

21 BARRANC DE BINIARAIX, GR221

Der GR 221 ist ein Netzwerk aus restaurierten Trockenmauerwegen durch die Serra de Tramuntana. Er erstreckt sich über die ganze Nordwestküste, aber man kann auch kürzere Abschnitte gehen, und es gibt sogar Rundwege. Trotz großer Schilder und Wanderkarten empfehlen wir, eine detaillierte Karte oder das GR 221-Buch einzupacken. Buchen Sie Hostels und Hütten auf der Website des Consell de Mallorca im Voraus. Dieser Abschnitt des GR 221 folgt dem Torrent de Biniaraix bergauf zu einem Wasserfall, der nur bei starkem Regen erscheint. Unterwegs gute Möglichkeiten zum Klettern und Vögel beobachten. Ausgangs- und Endpunkt ist das magische kleine Dorf Biniaraix mit schmalen Gassen, einem alten Waschhaus und Trinkbrunnen, dem Font d'en Det. Es gibt viele Wege und Optionen: Man kann den längeren Rundweg zum Puig l'Ofre gehen (4–5 Std.) oder weiter bis zum See Embassament de Cúber (4 Std.). Oder man nimmt den Bus nach Cúber und geht zu Fuß zurück nach Biniaraix.

→ Sóller Richtung Osten verlassen auf der Calle d'Ozones, die zum Camí de Biniaraix wird. Am Dorfeingang rechts an der Hauptstraße parken (39.7701, 2.7316). Durchs Dorf zum Ausgangspunkt des Wanderwegs (39.7713, 2.7361).

4–5 Std., 39.7640, 2.7533

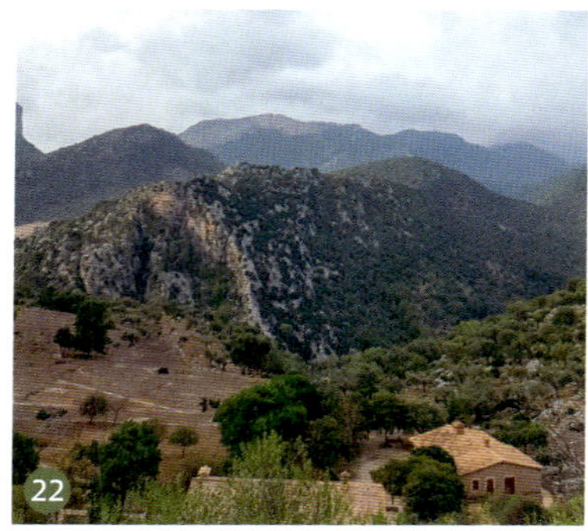

22

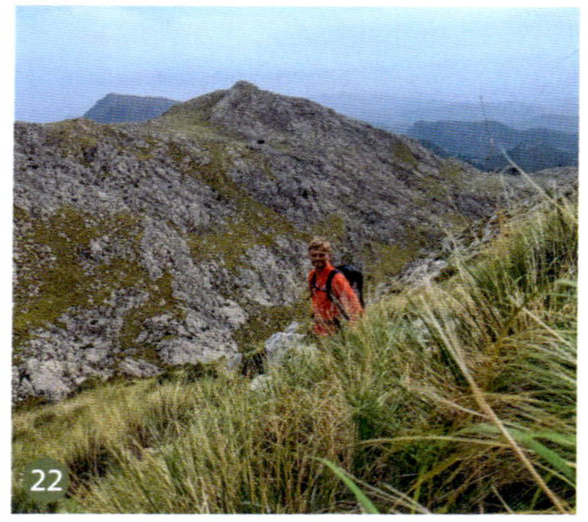

22

22 REFUGÍ MULETA BIS TOSSALS VERDS

Dieser Abschnitt des GR221 beginnt am Refugí Muleta an der Küste in der Nähe von Port de Sóller und führt durch ein fruchtbares Tal mit Orangenhainen, auch Goldtal genannt, zum hübschen Bergdorf Fornalutx. Rosmarinsträucher wuchern am Weg, der sich durch Steineichen und die dramatische Schlucht Barranc de Biniaraix windet, bevor er die Quelle Font des Nagner erreicht, wo man seine Wasserflasche auffüllen kann. Dann geht es weiter zum See Embassament de Cúber (29) und bergauf zum Refugí Tossals Verds (45). Dieser Abschnitt ist ziemlich anstrengend, mit einer Steigung von 100 m über dem Meeresspiegel auf 525 m über 27 km. Vielleicht begegnen Sie der Geburtshelfer-Schildkröte, eine seltene, geschützte Tierart, die es nur in der Serra de Tramuntana gibt. Sie lebt in den Bächen der Kalksteinhöhlen und versteckt sich unter Felsen und Steinen.

→ Von Port de Sóller auf dem Camí del Far die Küste entlang Richtung Westen bis zur Parkmöglichkeit unterhalb von Restaurant und Refugí Muleta, wo der Weg beginnt.

9 Std., 39.7968, 2.6807

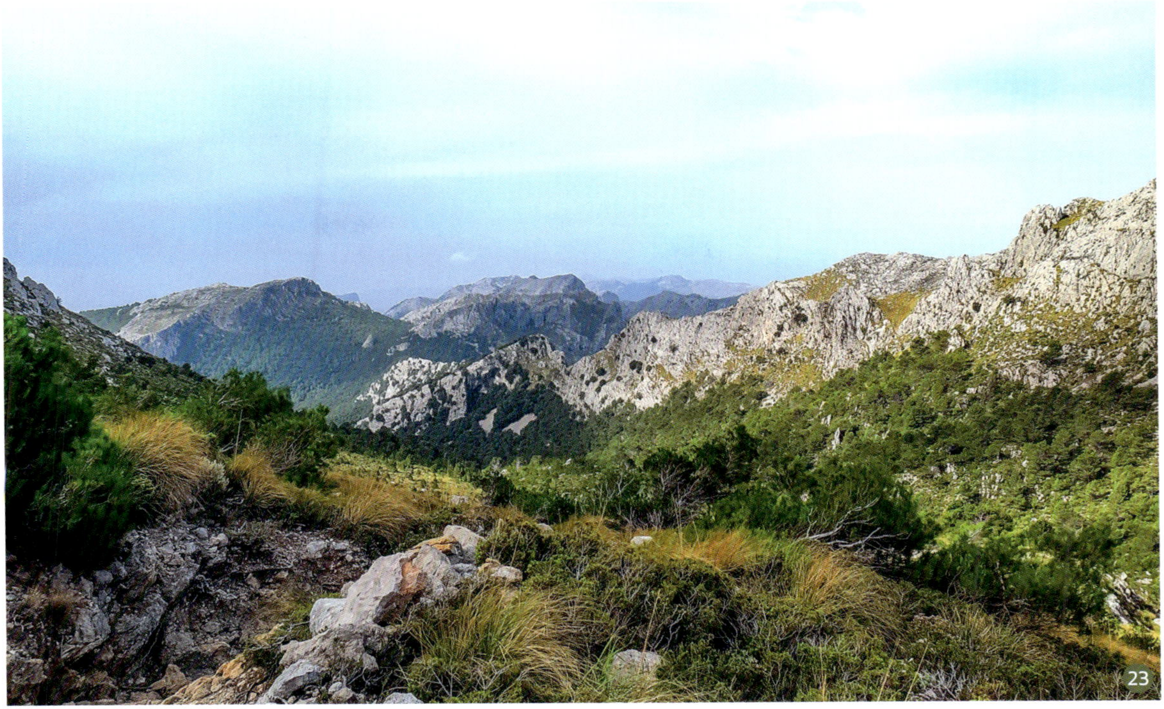

23

23 REFUGÍ TOSSALS VERDS BIS SON AMER

Dieser Abschnitt des GR 221 führt über die Gipfel der mächtigen Serra de Tramuntana, wo die Vegetation spärlich und der Boden im Winter oft mit Schnee bedeckt ist. Früher wurden Schnee und Eis hier von NEVATERS gesammelt, und der Weg führt an den Überresten diverser elliptischer CASES DE NEU vorbei, wo Schnee und Eis unter Asche gelagert wurden, um im Sommer verkauft zu werden. Der höchste Punkt der Wanderung liegt mit 1.100 m am Coll des Prat, dann führt der Weg hinunter zum berühmten Kloster Santuari de Lluc, die wichtigste Pilgerstätte Mallorcas, wo man sich stärken oder sogar übernachten kann. Anschließend geht es vorbei am Font des Prat, einer Quelle mit Trockensteindach, weiter zum Refugí Son Amer (46). Obwohl die Strecke keine 14 km beträgt, ist der Abschnitt eine echte Herausforderung. Halten Sie Ausschau nach Rabengeiern, die hier in den 1980ern erfolgreich wieder angesiedelt wurden.

→ Vom Kreisverkehr südwestlich von Lloseta auf der Ma-2111 nach Norden Richtung Alaró. Wenn die Straße nach 1,8 km eine Linkskurve macht, weiter geradeaus Richtung Refugí, 5 km bis zum Parkplatz am Ende (links).

6 Std., 39.7687, 2.8190

24 SA COVA TANCADA

Spektakuläre Höhle auf der Halbinsel Alcúdia mit außergewöhnlichen Sinterformationen, die im 20. Jahrhundert Tabakschmugglern als Lager diente. Der Eingang ist ziemlich klein, aber drinnen gibt es ein Gewirr von Kammern und Tunneln, mit in Stein gemeißelten Stufen, die in alle Richtungen führen. Machen Sie sich Notizen oder Fotos von Ihrem Weg. Früher haben die Leute Teelichter als Markierungen benutzt, doch das schadet dem Höhlenmilieu. Man braucht festes Schuhwerk, eine Taschenlampe (idealerweise eine Stirnlampe), Ersatzbatterien und einen kundigen Führer. Diese Höhle liegt sehr einsam und sollte nie allein oder auf eigene Faust betreten werden. Der breite Weg wird dann zu einem Steinpfad und führt über eine Via ferrata – bei Höhenangst nicht zu empfehlen.

→ Es gibt Boots- und Kajaktouren zur Höhle. Oder von Port d'Alcúdia auf der Ma-3460 Richtung Nordwesten und beim Kreisverkehr auf den Carrer De Pollentia Richtung Alcúdia, dann nach 500 m rechts auf den Carrer De l'Estel. Der Rechtskurve folgen, an der Straßengabelung links und nach 170 m links auf den Camí de S'Alou Richtung Osten. Nach 2 km an der T-Kreuzung rechts und nach weiteren 4 km am Ende unter den Bäumen parken, in der

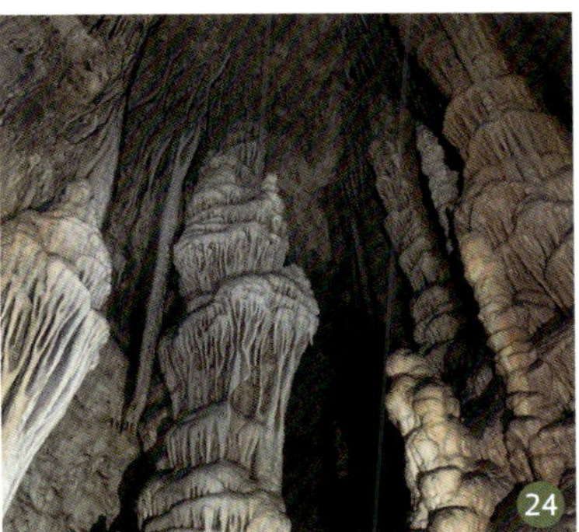

24

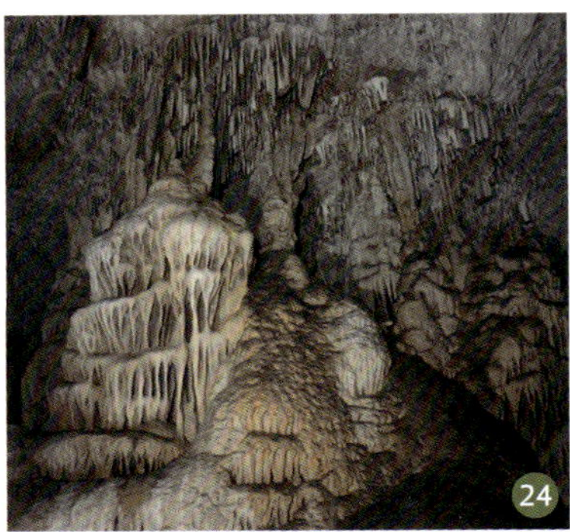

24

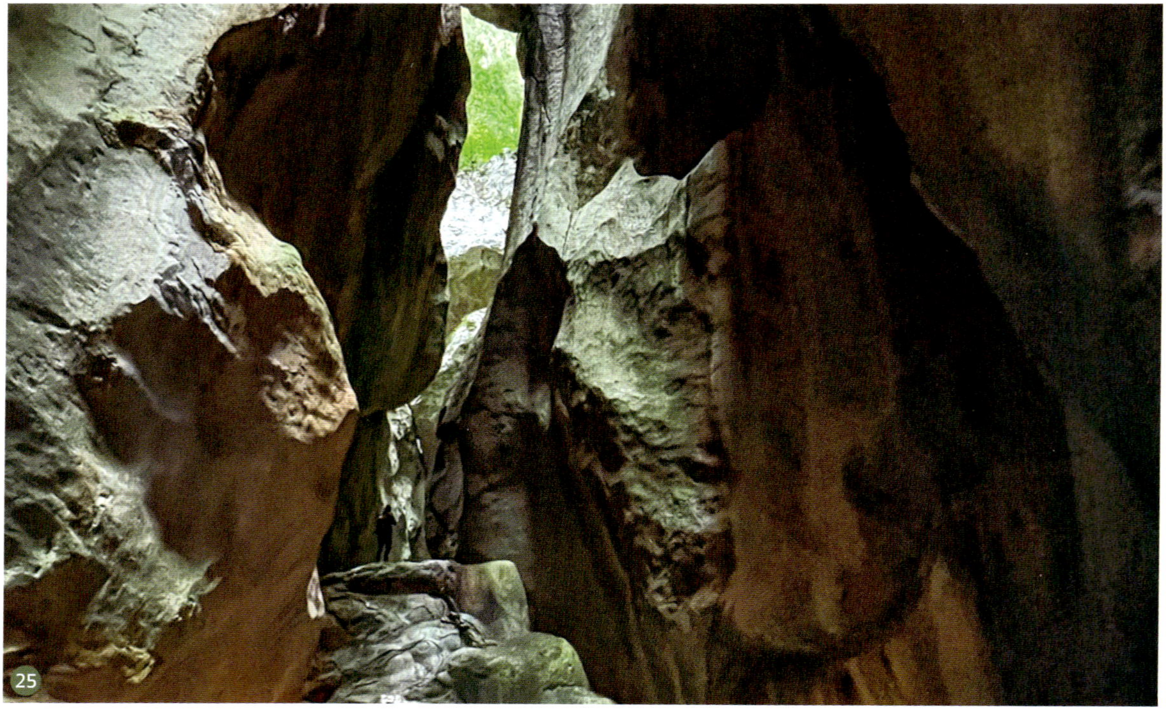

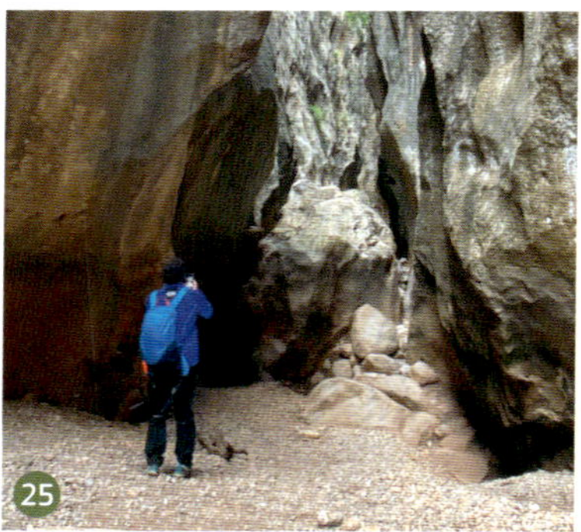

Nähe vom Refugi (39.8581, 3.1826). Die Wege nach Sa Cova Tancada und zur Platja des Coll Baix (14) starten hier.

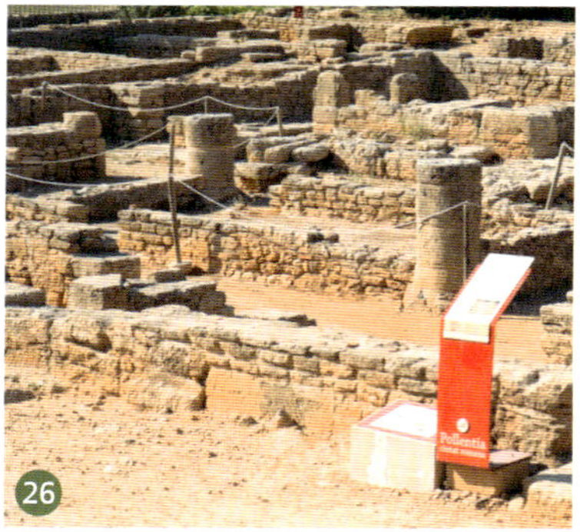

3 Std., 39.8541, 3.1913

25 TORRENT DE PAREIS

Beim Erkunden dieser spektakulären Karstschlucht lauern viele Gefahren. Die Klettertour beginnt in Escorca im Herzen der Serra de Tramuntana, und der Weg führt über große Felsen und schmale Engpässe, bevor man den schönen Sandstrand in der Bucht von Sa Calobra erreicht (1). Die Klippen zu beiden Seiten sind so hoch und steil, dass man keinen Handyempfang hat, und es gibt keinen anderen Ausgang aus der Schlucht, die sehr kalt oder sehr heiß sein kann oder nach Regen überflutet. Der Weg ist teilweise heikel und sollte nur mit einem Führer in Angriff genommen werden und niemals bei Regen oder im Winter. Der Name bedeutet „Pärchengebirgsstrom", und bezieht sich auf das Zusammentreffen zweier tiefer Schluchten. Die kleinere, Torrent de Gorg Blau, ist so schmal und tief, das nie Tageslicht hineinfällt. Über Ihnen werden wahrscheinlich die seltenen Rabengeier kreisen, die nach Tierkadavern Ausschau halten.

→ Die Wanderung beginnt in der Nähe von Escorca an der Ma-10, ca. 5 km westlich von Lluc. Wir empfehlen einen Führer, z. B. von Mallorca Walks (mallorcawalks.com), der auch eine Rückfahrt mit dem Boot von Sa Calobra nach Puerto Sóller organisieren kann, oder einen Bus zum Ausgangspunkt.

8 Std., 39.8424, 2.8232

GESCHICHTE

26 CUITAT ROMANA DE POLLENTIA

Faszinierende römische Ruinen vor den Burgmauern der Altstadt von Alcúdia, die ebenfalls einen Besuch lohnt. Man kann die Überreste dieser alten Siedlung mit Amphitheater anhand von QR-Codes erkunden, die erklären, was man gerade sieht. Für kleines Geld bekommt man viel geboten, und der Eintritt ins hiesige Museum ist inklusive.

→ Im Südwesten von Alcúdia in der Avinguda Príncep d'Espanya. Der Parkplatz liegt in einer Kurve gegenüber der großen Kirche.

2 Min., 39.8505, 3.1204

27 CASTELL DEL REI

Burgruine, die eher in als auf die Klippen der windgepeitschten Nordwestküste gebaut wurde. Errichtet von den Mauren im 12. Jahrhundert, im 13. Jahrhundert von Jakob I.

übernommen und seit 1715 verlassen. Die Wanderung von Pollença durch die einsame, dramatische Landschaft ist eine der schönsten auf Mallorca. Die Ruine befindet sich auf dem großen privaten Anwesen Ternelles, und man muss im Rathaus von Pollença eine Genehmigung beantragen, was bis zu vier Tage dauern kann, da die tägliche Besucherzahl begrenzt ist. Man kann auch darum bitten, den wilden Kieselstrand Cala Castell (39.9310, 3.0309) besuchen zu dürfen, der ebenfalls auf dem Anwesen liegt und sonst nur mit dem Boot zu erreichen ist.

→ Der Weg beginnt in Pollença neben der schönen Römerbrücke am Camí de Ternelles, wo man auch parken kann. Im Rathaus erhält man eine Wegbeschreibung, wenn man die Genehmigung beantragt.

5 Std., 39.9227, 3.0102

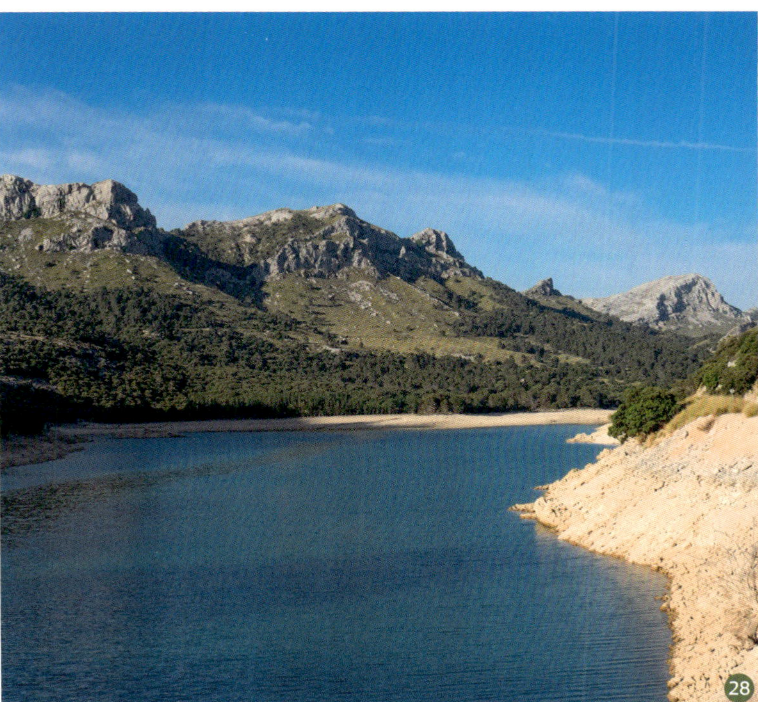

28

SEEN & FEUCHTGEBIETE

28 EMBASSAMENT DE GORG BLAU

Der Name des Flusses, der gestaut wurde, um diesen See zu schaffen, bedeutet „blaue Quelle", und das Wasser dieser Oase der Ruhe ist tatsächlich von einem besonders intensiven Blau. Die beiden Berge, die den See flankieren, sind äußerst steil, und die Hänge der Täler ein Paradies für Tiere. Am östlichen Ufer, unter dem Puig Massanella, liegt Almallutx, ein zum Teil versunkenes talayotisches Dorf. Eine Straße führt am westlichen Ufer unter dem Puig Major entlang und durch einen beeindruckenden Felstunnel, der 1906 enstanden ist, als auch der Staudamm gebaut wurde. Der See eignet sich ausgezeichnet für einen Zwischenstopp, bevor man die Fahrt über die Serpentinen der berühmten Ruta de Sa Calobra (33) antritt. Der erste Stausee Mallorcas wird seit den 1970ern weniger zur Stromgewinnung als zur Wasserversorgung genutzt. Baden ist verboten. Eigentlich waren noch mehr Stauseen geplant, doch am Ende kam nur noch der benachbarte Cúber (29) hinzu.

→ Auf der Ma-10 von Lluc nach Westen Richtung Fornalutx. Nach 9 km in den Tunnel. Auf der anderen Seite gibt es diverse Parkbuchten entlang des Ufers.

2 Min., 39.8066, 2.8188

29 EMBASSAMENT DE CÚBER

Dieser blau-grün leuchtende Stausee unterhalb von Mallorcas höchstem Berg Puig Major, gespeist vom Torrent de l'Ofre, ist ein atemberaubend schöner, friedlicher Ort. In circa einer Stunde kann man ihn auf einem einigermaßen flachen Weg ganz umrunden. Ein guter Ausgangspunkt ist die Quelle Font des Noguer. Die Klippen über dem Damm am anderen Ende sind bei Raubvögeln beliebt, und mit etwas Glück bekommt man Raben- oder Gänsegeier zu sehen, oder sogar Zwergadler und Eleonorenfalken. Die Ruta de Pedra En Sec führt am nördlichen Seeufer entlang. Dies ist einer der beiden Stauseen, die Palma de Mallorca und die umliegenden Gemeinden mit Trinkwasser versorgen (der andere ist Gorg Blau, 28), und Baden ist verboten.

→ Vom südlichen Ende des Gorg Blau 2 km weiter auf der Ma-10. Es gibt diverse Parkmöglichkeiten, u. a. eine unter den Bäumen bei Font des Noguer (39.7871, 2.7995).

2 Min., 39.7860, 2.7933

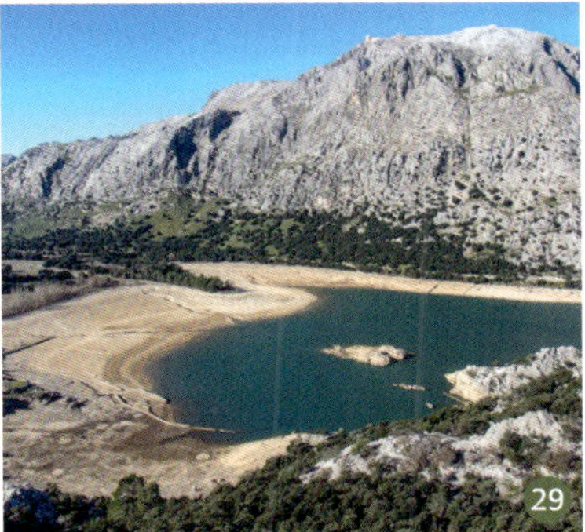

29

30 FONT UFANES, CAMPANET

Dieses Gebiet wurde 2001 zum Naturdenkmal ernannt, und zwar wegen eines spektakulären Phänomens, das nur bei starken Regenfällen über der Serra de Tramuntana auftritt. Die unterirdischen Wasserläufe sind dann überlastet, und das Wasser schießt wie aus dem Nichts durch den Steineichenwald und wird zu einem reißenden Strom. In den trockenen Sommermonaten scheint es unvorstellbar, dass so etwas je geschehen könnte. Auch die mittelalterliche Kirche, die kurz nach der Rückeroberung der Insel durch die Christen erbaut wurde, lohnt einen Besuch. Ganz in der Nähe liegen auch die Schauhöhlen Coves de Campanet.

→ Sant Miquel und die Höhlen sind von Campanet auf dem Camí Blanc ausgeschildert: 9 km bis zur T-Kreuzung, dann links und gleich wieder links, um an der Kirche zu parken (39.7931, 2.9637). Bis zur Kurve zurückgehen und 100 m Richtung Osten zum Eingang der Finca Es Gabelli (geöffnet 10–17) und weitere 50 m Richtung Nordwesten auf der Straße des Anwesens, dann rechts durch den Wald. Falls

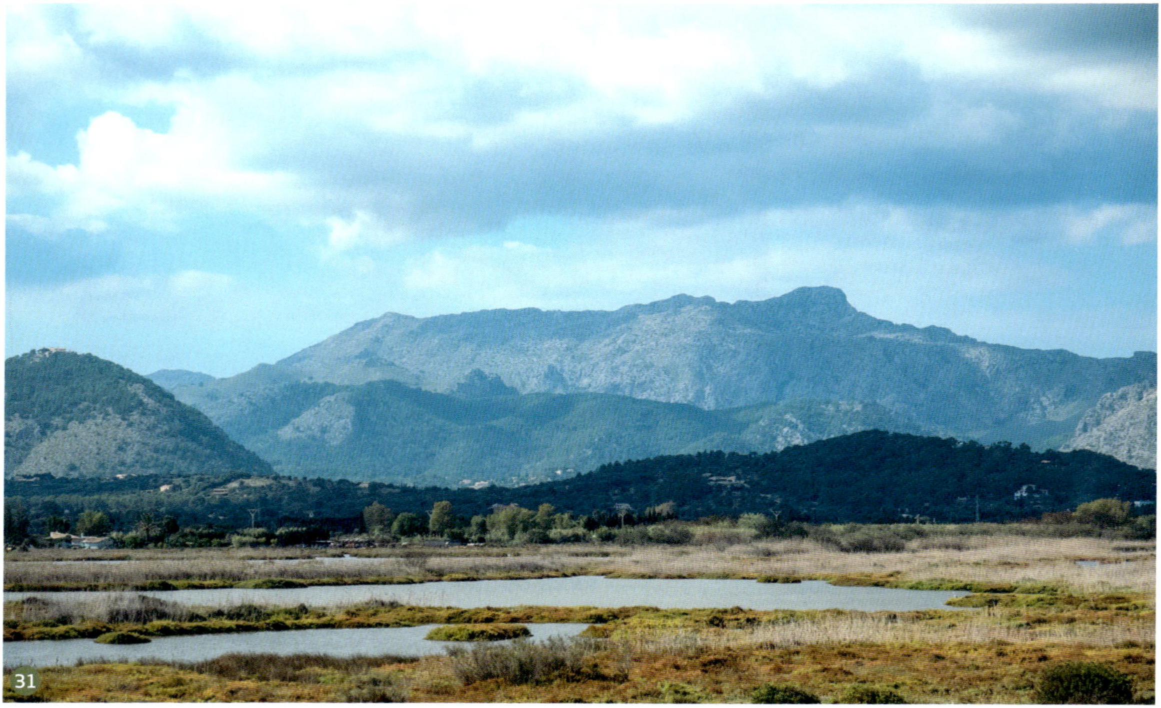

31

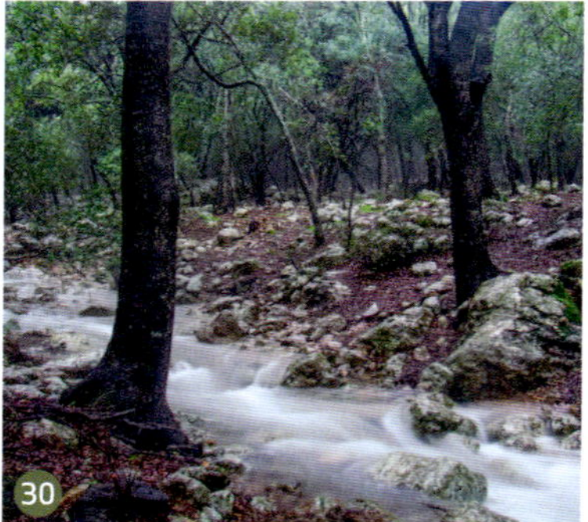

30

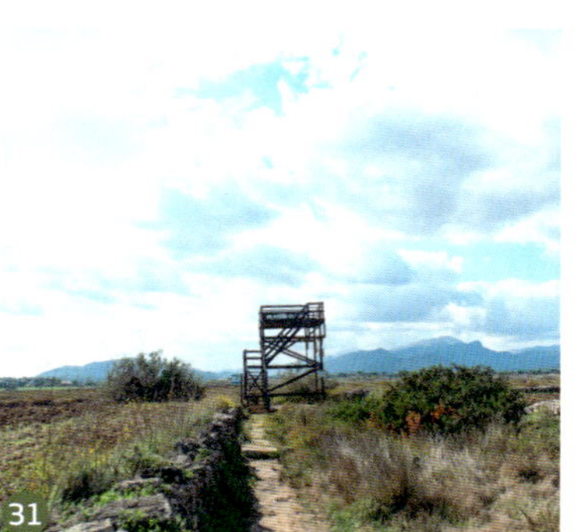

31

es voll ist, gibt es weitere Parkplätze bei den Höhlen: dafür am Tor der Finca vorbei, dann rechts, 250 m bis zum Parkplatz (links).
5 Min., 39.8044, 2.9645

31 RESERVA NATURAL DE S'ALBUFERETA

In der breiten Bucht von Pollença, die bei Touristen sehr beliebt ist, gibt es überraschenderweise auch ein kleines Feuchtgebiet von großer botanischer und ornithologischer Bedeutung. Es ist durch einen schmalen Dünenstreifen vom Meer abgegrenzt, Heimat eines der größten Tamariskenwaldes der Insel und von über 300 anderen Arten. Es gibt zwei Seen und diverse Kanäle, die fast immer Wasser führen – für die Vögel hier von unschätzbarem Wert. Setzen Sie sich einfach still irgendwo hin, vielleicht haben Sie Glück und sehen Rohrweihen, Fischadler und Eleonorenfalken, Reiher, Purpurhühner und Grasmücken.

→ Am schönsten ist eine Radtour von Port de Pollença. Auf der Ma-2220 für 3,5 km Richtung Süden. Ca. 450 m nach Überquerung des Flusses rechts auf den Carrer Salvador Dalí, dann an der Kreuzung wieder rechts auf den Carrer Fransisco de Goya. Kurz vor dem Ende parken, ganz bis zum Ende gehen und den Wegen ins Naturschutzgebiet folgen.
5 Min., 39.8570, 3.0983

PANORAMEN & AUSSICHTEN

32 FAR DE FORMENTOR

Mallorcas nördlichster Punkt trägt den Spitznamen „Treffpunkt der Winde", ein Wink an den Ingenieur der Serpentinenstraße über die zerküftete Halbinsel Formentor, derselbe, auf dessen Konto auch die Ruta de Sa Calobra geht (33). Seine verschlungene Straße folgt den Konturen der Landschaft um 400 m hohe Klippen, die senkrecht ins Meer abfallen, mit zähen Pinien, die sich an die seltsamen Felsformationen klammern, in denen Möwen und Eleonorenfalken nisten. Eine haarsträubende Erfahrung, egal ob mit dem Auto, dem Fahrrad oder zu Fuß. Machen Sie einen Zwischenstopp am Mirador d'Es Colomer (34), dann geht es weiter durch Pinienwälder mit Wanderwegen zu weiteren Aussichtspunkten und durch einen Tunnel im Berg El Fumat. Vom windgepeitschten Leuchtturm, der 1863 eingeweiht wurde, kann man an klaren Tagen bis nach Menorca schauen. Kleine Bar und Laden.

→ Von Port de Pollença auf der Ma-2210 Richtung Norden, 18 km bis zum Ende. In der Hauptsaison haben von 10–19 Uhr nur Anwohner Zufahrt, aber es gibt einen Shuttle-Bus (Linie 334) von Port de Pollença mit kostenlosem Parkplatz an der Bushaltestelle (39.9090, 3.0797). Fahrräder frei. Man kann auch am Parkplatz Cala Figuera (6) aussteigen und den Rest zu Fuß gehen.

1 Min., 39.9614, 3.2123

33 RUTA DE SA CALOBRA

Die wilde, wundervolle Ma-2141 ist eine der schönsten Panoramastraßen der Welt, und wahrscheinlich kennen Sie Bilder davon. Gebaut wurde sie 1932 nach Entwürfen von Antonio Paretti, ebenso wie die Straße zum Far de Formentor. Die für ihre schlangenartigen Kurven berühmte Straße windet sich meisterhaft vom höchsten Punkt der Insel, Puig Major, zum Meer und folgt dabei den Konturen der Berge. Die Felsmassen, die für die Straße abgetragen werden musste, wurden gleich für ihren Bau verwendet. Für den innovativen Nus de Sa Colabra, eine Kurve, die im Kreis unter sich selbst hindurch führt, ließ sich Paretti angeblich von seinem Krawattenknoten inspirieren. Stellenweise sehr schmal, weshalb man sehr langsam fahren und gelegentlich rückwärts in eine Ausweichstelle zurücksetzen muss.

→ Auf der Ma-10 von Lluc 8,5 km Richtung Süden, und nachdem man unter dem Aquädukt hindurchgefahren ist, sofort rechts Richtung Sa Calobra auf die Ma-2141. 12 km über Serpentinen bis zum großen Parkplatz rechts (39.8476, 2.7982). Auf demselben Weg zurück – eine andere Möglichkeit gibt es nicht.

25 Min., 39.8477, 2.7985

34 MIRADOR ES COLOMER

Spektakulärer Aussichtspunkt an der Straße zum Far de Formentor (32). Steinstufen führen zur Aussichtsplattform aus Holz mit weitem Blick über das Meer. Die Klippen fallen hier senkrecht ins Meer ab, sodass man auf die kleine Felsinsel Es Colomer hinunterblickt, die angeblich über die Halbinsel wacht. Der artenreiche Meeresgrund zieht Taucher aus aller Welt an.

→ Von Port de Pollença auf der Ma-2210 ca. 6 km Richtung Norden bis zum Parkplatz (links). In der Hauptsaison dürfen von 10–19 nur Anwohner die Straße nutzen, und der Shuttle-Bus hält hier nicht. Fahrräder frei.

5 Min., 39.9300, 3.1112

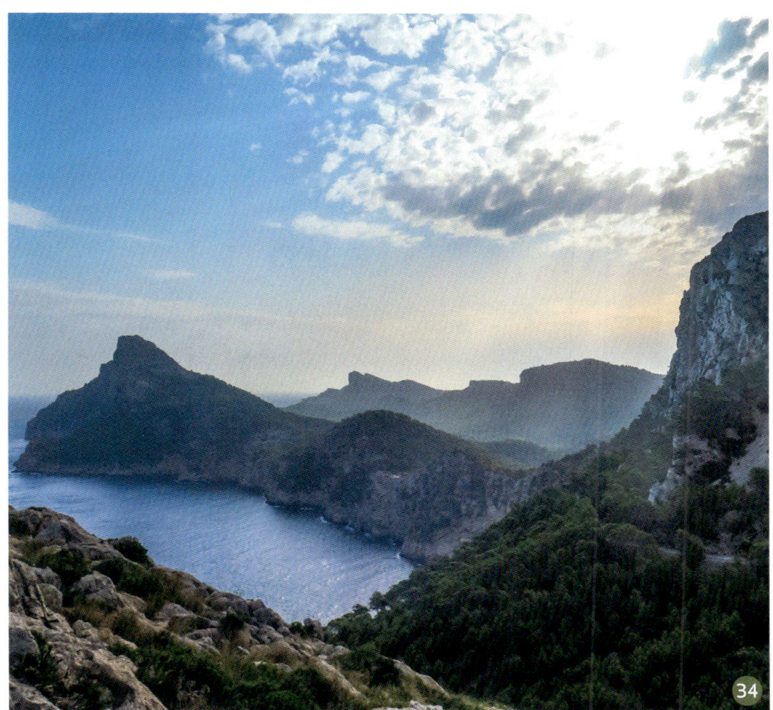

34

35 ESCALA DE L'AMO JOAN CERDA

Ein faszinierendes Stück Geschichte an diesem berühmten Tunnel an der Straße zum Far de Formentor (32). Man hat auch einen weiten Blick, aber das eigentlich Interessante ist die schwindelerregende Treppe, die in die nackte Felswand geschlagen ist, während der Tunnel durch den El Fumat gegraben wurde. Das Eisengeländer ist kaum noch vorhanden, was sie noch exponierter und gefährlicher macht. Alternative Route um den Berg für Adrenalinjunkies und Gefahrensucher, aber Vorsicht! Der Blick ist atemberaubend, falls man sich traut runterzusehen.

→ Von Port de Pollença auf der Ma-2210 nach Norden Richtung Cap de Formentor. Nach ca. 11 km, wenn vor einem der Es Fumat aufragt, links auf den Parkplatz mit dem Schild zum Camí de Cala Figuera (39.9493, 3.1716). In der Hauptsaison ist die Straße von 10–19 Uhr nur für Anwohner frei, aber der Shuttle-Bus (Linie 334) von Port de Pollença hält hier, und der Parkplatz an der Bushaltestelle ist umsonst (39.9090, 3.0797). Fahrräder frei. Die Straße entlang bis zum Anfang des Tunnels gehen. Die Treppe führt links hinauf. Äußerste Vorsicht.

10 Min., 39.9495, 3.1771

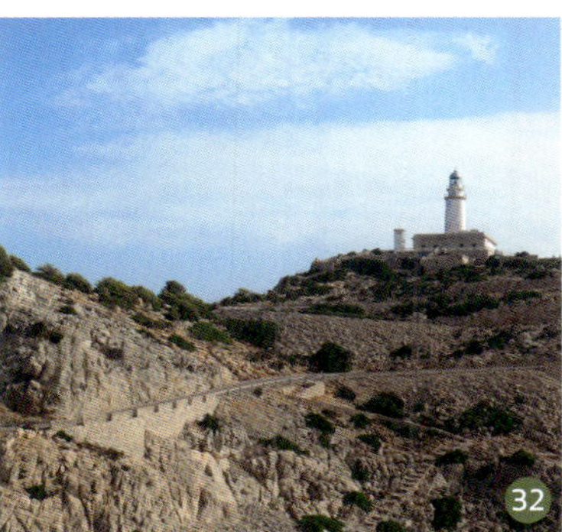

32

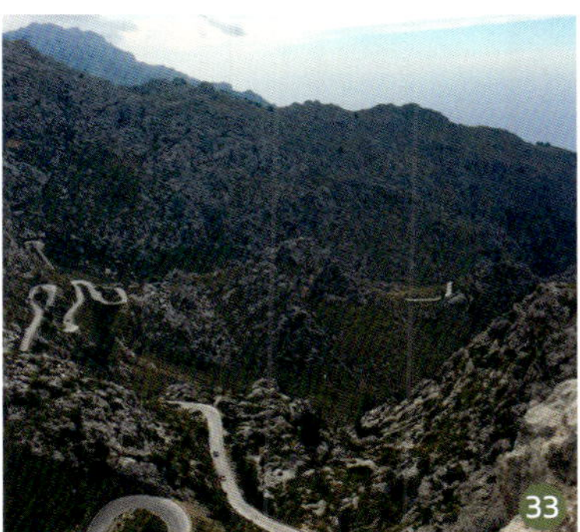

33

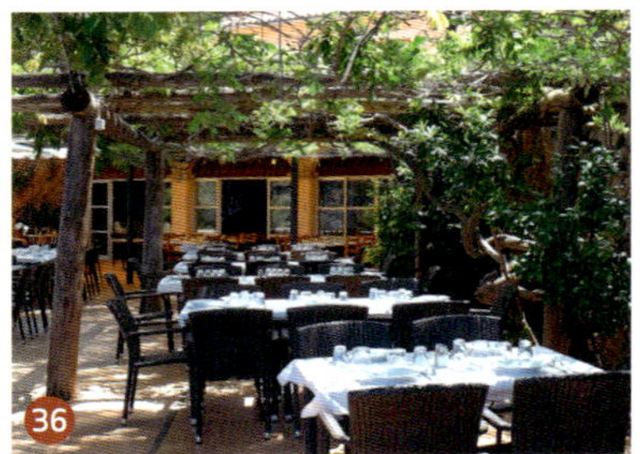

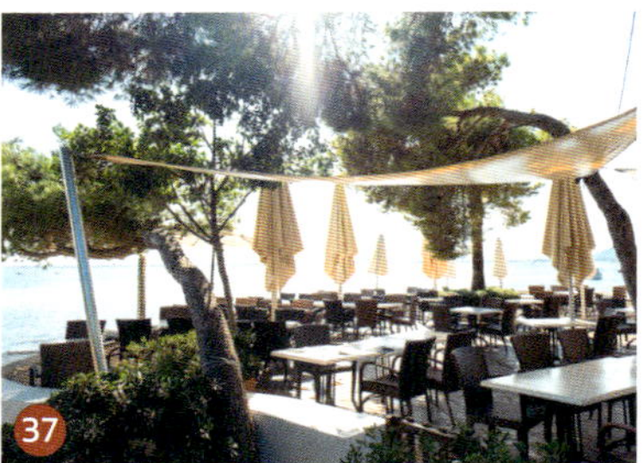

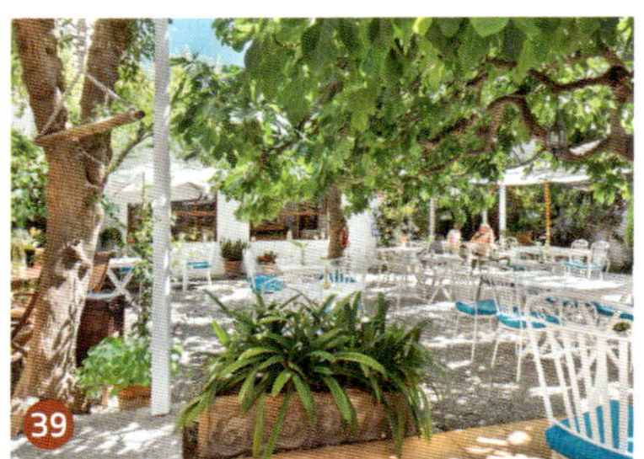

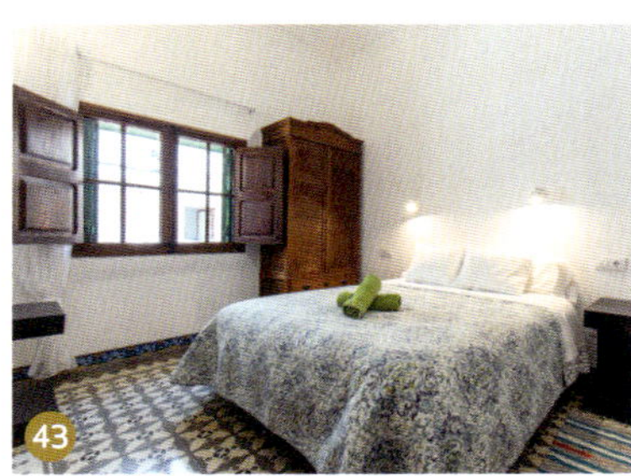

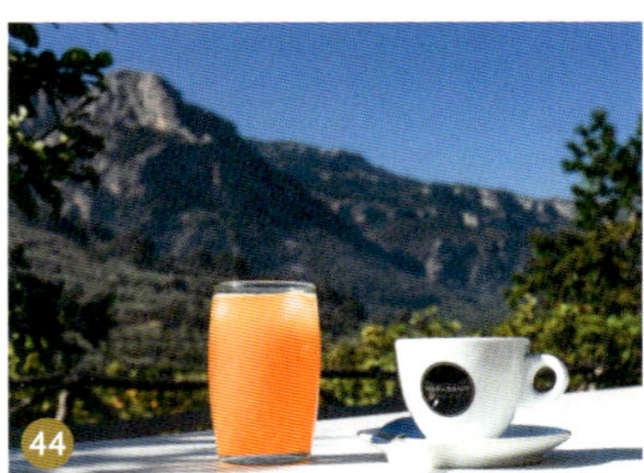

KULINARISCHES

36 RESTAURANT ES VERGERET, CALA TUENT

Für dieses wundervolle Restaurant in einem abgelegenen, ehemaligen Bauernhaus oberhalb der Cala Tuent (2) sollte man vorher reservieren. Traditionelle Speisen und Terrasse mit Aussicht. Darüber liegt eine Ferienwohnung für Gruppen.

→ Carrer Cala Tuent, s/n, 07315 Cala Tuent, +34 971 517105
39.8392, 2.7739

37 RESTAURANT LA TERRAZA, ALCANADA

Schön gelegen an der Platja Alcanada, direkt am Meer. Von der Terrasse führen Stufen zum Strand. In der Nähe gibt es einen Park – mit Spielplatz. Traditionelle, regionale Küche – bestellen Sie Seafood-Paella oder ARROZ NEGRO.

→ Plaça Pompeu Fabra 7, 07400 Alcúdia, +34 971 545611
39.8372, 3.1585

38 CRÊPERIE MADUIXA, POLLENÇA

Köstliche Crêpes, die vor Ihren Augen zubereitet und großzügig belegt werden. Außerdem sagenhaft leckere Smoothies und Fruchtsäfte.

→ Carrer d'Antoni Maura, 10, 07460 Pollença, +34 606 751643
39.8775, 3.0153

39 RESTAURANT BELLAVERDE (VEGAN & VEGETARISCH)

Wundervolles Restaurant in einer Seitenstraße in Port de Pollença, wahrscheinlich das einzige in der Gegend. Bezaubernder kleiner Innengarten, den man sich mit der Pension Bellavista (43) nebenan teilt.

→ Carrer de les Monges, 14, 07470 Port de Pollença, +34 675 602528
39.9059, 3.0810

40 BAR ALHAMBRA, POLLENÇA

Fantastische Tapas, ein Highlight ist der geräucherte Kabeljau. An einem bezaubernden kleinen Platz, Plaça de l'Almoina, in der Altstadt von Pollença, herrlich, um Leute zu beobachten.

→ Plaça de l'Almoina, 7, 07460 Pollença
39.8779, 3.01597

41 FORN CAN RAFEL, BUGER

Perfekte, authentische mallorquinische Bäckerei für Ensaïmadas (traditionelles Gebäck), angeblich die besten der Welt. Aber hier schmeckt alles lecker, auch der Kaffee, das Ganze mit Blick auf eine Kirche aus dem 16. Jahrhundert. Die Bäckerei liegt im kleinen Bergstädtchen Buger, das von Mandel- und Johannisbrotplantagen umgeben ist.

→ Carrer Major, 14, 07311 Búger, +34 971 516213
39.7584, 2.9842

ÜBERNACHTEN

42 CAN VERDERA, FORNALUTX

Charmantes kleines Hotel mit nur 11 Zimmern, schönem, schattigen Innenhof und Terrasse mit Panoramablick auf ein Tal mit leuchtenden Zitrushainen, versteckt im reizenden alten Dorf Fornalutx, dessen steile Gassen mit Blumen geschmückt sind – manche sagen, es sei das schönste Dorf Spaniens.

→ Carrer des Toros, 1, 07109 Fornalutx, +34 971 638203
39.7820, 2.7400

43 PENSION BELLAVISTA, PORT DE POLLENÇA

Familiengeführtes Hotel in dritter Generation und eines der ältesten in Porto Pollença. Das Personal ist ausgesprochen freundlich, die Zimmer sind günstig, sauber und komfortabel. Gehört zum Restaurant Bellaverde nebenan (39), mit dem es den bezaubernden Innenhof teilt.

→ Carrer de les Monges 14, 07470 Port de Pollença, +34 699 549376
39.9058, 3.0811

44 PETIT HOTEL, FORNALUTX

Traditionelles mallorquinisches Gebäude mit kühlem, geräumigem Inneren, einst Kloster und Schule. Elegante, reduzierte Einrichtung, an den Wänden moderne Kunstwerke. Wundervolles Frühstück auf der Sonnenterrasse mit herrlichem Blick und ein Infinitypool.

→ Carrer de l'Alba 22, 07109 Fornalutx, +34 971 631997
39.7824, 2.7414

45 REFUGÍ TOSSALS VERDS, MARGARITA

Eine der abgelegensten Hütten an der Ruta de Pedra en Sec, in prächtiger Bergkulisse 550 m über dem Meeresspiegel. Übernachtung, Frühstück, Mittag- und Abendessen. Ein höchst willkommener Stopp nach der weiten Wanderung vom Refugí Muleta (22), der längste Abschnitt auf der Strecke, für die man einen ganzen Tag braucht.

Saubere Zimmer, Warmwasser, leckeres Essen, atemberaubender Blick, perfekt! Eine der fünf staatseigenen REFUGÍS auf dem Weg. Vorher auf der Website des Consell de Mallorca reservieren.

→ 07315 Escorca

39.7687, 2.8190

46 REFUGÍ SON AMER, ESCORCA

Staatseigene Hütte im Herzen der Serra de Tramuntana, in der Nähe des imposanten Klosters von Lluc. 52 Betten in Schlafsälen und Zimmern verschiedener Größe, Speisesaal, gute, heiße Duschen und Kamine. Eine der fünf staatseigenen Hütten an der Ruta de Pedra en Sec. Vorher auf der Webpage des Consell de Mallorca reservieren.

→ 07315 Escorca

39.8182, 2.8916

47 BIKINI HOTEL, PORT DE SÓLLER

Bei der stylishen Umgestaltung eines Hotels am Meer ist etwas Magisches entstanden. Aufmerksames Personal, fabelhaftes Frühstück, Künstleratmosphäre und herrlicher Blick auf den Hafen vom geschützten kleinen Balkon, den jedes Zimmer hat. Außerdem gibt es ein breites Sportangebot: nicht nur Fitnessstudio und Pool, sondern auch E-Bike und SUP-Boards. Keine Kinder.

→ Carrer de Migjorn 2, 07108 Port de Sóller

39.8006, 2.6946

48 FANGAR, CAMPANET

Wunderschöne Finca im Herzen Mallorcas. Die Possessió aus dem 18. Jahrhundert umfasst diverse komfortable CASITAS mit Kochnische. Rustikale Atmosphäre mit allen modernen Annehmlichkeiten und Swimmingpool.

→ Am Camí de Fangar, 07310 Campanet, +34 971 941185

39.8077, 2.9782

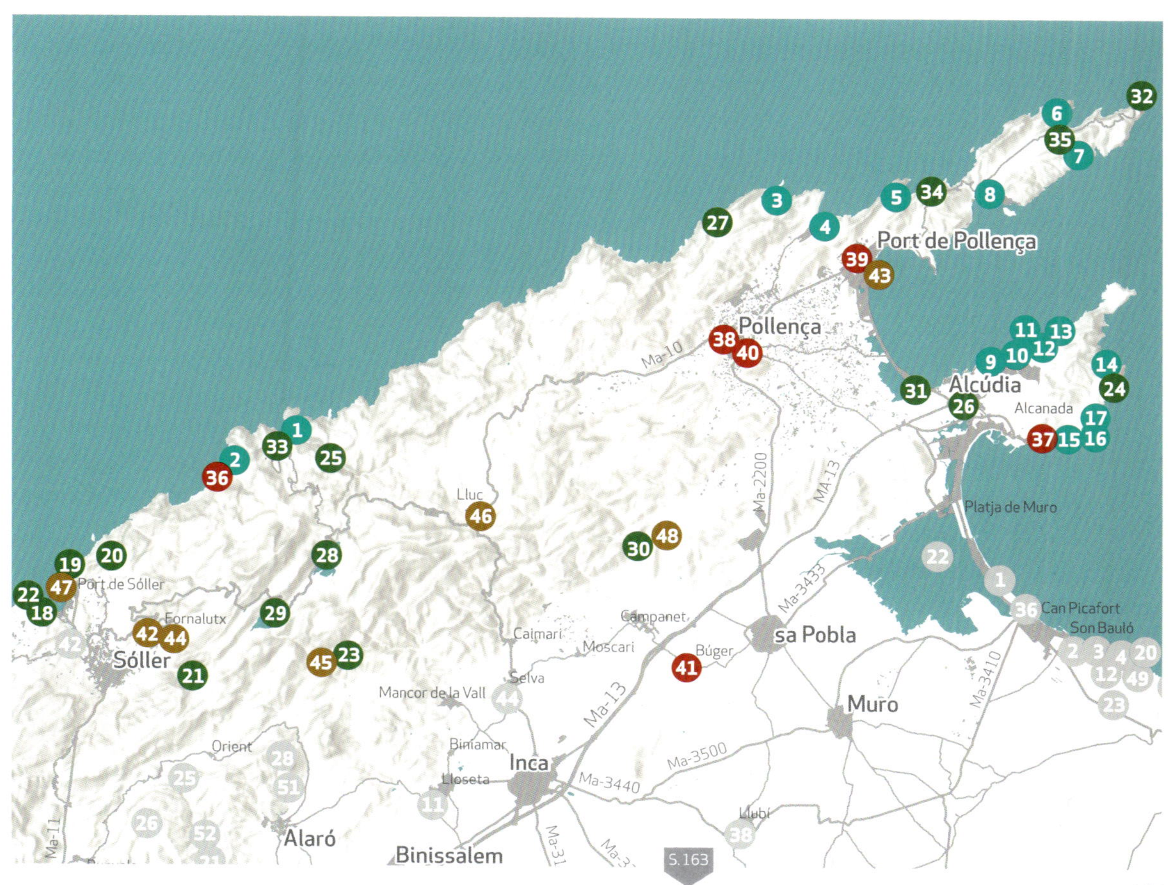

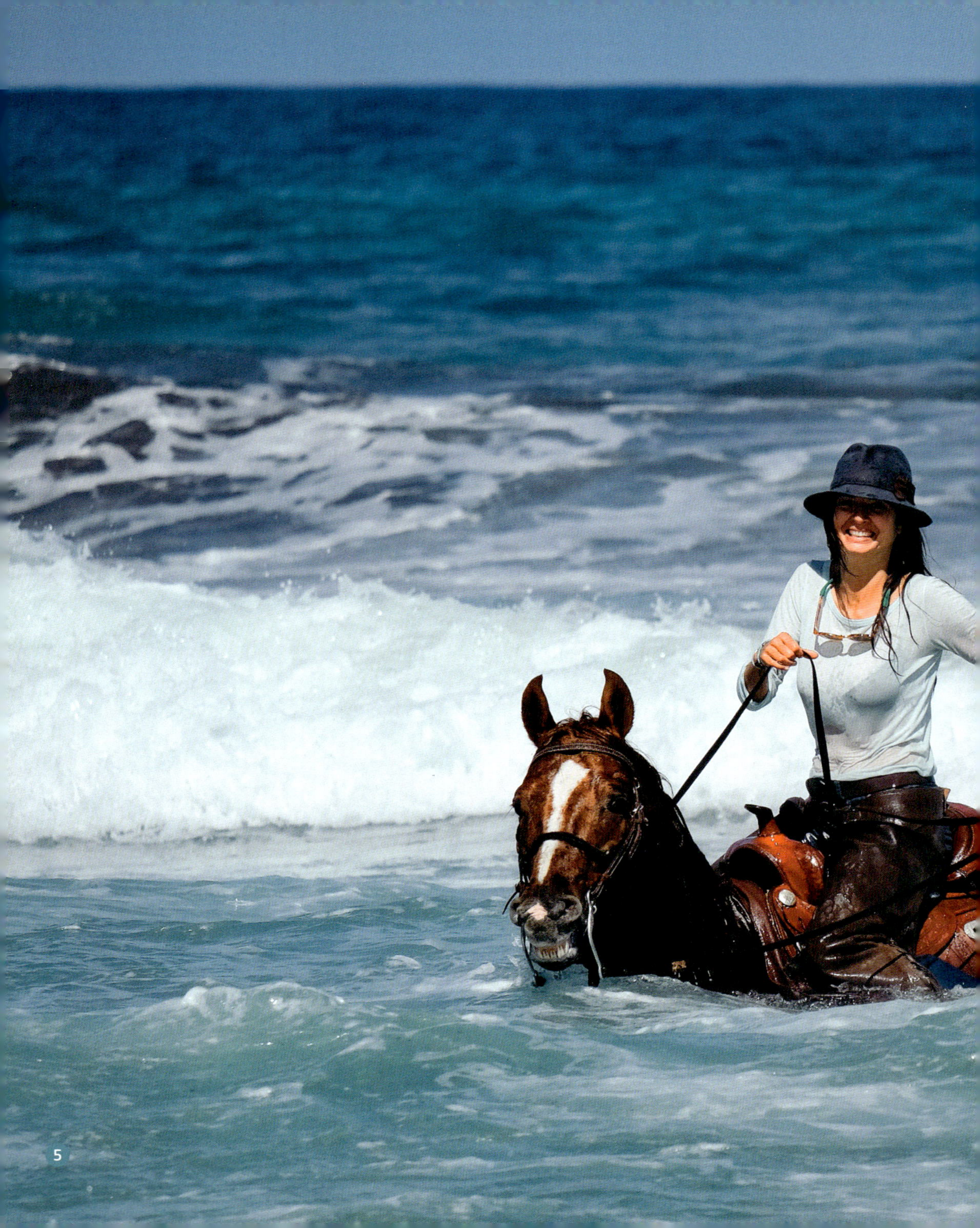

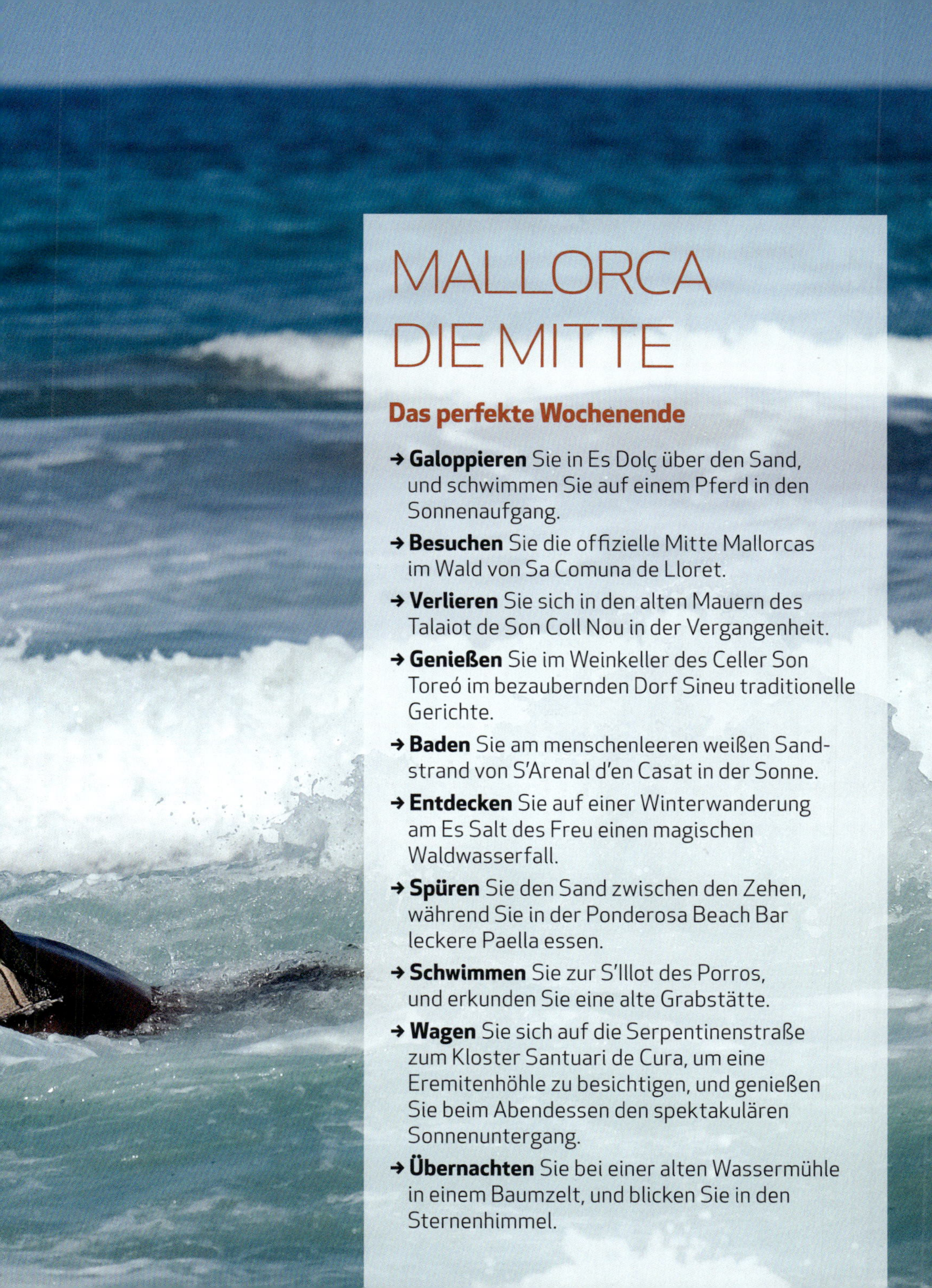

MALLORCA DIE MITTE

Das perfekte Wochenende

- ➔ **Galoppieren** Sie in Es Dolç über den Sand, und schwimmen Sie auf einem Pferd in den Sonnenaufgang.
- ➔ **Besuchen** Sie die offizielle Mitte Mallorcas im Wald von Sa Comuna de Lloret.
- ➔ **Verlieren** Sie sich in den alten Mauern des Talaiot de Son Coll Nou in der Vergangenheit.
- ➔ **Genießen** Sie im Weinkeller des Celler Son Toreó im bezaubernden Dorf Sineu traditionelle Gerichte.
- ➔ **Baden** Sie am menschenleeren weißen Sandstrand von S'Arenal d'en Casat in der Sonne.
- ➔ **Entdecken** Sie auf einer Winterwanderung am Es Salt des Freu einen magischen Waldwasserfall.
- ➔ **Spüren** Sie den Sand zwischen den Zehen, während Sie in der Ponderosa Beach Bar leckere Paella essen.
- ➔ **Schwimmen** Sie zur S'Illot des Porros, und erkunden Sie eine alte Grabstätte.
- ➔ **Wagen** Sie sich auf die Serpentinenstraße zum Kloster Santuari de Cura, um eine Eremitenhöhle zu besichtigen, und genießen Sie beim Abendessen den spektakulären Sonnenuntergang.
- ➔ **Übernachten** Sie bei einer alten Wassermühle in einem Baumzelt, und blicken Sie in den Sternenhimmel.

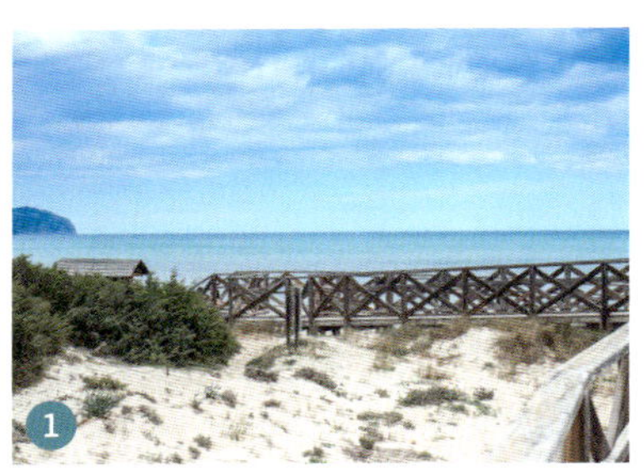

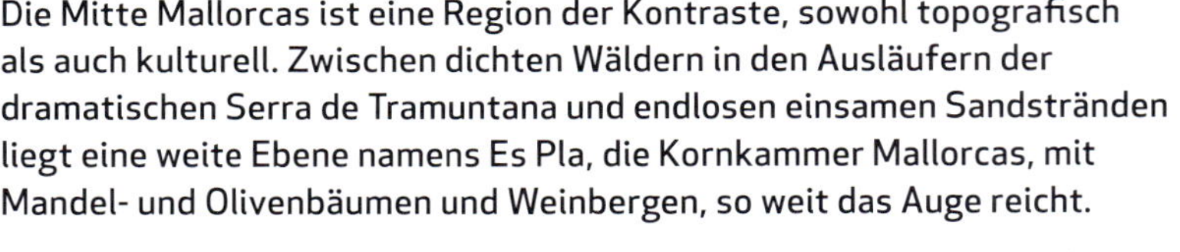

Die Mitte Mallorcas ist eine Region der Kontraste, sowohl topografisch als auch kulturell. Zwischen dichten Wäldern in den Ausläufern der dramatischen Serra de Tramuntana und endlosen einsamen Sandstränden liegt eine weite Ebene namens Es Pla, die Kornkammer Mallorcas, mit Mandel- und Olivenbäumen und Weinbergen, so weit das Auge reicht.

Hier ist jede Stadt ein Labyrinth aus schmalen Kopfsteinpflasterstraßen und steilen Gassen zwischen Häusern aus goldenem Marés mit versteckten Weinkellern, in denen köstliche, regionale Gerichte serviert werden. Große Kirchen beherrschen die Stadtzentren, und man könnte hier jeden Tag einen Markt besuchen, denn die meisten Dörfer haben einen eigenen Wochenmarkt.

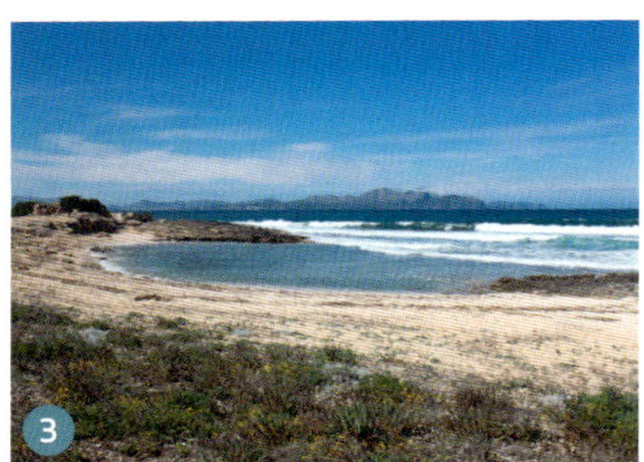

In vielen der Gemeinden versammeln sich die Bewohner während der Wintermonate mit großem Enthusiasmus zu traditionellen und religiösen Festen, und Prozessionen mit kunstvollen Kostümen ziehen durch die Straßen.

Im Westen führt der älteste Wanderweg der Insel, Camí de Coanegra, durch alte Wälder und steil hinauf zu unglaublichen Aussichtspunkten. Der Nachthimmel in diesem abgeschiedenen Naturschutzgebiet ist unverschmutzt und perfekt, um die Sterne zu betrachten.

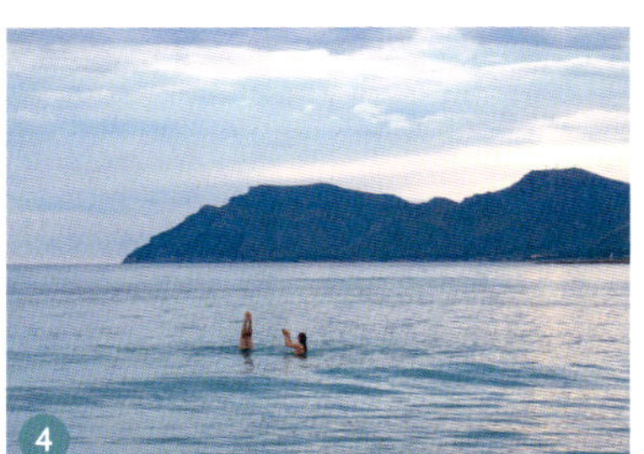

Für Geschichtsinteressierte bietet die archäologische Route von Sencella und Costitx Einblicke in die ferne Vergangenheit der Insel, und man kann direkt am Strand außergewöhnliche Nekropolen entdecken.

Selbst die Küste von Mallorcas Mitte ist wildes Naturschutzgebiet mit einer reichen Tierwelt, in das es selten Menschen verschlägt. Zwischen den Dörfern kann man meilenweit an langen, unberührten weißen Stränden entlangwandern oder -reiten und im klaren, türkisblauen Wasser schwimmen, surfen und nacktbaden.

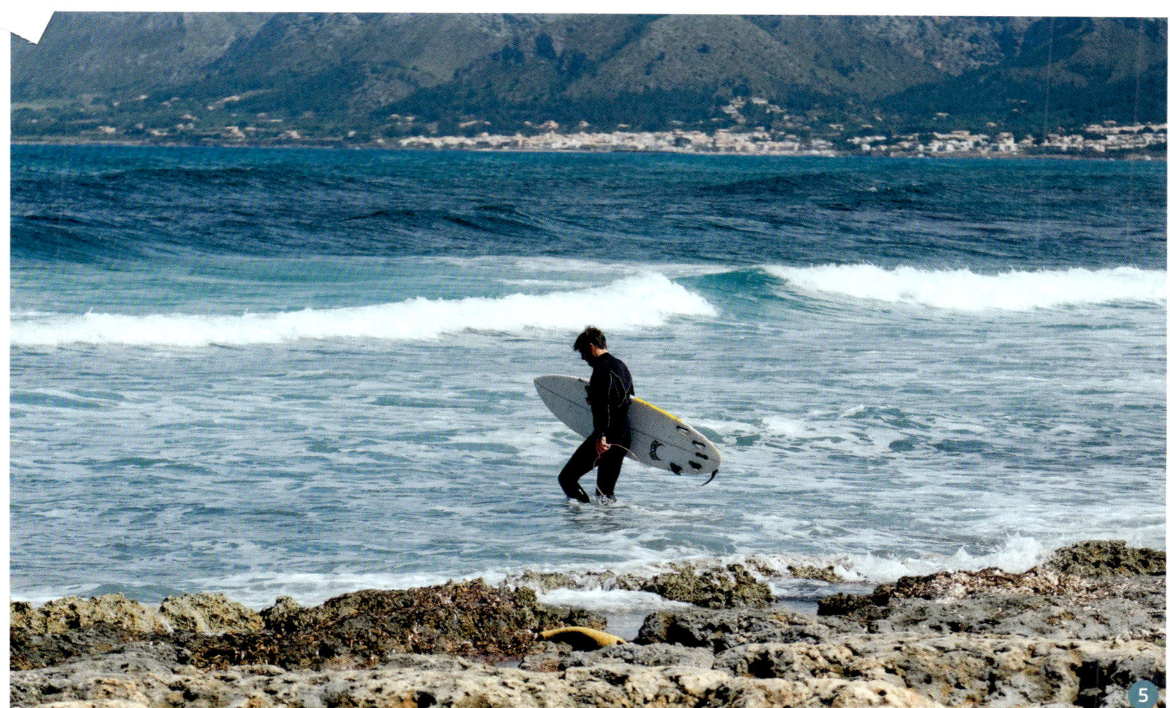

KÜSTE

1 PLATJA DE MURO, ALBUFUERA

Dieser lange Streifen weißer Sandstrand ist eine Verlängerung seiner kommerzielleren Nachbarn Platja de Moro und Platja d'Alcúdia. Platja de Muro beginnt am Canal de Siurana, und zunächst liegen hinter dem Strand noch niedrige Gebäude, doch wenn man sich der kleinen Stadt Can Picafort nähert, befindet sich nur noch die Küstenstraße zwischen dem unberührten Strand und dem weiten, flachen Feuchtgebiet des Parc Natural de S'Albufera (22). Am nördlichen Ende kann man Kiteausrüstung leihen, und an der Platja d'Alcúdia Fahrräder und Kajaks. Außerdem gibt es einen langen Holzsteg, von dem man ins Wasser springen kann!

→ Von Can Picafort auf der Ma-12 für 2 km Richtung Norden zum Strandparkplatz (rechts). Am Strand links Richtung Steg und Gastro oder rechts zum ruhigeren Teil mit Naturschutzgebiet.

2 Min., 39.7850, 3.1326

SON REAL

2 PLATJA DE SON BAULÓ

Dreieck aus feinem Sand zwischen der Mündung des Torrent de Son Bauló und dem beliebten Strand Can Picafort. Der Strand ist ca. 200 m lang und bis zu 150 m breit und fällt sanft ins klare Wasser ab. Allerdings kann es große Wellen geben, wenn der Wind aus Norden weht. Ein Küstenweg führt von hier an der Platja de Na Patana (3) entlang Richtung Osten bis nach Betlem und von dort weiter in die Wildnis. Es gibt Duschen und Toiletten, und man kann Sonnenschirme leihen.

→ In Can Picafort parken (am Strand sind keine Autos erlaubt) und am Wasser entlang Richtung Osten.

5 Min., 39.7591, 3.1705

3 PLATJA DE NA PATANA

Obwohl nur einen kurzen Fußweg von einem belebten Dorf entfernt, fühlt sich dieser weite, von Sanddünen flankierte Strand mit perfektem blauen Wasser und Blick auf die Berge einsam an. Wenn man am Strand einige Minuten Richtung Osten geht, gelangt man zum beeindruckenden Necròpolis de Son Real (16).

→ Wegbeschreibung siehe Platja de Son Bauló (2), aber 5 Min. weiter die Küste entlang.

10 Min., 39.7572, 3.1756

4 S'ARENAL D'EN CASAT

Nicht zu verwechseln mit dem Strand Arenal de sa Canova (8). Langer, wilder, weißer Strand, der ans Naturschutzgebiet der Finca Pública de Son Real grenzt. Unterwasserwiesen mit Neptungras, das oft ans Ufer gespült wird, halten das Wasser sauber.

→ Auf der Ma-12 von Can Picafort Richtung Südosten bis zum Eingang der Finca (links) nach ca. 3 km. Beim Informationszentrum parken und dem gut ausgeschilderten Weg etwas über 2 km folgen oder vor Ort Fahrräder leihen. Am Meer Richtung Osten diesen ca. 800 m Strandabschnitt entlang.

45 Min., 39.7509, 3.1916

5 ES DOLÇ

Der lange Sandstrand im Westen des ruhigen Ferienorts Son Serra ist der erste einer ganzen Reihe bis zum Dorf Can Picafort. Die ganze Gegend ist perfekt, um in magische Sonnenaufgänge oder -untergänge zu reiten (naturacavall.com), und zum Surfen.

→ Von Can Picafort ca. 7 km auf der Ma-12, dann links Richtung Son Serra da Marina. Der Straße 1 km bis zum Stadtrand folgen, dann die erste rechts auf den Carrer Veneçuela, 1 km bis zum Strandparkplatz (39.7391, 3.2196). Richtung Westen zu Dünen und Strand hinter den letzten Häusern.

3 Min., 39.7409, 3.2146

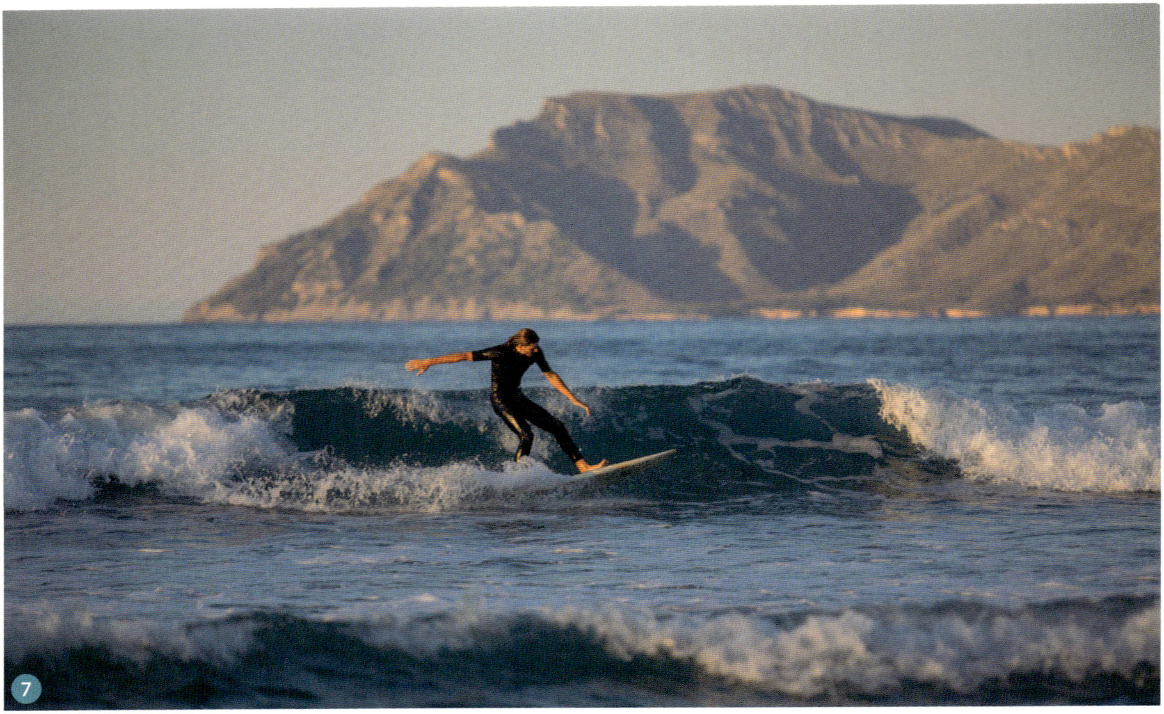

7

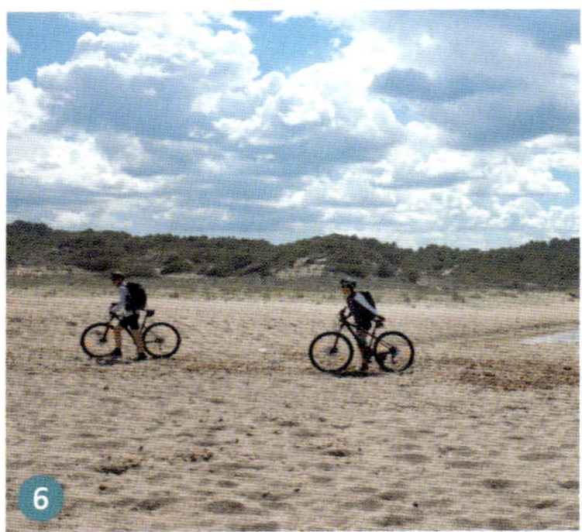

6

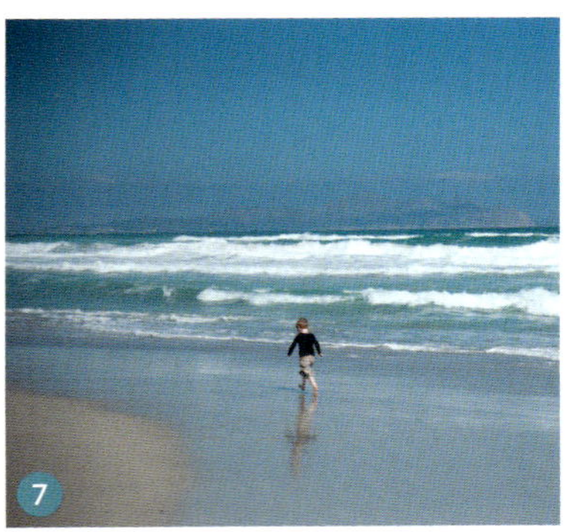

7

6 PLATJA DE SON REAL

Steiniger Strandabschnitt an der Mündung des Torrent des Revellar. Weite Seegraswiesen reinigen das Wasser und reichern es mit Sauerstoff an, daher super zum Schnorcheln und Schwimmen.

➔ Wegbeschreibung siehe Es Dolç (5), aber noch 750 m weitergehen bis zum Fluss.

20 Min., 39.7423, 3.2104

SON SERRA

7 PLATJA DE SON SERRA DE MARINA

Dieser bezaubernde Strand unterhalb von Son Serra gehört zu einer ganzen Reihe langer weißer Sandstrände an diesem Küstenabschnitt. Im Osten grenzt er an Platja sa Canova an der Mündung des Torrent de na Borges und Pantà del Bisbe, ein naturgeschütztes Feuchtgebiet bunter Vogelwelt sowie Dünen mit Bohlenwegen. Am Son Serra de Marina herrscht eine entspannte Hippie-Atmosphäre, und im Winter herrschen hier oft gute Bedingungen fürs Kitesurfen.

➔ Von Can Picafort ca. 7 km auf der Ma-12, dann links Richtung Son Serra da Marina. Nach 2 km rechts auf den Carrer Fra Juníper Serra und nach 1,5 km in der Nähe der Bar El Sol (37) am Straßenrand parken. Zu Fuß zum Strand. Alternativ der Wegbeschreibung für Es Dolç (5) folgen und rechts am Strand entlang an der Stadt vorbei.

5 Min., 39.7328, 3.2348

8 ARENAL DE SA CANOVA

Langer, unberührter Sandstrand mit kristallklarem Wasser zwischen Platja de Son Serra de Marina und S'Estanyol (7 & 9), an dem es niemals voll ist, perfekt für Sonnenaufgänge. Ein paar Algen und Seegras. Grenzt an die Dünen eines Naturschutzgebiets. Teils FKK.

➔ Wegbeschreibung siehe Platja de Son Serra de Marina (7) und vom östlichen Ortsrand 1 km zu Fuß. Oder parken wie für Es Dolç (5) und 2,5 km zu Fuß am Ort vorbei.

10 Min., 39.7299, 3.2472

9 PLATJA DE S'ESTANYOL

Einsamer, naturbelassener Kieselstrand an der Mündung des Barranc de Sa Canova, gegenüber vom hübschen kleinen Wohngebiet S'Estanyol. Naturschutzgebiet, und die Dünen sind von Pinien und Wacholder gesäumt. Man kann durch die Dünen spazieren oder Richtung Westen kilometerweit am Strand entlang bis Can Picafort. Achtung: gefährliche Strömung in der Flussmündung.

➔ Von der Strandpromenade in Colonia de

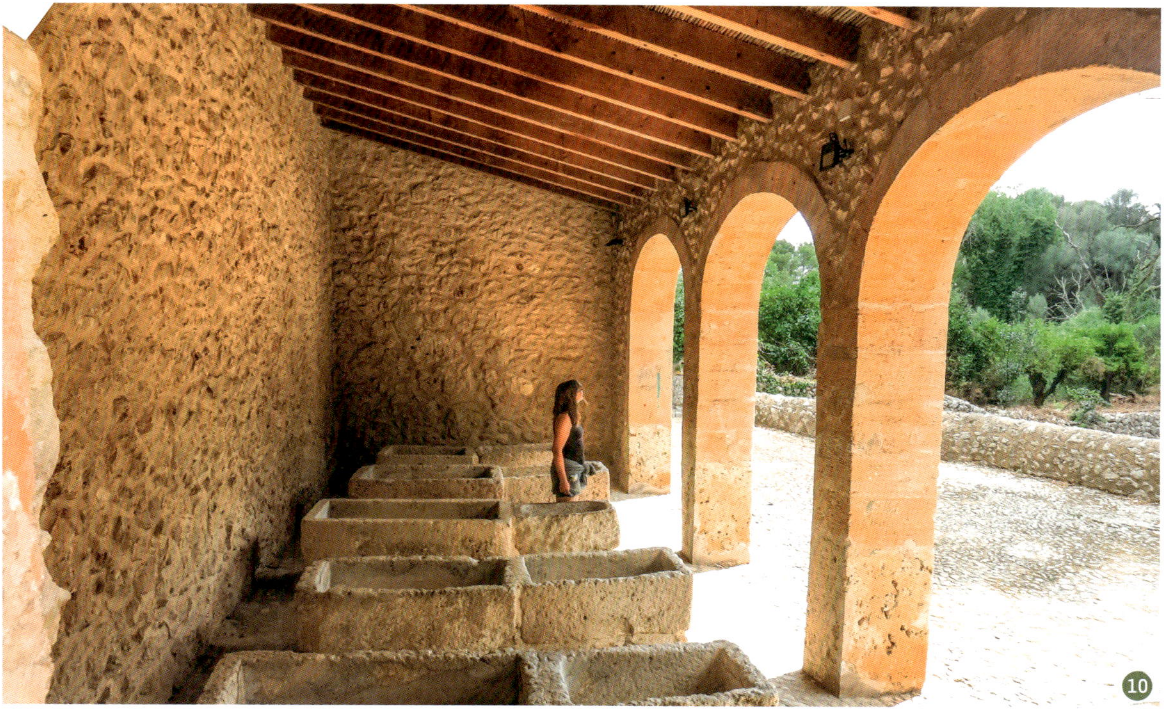

Sant Pere auf der Küstenstraße Richtung Westen nach S'Estanyol und kurz vor dem Ende der Straße rechts auf den Carrer de s'Entrada. Dann links und am Carrer des Pla de Mar parken. Oder der Straße um zwei Kurven folgen, dann rechts und wieder rechts zum Parkplatz (39.7323, 3.2596). Richtung Westen gehen, über die Fußgängerbrücke und die Küste entlang rechts um die Landspitze.
2 Min., 39.7324, 3.2571

GESCHICHTE

10 SA FONT DE PINA

Obwohl nicht weit von Algaida, liegt das friedliche, traditionelle Dorf Pina abseits vom Touristenrummel. Am südöstlichen Ortsrand gibt es eine historische arabische Brunnenanlage. Sie ist über tausend Jahre alt und eine von nur wenigen auf der Insel. Nehmen Sie sich Zeit für einen belebenden starken Kaffee in der gemütlichen kleinen Bar Estanco an der Plaça Major, und lassen Sie die Welt an sich vorbeiziehen – am besten dienstags, wenn Markt ist.

→ Pina ist von der Ma-15 beim Kreisverkehr östlich von Algaida ausgeschildert. Auf der Ma-3130 für 4 km den Schildern folgen bis zum Dorfrand und in der Linkskurve zum Dorf parken. Dem Weg durch die Bäume folgen.
1 Min., 39.5983, 2.9251

11 ERMITA DEL COCÓ, LLOSETA

Kleine Kapelle von 1878 auf einer kleinen Höhle, auch als Oratorio del Cocó bekannt. Laut Legende sah ein muslimischer Hirte ein helles Licht auf einem Stein am Torrent des Rafal und fand eine Statue der Jungfrau Maria, die immer zurückkehrte, wenn man sie forttrug. Es gibt viele solcher Geschichten auf Mallorca, darunter auch die vielleicht berühmteste der schwarzen Jungfrau Virgin von Lluc. Man kann zur Höhle hinunterklettern, wo es einen Stein mit einem Loch gibt, ein DIDALET, in das die Leute ihren Finger stecken, um vor allem Übel geschützt zu sein. Und man kann Richtung Nordwesten am Fluss entlang in die Wildnis gehen. Nebenan gibt es eine nette kleine Bar namens Es Cocó, wo man sein Fahrrad abstellen kann, falls man damit gekommen ist.

→ Auf der Ma-2111 (Avinguda de Cocó) Richtung Südwesten das Dorf Lloseta verlassen. Nach knapp 1 km kommt rechts eine Parkbucht, und ein Weg führt unter Bäumen hindurch zur Kapelle.
2 Min., 39.7119, 2.8619

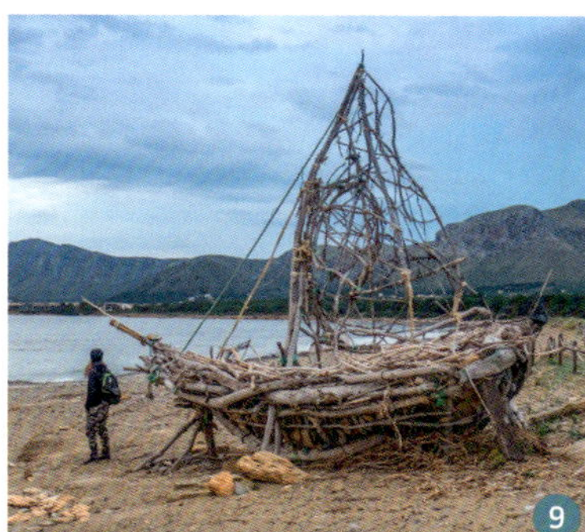

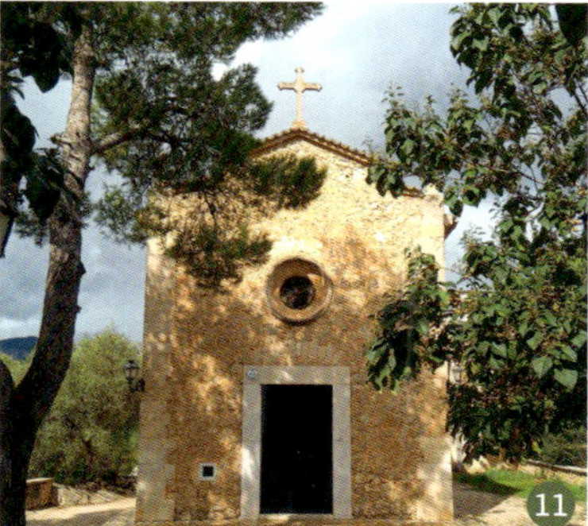

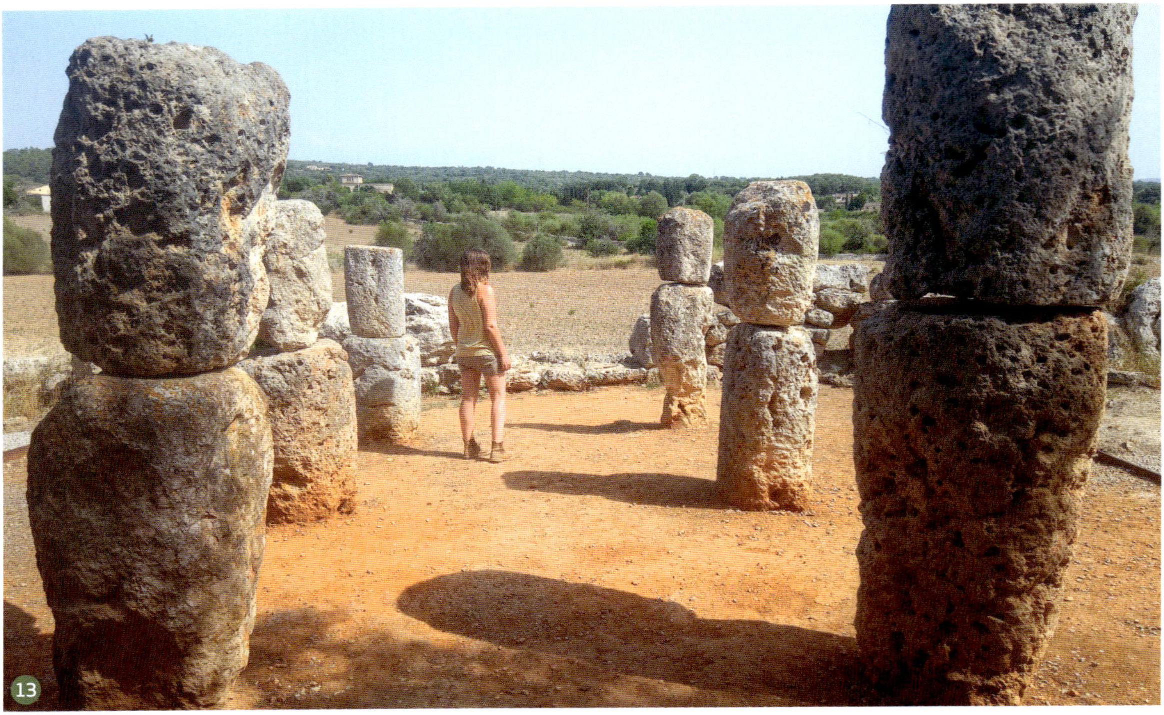

13

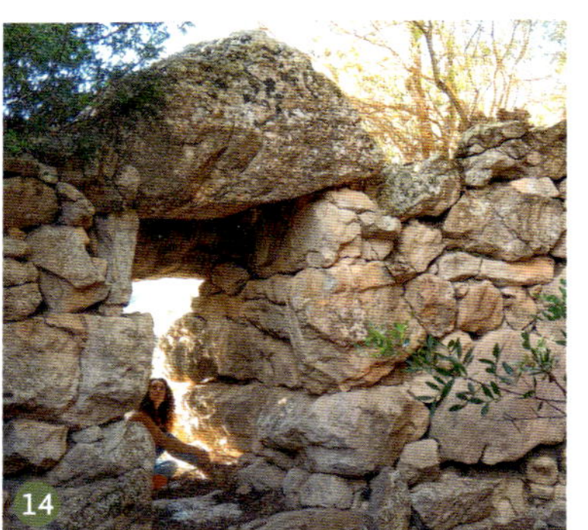
14

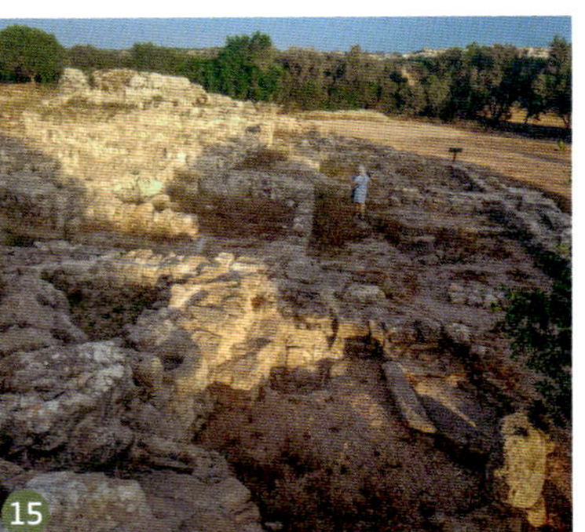
15

12 TORRE D'ENFILACIO, FINCA SON REAL

An diesem Küstenabschnitt stehen ein paar Dutzend seltsame Obeliskentürme, immer in Paaren. Sie stammen aus dem Spanischen Bürgerkrieg und dienten dem Auskundschaften von U-Booten. Diesem sieht man sein Alter an, sein Partner im Landesinneren wurde restauriert. In der Nähe gibt es eine Höhle, Cova d'en Gurgull, und eine Aussichtsplattform zum Vögel beobachten, mit Blick auf die wilde Küste und S'Illot des Porros (20). Wenige Gehminuten entfernt liegt die Landspitze Punta des Patro.

→ Auf der Ma-12 von Can Picafort Richtung Südosten bis zum Eingang der Finca Son Real nach ca. 3 km links. Beim Informationszentrum parken und zu Fuß dem gut ausgeschilderten Weg etwas über 2 km folgen oder vor Ort Fahrräder leihen. Der Turm liegt am Ende des Wegs, seinen Zwilling kann man von hier aus sehen (39.7518, 3.1866). Links am Strand entlang zur Cova d'en Gurgull (39.7531, 3.1857), rechts zur Landspitze.

30 Min., 39.7525, 3.1875

13 SANTUARI TALAIÒTIC DE SON CORRÓ

Diese rätselhaften Säulen stammen aus der Eisenzeit, ca. 500 v. Chr, und stützten einst das Dach eines Altarraums. Drei elegante lebensgroße Bronze-Stierköpfe wurden hier 1895 von einem Bauern gefunden, als er Steine von seinem Feld entfernen wollte. Die Originale sind in Madrid, aber die Repliken kann man im Casal del Cultura de Costitx besichtigen. Ein faszinierender Ort, den man wahrscheinlich für sich allein hat.

→ Auf der Ma-3121 von Costitx nach Westen Richtung Sencelles. Nach ca. 1,4 km rechts auf einen holprigen Parkplatz für ein oder zwei Fahrzeuge mit Infotafel (Vorsicht, dass der Wagen nicht aufsetzt).

2 Min., 39.6530, 2.9334

14 TALAIOT DE SON COLL NOU

Einsames Talayot auf einem Feld in der Nähe von Algaida in gutem Zustand, obwohl es genutzt wurde, um Vieh zu halten. Beeindruckende Konstruktion, über 4 m hoch, 13 m Durchmesser. Man kann es durch die ursprüngliche Tür betreten – wegen der dicken Wände eher ein Gang –, ohne dass man sich bücken muss.

→ Beim Kreisverkehr an der Ma-15, südwestlich von Montuïri, Richtung Randa abfahren. Die Straße führt erst nach links und nach 250 m rechts. An der Kreuzung nach 1,4 km rechts (Camí vell de Porreres), dann nach 1 km links (Camí de la Pau de Castellitx). Der Straße

…gen bis zu einer scharfen Rechtskurve, … Linkskurve zum Talayot.

2 Min., 39.5521, 2.9395

15 MUSEU ARQUEOLÒGIC & TALAIOT DE SON FORNÉS

Am Rand der charmanten Altstadt von Montuïri gibt es ein Museum in einer restaurierten Windmühle, wo man die seltene Gelegenheit hat, das Innere eine dieser für Mallorca typischen Bauten zu besichtigen. Ansprechend aufgemacht, mit Broschüren in verschiedenen Sprache, und es gibt auch Führungen. Zu den Ausstellungsstücken gehören Artefakte der nahe gelegenen talayotischen Siedlung. Die Siedlung selbst ist ziemlich groß, mit zwei Talayots, einem Brunnen und späteren Bauten aus Eisen- und Römerzeit.

→ In Montuïri auf der Ma-3220 stadtauswärts Richtung Nordosten. Museum mit Parkplatz kurz vor dem Kreisverkehr rechts. Die talayotische Siedlung liegt von Montuïri etwas mehr als 3 km Richtung Norden an der Ma-3200 (39.5840, 2.9670).

2 Min., 39.5718, 2.9871

16 NECRÒPOLIS DE SON REAL

Einzigartige Ausgrabungsstätte und der eindrucksvollste der historischen Friedhöfe auf den Balearen. Er ist 2500 Jahre alt, und es gibt über 100 Gräber, rund, rechteckig und in Bootsform, in denen über 300 Leichname beigesetzt waren. Die Fundstücke – Schmuck, Utensilien, Musikinstrumente und Lebensmittel – deuten darauf hin, dass er über Jahrhunderte von den Eliten der jeweiligen Kultur genutzt wurde. Direkt an der Küste mit Blick aufs Meer, und möglichweise einst mit den Gräbern auf S'Illot des Porros verbunden (20). Ganz in der Nähe, am Ortsrand von Can Picafort, liegt einer der beiden Dolmen Mallorcas.

→ Auf der Ma-12 von Can Picafort Richtung Südosten, der Eingang zur Finca liegt nach 3 km links. Beim Informationszentrum parken und dem gut ausgeschilderten Weg ca. 2,5 km folgen (bei der Weggabelung nach 1,5 km links). Die Ausgrabungsstätte liegt auf einer kleinen Landspitze am Ende des Weges. Oder zu Fuß von Platja de Son Bauló (2), ca. 30 Min. Dolmen de Son Bauló de Dalt: 39.7539, 3.1586.

30 Min., 39.7550, 3.1822

17 ES TURASSOT

Besterhaltene prähistorische Siedlung auf Mallorca, die erst 2015 ausgegraben wurde. Insgesamt fünf bootsförmige Bauten, die frühesten der Insel. Schöner Spaziergang vom kostenlosen Parkplatz am Observatorio Astronomico (das auch einen Besuch lohnt, aber vergewissern Sie sich vorher, ob es geöffnet hat, +34 608 398607).

→ Von Costitx auf der Ma-3121 Richtung Süden, nach 500 m bei der Straßengabelung am pinken Wegweiser zum Observatorio links. Kurz danach beim nächsten Wegweiser zum Observatorio und einem schwarzen Schild nach Es Turassot links, dann links halten, den Schildern 1 km bis zum Observatorio folgen und parken. Zu Fuß in die Sackgasse und links auf den Fußweg. Die Siedlung liegt nach 200 m rechts .

5 Min., 39.6408, 2.9511

18 TALAIOT DE BINIFAT

Die Überreste dieses runden Turmes, mit ca. 15 m Durchmesser, sind bis zu 4 m hoch. Der niedrige Eingang an der Westseite ist noch intakt, doch der Mittelpfeiler ist verschwunden. Wahrscheinlich Teil einer Siedlung – ein Stück weiter gibt es sichtbare Überreste einer Anlage mit einem runden und einem eckigen Talyot.

→ Wegbeschreibung siehe Es Turassot (17), aber an der letzten Weggabelung rechts. Nach etwas über 1 km in einer Haltebucht rechts parken. Zu Fuß 150 m bis zu einem Schild und einem Tor, dort links über die Mauer klettern und dem kurzen Weg zum Talayot folgen.

5 Min., 39.6396, 2.9380

19 COVA DEL CAMP DEL BISBE

Diese Höhle wurde von den frühesten Siedlern auf Mallorca als Gemeinschaftsgrab benutzt – jenen, die auch Wohnnavetas wie Es Turassot (17) bauten. Die menschlichen Überreste, Speiseopfer und über 100 Elfenbeinknöpfe aus Afrika stammen aus dem 12. Jahrhundert v. Chr. Eine ansprechend aufbereitete, gut beschilderte Anlage mit Informationstafeln.

→ Sencelles auf der Ma-3121 Richtung Osten verlassen, 400 m bis zum Kreisverkehr. Die Höhle liegt rechts. In der kleinen Haltebucht parken und zu Fuß weiter.

2 Min., 39.6493, 2.9058

20 S'ILLOT DES PORROS

Auf der „Lauchinsel" gedeiht das namensgebende Gemüse, und sie birgt Geheimnisse, die man auf den ersten Blick nie vermuten würde. Schon der Hinweg ist ein Abenteuer, denn man muss schwimmen. Seit dem 7. Jahrhundert v. Chr. wurde sie für Bestattungen genutzt, und es gibt drei große Gemeinschaftsgräber sowie diverse Einzelgräber, ähnlich wie Necròpolis de Son Real (16) in der

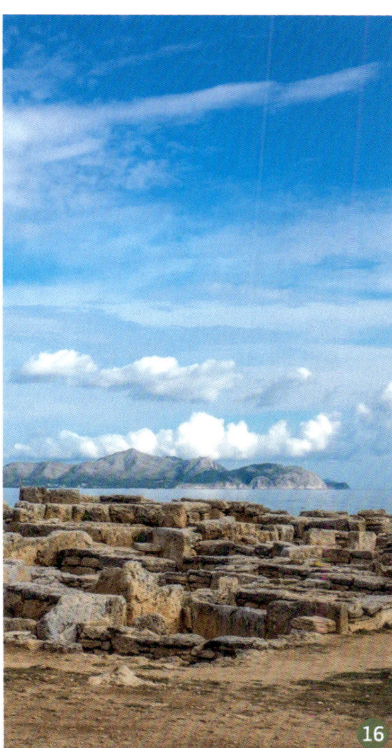
16

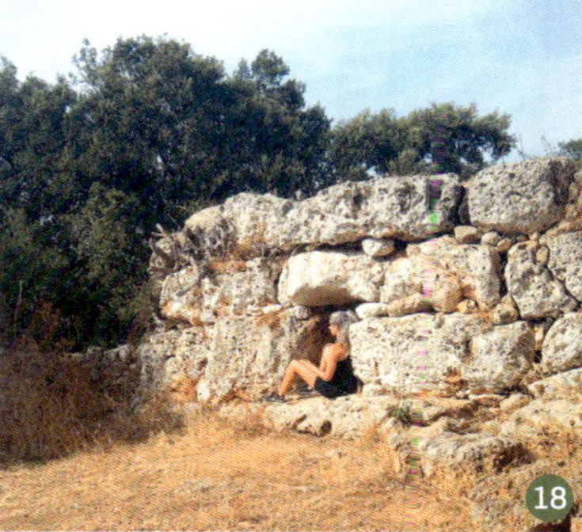
18

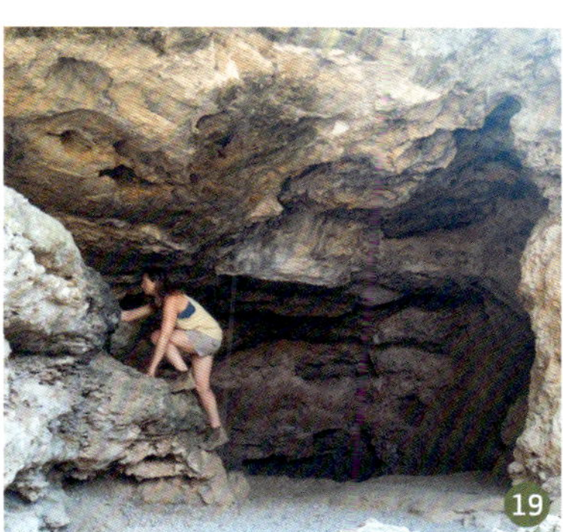
19

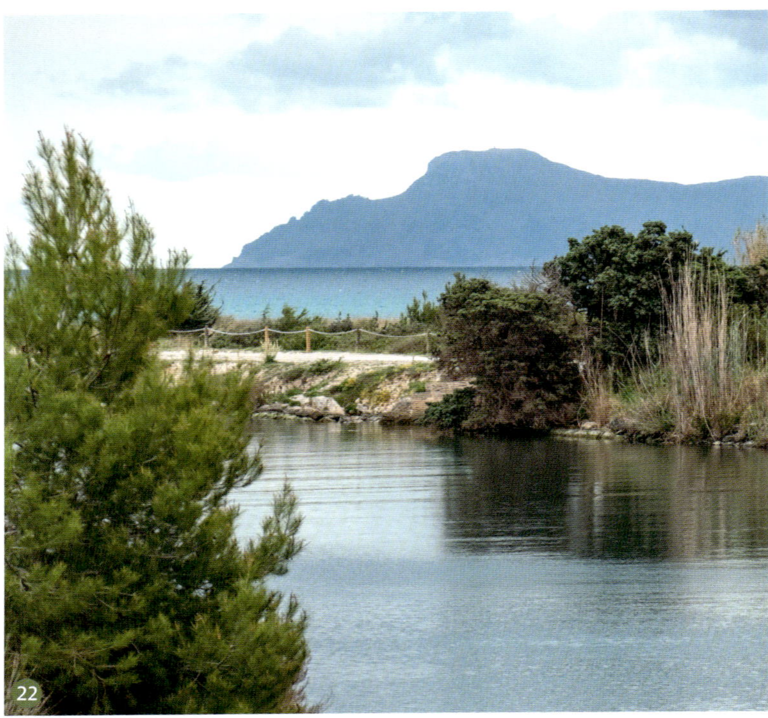

22

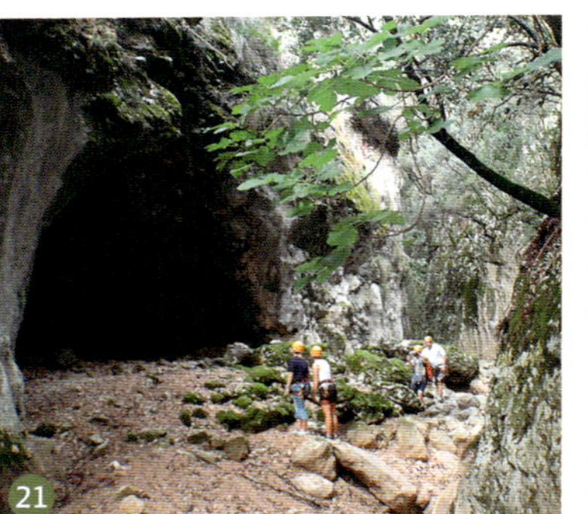

21

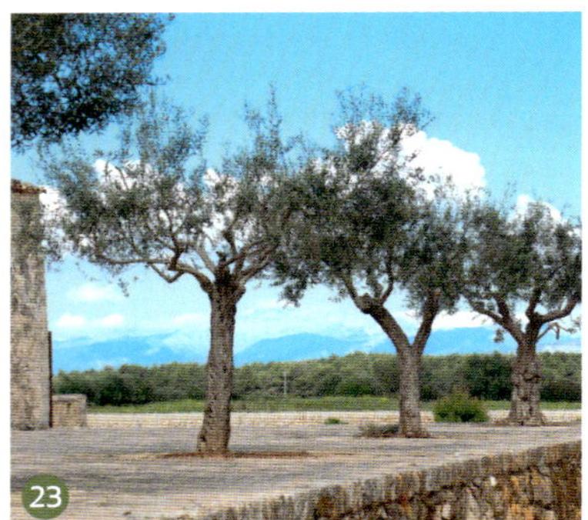

23

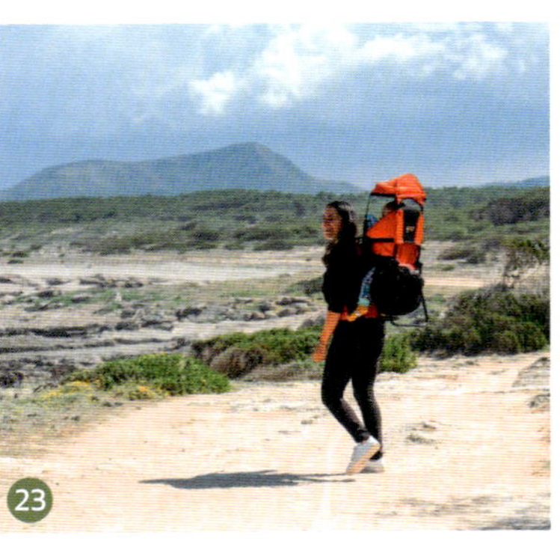

23

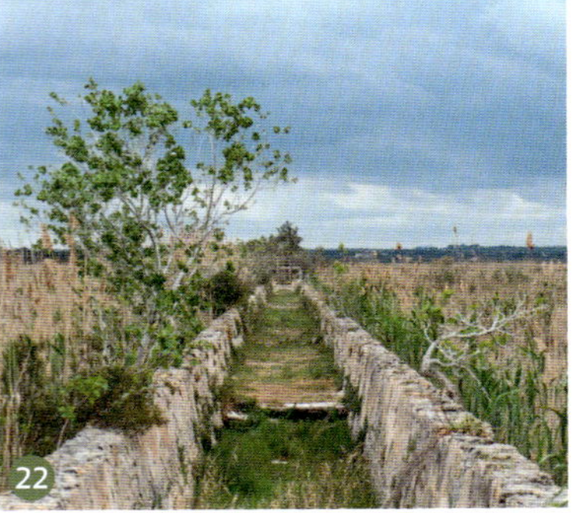

22

Nähe. Ein späterer Abschnitt enthält die Überreste von 285 Menschen, die Phönizier gewesen sein könnten, und es gibt auch Hinweise auf Gräber aus der Römerzeit und aus dem Mittelalter.

→ Wegbeschreibung siehe Necrópolis de Son Real (16) und dem Weg 2 km zur Küste folgen (an der Weggabelung rechts). 100 m zur Insel schwimmen – falls Sie ein guter Schwimmer sind und die Bedingungen es zulassen.

60 Min., 39.7546, 3.1879

21 TORRENT DE COA NEGRA CANYONING

Auf Mallorca gibt es einige spektakuläre Schluchten und Kalksteinhöhlen. Wir raten dringend, diese nur mit erfahrenen Führern zu erkunden. Sie brauchen für das Höhlenklettern keine Vorkenntnisse, die horizontalen Höhlensysteme bieten eine perfekte Einführung, fernab der touristischen Schauhöhlen.

→ Wir empfehlen Experience Mallorca, Avenida son noguera 7 local 2, Llucmajor, + 34 687 358922, experience-mallorca.com (39.4845, 2.8516).

8 Std., 39.6951, 2.7567

NATUR & WILDNIS

22 PARC NATURAL DE S'ALBUFERA

Das größte Feuchtgebiet der Balearen ist ein Paradies zum Vögel beobachten. Über 10.000 Vögel verbringen hier die Wintermonate, darunter Enten, Reiher, Riesenschwärme von Staren, Knäkenten, Schwalben und manchmal auch Kraniche. Insgesamt mehr als 300 Vogelarten nutzen das Naturschutzgebiet, und auch der Iberische Wasserfrosch ist reichlich vorhanden. Strandlilien, Thymian und Wacholder gedeihen in den harschen Bedingungen der Dünen, und es gibt über 200 Pilzsorten. Ein Kanal führt mitten hindurch zum Meer, an dem ein Rundweg entlangführt.

→ Von Can Picafort auf der Ma-12 knapp 4 km die Küste entlang Richtung Norden bis zum Parkplatz am Kreisverkehr links.

2 Min., 39.7950, 3.1039

23 FINCA PÚBLICA DE SON REAL

Diese possessió (altes Gutshaus mit Anwesen) ist ein Schmuckstück mit gut erhaltenen historischen Gebäuden, ökologisch angebauten Mandel-, Feigen- und Johannisbrothainen und heimischem Vieh. In den von Pinien und Steineichen bedeckten Hügeln sieht man Wiedehopfe, Triele, Rothühner, Theklalerchen, Brachpiper, Fichtenkreuzschnäbel und Sommergoldhähnchen, und wenn Sie über

...nen zum Strand gehen, halten Sie Ausschau nach der seltenen Spanischen Wasserschildkröte. Es gibt vier Kieswanderwege verschiedener Länge. Die längeren führen Richtung Küste, zwischen seltsam verwachsenen Bäumen hindurch, die Luft ist erfüllt vom Zirpen der Zikaden und Thymianduft. Fahrräder sind auf allen Wegen bis auf einen erlaubt, und es gibt noch einen fünften für Pferde. Informationszentrum mit Fahrradverleih und Broschüren, täglich 9–16. Es gibt ein Museum (Eintritt) und einen Parkplatz.

→ Auf der Ma-12 von Can Picafort Richtung Südosten. Der Eingang zur Finca liegt nach ca. 3 km links. Beim Informationszentrum parken.

1 Min., 39.7368, 3.1822

24 SA COMUNA DE LLORET

Erholungsgebiet vor den Toren von Lloret, dessen Ursprünge bis ins 12. Jahrhundert zurückreichen. Auf den gut ausgeschilderten Wegen begegnet man vielen Tieren, vom Siebenschläfer bis zur Nachtigall (nach dem Spaziergang alles nach Zecken absuchen). Einer der Wege führt zur offiziellen Mitte Mallorcas und einem kleinen, aber gut erhaltenen Hypogäum aus der Bronzezeit, namens Sa Cova d'en Dainat. Es gibt Informationstafeln und einen Rastplatz mit Grillmöglichkeit.

→ Lloret de Vistalegre auf dem Carrer Major Richtung Westen verlassen, an der T-Kreuzung am Ende links und nach 250 m, hinter den Tennisplätzen, rechts parken. Dem Weg durch den Wald 800 m bis zur Mitte Mallorcas (39.6154, 2.9580) folgen und weitere 200 m zur Grabstätte (39.6151, 2.9560).

4 Std., 39.6140, 2.9656

25 ES SALT DES FREU

Saisonaler Wasserfall in einem ruhigen Waldgebiet im Orienttal. Im Sommer oft trocken, aber nach starken Regenfällen wunderschön. Diverse Wanderwege führen durch den gesprenkelten Schatten des Eichenwalds zum Fuß des Wasserfalls, vorbei an weiteren Bächen und alten Ruinen. Das Gelände ist steinig und moosig, und man muss über einige Zäune klettern, deshalb empfiehlt sich festes Schuhwerk.

→ Von Bunyola gut 8 km auf der Ma-2100 und bei den Schilder zu den Wanderwegen am Straßenrand parken (39.7329, 2.7427) – am besten früh kommen, bevor es voll wird. Dem Weg Richtung Süden ca. 1 km folgen, zunächst zwischen Feldern, dann in eine bewaldete Schlucht mit Trampelpfaden am Wasser entlang.

30 Min., 39.7234, 2.7466

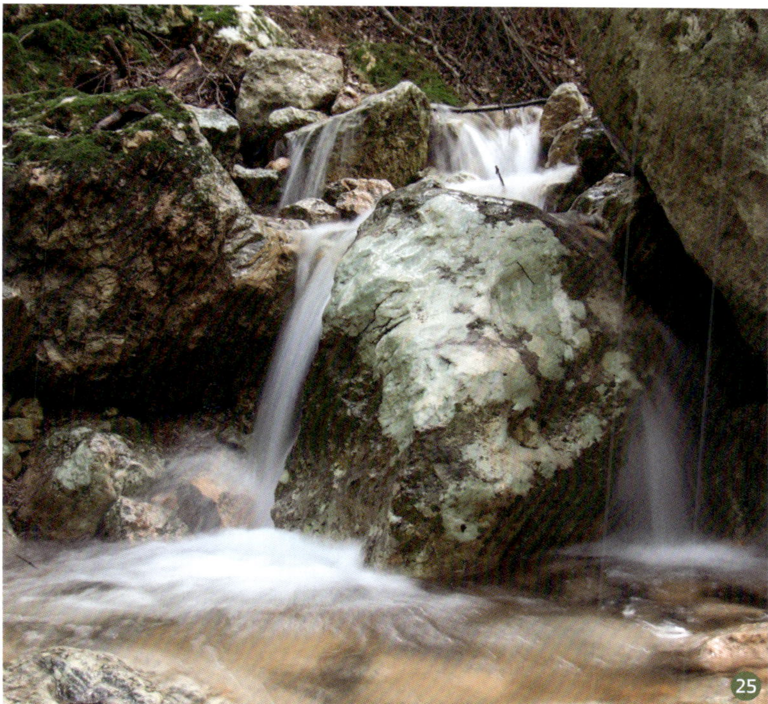
25

26 SA COMUNA DE BUNYOLA

Der unglaubliche Wald Sa Comuna de Bunyola im Herzen der Serra de Tramuntana ist einer der größten der Insel. Ideal zum Wandern, Radfahren und Klettern, und unter Pinien und Steineichen stößt man auf Spuren der Vergangenheit wie Silos, Zisternen und Kalköfen oder sieht Milane, Rabengeier oder gar Ginsterkatzen. Wandern Sie zur versteckten Cova de s'Aigua, oder lassen Sie die spektakuläre Aussicht vom Penyal d'Honor auf sich wirken.

→ In Bunyola auf den Carrer del Garrigo (neben dem Spielplatz und gegenüber vom Parkplatz bei 39.6910, 2.7016) und der Straße 7 km bis zum Parkplatz folgen (am Anfang einiger Haarnadelkurven). Oben angekommen gibt es einen Rastplatz und Wege zum Penyal d'Honor (39.7162, 2.7228) sowie zur Cova de s'Aigua (39.7069, 2.7336). Ängstliche Autofahrer parken vielleicht lieber am Anfang und nehmen die längeren Wanderwege bergauf (visitbunyola.com/en/sa-comuna, aber die Wegbeschreibungen sind auf Spanisch).

2–8 Std., 39.7100, 2.7282

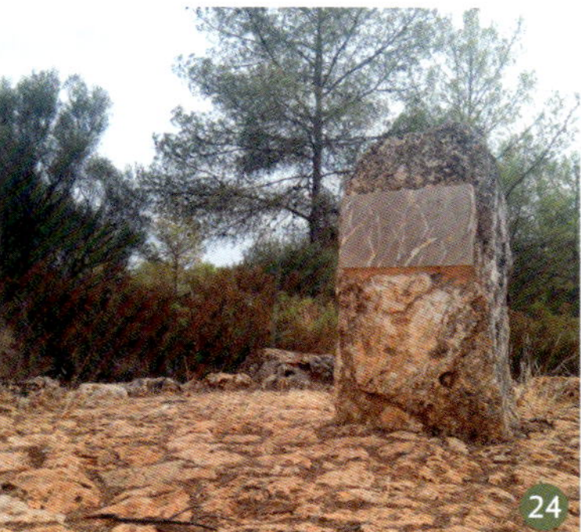
24

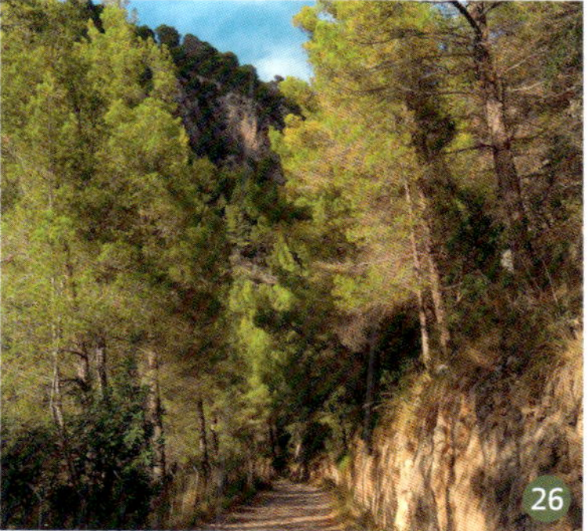
26

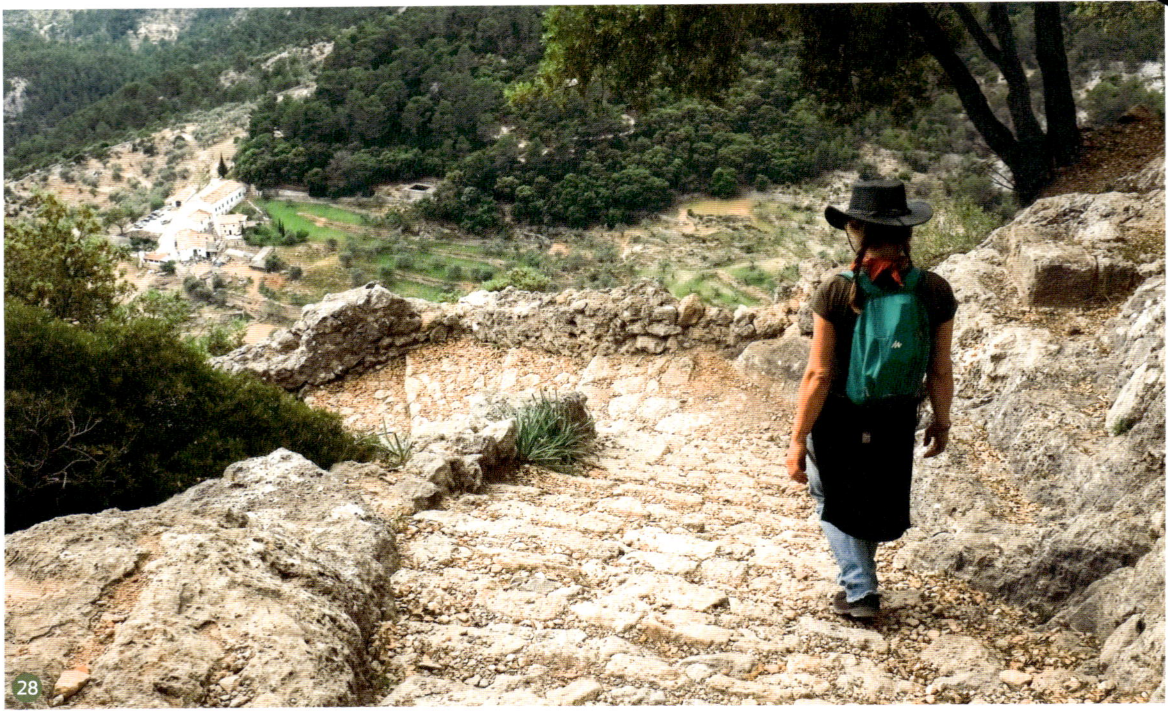

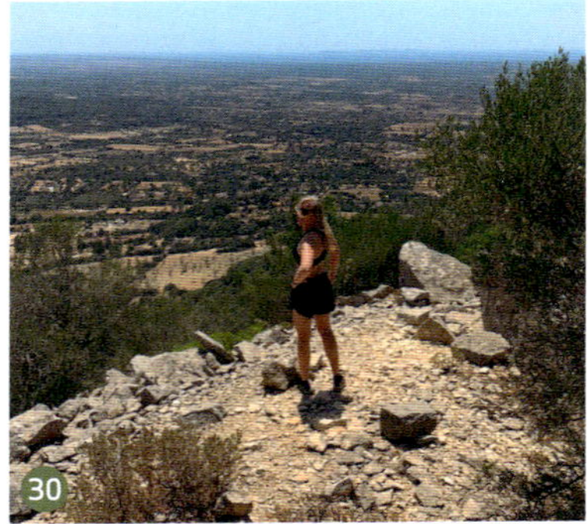

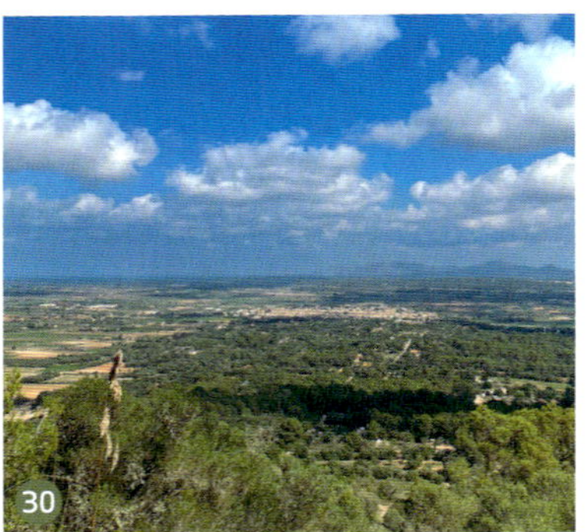

GIPFEL & WANDERWEGE

27 CAMÍ DE COANEGRA

Einer der ältesten Wege Mallorcas folgt dem Flussbett des Coanegra durch die atemberaubende Landschaft der Ausläufer der Serra de Tramuntana. Im Winter, wenn Flüsse und Wasserfälle viel Wasser führen, kann eine Wanderung hier sehr beeindruckend sein. Der Marsch von Santa Maria del Camí nach Orient durch die bergige, bewaldete Wildnis dauert ca. 3,5 Stunden und führt an der Finca Son Roig und dem Wasserfall Es Salt de Freu (25) vorbei. Die kathedralenartige Höhle Avenc de Son Pou ist für die Öffentlichkeit nicht mehr zugänglich.

→ In Santa Maria del Camí am Bahnhof im Camí Coanegra (39.6535, 2.7758) parken und der Straße Richtung Norden folgen. An der Straßengabelung nach 3 km links in die Sackgasse, durch ein Tor und auf den Weg am Fluss entlang. Bis Orient sind es von der Straßengabelung 8 km.

3,5 Std., 39.6826, 2.7626

28 CASTELL D'ALARÓ

Honigfarbene Burgruine auf dem Puig d'Alaro. Sie war abwechselnd Zufluchtsort für Mauren und Christen, dann Pilgerstätte. Der steile Aufstieg über eine Steintreppe wird mit einem fantastischen Blick auf Orienttal, Serra de Tramuntana und Puig Major sowie über die Ebene Mallorcas bis nach Palma belohnt (man kann auch näher heranfahren, sodass es nur 15 Gehminuten sind, aber die Straße ist in einem schlechten Zustand). Laut Legende fliegen bei Vollmond die Hexen der Burghöhle zwischen den beiden Bergen bei Alaró! Es gibt ein gutes, günstiges Hostel.

→ Von Alaro auf der Ma-2100 Richtung Nordosten, 500 m hinter dem Ortsrand links Richtung Burg und an der T-Kreuzung nach 350 m rechts. Dann 4 km über Serpentinen zu einem großen Parkplatz unterhalb vom Restaurant Es Verger (39.7292, 2.7886). Der Weg beginnt am Parkplatz.

60 Min., 39.7330, 2.7929

29 SANTUARI DE CURA & COVA DEL BEAT RAMON LLULL

Die Serpentinenstraße auf den Puig de Randa führt zum Santuari de Cura, Mallorcas erstes Kloster. Es wurde im 13. Jahrhundert erbaut, weil Eremiten und Pilger sich hier um die Höhle versammelten, wo der einflussreiche Philosoph Ramon Llull seine Schriften verfasste. Im Kloster gibt es ein komfortables Hostel mit Restaurant.

→ Vom Kreisverkehr nördlich von Llucmajor auf der Ma-510 für 3 km Richtung Norden, dann rechts Richtung Randa und Cura auf die Ma-5017. Den rosa Schildern zum Santuari de Cura durchs Dorf folgen und weitere 5 km auf den Serpentinen der Ma-5018. Parkplatz beim Santuari. Die Schlüssel bekommen Sie an der Hotelrezeption, geöffnet 10–14 Uhr.

2 Min., 39.5274, 2.9261

30 PUIG DE BONANY

Wanderung oder Radtour von Petra zu einer ERMITA mit spektakulärer Aussicht. Der erste Teil ist harmlos, der zweite steiler, und es gibt kein Café, also nehmen Sie genug Wasser mit. NaturaCavall (naturacavall.com) organisiert maßgeschneiderte Wanderritte. Die nahe gelegene Stadt Vilafranca de Bonany lohnt ebenfalls einen Besuch. Sie ist berühmt für das bunte, getrocknete Gemüse, das vor den Läden hängt, und vor allem für ihre Tomaten, die TOMATIGUES DE RAMALLET, die man mit Brot und Olivenöl isst.

→ In Petra parken und den rosa Straßenschildern zum Cami de Bonany im Südwesten folgen (39.6083, 3.1101). Entweder auf der Straße 3,6 km bis zum Gipfel oder am Fuß des Berges auf die Wanderwege ausweichen.

120 Min., 39.5936, 3.0849

SLOW FOOD

31 WOCHENMARKT IN SINEU

Auf Mallorca gibt es viele Märkte, aber unser Lieblingsmarkt ist der am Mittwoch in der Altstadt von Sineu. Die kleine Stadt quillt förmlich über von wundervollen Verkaufsständen, die selbst gezüchtete oder selbst hergestellte Erzeugnisse verkaufen, wie Oliven, Käse und bunte Chilizöpfe. Auf dem Dorfplatz gibt es Cafés und Restaurants, man kann also beim Frühstück zusehen, wie die Stände aufgebaut werden und sich dann ins Vergnügen stürzen.

→ Parkplatz an Markttagen auf einem Feld am südlichen Ortsrand von Sineu (39.6405, 3.0132). Richtung Norden ins Ortszentrum gehen.

39.6435, 3.0105

32 SANTA MARIA DEL CAMÍ MARKET

Auf diesem Markt werden jeden Sonntag frische regionale Erzeugnisse verkauft, von Biogemüse bis zu selbst gemachter Wurst. Nach dem Einkaufen kann man sich irgendwo mit einem Kaffee hinsetzen und das bunte Treiben beobachten. Oder man fährt ins

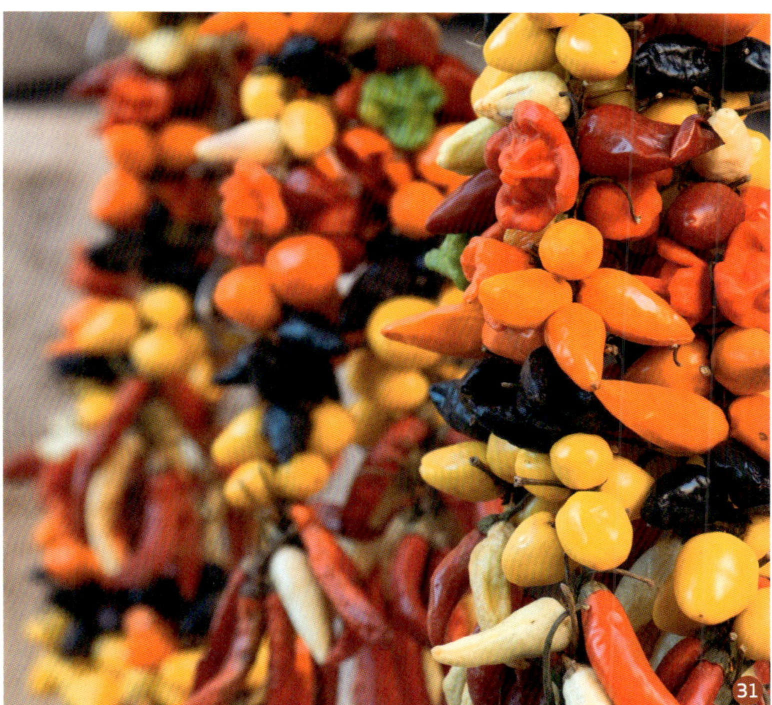

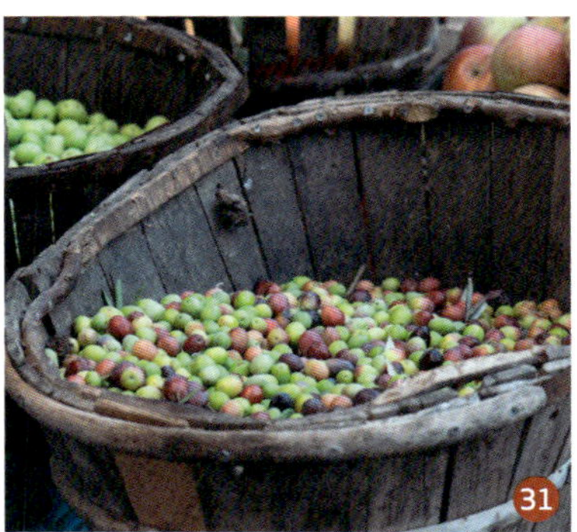

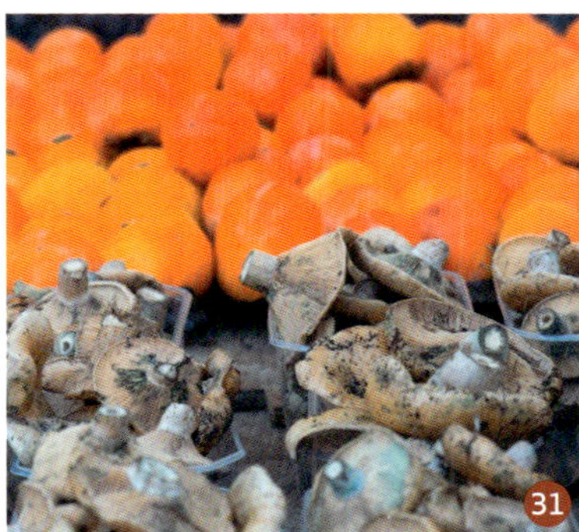

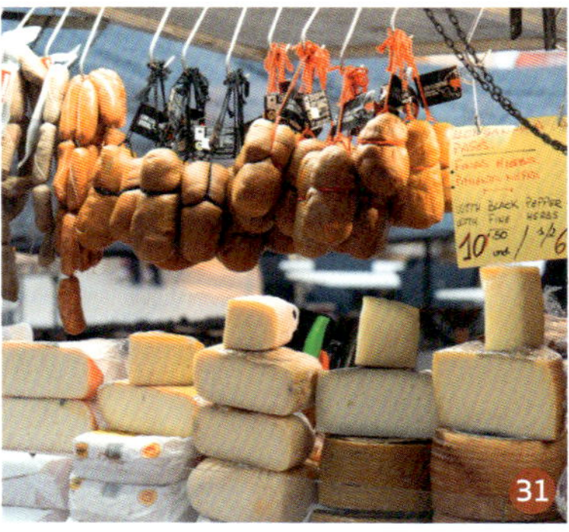

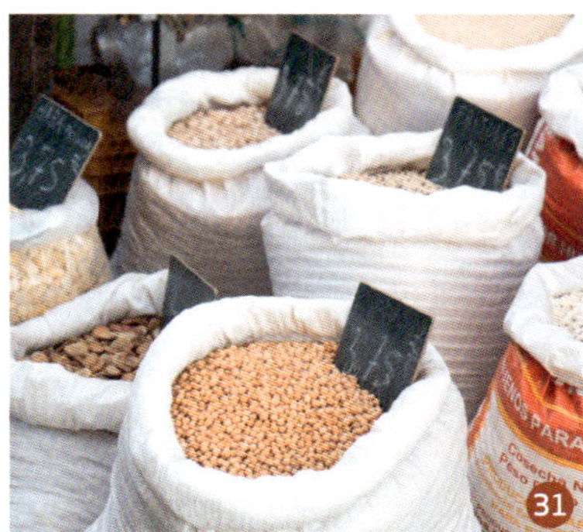

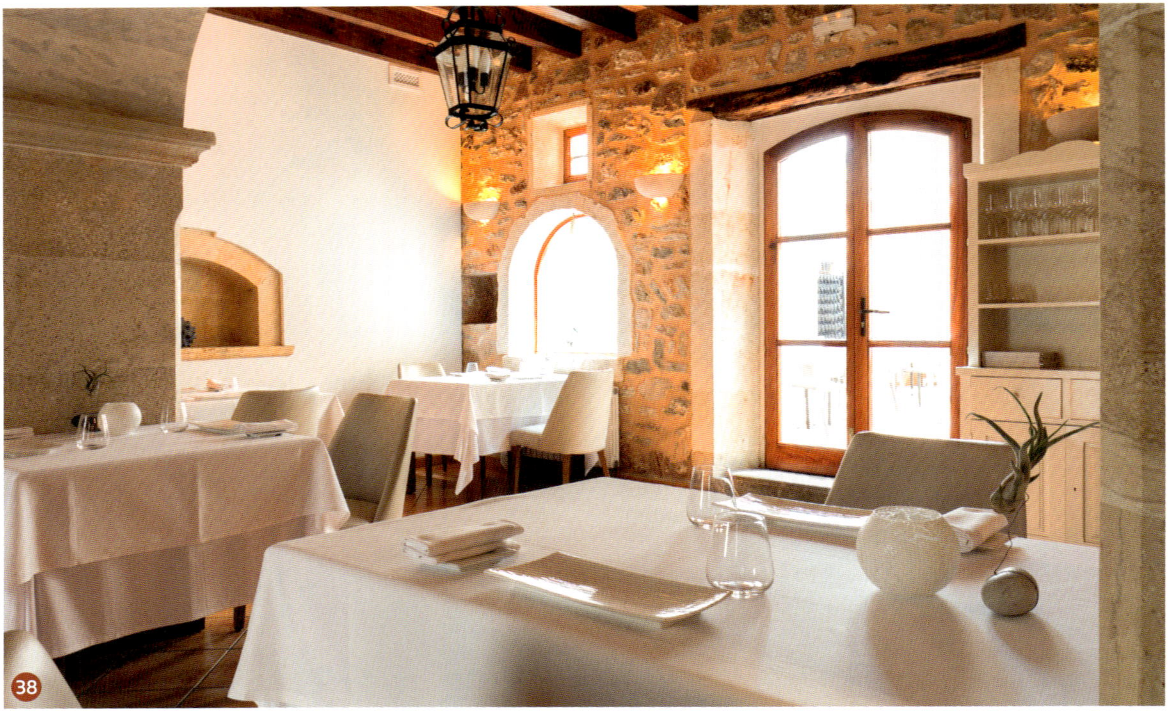

38

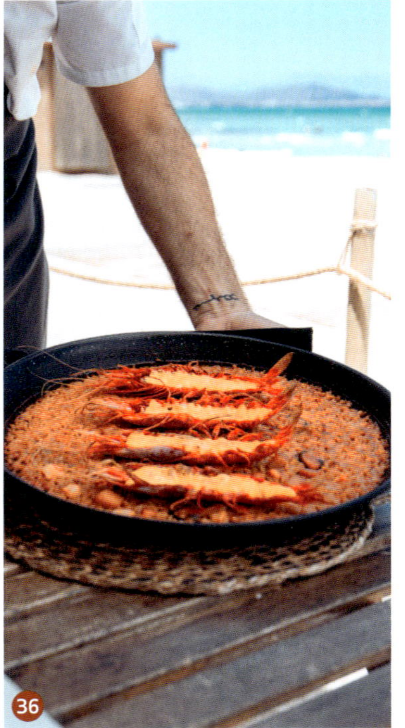

36

benachbarte Dorf Consell, wo am selben Tag ein Flohmarkt stattfindet (39.6634, 2.8048).

➔ Parkplätze: Aparcement de Son Gulla im Süden (39.6454, 2.7769), Aparcement de s'Escorxador im Ortszentrum (39.6475, 2.7761) und am Bahnhof im Osten (39.6537, 2.7760). Alle nur wenige Gehminuten vom Marktplatz entfernt.

39.6489, 2.7777

33 BODEGA RIBAS, CONSELL

Die älteste Bodega der Insel ist seit über 300 Jahren ein Familienunternehmen. Machen Sie eine Führung durch die Weinberge und die kleine Bodega, gefolgt von einer traditionellen Mahlzeit im atmosphärischen Gebäude aus dem 18. Jahrhundert. Jedes Jahr kommen 200 Freiwillige zur Vollmondlese, die anschließend mit einem Gourmetessen gefeiert wird – ein Event, für das es lange Wartelisten gibt. Hier beginnt auch ein Wanderweg durch die Weinberge.

➔ Carrer de Muntanya 2, 07330 Consell, +34 971 622673

39.6676, 2.8144

34 FINCA AUBOCÀSSER

Alte POSSESSIÓ aus dem 12. Jahrhundert, die jahrhundertelang Feigen, Johannisbrot und Wein angebaut hat und jetzt erstklassiges natives Olivenöl extra produziert. Die Weinproben sind ihr Geld wert.

➔ Camí de Son Fangos, s/n, 07500 Manacor, +34 971 100388

39.5272, 3.1489

35 RESTAURANTE S'HOSTAL, MONTUÏRI

Authentisches Lokal im charmanten, verschlafenen Bergdorf Montuïri, in dem seit über 150 Jahren die traditionelle Spezialität PA AMB OLI (Brot mit Öl) serviert wird. Kaum Touristen, aber Spitzenküche, Spitzenpreise, Spitzenservice. Nehmen Sie sich Zeit, durch die Straßen dieses Bergdorfs zu schlendern, das von alten Windmühlen umgeben ist. Im August findet hier ein spektakuläres Fest zu Ehren des Heiligen Bartholomäus statt, in dessen Mittelpunkt ein traditioneller Tanz steht, der böse Geister vertreiben soll – begleitet von mallorquinischen Dudelsäcken, Flöten und Trommeln.

➔ Carrer de Palma, 58, 07230 Montuïri, +34 971 646049

39.5632, 2.9773

…DEROSA BEACH, PLAYA DE MURO

Sc…nes Café für ein entspanntes Mittagessen am Strand in Can Picafort. Ausgezeichnetes Essen, vor allem die Paellas und der gebratene Tintenfisch – und das Pistazien-Dessert ist ein Traum. So weit wie möglich im Voraus buchen.

→ Casetes des Capellans 123, 07440 Playa de Muro, +34 971 184118
39.7740, 3.1440

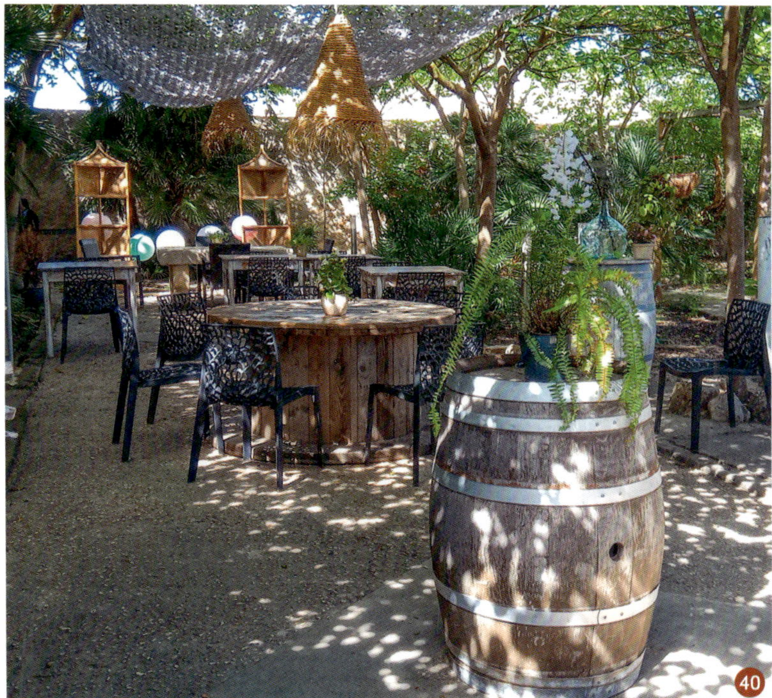

37 EL SOL BEACH BAR, SON SERRA

Direkt an einem der schönsten Strände Mallorcas, herrlich, um bei einem Cocktail oder leckerem Essen zu chillen. Treffpunkt für Kitesurfer, sonntags oft Livemusik. Sehr beliebt, deshalb vorher reservieren.

→ Puig de Bonany 1, 07459 Son Serra de Marina, +34 971 854029
39 7316, 3.2360

38 DAICA, LLUBI

Traditionelles mallorquinisches Haus mitten im verschlafenen Llubí, früher Lebensmittelladen, jetzt charmantes Boutique-Hotel und ausgezeichnetes Restaurant mit kreativer Küche, außergewöhnlicher Atmosphäre und hervorragendem Service. Zur Auswahl stehen zwei wunderschön angerichtete Degustationsmenüs.

→ Carrer de la Farinera 7, Carrer Nou 8 (für Fußgänger), 07430 Llubí, +34 686 001604
39.7002, 3.0049

39 ES CELLER DE PETRA

Eine kleine Tür in einer von Petras schmalen Gassen führt über Steinstufen zu diesem Restaurant in einem Weinkeller. Mallorquinische Küche, günstig, frisch und lecker. Bei Einheimischen beliebt.

→ Carrer de l'Hospital 46, 07520 Petra, +34 971 561056
39.6125, 3.1125

40 RESTAURANTE CA N'OMS, PETRA

Bezauberndes, familiengeführtes Restaurant in einem alten mallorquinischen Gutshaus. Spezialität sind Fleisch und Fisch (wir empfehlen Tintenfisch) vom Grill. Große Terrasse und charmanter Innenhof. Freitag- und Samstagabend Livemusik.

→ Carrer Ample 7, 07520 Petra, +34 673 223818
39.6154, 3.1115

41 CELLER SON TOREÓ, SINEU

Traditionelles Restaurant mitten in Sineu in einem großen Weinkeller aus dem 14. Jahrhundert mit hohem Deckengewölbe und mallorquinischen Spezialitäten wie Spanferkel. Kommen Sie an einem Mittwoch, wenn der Wochenmarkt für buntes Treiben auf den Straßen sorgt (31).

→ Carrer son Torelló 1, 07510 Sineu, +34 971 520138
39.6437, 3.0116

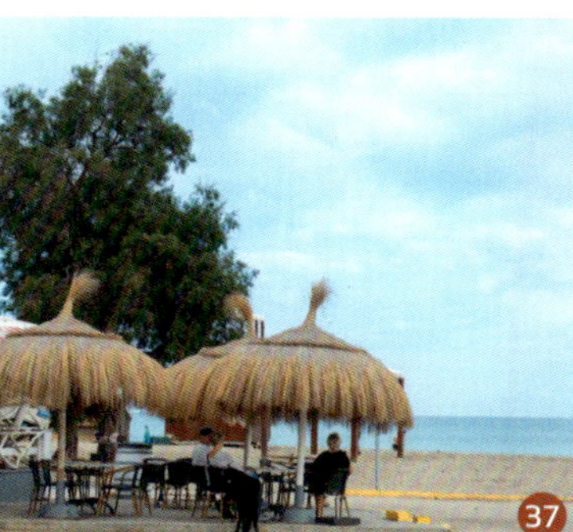

42 RESTAURANT CA'L DIMONI, ALGAIDA

Beliebtes Restaurant mit einer faszinierenden Sammlung mallorquinischer Dämonenmasken. Die regionalen Gerichte werden auf einem großen Herd mitten im Gastraum zubereitet. Schneller, freundlicher Service und günstige Preise. Alle Einheimischen essen hier, vom Bauern bis zum Anwalt. Das Spanferkel ist ausgezeichnet.

→ Carretera Vieja Manacor, km 21, 07210 Algaida, +34 971 665035
39.5647, 2.9007

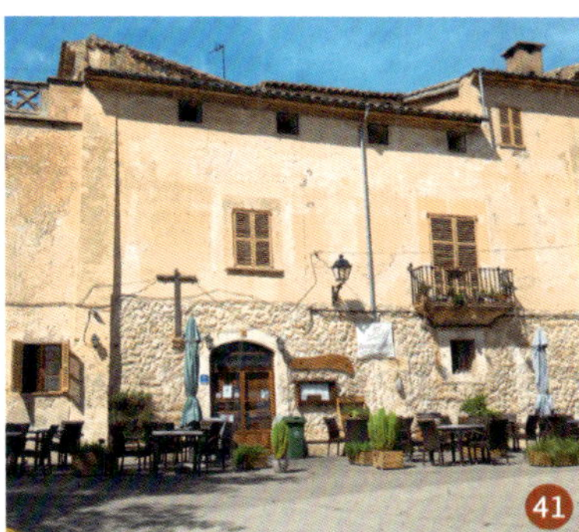

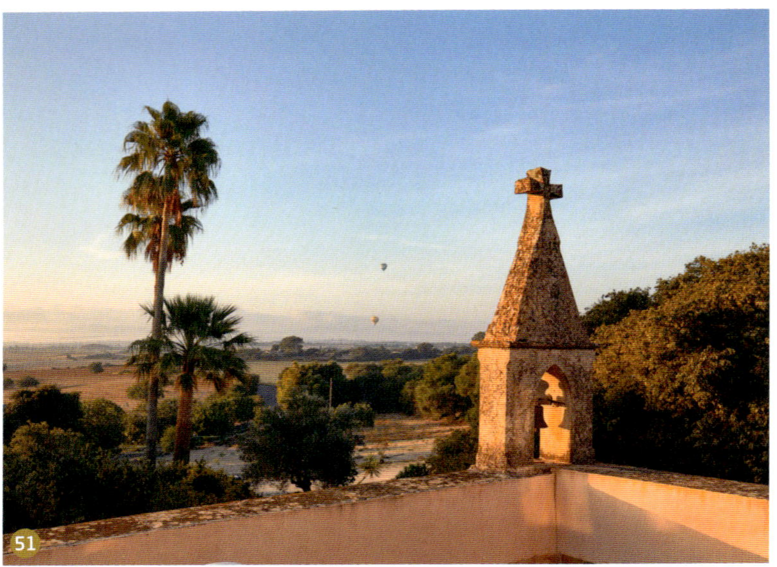

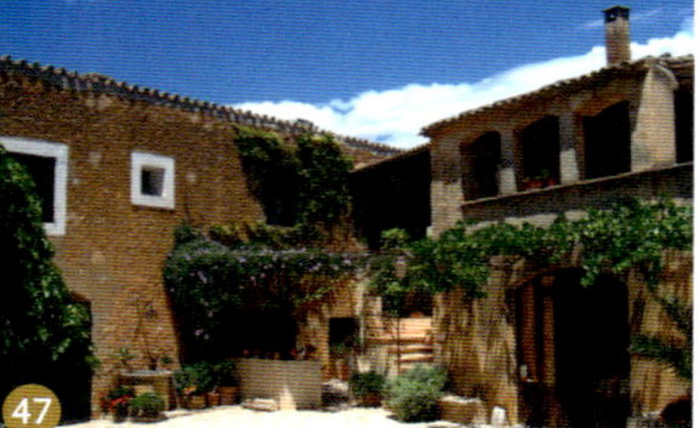

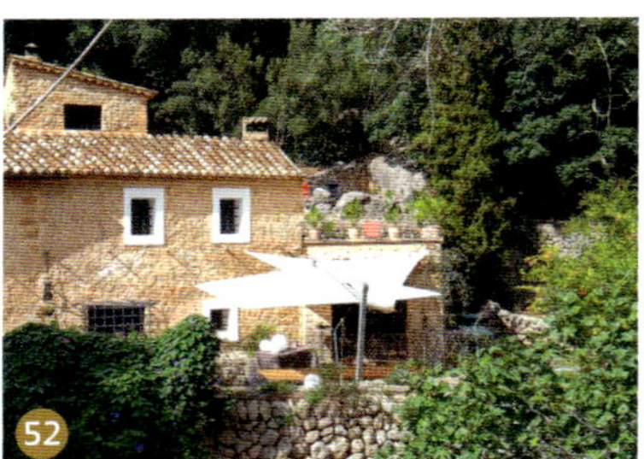

43 FORN CA NA BOLLA, MANCOR DE LA VALL

In dieser fabelhaften Bäckerei befindet sich der Dorfofen – eine alte Tradition, die inzwischen fast ausgestorben ist. Köstliche Auswahl an Brot, Kuchen und Croissants, auch PAN MORENO, ungesalzenes Roggenbrot. Kommen Sie rechtzeitig, bevor alles ausverkauft ist. Und falls Sie zufällig am letzten Freitag im November auf Mallorca sind, fahren Sie zum großen Pilzfest nach Manacor!

→ Carrer de Sant Joan 2,
07312 Mancor de la Vall,
+34 971 504538
39.7498, 2.8720

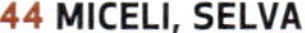

44 MICELI, SELVA

Bezauberndes, ganz besonderes Restaurant in einer Seitenstraße in Selva. Die Köchin geht jeden Morgen auf den Markt und kreiert aus den Einkäufen des Tages ein Vier- oder Fünf-Gänge-Menü. Das Personal ist charmant und die Küche offen, sodass man dem tollen Team bei der Arbeit zuschauen kann. Unbedingt vorher reservieren.

→ Calle Angels 11,
07313 Selva, +34 971 873784
39.7542, 2.9010

45 HOSTAL D'ALGAIDA

Traditionelle Gerichte mit fantastischem Service in idyllischer Kulisse – werfen Sie unbedingt einen Blick in die Damentoilette! Dass viele Einheimische herkommen, spricht für sich: guter Service, gute Atmosphäre, gutes Essen.

→ Carretera Palma-Manacor km 21,
07210 Algaida, +34 971 665109
39.5674, 2.8968

ÜBERNACHTEN

46 SON SANT ANDREU, PETRA

Ausgezeichneter Agrotourismus für Selbstversorger in einem 350 Jahre alten Gutshaus vor den Toren von Petra. Sehr friedlich und supersauber. Zwei Gemeinschaftsküchen und eine große Lounge, Swimmingpool und Sonnenterrasse mit Panoramablick. Fahrradverleih.

→ Carretera Petra a Felanitx, km 2,
07520 Petra, +34 650 439955
39.5924, 3.1145

47 FINCA RAIMS, ALGAIDA

Eine unscheinbare Tür in einer ruhigen Straße in Algaida führt in eine andere Welt. Dieses Gutshaus aus dem 18. Jahrhundert, eine ehemalige Bodega, wurde in ein charmantes Boutique-Hotel mit fünf geräumigen Apartments umgewandelt, die nach Weinsorten benannt sind. Im Garten gibt es Palmen und einen Pool. Genießen Sie das Frühstück im sonnigen Hof oder abends ein Glas mallorquinischen Rotwein auf der eigenen Terrasse.

→ Carrer de la Ribera 24,
07210 Algaida, +34 971 665157
39.5612, 2.8965

48 HOSTATGERIA DEL SANTUARI DE CURA, RANDA

Dieses beeindruckende ehemalige Kloster auf dem Gipfel des Puig de Randa ist jetzt ein Hostel mit 33 gut ausgestatteten Zimmern und einem Terrassenrestaurant mit unglaublicher Aussicht auf die Bucht von Palma. Traditionelle mallorquinische und typisch mediterrane Küche. Cova del Beat Ramon Llull (29) liegt in der Nähe.

→ Puig de Randa,
07629 Randa, +34 971 120260
39.5271, 2.9261

REFUGI CAS GARRIGUER DE SON REAL

Die einfache Hütte gehört zur Finca Pública Son Real (23). Das einstöckige Gebäude wurde renoviert und in eine Unterkunft für acht Personen umgewandelt. Bad, Wohnzimmer mit Kamin und Schlafraum mit vier Etagenbetten. In der Nähe von Platja de Son Real (6). Zugänglich nur zu Fuß vom kostenlosen Parkplatz, der 1,8 km entfernt liegt, aber bei Kleinkindern oder Besuchern mit eingeschränkter Mobilität kann eine Ausnahme gemacht werden.

→ 07450 Santa Margalida,
+34 971 177652, (Mo–Fr, 10–14)
39.7515, 3.1876

50 SA CASA ROTJA, SINEU

Sehr gemütlicher, rustikaler Agrotourismus am Ende einer unbefestigten Straße in der Nähe des quirligen Marktstädtchens Sineu. Diverse große Apartments, großzügige Gemeinschaftsräume und ein Pool.

→ Carretera Sineu-Muro, km 3.5,
07510 Sineu, +34 673 374253
39.6724, 3.0284

51 AGROTURISMO SON PENYAFLOR, PEDRA EN SEC

Wundervolle, entspannte Finca in atemberaubender Bergkulisse am Wanderweg Pedra en Sec. Traditionelle, stylishe, sehr saubere Unterkunft mit Pool und Grillmöglichkeit.

→ Camino del Castillo de Alaró,
07340 Alaró,
+34 660 757717
39.7209, 2.7952

52 SON ROIG, SANTA MARÍA

Die erste Wassermühle Mallorcas stammt aus dem 13. Jahrhundert. Heute ist sie ein einfaches, nachhaltiges Guesthouse. Das leckere Essen wird extra für die Gäste zubereitet, und man sollte sich nicht das Erlebnis entgehen lassen, eine Nacht in den Baumzelten unter dem Sternenhimmel zu verbringen. Versteckt im Wald, direkt am Camí de Coanegra (27)

→ Camí de Coanegra,
07320 Santa Maria del Camí,
+34 662 534901
39.7047, 2.7548

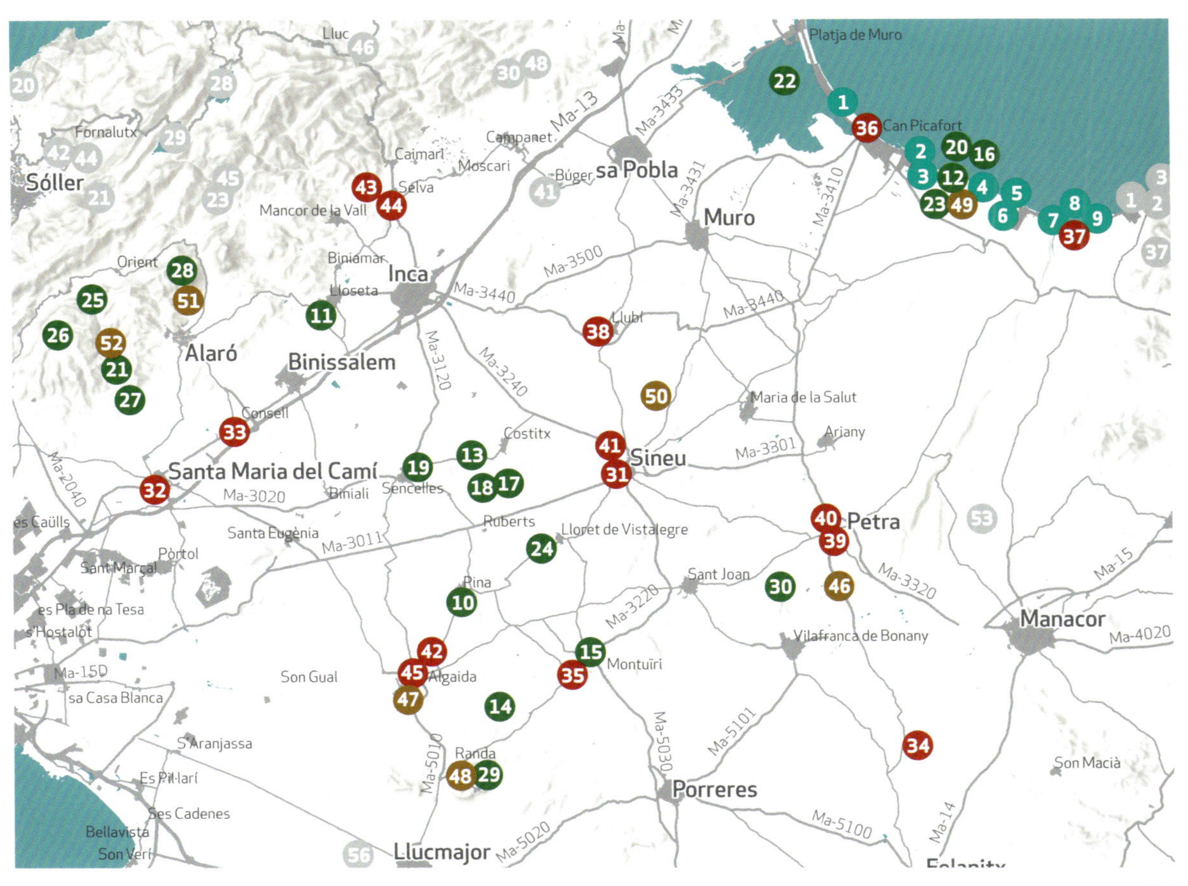

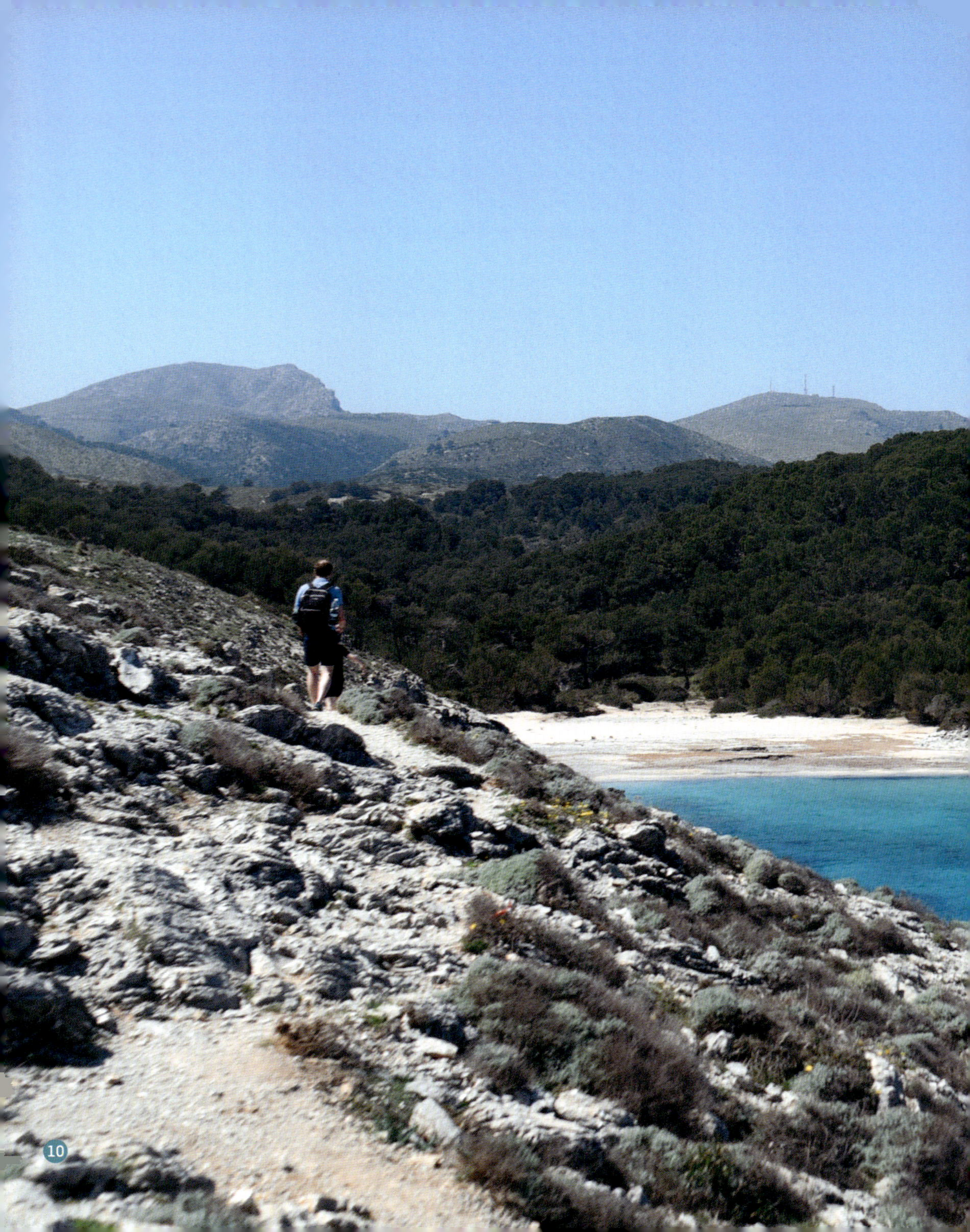

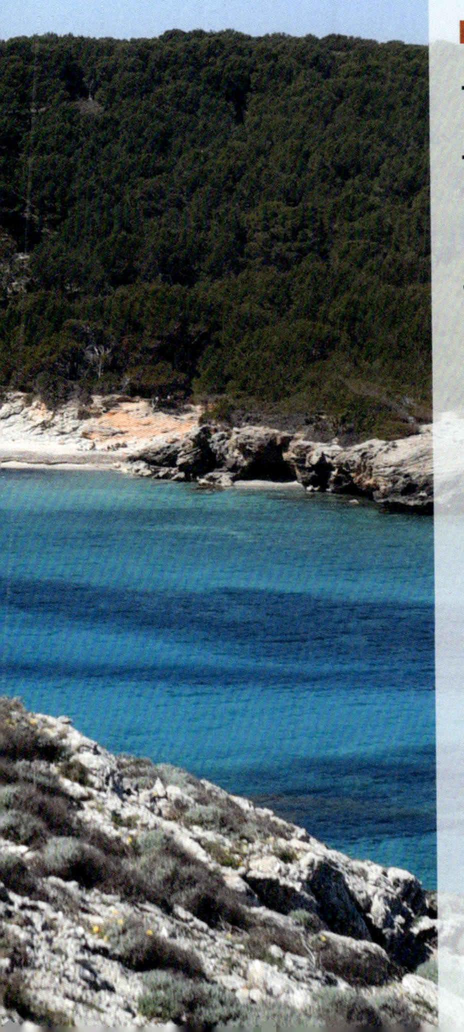

MALLORCA DER OSTEN

Das perfekte Wochenende

- **Frühstücken** Sie nach einer Nacht im Refugio De S'Alzina mitten in der Wildnis des Llevant.
- **Genießen** Sie auf alten Ziegenpfaden den spektakulären Blick, und halten Sie Ausschau nach Wanderfalken, Zwergadlern und Schildkröten.
- **Paddeln** Sie mit dem Kajak an der zerklüfteten Küste entlang, und entdecken Sie geheime Schmugglerhöhlen und Felstümpel, denen heilende Eigenschaften nachgesagt werden.
- **Entdecken** Sie in Ses Païsses Ruinen aus der Steinzeit, und essen Sie dann im bezaubernden Innenhof des La Mar de Vins in der Altstadt von Artà zu Abend.
- **Baden** Sie nach der langen Wanderung von Cala Torta am menschenleeren Strand Cala des Matzoc nackt in den Wellen.
- **Drücken** Sie auf die Adrenalinpumpe, und stürzen Sie sich in Cala Ratjada von den Klippen.
- **Radeln** Sie auf der Via Verde durchs Land, und spüren Sie den Wind in den Haaren.
- **Klettern** Sie auf hohe Felsen zu den versteckten, kristallklaren Gezeitentümpeln von S'Olla.
- **Gehen** Sie spätabends im Dunkeln schwimmen, während Sie in der Sa Cova auf Ihr Abendessen warten.

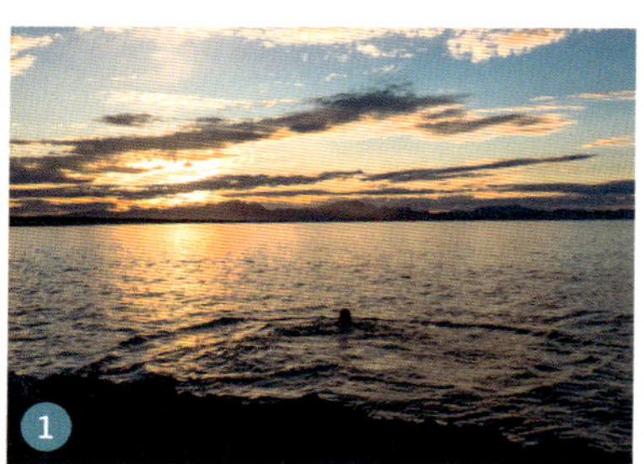

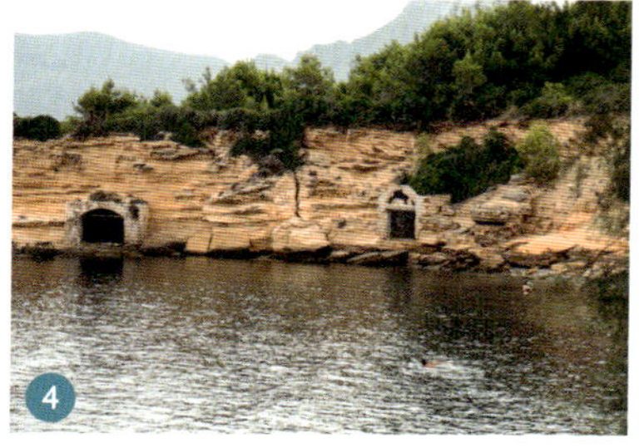

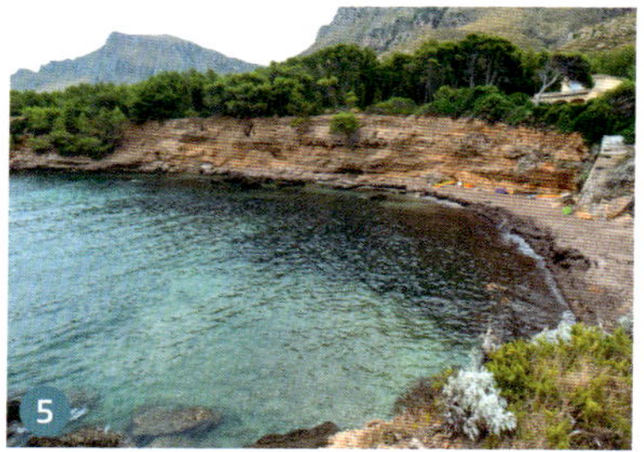

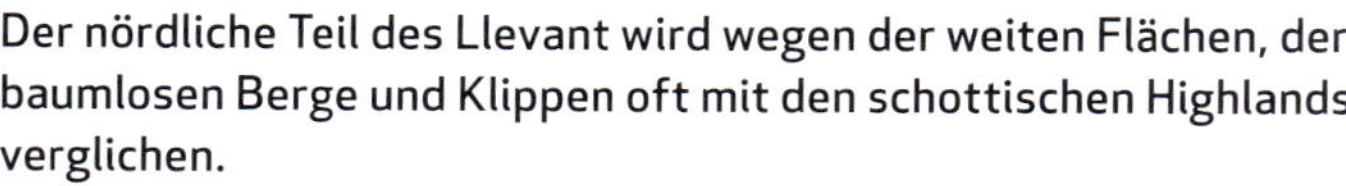
Der nördliche Teil des Llevant wird wegen der weiten Flächen, der baumlosen Berge und Klippen oft mit den schottischen Highlands verglichen.

Die schöne, unberührte Wildnis des Naturparks Llevant ist bedeckt von Zwergpalmen, Steineichen, Pinien und Wildgräsern und wird von Ziegenpfaden durchzogen. Alte Wege führen durch Wälder und schwindelerregende Klippen entlang. Man kann zu dramatischen Aussichtspunkten hinauf- und zu den versteckten Buchten und einsamen Stränden der wilden Nordküste hinunterklettern, wie zum Beispiel Matzoc und Font Celada, die nur zu Fuß oder mit dem Rad erreichbar sind. Ein Paradies für Tiere – Zwergadler, Wanderfalken und gelegenlich sogar Fischadler kreisen am Himmel, während Schildkröten, Ginsterkatzen, Baummarder und Algerische Igel im dichten Gestrüpp Zuflucht suchen.

Zwischen den Städten und Dörfern kann man auf der Via Verde an stillgelegten Gleisen entlangradeln, wandern oder reiten, zum Beispiel von Artà bis Manacor, durch idyllische, ländliche Gemeinden, oder zur Westküste, um sich an der Strandpromenade von Colònia de Son Pere den Fang des Tages munden zu lassen.

Von dort führt der Küstenweg Avinguda Colon nach Norden – auf der einen Seite die Berge, auf der anderen das Meer – zu den wilden, versteckten Stränden Cala d'es Torrent und Platja des Caló.

Die Küste an der südöstlichen Seite der Halbinsel ist an einigen Abschnitten bebauter, doch man findet auch hier noch viele verborgene Schätze, wenn man weiß, wo man suchen muss.

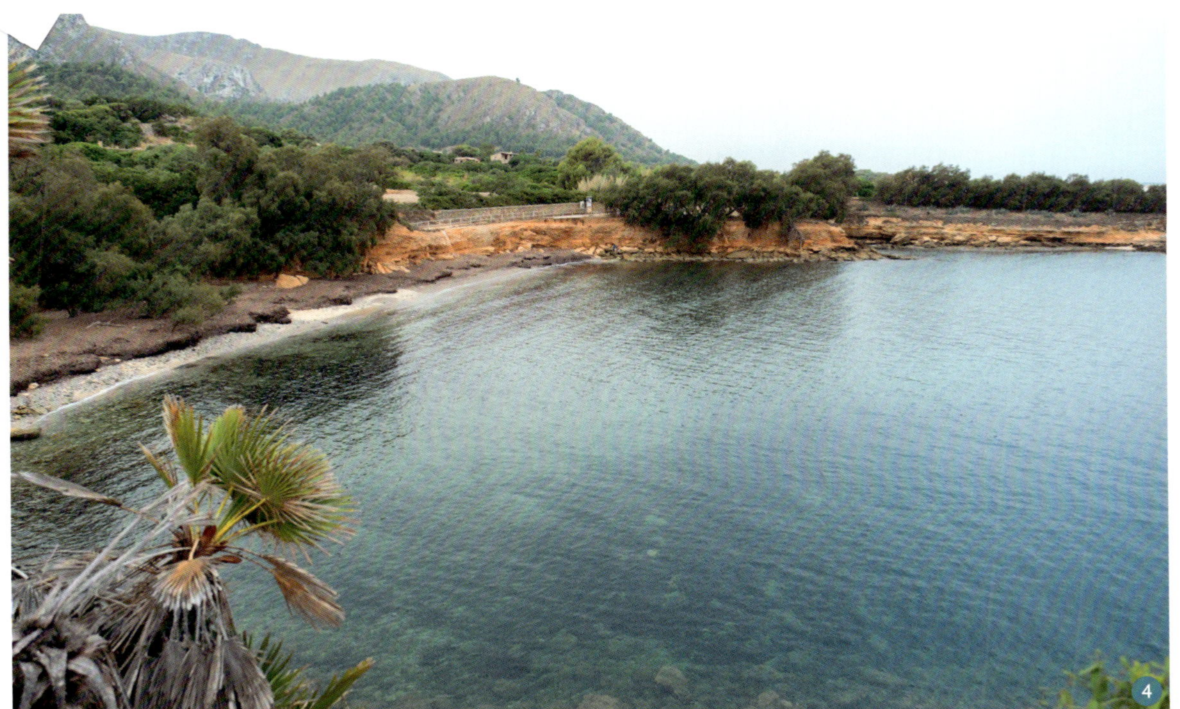

STRÄNDE & BUCHTEN - BETLEM

1 PLATJA DE LA COLÒNIA DE SANT PERE

Reizender kleiner Sandstrand mit Hafendamm im charmanten kleinen Fischerdorf Colònia de Sant Pere. Meist nicht viel los und herrlich für ein Bad im Sonnenuntergang, mit diversen Cafés und Restaurants, in denen man sich stärken kann, z. B. im Restaurant Sa Xarxa (+34 971 859281) hinter der Mole. Wenn man in die andere Richtung geht, kommt man an einen Hafen mit einem kleinen Leuchtturm. Dahinter liegen weitere Strände, z. B. Cala des Port.

→ Auf der MA-12 von Artà 7 km nach Osten, dann rechts Richtung Colònia Sant Pere (Ma 3331). Nach 4 km links auf den Carrer Major de la Colònia und die 6. rechts auf den Carrer Sant Mateu. 350 m bis zum Parkplatz am Dorfende (39.7395, 3.2813). An der Promenade entlang Richtung Westen zum Strand.

5 Min., 39.7389, 3.2775

2 PLAYA SA MACADA DE SA TORRE

Am Rand dieser einsamen steinigen Bucht neben dem Fischerdorf Colònia de Sant Pere wächst Bärlauch. Abends und am Wochenende von Einheimischen frequentiert, ansonsten unglaublich ruhig. Hinter der ruhigen Straße liegen Farmland und ein Naturschutzgebiet. An windigen Tagen toll zum Surfen.

→ Wegbeschreibung siehe Platja de la Colònia de Sant Pere (1), aber vom Parkplatz ca. 160 m Richtung Osten zum Strand hinter der Landspitze.

5 Min., 39.7400, 3.2858

3 CALO DELS ERMITANS

Kleiner Strand zwischen interessant geformten Felsbänken, dahinter Felder und Weinberge – kosten Sie den hiesigen Wein zu leckeren Tapas in der nahe gelegenen Bodega Conde de Suyrot (+34 871 870472). Der Strand ist nach den Eremiten benannt, die in der Ermita de Betlem (33) auf dem Berg dahinter lebten.

→ Auf der MA-12 von Artà 7 km Richtung Osten, dann rechts Richtung Colònia Sant Pere (Ma 3331). Nach 5,3 km links Richtung Cala los Camps. Am Ende der Straße links und sofort links parken. Die Straße überqueren und dem Weg zum Wasser folgen.

10 Min., 39.7467, 3.2937

4 PLAYA CALA CAMPS VELLS

Kleine, schattige, unberührte Bucht zwischen Colònia de Sant Pere und Betlem, wo man unter einer senkrechten Felswand mit seltsamen Öffnungen schwimmen kann, die Fischer einst in den Felsen geschlagen haben. Mit etwas Glück sehen Sie auch Kormorane. Der ruhige Strand ist sehr geschützt, das Meer ruhig und sauber. Ein Küstenwanderweg führt Richtung Osten zum Dolmen de s'Aigua Dolça (34), mit interessanten Felsriffen am darunterliegenden Strand Aigua Dolça.

→ Wegbeschreibung Calo dels Ermitans (3), aber am Ende rechts 700 m die Küstenstraße entlang und kurz vor dem Strand links parken.

10 Min., 39.7479, 3.3013

5 PLATJA DE BETLEM

Friedlicher Kieselstrand am Rand von Betlem unter dramatischen, überhängenden Klippen. Man kann zum Restaurante Casablanca (47) direkt oberhalb vom Strand gehen oder Richtung Südosten an der Küste entlang auf die andere Seite des Dorfes zur Cala Fonda, eine weitere ruhige, charmante, kleine Kieselbucht, wo man Kanus mieten kann, um die wunderschöne Küste vom Meer aus zu erkunden. Hier beginnt auch der Küstenwanderweg Avinguda Colon (40).

→ Auf der MA-12 von Artà 7 km Richtung Westen, dann rechts Richtung Colònia Sant

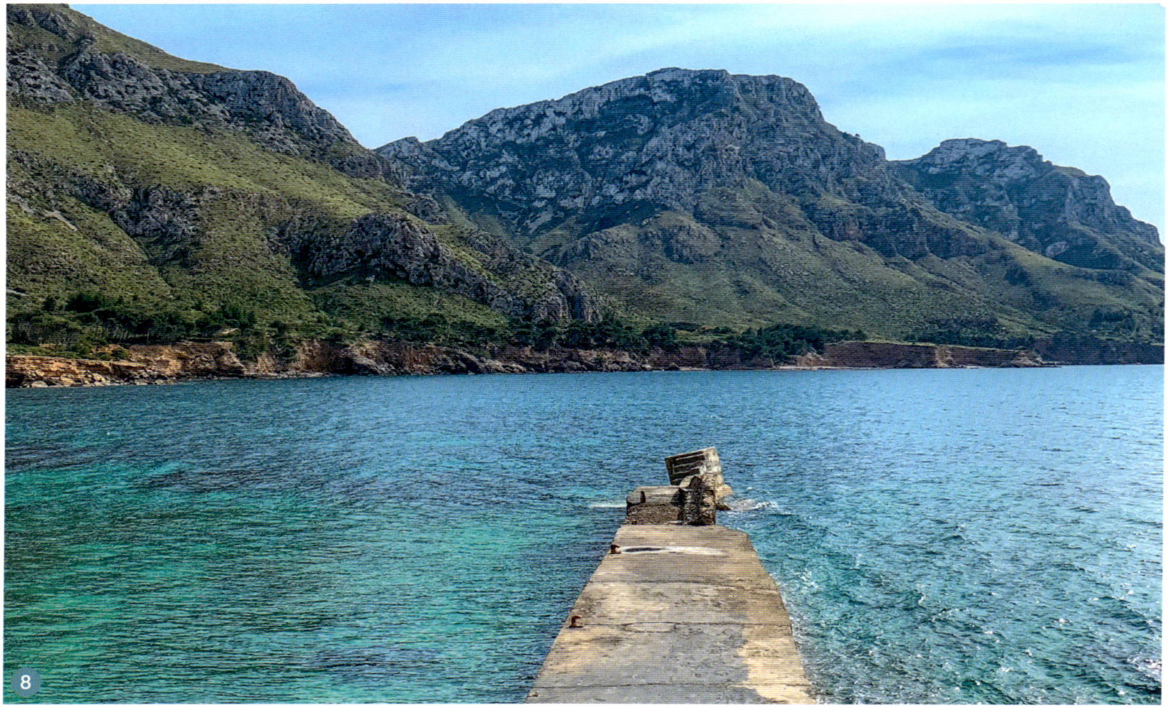

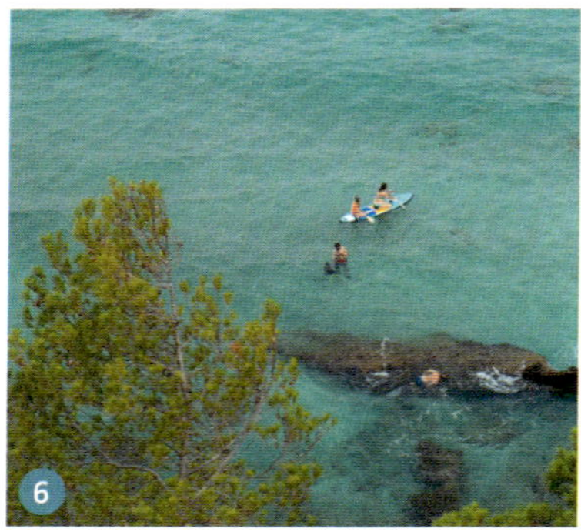

Pere (Ma 3331). Der Straße 8,5 km folgen, geradeaus durch Betlem bis zum östlichen Ortsende, wo die Avinguda Colon zur Schotterstraße wird. Hier rechts parken, zurück zu der Straße gehen, die bergab Richtung Restaurante Casablanca führt. Hinter dem Restaurant führt die nächste rechts zum Strand.

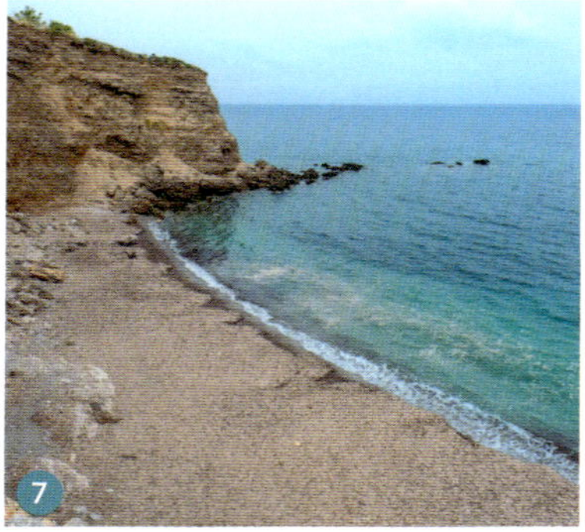

5 Min., 39.7562, 3.3205

6 CALA NA CLARA

Kleiner, steiniger Strand, bei Sonnenuntergang mit magischem Licht. Der Weg dorthin ist steil und nichts für schwache Nerven! Gute Stellen zum Schnorcheln, mit Sandboden unter dem kristallklaren, türkisblauen Wasser, am Strand selbst aber kaum Sand. Ein Stück weiter den Küstenweg entlang liegt auf den Klippen der atemberaubende Aussichtspunkt Mirador de Na Clara, wegen der dunklen Nächte hier toll zum Sternegucken.

→ Wegbeschreibung siehe Platja de Betlem (5) und der Avinguda Colon weiter folgen, wenn sie zur Schotterstraße wird. Nach ca. 250 m links auf einen kleinen Weg zum Wasser.

15 Min., 39.7578, 3.3256

7 CALA D'ES TORRENT

Wunderschöner, wilder Strand. Der Weg liegt so versteckt, dass es hier für gewöhnlich menschenleer ist. Im Parc Natural de la Península de Llevant (30), wo man mit etwas Glück Orchideen zwischen Gestrüpp und Pinien entdeckt .

→ Wegbeschreibung siehe Platja de Betlem (5) und der Avinguda Colon Richtung Osten folgen, bis sie zur Schotterpiste wird. Der Straße weitere 3 km folgen, vorbei an Cala Na Clara (6).

40 Min., 39.7652, 3.3324

8 PLATJA DES CALÓ

Einsamer Strand, flankiert von Pinien in Südlage mit herrlich türkisblauem Wasser am Ende einer idyllischen Wanderung. Der nördlichste Punkt der Halbinsel, den man sicher zu Fuß erreicht. Es gibt noch ein paar Minibuchten auf der Nordseite der Landspitze, aber danach ragen die Klippen senkrecht aus dem Meer.

→ Wegbeschreibung siehe Platja de Betlem (5) und der Avinguda Colon Richtung Osten folgen, wenn sie zur Schotterpiste wird. Dieser ca. 1,5 km folgen, vorbei an Cala Na Clara und Cala d'es Torrent (6 & 7) und auf dem Küstenweg weiter.

90 Min., 39.7746, 3.3335

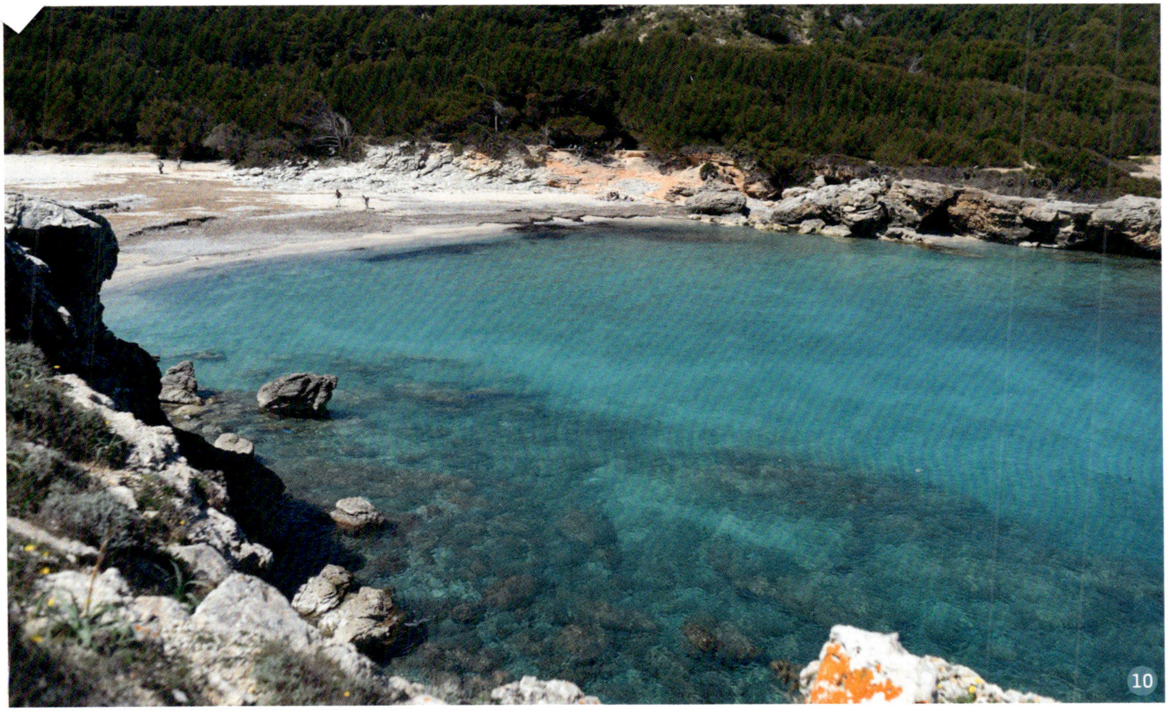

LLEVANT KÜSTE

9 CALA ESTRETA

Die „schmale Bucht“ fühlt sich fast an wie ein natürlicher Swimmingpool, und das stille Wasser leuchtet in der Sonne türkis. Weit und breit keine Läden oder Lokale, deshalb alles einpacken, was man braucht. Die Bucht liegt am Ende einer Schotterstraße, besser geeignet für Geländewagen, aber man schafft es auch mit einem normalen Auto, wenn man vorsichtig ist und die größten Schlaglöcher umfährt. (Nicht zu verwechseln mit der ebenso bezaubernden, gleichnamigen Bucht an der Südostküste.)

→ Im Osten von Artà, unterhalb der Festung, auf den Carrer de s'Abeurador und fast 9 km Richtung Nordosten. Dabei den Schildern zur Cala Mitjana folgen und an der Straßengabelung rechts zur Cala Torta vorbei. Der Zustand der Straße verschlechtert sich abrupt nach einer Straßengabelung mit Bäumen. Die mit Schlaglöchern gespickte Schotterstraße ist ein Rundweg sowohl zur Cala Estreta (an der Straßengabelung links, 1,5 km) als auch zur Cala Mitjana (an der Straßengabelung rechts, 10). Manche parken vielleicht lieber hier und gehen den Rest zu Fuß. Wer sich die Fahrt zutraut, kann am Ende parken, wo die Straße in einer Rechtskurve um die Landspitze und

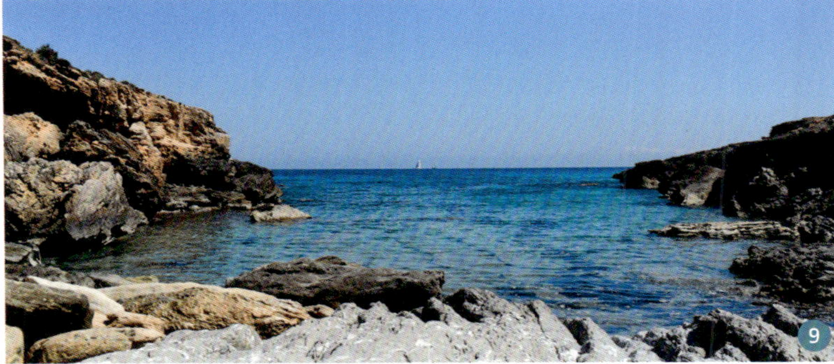

ein Weg zum Strand führt. Zu Fuß: an der Straßengablung links und nach 1,2 km den schmalen Sandweg zur Bucht.

5 Min., 39.7543, 3.4116

10 CALA MITJANA O SA DUAIA

Unberührte, oft einsame Sandbucht, versteckt an der wilden Nordostküste der Halbinsel Llevant. Am Strand findet man oft Neptungrasbällchen. Liegt am Ende einer Schotterpiste, besser für Geländewagen geeignet.

→ Wegbeschreibung siehe Cala Estreta (9) bis zur Gabelung, wo sich der Zustand der Straße dramatisch verschlechtert. Manche parken vielleicht lieber hier und gehen die letzten 1,2 km von der Straßengabelung rechts zum Strand zu Fuß. Wer sich die Fahrt zutraut, fährt an der Straßengabelung links (hier ist der Zustand der Straße ein wenig besser) und ganz um die Landspitze herum, dann parken.

15 Min., 39.7518, 3.4136

11 CALA DES MATZOC

Diese atemberaubend schöne, einsame Bucht an der unberührten Küste des Llevant erreicht man nur zu Fuß über einen dramatischen Abschnitt des Küstenwanderwegs.

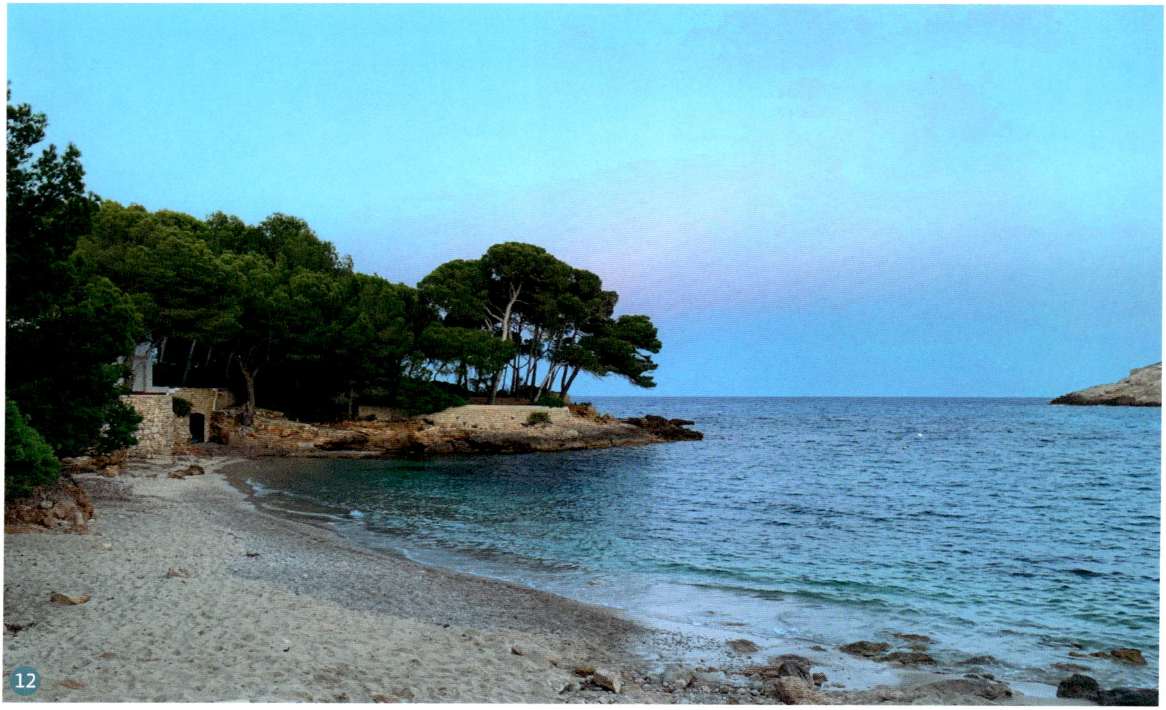

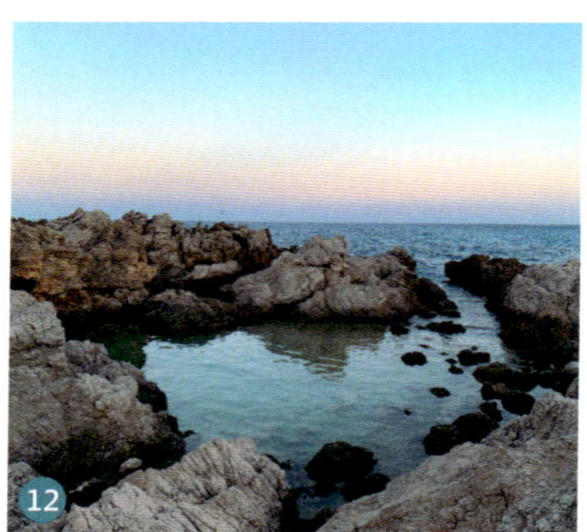

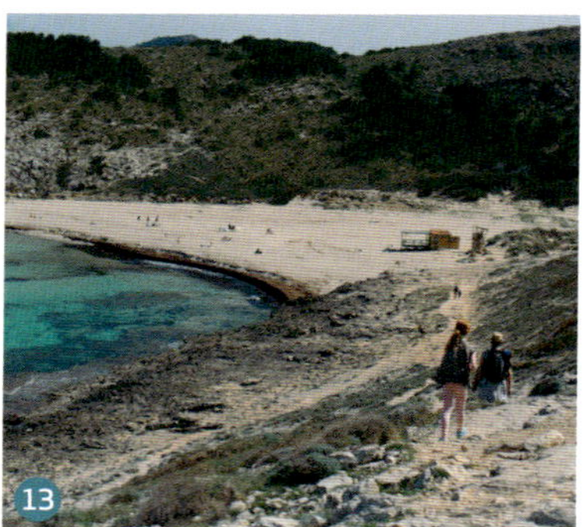

Teil des Naturschutzgebiets, deshalb wird das Seegras auf dem weißen Sand nicht entfernt. Wundervoller Blick, auch zum Aussichtsturm Torre d'Aubarca (36) im Norden.

➔ Wegbeschreibung siehe Cala Estreta (9), und von der Nordseite der Bucht dem Küstenweg gut 1 km folgen.

30 Min., 39.7591, 3.4041

12 SA FONT CELADA

Schroffe Bucht in Nordlage an der Mündung des Torrent des Porrassar mit fantastischem Blick auf die Klippen von Cap Farrutx, der nördlichste Punkt der Halbinsel. Einer der geheimsten Strände Mallorcas, mitten im Nirgendwo, am Ende eines langen, steinigen Wanderwegs ohne Schatten, der an der natürlichen Steinbrücke Es Seulonar vorbeiführt. Westlich vom Strand liegt S'Arenalet d'Aubarca, ein weiterer wunderschöner, einsamer Küstenabschnitt am Rand vom Parc Natural de la Península de Llevant (30).

➔ Wegbeschreibung siehe Cala Estreta (9) und ca. 3,5 km auf dem Küstenwanderweg Richtung Norden, vorbei an Cala Matzoc (11), Es Seulonar (39.7643, 3.3973) und Na Balladora.

60 Min., 39.7636, 3.3846

13 CALA TORTA

Idyllische, abgeschiedene Sandbucht an der Mündung des Torrent de Sa Font des Pí mit kristallklarem Wasser und vielen Fischen, manchmal sogar ein Tintenfisch, ideal zum Schnorcheln. Die heikle, holprige Zufahrtsstraße schreckt viele ab, deshalb ist wenig los. Nehmen Sie alles mit, was Sie brauchen: Die Strandbar, die hier einmal war, hat dicht gemacht. Jetzt gibt es hier nichts als feinen, weißen Sand, blaues Meer und wilde Landschaft.

➔ Im Osten von Artà, unterhalb der Festung, 8,5 km auf dem Carrer de s'Abeurador Richtung Nordosten, dann an der Straßengabelung rechts zur Cala Torta. Der holprigen Schotterstraße 1 km folgen und rechts parken (39.7478, 3.4133) – ab hier ist die Straße gesperrt. Zu Fuß 500 m zum Wasser. Oder zu Fuß von Cala Mitjana oder sa Duaia Richtung Südosten oder von Cala Mesquida Richtung Nordwesten (10 & 14).

10 Min., 39.7500, 3.4178

CALA RATJADA KÜSTE

14 CALA MESQUIDA

An windigen Tagen brechen riesige Wellen am breiten Strand in Nordlage. Der Hauptstrand ist ein weites Dreieck aus herrlich weißem Sand, und es kann voll werden. Gen Osten erstreckt sich ein großes, naturgeschütztes Dünengebiet mit Bohlenwegen bis zu den Felsen oberhalb des ruhigeren Strandabschnitts mit Redoute aus dem Spanischen Bürgerkrieg und einem Weg bergauf zur Talaia de Son Jaumell (38). Wunderbar für eine Winterwanderung.

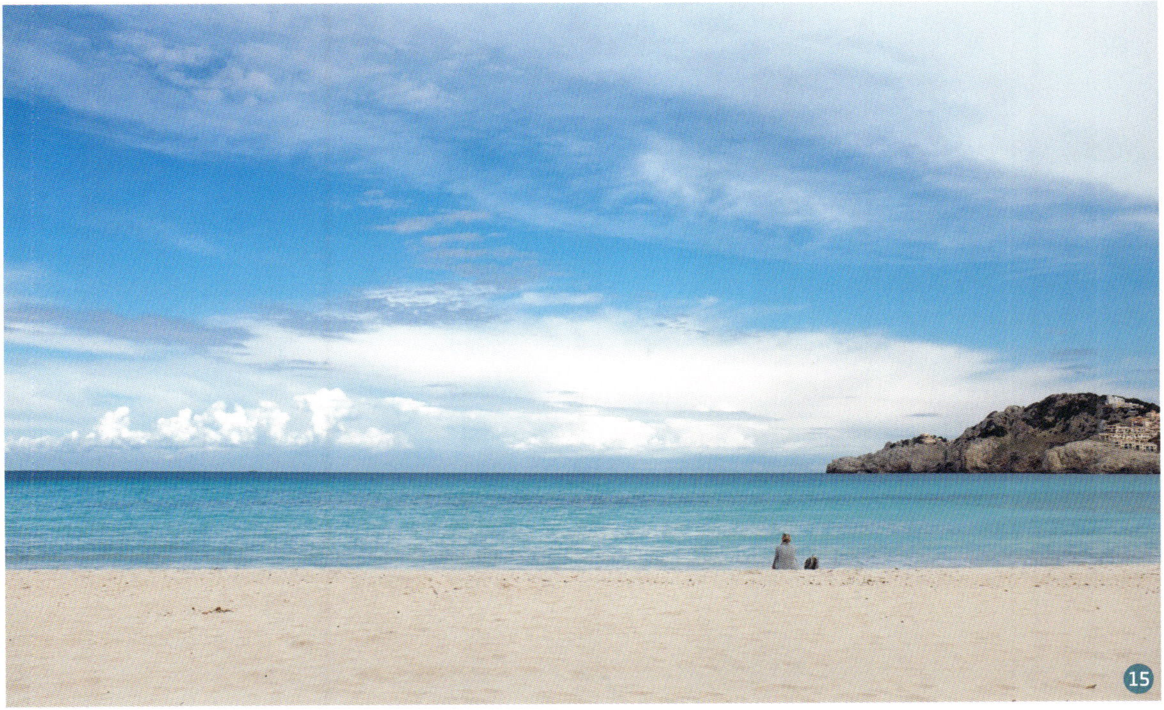

➜ Von der Ringstraße MA-15 im Norden von Capdepera am westlichen Kreisverkehr die ausgeschilderte Ausfahrt. Der Straße 5 km folgen bis ins Dorf Cala Mesquida und zum Parkplatz am Ende links. Wegweiser zum Strand gegenüber vom Zebrastreifen.
5 Min., 39.7430, 3.4369

15 CALA AGULLA

Beliebter, langer weißer Sandstrand nördlich von Cala Ratjada mit Toiletten und Imbissständen, kann in der Hauptsaison sehr voll werden. Aber wegen der wilden Schönheit der Sanddünen, Pinien und Wüstenpflanzen lohnt es sich, frühmorgens zu kommen und bis ganz zum nördlichen Ende zu gehen, wo es ruhiger ist und ein wundervoller Wanderweg beginnt. Noch besser ist es, im Winter zu kommen, wenn man den ganzen Strand für sich allein hat!

➜ Von der Ringstraße MA-15 im Norden von Capdepera zwischen zwei Kreisverkehren ausgeschildert. Der Straße 1,5 km folgen und gegenüber von der Reitschule links bis zum kostenpflichtigen Parkplatz am Ende. Den Wegen durch den Pinienwald zum Strand folgen.
5 Min., 39.7221, 3.4525

16 PLATJA DE SES CAVASSES

Wundervolle, wilde Bucht im Schutz der langen, schmalen Landzunge Punta des Gulló, die ins Meer ragt wie ein Finger und die Bucht von Cala Agulla trennt (15). Wunderschöne Steintreppen führen ins kristallklare Wasser, und es gibt fantastische Höhlen, durch die man schwimmen kann. Wenn man an der Küste weiter Richtung Norden geht, gelangt man zur Cala de na Llòbriga, eine weitere, kleine versteckte, steinige Bucht.

➜ Wegbeschreibung siehe Cala Agulla (15) und bis zum nördlichen Ende gehen, am Wasser entlang oder vom Parkplatz über die Waldwege. Dort 200 m auf dem Küstenweg, dann führt rechts ein Weg durch die Bäume zur Nordseite der Bucht.
15 Min., 39.7274, 3.4518

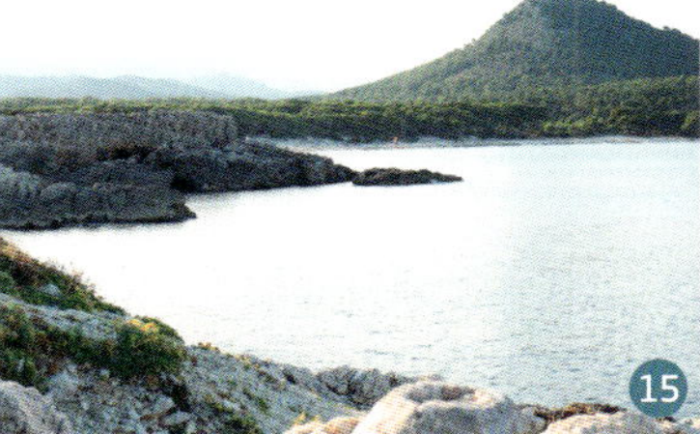

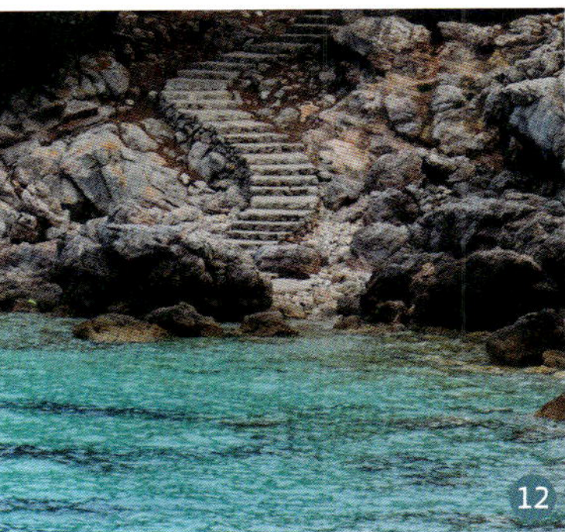

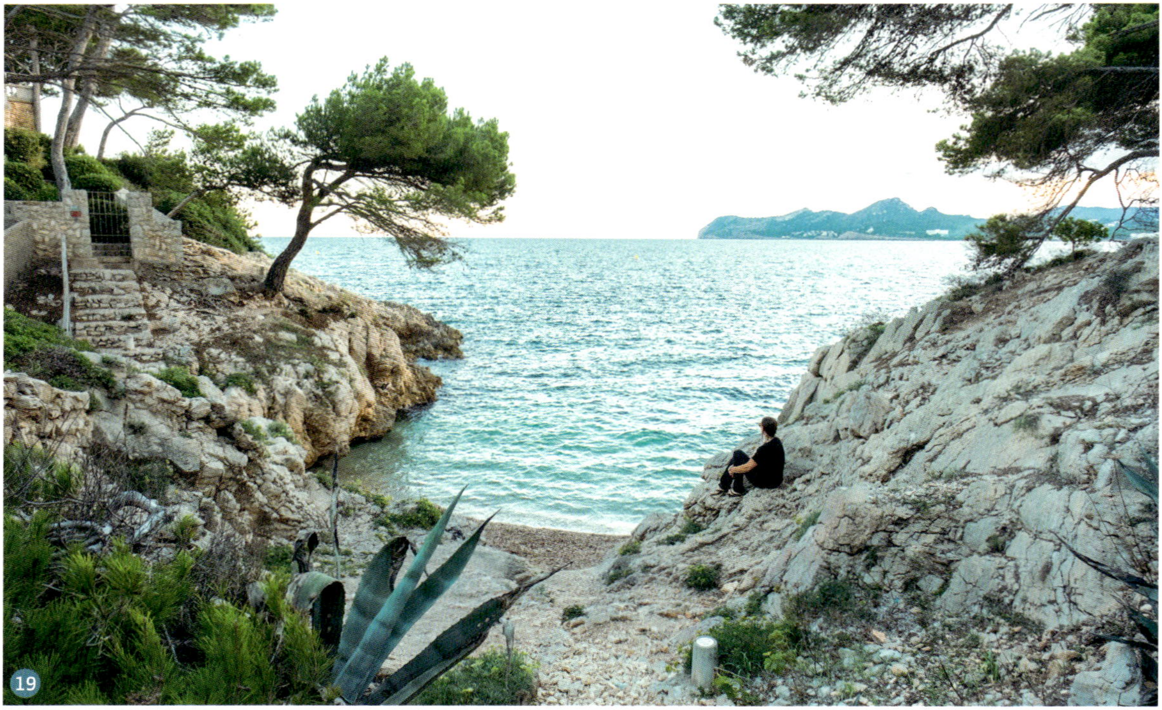

19

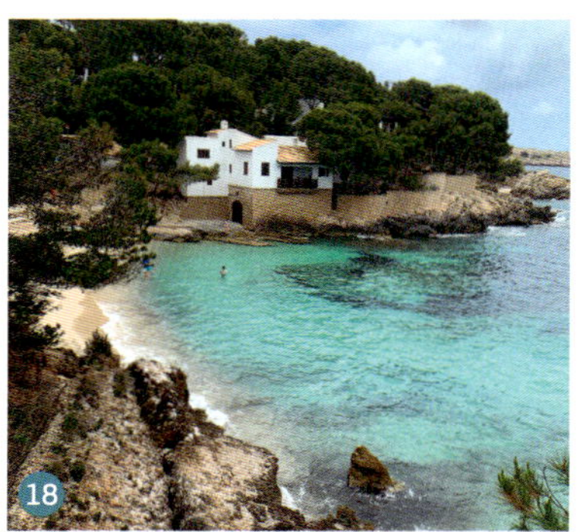
18

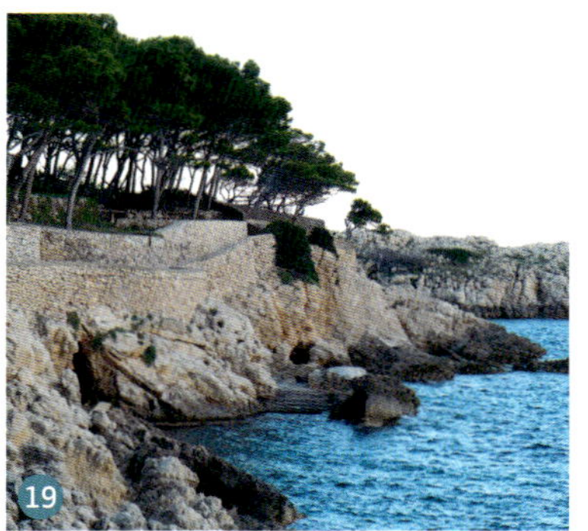
19

17 COVA DE NA XORIGUER

Diese Bucht ist ein gut gehütetes Geheimnis. Die meisten Leute folgen dem Weg von Cala Agulla (15) durch den Wald zum beliebten Strand Cala Mesquida (14) und übersehen das kleine Holzschild, das den Weg zu diesem hinreißenden Strand mit eigener Höhle weist. Perfekt für Picknicks an sonnigen Tagen.

→ Wegbeschreibung siehe Cala Agulla (15) und vom nördlichen Strandende dem Camì de Coll de Marina hinter dem weißen Häuschen Richtung Norden folgen. Nach ca. 5 Min. rechts auf den kleinen Weg mit niedrigem Holzpfosten, der zur Cala Llòbriga weist. Dieser führt zu einem steilen Küstenweg in einem dichten Pinienwald und dann bergab, bis man die Bucht sieht und hinunterklettern kann. Ca. 2 km.

45 Min., 39.7310, 3.4543

18 PLATJA DE CALA GAT

Ein gemütlicher Spaziergang von Cala Ratjada auf einem gepflegten Küstenweg führt zu diesem bezaubernden kleinen Sandstrand. Benannt nach den vielen streunenden Katzen, die hier herumlungern. Schön zum Schnorcheln und Schwimmen, und gute Bar. Machen Sie auf dem Rückweg im Hafen halt, um in der Gelateria Des Port (48) das beste selbst gemachte Eis Mallorcas zu probieren.

→ In Cala Ratjada parken, irgendwo an der Straße oder auf dem kleinen Parkplatz Carrer d'Isaac Peral Ecke Carrer de Can Melis (39.7122, 3.4646). Richtung Süden zum Meer, dann links die Promenade entlang Richtung Osten bis zum Strand (500 m).

15 Min., 39.7130, 3.4700

19 SA COVA

Kleines Schmuckstück von einer Bucht mit Treppen zum Strand und Gezeitentümpeln zwischen Pinien und Felsen. Nur einen kurzen Fußweg von Platja de Cala Gat (18). Man kann auch noch weiter an der Küste entlanggehen bis zur Punta de Cala Gat, eine kleine felsige Landspitze mit Blick auf die Insel Faralló de Cala Gat.

→ Wegbeschreibung siehe Platja de Cala Gat (18), dann den Stufen am östlichen Strandende folgen, zwischen den Häusern hindurch über die Landspitze und hinunter zur nächsten Bucht.

10 Min., 39.7124, 3.4709

20 CALA LLITERAS

Dieser briefmarkengroße Strand unter einer Klippe und einem Küstenwanderweg ist

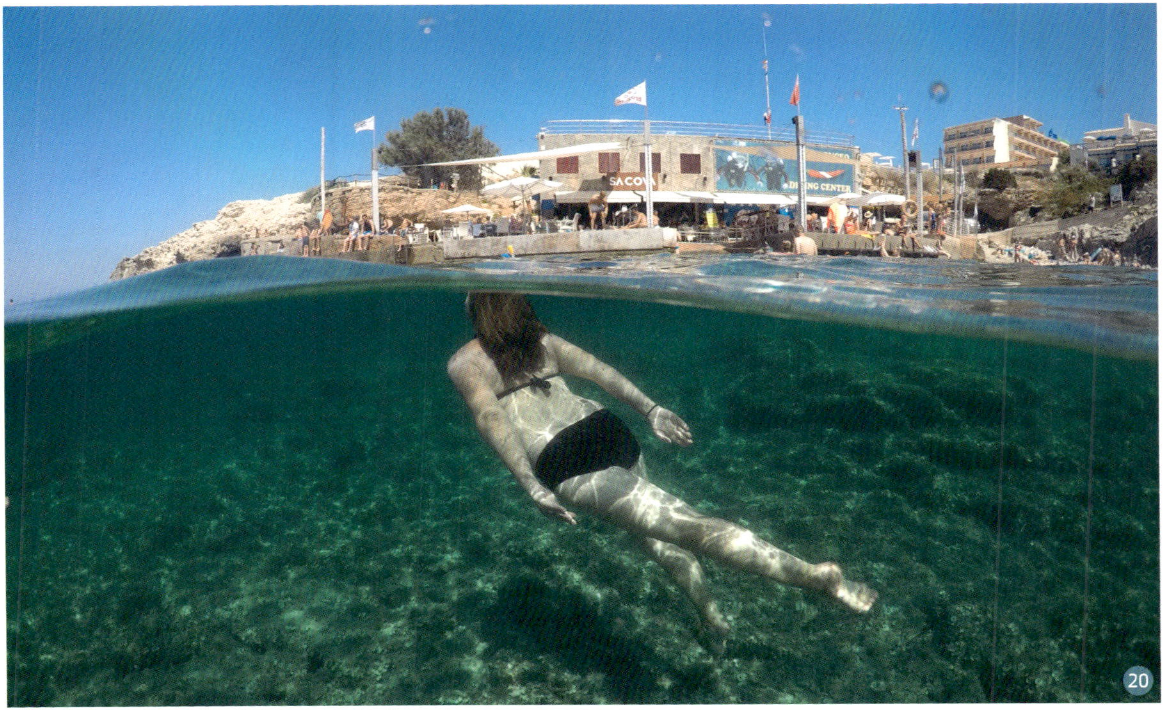

urban und quirlig, aber auch Standort der Tauchschule Mero, wo man sich für Tauchtouren anmelden kann. Abends gehen Unterwasserlichter an, sodass man an einer der Leitern hinunterklettern und unter dem dunklen Nachthimmel zwischen den zahlreichen Fischen schnorcheln kann. Springen Sie von den Felsen, oder nehmen Sie in der Bar Sa Cova direkt am Wasser einen Drink.

→ Von der Ringstraße MA-15 im Norden von Capdepera zwischen zwei Kreisverkehren ausgeschildert. Der Straße gut 2 km in die Stadt folgen, am Tennisclub vorbei, dann die nächste rechts auf den Carrer S'Entrador. Dieser Einbahnstraße über eine Kreuzung folgen, an der nächsten Kreuzung links Richtung Strand. Am Ende der Straße parken oder vorher, so nah, wie es eben geht. Über die Steinstufen zum Wasser. Die Tauchschule befindet sich neben der Bar (mero-diving.com, +34 689 448308).

1 Min., 39.7201, 3.4615

FELSTÜMPEL & HÖHLEN

21 CALA FONT DE SA CALA II

Ruhige kleine Bucht am Rand eines Wohngebiets. Wenn man von hier Richtung Norden geht, vorbei an herrlichen Gezeitentümpeln, stößt man auf eine große Höhle. Klettern Sie durch einen kleinen Tunnel hinein zu einem unterirdischen See, der auf keiner Karte verzeichnet ist.

→ Im Süden von Capdepera auf dem Carrer des Port (der zur Ma-4043 wird) 2,3 km bis Font de sa Cala, beim Schild nach N'Alardern links und nach 300 m rechts parken. Dem Weg hinter den Pollern zum Strand folgen. Für die Höhle nach Osten und Norden über die Felsen klettern – ein beschwerlicher Weg. Nach ca. 300 m die Augen offen halten, dann links hoch und hinein. Sehr vorsichtig sein!

20 Min., 39.6839, 3.4547

22 GEZEITENTÜMPEL SIMONETA

Es gibt zwei Möglichkeiten, zu diesen Gezeitentümpeln zu gelangen, denen eine heilende Wirkung nachgesagt wird. Entweder checkt man ins Luxushotel Can Simoneta ein (51) – die ursprüngliche Bleibe eines Mönchs aus dem 19. Jahrhundert, der sich zu einer Salzwasserkur hier aufhielt, thront hoch auf den Klippen darüber und hat über eine gewundene Steintreppe einen privaten Zugang zu den Pools. Oder – die billigere Variante – man paddelt mit dem Kajak vorbei an diversen Höhlen von Cala Ratjada nach Canyamel, wo man einen Zwischenstopp ein-

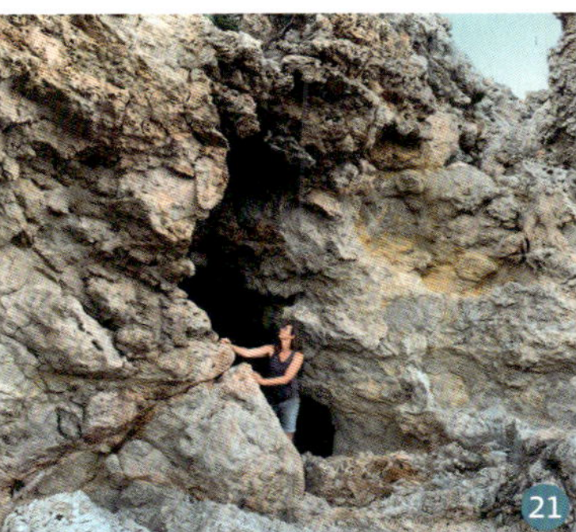
21

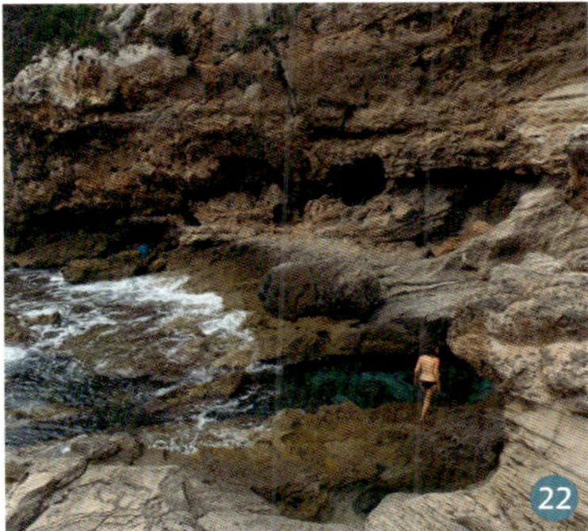
22

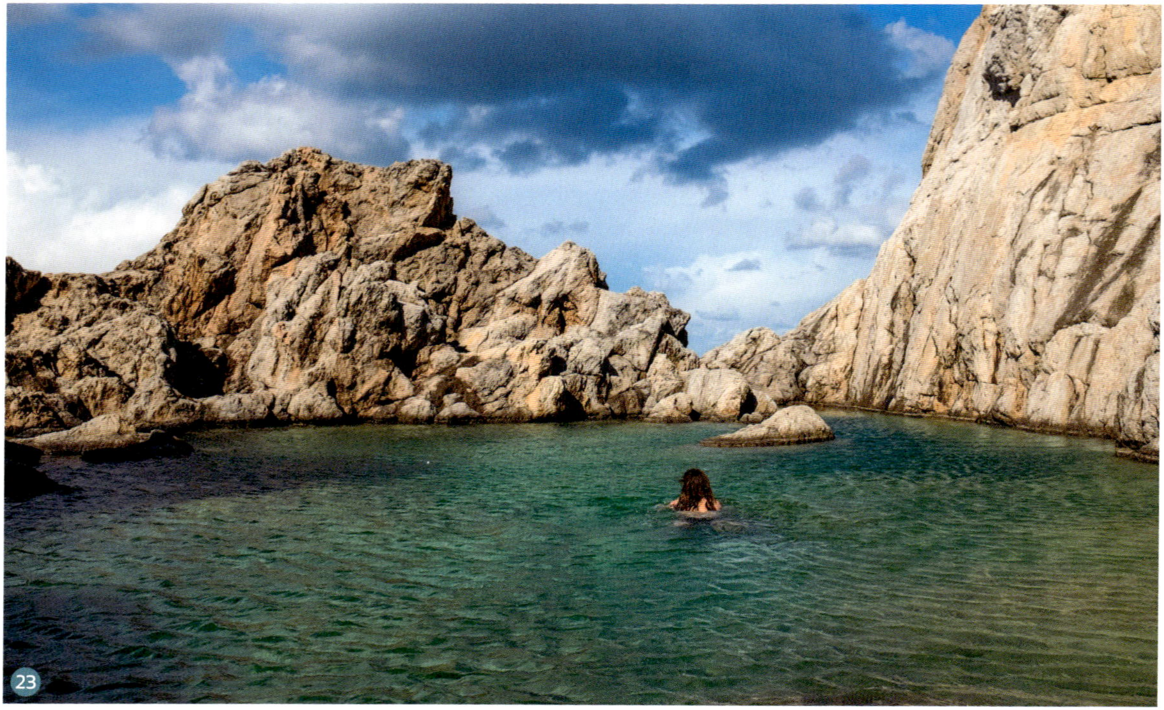

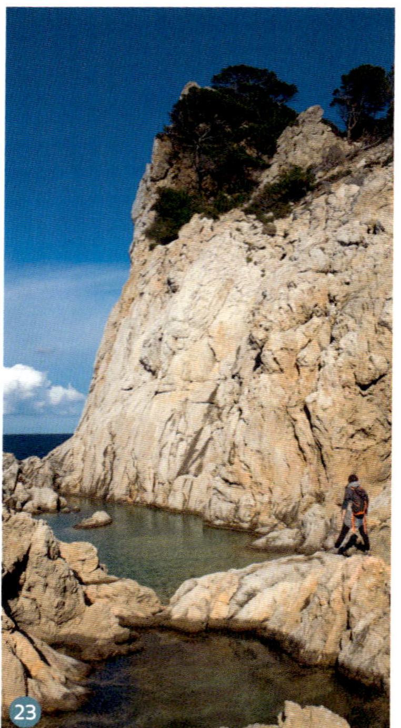

legen und sich mit einem Snack an der Strandbar stärken kann, bevor man das letzte Stück in Angriff nimmt.

➔ Leihen Sie ein Kajak bei Sea Safari Mallorca (seasafari-mallorca.com, +34 634 335107), und paddeln Sie ca. 3 km an der Küste entlang bis Canyamel. Falls Sie ein eigenes SUP-Board oder Kajak besitzen, können Sie gleich dort starten. Weitere 300 m die Bucht entlang bis zu den Pools. Man kann auch versuchen, von Canyamel aus zu schwimmen, sollte aber die Tagesbedingungen sorgfältig abwägen.

60 Min., 39.6519, 3.4376

23 FELSTÜMPEL S'OLLA

Von diesen himmlischen, türkisblauen Pools hoch oben auf einer Klippe nördlich von Cala Ratjada existieren Fotos und Videos, doch sie sind auf keiner Karte verzeichnet. Wir können verstehen, warum die Leute diesen magischen Ort geheim halten wollen. Auf dem Hinweg kann man die Pools die meiste Zeit nicht sehen, und der letzte Abschnitt ist eine mühsame Kletterpartie, aber es lohnt sich allemal. Ein wahres Paradies!

➔ Auf dem Carrer de l'Olla zum nordöstlichen Ortsrand von Cala Ratjada. Dort parken, wo die Straße am Ende eine Linkskurve macht, bevor sie zur Sackgasse wird (man kann die Pools von hier oben schon sehen). Dem Weg Richtung Süden folgen, um die darunterliegende Bucht. Die Pools liegen am anderen Ende. Es gibt keinen Weg, also vorsichtig sein und darauf achten, dass man auch wieder zurückkommt.

20 Min., 39.7201, 3.4747

24 MEERESHÖHLE CALA RATJADA

Am Weg zwischen Cala Lliteras und Cala Agulla (20 & 15) liegen eine kaum bekannte Meereshöhle und ein natürlicher Pool. Beide sind nicht auf Karten verzeichnet. Die Höhle hat einen kleinen Eingang, der sich zu einer großen Kammer öffnet, in die man auch von oben hineinspähen kann. Im Salzwasserpool kann man herrlich baden, vor allem an windigen Tagen, wenn die See zu rau ist.

➔ Von Cala Lliteras (20) auf dem gepflasterten Fußweg Richtung Westen oder von Cala Agulla (15) Richtung Osten. Halten Sie Ausschau nach einer kleinen Insel, deren Form an eine Frikadelle erinnert (so lautet auch ihr Spitzname). Die Meereshöhle liegt gegenüber. Sie ist von den Felsen am Ufer leichter zu sehen als vom Meer, da der Eingang ziemlich klein ist. Pool bei 39.7206, 3.4583.

5 Min., 39.7209, 3.4590

KLEINE BUCHTEN - CANYAMEL

25 CALA ROTJA

Die beiden kleinen Strände dieser Bucht sind leer und friedlich und haben sehr klares Wasser, das ideal zum Schnorcheln ist. Das steinige Ufer und die Landspitze zwischen ihnen sind von schattigen Bäumen und Sträuchern gesäumt, und ganz in der Nähe liegt Restaurante Cala Rotja (+34 871 811519) mit Blick über die Bucht. Ein kurzer Spaziergang an der Küste entlang Richtung Norden durch dichte Pinien führt zu einer weiteren kleinen Bucht namens Cala Auberdans (26).

→ Von Capdepera auf der MA-4040 ca. 3,5 km Richtung Südwesten zum Kreisverkehr, dann links auf die Ma-4042 Richtung Canyamel. Nach 3,5 km beim nächsten großen Kreisverkehr rechts Richtung Restaurante Cala Rotja und der Straße bis zur Küste folgen, an der Gabelung links. Vor dem Restaurant an der Straße parken und den Weg daneben zum nördlichen Strand gehen. Ein deutlicher Weg führt über die Landspitze zum südlichen Strand.

5 Min., 39.6464, 3.4369

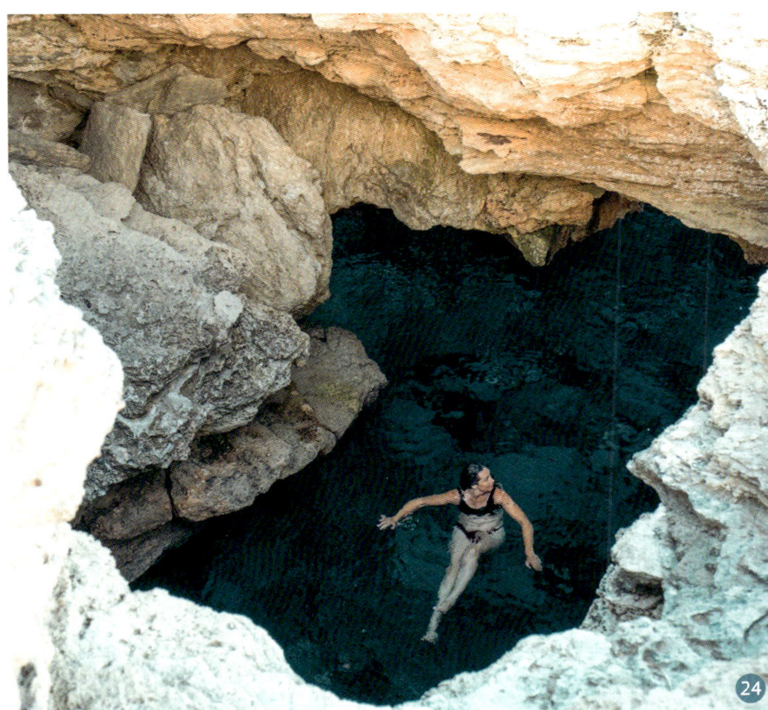
24

26 CALA AUBERDANS

Schöner kleiner Strand im Schatten von Bäumen, auch Cala Alberdans oder Cova dels Alberdans genannt, an der Spitze einer kleinen V-förmigen Bucht. Umgeben von dichtem Pinienwald und nur einen kurzen Fußweg von Cala Rotja (25). Man kann von hier gut um die Felsen schnorcheln, und die ganze Gegend südlich vom Cap des Pinar eignet sich ausgezeichnet zum Tauchen und Höhlentauchen für Fortgeschrittene, mit drei Tunneln (Cala Roja), einer 7 m tiefen Unterwasserhöhle (Punta des Pi) und der 20 m tiefen Cova del Congre (Cap des Pinar).

→ Wegbeschreibung siehe Cala Rotja (25) und 200 m die Küste entlang Richtung Norden.

15 Min., 39.6478, 3.4365

KLEINE BUCHTEN - PORTO CRISTO

27 CALA MORLANDA

Dieses kleine Schmuckstück von einer Bucht liegt versteckt unter niedlichen kleinen Häuschen. Von der Straße führen Stufen zu einer flachen, sonnigen Felsplattform und Höhlen, die Schatten spenden. Das klare, türkisblaue Wasser eignet sich ausgezeichnet zum Schnorcheln und Tauchen, und die Einheimischen springen von den Klippen auf der Landspitze zur Linken ins tiefe Wasser. Wer es ruhiger mag, geht zur Caló d'en Rafalino (28) am gegenüberliegenden Ende der Bucht.

→ Von Porto Cristo auf der Ma-4023 ca. 2 km Richtung Norden, dann rechts Richtung Cala Morlanda/S'Illot. Nach 1,4 km, kurz bevor die Straße zur Sackgasse wird, links auf die Anguda del Llop und rechts parken (39.5576, 3.3691). Durch die Sackgasse zur Küste und auf dem Küstenweg oder der Straße ca. 150 m Richtung Norden.

5 Min., 39.5577, 3.3708

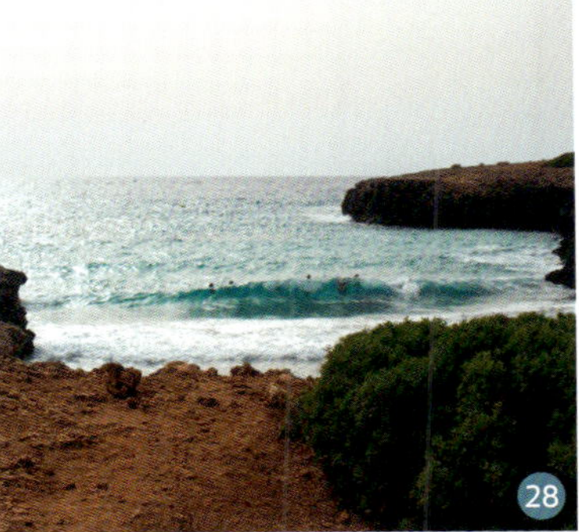
28

28 CALÓ D'EN RAFALINO

Die kleine Felsbucht Caló d'en Rafalino ist die südwestliche, ruhigere Ecke der Cala Morlanda (27). Der steinige Strand ist nur 7 m breit, und die umliegenden Felsen sorgen an einigen Stellen für Schatten und an anderen für Sprunggelegenheiten ins tiefe Wasser. Das saubere, klare Wasser ist herrlich zum Schnorcheln und Tauchen und auch bei FKKlern beliebt. Die Bucht liegt im Schutz des Cape Punta Rasa im Süden, und ganz in der Nähe gibt es eine tolle Höhle (La Cueva de Lily, 35).

→ Wegbeschreibung siehe Cala Morlanda (27) und zu Fuß auf dem Küstenweg ca. 300 m bis zum Strand.

7 Min., 39.5562, 3.3668

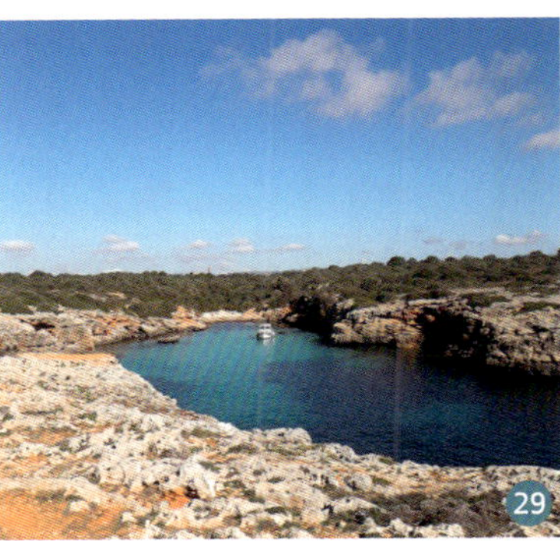
29

29 CALA PETITA

Cala Petita ist, wie der Name schon sagt, ziemlich klein. Eine schmale, abgeschiedene

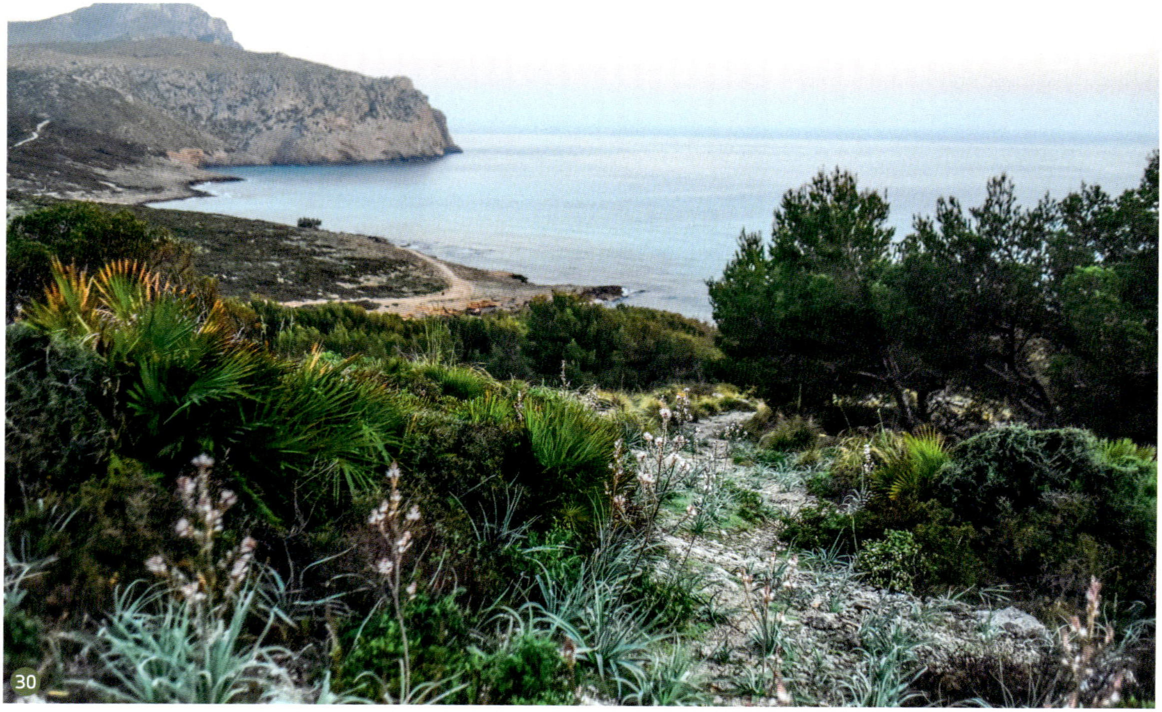

Bucht, sehr geschützt und daher beliebt bei FKKlern. Das Wasser ist ideal zum Schnorcheln, mit vielen Fischarten, sogar Tintenfischen. Wenn man um die Halbinsel Richtung Porto Cristo schwimmt, stößt man nach nicht mal 200 m auf Höhlen wie Cova de Fumassos und Cova des Tabac. Falls Sie Appetit bekommen, das rustikale Restaurant Es Turó de ses Alzines (+34 971 822814) serviert ganz in der Nähe authentische, traditionelle Gerichte.

→ Auf der Ma-4023 von Osten nach Porto Cristo, beim Kreisverkehr die zweite Ausfahrt Richtung Stadtzentrum (Carretera De Son Servera), dann 240 m links auf den Carrer del Mitjà de Mar, der zur Avinguda Cala Petita wird, bis zum großen Parkplatz am Stadtrand (39.5453, 3.3444). Auf dem Weg links neben den Recyclingtonnen 600 m geradeaus, dann bei der Weggabelung rechts und nach 300 m dem Weg zur Küste folgen. Oder von Caló d'en Rafalino (28) 2 km zu Fuß Richtung Süden.
15 Min., 39.5472, 3.3551

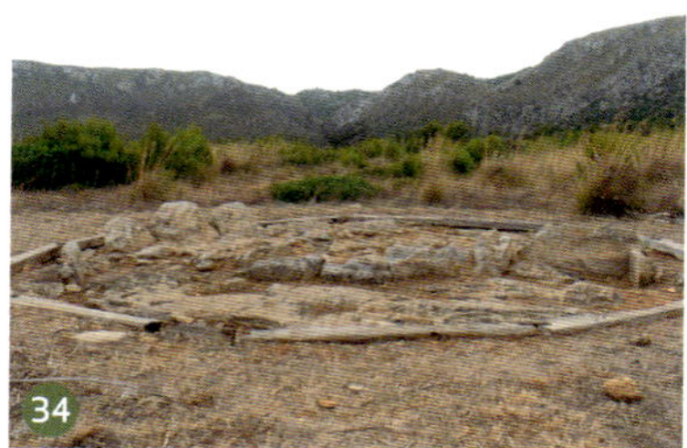

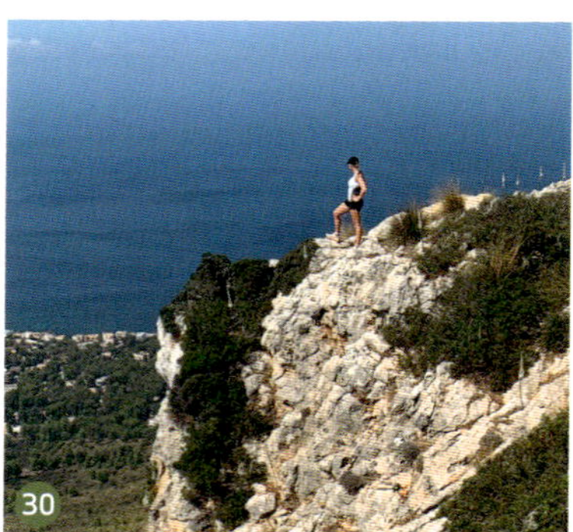

NATUR & WILDNIS

30 PARC NATURAL DE LA PENÍNSULA DE LLEVANT

Naturschutzgebiet, das sich von Cap Ferrutx im Norden bis zur Ermita de Betlem (33) im Süden erstreckt. Es umfasst einen Großteil der Muntanyes d'Artà sowie den höchsten Gipfel der Serres de Llevant, Puig Morel (564 m). In dieser wunderschönen, unberührten Wildnis begegnet man Raubvögeln, Schildkröten und Ginsterkatzen, und zwischen Büschen und Pinien wachsen Orchideen. Man kann 13 kurzen Routen folgen oder diese kombinieren, und es gibt drei Hütten für alle, die sich ein paar Tage Zeit nehmen wollen, alles zu erkunden.

→ Das kleine Parkbüro in S'Alqueria Vella de Baix (mit eigenem Parkplatz) ist ein guter Ausgangspunkt. Auf der Ma-333 von Artà 5 km nach Nordosten Richtung Ermita de Betlem, dann an der Straßengabelung rechts Richtung Parc Natural bis zum Parkplatz am Ende.
4 Std., 39.7363, 3.3348

31 PUNTA DE N'AMER

200 Hektar großes Naturschutzgebiet auf einer Landspitze, die wie ein Anhalterdaumen aus der Ostküste von Mallorca ragt. Eine Oase des Friedens jenseits der Apartmenthochhäuser und Hotels an der Küste, mit reicher Pflanzenwelt (Seelilien, Orchideen) und vielen Vogelarten (Lärchen, Grasmücken, Brachvögel und Sturmtaucher). In der Mitte der Landspitze liegt Castell de

n'Amer, ein Wachturm aus dem 17. Jahrhundert mit Panoramablick und einem netten kleinen Café, Bar es Castell. Durch die Steinbrüche auf der Südseite sind interessante Pools und Felsvorsprünge entstanden, herrlich für ein Bad im Sonnenaufgang.

→ Beim Kreisverkehr in der Nähe vom Strand am südlichen Ende des Ferienorts Cala Millor neben dem Hotel Bahia Grande die Ausfahrt nach Es Castell nehmen (Carrer Castell) und am Ende parken. Dem Fußweg 1,4 km bis zum Turm folgen, an der Weggabelung links.

30 Min., 39.5801, 3.4036

GESCHICHTE

32 SES PAÏSSES

Diese Ausgrabungsstätte auf einem Hügel südlich von Artà ist eine der größten, wichtigsten und besterhaltenen talayotischen Siedlungen auf den Balearen. Die ältesten Teile wurden ca. 1000 v. Chr. erbaut, der Rest im Lauf der Jahrhunderte. Durch die vielen Steineichen fällt es schwer, von dieser faszinierenden 10.000 m² großen Anlage einen Eindruck als Ganzes zu bekommen, aber ein Besuch lohnt sich. Gut markierter Besichtigungspfad, kleine Eintrittsgebühr.

→ Vom Kreisverkehr an der Ma-15 im Süden von Artà Païsses ausgeschildert. Eingangstor nach 450 m rechts, kleiner Parkplatz.

3 Min., 39.6872, 3.3552

33 ERMITA DE BETLEM

Die Klosteranlage bietet einen fantastischen Blick auf die Bucht von Alcúdia. Die Obstgärten und eine alte Wassermühle erlaubten es den Mönchen, sich selbst zu versorgen. Gegründet 1805, und der letzte Mönch des Ordens San Pablo San Antonio hat sich erst 2010 zur Ruhe gesetzt. Achten Sie auf den schmalen Weg kurz hinter dem Eingang, der zu einem heiligen Trinkbrunnen führt.

→ Nordöstlich von Artà auf der Ma-333 Richtung Ermita de Betlem bis zum Parkplatz beim Tor nach 9 km.

3 Min., 39.7373, 3.3113

34 DOLMEN DE S'AIGUA DOLÇA

Diese Megalithanlage ist leicht zu übersehen, doch es handelt sich um eines der beiden bedeutsamsten frühen Gräber auf der Insel – das andere ist der Dolmen de Son Bauló de Dalt in der Nähe von Necròpolis de Son Real (siehe Mallorca – Die Mitte). In der Dolmenkammer von 1750 v. Chr. wurden Überreste von ca. 20 Verstorbenen gefunden sowie Schmuck und Pfeilspitzen.

→ Auf der Ma-12 von Artà 7 km Richtung Osten, dann rechts Richtung Colònia Sant Pere (Ma 3331). Nach ca. 5,3 km links Richtung Cala los Camps. Am Ende rechts die Küstenstraße entlang und an deren Ende links parken, kurz vor dem Strand Playa Cala Camps Vells (4). Dem Weg hinter dem Strand durch den Wald folgen, dann links zum Ufer.

15 Min., 39.7500, 3.3033

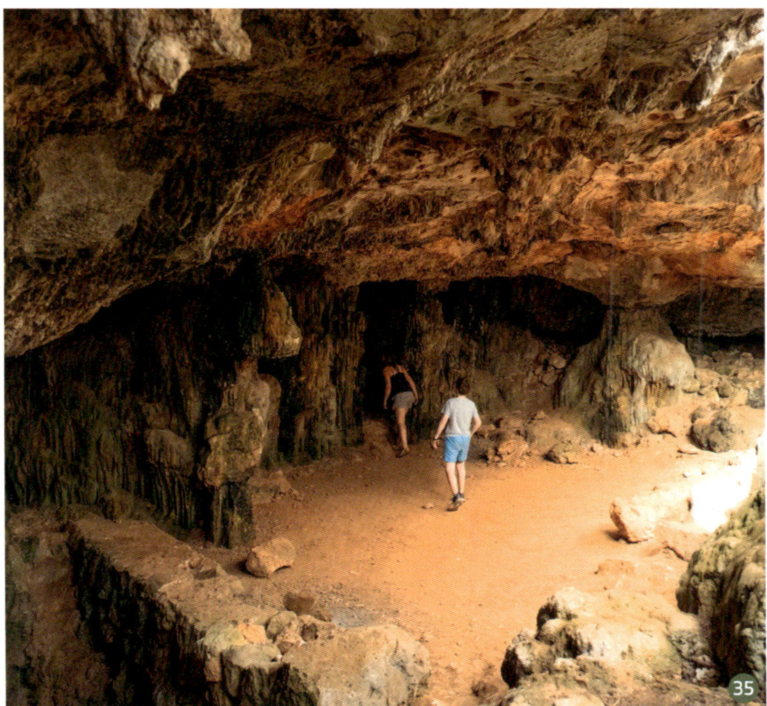
35

35 LA CUEVA DE LILY

Meine Tochter hat diese Höhle auf einer Wanderung entdeckt, und da sie auf keiner Karte eingezeichnet ist, haben wir sie nach ihr benannt. Teils hinter Büschen versteckt, führen kleine Stufen zu einem großen Hohlraum, in den die Wellen hineinspülen. Wir hatten keine Stirnlampen dabei, aber möglicherweise kann man durch die Höhle zum Meer schwimmen.

→ Von Porto Cristo auf der Ma-4023 ca. 2 km Richtung Norden, dann rechts Richtung Cala Morlanda/S'Illot. Nach 1,4 km vor der Sackgasse links auf die Anguda del Llop und rechts parken (39.5576, 3.3691). Der Sackgasse bis zur Küste folgen und nach Süden gehen, Richtung Caló d'en Rafalino (28). Nach ca. 120 m rechts im Gebüsch nach der Höhle Ausschau halten. Vom Weg aus sieht man nur den Anfang der Stufen.

5 Min., 39.5567, 3.3681

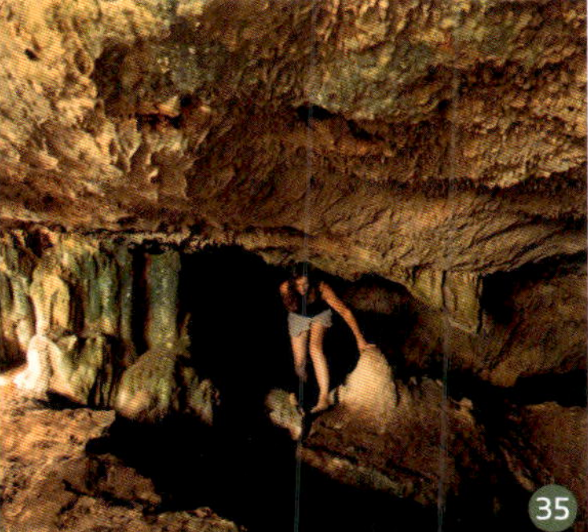
35

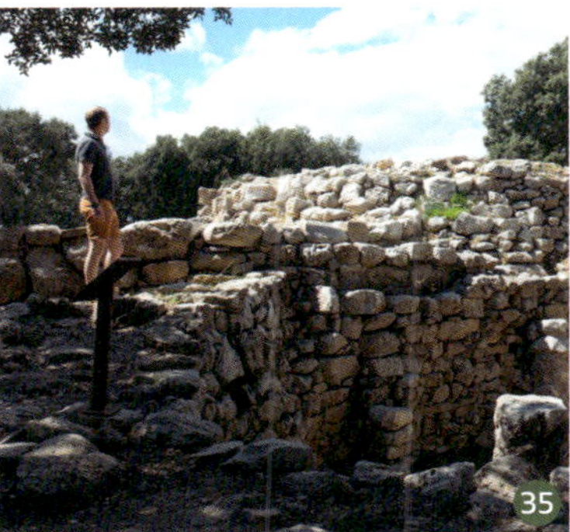
35

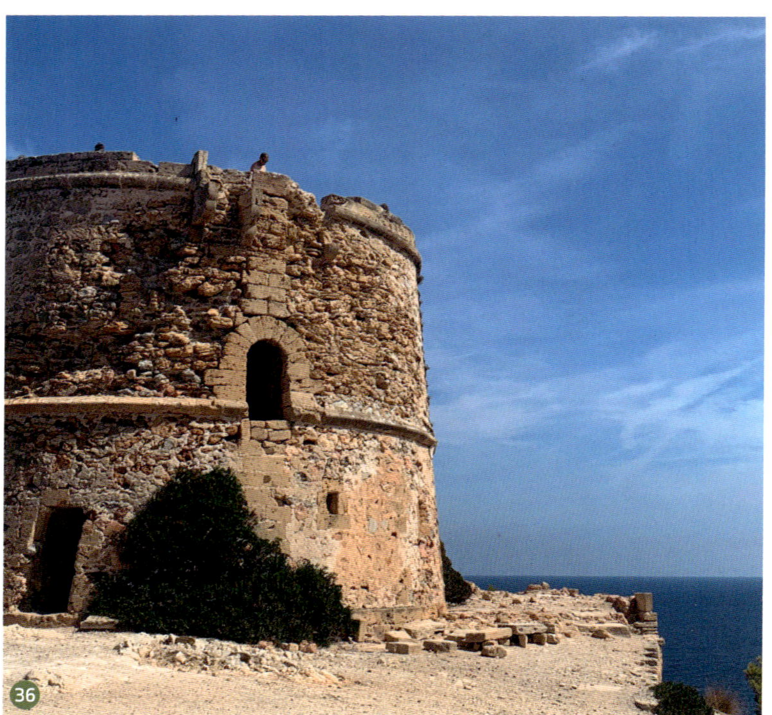

36

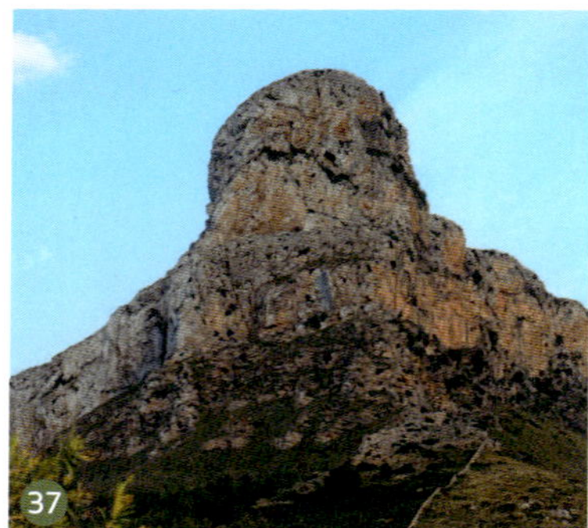

37

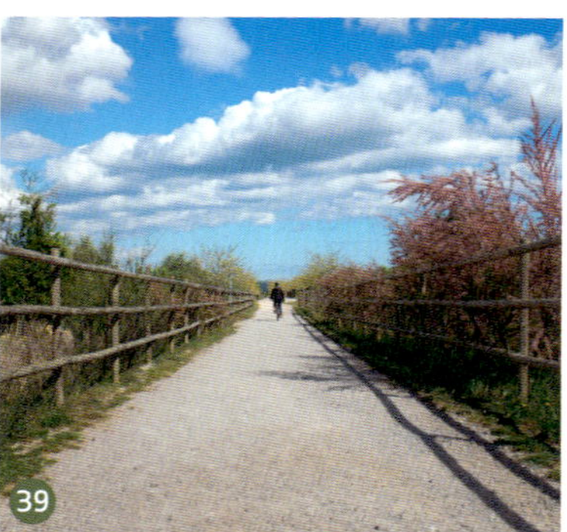

39

BERGE, WANDERN & ABENTEUER

36 TORRE D'AUBARCA

Dieser Wachturm von 1751 thront dramatisch auf dem höchsten Punkt im Norden der Halbinsel, mit Blick auf die einsame Cala Matzoc (11). Man kann die zwei Stockwerke hinaufsteigen zu Überresten einer Kanone, von wo man eine fantastische Aussicht aufs Meer hat. Drinnen ist es ziemlich dunkel, also Vorsicht!

➔ Im Osten von Artà unterhalb der Festung auf dem Carrer de s'Abeurador fast 9 km Richtung Nordosten, den Schildern zur Cala Mitjana folgen, an der Abzweigung nach rechts zur Cala Torta (13) vorbei. Nach der Straßengabelung mit Bäumen verschlechtert sich der Straßenzustand rapide. Die mit Schlaglöchern gespickte Straße führt im Kreis vorbei an Cala Estreta und Cala Mitjana (9 & 10). Man kann auch hier parken und die letzten 1,5 km zur Küste zu Fuß gehen. Wer sich traut, fährt links und parkt am Ende. Wer zu Fuß geht, biegt nach 1,2 km links auf den Sandweg ab. Richtung Norden die Küste entlang, vorbei an diversen Buchten. Von Cala Estreta sind es 1,5 km.

45–60 Min., 39.7629, 3.4033

37 PUIG DE FERRUTX

Die Aussicht von diesem markanten Berg ist spektakulär. Man sieht die ganze Bucht von Alcúdia und mehr als die Hälfte der Insel. Mit 523 m ist er der zweithöchste Berg der Serres de Llevant nach dem Puig Morei, aber der Aufstieg ist nicht allzu anstrengend, da man bei der Ermita de Betlem (33) auf halber Höhe starten kann. Gute Wanderschuhe sind trotzdem ein Muss.

➔ Im Nordosten von Artà auf die Ma-333 knapp 9 km Richtung Ermita de Betlem und am Ende beim Tor parken. Dem Weg ca. 4 km Richtung Südwesten folgen.

4 Std., 39.7178, 3.2861

38 TALAIA DE SON JAUMELL

Von diesem Wachturm aus dem 16. Jahrhundert ist nur noch die Hälfte übrig. Obwohl die Ruinen auf dem Bergkamm fraglos fotogen sind, geht es eher um den Aufstieg und den Panoramablick zur Cala Agulla auf der einen Seite und zur Cala Mesquida (15 & 14) auf der anderen. Der Aufstieg von Cala Agulla ist spannender, der von Cala Mesquida sanfter (bis auf eine kurze Kletterpassage ganz am Ende).

➔ Cala Agulla ist von der Ringstraße Ma-15 nördlich von Capdepera zwischen zwei Kreisverkehren ausgeschildert. Nach 1,5 km gegenüber von der Reitschule links bis zum kostenpflichtigen Parkplatz am Ende. Dem Weg vom nördlichen Ende vom Strand folgen (39.7253, 3.4518). Cala Mesquida ist nördlich von Capdepera vom westlichen Kreisverkehr an der Ma-15 ausgeschildert. Der Straße 5 km ins Dorf folgen bis zum Parkplatz am Ende links. Dem Wegweiser zur Playa gegenüber vom Zebrastreifen folgen und den Aufstieg über den Bohlenweg beginnen.

45–60 Min., 39.7377, 3.4518

WANDERN & RADWANDERN

39 VIA VERDA, ARTÀ BIS MANACOR

Den Kiesweg an einer alten Bahnlinie durch den unberührten Nordosten Mallorcas kann man zu Fuß, mit dem Rad oder zu Pferd bestreiten. Tausende neuer Bäume und Sträucher wie Pinien, Steineichen, Tamarind und Maulbeerbäume wurden an der 18 km langen Route gepflanzt, und Informationstafeln helfen, die hiesige Flora und Fauna zu bestimmen. Es gibt sechs Rastplätze mit Picknicktischen (aber ohne Toiletten). In Sant Llorenç, Son Servera und Son Carrió wurden die ursprünglichen Bahnhofsgebäude restauriert. In Son Carrió lohnt sich ein Zwischenstopp für das Bahnhofsmuseum

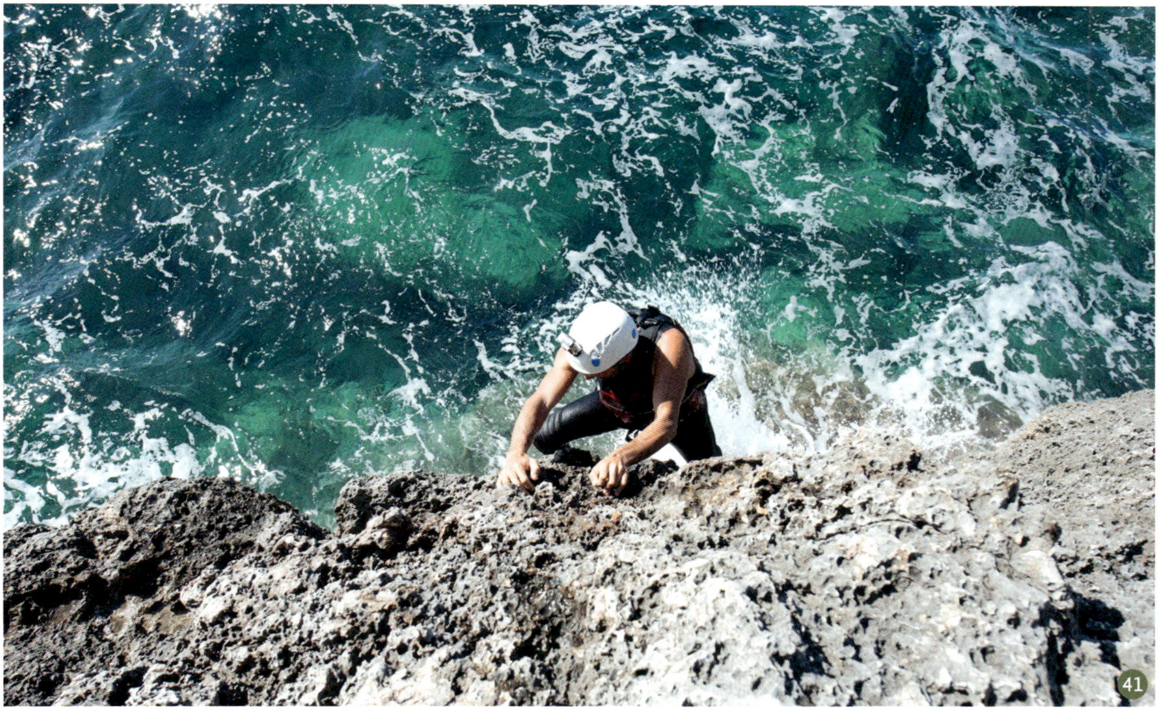

und eine kleine Stärkung in der freundlichen Bar C'as Patró in der Nähe der Kirche. Fahrradverleih und Straßenkarten im Café La Bicicletta am alten Bahnhof in Artà, wo die Via Verde beginnt.

➔ Mieten Sie ein Fahrrad bei La Bicicletta, Calle Ciutat 2, 07570 Artà, +34 626 943813 (39.6935, 3.3501). Von dort ca. 300 m Richtung Süden (ein Stück Fußgängerzone, dann Straße), beim Kreisverkehr am alten Bahnhof links zum Anfang der Via Verda (geradeaus rechts).

4–8 Std., 39.6909, 3.3497

40 AVINGUDA COLON

Dieser Wanderweg führt Richtung Norden in unberührte Wildnis, flankiert von Bergen zur einen Seite und vom Meer zur anderen. Erst geht es an Stränden vorbei, von Cala na Clara bis Cala d'Es Torrent (6 & 7). Danach verschwindet der Weg im dichten Wald und führt in weites Buschland. Schließlich gelangt man zu einer flachen Landspitze mit der Platja des Caló (8).

➔ Auf der Ma-12 von Artà 7 km Richtung Westen, dann rechts Richtung Colònia Sant Pere (Ma-3331). 8,5 km auf dieser Straße bleiben, durch Betlem, wo die Avinguda Colon zur Schotterpiste wird. Hier rechts parken und dem Weg nach Norden folgen.

4 Std., 39.7564, 3.3235

41 COASTEERING CALA RATJADA

Die zerklüftete Küste von Cala Ratjada ist eine der dramatischsten Locations fürs Coasteering. Diesen adrenalinlastigen Sport, eine Mischung aus Schwimmen, Abseilen oder Seilrutschen, Klettern, Klippenspringen und Deep Water Soloing, betreibt man am besten unter Anleitung erfahrener Profis.

➔ Kontakt: Experience Mallorca, Avenida son noguera 7 local 2, Llucmajor, + 34 687 358922, experience-mallorca.com (39.4845, 2.8516).

4–8 Std., 39.7065, 3.4609

EINKEHREN

42 FINCA SA DUAIA DE DALT

An diesem einzigartigen Ort im Parc Natural de la Península de Llevant (30) mit Blick über die Berge werden fantastische Speisen für erschöpfte Wanderer zubereitet. Es gibt auch schlichte Unterkünfte, und das Frühstück bei Sonnenaufgang auf der prächtigen Terrasse am Pool ist ein Traum. (Auf einigen Wegweisern steht „Castillio" statt „Finca", aber gemeint ist dasselbe.)

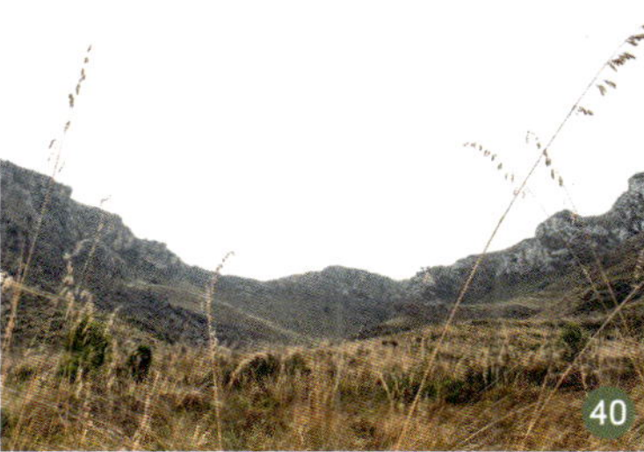

40

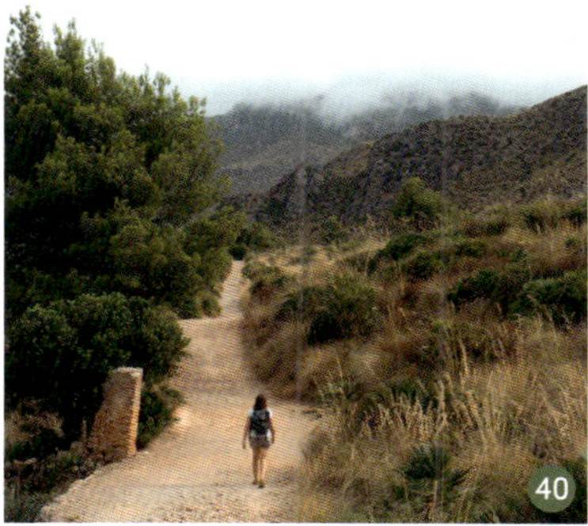

40

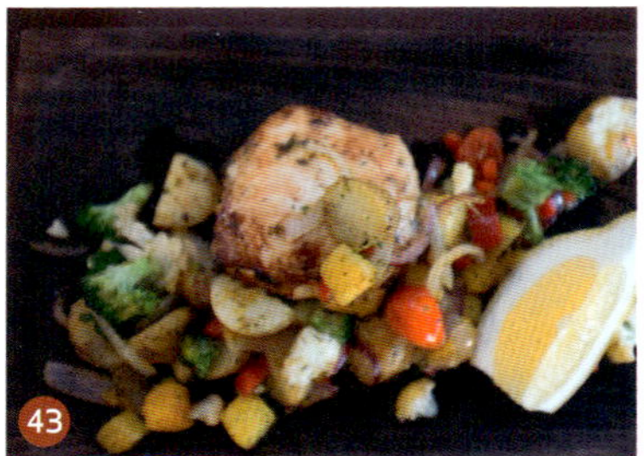

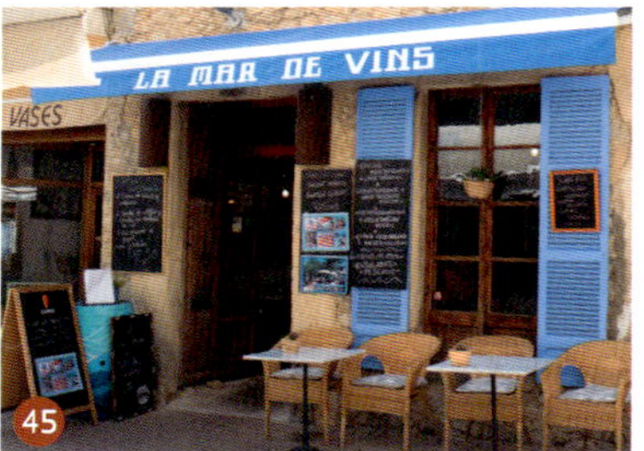

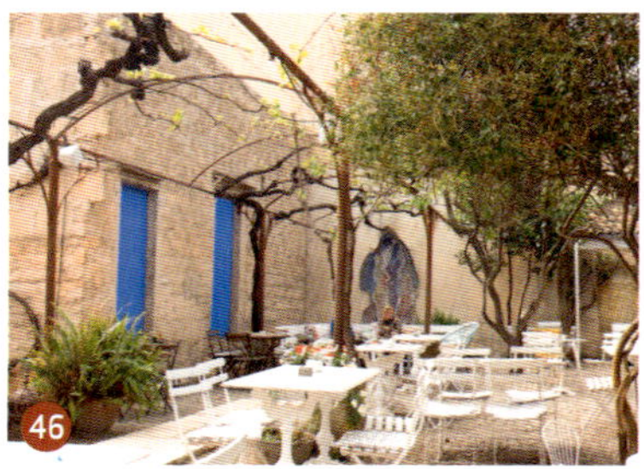

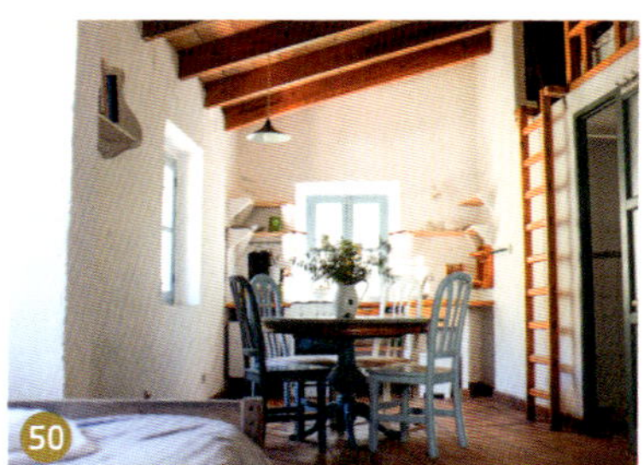

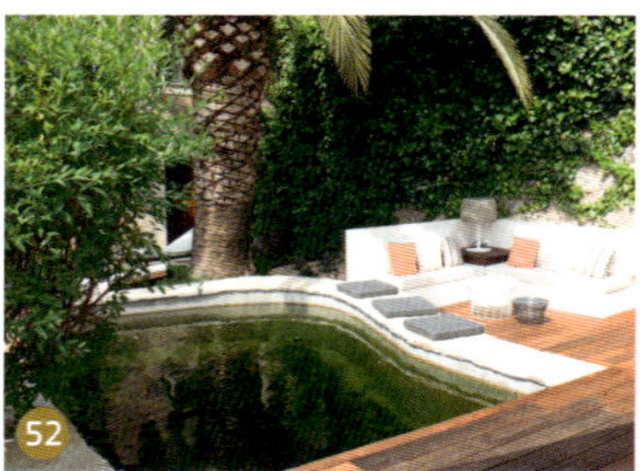

→ Carretera Artà–Cala Torta km 6,
07570 Artà, +34 658 958890
39.7248, 3.3848

43 QUINCE, PORTO CRISTO

Neues Restaurant in einem wunderschön restaurierten, traditionellen, mallorquinischen Haus im charmanten Porto Cristo. Frische, regionale Zutaten, frischer Fisch, und die Desserts werden nach überlieferten Rezepten der Großmutter des Kochs zubereitet. Hell und freundlich, mit Blick über den Hafen. Für Vegetarier und Veganer geeignet, und es gibt auch glutenfreie Gerichte.

→ Carrer Veri 1,
07680 Porto Cristo, +34 971 821830
39.5390, 3.3332

44 SA COVA, CALA RATJADA

Lebhafte Bar, Café und Bistro in der kleinen Bucht Cala Lliteras (20) neben Meros Tauchschule. Perfekt für einen entspannten Brunch mit Blick übers Meer, und abends, wenn das Wasser von unten beleuchtet wird, gibt es oft Livebands. Sehr beliebt bei Einheimischen und 100 Prozent plastikfrei.

→ Cala Lliteras, s/n,
07590 Cala Ratjada, +34 871 902407
39.7202, 3.4616

45 LA MAR DE VINS, ARTÀ

Diese kleine Perle sieht von außen unscheinbar aus, aber dann tritt man durch die blaue Tür, geht einen Korridor entlang, vorbei an einer offenen Küche, wo frischer Fisch gegrillt und viele vegetarische und vegane Köstlichkeiten aus regionalen, biologischen, teils sogar selbst angebauten Zutaten zubereitet werden, und gelangt in einen magischen Innnenhof, wo einen das hilfsbereite Personal erwartet.

→ Carrer d'Antonio Blanes 34,
07570 Artà, +34 971 596410
39.6936, 3.3503

46 CAFÉ PARISIEN, ARTÀ

Charmantes Künstlercafé in Artà mit schönem Innenhof und internationaler Speisekarte.

→ Carrer de Ciutat, 18,
07570 Artà, +34 971 835440
39.6927, 3.3495

47 RESTAURANTE CASABLANCA, BETLEM

Köstliches Essen nicht weit vom Strand in Betlem. Besonders empfehlenswert für Liebhaber von Fisch und Meeresfrüchten. Auf der Terrasse spenden weiße Segel Schatten, drinnen gibt es eine Klimaanlage. Herrlich, um sich nach einer langen Wanderung abzukühlen.

→ Polígon Artà, s/n,
07579 Betlem, +34 971 935621
39.7555, 3.3203

48 GELATERIA DES PORT

So ziemlich das beste selbst gemachte Eis auf der Insel. In perfekter Lage am Hafen, sodass man beim Eisessen die Welt vorbeiziehen lassen kann.

→ Carrer Ingeniero Gabriel Roca 10,
07590 Cala Ratjada, +34 630 152582
39.7116, 3.4640

ÜBERNACHTEN

49 REFUGIO DE S'ALZINA

Eine von drei Berghütten im Parc Natural de la Península de Llevant (30). Sie liegt in einem Waldgebiet in Küstennähe, und man erreicht sie nur zu Fuß, nach langer Wanderung. Das traditionelle alte Steinhaus ist von Oliven-, Zitronen- und Johannisbrotbäumen umgeben, und an den Hängen tummeln sich Wildziegen. Man muss das ganze Haus mieten – ein herrlicher Ort zum gemeinsamen Runterkommen. Es gibt fünf Doppelzimmer mit Bad, und die Hütte ist gut ausgestattet, allerdings kann man das Wasser nicht trinken, und man muss den ganzen Proviant herschleppen. Nur etwas für Sportliche!

→ Buchung aller Hütten unter +34 971 177652 (10–14 Mo–Fr) oder über ein Online-Formular. Die anderen sind Refugi dels Oguers und Refugio de s'Arenalet. Ausgangspunkt ist der Parkplatz am Informationszentrum.
39.7471, 3.3846

50 FINCA SON PUÇA

Einsame Finca tief im Parc Natural de la Península de Llevant (30). Alles wird mit Solarenergie betrieben, auch eine Wasserpumpe, die das Wasser aus einem unterirdischen Brunnen hochpumpt. Ein kleines Stück vom Paradies, wo man sich entspannen und eins mit der Natur werden kann. Die Studios für Selbstversorger sind stylish, aber schlicht. Man trifft sich in der Küche im Freien oder auf der idylischen Yoga-Plattform im Wald. Steigen Sie die Stufen zum Pool hinauf, für ein Bad mit Blick auf die Berge, oder kehren Sie nachts dorthin zurück, um in den Ehrfurcht einflößenden Sternenhimmel zu sehen. Eine zweistündige Wanderung führt von hier zur wundervollen Platja de Sa Font Celada (12).

→ Finca Sor Puça Polígono 19, Parcela 64 Artà 70, +34 617 107532
39.7340, 3.3611

51 CAN SIMONETA, CANYAMEL

Abgeschiedenes Luxushotel mit Privatzugang zu einer Bucht mit heilenden Salzwasserpools (siehe Gezeitentümpel Simoneta, 22). Außerdem großer Pool, Wellnessbereich und Restaurant.

→ Carretera Artà-Canyamel, km 8, 07580 Capdepera, +34 971 816110
39.6517, 3.4383

52 JARDÍ D'ARTÀ

Wunderschönes, sehr stylishes Boutique-Hotel mit nur neun Zimmern und drei Suiten in einem Haus aus dem 19. Jahrhundert am Rand der Altstadt von Artà. Friedlicher Innenhof mit kleinem Pool, Restaurant und Wellnessbereich.

→ Carrer de s'Abeurador 21, 07570 Artàà, +34 971 835230
39.6951, 3.3537

53 FINCA SA COVA VELLA, MANACOR

Arabisches Bauernhaus von 1239, immer noch ein Bauernhof, aber auch Agrotourismus mit drei Apartments, herrlich einsam gelegen am Ende einer Landstraße. Neben einem Pool mit fantastischem Blick gibt es auch noch eine versteckte Höhle, die dem Anwesen seinen Namen verleiht!

→ Carretera Manacor a Colònia St. Pere, km 3, 07500 Manacor, +34 651 853617
39.6160, 3.1886

54 HOTEL MAMBOO, CALA RATJADA

Schickes, frisch renoviertes Hotel in einer Seitenstraße in Hafennähe. Dachterrasse und Pool, gutes Frühstück.

→ Carrer des Moll 12, 07590 Cala Ratjada, +34 871 200373
39.7125, 3.46386

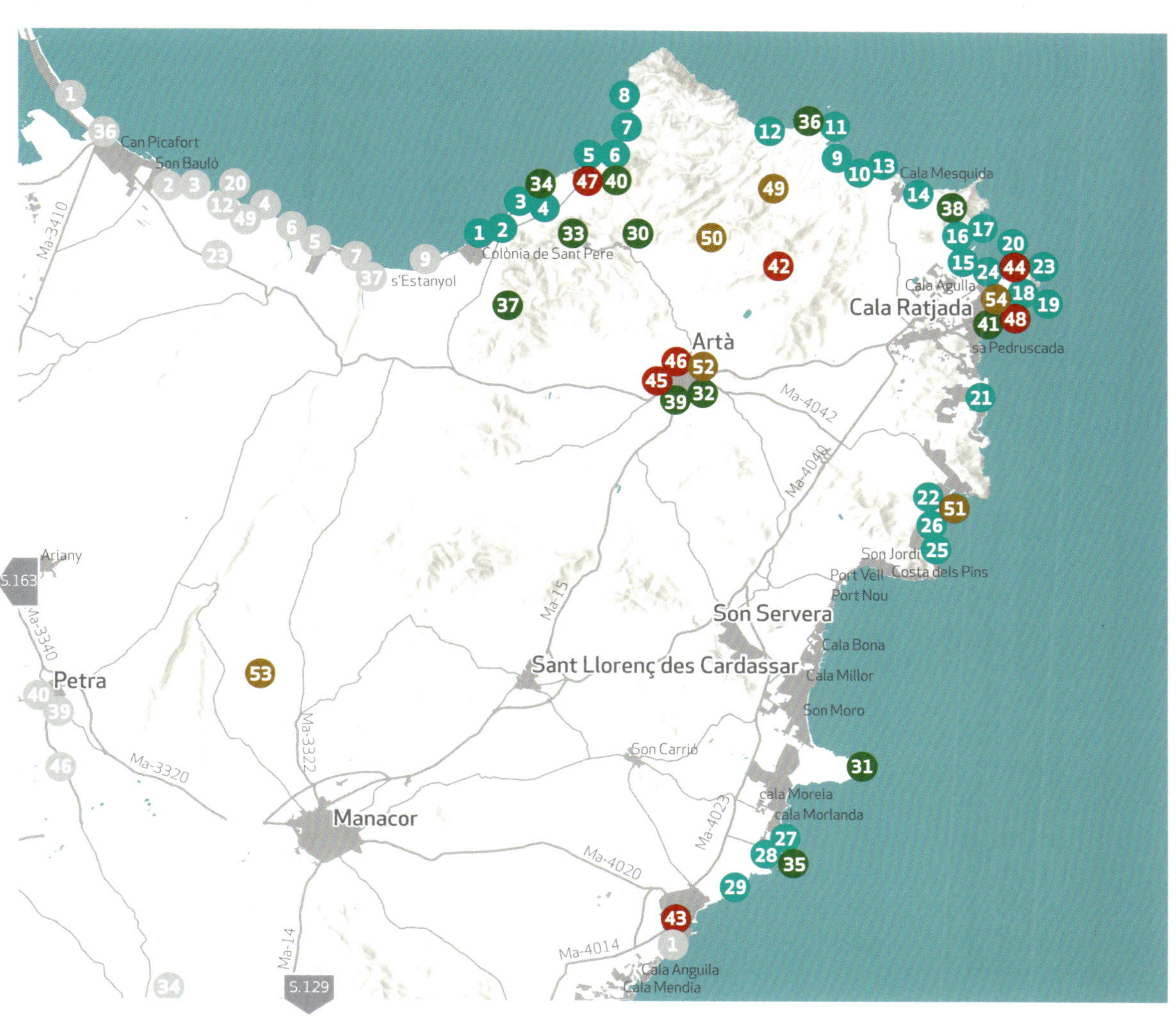

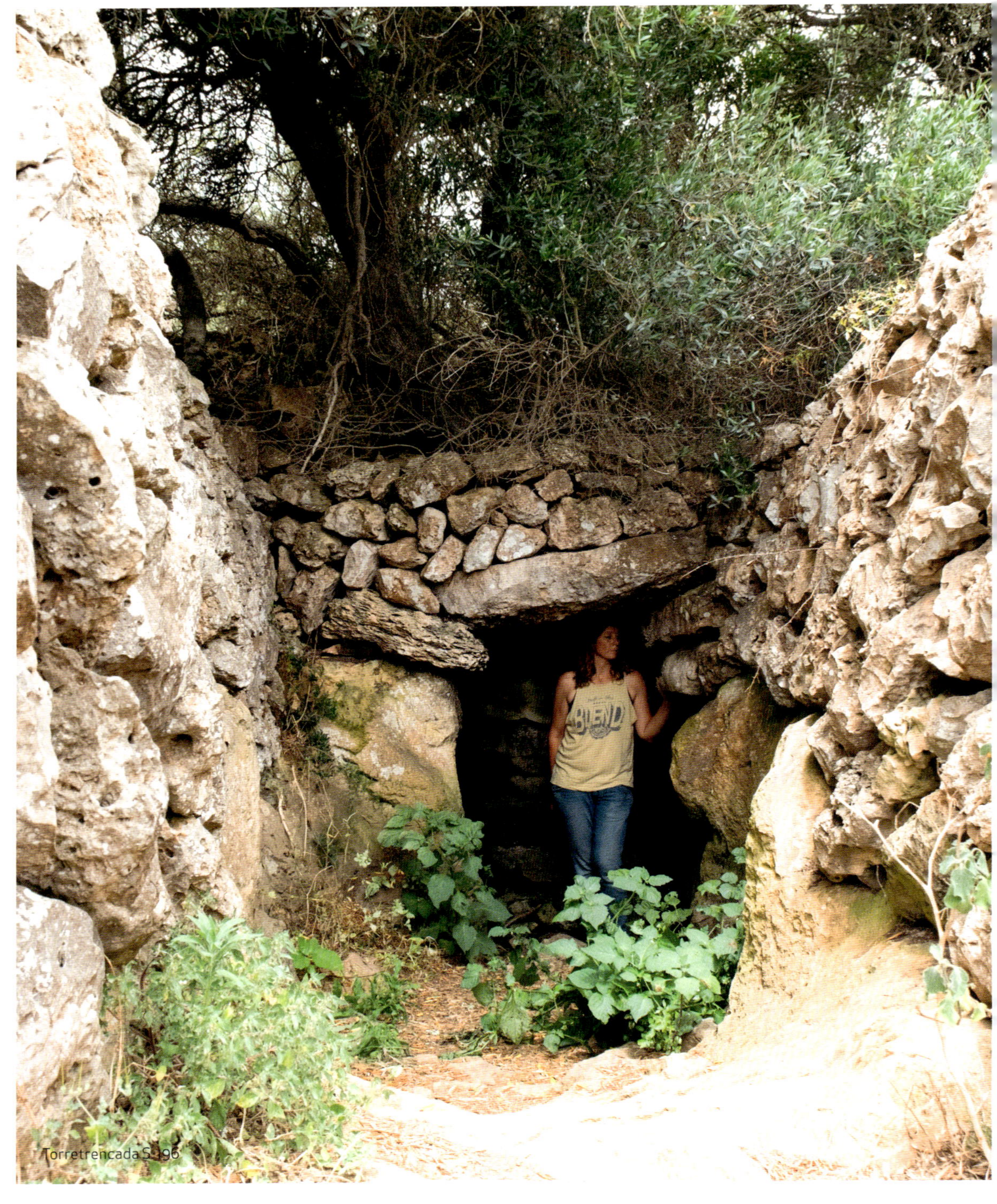

Torretrencada S. 196

MENORCA

Menorca ist wohl einer der schönsten Orte, an dem wir je waren. Seit 1993 ist die gesamte Insel UNESCO-Biosphärenreservat, und Natur und Ökosystem sind trotz Tourismus erstaunlich intakt. Die Landschaft ist relativ flach und ein Großteil davon Agrarfläche, von Bruchsteinmauern durchzogen. Dazwischen liegen Wälder mit Steineichen, wilden Olivenbäumen und Pinien. Rosmarin und Wacholdersträucher verströmen ihren Duft auf Küstenwegen, wilder Safran, Fingerhut, Gladiolen und Orchideen sorgen für leuchtende Farben.

Die Insel besteht aus zwei ganz unterschiedlichen Landschaftszonen: Tramuntana im Norden und Migjorn im Süden. In Migjorn findet man die weißen Sandstrände und das türkisblaue Meer, die Schluchten und grünen Wälder, für die Menorca berühmt ist. Tramuntana dagegen ist schroff und wild, mit zerklüfteten roten Felsen und hohen Klippen. In manchen Gegenden scheint nichts zu wachsen außer kargem Gestrüpp, doch genau hier liegen einige der schönsten wilden Strände.

Ein 185 km langer Küstenwanderweg namens Camí de Cavalls (Pferdeweg) führt einmal ganz um die Insel. Ursprünglich verband dieser 700 Jahre alte Weg die Verteidigungstürme, heute wird er von Wanderern, Mountainbikern und Reitern genutzt. Manche Abschnitte führen steil hinauf zu fantastischen Aussichtspunkten, andere gemütlich durch den Wald, mit Piniennadeln unter den Füßen und Vogelgezwitscher in der Luft. Unterwegs gibt es nur wenige Möglichkeiten einzukehren, und manche Abschnitte führen durch karge Gegenden ohne Schatten, deshalb sollte man sorgfältig planen, wenn man die ganze Strecke gehen will. Wild Camping ist auf Menorca offiziell nicht erlaubt, aber wir haben einfach eine Hängematte zwischen den knorrigen alten Pinien an einem schönen wilden Strand aufgehängt und das Vogelgezwitscher im Morgengrauen nach einer Nacht unter den Sternen genossen.

Die Insel hat eine vielschichtige Vergangenheit. Über die talayotische Kultur der Bronzezeit ist wenig bekannt, aber insgesamt gibt es auf Menorca 1600 historische Stätten, von talayotischen Befestigungen bis zu mysteriösen Taula-Megalithen und einzigartigen Naveta-Grabstätten. Des Weiteren gibt es eine Fülle an Hypogäen – Höhlensysteme, die einst als Wohn- oder Grabstätten genutzt wurden. Bis heute sind einige Höhlen bewohnt, andere dienen als Nistplatz für Raubvögel. Im Lauf der Jahrhunderte wurde die Insel von Römern, Türken, Byzantinern, Muslimen, Christen, Franzosen, Engländern und Spaniern angegriffen und besetzt, und nicht zuletzt von Piraten, weshalb Wachtürme aus dem 16. und 17. Jahrhundert die Küste zieren, oft in atemberaubender Lage.

Das kristallklare, fast phosphoreszierende Wasser um die Küste ist artenreich. Ein Großteil ist Meeresschutzgebiet und lässt sich wundervoll mit Schnorchel oder Kajak erkunden. Seegraswiesen mit Neptungras *(Posidonia oceanica)* säubern das Wasser, und in den Riffen hausen Fische und Wirbellose. Die Insel hat mehr Strände als Mallorca und Ibiza zusammen, von feinen weißen Sandstränden bis zu felsigen Buchten, die wie von Zauberhand am Ende einer langen Wanderung vor einem auftauchen.

Die klimatische und geografische Vielfalt der Insel – Feuchtgebiete, Ackerland, wilde Inseln, Klippen, Höhlen und Schluchten – bietet Lebensraum für ein breites Spektrum an Tieren. Über 200 Vogelarten, von Raubvögeln wie Rotmilan, Zwerg- und Fischadler über einheimische Vögel wie Schmutzgeier und Wiedehopf bis zu Zugvögeln wie der Nachtigall.

Wir haben Menorca in der Haupt- und in der Nebensaison besucht, und es ist definitiv möglich, auch im Hochsommer einen Strand zu finden, den man ganz für sich allein hat. Wir empfehlen, ganz früh oder spät am Tag zu diesen Spots aufzubrechen und alles einzupacken, was man so braucht. Dieses Paradies erkundet man am besten zu Fuß, mit Salz auf der Haut und einem Rucksack auf dem Rücken.

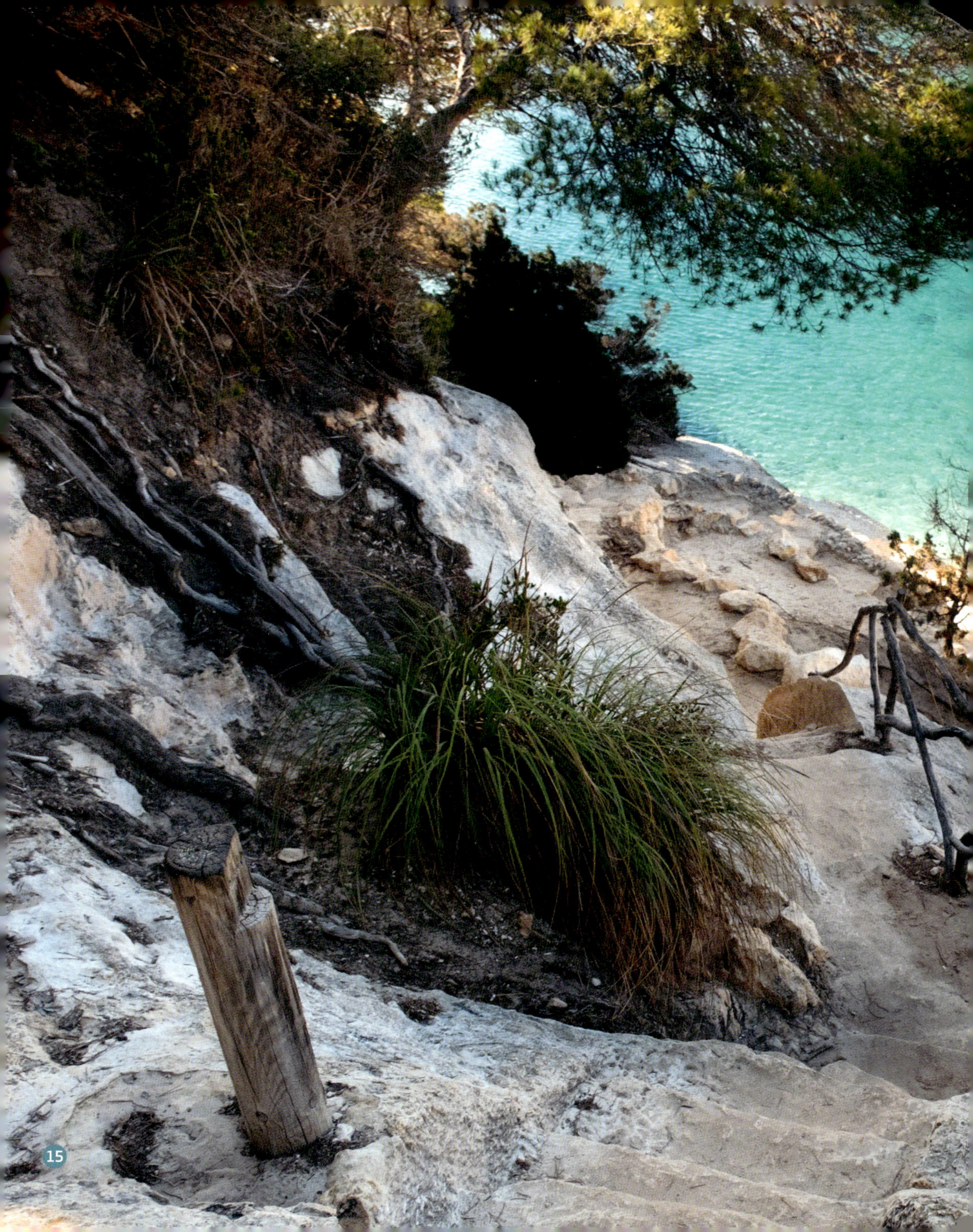

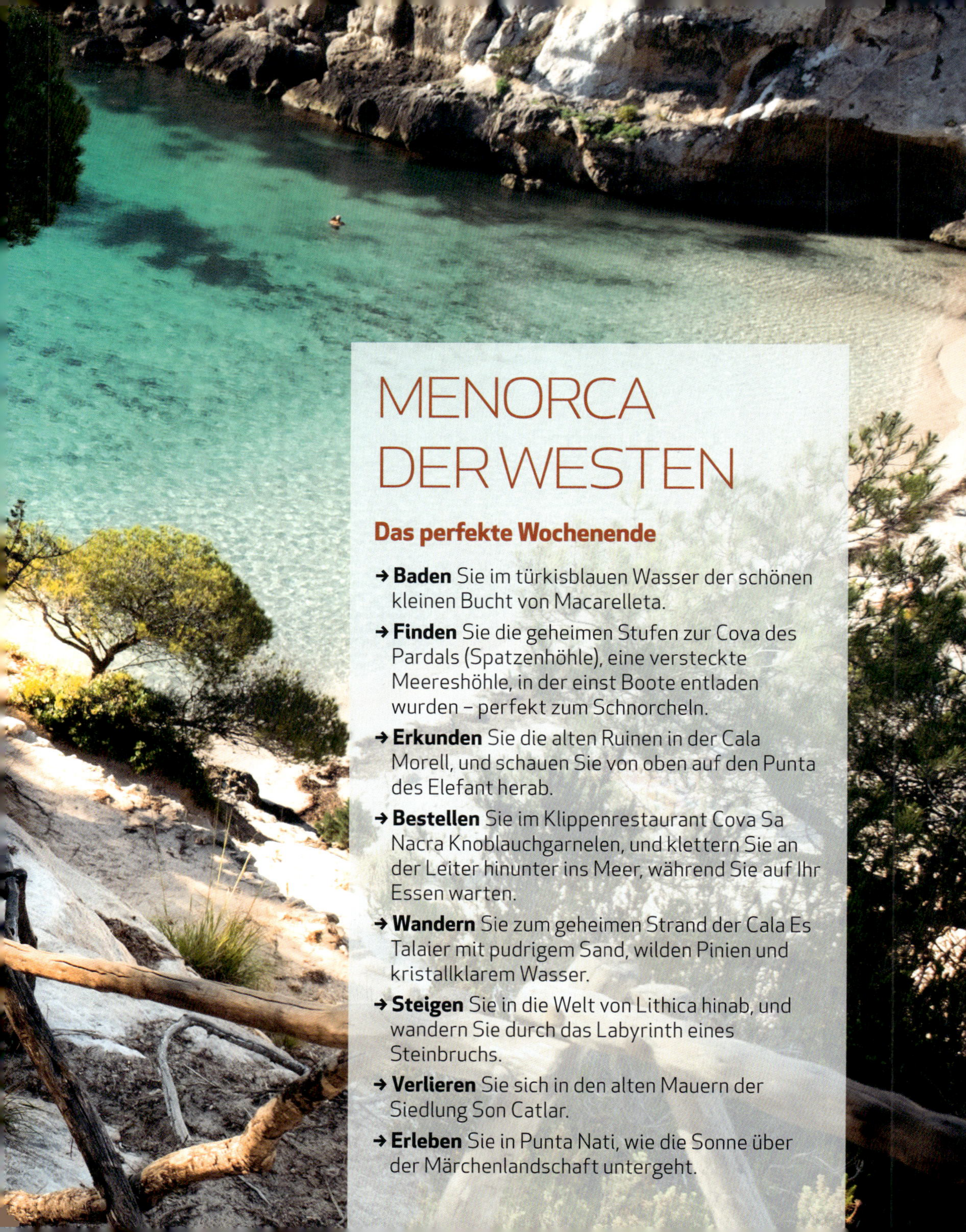

MENORCA DER WESTEN

Das perfekte Wochenende

- → **Baden** Sie im türkisblauen Wasser der schönen kleinen Bucht von Macarelleta.
- → **Finden** Sie die geheimen Stufen zur Cova des Pardals (Spatzenhöhle), eine versteckte Meereshöhle, in der einst Boote entladen wurden – perfekt zum Schnorcheln.
- → **Erkunden** Sie die alten Ruinen in der Cala Morell, und schauen Sie von oben auf den Punta des Elefant herab.
- → **Bestellen** Sie im Klippenrestaurant Cova Sa Nacra Knoblauchgarnelen, und klettern Sie an der Leiter hinunter ins Meer, während Sie auf Ihr Essen warten.
- → **Wandern** Sie zum geheimen Strand der Cala Es Talaier mit pudrigem Sand, wilden Pinien und kristallklarem Wasser.
- → **Steigen** Sie in die Welt von Lithica hinab, und wandern Sie durch das Labyrinth eines Steinbruchs.
- → **Verlieren** Sie sich in den alten Mauern der Siedlung Son Catlar.
- → **Erleben** Sie in Punta Nati, wie die Sonne über der Märchenlandschaft untergeht.

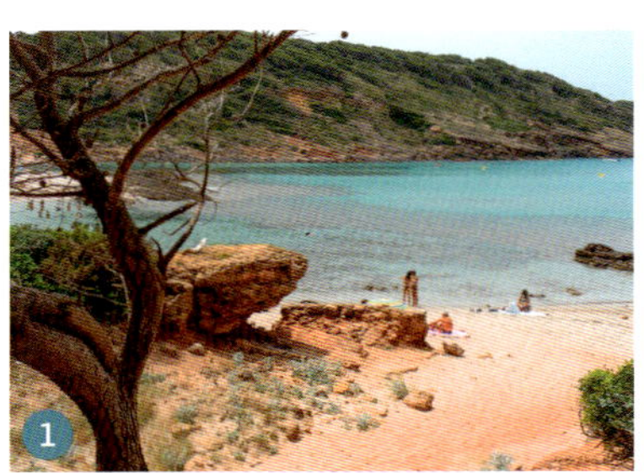

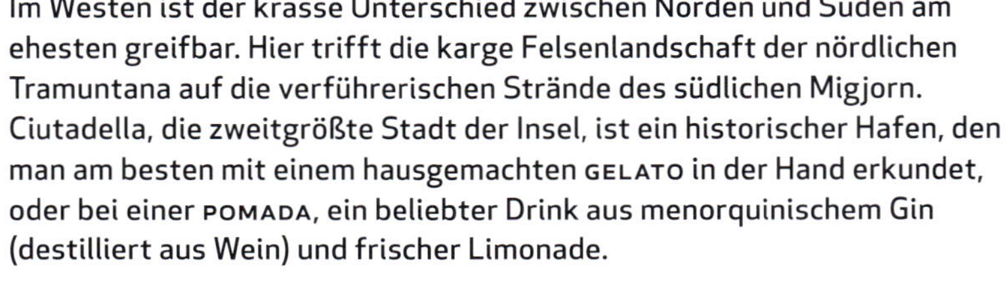

Im Westen ist der krasse Unterschied zwischen Norden und Süden am ehesten greifbar. Hier trifft die karge Felsenlandschaft der nördlichen Tramuntana auf die verführerischen Strände des südlichen Migjorn. Ciutadella, die zweitgrößte Stadt der Insel, ist ein historischer Hafen, den man am besten mit einem hausgemachten GELATO in der Hand erkundet, oder bei einer POMADA, ein beliebter Drink aus menorquinischem Gin (destilliert aus Wein) und frischer Limonade.

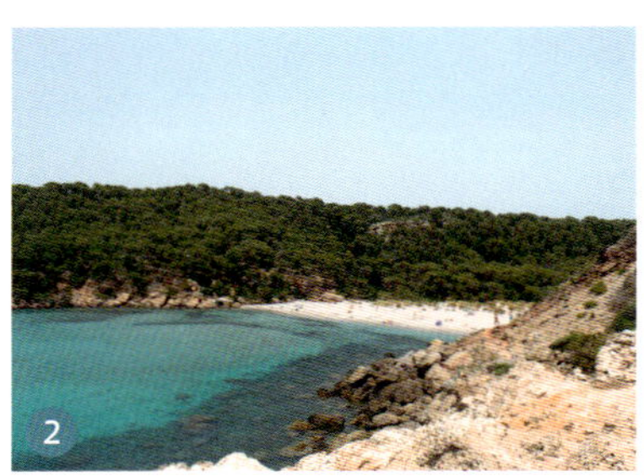

Die Nordwestküste zwischen Ciutadella und dem ruhigen Ferienort Cala Morell ist einer der heikelsten Abschnitte auf dem Camí de Cavalls. Die Landschaft ist wild und unwirtlich, hier wächst nur Gestrüpp (z. B. wilde Kapern), und die Küste ist berüchtigt für ihren Wind. Die weite, karge Ebene fällt steil ins Meer ab, und von den Klippen hat man einen spektakulären Blick, vor allem vom Leuchtturm Punta Nati.

Der Südwesten könnte nicht gegensätzlicher sein. Hier ist die Landschaft saftig und grün, und die Strände gehören zu den schönsten der Welt. Ihr weißer Sand fühlt sich weich unter den Füßen an, und das Meer ist von einem geradezu blendenen Türkis. Fast alle Strände sind unbebaut und FKK-freundlich. Sie sind von Wäldern mit Vogelgezwitscher und schattigen Plätzchen flankiert, und überall liegt der Duft nach Pinien und Salzwasser in der Luft.

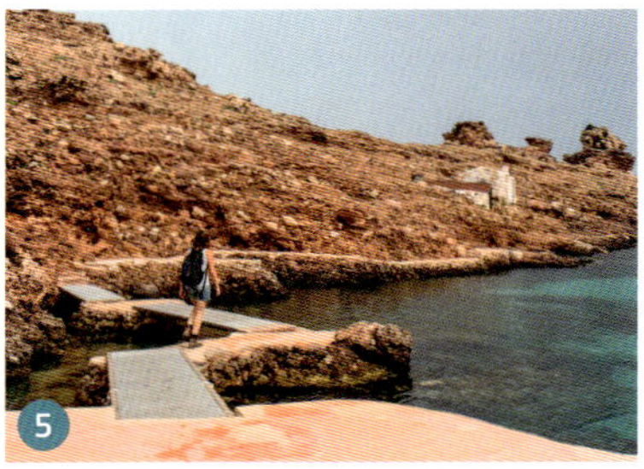

Manche der leicht zugänglichen Strände, wie Cala Macarella und Cala en Turqueta, sind sehr beliebt. Wer jedoch bereit ist, ein Stück zu gehen, findet eine Fülle an ruhigeren und, unserer Meinung nach, viel schöneren Stränden. An den beliebteren Spots gibt es nur wenige Parkplätze, die sich schnell füllen. Nach unserer Erfahrung parkt man am besten in den größeren Ferienorten Cala Galdana oder Son Xoriguer und geht von dort zu Fuß zu den kleineren Buchten.

Es gibt in dieser Gegend eine Reihe gut erhaltener talayotische Siedlungen und Hypogäen. Die meisten sind frei zugänglich und verlassen, und man kann sie auf eigene Faust erkunden. Es ist fast eine spirituelle Erfahrung, an so einem alten Ort zu stehen, an dem sich in Hunderten von Jahren praktisch nichts geändert hat, und sich vorzustellen, wie das Leben hier damals ausgesehen haben mag.

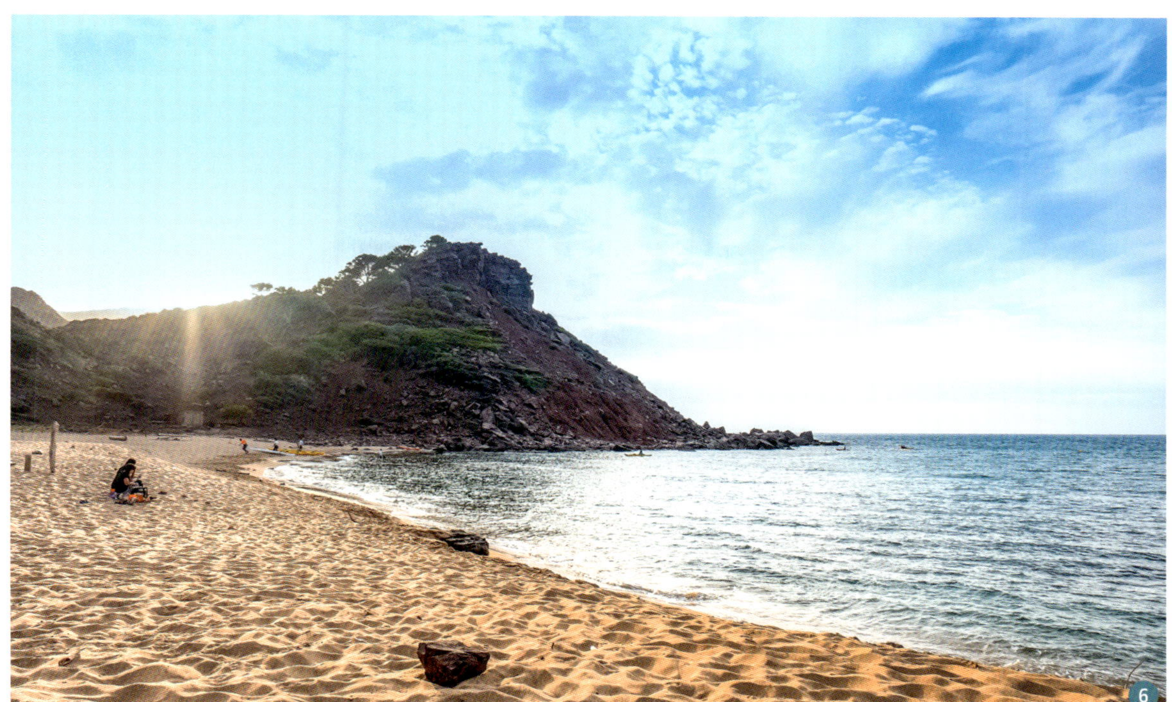

6

STRÄNDE

1 CALA D'ALGAIARENS

Unberührter weißer Strand, umgeben von Pinienwäldern, Dünen und zerklüfteter Küste. Sehr bekannt, also früh, spät oder in der Nebensaison kommen. Die ganze Gegend steht unter Naturschutz, und in der Nähe gibt es schöne Wanderwege.

→ Auf der RC-1 von Ciutadella Richtung Nordosten, beim Kreisverkehr weitere 3 km nach Nordosten, Richtung Cala Morell, dann in einer scharfen Linkskurve nach rechts Richtung Algaiarens. 3,6 km bis zum zweiten Parkplatz (40.0426, 3.9202). Von der Lücke in der Mauer in der nordöstlichen Ecke dem Weg zum Strand folgen.

5 Min., 40.0459, 3.9227

2 PLATJA D'ES BOT

Diese bezaubernde kleine Bucht liegt nur einen Katzensprung von der beliebteren Cala d'Algaiarens (1) entfernt. Der Weg führt an einem Fluss vorbei, in dem man Schildkröten und Fische schwimmen sieht. Dieser Teil der Insel ist praktisch unbewohnt.

→ Am östlichen Ende von Cala d'Algaiarens (1) nach dem Weg Ausschau halten (40.04692, 3.9239). Entweder von hier die Küste entlang und zum Strand hinunterklettern oder durch den Wald hinter der Landspitze und über den Fluss.

20 Min., 40.0497, 3.9244

3 CALA DE SES FONTANELLES

Sehr ruhiger, kleiner Kieselstrand mit alten Fischerhütten und einem Anlegesteg, toll zum Schnorcheln.

→ Der Straße zur Cala d'Algaiarens folgen (1), aber auf dem ersten Parkplatz parken, La Vall (40.0381, 3.9213). Zu Fuß 80 m in Richtung des zweiten Parkplatzes bis zu einem Tor auf der linken Straßenseite. Durchs Tor und dem Weg (der auf den Camí de Cavalls führt) zum Strand folgen.

20 Min., 40.0464, 3.9146

4 CODOLAR DE BINIATRAM

Einsame Felsbucht zwischen Cala de ses Fontanelles und Cala Morell (3 & 5) am Camí de Cavalls.

→ Von Cala de ses Fontanelles 1 km weiter auf dem Camí de Cavalls Richtung Westen, dann vorsichtig zur Bucht hinunterklettern, oder von den Felsen in der Nähe schwimmen.

25 Min., 40.0482, 3.9101

5 CALA MORELL

Kleine Felsbucht mit in die Felsen gebauten Plattformen und Leitern zum Schwimmen und Schnorcheln. Das gleichnamige Dorf ist charmant, mit weiß getünchten, traditionellen Häusern unter hohen Klippen und einem kleinen Chiringuito am Wasser, unterhalb der Punta des Elefant, ein Felsen in Elefantenform.

→ Im Nordwesten in Ciutadella auf die RC-1 und beim Kreisverkehr weiter nach Nordwesten Richtung Cala Morell. 5,6 km bis zum Kreisverkehr am Ortsrand von Cala Morell mit taulaähnlicher Skulptur und die dritte Ausfahrt Richtung Platja/Necropolis. Der gewundenen Straße durchs Dorf folgen – sie endet an einem Kreisverkehr beim Chiringuito – und am Straßenrand parken. Steil bergab zum Meer.

5 Min., 40.0538, 3.8820

6 CALA PILAR

Die Einheimischen lieben diesen Bilderbuchstrand, umgeben von roten Hängen, den man über Holzstufen erreicht. Weiter oben gibt es eine von Menschenhand gemachte Höhle, die Schutz vor der Sonne bietet, und hinter dem Strand befindet sich eine Quelle, aus der man trinken kann. Vorsicht bei Nordwind,

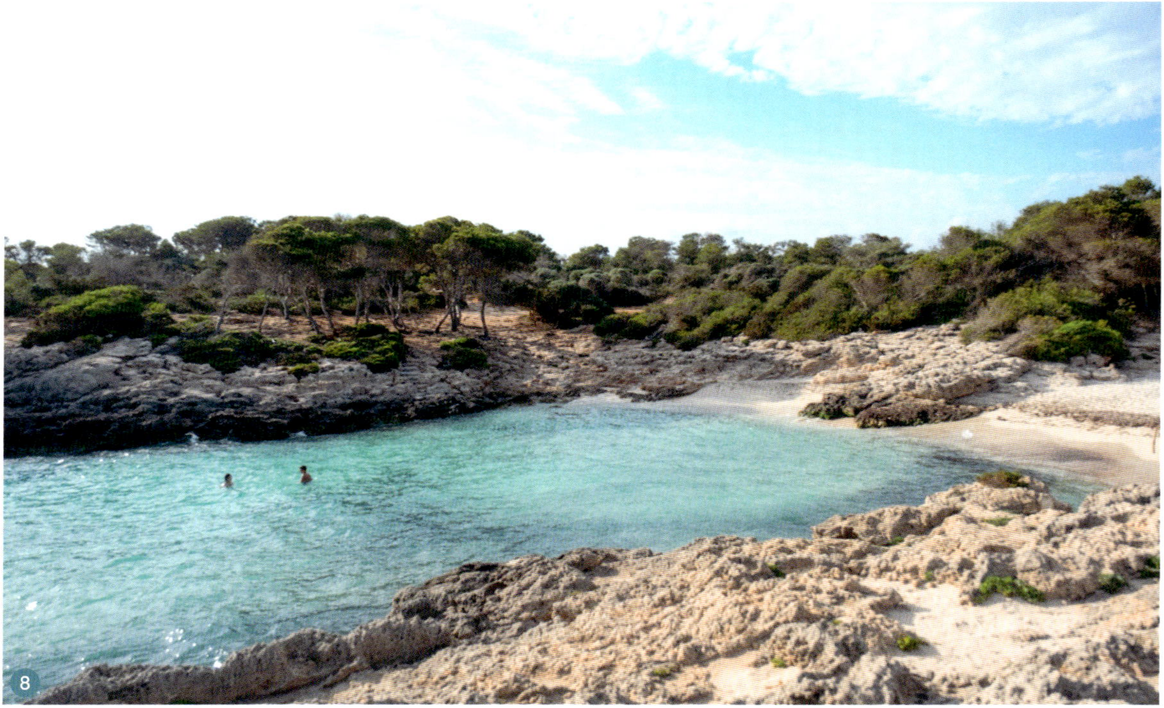

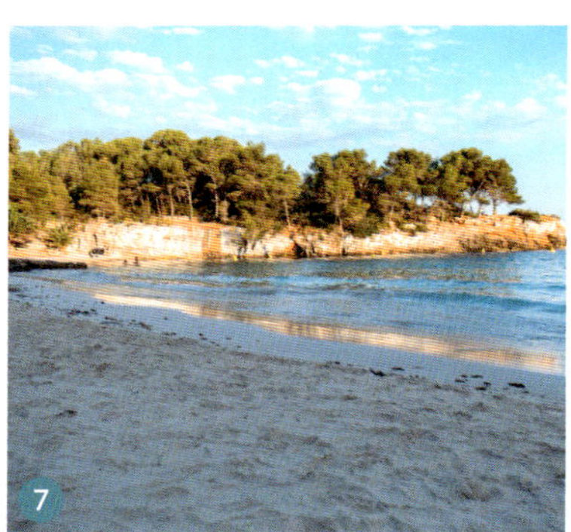

da das Meer dann wahrscheinlich sehr aufgewühlt ist. Man kann den Küstenwegen Richtung Osten zur Platja dels Alocs folgen und Richtung Westen nach Macar de Alfuri, doch ist dieser Küstenabschnitt steil und zerklüftet, also stellen Sie sich auf eine mühsame Wanderung ein.

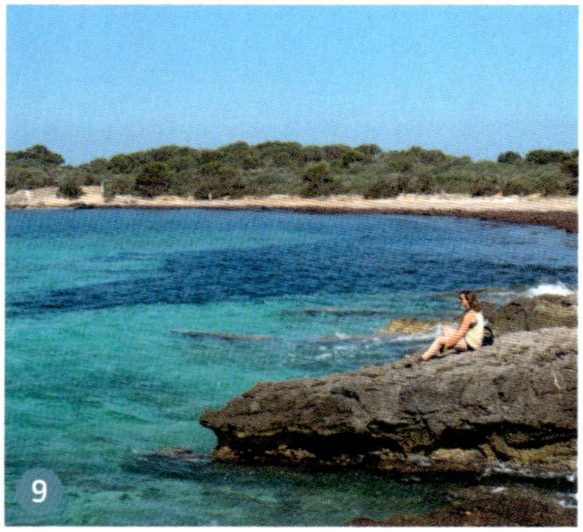

➔ Auf der Me-1 vom Ortsrand in Ciutadella Richtung Ferreries, nach 7,5 km rechts auf die Zubringerstraße Richtung Camí de Pilar und unter der ME-1 durch zum Kreisverkehr. Auf dem Camí d'Alfurí/Camí Alpuze Vey 4 km bis zum Parkplatz (40.0357, 3.9727). Von hier sind es noch 2 km bergab durch Bäume und Gestrüpp bis zu den Holzstufen.

30 Min., 40.0509, 3.9781

7 CALA EN TURQUETA

Diese kleine weiße, unberührte Sandbucht mit türkisblauem Meer und Pinien ist wohl einer der schönsten Strände Menorcas. Kann im Sommer sehr voll werden, aber in den frühen Morgenstunden, am späten Abend und in der Nebensaison hat man den Strand ganz für sich allein. Auch herrlich zum Bouldern und Springen.

➔ Auf der RC-2 in den Süden von Ciutadella, beim fünften Kreisverkehr vom Hafen aus die Ausfahrt nach Süden Richtung Platjes (u. a. Cala en Turqueta) und Strandparkplätze nehmen und 9 km den Schildern folgen. Die Straße wird gegen Ende einspurig, dann rechts zum Parkplatz. Von dort führt ein Weg zum Strand.

15 Min., 39.9323, 3.9149

8 CALA ES TALAIER

Diese flache kleine Bucht mit Felsen zu beiden Seiten fühlt sich an wie ein Stück vom Paradies. Räkeln Sie sich im weichen Sand, und genießen Sie das Gefühl, mitten im Nirgendwo zu sein. Das Beste ist: Es führt nicht einmal eine Straße hin. Man erreicht sie nur zu Fuß von Platja de Son Saura oder Cala en Turqueta (7 & 9).

➔ Von Platja de Son Saura dem Küstenweg Richtung Osten durch die Bäume folgen (39.9268, 3.8972), über die Landspitze oder um die Landspitze herum, wo man an einem Bunker aus dem Spanischen Bürgerkrieg vorbeikommt. Oder von Cala en Turqueta dem ausgeschilderten Küstenwanderweg nach Westen folgen.

10–20 Min., 39.9268, 3.9028

9 PLATJA DE SON SAURA

Zwei lange weiße Sandstrände, Son Saura und Bellavista, erstrecken sich entlang der

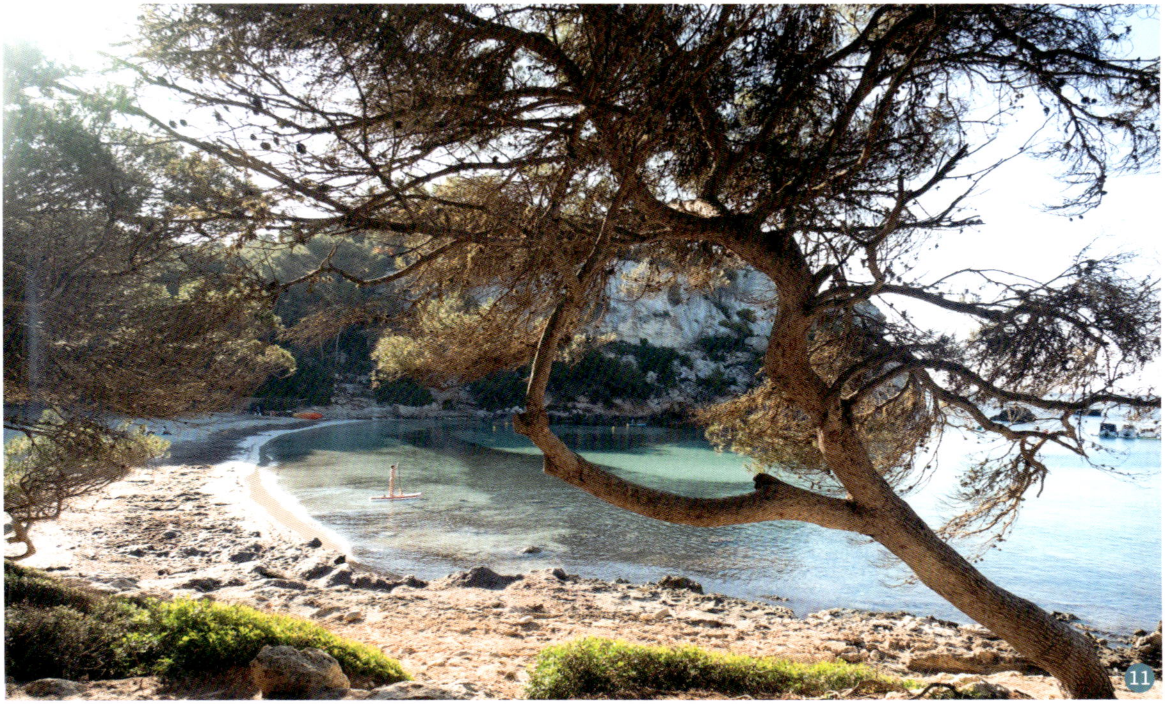

Küste. In der Hauptsaison kann es voll werden, doch man findet immer ein ruhiges Plätzchen.

→ Auf der RC-2 in den Süden von Ciutadella, beim fünften Kreisverkehr vom Hafen nach Süden Richtung Strände und Strandparkplätze (u. a. Cala en Turqueta). Der Straße 2,7 km folgen, dann rechts Richtung Son Saura, vorbei an den Ruinen von Son Catlar (26), 6,3 km bis zum Parkplatz. Der erste Strand liegt 140 m hinter dem Parkplatz.

5 Min., 39.9265, 3.8962

10 CALA DE SON VELL

Dieser Abschnitt des Küstenwegs führt an einigen der unberührtesten Strände Menorcas vorbei, und diese kleine Bucht ist perfekt für eine kurze Abkühlung. Am Ufer sammelt sich massenhaft Seegras, daher ist das Wasser herrlich klar.

→ Vom westlichen Ende der Platja de Son Saura (9) dem Küstenweg 2 km folgen. Wenn man weitergeht, wird der Weg zum Camí de Cavalls. An diesem liegt nach 1 km die Meereshöhle Cova des Pardals (17) und nach weiteren 1,5 km der Ferienort Son Xoriguer.

60 Min., 39.9235, 3.8687

11 CALA MACARELLA

Geschützt von Felsen und Pinienwald, das Wasser unfassbar türkis, der Sand strahlend weiß, ist Macarella zu Recht einer von Menorcas Vorzeigestränden. Und es gibt ein schönes kleines Chiringuito. In den Sommermonaten ziemlich voll.

→ Auf der Me-22 von Ferreires nach Süden bis zum Urlaubsort Cala Galdana und an der Straße oder auf dem Parkplatz im Passatge Riu parken. Entweder auf dem Camí de Cavalls (39.9387, 3.9571) über die Klippen und dann über viele Stufen hinunter (45 Min.) oder ein Kajak mieten. Es gibt einen Strandparkplatz, aber der ist meistens voll: Auf der RC-2 in den Süden von Ciutadella, beim fünften Kreisverkehr vom Hafen nach Süden zu den Stränden und Strandparkplätzen abfahren. Nach 5 km links Richtung Macarella, 8,2 km bis zum Parkplatz am Ende und durch den Wald zum Strand (15 Min.).

15–45 Min., 39.9382, 3.9371

12 MACARELLETA

Die kleine Schwester von Cala Macarella (11) ist ruhiger und fast noch magischer. Wenn man um die Ecke kommt, verschlägt einem die Farbe des Meeres fast den Atem. Halten

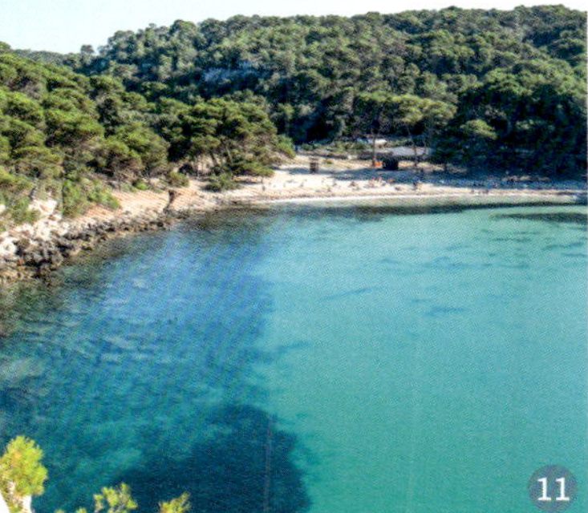

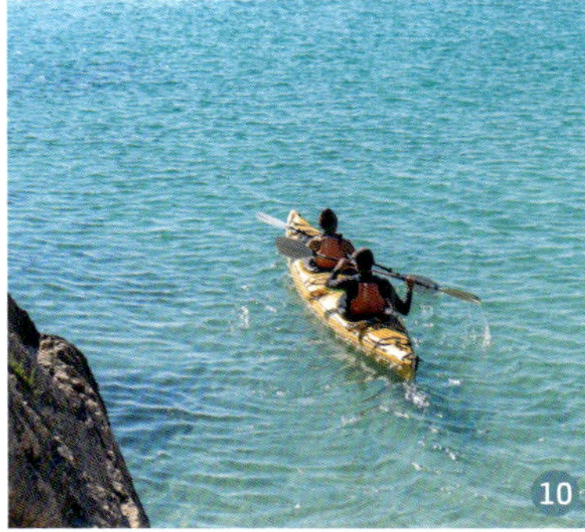

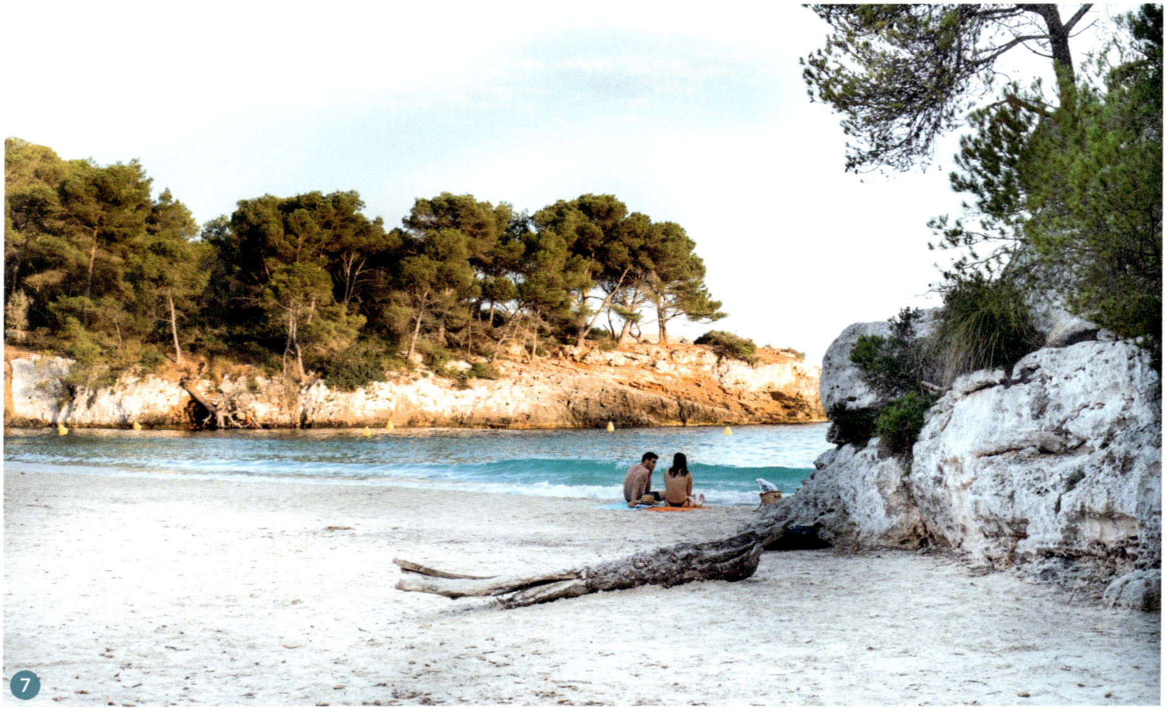

7

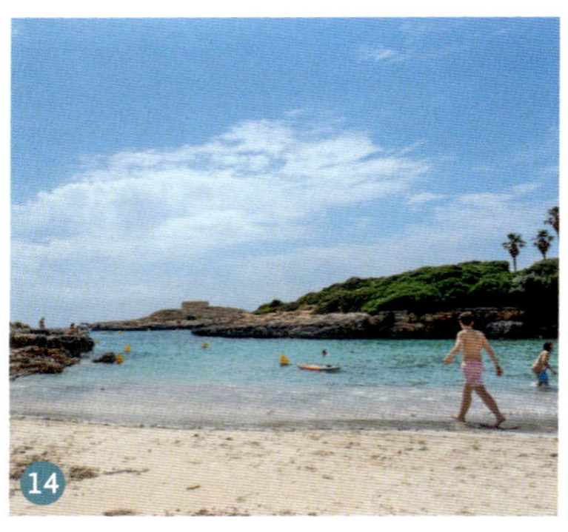
14

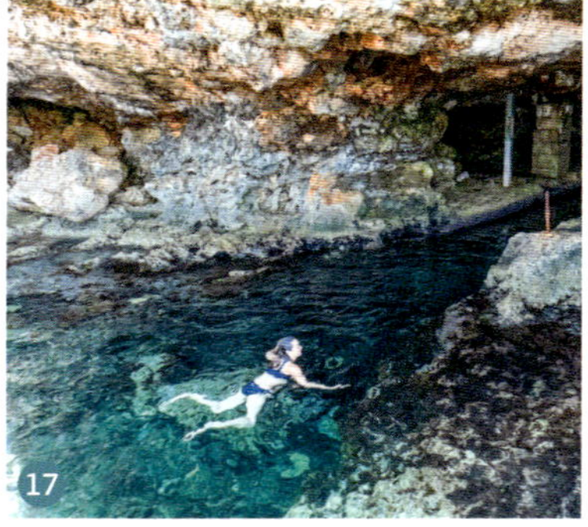
17

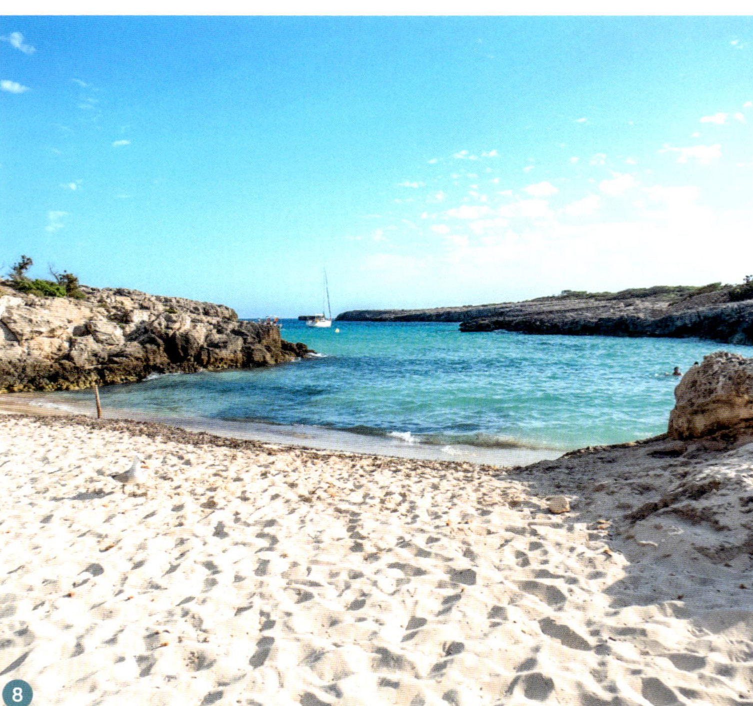
8

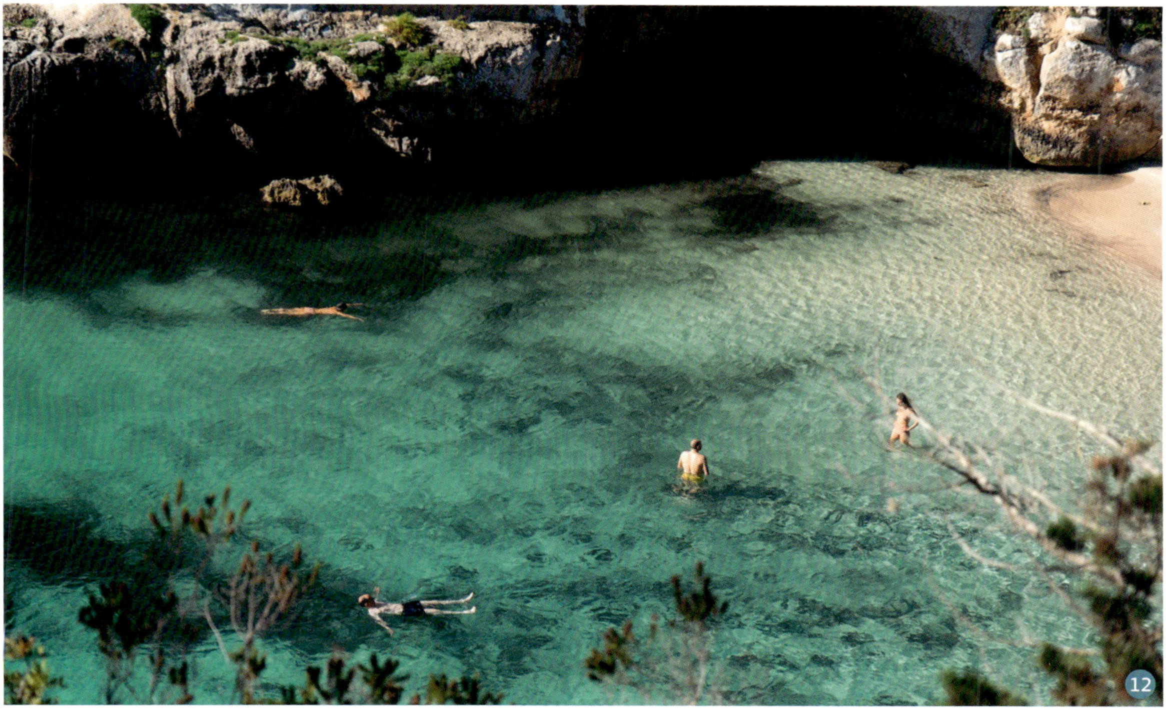

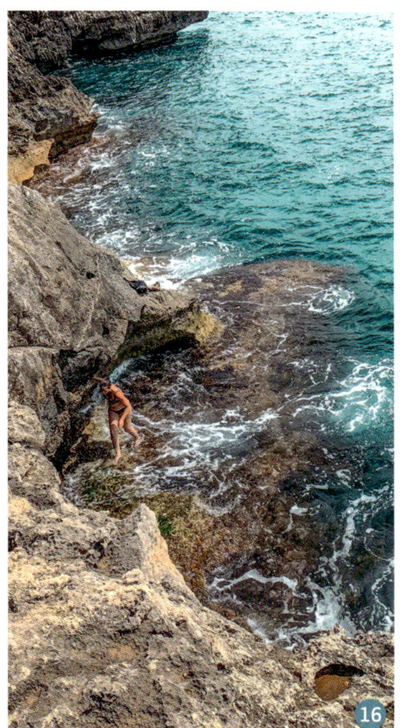
16

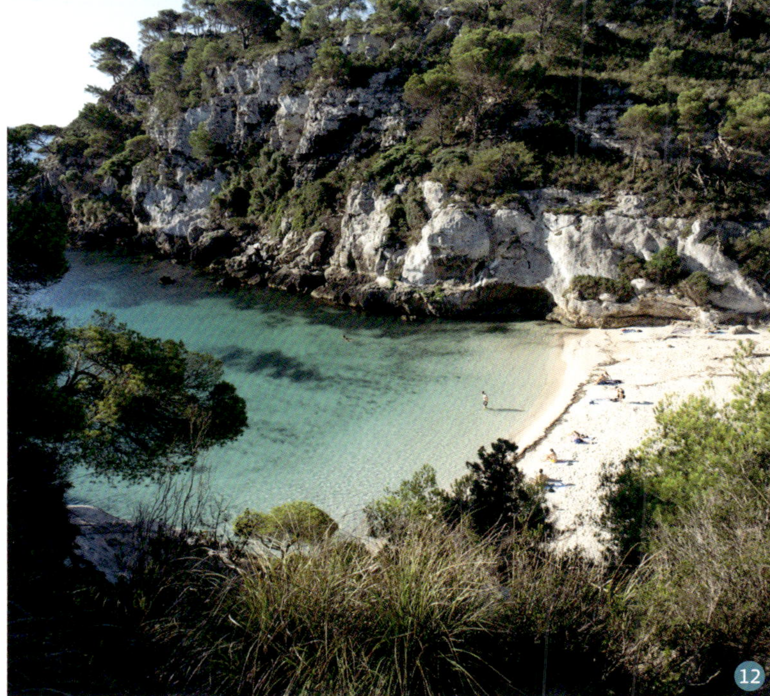
12

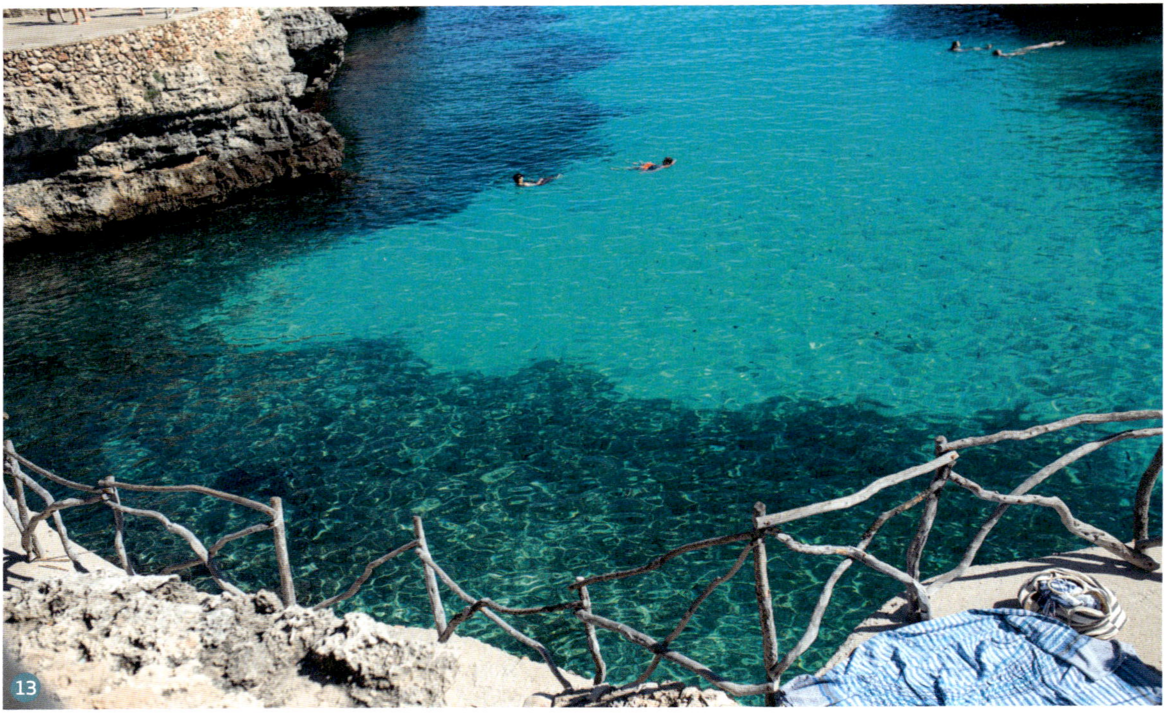

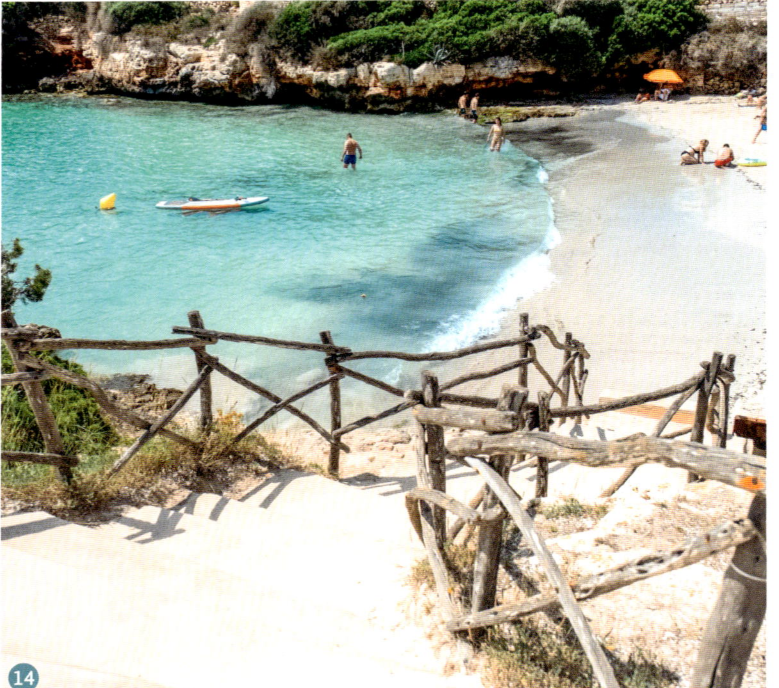

Sie auf dem Weg Ausschau nach Wildziegen. Am schönsten ganz früh am Morgen!

➜ Vom westlichen Ende der Cala Macarella weiter auf dem Camí de Cavalls.

15 Min., 39.9361, 3.9348

13 CALA EN BRUT

Diese Bucht im Feriendorf Torre del Ram ist ein echtes Abenteuer. Leitern führen zu Felsplattformen in verschiedner Höhe, die extra zum Klippenspringen da sind. Zu Recht beliebt. Das Wasser ist 4–5 m tief, für Erfahrene ist also sogar ein Sprung aus 10 m Höhe drin.

➜ Im Westen von Ciutadella auf der RC-1 Richtung Norden, beim zweiten Kreisverkehr den Schildern Richtung Cala en Blanes/Els Delfins folgen. Beim Kreisverkehr nach 2 km am Ortsrand die erste Abfahrt nach Westen (Richtung Hotels und Tauchzentrum). Gleich danach geht es links zum Hauptparkplatz mit Zugang zu den Klippen, aber der ist oft voll. Nach weiteren 700 m beim nächsten Kreisverkehr die dritte Ausfahrt auf den Carrer des Canal, diesem 630 m bis zum Ende folgen. Kurz vor dem Ende verbreitert sich die Straße, und rechts führt ein Weg zum Meer (40.0026, 3.8056). An der Straße parken.

5 Min., 40.0007, 3.8067

14 SA CALETA

Hübscher, kleiner Vorstadtstrand mit rosa schimmerndem Sand. Ziemlich schmal, aber der Strand erstreckt sich bis zu den Bäumen und zum Camí de Cavalls. Kann voll werden, aber ruhiger als die benachbarte Cala Santandria. Nur wenige Gehminuten von der Festung Torre des Castellar, einem Höhlensystem und der Meereshöhle Cova le Tres Boques (16).

→ Auf der Me-24 von Ciutadella Richtung Süden. Beim dritten Kreisverkehr auf die RC-2 Richtung Westen, dann beim nächsten Kreisverkehr die dritte Ausfahrt Richtung Süden auf den Camí de Sa Caleta. An der Straßengabelung nach 500 m links auf den Paseig de Sa Caleta, an dessen Ende der Strand liegt. Irgendwo an der Straße parken.

5 Min., 39.9815, 3.8345

15 PONT D'EN GIL

Vom Meer geformte, beeindruckende Brücke am Camí de Cavalls. Darunter versteckt sich eine große, 200 m lange Höhle, die man nur mit dem Boot erreicht und die bei Tauchern sehr beliebt ist. Nun beginnt der härteste Abschnitt des Küstenwegs, der hier die westlichste Spitze der Insel umrundet.

→ Wegbeschreibung siehe Cala en Brut (13), aber beim zweiten Kreisverkehr am Ortsrand von Torre del Ram weiter geradeaus auf die Avinguda Pont d'en Gil Los Delfines, nach 500 m bei den Läden rechts halten, um auf der Staße zu bleiben. 750 m bis zum Parkplatz an der scharfen Kurve. Beim Schild durchs Tor in der kleinen Steinmauer und dem Weg 300 m die Küste entlang folgen.

5 Min., 40.0107, 3.7944

MEERESHÖHLEN

16 COVA DE TRES BOQUES

Diese Höhlen an einer unscheinbaren Nebenstraße sind schwer zugänglich, aber es lohnt sich. Es gibt drei Eingänge, die im Innern zusammenlaufen, und man kann auf der einen Seite hineingehen, durch die Höhle schwimmen und klettern, und auf der anderen wieder hinaus, um durchs offene Meer zurückzuschwimmen.

→ Wegbeschreibung siehe Sa Caleta (14), aber statt in Küstennähe links vom Camí de Sa Caleta abzufahren, rechts auf die Carrera Vorera dels Molls und nach 500 m parken. Oder von Sa Caleta die Küste entlang. Vom Parkplatz auf die Klippen zur runden Steinmauer um das Deckenloch der darunterliegenden Höhle gehen (39.9841, 3.8301). Von hier links zum Klippenrand und ganz vorsichtig zum Höhleneingang hinunterklettern, der von oben zu sehen ist. Unten angekommen, gibt es eine kleine Plattform, auf der man stehen kann, bevor man das Höhlensystem betritt. Gefährlich!

2 Min., 39.9841, 3.8301

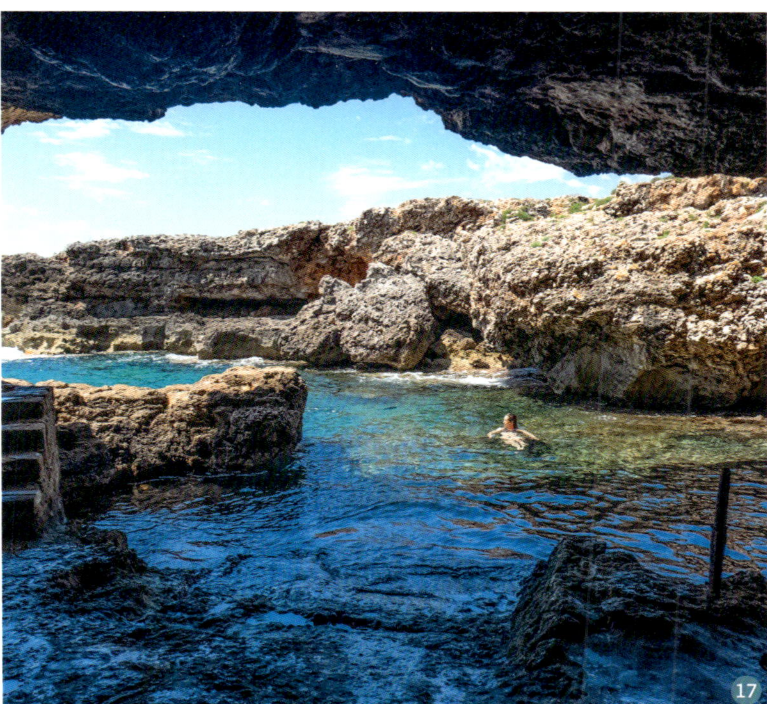

17

17 SA COVA DES PARDALS

Die Spatzenhöhle erreicht man von oben über Stufen, und früher wurde sie genutzt, um Boote zu entladen. Wenn man hochschaut, kann man durch die Decke in das darüberliegende Gebäude sehen. Kristallklares Wasser, perfekt zum Schnorcheln.

→ Auf der Me-24 von Ciutadella nach Süden Richtung Son Xoriguer/Cala en Bosc. Beim Kreisverkehr die dritte Ausfahrt Richtung Cala en Bosc auf den Carrer Llevant und 1,3 km bis zum Carema Beach Hotel. Links auf die Gran Via de Son Xoriguer, nach 1 km am Ende parken (39.9284, 3.8498). Dem Weg am Ende 500 m Richtung Südwesten folgen oder 330 m parallel zum Carrer la Platja und links über den Parkplatz zur Surfschule am östlichen Strandende. Nach Wegweiser zum Camí de Cavalls (39.9256, 3.8451) Ausschau halten und diesem 1,4 km Richtung Osten folgen bis zu einem kleinen Gebäude am Klippenrand und der weißen Mauer um die Treppe.

30 Min., 39.9222, 3.8587

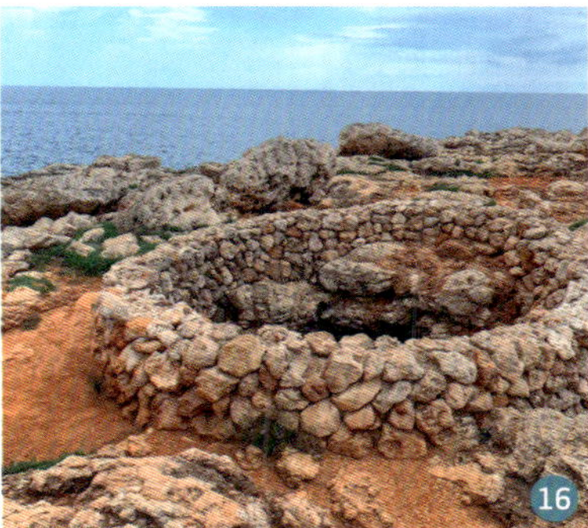

16

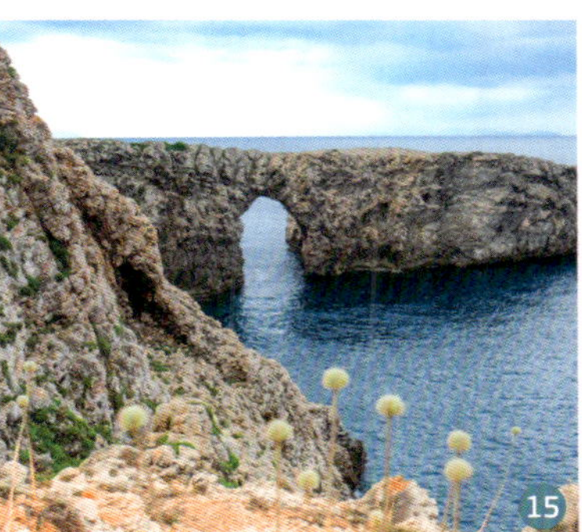

15

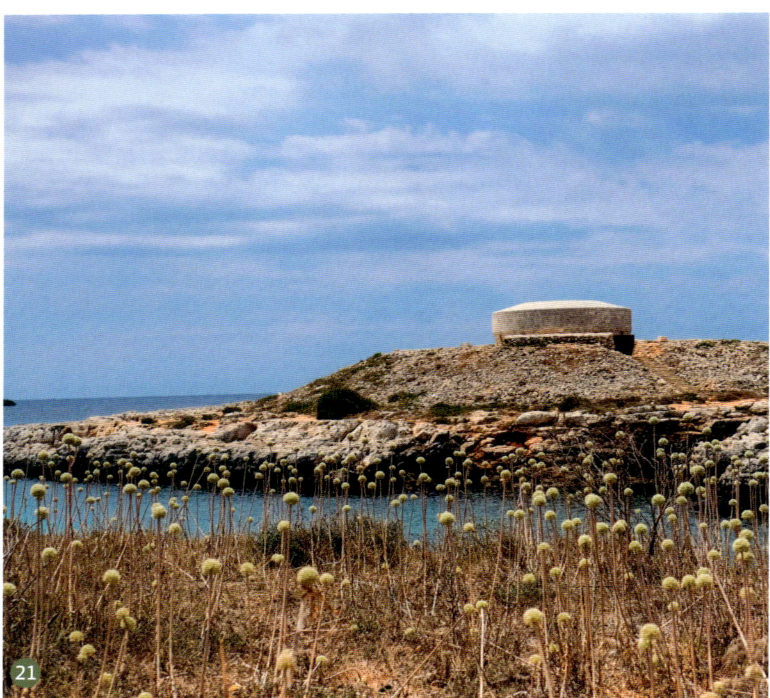

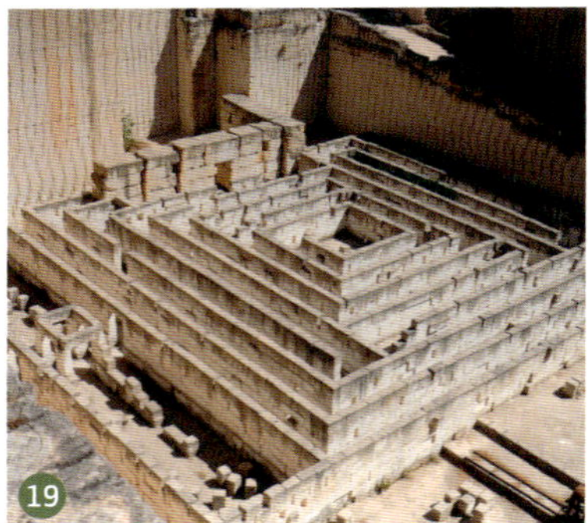

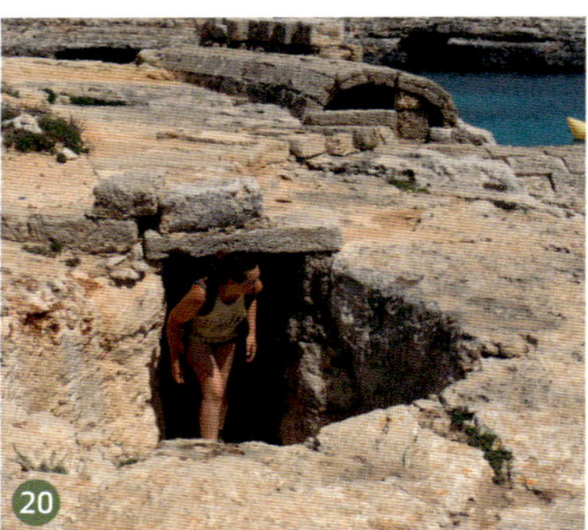

18 BUFOADOR DE PUNTA NATI

In der einzigartigen flachen Felsenlandschaft Punta Nati gibt es nicht nur einen Leuchtturm und Militärruinen daneben, sondern auch zwei sogenannte Blowholes, Bufador de Punta Nati und nicht weit davon Bufador de Son Salomo (40.0443, 3.8198). Seien Sie vorsichtig, mit dem nötigen Respekt vor den Naturgewalten. Wenn Sie bis Sonnenuntergang bleiben, sollten Sie eine Taschenlampe mitnehmen, damit Sie auf dem Rückweg nicht stolpern.

→ In Ciutadella von der RC-1 auf die Cf-5 Richtung Punta Nati, 3,8 km bis zum Parkplatz. Von dort zu Fuß auf die Zugangsstraße zum Leuchtturm (1 km), rechts über den Zauntritt und um die Ruinen und das Blowhole herumgehen. Der Küste zurück Richtung Süden folgen bis zum Bufador de Son Salomo.

15 Min., 40.0516, 3.8250

KLEINE WUNDER

19 LITHICA, PEDRERES DE S'HOSTAL

Ehemaliger Steinbruch, der in ein spektakuläres Abenteuerland umgewandelt wurde. Bewundern Sie den Seerosenteich und den mittelalterlichen Garten, verirren Sie sich in den Labyrinthen, und entdecken Sie die vielen anderen Überraschungen unter den hohen Mauern. Ein absolutes Highlight! Für Kinder umsonst, jeden Penny des Eintritts für Erwachsene wert.

→ Vom Hafen in Ciutadella auf die RC-2 und beim sechsten Kreisverkehr (2,5 km) die zweite Ausfahrt Richtung Pedreres de s'Hostal, der längere Namen für Lithica. 800 m bis zum Eingang links. Parkplatz auf dem Gelände.

4 Std., 40.0043, 3.8675

20 HÖHLENSYSTEM SA CALETA

Kurioses kleines Höhlensystem an der Landspitze zwischen Sa Caleta (14) und Torre des Castellar. Wir konnten keine Informationen zum Ursprung der Höhle finden, aber es macht auf jeden Fall Spaß, sie zu erkunden und sich überraschen zu lassen, wo man herauskommt. Tolle Stellen zum Springen und Schwimmen.

→ Wegbeschreibung siehe Sa Caleta (14), und vom westlichen Strandende um die Landspitze 350 m Richtung Turm.

10 Min., 39.9803, 3.8318

21 TORRE DES CASTELLAR

Gut erhaltener Martello-Turm aus dem späten 18. Jahrhundert. Insgesamt 12 Stück davon ließ der letzte britische Gouverneur an der Küste errichten. Dieser ist 8 m hoch und bietet einen fantastischen Blick. Man betritt ihn durch einen unterirdischen Gang vom benachbarten Gebäude. Daneben befindet sich ein kleiner namenloser Strand.

→ Wegbeschreibung siehe Sa Caleta (14). Vom westlichen Strand-Ende 350 m die Landspitze entlang bis zum Turm. Dabei kommt man auch an dem kleinen Strand vorbei.

10 Min., 39.9803, 3.8318

PRÄHISTORISCHE RUINEN

22 NAVETA D'ES TUDONS

Beeindruckende, restaurierte Grabkammer in der Form eines umgedrehten Bootes, in der sich die Knochen von ca. 100 Menschen aus der Zeit um 1000 v. Chr. befanden, doch erbaut wurde sie wahrscheinlich schon früher. Mit den zwei Ebenen im Innern (nicht zugänglich) ist es das größte und vielleicht berühmteste der prätalayotischen Navetas, deshalb kann es voll werden, aber ein Zwischenstopp lohnt sich trotzdem.

→ Auf der Me-1 vom Kreisverkehr am Stadtrand von Ciutadella 2,4 km Richtung Osten und dann rechts nach Schildern Ausschau halten. Es gibt eine Abfahrt zum Parkplatz. Von dort geht man noch 500 m Richtung Süden.

5 Min., 40.0030, 3.8917

23 NÉCROPOLIS DE CALA MORELL

Diese 14 Hypogäen wurden von der Bronzezeit über die talayotische Ära bis zur Eisenzeit in den Felsen geschlagen. Es gibt Nischen, Säulen, Fenster mit fantastischer Aussicht, Oberlichter und gemeißelte Ornamente. Ein Ehrfurcht gebietener Ort, den man auf eigene Faust erkunden kann.

➔ Im Nordosten von Ciutadella von der RC-1 beim Kreisverkehr die Ausfahrt Richtung Cala Morell und Nécropolis nehmen. Nach 5,5 km beim Kreisverkehr mit der taulaähnlichen Skulptur am Ortsrand die dritte Ausfahrt Richtung Nécropolis, Carrer Lira. Nach 300 m rechts parken, gegenüber vom Eingang.

5 Min., 40.0497, 3.8823

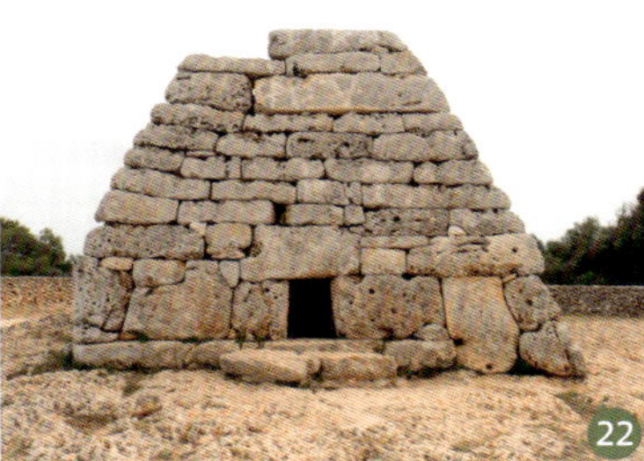

22

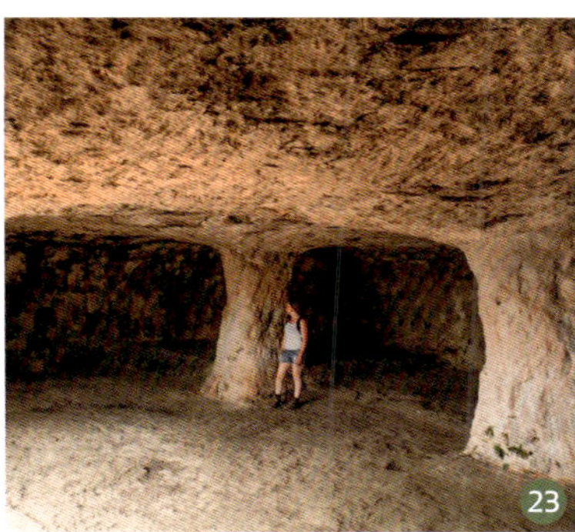

23

24 KÜSTENSIEDLUNG CALA MORELL

Die bootsförmigen Umrisse auf einer 35 m hohen Landspitze sind keine Gräber, sondern eine befestigte Siedung mit spektakulärem Blick übers Meer. Es gibt mindestens zwölf Häuser, die man erkunden kann, während man sich ausmalt, wie es wohl gewesen sein mag, hier zwischen 1600 und 1200 v. Chr. zu leben. Es wurden Überreste der Kochstellen gefunden, die darauf hinweisen, dass die frühen Siedler weder Fisch noch Meeresfrüchte gegessen haben, obwohl sie doch vom Meer umgeben waren,.

➔ Webeschreibung siehe Nécropolis Cala Morell (23), aber beim Kreisverkehr die zweite Ausfahrt (Carrer Via Làctia) Richtung Assentament costaner de cala Morell. Nach 500 m links und nach weiteren 200 m beim dreieckigen Kreisverkehr die zweite Ausfahrt nach links. Irgendwo parken und auf dem Weg am südlichen Ende der Sackgasse (40.0562, 3.8849) 300 m die Landspitze entlang.

10 Min., 40.0576, 3.8823

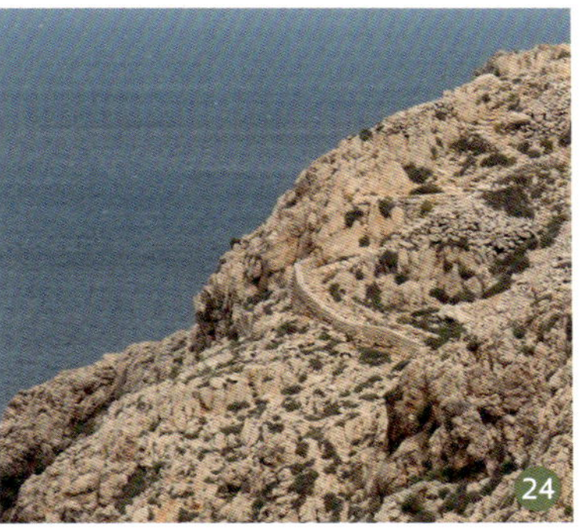

24

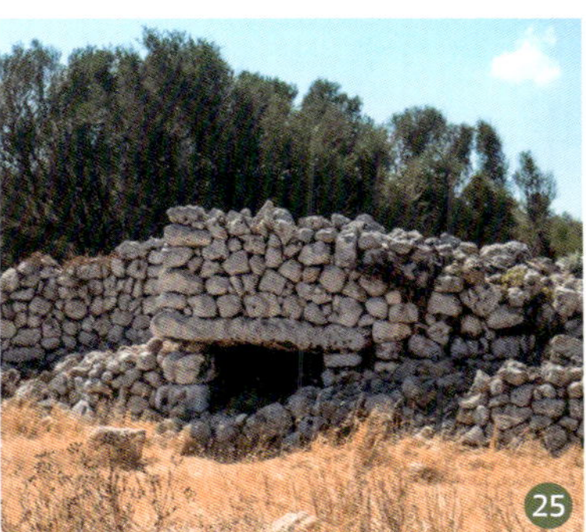

25

25 TORRELLAFUDA

Diese Siedlung aus der Bronzezeit wurde bis zum Ende der römischen Besetzung bewohnt. Bemerkenswerte Ausgrabungsstätte mit Grabkammern, Talayot und Taula. Sehr ruhig, wahrscheinlich hat man den Ort für sich. Allerdings laufen hier Kühe frei herum.

➔ Vom Stadtrand in Ciutadella auf der Me-1 für 5 km nach Osten Richtung Maó. Ausgeschilderte Abfahrt nehmen und 800 m bis zu einem kleinen Parkplatz. Dem Weg gegenüber durch ein Feld zur Ausgrabungsstätte folgen.

5 Min., 39.9994, 3.9239

26 SON CATLAR

In der prähistorischen Siedlung Son Catlar gibt es eine Taula und die Überreste von vier Talayots. Schilder weisen den Weg und er-

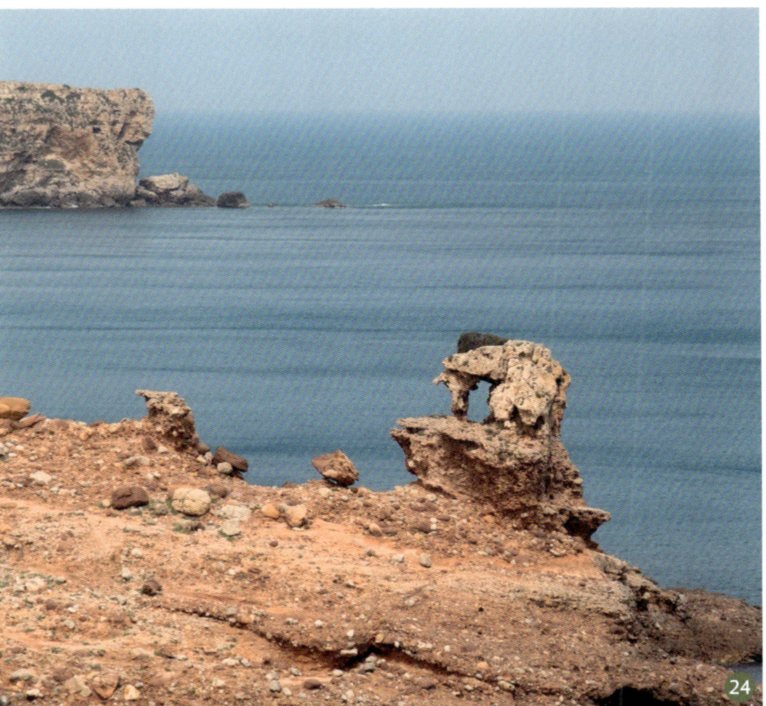

24

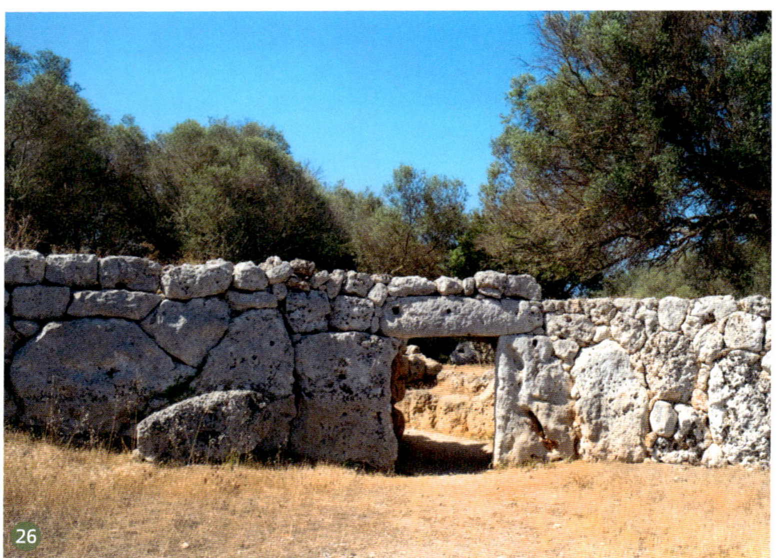

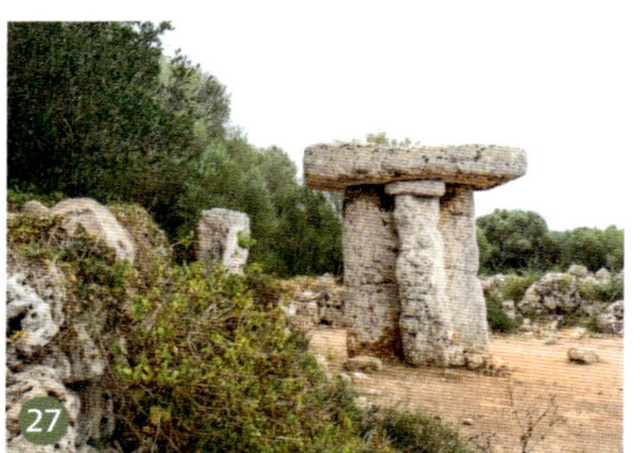

klären, was man sieht. Die 1 km lange Verteidigungsmauer drumherum ist fast noch intakt, mit einem vollständig erhaltenen Eingang. Abgesehen vom Zirpen der Grillen ruhig.

➔ Vom Hafen in Ciutadella auf die RC-2 und beim fünften Kreisverkehr die erste Ausfahrt nach Süden Richtung Strandparkplätze. Nach 2,7 km rechts Richtung Son Saura. 3,3 km bis zum Parkplatz.

5 Min., 39.9538, 3.8750

27 TORRETRENCADA

Am bekanntesten ist die beeindruckende T-förmige Taula, die in einem bemerkenswerten Zustand ist. Außerdem gibt es ein Talayot, die Überreste von Rundhäusern und ein Hypogäum. Die Siedlung scheint bis zum Mittelalter bewohnt gewesen zu sein, und zu den faszinierenden Funden aus verschiedenen Epochen zählt auch eine Bronzestatue von Jupiter.

➔ Auf der Me-1 von Ciutadella Richtung Osten, vorbei an Naveta d'es Tudons (22), und 1 km weiter, bei lila Wegweiser zum Poblat talaiótic de Torretrencada rechts, 1 km bis zur T-Kreuzung, links und 2 km bis zum Parkplatz.

5 Min., 39.9865, 3.9235

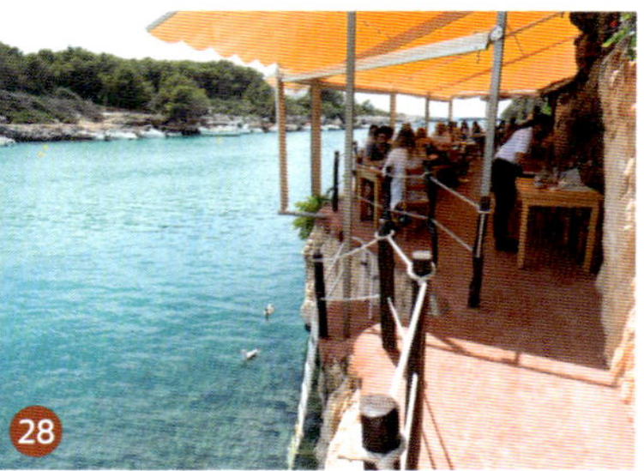

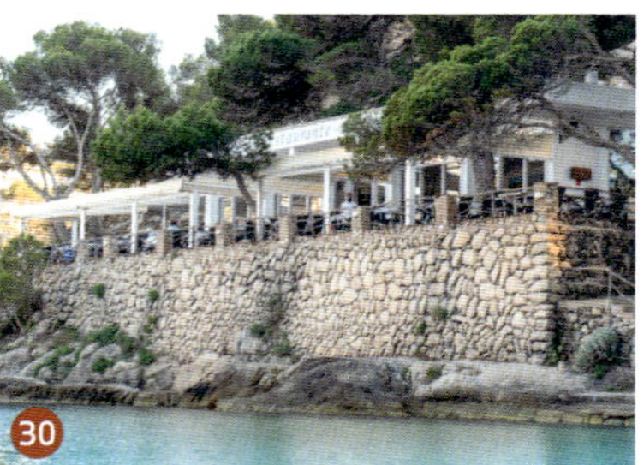

SLOW FOOD

28 COVA SA NACRA

Dieses originelle kleine Strandrestaurant ist in die Felsen gebaut, sodass man sich zwischen kühler Höhle und Terrasse mit Meerblick entscheiden kann. Es gibt sogar eine Leiter zum Wasser, und man kann schwimmen gehen, während man aufs Essen wartet. Herrlicher Blick und grandiose schwarze Paella mit Tintenfischtinte.

➔ Carrer de Sa Nacra, Santandría, Sa Caleta, 07769 Ciutadella, +34 971 386206

39.9790, 3.8381

29 LA MER BEACH HOUSE

Schöner Zwischenstopp auf dem Camí de Cavalls. Dieses Chiringuito liegt direkt am Strand und serviert einfache Speisen und eisgekühlte Cocktails. Schlürfen Sie Ihren Drink im Schatten der Olivenbäume, die Zehen im Sand.

➔ Carrer igne de lleó, Sa Caleta, 07769 Ciutadella, +34 654 434220

39.9814, 3.8345

30 RESTAURANT EL MIRADOR

Cala Galdana ist einer der schönsten Strände der Insel. Die großen Hotels stören die Idylle, aber dieses Restaurant auf der Landspitze im Schutz der Bucht ist eine wahre Freude. Hinten kann man durch eine Lücke in den Felsen den Sonnenuntergang sehen, vorn hat man einen Panoramablick aufs Meer. Bestes Seafood und wundervolle Atmosphäre.

➔ Playa Cala Galdana, 07750 Ferreries, +34 971 154503

39.9378, 3.9583

31 BAR RESTAURANTE ES FAR D'ARTRUTX

Beliebtes Lokal in einem alten Leuchtturm an der schroffen Felsküste. Holen Sie sich einen Cocktail und ein einfaches Gericht an der Bar, und genießen Sie den Sonnenuntergang über Mallorca.

➔ Paseig maritim, s/n, Edificio Faro Urb. Cap D'Artutx, 07769 Ciutadella, +34 654 397300

39.9225, 3.8241

32 SA GELATERIA DE MENORCA, CIUTADELLA

Ein herrlicher Ort, um sich abzukühlen, wenn man Ciutadella erkundet. Die kleine Eisdiele gegenüber der Kirche existiert schon seit 40 Jahren. Hier gibt es auch hervorragende POMADA, die hiesige Spezialität aus menorquinischem Gin und naturtrüber Limonade.

➔ Plaça de la Catedral 3, 07760 Ciutadella, +34 971 381192

40.0016, 3.8379

33 BINIGARBA QUESOS

Decken Sie sich mit Käse und Wurst von diesem Gut ein, sowie mit Honig, Wein und anderen regionale Spezialitäten.

➔ Camí de Binigarba, s/n, 07760 Ciutadella, +34 971 188811

39.9937, 3.9044

ÜBERNACHTEN

34 AGROTURISME BINIATRAM, CIUTADELLA

Einfaches, rustikales Landhotel mit weiten Gärten und einem eigenen Wanderweg. Zimmer und Apartments, wegen Eigentümerwechsel vorübergehend geschlossen.

➔ Carretera Camí de Cala Morell, km 1, 07760 Ciutadella

40.0382, 3.8916

35 SES TALAIES, CIUTADELLA

Bezaubernder Agrotourismus in ehemaligen Stallungen zwischen Olivenhainen und Obstbäumen. Stylish und detailverliebt eingerichtet.

➔ RC-1 km 0,9, 07760 Ciutadella, +34 603 634121

40.0160, 3.8627

36 SON JUANEDA AGROTURISMO, CIUTADELLA

Dieses Landhaus aus dem 18. Jahrhundert wurde in ein wunderschönes Hotel mit 12 Zimmern und Restaurant umgewandelt. In ländlicher Umgebung, aber ganz in der Nähe von Ciutadella.

➔ Camí de Cala Morell, 07760 Ciutadella, +34 686 404275

40.0154, 3.8666

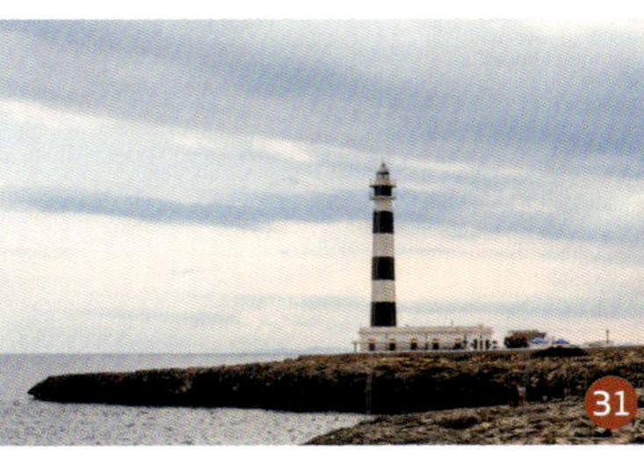

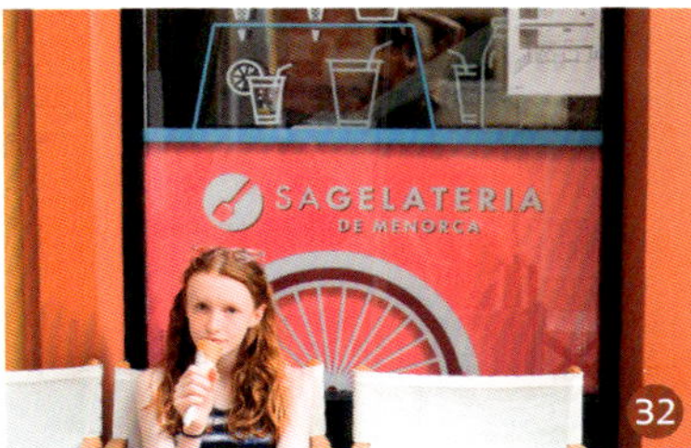

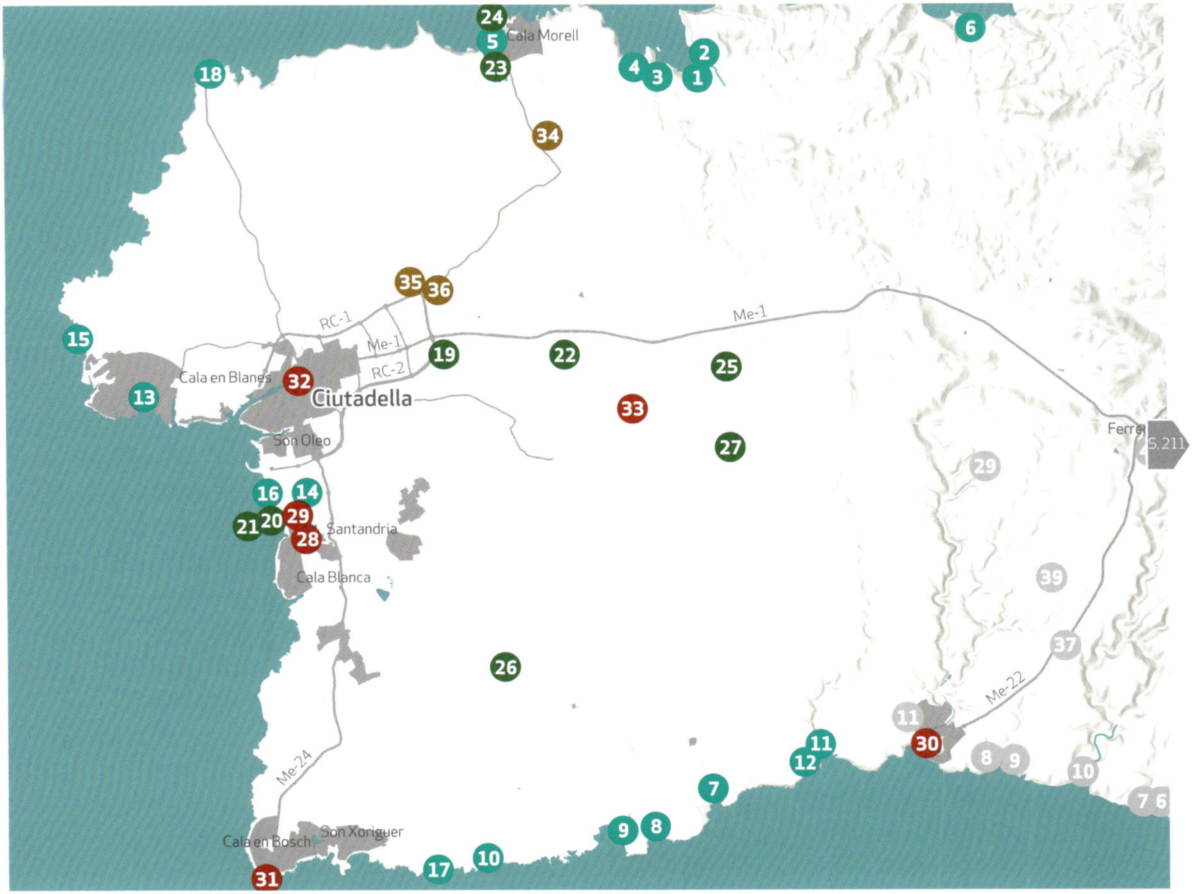

Cala Morell
Ciutadella
Cala en Blanes
Son Oleo
Santandria
Cala Blanca
Cala en Bosch
Son Xoriguer
Ferreries
S.211
RC-1
RC-2
Me-1
Me-22
Me-24

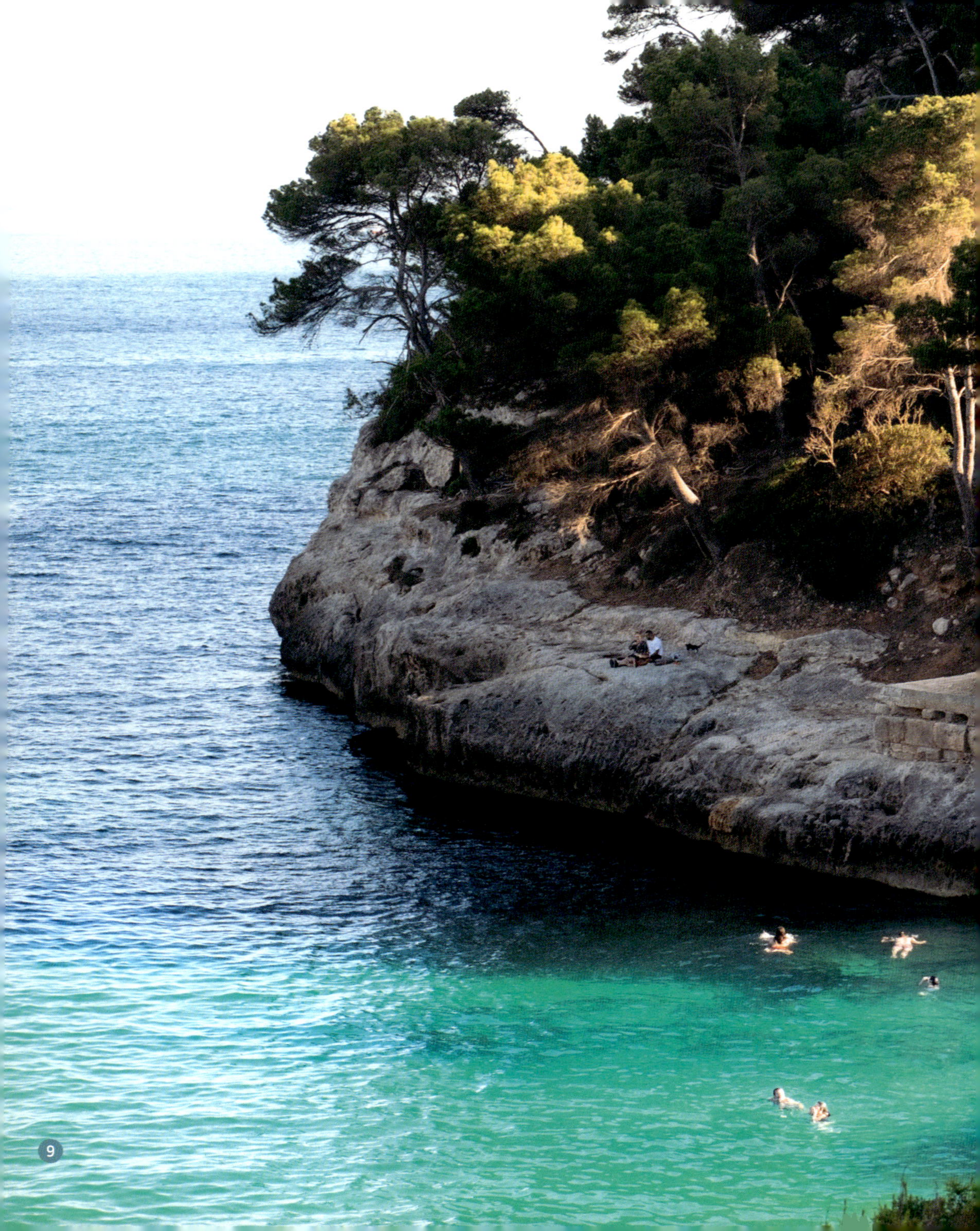
9

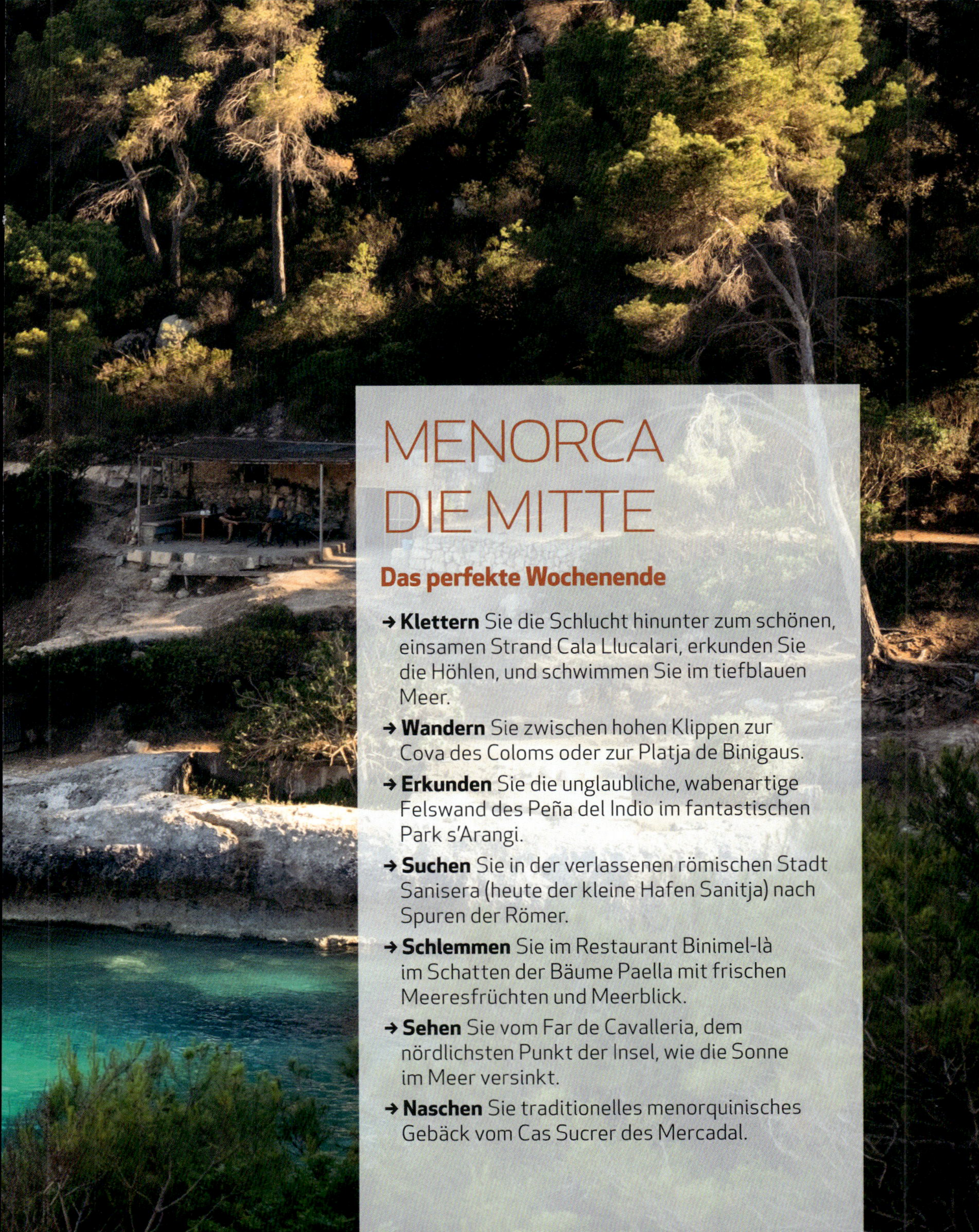

MENORCA DIE MITTE

Das perfekte Wochenende

- → **Klettern** Sie die Schlucht hinunter zum schönen, einsamen Strand Cala Llucalari, erkunden Sie die Höhlen, und schwimmen Sie im tiefblauen Meer.
- → **Wandern** Sie zwischen hohen Klippen zur Cova des Coloms oder zur Platja de Binigaus.
- → **Erkunden** Sie die unglaubliche, wabenartige Felswand des Peña del Indio im fantastischen Park s'Arangi.
- → **Suchen** Sie in der verlassenen römischen Stadt Sanisera (heute der kleine Hafen Sanitja) nach Spuren der Römer.
- → **Schlemmen** Sie im Restaurant Binimel-là im Schatten der Bäume Paella mit frischen Meeresfrüchten und Meerblick.
- → **Sehen** Sie vom Far de Cavalleria, dem nördlichsten Punkt der Insel, wie die Sonne im Meer versinkt.
- → **Naschen** Sie traditionelles menorquinisches Gebäck vom Cas Sucrer des Mercadal.

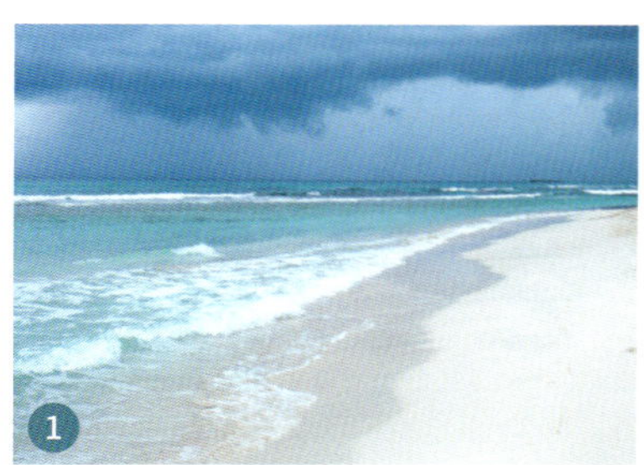

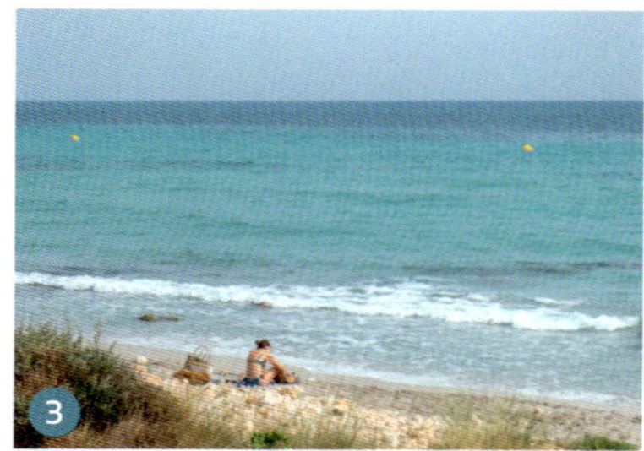

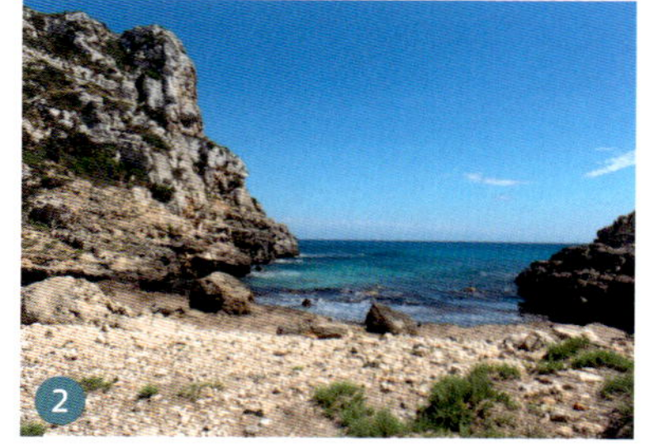

In der Mitte Menorcas findet man die dramatischste Landschaft der Insel. Die nördliche Küste ist Naturschutzgebiet und mit wilden, einsamen Stränden gespickt, an der südlichen Küste graben sich tiefe Schluchten durch alte Wälder zu schönen, unberührten Buchten.

Das nördliche Meeresschutzgebiet wurde 1999 geschaffen und ist mit 5.199 Hektar das größte der Balearen. Es umfasst einen Großteil der Nordküste und besitzt eine große Artenvielfalt an Fischen, Krustentieren und Gräsern sowie ein großes Riff. Die meisten Strände an der Nordküste bieten perfekte Bedingungen fürs Schnorcheln. Halten Sie Ausschau nach Seepferdchen, Tintenfischen, Mönchsfischen, Rotbarben, Brandbrassen und Meerjunkern, die sich zwischen Seegras und zerklüfteten Felsen tummeln.

Diverse *barrancs* oder tiefe Schluchten verlaufen vom Landesinnern zur Südküste. Einst waren sie reißende Flüsse, doch inzwischen sind die meisten ausgetrocknet und von wilden Pflanzen überwuchert. Atemberaubend schöne Wanderwege winden sich durch alte Wälder, gespickt mit Steinzeithöhlen. Barranc de Binigaus ist einer davon, er führt vom kleinen Dorf Es Migjorn Gran zur schönen Platja de Binigaus, an der Ehrfurcht gebietenden Cova des Coloms vorbei (der Name bedeutet Taubenhöhle, aber sie wird auch die Kathedrale genannt), 24 m hoch und 100 m tief. Während der talayotischen Epoche diente sie als Grabstätte, und es wurden hier Knochen und Tonwaren aus der Zeit um 500 v. Chr. entdeckt. Die Küste, die sich von Cala Galdana nach Osten erstreckt, ist ebenfalls mit Höhlen gespickt. Einige leuchten in bunten Farben, ein natürliches Phänomen, das durch die Bakterien in den Felsen verursacht wird, und in einer der Höhlen befindet sich sogar ein eigener Strand.

Auf diesem Teil der Insel gibt es noch weitere historische Stätten, darunter die Basilika von Son Bou, eine Ruine am Ende der 2,5 km langen Platja de Son Bou. In den Klippen dahinter befinden sich Höhlenwohnungen, die bis zum heutigen Tag bewohnt sind. Es gibt zahlreiche talayotische Ruinen und auch Überreste eines römischen Forts in der Nähe vom Hafen Sanitja, mit einer archäologischen Forschungsstation.

Die nördliche Küste ist malerisch und dünn besiedelt – hohe Klippen, darunter atemberaubend schöne Strände direkt am Camí de Cavalls. In der ganzen Region zwischen Cala Pilar und Cala Tirant gibt es nur zwei Parkplätze, die Strände sind also praktisch nur zu Fuß erreichbar. Dadurch sind sie viel ruhiger, und je weiter man geht, desto wahrscheinlicher ist es, dass man den ganzen Strand für sich allein hat, selbst in der Hochsaison.

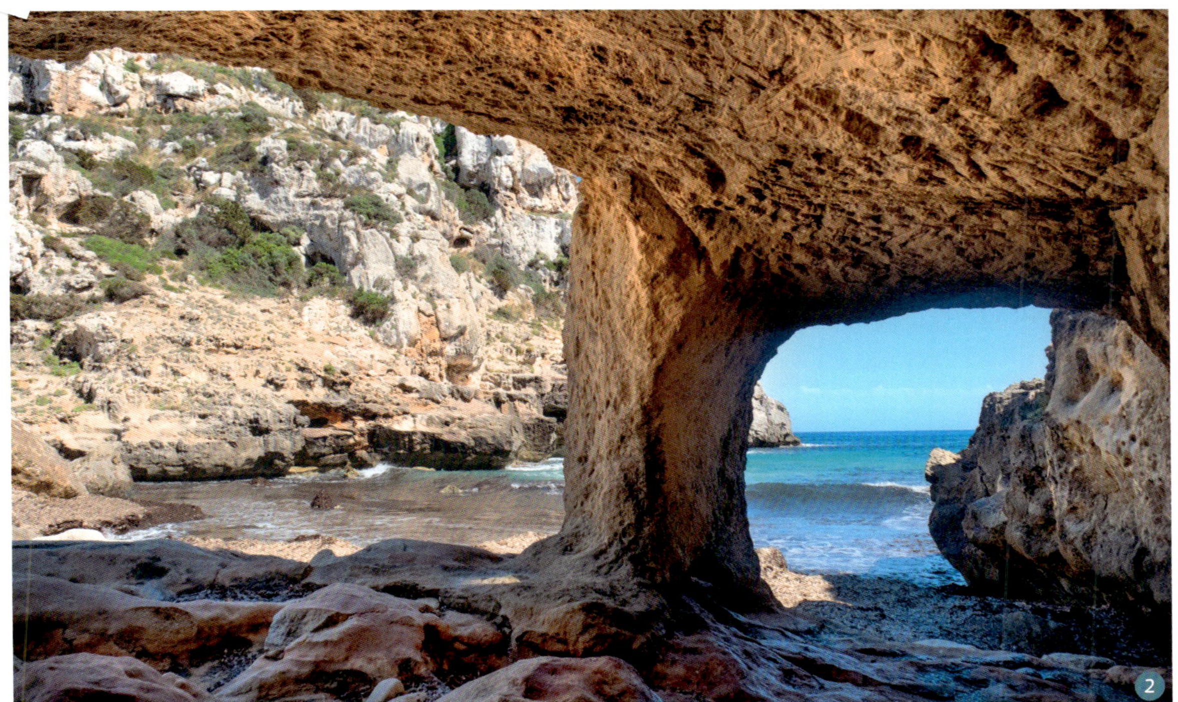

2

STRÄNDE & BUCHTEN

1 PLATJA DE SON BOU

Einer der beliebtesten Strände der Insel, und in der Nähe vom Parkplatz kann es ganz schön voll werden. Doch er ist über 2,5 km lang, daher findet man immer ein ruhiges Plätzchen. In beide Richtungen kann man außerdem herrlich wandern. Wildhühner tummeln sich am Strand und auf den Bohlenwegen dahinter, und man kann sich nach dem langen Weg an einer der vielen Chiringitos direkt am Strand stärken. Am östlichen Strandende befindet sich die Ruine der Son Bou Basilica (20), und einige der alten Höhlen in den Klippen dahinter sind bis heute bewohnt. Vorsicht vor Rippströmungen: In der Hauptsaison gibt es Rettungsschwimmer, aber geben Sie trotzdem acht.

→ Auf der Me-1 Richtung Osten und beim Kreisverkehr westlich von Alaior die erste Ausfahrt Richtung Son Bou. Der Straße 6,6 km bis zum Kreisverkehr am östlichen Dorfrand folgen. Die zweite Ausfahrt nehmen, beim nächsten Kreisverkehr geradeaus und bis zum Strandparkplatz am Ende. Über die Bohlenwege zum Strand.

3 Min., 39.8993, 4.0724

2 CALA DE LLUCALARI

Diesen steinigen Strand, an dem sich Wildziegen tummeln, erreicht man von Son Bou (1) über eine sehr steile Schlucht, vorbei an Höhlen in den Bergen zu beiden Seiten und einer künstlichen Höhle am Strand, die Schatten spendet. Wenn man an den westlichen Klippen hinaufsieht, entdeckt man eine Tür mit einem aufgemalten Reiher, die zu einer kleinen Höhlenwohnung führt. Das Neptungras, das ans Ufer gespült wird, hält das Wasser sauber und macht es perfekt zum Schnorcheln.

→ Im Osten von Son Bou, dort wo der Weg zur Son Bou Basilica beginnt, links in die Einbahnstraße. Nach 175 m rechts und links um die Ecke zum roten Camí de Cavalls Schild an einer Schotterstraße auf dem Berg (39.8982, 4.0800). Dem gut ausgeschilderten Weg 1 km durch den Wald und die Schlucht Barranc de Llucalari bis zum Meer folgen. Man kann von hier aus weiter Richtung Osten wandern bis zur Cala de Sant Llorenc (39.8831, 4.0937).

30 Min., 39.8913, 4.0820

3 PLATJA DE SANT ADEODATO

Herrlicher Sandstrand für Familien mit entspannter Atmosphäre und genug Platz, trotz seiner Beliebtheit. Am östlichen Ende gibt es eine kleine Insel, um die man schnorcheln kann. Auch das Chiringuito es Bruc (35) ist bei Einheimischen sehr beliebt.

→ Von Es Migjorn Gran auf der Me-18 für 3,5 km Richtung Süden bis zum Dorf Sant Tomas. Der Parkplatz liegt beim ersten Kreisverkehr rechts, Strand und Chiringuito geradeaus.

2 Min., 39.9167, 4.0340

4 PLATJA DE BINIGAUS

Ein Stück westlich von Platja de Sant Adeodato (3) liegt dieser wunderschöne Sandstrand mit Dünen, die in einen dichten Wald übergehen. Man erreicht ihn über den Küstenwanderweg mit schönen Badestellen am Wegesrand oder durch die Schlucht Barranc de Binigaus mit der Cova des Coloms (30).

→ Vom westlichen Ende der Platja de Sant Adeodato 500 m weiter auf dem Küstenweg. Für die Wanderung von Es Migjorn Gran beim Friedhof parken (39.9431, 4.0457) und an der Straße 1,2 km Richtung Süden gehen, vorbei am Hotel Rural Binigaus Vell, dann links auf dem Camí de Cavalls Richtung Cova des Coloms und Strand (39.9355, 4.0378). Für diesen Weg braucht man feste Schuhe! Ca. 1 km steil bergab und auf den Wegweiser zur Cova des Coloms

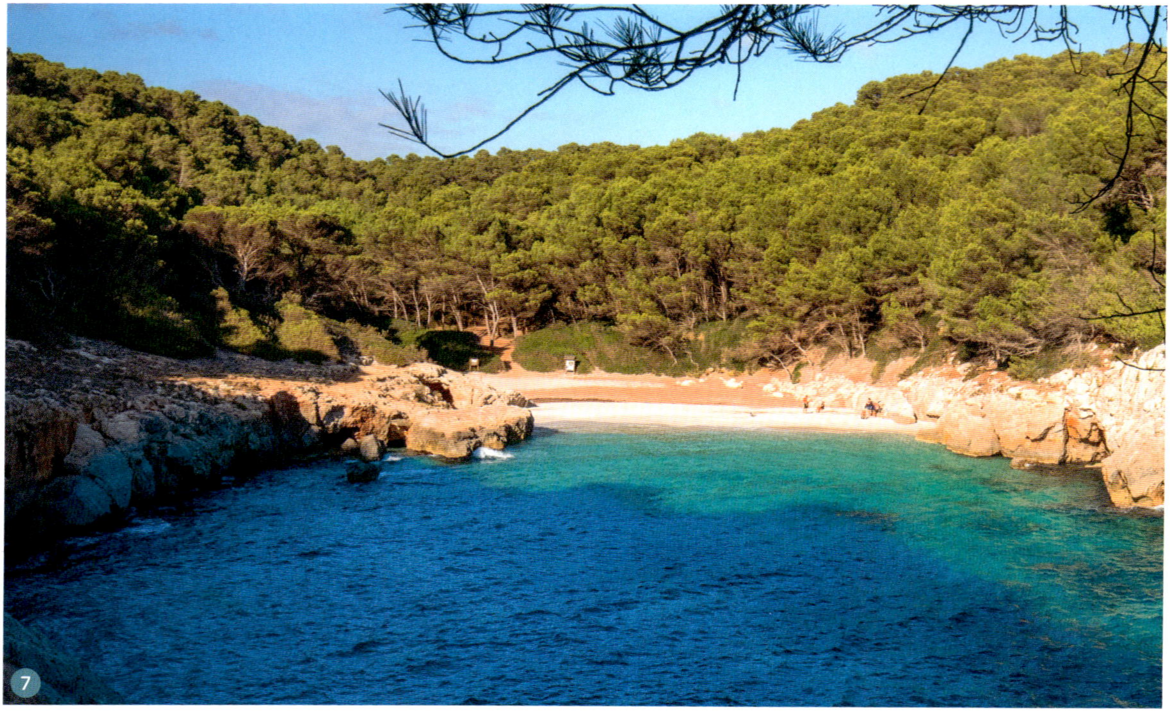

7

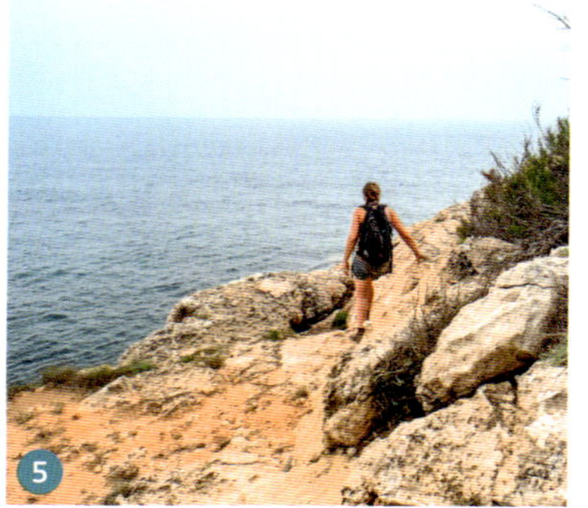

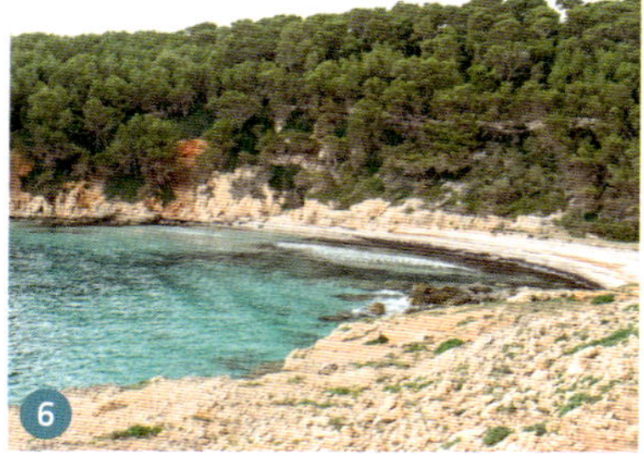

(links) achten, der auf die Felsen gemalt ist, den Hauptweg verlassen und steil bergauf (39.9331 4.0390). 2,3 km auf dem Weg durch die Schlucht bis zum Strand.

10–90 Min., 39.9207, 4.0245

5 BUFADOR DEL RACO DES BARRILL

Dieses Blowhole liegt am Küstenweg zwischen Platja de Binigaus und Cala Escorxada (4 & 6). Es handelt sich um ein tiefes Loch zur darunterliegenden Meereshöhle, und an stürmischen Tagen spritzt das Wasser hindurch. An diesem Abschnitt des Wanderwegs gibt es zahlreiche weitere Höhlen und Felstümpel.

→ Vom westlichen Ende der Platja de Binigaus dem Küstenwanderweg folgen (39.9214, 4.0249). Nehmen Sie die Koordinaten zu Hilfe, denn dieses Blowhole ist schwer zu finden: Es liegt am Wegesrand, zum Meer hin.

45 Min., 39.9207, 4.0143

6 CALA ESCORXADA

Diese einsame, wilde, von Wald gesäumte Bucht erreicht man über eine anstrengende Wanderung von Platja de Sant Adeodato, über Platja de Binigaus (3 & 4). Der Küstenwanderweg ist streckenweise ziemlich heikel, mit Kletterpassagen und manchmal gefährlich nah am Abgrund, aber wenn man um die Ecke kommt und die unberührte Halbmondbucht vor sich sieht, weiß man, dass es sich gelohnt hat.

→ Wegbeschreibung siehe Platja de Sant Adeodato (3) und dem Küstenwanderweg vom westlichen Ende knapp 3 km folgen. Es gibt auch einen längeren Weg von Cala Mitjana, oder man kann sich ein Kajak leihen und an den Meereshöhlen östlich von Cala Galdana (11) vorbeipaddeln.

60–90 Min., 39.9255, 4.0042

7 CALA FUSTAM

Einsamer Strand, umgeben von Wäldern, mit klarem Wasser, weißem Sand und coolen Höhlen, die man mit dem Schnorchel erkunden kann. Der Weg dorthin ist lang und ziemlich beschwerlich, aber man kommt unterwegs an weiteren herrlichen Stränden und Badestellen vorbei, z.B. Cala Escorxada, Platja de Binigaus und Platja de Sant Adeodato (3, 4 & 6).

→ Wegbeschreibung siehe Platja de Sant Adeodato (3), und dem Küstenweg westlich vom Strand knapp 3 km folgen. Es gibt auch einen längeren Weg von Cala Mitjana (8), oder man kann sich ein Kajak leihen und an den Meereshöhlen östlich von Cala Galdana (11) vorbeipaddeln.

90–120 Min., 39.9257, 4.0007

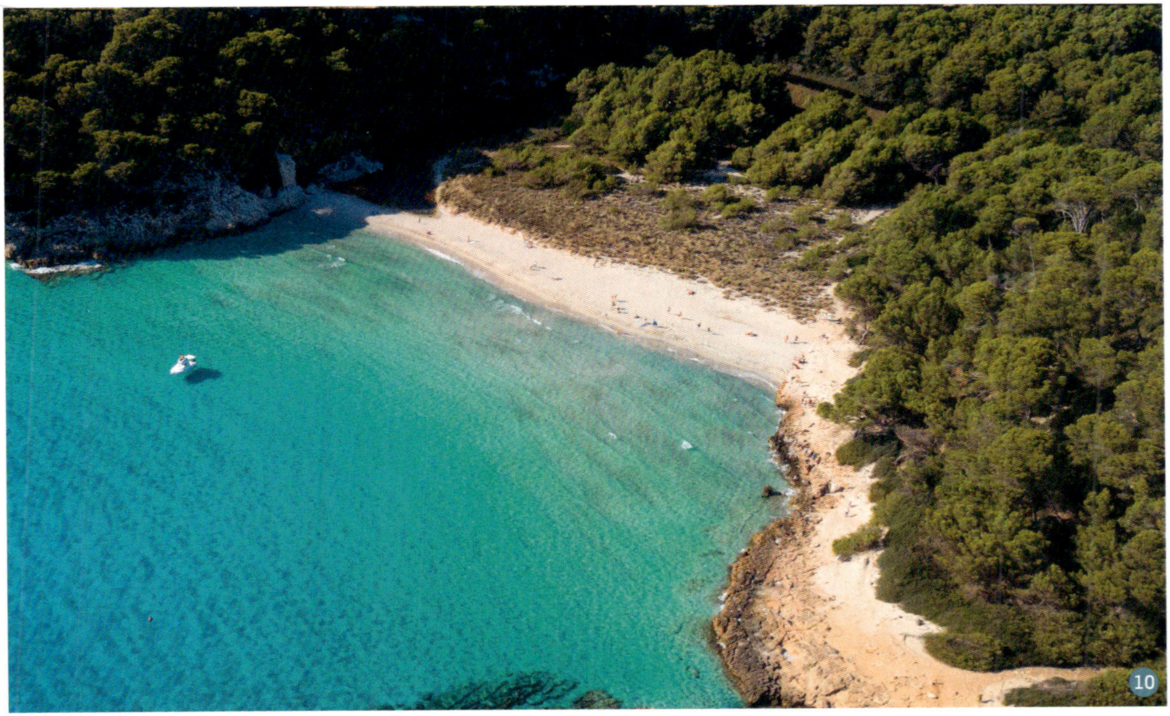

8 CALA MITJANA

Toll zum Klippenspringen – aber beobachten Sie zunächst die Einheimischen, um zu sehen, von wo man springt! Außerdem gibt es grandiose Meereshöhlen, die man mit Schnorchel oder Kajak erkunden kann. Man kann von hier auch zur schönen Cala Trebalúger weiter östlich gehen (10).

➔ Auf der Me-22 von Ferreries 6,3 km Richtung Cala Galdana zum gut ausgeschilderten Parkplatz für Cala Mitjana kurz vor dem Kreisverkehr links (39.9397, 3.9667). Durch die Lücke in der Steinmauer, nach 200 m rechts durch den Wald, dann an der Straßengabelung links nach Cala Mitjana (der alte Parkplatz am Ende dieser Straße ist geschlossen).

15 Min., 39.9341, 3.9723

9 CALA MITJANETA

Kurzer Fußweg die Küste entlang von Cala Mitjana (8). Der kleine Strand wird von hohen Felsen flankiert, herrlich, um sein Handtuch auszubreiten oder ins Wasser zu springen. Leuchtend türkisblaues, flaches Wasser, dahinter einsame Pinienwälder und oben auf den Felsen ein Bunker aus dem Bürgerkrieg.

➔ 200 m von Cala Mitjana (8).

5 Min., 39.9341, 3.9723

10 CALA TREBALÚGER

Der kleine Spaziergang durch hügeligen Wald zu diesem wunderschönen Strand lohnt sich. Weißer Sand und flaches, türkisblaues Wasser und ein kleiner Fluss, der hier ins Meer mündet. Man kann auch zu Fuß von Platja de Sant Adeodato (3) kommen und weiter zum Ferienort Cala Galdana via Cala Mitjana (8), aber das ist eine stramme Wanderung, für die man einen halben Tag braucht. Manchmal setzen auch Wassertaxis hier Leute ab.

➔ Wegbeschreibung siehe Cala Mitjana (8). Am östlichen Strandende über die Stufen auf den Küstenweg und diesem 1,5 km bis Cala Trebalúger folgen. Um den Strand zu erreichen, muss man durch einen Fluss waten und über Felsen klettern.

45 Min., 39.9311, 3.9890

11 MEERESHÖHLEN, CALA GALDANA

Auf Menorca gibt es viele Meereshöhlen, und auf dem Abschnitt zwischen Cala Galdana und Cala Mitjana befinden sich gleich drei besonders schöne. Cova Pudent ist am bekanntesten und mit 200 m wahrscheinlich die längste der Insel. Man sieht Baumwurzeln vom Dach hängen, und am Ende liegt ein Strand. Taschenlampe nicht vergessen!

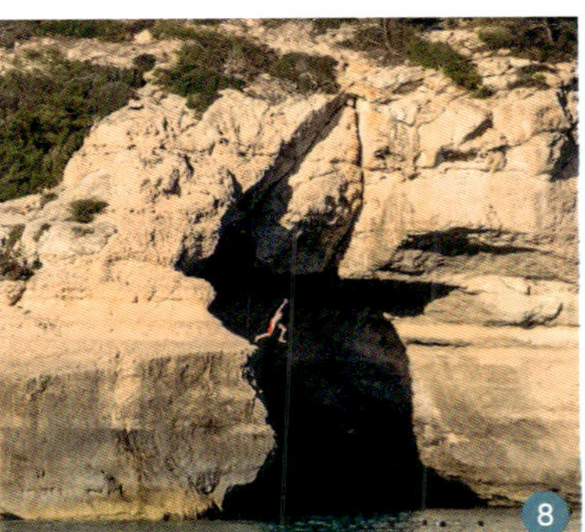

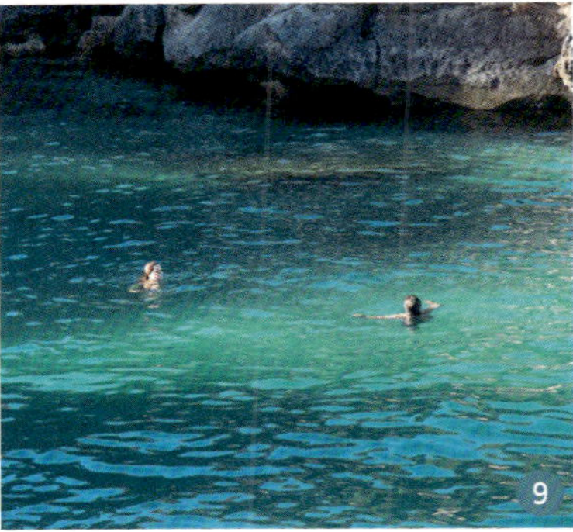

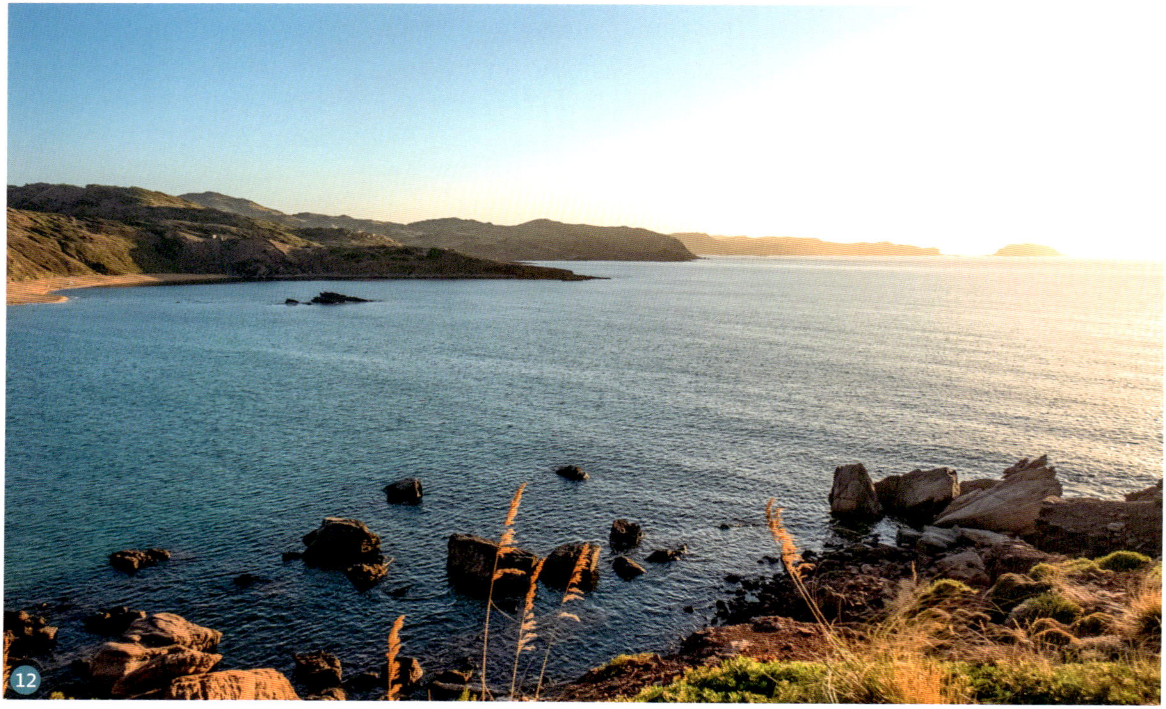

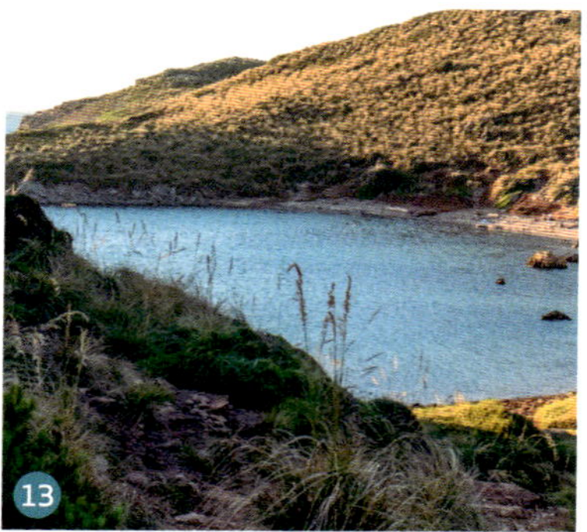

→ Kajakverleih beim Hotel Artiem Audaux (+34 971 154646) direkt an der Bootsrampe. Dort bekommt man auch Informationen zu den Höhlen, und es gibt organisierte Touren.
4 Std., 39.9387, 3.9573

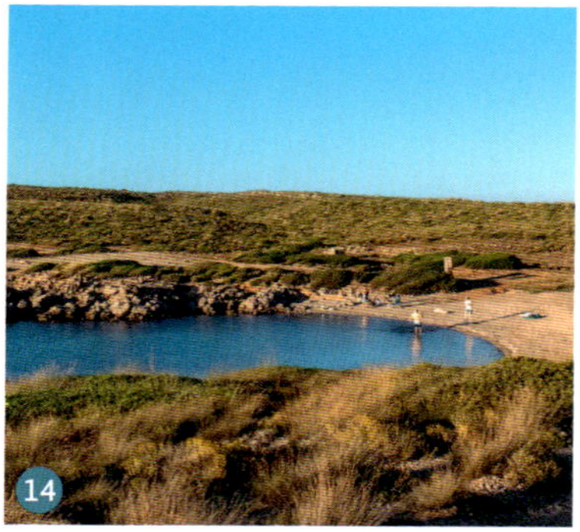

12 PLATJA DE CAVALLERIA

Von den Stufen zu diesem weiten, goldenen Sandstrand hat man einen atemberaubenden Blick über die naturgeschützten Dünen bis zur wilden Küste. In der Hauptsaison kann es voll werden, doch man findet immer ein ruhiges Plätzchen. Oder man geht am Ufer entlang zur benachbarten Platja de Ferragut, wo es deutlich ruhiger ist, oder noch 700 m weiter zur Cala Mica (40.0561, 4.0661). Auf dem Parkplatz gibt es ein kleines Chiringuito. Schöne Sonnenuntergänge.

→ Beim Kreisverkehr an Me-7 und Me-15 nördlich von Es Mercadal die Ausfahrt nach Westen Richtung Binimel-là und Far de Cavalleria. Der Straße 4 km folgen, dann rechts Richtung Leuchtturm Far de Cavalleria (23) und 3 km bis zum großen Parkplatz links. Durchs Tor zum ausgeschilderten Weg.
5 Min., 40.0596, 4.0768

13 CALA ROJA

Herrliche rote Bucht in einsamer, wilder Landschaft. Ausgezeichnet zum Schnorcheln – das Wasser ist vollkommen klar mit reichlich Seegras, Felsen und Fischen. Neben Platja de Cavalleria (12), und man kann von hier auch zur Cala Torta gehen (40.0666, 4.0789).

→ Parkplatz siehe Platja de Cavalleria (12), aber vom Weg oberhalb der Stufen rechts. Für Cala Torta dem Weg in der Mitte vom Strand 500 m folgen, zunächst landeinwärts bis zu einer Mauer, dann Richtung Norden zur Bucht.
5 Min., 40.0626, 4.0775

14 CALA VIOLA DE PONENT

Nördlichster Strand der Insel, an der Westküste einer sehr schmalen Landzunge, an deren Ende Cap de Cavalleria liegt – so schmal, dass man bis zur Cala Viola de Llevant an der Ostküste sehen kann. Auf dieser Seite gibt es schöne Felstümpel zum Schnorcheln – der ganze Küstenabschnitt ist Meeresschutzgebiet –, und am Cap gibt es Wildziegen, die sich gelegentlich auch an den Strand verirren. Flach und geschützt, familienfreundlich und herrliche Sonnenuntergänge.

→ Wegbeschreibung siehe Platja de Cavalleria (12), aber 2,3 km weiter. 700 m nachdem man durch eine Mauer mit einem Meeresschutz-

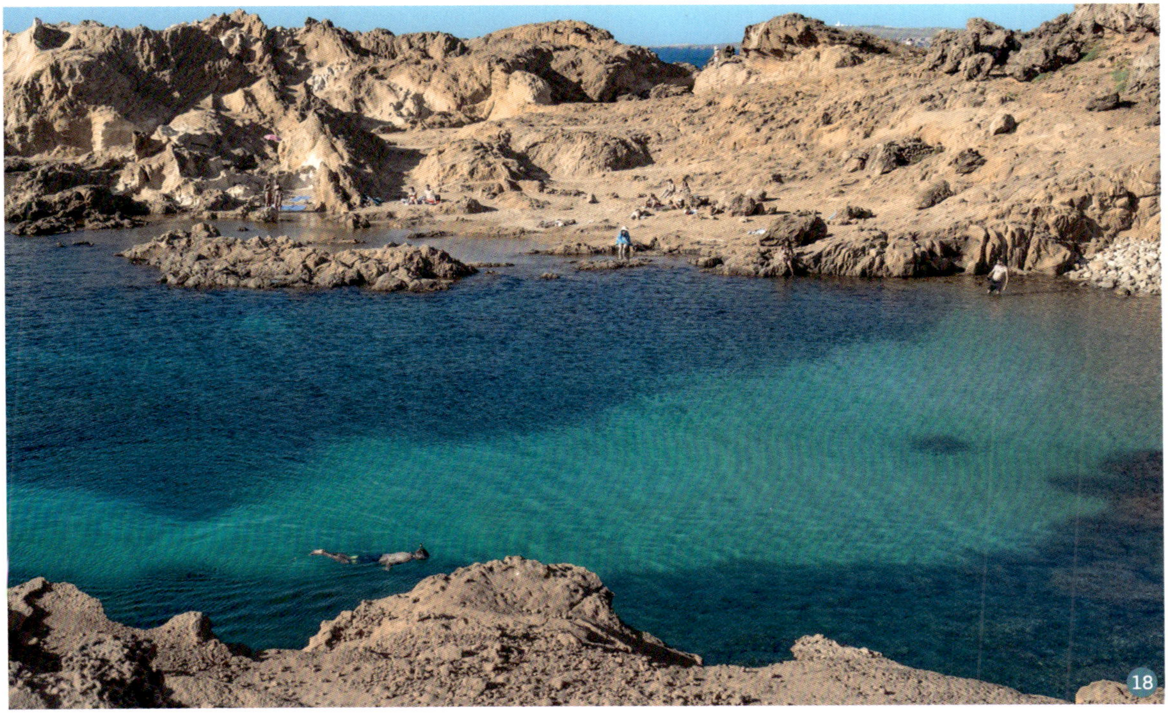

gebiet-Schild (40.0694, 4.0903) gefahren ist, parken und dem Weg zum Strand folgen. Die Straße führt zum Far de Cavalleria, wo es auch ein Café gibt.
3 Min., 40.0760, 4.0909

15 PLATJA DE BINIMEL-LÀ

Dieser Strand gehört zum Naturschutzgebiet, und die Unterwasserwelt wimmelt vor Leben. Von den Felsen zu beiden Seiten des weiten roten Sandstrands kann man herrlich schwimmen und schnorcheln. Wenn man nach Osten geht, findet man eine Reihe kleiner Felsbuchten – Caleta de Binimel-là, Caleta de s'Elisabet, Cala Racó d'en Miquel und Punta de Binimel-là – und auch im Westen liegen diverse Badestellen, die man nur von hier aus erreichen kann, da die Straßen, die dorthin führen, auf Privatgelände liegen.

→ Beim Kreisverkehr an Me-7 und Me-15 nördlich von Es Mercadal die Ausfahrt nach Westen Richtung Binimel-là und Far de Cavalleria. Nach 6 km rechts Richtung Platja de Binimel-là, nach weiteren 1,4 km links. An der Straße parken (40.0478, 4.0544), am Restaurant Binimel-là vorbei (31) und weiter zum Strand.
5 Min., 40.0516, 4.0530

16 CALA MORTS

Ruhiger als die benachbarten Platja de Binimel-là und Cala Pregonda (15 & 19). Die meisten laufen an diesem steinigen Strand vorbei, aber wir finden ihn perfekt für ein erfrischendes Bad, und durch die Felsen unter Wasser ist er auch super zum Schnorcheln.

→ Parkplatz siehe Platja de Binimel-là (15) und dem Weg vom westlichen Strandende 350 m folgen.
15 Min., 40.0524, 4.0482

17 CALANCA DE SON NADAL

Bezaubernde kleine Felsbucht zwischen zwei Stränden, herrlich für ein ruhiges Bad abseits ausgetretener Pfade. Versteckter Geheimtipp.

→ Parkplatz siehe Platja de Binimel-là (15), dem Weg vom westlichen Strandende 600 m folgen und rechts nach einem kleinen Pfad zum Wasser Ausschau halten, ca. 200 m hinter Cala Morts (16).
20 Min., 40.0540, 4.0467

18 CALA SON MERCADURET

Die roten zerküfteten Felsen bilden einen schönen Kontrast zu den leuchtenden Blautönen dieser kleinen Bucht am Wegesrand. Man kann von hier zu einer vorgelagerten Insel schwimmen, es gibt tolle Stellen zum

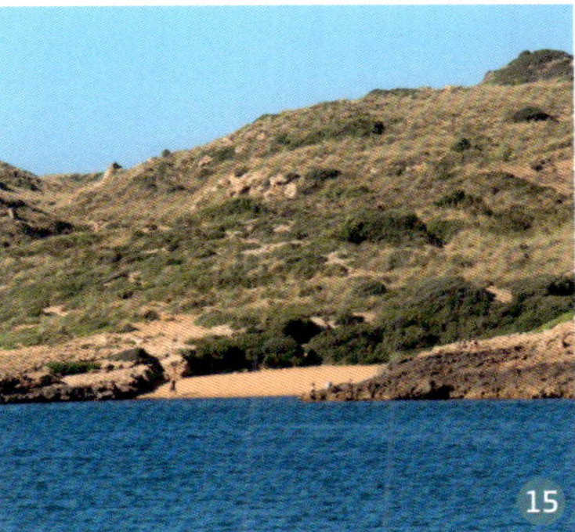

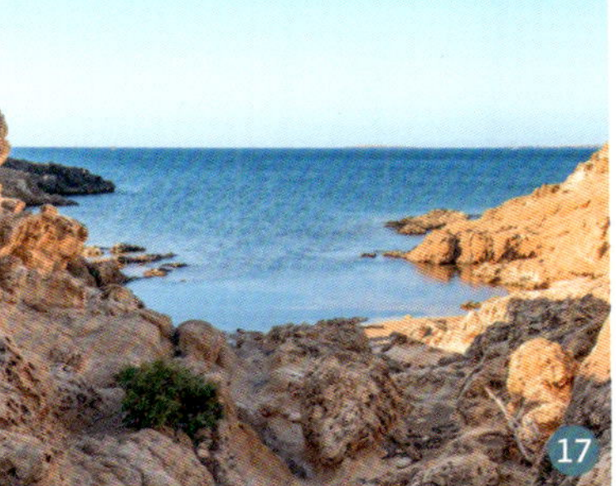

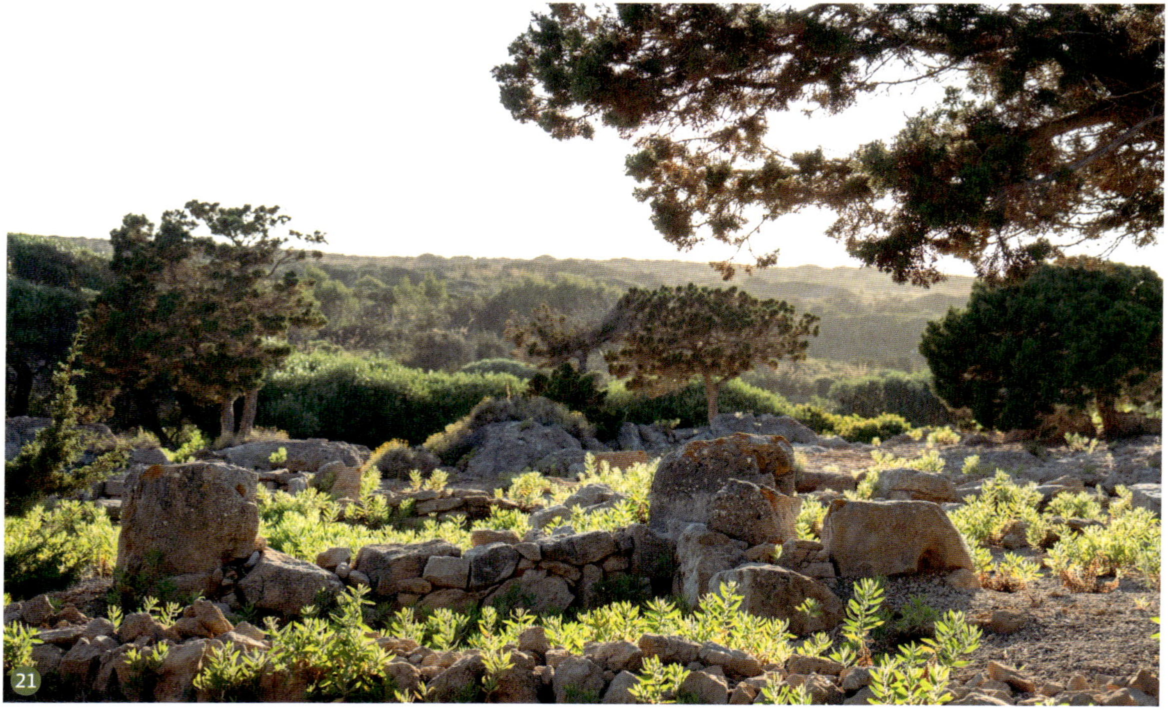

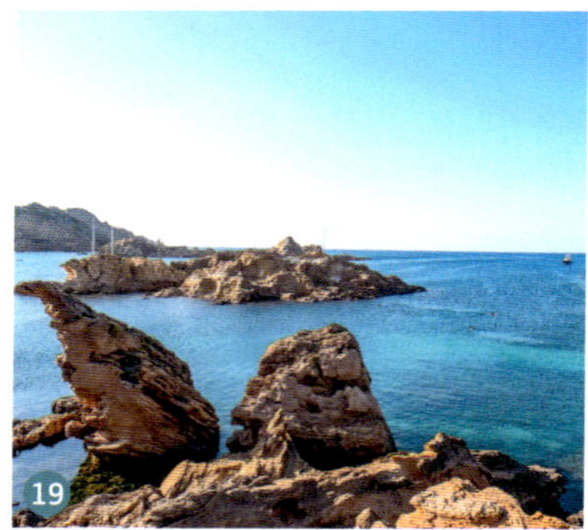

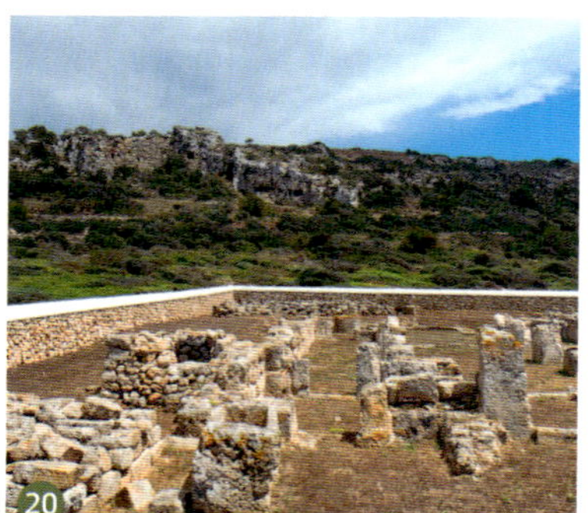

Springen, und das klare Wasser ist herrlich zum Schnorcheln. Die Felsen sind jedoch spitz, deshalb sind Wasserschuhe ratsam.

→ Von Platja de Binimel-là (15) dem Küstenweg vom westlichen Strand-Ende ca. 750 m folgen. Kurz vor Cala Pregonda S'Alario (19) zu sehen, ein kleiner Weg führt 50 m zum Wasser hinunter.

25 Min., 40.0549, 4.0454

19 CALA PREGONDA S'ALARIO & CALA PREGONDA

Der erste dieser Strände hat tolle Felsformationen, von denen man ins Wasser springen kann. Ein Stück weiter auf dem Küstenweg liegt die beliebtere Cala Pregonda, ein weiter, orangefarbener Vulkanstrand mit tief türkisblauem Wasser und fabelhaften kleinen Inseln, um die man herrlich schnorcheln kann, u. a. Escullar de Pregonda und Punta de Cala Pregonda.

→ Von Platja de Binimel-là (15) dem Küstenweg vom westlichen Strandende 800 m folgen bis zur Cala Pregonda S'Alario. Zur Cala Pregonda (40.0569, 4.0405) vom westlichen Ende dieses Strands durch die Lücke in der Mauer auf die Straße und nach 220 m rechts hinunter zum Strand.

30 Min., 40.0546, 4.0439

ALT & HEILIG

20 BASILIKA SON BOU

Die Basilika aus dem 5. Jahrhundert ist eines der ältesten christlichen Bauwerke auf den Balearen und die Bauweise eher nordafrikanisch als europäisch. Man kann den ursprünglichen Grundriss erkennen, sowie ein Taufbecken und einfache Gräber vor dem Gebäude.

→ Auf der Me-1 Richtung Osten, beim Kreisverkehr westlich von Alaior die erste Ausfahrt Richtung Son Bou. 6,6 km bis zum Kreisverkehr am östlichen Dorfrand, dort die zweite Ausfahrt, beim nächsten Kreisverkehr geradeaus bis zum Strandparkplatz am Ende (39.9001, 4.0741). Den Bohlenwegen zum Strand folgen und 500 m nach Osten zu den Ruinen dahinter.

10 Min., 39.8960, 4.0789

21 SANISERA

An der kleinen Straße zum Cap de Cavalleria liegen diese römischen Ruinen, die zum einstigen Hafen Sanisera gehörten, von dem heute nur noch der kleine Hafen Sanitja ganz in der Nähe übrig geblieben ist. Die Anlage, von einem Militärlager oberhalb des Hafens bis zum Meeresgrund, wird noch untersucht, aber man kann sich trotzdem umsehen. Im Wasser sieht man Überreste von Booten und Amphoren, doch sie sind versunken, und der Hafen wurde aus gutem Grund aufgegeben, denn hier herrschen oft gefährliche Strömungen. Wer mehr über die alten Römer erfahren will, kann bei der Nekropole auf der anderen Seite der Bucht an einem Ausgrabungs-Workshop teilnehmen (40.0695, 4.0876).

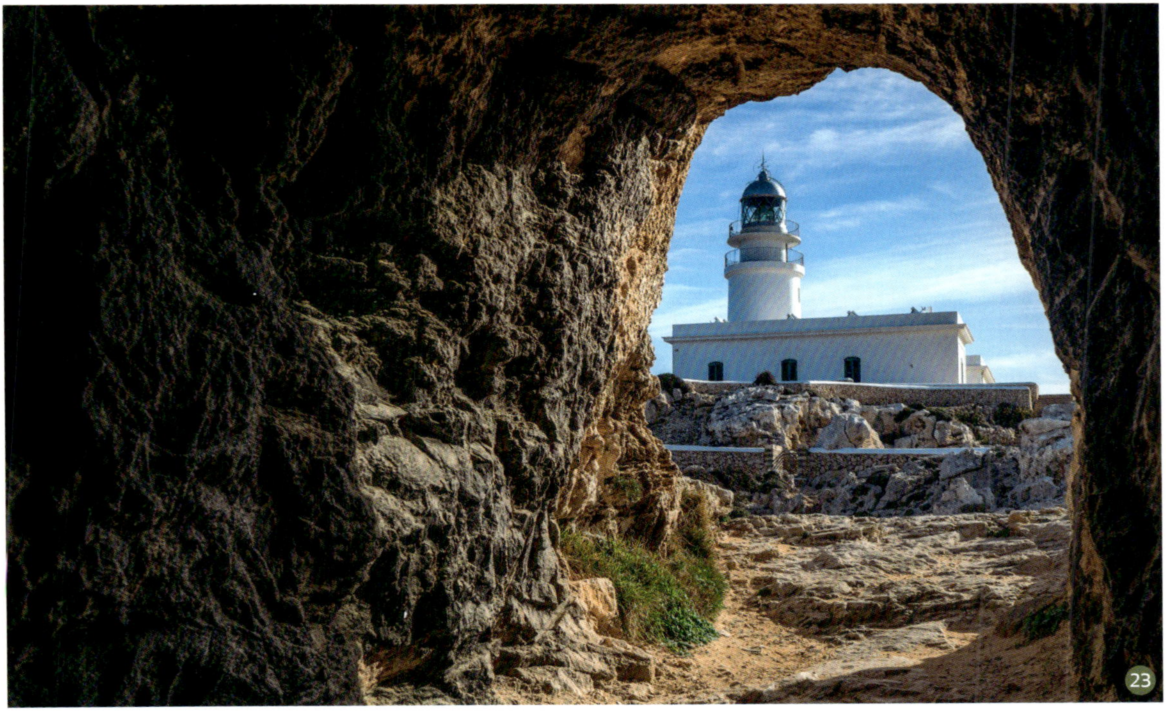

→ Beim Kreisverkehr von Me-7 und Me-15 nördlich von Es Mercadal die Ausfahrt nach Westen Richtung Binimel-là und Far de Cavalleria nehmen. Nach 4 km rechts Richtung Leuchtturm Far de Cavalleria und bis zum Parkplatz Platje de Cavalleria nach 3 km links. Die letzten 1,3 km zu Fuß. Oder an Platje de Cavalleria vorbei, nach 2,3 km bei Cala Viola de Ponent parken (40.0753, 4.0928) und 900 m zurückgehen. Workshops über das Sanisera Archaeology Institute (archaeology.institute).

15–20 Min., 40.0671, 4.0897

22 TORRE DE FORNELLS

Der 1801 von Briten erbaute Turm steht am Ende der Landspitze vor den Toren des Fischerdorfs Fornells. Er schützte einst das Castell de San Antoni, von dem nur noch Ruinen übrig sind (40.0572, 4.1332). Der Turm selbst ist in einem hervorragenden Zustand, und innen gibt es eine Ausstellung, die Eintritt kostet, doch wir sind nur wegen der Aussicht zum Cap de Cavalleria gekommen, Menorcas nördlichstem Punkt. Im Hafen von Fornells gibt es hervorragendes, frisches Seafood.

→ Von Es Mercadal auf der Me-15 für 7 km Richtung Norden bis Fornells, dort dem Einbahnstraßensystem folgen und dann den Schildern zum Torre de Fornells, Richtung Norden bis zum Parkplatz am Ende (40.0617, 4.1329). Zu Fuß zum Turm, den man von hier aus sehen kann.

5 Min., 40.0613, 4.1306 €

23 FAR DE CAVALLERIA

Dieser malerische Leuchtturm thront am nördlichsten Punkt Menorcas, an der Spitze einer 3 km langen Landzunge, wo es vom 14. bis zum 19. Jahrhundert 700 Schiffbrüche gab, bevor ein Leuchttum gebaut wurde. Es gibt eine kleine Ausstellung und ein Café. Beliebter Ort, um sich den Sonnenuntergang anzusehen. Die Landschaft ist wild, die Aussicht atemberaubend.

→ Beim Kreisverkehr von Me-7 und Me-15 nördlich von Es Mercadal die Ausfahrt nach Westen Richtung Binimel-là und Far de

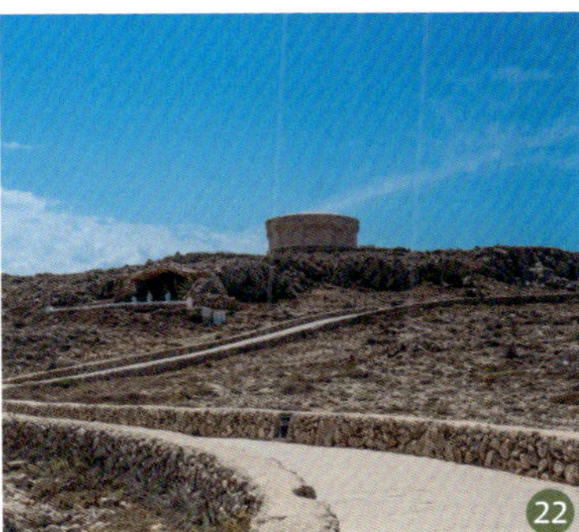

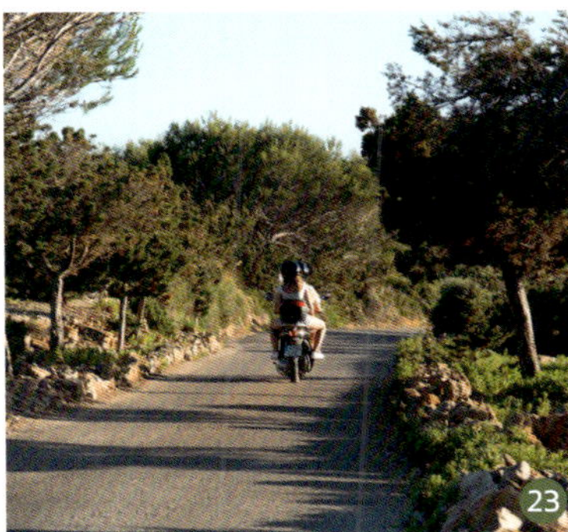

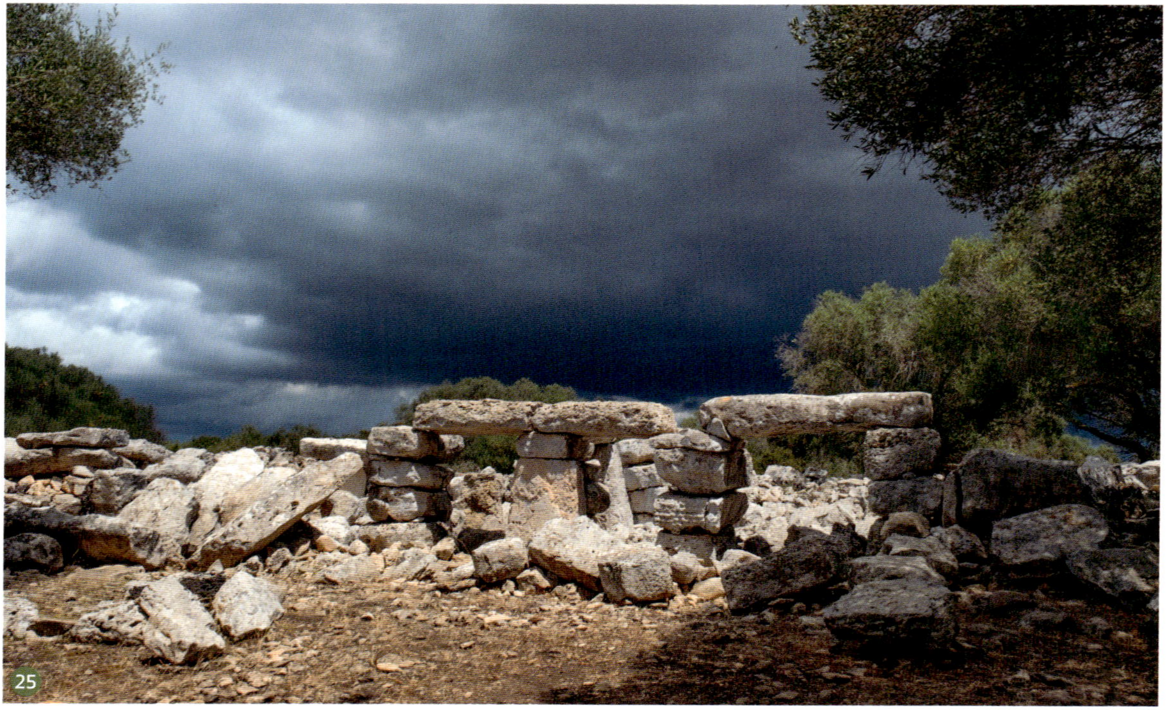

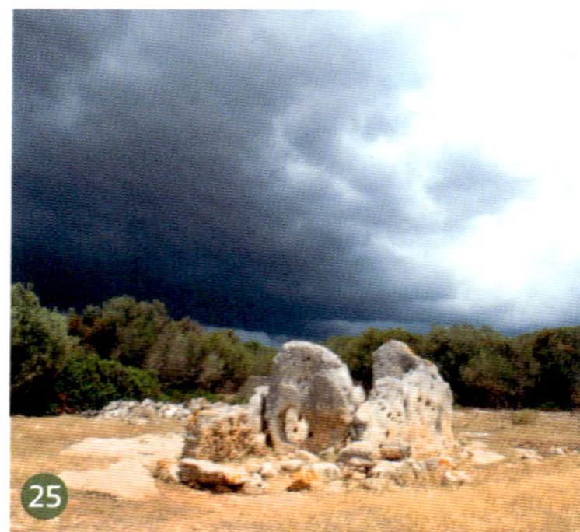

Cavalleria. Nach 4 km rechts Richtung Far de Cavalleria und 7 km bis zum Parkplatz am Ende.

5 Min., 40.0883, 4.0920

24 TORRE D'EN GALMÉS

Eine der größten talayotischen Siedlungen der Insel, die von 1400 v. Chr. bis zum Ende des römischen Reichs genutzt wurde und dann mit Unterbrechungen bis zum 13. Jahrhundert. Es gibt ein Informationszentrum, drei Verteidigungs-Talayots, eine Taula, typische Rundhäuser und ein komplexes Wassersystem – die 3 € Eintritt lohnen sich. Es gibt von hier auch einen herrlichen ausgeschilderten Wanderweg zum Dorf Cala En Porter.

→ Auf der Me-1 Richtung Osten, beim Kreisverkehr westlich von Alaior die erste Ausfahrt Richtung Son Bou. Nach 2,4 km beim lila Wegweiser zum Poblat talaóitic Torre d'en Galmés links. Der Straße 1,4 km folgen, bei der Straßengabelung links und dem lila Wegweiser weitere 350 m bis zum ausgeschilderten Parkplatz folgen.

2 Min., 39.9029, 4.1157

25 SES ROQUES LLISES

Dieses frühe talayotische Bauwerk aus der Bronzezeit war ein Gemeinschaftsgrab. Zu den Funden gehören ein Bogenschützenarmband, ein Kupfermesser und Tonwaren. Anders als der benachbarte Torre d'en Galmés (24) kostet es keinen Eintritt, aber nur wenige Besucher verirren sich hierher.

→ Wegbeschreibung siehe Torre d'en Galmés (24), aber auf der holprigen Straße 700 m weiter bis zu einem kleinen Parkplatz. Die Ruinen erreicht man über einen kurzen, ausgeschilderten Weg.

5 Min., 39.8974, 4.1126

26 BINICODRELL DE DARRERA

Von 1000–700 v. Chr. befand sich hier offenbar eine große Siedlung, doch jetzt sind nur noch zwei Talayots übrig. Einer ist in gutem Zustand, und es führt eine Rampe im Zickzack zu einer Plattform auf seiner Spitze. Wenn Sie auf dem Weg zur Cova des Coloms (30) sind, lohnt sich ein Abstecher. Man findet auf dem Gelände noch immer Tonscherben.

→ In Es Migjorn auf dem Camí de sa Malagarba Richtung Südwesten und Friedhof, aber kurz bevor man das Dorf verlässt, rechts parken (39.9445, 4.0464). Die Straße überqueren zum Holztor.

1 Min., 39.9439, 4.0464

SPAZIERGÄNGE

27 FINCA PÚBLICA S'ARANGÍ

Dieser wilde, friedliche Naturpark hat drei schöne Wanderwege, und man blickt von hier übers Tal und auf El Toro, den höchsten Berg der Insel. Hier hausen Eidechsen, Schildkröten und Raubvögel. Wir empfehlen einen Spaziergang zur Peña del Indio, einer Felsformation, die aus einer bestimmten Perspektive einem Kopf ähnelt. Beliebt bei Kletterern, da er sich durch seine Wabenstruktur hervorragend zum Bouldern eignet. Davon abgesehen ist der Wald nicht sehr bekannt, möglicherweise hat man ihn sogar ganz für sich allein. Auf der gegenüberliegenden Straßenseite gibt es einen tollen Laden mit Café, wo man Käse und andere regionale Erzeugnisse kosten kann.

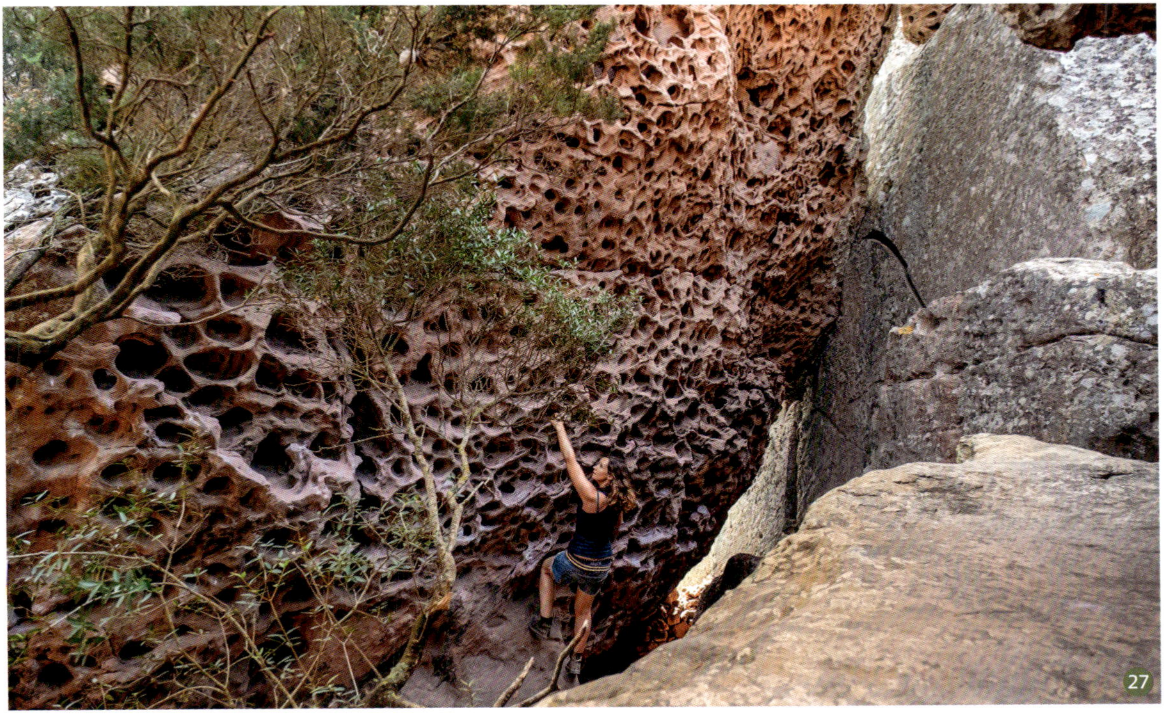

→ Auf der Me-1 von Es Mercadel ca. 1,5 km Richtung Süden und beim Schild zur Finca publica s'Arangi rechts auf den Parkplatz. Die Abfahrt ist leicht zu verpassen und liegt an einer schnellen Straße, also Augen offen halten. 250 m weiter gibt es eine Parkbucht, bei der man gegebenenfalls wenden kann, aber man kann aus dieser Richtung nicht zum Parkplatz abbiegen, deshalb muss man ganz bis zum Kreisverkehr in Es Mercadel zurück. Vom Parkplatz sind diverse Wanderwege ausgeschildert.

20–90 Min., 39.9701, 4.0934

28 PEDRERA DE SANTA PONÇA

Der alte Steinbruch ist ein wundervolles Beispiel für Renaturierung. Wanderwege führen durch tiefe Schluchten mit nistenden Vögeln, Schildkröten und Wildblumen. Ein friedliches Paradies, das nur wenige kennen und das unbedingt einen Besuch lohnt.

→ Vom Kreisverkehr westlich von Alaior auf der Me-1 für 1,5 km Richtung Westen, dann links auf eine kleine, nicht beschilderte Straße Richtung Sa Maleta (39.9366, 4.1232). Nach 450 m links auf eine kleine Schotterstraße und nach 100 m parken.

5 Min., 39.9329, 4.1227

HÖHLEN & SCHLUCHTEN

29 BARRANC D'ALGENDAR

Spektakuläre Schlucht (BARRANC) mit zum Teil 50 m hohen Klippen zu beiden Seiten. Sie beginnt am Ortsrand von Ferreries und windet sich durch die Landschaft bis zum Küstenort Cala Galdana mit herrlichen Wäldern, dramatisch engen Passagen und Spuren aus der Bronzezeit. Die bekannte Cova Murada (39.9663, 3.9654) war die Grabstätte einer nahe gelegenen talayotischen Siedlung. Cova des Càrritx wurde durch einen Steinschlag vor nur 25 Jahren verschüttet. Archäologen haben hier einzigartige Grabbeigaben gefunden, darunter auch einen Buchsbaumkamm und verzierte Knochengefäße mit menschlichen Haaren, die sich jetzt im Museum in Ciutadella befinden.

→ Vom Kreisverkehr an der Me-20 westlich von Ferreries die Abfahrt nach Südwesten Richtung Barranc d'Algendar. Nach 3,6 km vor

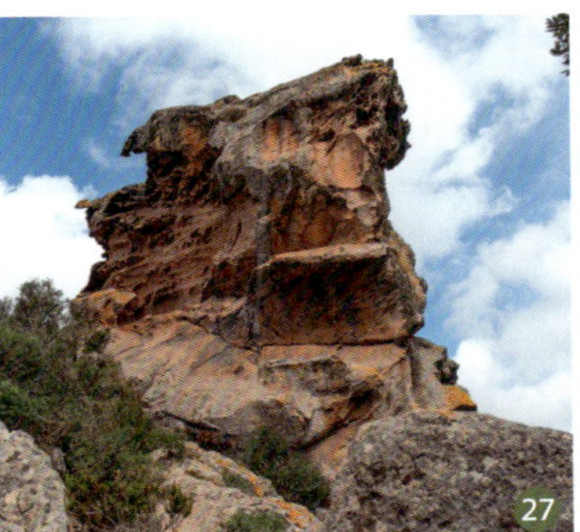

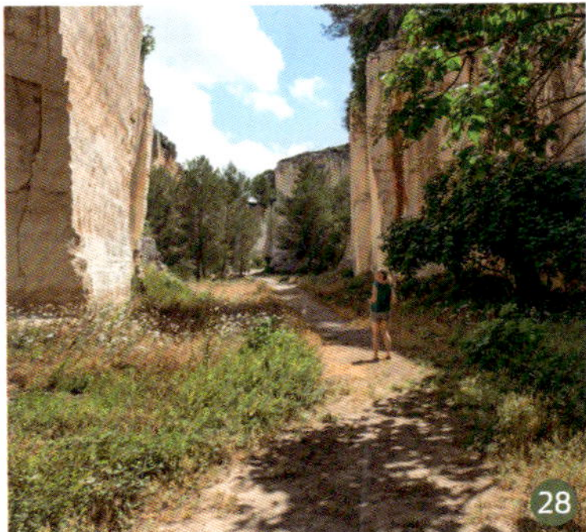

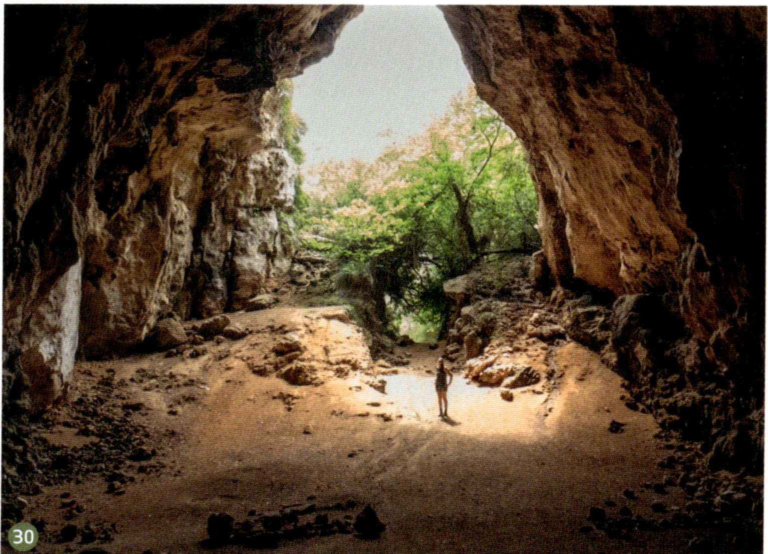

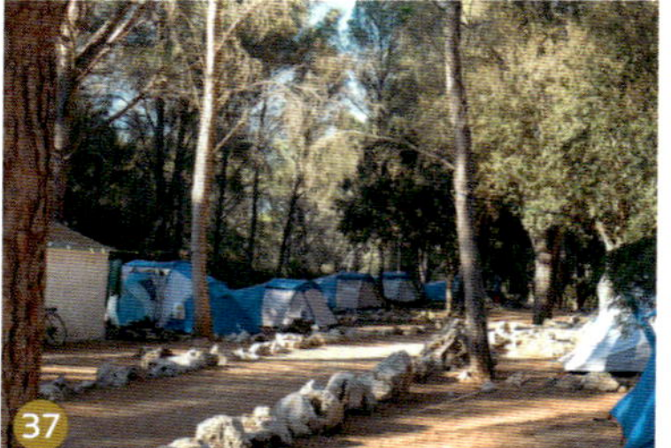

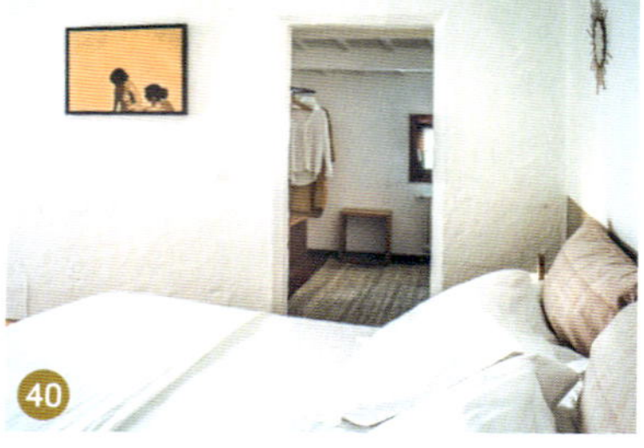

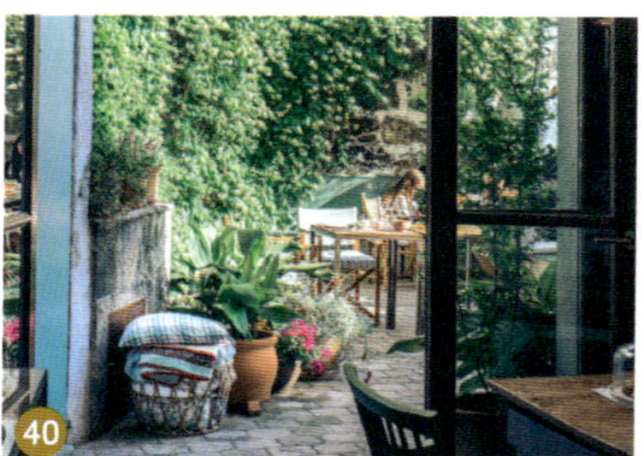

dem Tor rechts und 600 m bis zum Parkplatz am Ende. Die Schlucht hinunter und dem Weg Richtung Süden folgen, so weit man möchte. Bis zum Meer sind es 6 km.

60–90 Min., 39.9808, 3.9742

30 COVA DES COLOMS

Auch „die Kathedrale" genannt. Riesige Höhle mit Säulen und zweiter Kammer am Ende und 24 m hoher Decke, die dem Gewölbe eine kirchenartige Akustik verleiht. Einst Grabstätte, und es wurden menschliche Knochen, Tongefäße und Bronzehörner von 406 v. Chr. hier gefunden. Gut zu kombinieren mit einer Wanderung zur Platja de Binigaus (4).

➔ Südwestlich von Es Migjorn Gran beim Friedhof parken (39.9431, 4.0457). Zu Fuß 1,2 km auf der Straße Richtung Süden, vorbei am Hotel Rural Binigaus Vell, dann links auf den Camí de Cavalls Richtung Cova des Coloms und Platja de Binigaus (39.9355, 4.0378). Für diesen Weg braucht man festes Schuhwerk. 1 km steil bergab, dann nach Wegweisern zur Cova des Coloms links Ausschau halten (auf die Felsen gemalt), den Hauptweg verlassen und steil bergauf (39.9331 4.0390).

30 Min., 39.9331, 4.0390

SLOW FOOD

31 RESTAURANT BINIMEL-LÀ

Ganz oben auf dem Berg, der zur Platja de Binimel-là (15) und den Stränden dahinter hinunterführt, mit entsprechender Aussicht. Terrasse mit Meerblick und traditionelle menorquinische Küche. Bei den Einheimischen sehr beliebt, daher rechtzeitig reservieren, um sich einen Fensterplatz zu sichern.

➔ Ub la Binimel 1, 07740 Es Mercadal, +34 971 359275

40.0491, 4.0543

32 CAS SUCRER DES MERCADAL

Diese Bäckerei in Mercadal ist seit 1884 im Geschäft und hat sich ihren Ruf als bester Laden auf der Insel für traditionelles Gebäck wie die schneckenförmigen Ensaimadas hart erarbeitet.

➔ Plaza Constitucion 11 (Carrer del General Alberti), 07740 Es Mercadal, +34 971 375175

39.9886, 4.0930

33 MOLI D'ES RACÓ

Dieses traditionelle Restaurant in einer alten Windmühle serviert eine große Auswahl an menorquionischen Spezialitäten. Bei Einheimischen sehr beliebt, tolle, lebhafte Atmosphäre.

➔ Carrer Major 53, 07740 Es Mercadal, +34 971 375392

39.9875, 4.0913

34 MARKT IN MERCADAL

Jeden Donnerstag im Sommer von 19 Uhr bis Mitternacht gibt es hier Käse, Schinken, Wein u.v.m.

➔ Plaça de Pare Camps, 07740 Es Mercadal

39.9873, 4.0939

CHIRINGUITOS

35 CHIRINGUITO ES BRUC

Wenn die Einheimischen einem Laden die Türen einrennen, muss etwas dran sein. Das immer volle Chiringuito liegt direkt an der Platja de Sant Adeodato (3) in Sant Tomàs. Superfrisches Seafood und einfach perfekt für ein langes, gemütliches Mittagessen.

➔ Platja de Sant Adeodato, 07749 Es Migjorn Gran

39.9173, 4.0331

36 CHIRINGUITO PLATJA DE CAVALLERIA

Das kleine Chiringuito ist meilenweit der einzige Ort, wo man ein kaltes Getränk bekommt und im Schatten sitzen kann. Willkommener Zwischenstopp auf einer langen Wanderung!

➔ Platja de Cavalleria, 07740 Es Mercadal

40.0595, 4.0806

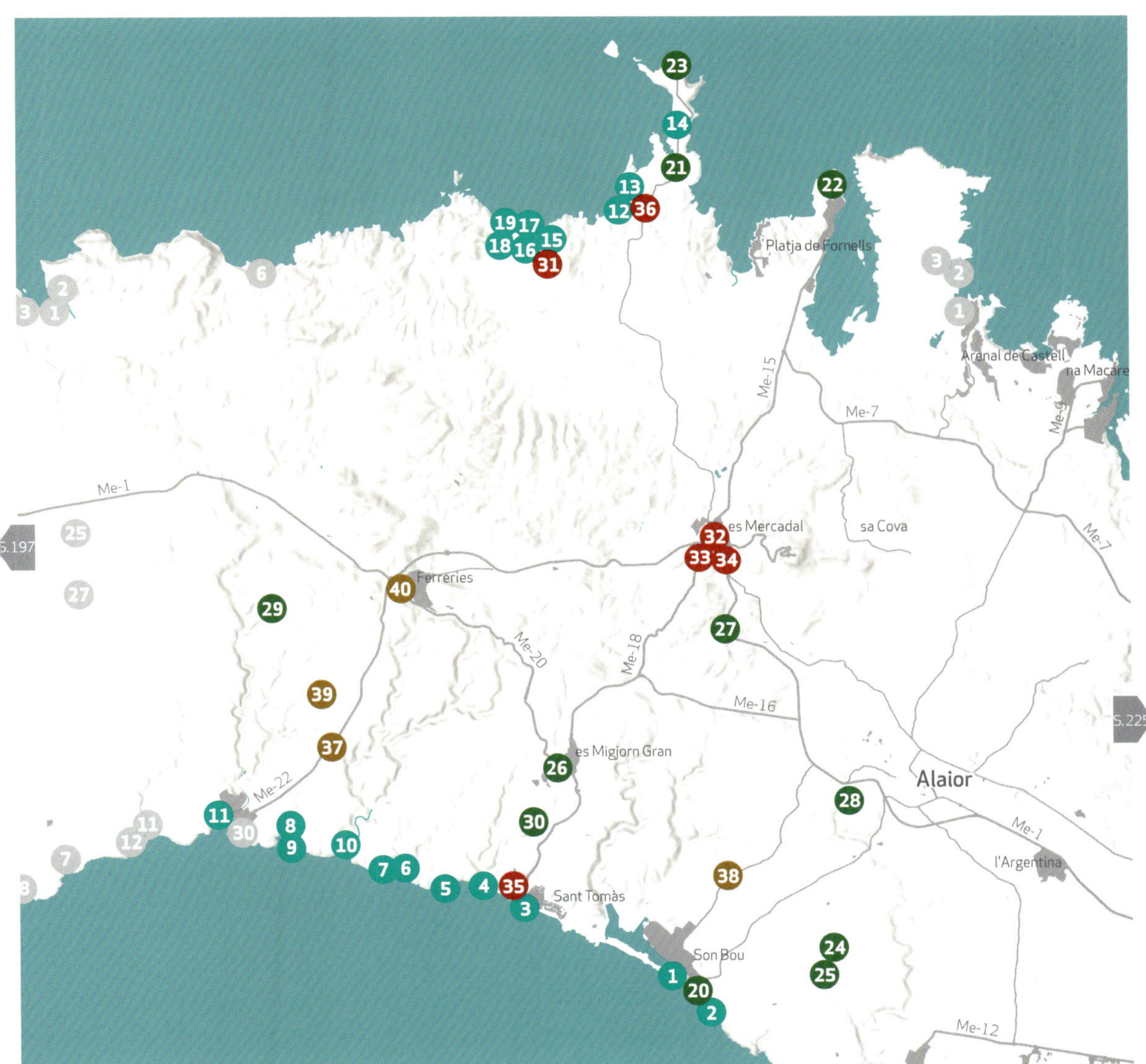

ÜBERNACHTEN

37 CAMPING S'ATALAIA

Dieser einfache Campingplatz im Wald, geöffnet von April bis September, ist nur für Zelte, und man kann auch Zelte leihen. Es gibt genug Platz, um eine Hängematte zwischen den Pinien aufzuhängen und im Schatten ein Zelt aufzubauen. Außerdem Laden, Bar, Grillmöglichkeiten, Pool und die üblichen Ausstattung.

→ Carretera de Cala Galdana km 4,5, 07750 Ferreries, +34 971 374232
39.9514, 3.9874

38 CAMPING SON BOU

Stellplätze, möblierte Zelte und Hütten. Die übliche Ausstattung plus Pool, diverse Sportangebote und ein Spielplatz.

→ Carretera de Llucalari km 3,5, 07730 Alaior, +34 971 372727
39.9193, 4.0892

39 SON TRIAY

Schlichter Agrotourismus für Familien auf einem Milchbauernhof, aber in einem prächtigen, alten, neoklassizistischen Gebäude mit schönem Garten und Pool.

→ Carretera Cala Galdana km 2,5, 07750 Ferreries, +34 619 642960
39.9624, 3.9857

40 SES SUCRERES

Umweltbewusstes Boutique-Hotel in einem restaurierten Haus aus dem 19. Jahrhundert in der Fußgängerzone der Altstadt von Ferrieres. Nur sechs Zimmer mit ausgewählter, schöner Einrichtung und eine Dachterrasse.

→ Carrer Sant Joan 15, 07750 Ferreries, +34 644 260227
39.9833, 4.0097

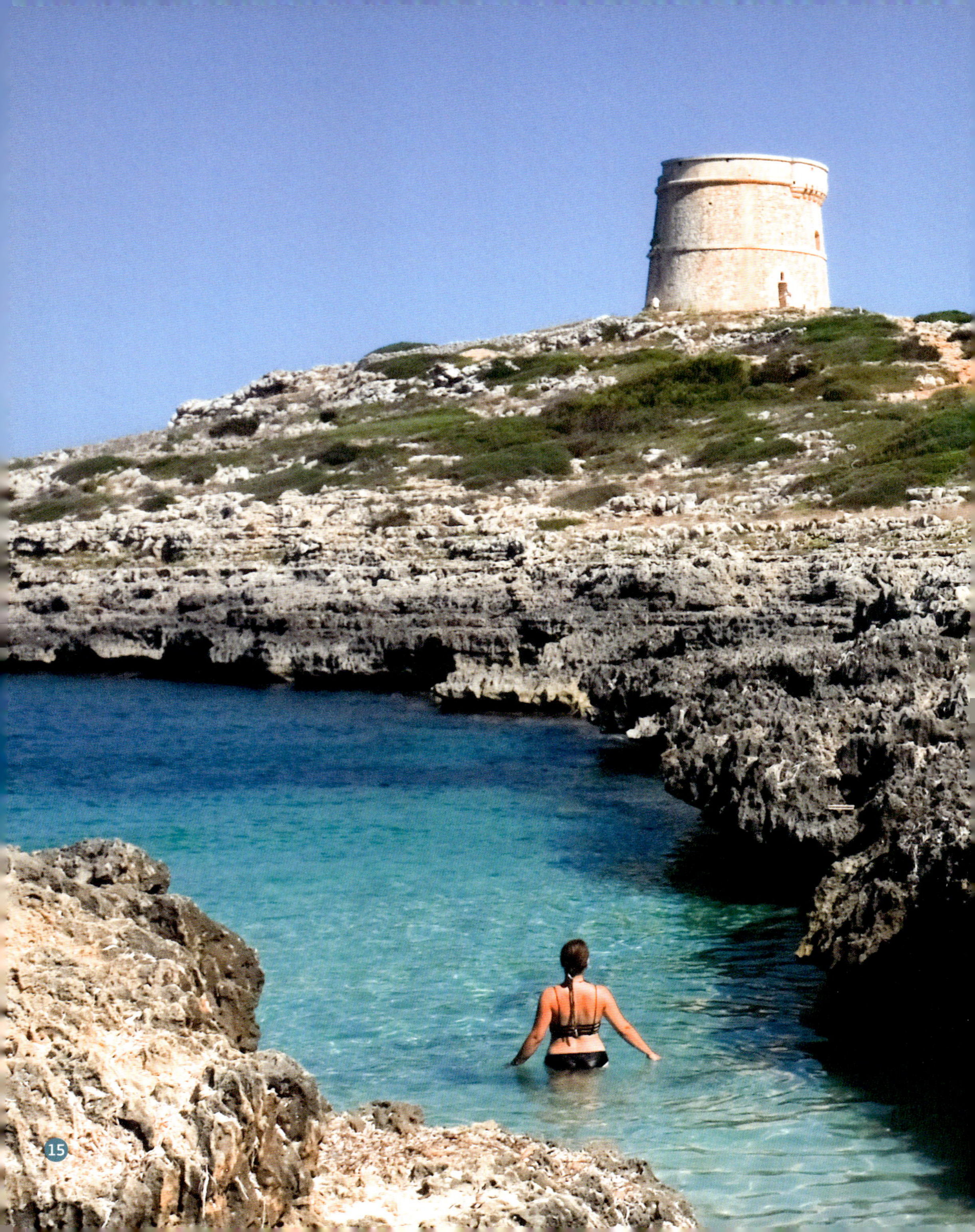
15

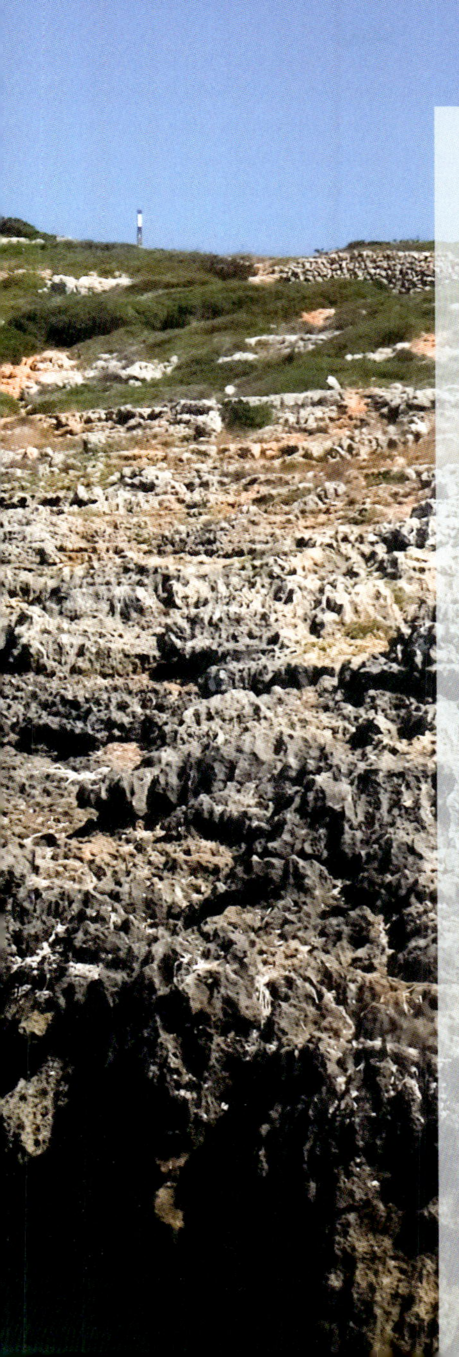

MENORCA DER OSTEN

Das perfekte Wochenende

- **Zählen** Sie, wie viele verschiedene Vogelarten Sie auf den wunderschönen Wanderwegen der Lagune S'Albufera des Grau entdecken.
- **Steigen** Sie zum römischen Schrein im Talaiot de Torellónet Vell hinauf, und besichtigen Sie die Mosaiken der Basilika in der Nähe.
- **Baden** Sie nach einer Wanderung durch wildes Terrain im türkisblauen Wasser der Cala Tortuga.
- **Paddeln** Sie mit dem Kajak von Es Grau zur unbewohnten Illa d'en Colom.
- **Schnorcheln** Sie in der schmalen Schlucht der Cala Rafalet, oder versuchen Sie, an den Felsüberhängen hochzuklettern.
- **Wandern** Sie den Camí de Cavalls entlang, und baden Sie unterwegs an all den schönen Stränden zwischen Es Grau und Cap de Favàritx.
- **Springen** Sie nach einem langen Abstieg über Stufen von den Felsen, um in der Cala Binidalí zu schnorcheln.
- **Genießen** Sie den Blick in die Sterne, wenn Sie in der abgelegenen Finca Sa Torre Blanca in einem Turm aus dem 14. Jahrhundert übernachten.
- **Schlemmen** Sie bei Sonnenuntergang im Bucaneros in der Cala Binibeca frischen Fisch, während Sie den Sand unter Ihren Füßen spüren.

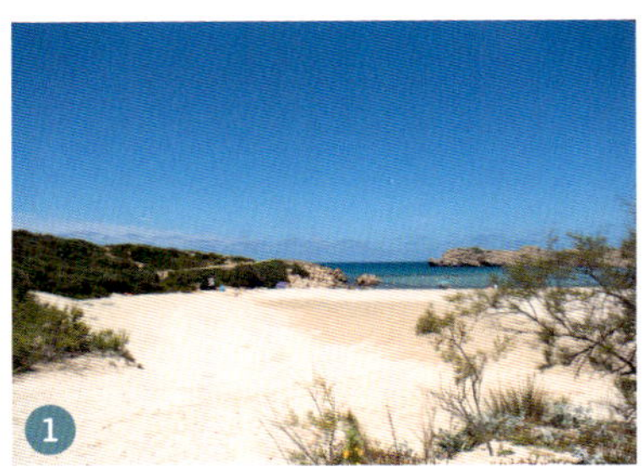

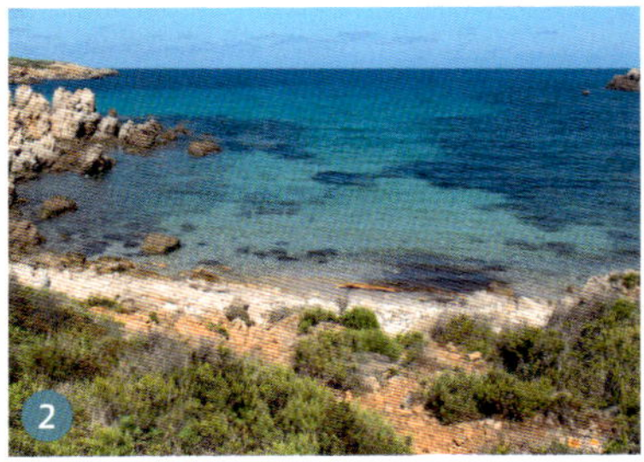

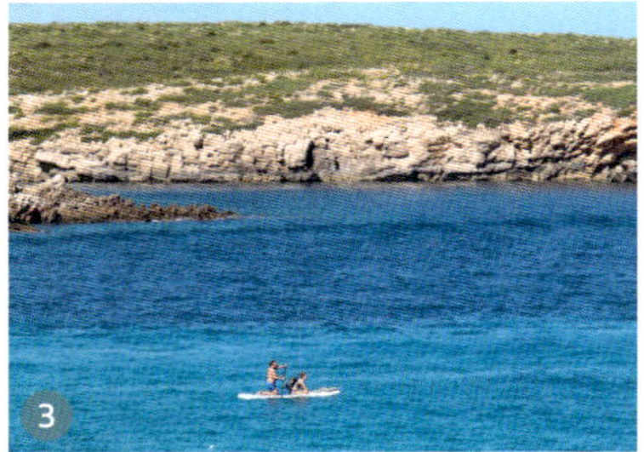

Der Nordosten Menorcas wird vom Parc Natural de S'Albufera des Grau beherrscht, einem Wildpark im Herzen des UNESCO-Biosphärenreservats. Das herrlich artenreiche Ökosystem umfasst eine große Lagune, Feuchtgebiete, Strände, Dünen, Wälder und kleine Inseln und ist ein wahres Paradies für Naturliebhaber. Man sieht Zwergadler, Schmutzgeier, Fischadler, Rotmilane, Waldlaubsänger und den Schottischen Kreuzschnabel, und die Balearen-Eidechse gibt es ausschließlich in diesem Naturschutzgebiet. Der Camí de Cavalls führt an der Küste entlang durch den Park, mit Zugang zu den meisten Stränden und markierten Wege zur Lagune sowie zu Vogelbeobachtungstürmen und Aussichtspunkten.

Die Küste ist größtenteils unbewohnt, und die wilden Strände sind nur zu Fuß oder mit dem Boot erreichbar. Der Abschnitt zwischen Cap de Favàritx und Es Grau dauert drei bis vier Stunden und ist bei Wanderern sehr beliebt, da er an einigen der schönsten Stellen der Insel vorbeiführt und flacher und besser begehbar ist als andere Passagen des Camí de Cavalls. Trotzdem begegnet man manchmal über Kilometer keiner einzigen Menschenseele. Man durchquert schattige Wälder mit knorrigen alten Olivenbäumen und Piniennadeln unter den Füßen und offenes Buschland, den Duft von Rosmarin und Wacholder in der Nase, vorbei an weißen Sand- und Kieselstränden, die nach einer Wanderung in der prallen Sonne willkommene Abkühlung bieten. Über weite Strecken gibt es keine Läden, deshalb unbedingt genug Wasser und Proviant einpacken.

Die Hauptstadt Maó (oder Mahón) liegt an der Ostküste, an einem der größten natürlichen Häfen der Welt, und wurde vor über 2000 Jahren gegründet. Durch die Einflüsse von Römern, Wikingern, Mauren, Spaniern, Osmanen, Franzosen und Briten herrscht eine Kulturvielfalt, die für eine Insel mit so wenigen Einwohnern ungewöhnlich ist. Menorcas berühmtester Käse ist nach der Stadt benannt und möglicherweise war sie auch namensgebend für Mayonnaise.

Nach Süden und Westen ist das Land mit verschlafenen, weiß getünchten Dörfern dichter besiedelt, und die wilde Felsenküste wird von vereinzelten Stränden durchbrochen, kleine Buchten liegen zwischen hohen Klippen. Die Straßen schlängeln sich an Bauernhöfen und Wäldern vorbei, und alles spielt sich in einem gemächlichen Tempo ab.

Auch im Osten der Insel gibt es gut erhaltene Relikte der Steinzeit, vor allem Cales Coves, wo über 100 Hypogäen in die Klippen gemeißelt sind, die größte Nekropole der Insel. Wenn man in einer dieser Grabstätten steht und auf das kristallklare Wasser hinunterschaut, fühlt man sich in die Vergangenheit zurückversetzt. Es Castellàs des Caparrot de Forma ist eine weitere beeindruckende Nekropole, hoch auf den Klippen, mit 23 Grabkammern, von denen man einen atemberaubenden Blick über die Küste hat.

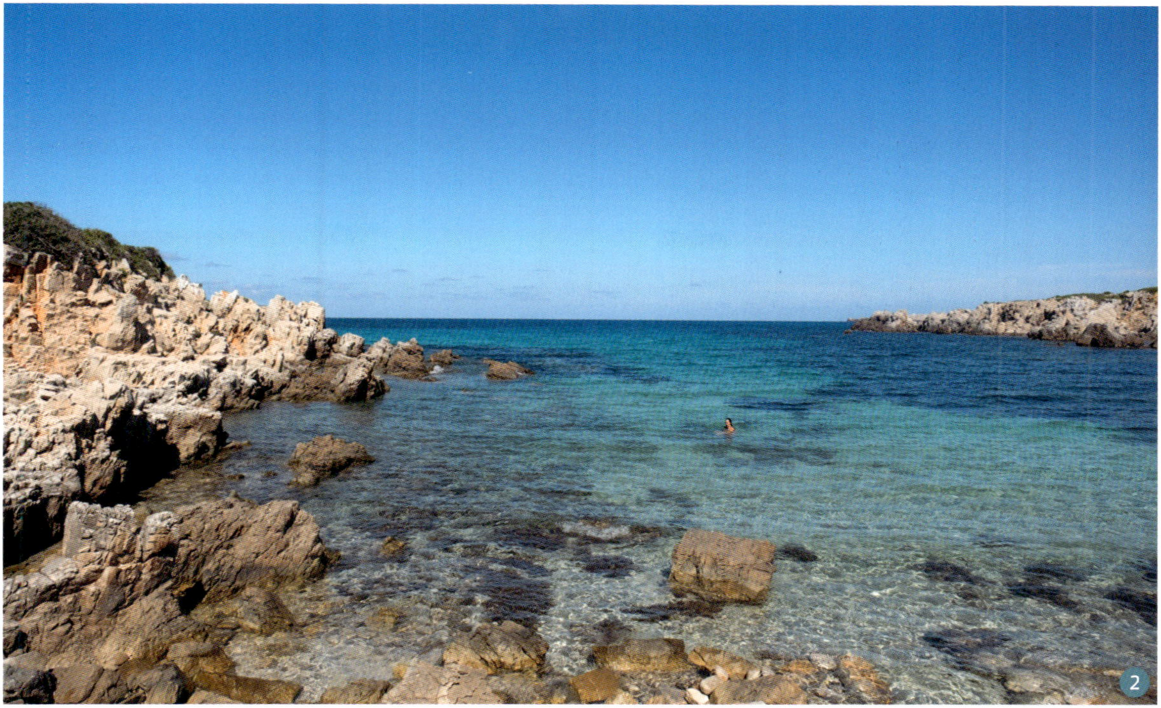

NORDKÜSTE

1 ARENAL DE SON SAURA

Großer Strand am Rand des Ferienorts Son Parc, aber nach unserer Erfahrung auch im Sommer relativ ruhig. Perfekt, um zu baden und sich vor oder nach einer Wanderung auf dem Camí de Cavalls, der am Strand vorbeiführt, mit einem Snack vom Chiringuito zu entspannen. Ein Küstenweg führt zu ein paar ruhigeren Buchten ganz in der Nähe.

→ Auf der Me-7 von Maó ca. 16 km Richtung Norden, dann rechts Richtung Son Parc und Arenal de Son Saura. Beim Kreisverkehr nach 3 km links Richtung Platja (die braunen Wegweiser zeigen hier in beide Richtungen). Beim nächsten Wegweiser zum Strand nach 400 m links und bis zum Strandparkplatz. Dem Weg am Chiringuito vorbei zum Strand folgen.

2 Min., 40.0331, 4.1617

2 MACAR DE CALA PUDENT

Ruhige kleine Kieselbucht mit sandigem Meeresboden. Perfekt für ein erfrischendes Bad im Meer.

→ Wegbeschreibung siehe Arenal de Son Saura (1), über die Treppen am westlichen Ende auf den Küstenweg und 1 km Richtung Norden.

20 Min., 40.0416, 4.1593

3 CALA PUDENT

Diese Sandbucht mit flachem Wasser ist ein kleines Paradies und nur zu Fuß über den Küstenweg erreichbar. Herrlich zum Schnorcheln um die kleinen Inseln und Felsen.

→ Wegbeschreibung siehe Arenal de Son Saura (1), über die Stufen am westlichen Ende auf den Küstenweg und diesem 1,2 km Richtung Norden folgen, vorbei an Macar de Cala Pudent (2).

25 Min., 40.0435, 4.1588

4 CALA PRESILI

Dieser kleine Sandstrand, auch Capifort genannt, liegt im Schutz flacher, blaugrauer Klippen und der zerklüfteten Landspitze Cap de Favàritx. Die Dünen dahinter sind Naturschutzgebiet. Von hier kann man nach Süden zu weiteren Stränden gehen – sogar ganz hinunter zur Platja Es Grau (7).

→ Auf der Me-7 von Maó 7 km Richtung Norden, dann auf die CF-1 Richtung Favàritx weiter nach Norden, 6 km Richtung Leuchtturm. Der letzte Abschnitt ist eine Privatstraße der Finca de Son Camamil-la, und der Parkplatz liegt hinter dem Tor rechts. Zu Fuß Richtung Leuchtturm und rechts auf den Camí de Cavalls (39.9968, 4.2567). 600 m Richtung Süden und links nach dem Weg zum Strand Ausschau halten.

25 Min., 39.9924, 4.2547

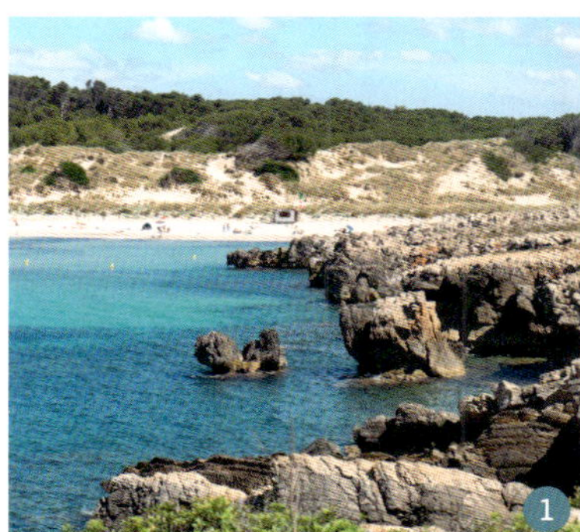

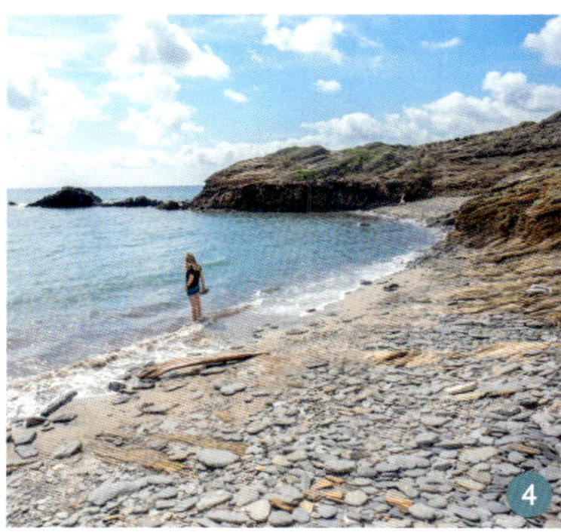

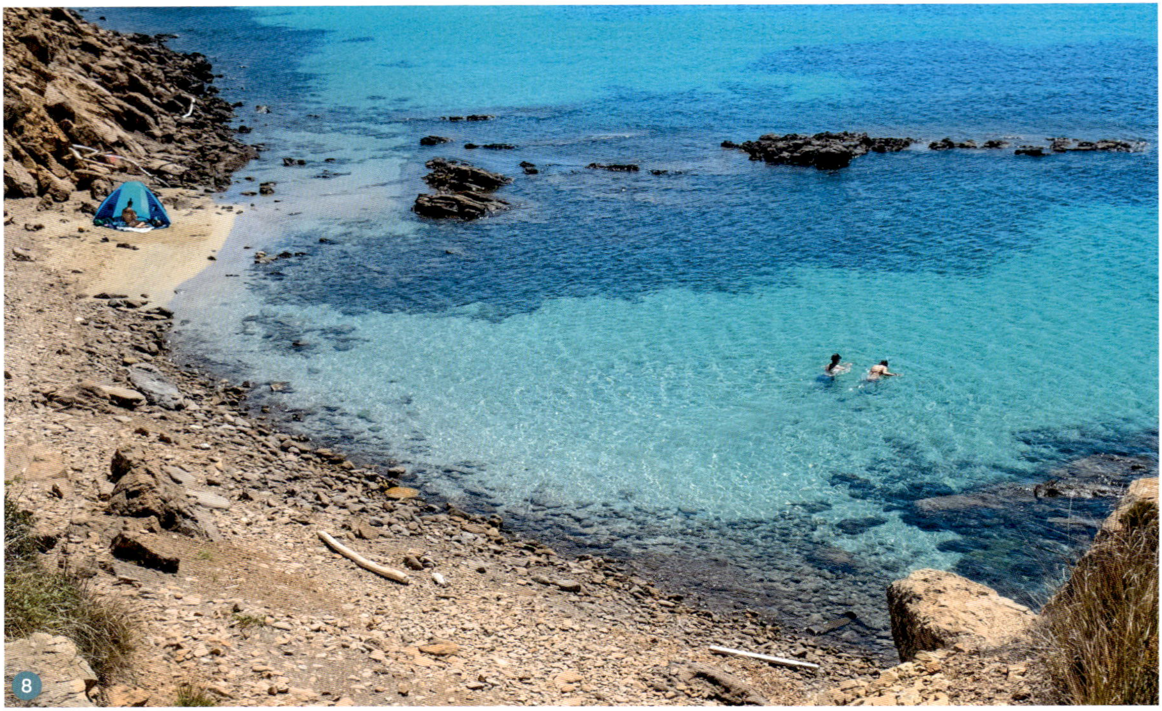

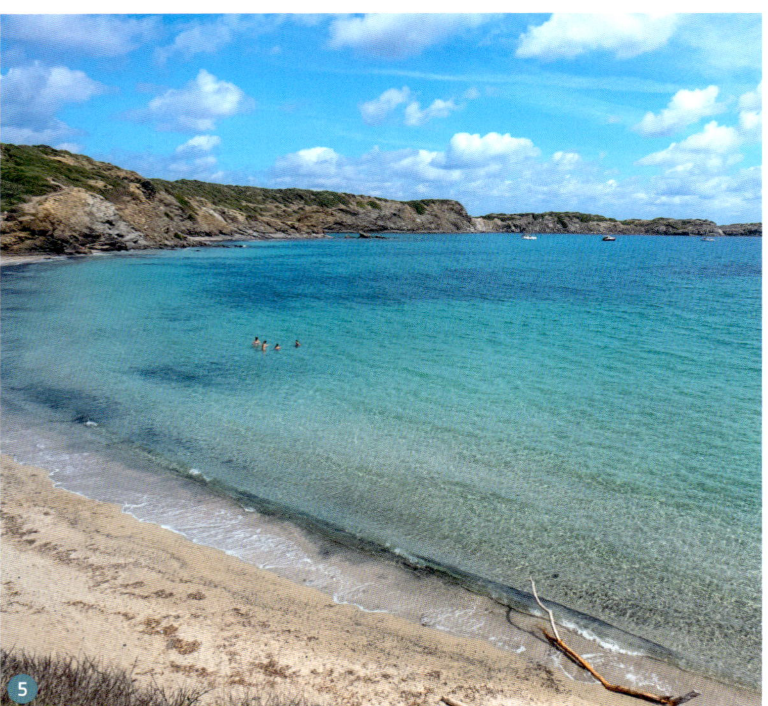

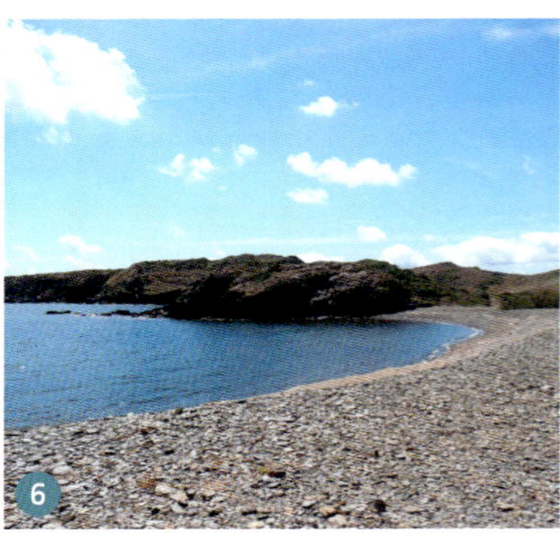

5 CALA TORTUGA

Türkisblaues Wasser und feiner weißer Sand machen diesen einsamen Strand zu einem wahren Paradies. Hinter dem Strand und den naturgeschützten Dünen liegt versteckt die Lagune Bassa de Morella mit reicher Vogelwelt.

→ Wegbeschreibung siehe Cala Presili (4), aber weitere 400 m auf dem Camí de Cavalls bleiben und diesem nach links zum Strand folgen.

35 Min., 39.9886, 4.2550

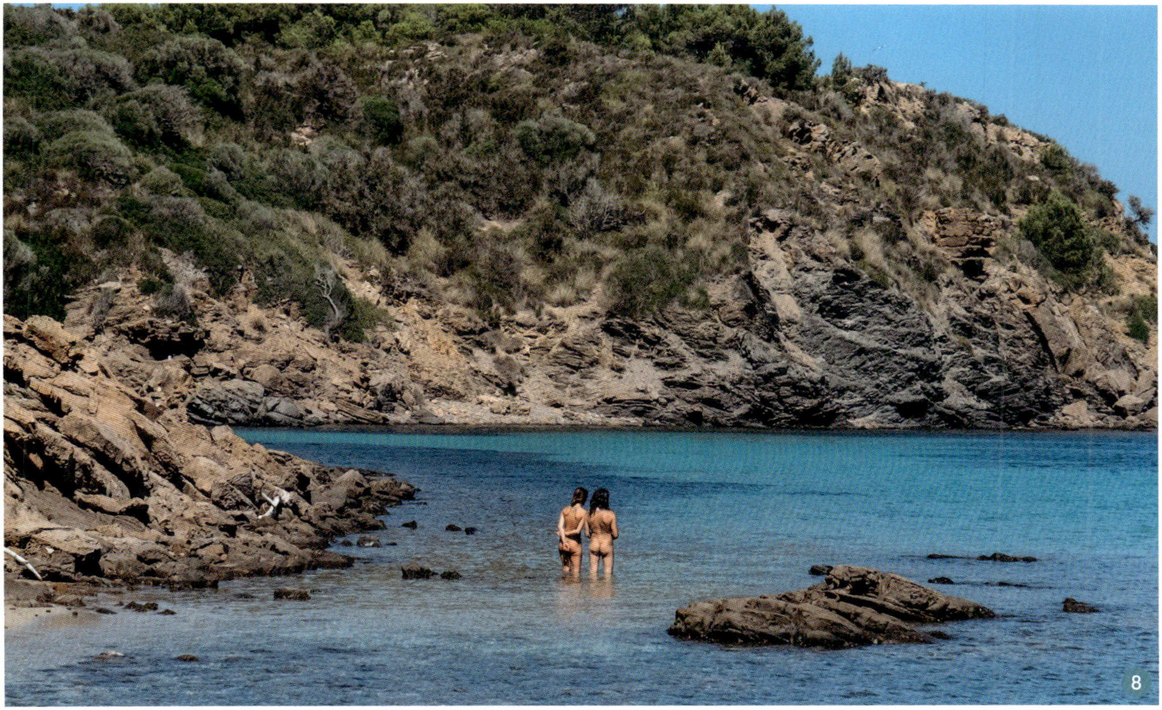

6 CALA MORELLA NOU

Diese beiden dunklen Kieselbuchten, getrennt durch eine kleine Landspitze, sind nur zu Fuß über den Camí de Cavalls erreichbar, aber es lohnt sich allemal. Einsam, wild und durch einen dichten Pinienwald geschützt.

→ Wegbeschreibung siehe Cala Presili (4) und zu Fuß zur Cala Tortuga (5). Vom südlichen Ende der Cala Tortuga über die Stufen auf den Camí de Cavalls. 700 m über die Landspitze und bergab durch den Wald, dann links zum Strand.

50 Min., 39.9829, 4.2582

7 PLATJA ES GRAU

Schöner Strand im Parc Natural de S'Albufera des Grau (28), perfekt für junge Familien. Ruhiges, über weite Strecke knietiefes Wasser, Parkplatz und Toiletten. Kajakverleih und tolle Felsen, mittendrin der Roca des Marbres zum Klettern und Schnorcheln. Vom nördlichen Ende führt ein Weg durch den Wald zum See. Man kann auch Richtung Norden zu weiteren Buchten gehen und dem Camí de Cavalls ganz bis zur Cala Presili (4) folgen.

→ Auf der Me-7 von Maó Richtung Norden, beim ersten Kreisverkehr rechts auf die Me-5 bis zum Parkplatz nach gut 6 km am Ortsrand von Es Grau. Vom Parkplatz führt ein Bohlenweg zum Strand.

3 Min., 39.9503, 4.2657

8 ES BOL LARG

Ruhige kleine Badestelle hinter überhängenden Felsen, perfektes schattiges Plätzchen mit Privatsphäre.

→ Wegbeschreibung siehe Platja Es Grau (7). Vom nördlichen Strandende auf dem Camí de Cavalls Richtung Norden. Oben auf dem Berg über den Rand spähen und hinunterklettern.

15 Min., 39.9523, 4.2640

9 CALA EN VIDRIER

Niedliche Bucht, kleiner und ruhiger als Platja Es Grau. Malerische Umgebung und schön zum Schnorcheln.

→ Wegbeschreibung siehe Platja Es Grau (7), dem ausgeschilderten Camí de Cavalls vom nördlichen Strand-Ende ca. 180 m nach Norden folgen und rechts zum Strand.

25 Min., 39.9539, 4.2674

10 CALA TAMARELLS DE SUD

Idyllische, abgeschiedene Bucht am Camí de Cavalls mit türkisblauem Wasser und

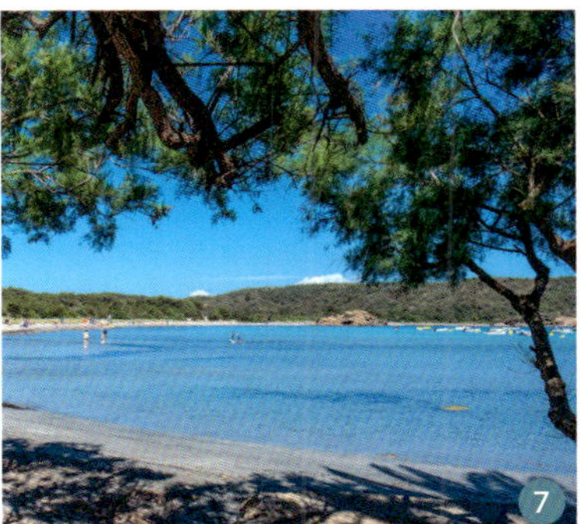

7

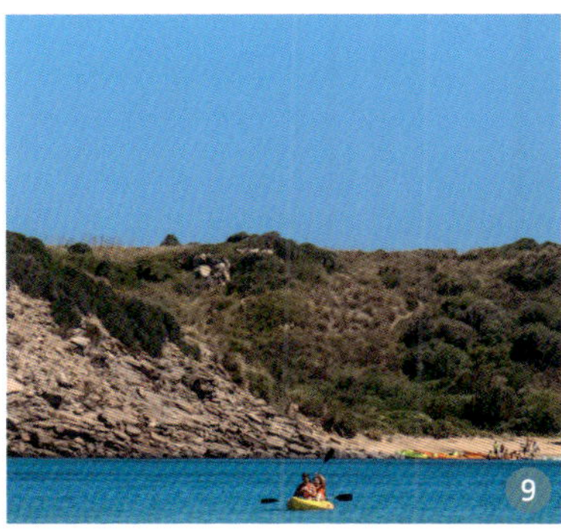

9

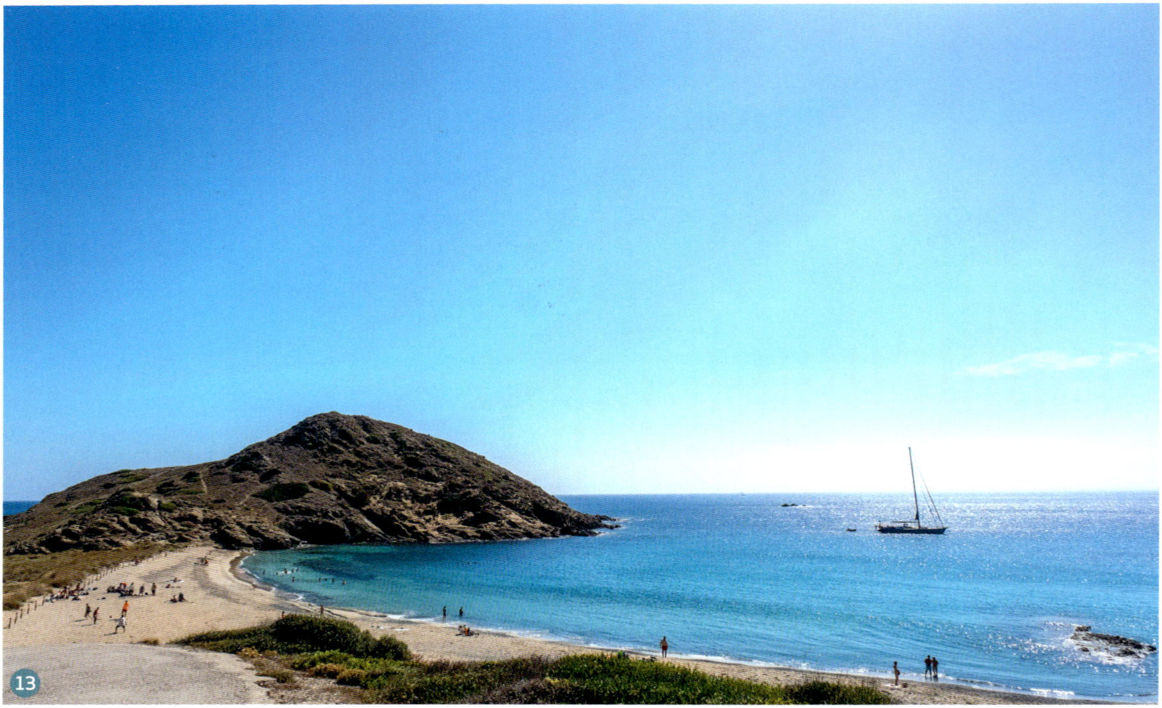

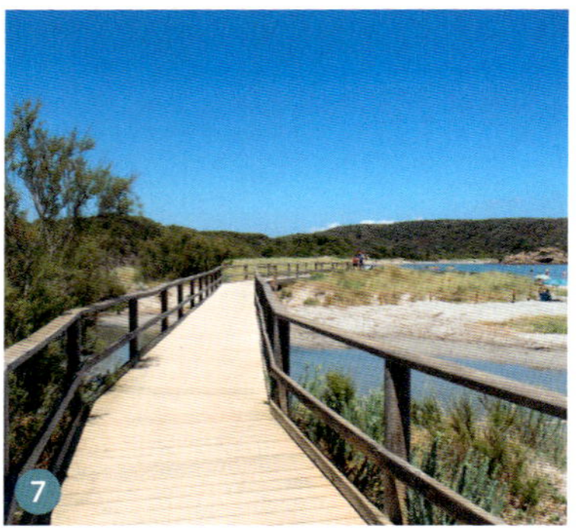

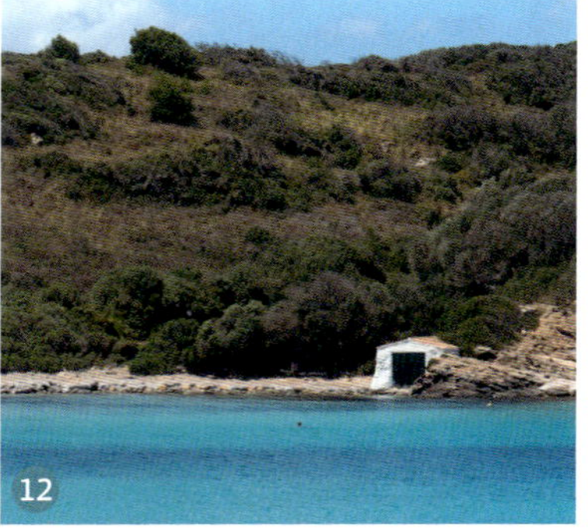

weißem Sand, flankiert von Felsen, die perfekt zum Schnorcheln sind. Man kann sich auch bei Menorca en Kayak (Tramuntana 9, Es Grau, +34 669 097977) ein Kajak leihen und um die Landspitze hierher paddeln.

➔ Wegbeschreibung siehe Platja Es Grau (7), 800 m vom nördlichen Strandende. Ca. 5 Min. von Cala En Vidrier (9) auf der anderen Seite der Landspitze.

30 Min., 39.9584, 4.2629

11 CALA TAMARELLS DES NORD

Wilde, schöne kleine Bucht, nur zu Fuß zu erreichen und von Cala Tamarells de Sud (10) durch eine kleine Landspitze getrennt. Man kann um die größere, felsige Landspitze mit dem Torre de Rambla (22) herumgehen und dort schnorcheln.

➔ Wegbeschreibung siehe Platja Es Grau (7) und 1,3 km auf dem Weg vom nördlichen Strandende. Wenn man den kurzen Turm auf der Landspitze sieht, rechts nach dem Weg Ausschau halten.

40 Min., 39.961, 4.2631

12 CALA RAMBLES

Dieser schöne Strand ist eine Oase der Ruhe. Türkisblaues Wasser plätschert über den Sand, drumherum kühle Pinienwälder. Er liegt auf halber Strecke zwischen Platja Es Grau (7) und Cap de Favàritx (siehe Cala Presili, 4), die beiden Endpunkte dieses Küstenabschnitts, die mit dem Auto erreichbar sind. Von beiden Seite ein strammer Marsch, und von Es Grau aus teils bergig.

➔ Wegbeschreibung siehe Platja Es Grau (7) und 1,3 km auf dem Weg vom nördlichen Strandende. Ca. 40 Min. weiter als Cala Tamarells des Nord (11).

90–120 Min., 39.9640, 4.2544

OSTKÜSTE

13 PLATJA DE MESQUIDA

Herrlicher Sandstrand mit Landspitzen zu beiden Seiten, eine davon mit einem Wachturm aus dem 18. Jahrhundert, Punta de Sa Creueta. Die andere, namens Es Pa Glos, beherbergt große Möwen- und Kormorankolonien und hat einen schönen Wanderweg mit Panoramablick. Das Wasser wird schnell tief, also Vorsicht mit Kindern.

➔ Auf der Me-3 von Maó 2,5 km Richtung Norden, dann links Richtung Sa Mesquida.

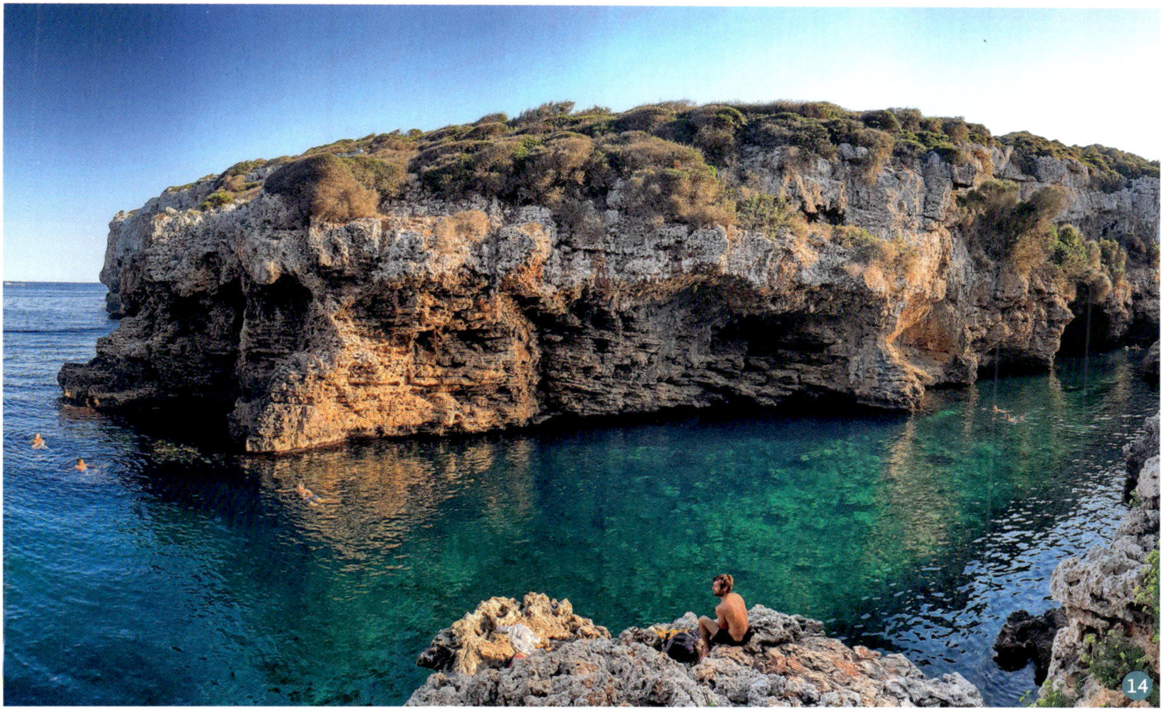

Der Straße 2,5 km folgen, durchs Dorf und bis zum Parkplatz (wenn die Straße ansteigt, links). Dem Weg vom Ende der Straße zum Strand folgen.
2 Min., 39.9155, 4.2866

14 CALA RAFALET

Kein konventioneller Strand, sondern eine schmale Schlucht, die von einem schmalen Sandstreifen um die Ecke aufs offene Meer hinausführt. Die eigentliche Attraktion sind die erodierten Klippen über dem türkisblauen Wasser, schön zum Erkunden und Schnorcheln. Für Kletterer eignet sich der überhängende Abschnitt auf der rechten Seite, um Deep Water Soloing auszuprobieren.

→ Vom Kreisverkehr südlich von Sant Lluis 3 km auf der Me-8, dann links Richtung S'Algar. Beim Kreisverkehr am Ortsrand nach 1 km die zweite links und dann gleich rechts auf die 1a Avenida. Über zwei Kreisverkehre, dann links auf die 5a Avenida. Der Straße bis zum Ende folgen, dann rechts, um irgendwo an der Küstenstraße 7a Avenida zu parken. Über den Zauntritt in der Steinmauer am nördlichen Ende vom Parkplatz (39.8399, 4.2998) und dem Weg 300 m folgen, dann bei Pfosten 51 rechts in den Wald. Kleine Kletterpartie, aber es lohnt sich.
10 Min., 39.8410, 4.2979

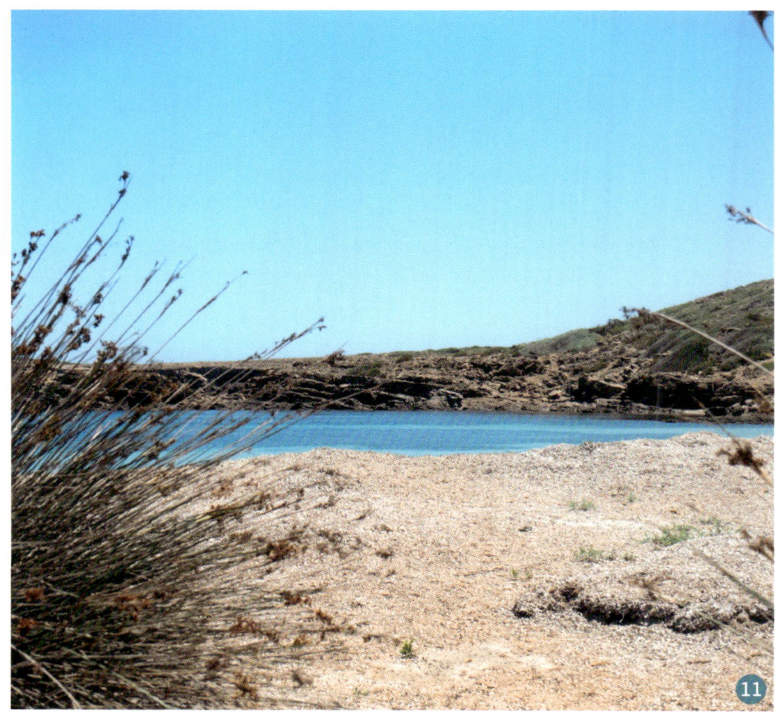

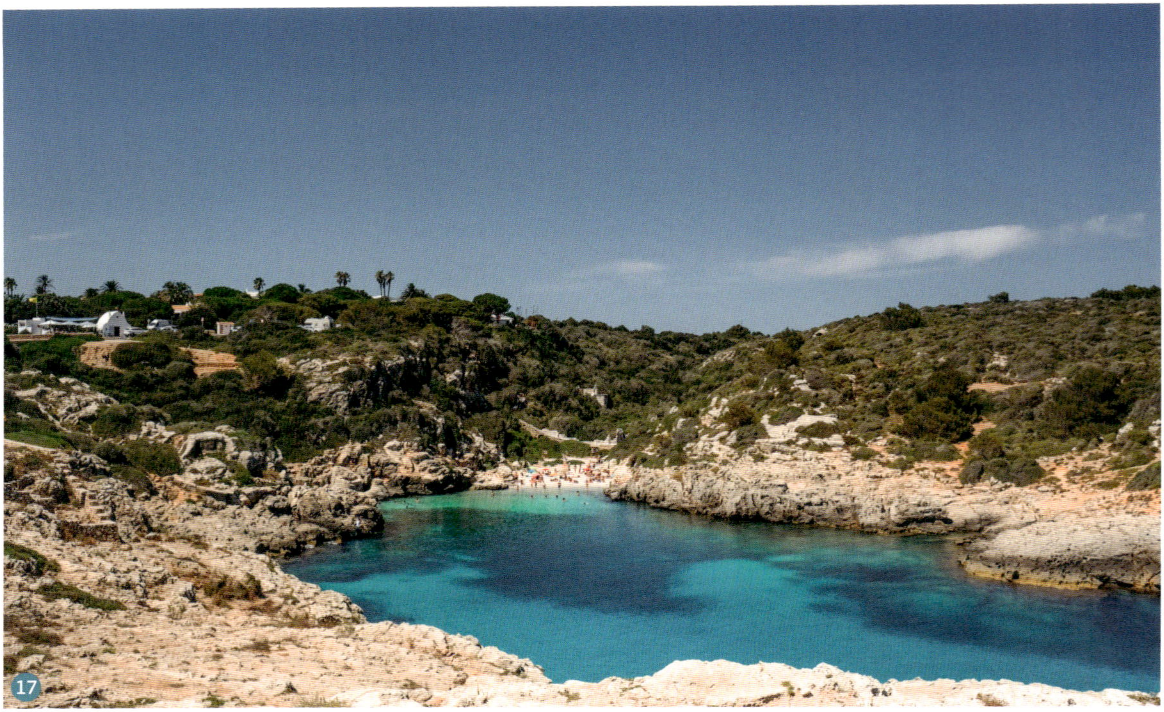

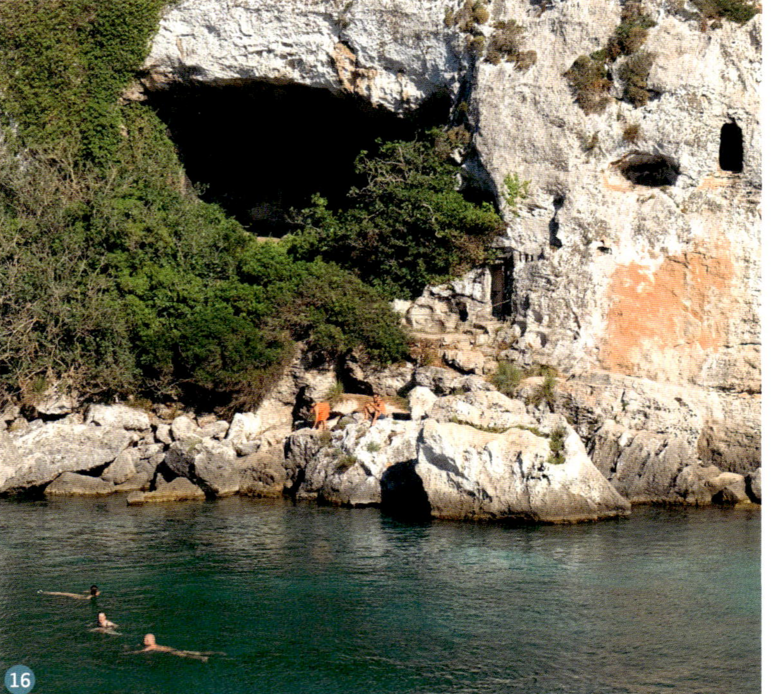

15 CALÓ ROIG

Winzige Felsbucht unterhalb vom beeindruckenden Torre d'Alcalfar aus dem 18. Jahrhundert. Toll zum Schnorcheln und um die Küste zu erkunden. Vom Turm hat man einen Panoramablick, man kann jedoch nicht hinaufsteigen.

➔ Vom Kreisverkehr südlich von Sant Lluís auf der Me-8 für 4 km bis in den Ort Alcalfar. Irgendwo am Straßenrand parken und zu Fuß hinunter zum Strand. Am südlichen Ende auf den Camí de Cavalls (39.8289, 4.2920) und ca. 500 m die Küste entlang.

5 Min., 39.8255, 4.2940

SÜDKÜSTE

16 CALES COVES

Überwältigende Bucht, die zwischen hohen Klippen aufs Meer hinaus führt. Der Strand ist klein und variiert zwischen steinig und matschig, eignet sich jedoch gut zum Schnorcheln, da das Wasser durch die Schlucht geschützt und ganz klar und ruhig ist. In den Klippen gibt es ca. 100 Grabkammern, die über 3000 Jahre alt sind. Manche kann man betreten, andere sind vergittert.

➔ Mahón Richtung Westen auf der Me-12 verlassen, durch San Climent, und nach 3,5 km beim zweiten Kreisverkehr die zweite Ausfahrt Richtung Necrópolis de Cales Coves. Kurz danach rechts auf eine kleinere Straße (dem Schild folgen) und 1,5 km bis zu den unbefestigten Parkplätzen auf beiden Seiten. Man kann auch weiter fahren, aber wenn man Pech hat, bekommt man dort keinen Parkplatz. Zu Fuß ca. 850 m bis zum Meer.

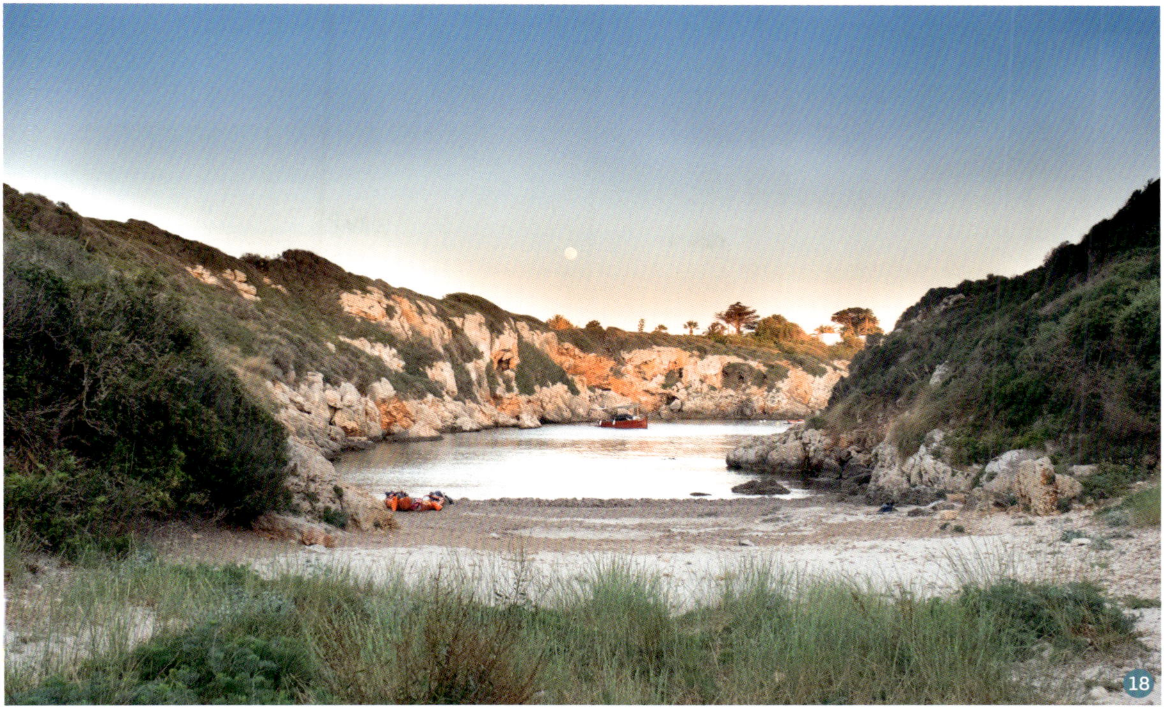

30 Min., 39.8648, 4.1468

17 CALA BINIDALÍ

Steiler Weg vom Parkplatz durch einen Torbogen zu einer bezaubernden, unberührten Bucht. Kann im Sommer voll werden. Weiter um die Landspitze, gegenüber von der Strandbar Som Sis (33) führen Stufen zu einem kleinen Bootshaus, bei dem man wunderbar schnorcheln und von den Felsen springen kann.

→ Auf der Me-12 von Maó Richtung Westen und in Sant Climent links Richtung Bindalí und Biniparratx. Der Straße 4,3 km bis Binidalí folgen und am Ende des Dorfs links Richtung Platja. Am Meer entlang, links um den Berg herum und dann bergauf und in der Nähe der Som Sis Bar parken. Ausgeschilderter Weg zum Strand.

10 Min., 39.8342, 4.1979

18 CALA DE BINIPARRATX

Wunderschöne kleine Bucht mit kleinem Sandstrand und leuchtend türkisblauem Wasser, zu beiden Seiten von den Klippen einer tiefen Schlucht geschützt. Rechts in den Klippen befinden sich alte Höhlenwohnungen. Am besten früh kommen: Wenn der kleine Parkplatz voll ist, gibt es keine Ausweichmöglichkeiten.

→ Wegbeschreibung siehe Binidalí (17), aber am Dorfrand links auf den Carrer des Carritx Richtung Binibèquer bis zum nicht ausgeschilderten Parkplatz nach 1 km rechts (39.8362, 4.2036). Dem steilen Weg in die Schlucht 200 m bis zum Strand folgen.

10 Min., 39.8335, 4.2028

19 CALA BINIBECA (BINIBÈQUER)

Der charmante kleine Familienstrand mit feinem Sand und flachem Wasser ist beliebt, aber ein schöner Zwischenstopp, wenn man die wilderen Strände in der Umgebung erkundet. Ein Stück weiter, um die Landspitze herum ruhigere Plätzchen, schön zum Schnorcheln. Das Dorf ist relativ neu, aber trotzdem bezaubernd.

→ Auf der Me-10 W von Sant Lluís 1,7 km Richtung Westen, dann links Richtung Binibèquer Nou und 2,3 km bis zum Kreisverkehr Binibè-

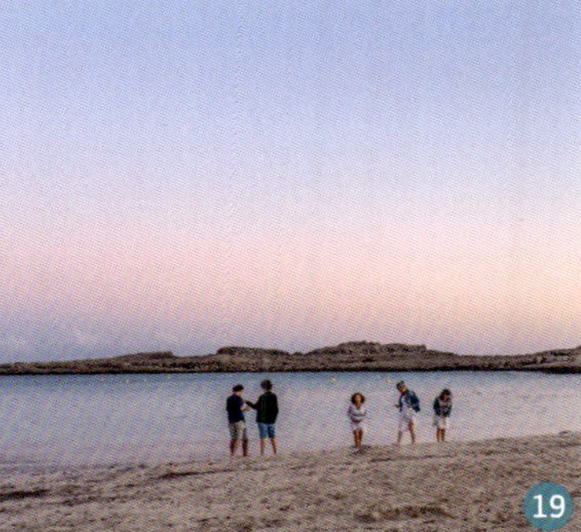

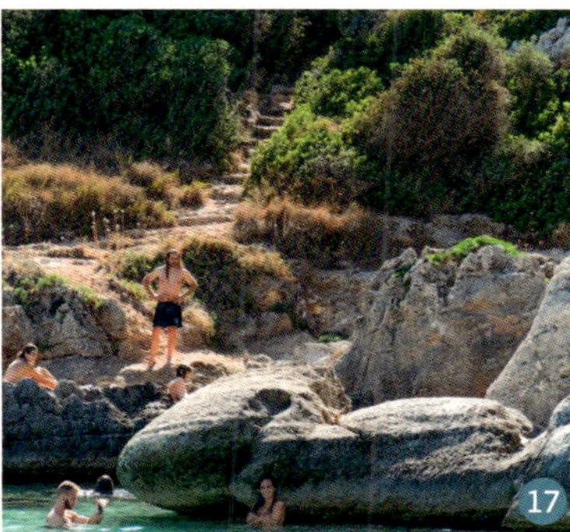

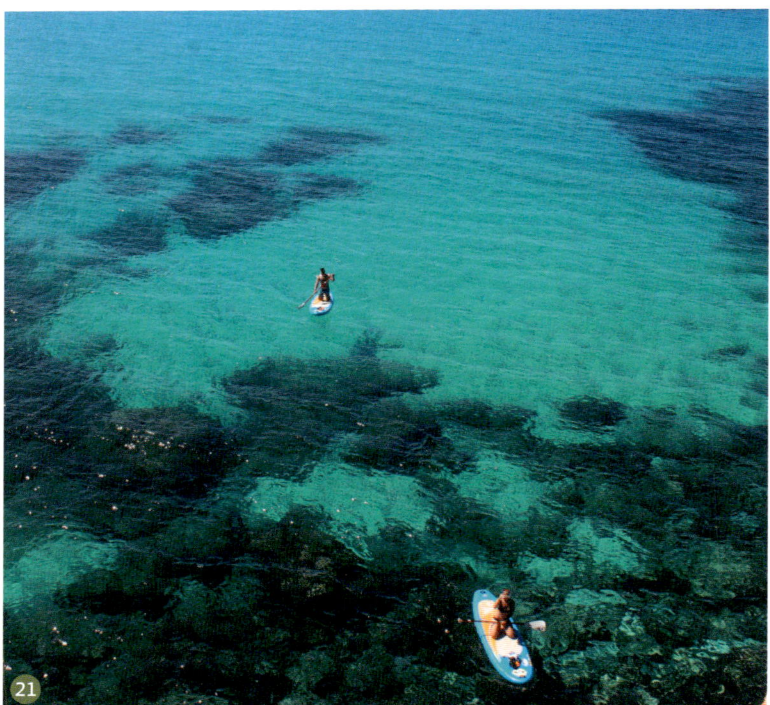
21

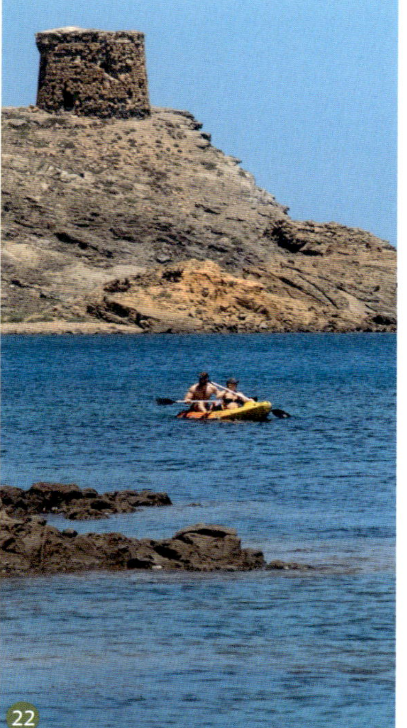
22

quer Vell. Die dritte Ausfahrt links auf den Carrer de la Mar Mediterrania bis zum Kreisverkehr Binibèquer Nou. Die dritte Ausfahrt links und auf einen der beiden Parkplätze rechts mit Wegen zum Strand.
5 Min., 39.8163, 4.2399

WILDE INSELN

20 ILLA D'EN COLOM

Diese wilde Insel mit ein paar schönen Stränden gehört zum Naturpark S'Albufera des Grau (28). Man kann in Platja Es Grau (7) ein Kajak oder ein kleines Boot leihen, um die Buchten zu erkunden. Meist unbewohnt, aber es gibt ein Haus.

→ Kajak und SUP-Board bei Menorca en Kayak (Tramuntana 9, Es Grau, +34 669 097977), wo man Ihnen mit Rat und Tat und Spezialausrüstung zur Seite steht. Für Unerfahrene auch organisierte Touren (39.9585, 4.2756).
4 Std., 39.9578, 4.2748

21 ILLA DE L'AIRE

Auf dieser kleinen unbewohnten Insel ist die Balearen-Eidechse (SARGANTANA NEGRA) zu Hause. Sie ist außerdem von großer Bedeutung für Zug- und Meeresvögel. Auf den Klippen steht ein Leuchtturm von 1860.

→ SUP-Board oder Kajak bei SUPAire Punta Prima (Carrer des Pins 37, 07713 Punta Prima, +34 619 573211), wo man auch Tipps für Paddel-Routen bekommt.
4 Std., 39.8011, 4.2897

TÜRME & BURGEN

22 TORRE DE RAMBLA

Auch Torre de Tamarells genannt. Dieser 1800 von Briten erbaute Verteidigungsturm steht auf der Landspitze Es Colomar, mit Blick auf Illa d'en Colom (20). Durch Salz, Wind und Wellen ist die Bausubstanz so angegriffen, dass er viel älter aussieht, als er tatsächlich ist. Man kann hineingehen, aber er ist ziemlich baufällig. Wir sehen ihn uns lieber beim Schnorcheln vom Meer aus an.

→ Von Platja Es Grau (7) zum nördlichen Strandende und auf dem ausgeschilderten Camí de Cavalls ca. 1,3 km Richtung Norden.
25 Min., 39.9628, 4.2653

23 FAR DE FAVÀRITX

Der schwarzweiß gestreifte Leuchtturm von 1916 ist noch immer in Betrieb. Er liegt einsam und allein in einer wilden Mondlandschaft. Wundervolle Aussicht, morgens und abends dramatisches Licht.

→ Seit einigen Jahren erreicht man ihn von Juni bis Oktober nur mit dem Shuttle-Bus von Maó, mit einem Taxi oder dem Fahrrad, und das wird bis zur Fertigstellung des Parkplatzes auch so bleiben. Sobald dieser eröffnet ist sowie in der Nebensaison: auf der Me-7 von Maó 7 km Richtung Norden, dann weiter nach Norden auf die CF-1 Richtung Favàritx und 6 km bis zum Leuchtturm. Der letzte Abschnitt ist eine Privatstraße über das Gelände der Finca de Son Camamil-la. Der geplante Parkplatz befindet sich rechts hinter dem Tor.
20 Min., 39.9970, 4.2666

24 FORTALESA DE ISABEL II

Imposante, ausgesprochen gut erhaltene Festung aus dem 19. Jahrhundert auf der Halbinsel La Mola mit tollen Aussichtspunkten. Gegen Eintritt kann man die massiven Befestigungsmauern und Gebäude, die Geschützstellungen und labyrinthartigen unterirdischen Gänge erkunden. Es gibt sogar Nachtführungen. Festes Schuhwerk empfohlen.

→ Auf der Me-3 von den Docks in Maó 8 km Richtung Osten bis zum Ende der Landspitze.
4 Std., 39.8732, 4.3148

GESCHICHTE

25 TALAIOT DE TORELLÓ

Eindrucksvoller Turm aus der Bronzezeit, mit 24 m Durchmesser einer der größten auf der

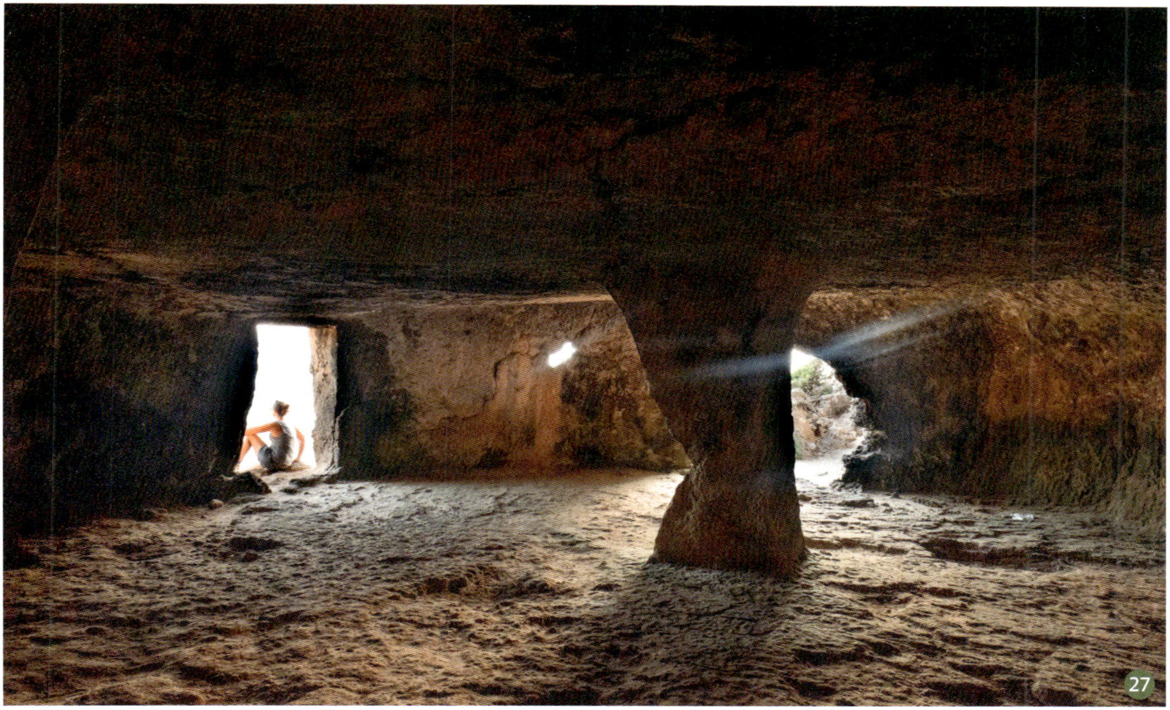

Insel. Zur Römerzeit wurde ein Schrein über die Eingangstür gebaut, und man hat hier auch römische Lampen und Tonwaren gefunden. Im Südwesten befinden sich die Überreste eines zweiten, kleineren Talayots und eine Wasserauffanganlage. Bronzefiguren sowie Überreste von Häusern und Hypogäen in der Nähe weisen darauf hin, dass diese Siedlung die größte in der Gegend war. Ein Mosaikboden ist alles, was von der Basilica des Fornas de Torrelló in der Nähe übrig geblieben ist.

➔ Auf der Me-12 von Maó Richtung Westen. Ca. 500 m nach dem Kreisverkehr an der Me-14 rechts auf die Landstraße Torelló Vell. Der Straße 650 m bis zum Talayot folgen, ausgeschildert als Poblat talaiòtic de Torelló. Es gibt beim Talaiot keinen Parkplatz, deshalb 350 m weiter beim Eingang der Basilika parken (39.8836, 4.2220).

5 Min., 39.8807, 4.2206

26 TREPUCÓ

Diese talayotische Siedlung mit Taula gehört zu den ältesten der Insel und lohnt einen Besuch. Die Taula und zwei Talayots von 700–1000 v. Chr. stehen noch, ebenso wie Teile der ursprünglichen Mauer, Häuser mit Innenhöfen und eine sternförmige Befestigungsanlage aus dem 18. Jahrhundert. Besonders schön bei Sonnenuntergang.

➔ Lila Wegweiser vom Kreisverkehr an der RM südlich von Maó (39.8819, 4.2644). Dem Camí Trepuco 750 m folgen, dann links und nach 100 m rechts auf den Camí Vell de St Lluis bis zum Parkplatz nach 150 m.

2 Min., 39.8738, 4.2653

27 ES CASTELLÀS DES CAPARROT DE FORMA

Zwei wunderbare historische Stätten in der Nähe des verschlafenen Fischerdorfs Es Canutells. Auf einer kleinen Landspitze liegen die faszinierenden Ruinen einer Siedelung aus der Bronzezeit mit einer Verteidigungsmauer, Häusern und Zisternen. Noch spannender ist die Nekropole mit 23 Hypogäen aus der Eisenzeit in den Klippen darunter und gegenüber. Man kann hinunterklettern und die Gräber betreten, aber seien Sie vorsichtig!

➔ Auf der Me-12 von Maó Richtung Westen bis Sant Climent, im Ort links Richtung Bindalí und Biniparratx. Nach 2,6 km, rechts Richtung Es Canutells bis zur T-Kreuzung. Hier links und ca. 800 m am Dorfrand entlang (links halten), bis die Straße am Ende einer Reihe weißer Häuser zur Schotterpiste wird. Hier links parken und zu Fuß geradeaus weiter zur Landspitze. Ein kleiner, ausgeschilderter Weg führt am Klippenrand Richtung Westen zu den Höhlen.

5 Min., 39.8440, 4.1748

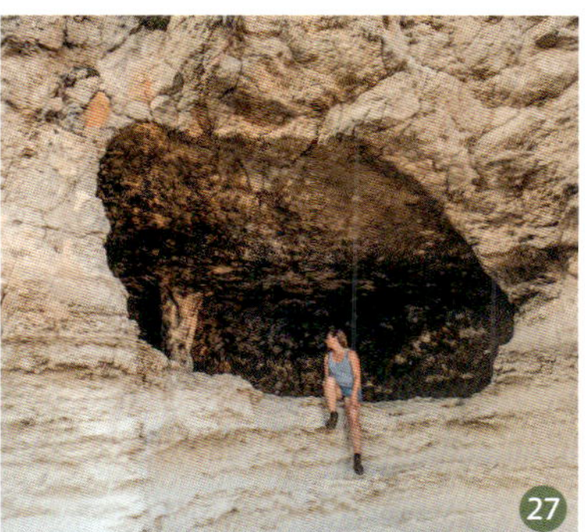

27

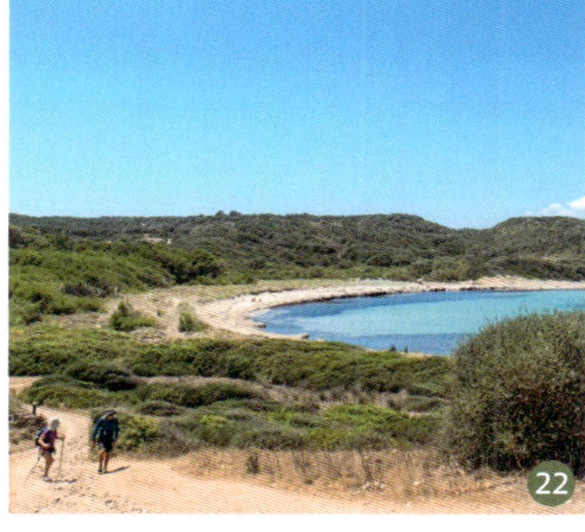

22

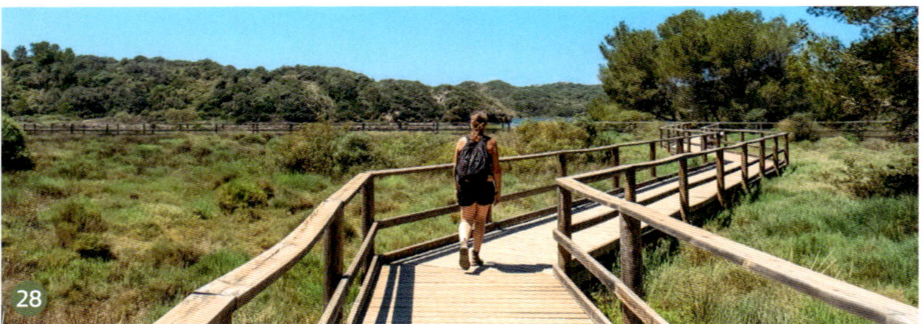

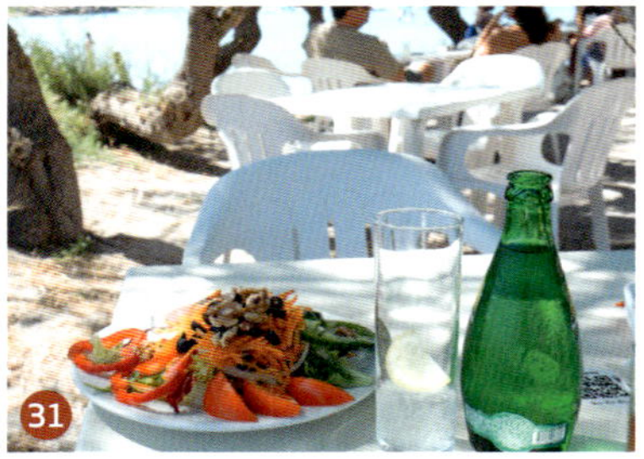

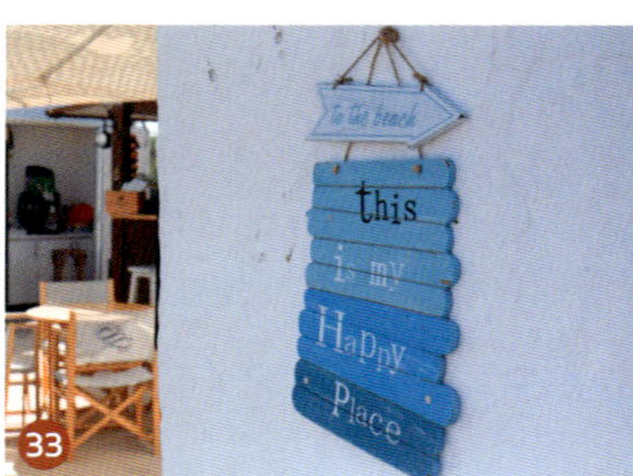

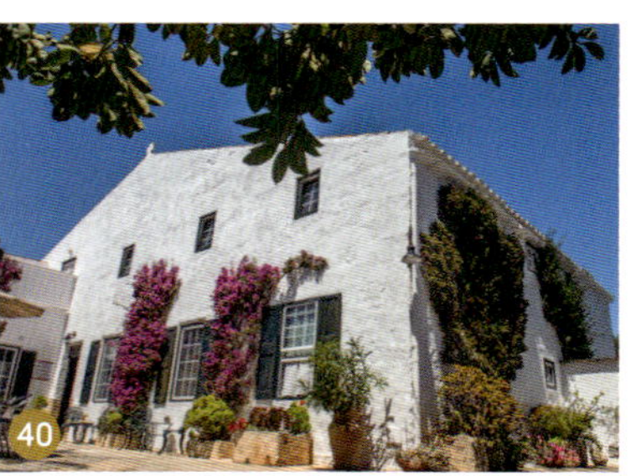

FEUCHTGEBIETE & WÄLDER

28 PARC NATURAL DE S'ALBUFERA DES GRAU

Dieser Park mit über 5000 Hektar Feuchtgebieten, Dünen, Olivenwäldern und einer Lagune ist das Herzstück des Biosphärenreservats. Ein wundervoller Ort zum Spazierengehen und Vögelbeobachten mit gut ausgeschilderten Wegen und Beobachtungstürmen. Mehr als 8000 Arten gibt es zu sehen, darunter Flamingos, Fischadler und Reiher.

→ Von der Me-7, kurz hinter Maó, auf die Me-5 Richtung Es Grau und nach 3,5 km links zum Park (ausgeschildert). 1 km bis zum Parkplatz beim Besucherzentrum, wo die Wanderwege beginnen. Es führen auch Wege von Platja Es Grau (7) zur Lagune.

4 Std., 39.9398, 4.2515

SLOW FOOD

29 ES MOLI DE FOC

Die alte Getreidemühle ist eine stimmige Location für dieses Restaurant, in das die Einheimischen wegen der typischen Reisgerichte kommen. Am besten vorher reservieren.

→ Carrer de Sant Llorenç 65, 07712 Sant Climent, +34 971 153222

39.8714, 4.2071

30 RESTAURANTE CAP ROIG

Menorquinische Institution für frische Paella und Fisch, mit fantastischer Aussicht von hoch oben auf den Klippen. Reservieren Sie einen Tisch mit Meerblick.

→ Carretera sa Mesquida 13, 07701 Sa Mesquida, +34 971 188383

39.9104, 4.2914

31 BAR ES GRAU

Einfaches Chiringuito im charmanten Fischerdorf Es Grau. Von den Tischen im Schatten der Bäume hat man eine fabelhafte Aussicht auf den Strand. Herrlich für eine Pause mit einem kühlem Getränk, einem Eis oder einer einfachen Mahlzeit, wenn man die Küste oder den Naturpark erkundet.

→ Plaça de Mestre Jaume 13, 07701 Es Grau

39.9495, 4.2678

32 BUCANEROS

Dieses einfache kleine Chiringuito direkt am Strand ist eine Institution. Es wird auch Santiago's genannt, nach dem ehemaligen, legendären Betreiber. Schlendern Sie durch die schmalen Gassen des Dorfes, das sich alt anfühlt, aber noch jung ist, und dann der Nase nach zum Meer.

→ Carrer de sa Platja de Ponent 15, 07711 Binibèquer

39.8163, 4.2405

33 BAR SOM SIS

Tolle kleine Strandbar auf den Klippen über dem Meer mit schöner Aussicht. Fast nur Ortsansässige, und es steht nicht unbedingt jemand mit Englischkenntnissen hinterm Tresen!

→ Carrer de sa Nastre 147, 07712 Binidalí

39.8344, 4.1970

34 BINIFADET

Familien-Weingut mit Weinproben und Führungen, Restaurant und Weinverkauf. Die Eigentümer haben auch das berühmte Chiringuito Bucaneros (32) zu neuem Leben erweckt.

→ Carretera Sant Lluís-Es Castell, km 0.5, 07710 Sant Lluis, +34 971 150715

39.8540, 4.2628

35 FISCHMARKT & MERCADO CLAUSTRO DEL CARMEN

Beide fast benachbarten Märkte lohnen einen Besuch wegen der vielen Stände mit Fisch, Tapas, Wurst, Wein und Käse. Auf dem Weg vom einen zum anderen können sie sich in der PANADERIA eine Ensaimada gönnen.

→ Plaça del Carme, 07701 Maó

39.8889, 4.2656

ÜBERNACHTEN

36 ALCAUFAR VELL

Dieses zauberhafte, 400 Jahre alte Landhotel hat sich seinen ursprünglichen Charme bewahrt. Empfehlenswertes Restaurant, sachkundiges Personal und Fahrradverleih.

→ Carretera de Cala Alcaufar, km 8,2, 07710 Sant Lluis, +34 971 151874

39.8342, 4.2779

37 SA TORRE BLANCA

Rustikale Apartments in einem Turm aus dem 14. Jahrhundert mit einem Talayot und einer

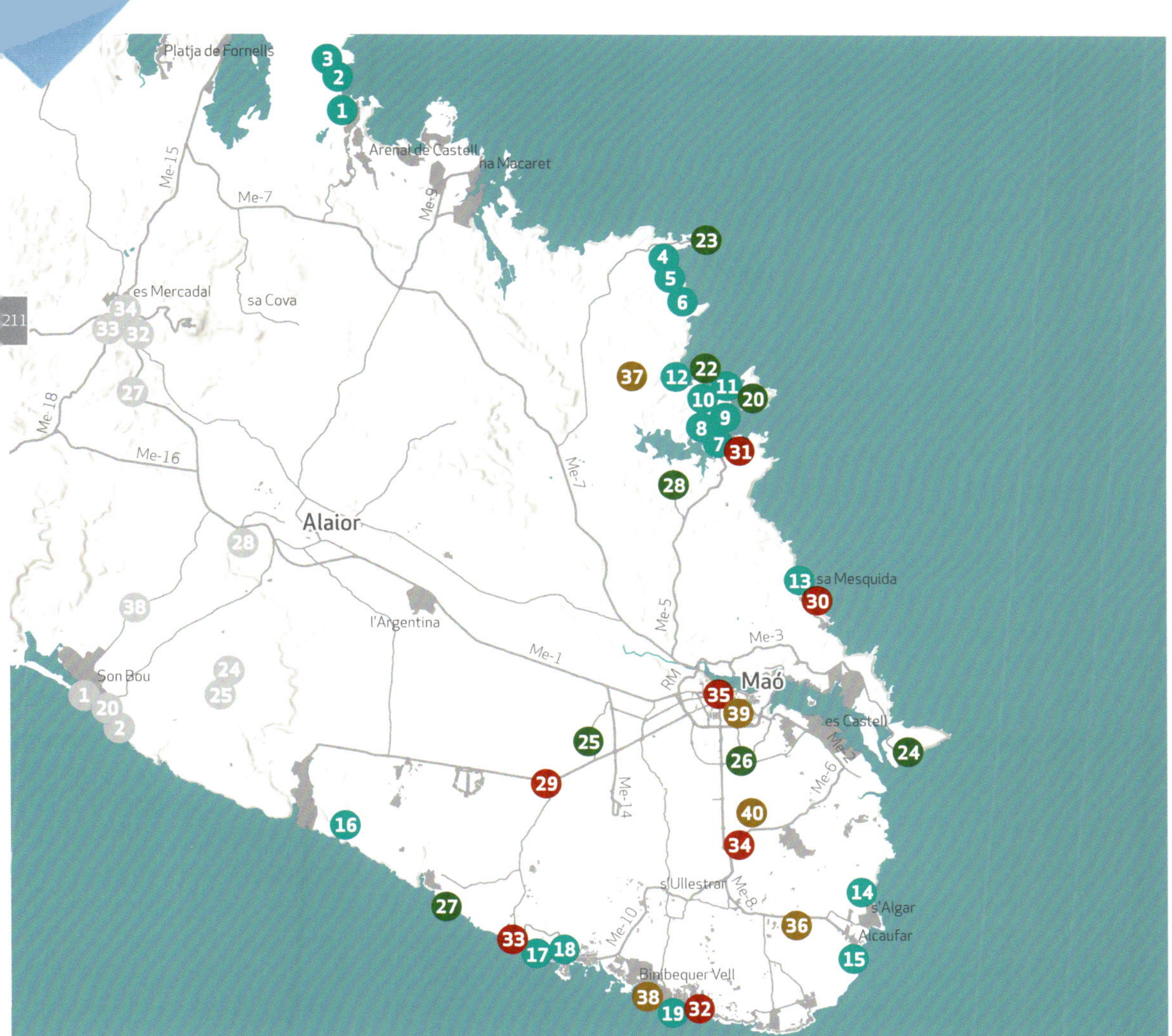

Taula nebenan, Sa Torreta de Tramuntana, die man donnerstags besichtigen kann. Herrliche Oase der Ruhe auf einem Bauernhof im Naturpark S'Albufera des Grau (28), ganz in der Nähe der schwer erreichbaren Strände am Camí de Cavalls.

→ Calle Isabel II 21 2-2, 07701 Mahón, +34 971 185296

39.9661, 4.2416

38 VILLAS BINIBECA

Kleine weiß getünchte Villen, modern und zweckmäßig, aber die ganze Gegend ist im Stil eines traditionellen Fischerdorfs gebaut. Der Ort ist schlicht, es gibt alles, was man braucht, und das in herrlicher Lage – von schönen Fischrestaurants bis zu einer Badestelle neben dem Hafen.

→ Binibeca Vell Carrer 51, 11A, 07711 Binibequer

39.8184, 4.2358

39 HOTEL HEVRESAC

Liebevoll eingerichtetes, umweltbewusstes Boutique-Hotel mit nur acht Zimmern mitten in Maó. Wunderschön gefliester Boden, echte Kunst an den Wänden, E-Bike-Verleih und Yogamatten. Ableger von Ses Sucreres in Ferreries (siehe Menorca – Die Mitte).

→ Anuncivay 20–San Fernando 1, 07702 Maó, +34 655 997349

39.8878, 4.2662

40 HOTEL BINIAROCCA

Kleines Hotel in einem renovierten Bauernhaus aus dem 18. Jahrhundert, noch mit den ursprünglichen Fenstern und rot gefliesten Böden. Den Garten umgeben typisch menorquinische Steinmauern. Es gibt Massagen und Fitnesskurse, außerdem ein schönes Restaurant und zwei Pools (einen davon direkt neben der Bar). Idyllisch.

→ Camí Vell 57, Sant Lluís, 07710 Menorca, +34 971 150059

39.8614, 4.2672

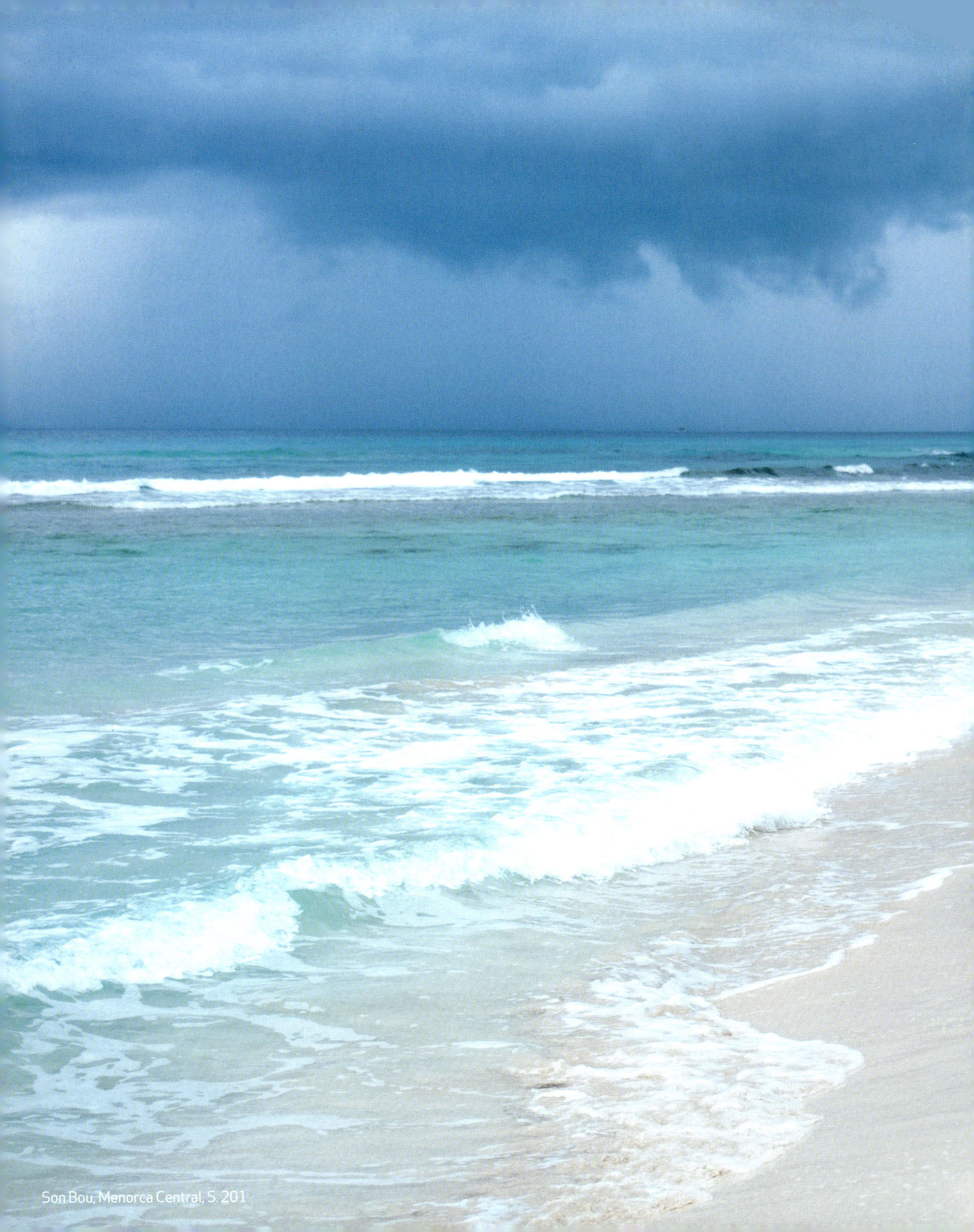

Son Bou, Menorca Central, S. 201

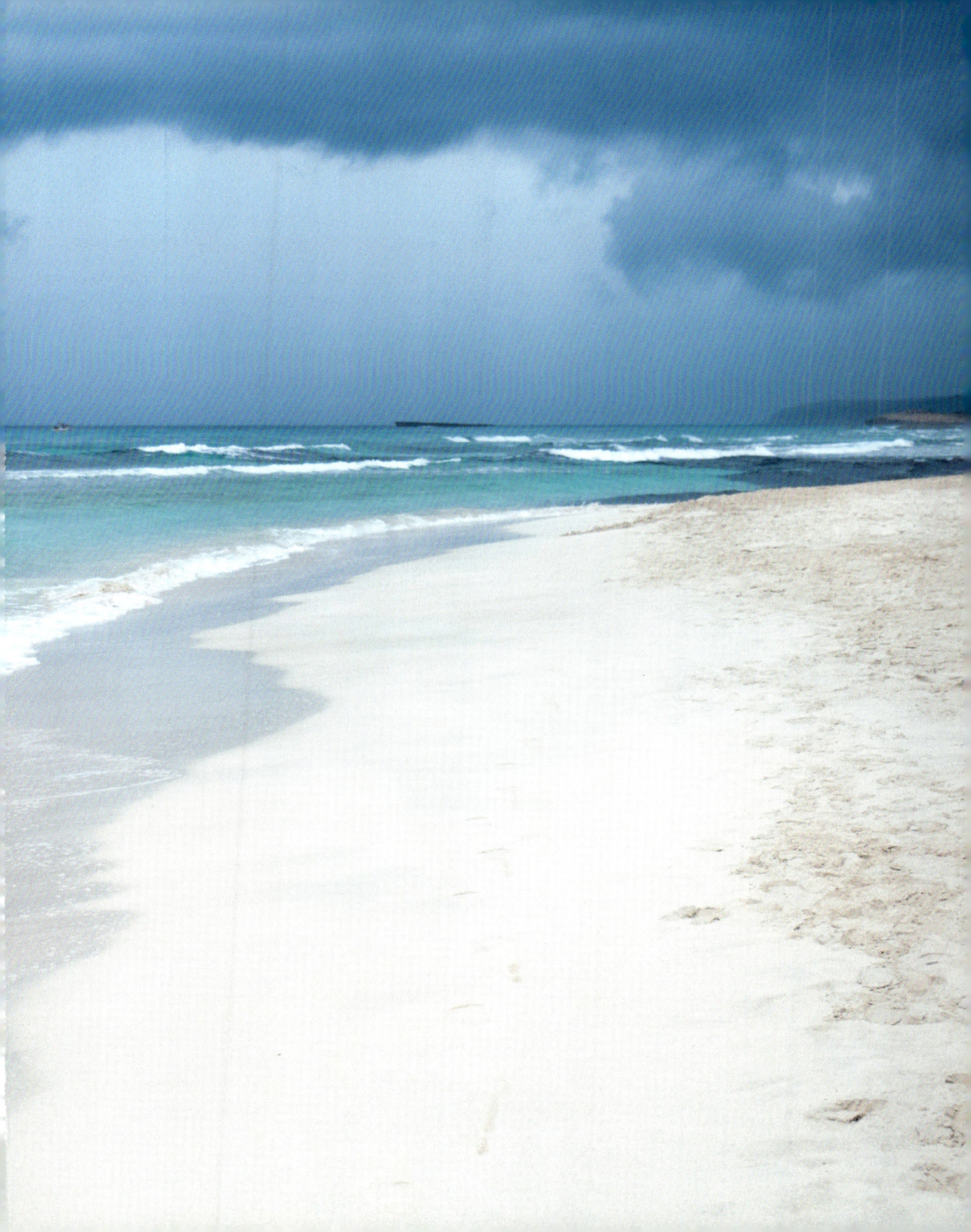

Wild Guide Balearen

Höhlen, Buchten, Berge und Abenteuer
auf Mallorca, Menorca, Ibiza & Formentera

Haffmans & Tolkemitt
1. Auflage, April 2022
ISBN 978-3-942048-91-0

Die englische Originalausgabe ist 2022 unter dem Titel „Wildguide Balearic Islands" bei WildThings Publishing, Ltd. Bath, erschienen.

Copyright Anna Deacon & Lizzie Graham

Text:
Anna Deacon & Lizzie Graham

Fotos:
Anna Deacon & Lizzie Graham & wie angegeben

Redaktion der englischen Ausgabe:
Candida Frith-Macdonald

Design:
Rae Malenoir

Übersetzung:
Juliane Zaubitzer

Lektorat der deutschen Ausgabe:
Katharina Theml, Büro Z, Wiesbaden

Korrektorat:
Redaktionsbüro Diana Napolitano, Augsburg

Satz, Druck und Bindung:
Eberl & Koesel, Altusried-Krugzell, Printed in Germany

Bildnachweis / Copyright:

Copyright @ 2022 Anna Deacon & Lizzie Graham außer: Gaston Morello Stiglich Kapitel 2: 3, 8, 9, 10, 13, 14, 15, 20, 22, 34, Kapitel 3: 11, Kapitel 4: 1, 2, 3, 5, 8, 9; Marie-Luisa Muller-Rochholz S. 20, Kapitel 4: 3, 4, 5, 6, Kapitel 6: 5, 6, 7, 8, Kapitel 7: 9, 10, 11, 13; Alina Lohmann S. 14, S. 92, Kapitel 4: 13, 22, 29, 30, 31, Kapitel 7: 18, 19, 33, Kapitel 8: 30 Kapitel 9: 18, 30, 36; Juan Jose Alabern Martinolich S. 36, S. 38. Kapitel 1: 7, 8, 13, 26, 27, Kapitel 2: 12; John Weller Kapitel 2: 11, Kapitel 3: 7, Kapitel 6: 23, Kapitel 7: 14, Kapitel 11: 7, 10; Andrea Gabriella Ipuche Garland Kapitel 6: 30, 39, Kapitel 8: 10, 13, 19; Experience Mallorca S. 6, Kapitel 6: 37, Kapitel 7: 12, Kapitel 8: 21, Kapitel 9: 41; Margarita Negre Ferriol Kapitel 4: 32, Kapitel 7: 21, 22, 23; Juan Contesti Murci S. 35, Kapitel 3: 4, Kapitel 4: 28, Kapitel 7: 24; Michael Stivarello S. 18, S. 28, S. 66, Kapitel 7: 1, 25; Cristina Santos Villarubia, S.2, S.8, Kapitel 3: 6, 25; Juan Andres Perdomo Kapitel 7: 29, 30, Kapitel 8, 25; Adventure Vans Kapitel 4: 14 oben, Kapitel 8: 7, Kapitel 10: 13; Majika Vidora Kapitel 4: 14 unten, 15, 16; Anne Korsch-P Kapitel 4: 7; Gisella Abella Ruiz Kapitel 6: 24, 26; Eric Mas S. 12, Kapitel 12: 14; Jamie Graham Kapitel 9: 29; Amante Kapitel 3: 9; Xavier Marques Triay Kapitel 11: 23; SUPAire Menorca Kapitel 12: 21; Christopher Strassler (ccbysa) S. 100 Mitte; Radnor/istock S. 106 unten.

Dank:

Dieses Buch ist unserer fabelhaften Mutter Helen gewidmet, deren Recherche, Unterstützung und Texte wesentlich zu dessen Entstehung beigetragen haben. Unser besonderer Dank gilt Gaston, Lui, Alina, Annie und Juan, die uns auf unseren Abenteuern begleitet haben. Dank auch an das Team von Cavall, die unsere Leidenschaft für die wilde Seite der Inseln geweckt haben und uns tiefe Einsichten in die regionale Kultur, Flora und Fauna verschafft haben.

An Daniel und Tania von Wild Things für den Auftrag, dieses Buch zu schreiben – wir sind so dankbar für eure Unterstützung und euer Vertrauen. Und an die fabelhaften und überaus geduldigen Candida und Rae fürs Lektorieren und Gestalten.

An unsere Partner Sergi & Rob und unsere Kinder Mateu, Jaume, Danny, Lily und Finlay für ihre Geduld und Unterstützung. Ganz besonderer Dank an Dad Addy & Bruder Jamie.

Gesundheit, Sicherheit und Verantwortung:

Die Aktivitäten in diesem Buch bergen Risiken und Gefahren. Manche Orte befinden sich möglicherweise auf Privatgrundstücken, und man muss vor Betreten um Erlaubnis fragen. Autor*innen und Verlag haben sich bemüht, die Korrektheit der Informationen zu gewährleisten, können jedoch nicht für Unfälle, Verletzungen, Verluste oder Unannehmlichkeiten haftbar gemacht werden, die in Zusammenhang mit diesem Buch entstanden sind.

Alle Rechte vorbehalten, insbesondere das Recht der mechanischen, elektronischen oder fotografischen Vervielfältigung, der Einspeicherung und Verarbeitung in elektronischen Systemen, des Nachdrucks in Zeitungen und Zeitschriften, des öffentlichen Vortrags oder Dramatisierung durch Rundfunk, Fernsehen oder Internet, auch einzelner Text- und Bildteile, sowie der Übersetzung in andere Sprachen.

www.haffmans-tolkemitt.de

www.wildund.cool

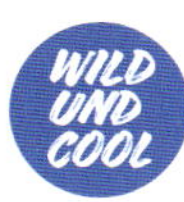

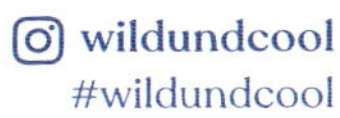